FRIEDRICH BERBER

LEHRBUCH DES VÖLKERRECHTS

I. BAND:

ALLGEMEINES FRIEDENSRECHT

LEHRBUCH DES VÖLKERRECHTS

ERSTER BAND

ALLGEMEINES FRIEDENSRECHT

VON

DR. FRIEDRICH BERBER

PROFESSOR
AN DER UNIVERSITÄT MÜNCHEN

2., neubearbeitete Auflage

C. H. BECK'SCHE VERLAGSBUCHHANDLUNG
MÜNCHEN 1975

CIP-Kurztitelaufnahme der Deutschen Bibliothek

Berber, Friedrich
Lehrbuch des Völkerrechts.
Bd. 1. Allgemeines Friedensrecht.
ISBN 3-406-00706-6

ISBN 3 406 00706 6
Druck der C. H. Beck'schen Buchdruckerei Nördlingen

Die erste Auflage war
dem Andenken von

MAX HUBER

ehem. Präsident des Ständigen Internationalen
Gerichtshofs
ehem. Präsident des Internationalen Komitees
vom Roten Kreuz

in dankbarer Erinnerung
an unsere Zusammenarbeit in Genf
während des 2. Weltkriegs
gewidmet.

Vorwort zur 2. Auflage

Die Veranstaltung einer zweiten Auflage des 1. Bandes meines dreibändigen Völkerrechtslehrbuchs – vom 2. Band erschien schon 1969 eine zweite Auflage – wurde nicht nur notwendig durch die Tatsache, daß die erste Auflage seit einem Jahr vergriffen war, sondern vor allem auch infolge der stürmischen Reformwelle, die seit 20 Jahren weite Teile des Völkerrechts ergriffen hat. So haben sich im Gefolge der Dekolonialisierung ganze Abteilungen des Kapitels über die Subjekte des Völkerrechts gewandelt, in dem auch die Stellung der internationalen Organisationen viel stärker zu betonen war; so ist das „Selbstbestimmungsrecht der Völker" aus einer politisch-moralischen Forderung zu einem Rechtsprinzip geworden, und die Rechtslage Deutschlands erscheint seit den Ostverträgen in einem neuen Licht. Das Recht der Diplomatie wie das Konsularrecht ist aus einer Summe gewohnheitsrechtlicher Regeln zu einem konventionellen System geworden, ebenso das Recht der Verträge, dieses mit einschneidender Veränderung. Die Menschenrechte, das Fremdenrecht haben große Veränderungen erfahren. Das Flußrecht, lange Zeit vor allem auf die Schiffahrt ausgerichtet, hat sich auf die wirtschaftlichen Nutzungen, die Verhinderung von Verschmutzungen und Überschwemmungen ausgedehnt, wie überhaupt die Problematik des internationalen Umweltschutzes erst neuerlich in das Bewußtsein der Verantwortlichen getreten ist. Im Recht des Meeres zeichnen sich umwälzende neue Entwicklungen ab, die vielleicht einen Abschied von dem jahrhundertealten Prinzip der Freiheit der Meere bedeuten, so durch das Verlangen der Küstenstaaten nach einer 200 Seemeilen breiten „Wirtschaftszone" und die in Aussicht genommene Internationalisierung des Meeresbodens unter der hohen See; mit dem Weltraumrecht betritt das Völkerrecht ganz neue Gebiete.

Manche dieser Wandlungen wurden in der 1. Auflage als wagende Prognosen angedeutet, die nun bestätigt wurden; manche (nicht viele) Feststellungen der 1. Auflage wurden von der Entwicklung überholt oder infolge besserer Einsicht revidiert. Aber das Gerippe des Aufbaus hat sich bewährt und konnte durchweg beibehalten werden.

Dieser dynamische Charakter des gegenwärtigen Völkerrechts, dieser Charakter des gegenwärtigen Zeitalters der internationalen Beziehungen als einer Epoche des Übergangs bewirkt besondere Schwierigkeiten der Darstellung, wie für den Fotografen, der einen Vogel im Flug abbilden soll. Die drei bis vier Jahrhunderte des modernen Völkerrechts lassen sich in drei Epochen mit einer jeweils spezifischen vorherrschenden Tendenz einteilen, einer ersten Epoche der Konfrontation – es ist kein Zufall, daß Hugo Grotius schon im Titel seines großen Werkes „De jure belli ac pacis" die Priorität des Kriegsrechts andeutet – einer zweiten Epoche der Abgrenzung, der Delimitation, die den Hauptinhalt des sog. klassischen Völkerrechts ausmacht, und einer neuesten Epoche der Kooperation, der Zusammenarbeit, der Integration. Aber diese Epochen sind nicht reinlich geschieden, sondern bestehen, wenn auch mit wechselnden Gewichten, gleichzeitig nebeneinander, und es ist noch nicht ausgemacht, welche Tendenz schließlich siegen wird. Wohl haben diese drei Haupttendenzen den Anlaß zur Einteilung dieses Werkes in drei Bände gegeben: im ersten Band die Kompetenzabgrenzung, im zweiten Band, dem Kriegsrecht, die Konfrontation, im dritten Band, der Darstellung der internationalen Organisationen, der Kriegsverhütung, der internationalen Gerichtsbarkeit, die Kooperation, die Integration; aber auch hier lassen sich diese drei Tendenzen nicht reinlich scheiden, sie finden sich in wechselnder Mischung in jedem Rechtsinstitut, fast in jeder Rechtsregel, und dadurch erhält diese oft etwas Unbestimmtes, bald mehr nach der einen, bald mehr nach der anderen oder dritten Seite neigend.

Eine britische Buchbesprechung hat ein im Jahr 1964 erschienenes gelehrtes deutsches Völkerrechtsbuch dahin charakterisiert: es ist kein Buch für Anfänger, wegen seiner „intricacies" kein Buch für Studenten, es ist gekennzeichnet durch eine bemerkenswerte Gleichgültigkeit gegen den bei einem gelehrten Buch erwarteten wissenschaftlichen Apparat, Verträge, gerichtliche Entscheidungen, akademische Schriften werden fast völlig ignoriert, der Autor hat nicht viel Respekt für frühere Arbeiten. In allen diesen Beziehungen will das vorliegende Buch das genaue Gegenteil: die Einfachheit des Stils und die Vermeidung eines scholastischen oder modischen Jargons möchten es auch dem Anfänger zugänglich machen, die Staatenpraxis wird in weitestem Umfang herangezogen, um das schwierige Sachgebiet dem Studenten, aber auch dem Nichtjuristen, dem gebildeten Laien, der ein Anrecht und den Wunsch hat, dieses für die Erhaltung des Friedens wie für die internationale Integration wichtigste Wissenschaftsgebiet ohne Fachsimpelei kennenzulernen, anschaulich und aufschlußreich, ja vielleicht sogar anziehend zu machen, der in Anmerkungen und Bibliographie überaus umfassende – und fast auf das Doppelte vermehrte – wissenschaftliche Apparat erlaubt auch dem Fachmann und dem völkerrechtlichen Praktiker, in alle Einzelfragen vertieft einzudringen, und ist zugleich ein Akt der Dankbarkeit gegenüber den wissenschaftlichen Fachkollegen in aller Welt, ohne deren Zusammenwirken der einzelne in der ungeheuren Masse des völkerrechtlichen Materials hilflos umherirren müßte:

„Werkleute sind wir: Knappen, Jünger, Meister,
Und bauen dich, du hohes Mittelschiff.
Und manchmal kommt ein ernster Hergereister,
Geht wie ein Glanz durch unsre hundert Geister
Und zeigt uns zitternd einen neuen Griff."

Tegernsee, 25. Mai 1975 — Friedrich Berber

Vorwort zur 1. Auflage

Das Studium des Rechts an den deutschen Universitäten ist heute, in einem Zeitalter intensivster internationaler Verflechtung, noch immer, wie in den vergangenen Zeiten geringen internationalen Verkehrs und provinzieller Beschränkung auf die nationalen Probleme, zu 95% Studium des innerstaatlichen Rechts; aus dem innerstaatlichen Recht werden die allgemeinen Lehren des Rechts entnommen; für das innerstaatliche Recht sind die allgemeinen Rechtslehren bestimmt. Das Völkerrecht steht am Rande; man ahnt kaum, daß es, genau wie das innerstaatliche Recht, seine Rechtsgeschichte, sein Verfassungsrecht, sein Recht der Schuldverhältnisse, sein Sachenrecht, sein Prozeßrecht, sein Verwaltungsrecht besitzt, die aber alle in der Behandlung nie zu ihrem Rechte kommen, sondern in einer einzigen Völkerrechtsvorlesung nach Art jener bekannten Vorlesung für Anfänger: „Einführung in die Rechtwissenschaft" summarisch zusammengefaßt werden, mit dem Ergebnis, daß man dann wiederum dem Völkerrecht, nicht nur der lehrplanmäßig solcherart verstümmelten Völkerrechtsvorlesung, den Vorwurf des Vagen, des Abstrakten, des Primitiven macht.

Ein Lehrbuch ist nicht der Ort, um diesem Mangel abzuhelfen. Ein Lehrbuch hat sich den Erfordernissen des Universitätsunterrichts anzupassen. Es ist also nicht seine Aufgabe, eine radikal neue Systematik aufzustellen. Und es hat sich damit zu bescheiden, aus der großen Fülle der Probleme und der Literatur das auszuwählen, was für den – gegenwärtig auf diesem Gebiet so eng begrenzten – akademischen Gebrauch erforderlich und hilfreich ist.

Trotzdem kann auch im bescheidenen Rahmen eines Lehrbuches der eingangs erwähnten Situation in dreifacher Richtung Rechnung getragen werden:

1. Es muß im Ernstnehmen des Gegenstandes der Darstellung davon ausgegangen werden, daß es sich beim Völkerrecht um das zur Zeit wichtigste und vordringlichste Rechtsgebiet handelt, da von der Möglichkeit, die internationalen Beziehungen in Rechtsschranken zu halten, die Zukunft, ja das Überleben der Menschheit im atomaren Zeitalter abhängt.

2. Es muß in der Darstellung jene große Umwälzung zum Ausdruck kommen, kraft deren Europa oder das Abendland nicht mehr allein den Gang der internationalen Beziehungen bestimmen, sondern die internationale Integration heute in voller Gleichberechtigung alle Völker der Erde ohne Rücksicht auf die Verschiedenheit ihrer Herkunft, ihres historischen Schicksals, ihrer Ideologien umfaßt.

3. Es muß, gerade angesichts der furchtbaren Rückfälle in barbarische Praktiken, denen unsere Zeit und in ihr mit an erster Stelle unser Volk ausgesetzt war, der Gedanke der Humanität und der sittlichen Verantwortung in der Außenpolitik mit konsequenter Klarheit herausgearbeitet werden.

Vorwort

Das vorliegende Buch hat versucht, sich von diesen drei Prinzipien in der Darstellung des Ganzen wie bei der Behandlung der einzelnen Probleme leiten zu lassen.

Der erste Band des Lehrbuchs, der hiermit vorgelegt wird, umfaßt im wesentlichen das, was man herkömmlich als die allgemeinen Regeln des Völkerrechts bezeichnet, also die Darstellung von Begriff und Wesen des Völkerrechts, der Völkerrechtsquellen, des Verhältnisses von Völkerrecht und innerstaatlichem Recht, der Subjekte des Völkerrechts, der sog. Grundrechte der Staaten, der Entstehung und des Untergangs der Staaten, der Staatensukzession, der Organe des internationalen Verkehrs, der Kompetenzabgrenzung der Staaten hinsichtlich des Gebiets wie hinsichtlich der Personen, der völkerrechtlichen Rechtsgeschäfte, insbesondere der internationalen Verträge. Diesem ersten Band soll ein zweiter Band folgen, der das internationale Konfliktsrecht wie die internationale Zusammenarbeit behandelt, also insbesondere Staatenhaftung, Streitschlichtung, internationale Gerichtsbarkeit, Kriegsverhütung und Friedenssicherung, Kriegsrecht und Neutralitätsrecht, die internationale Zusammenarbeit, insbesondere auch das Recht des Völkerbunds, der Vereinten Nationen, der europäischen Organisationen, sowie einen Überblick über die Geschichte der internationalen Beziehungen und die Entwicklung der Völkerrechtswissenschaft nebst einem Dokumentenanhang enthalten soll.

Es ist mir eine angenehme Pflicht, dem Verlag C. H. Beck und insbesondere Herrn Hoeller für sein Verständnis und sein vielfältiges Entgegenkommen, Fräulein Margot Gadow, der Assistentin am Institut für Völkerrecht der Universität München, für ihre Mitarbeit bei der Herstellung des Registers wie des Literaturverzeichnisses zu danken.

Die Widmung an *Max Huber,* von ihm selbst noch unmittelbar vor seinem am 1. Januar 1960 erfolgten Tode genehmigt, erfolgte nicht nur an den Verfasser der „Beiträge zur Kenntnis der soziologischen Grundlagen des Völkerrechts und der Staatengesellschaft" (Jahrbuch des öffentlichen Rechts, IV [1910], S. 56ff.; s. dazu insbesondere Stone, Legal Controls of International Conflict, 1954, S. 37ff.), deren methodisches Programm weithin richtunggebend für meine eigenen Arbeiten wurde, sondern vor allem in Erinnerung an gemeinsame völkerrechtlich-humanitäre Tätigkeit in den dunkelsten Jahren des 2. Weltkrieges.

Möge das Lehrbuch vielen Studenten des Völkerrechts von Nutzen sein, und auch all denen, die mit Hilfe des in den Fußnoten angegebenen Materials tiefer in diese schwierige Wissenschaft eindringen wollen, im Sinne jenes Wortes von Montesquieu aus der Vorrede zum „Esprit des Lois": „C'est en cherchant à instruire les hommes que l'on peut pratiquer cette vertu générale qui comprend l'amour de tous."

Tegernsee, Neujahr 1960 — Friedrich Joseph Berber

Inhaltsverzeichnis

Inhaltsverzeichnis

Drittes Kapitel. Völkerrecht und Landesrecht

Viertes Kapitel. Die Subjekte des Völkerrechts

Fünftes Kapitel. Die sogenannten Grundrechte und Grundpflichten der Staaten

Sechstes Kapitel. Entstehung, Untergang, Umwandlung von Völkerrechtssubjekten

Siebentes Kapitel. Die Staatensukzession

Achtes Kapitel. Die staatlichen Organe des internationalen Verkehrs

Neuntes Kapitel. Die Kompetenzabgrenzung der Staaten hinsichtlich des Raumes

Zehntes Kapitel. Die Kompetenzabgrenzung der Staaten hinsichtlich der Personen

Elftes Kapitel. Die internationalen Rechtsgeschäfte

Abkürzungsverzeichnis

aM . . . . anderer Meinung
aaO . . . . am angegebenen Ort
AJIL . . . . American Journal of International Law
Am. State Papers, For. Rel. . . American State Papers, Class I, Foreign Relations
Archiv . . . . Archiv des Öffentlichen Rechts
Ausw. Pol(itik) . . . . Auswärtige Politik (früher Monatshefte für Auswärtige Politik)

BGB . . . . Bürgerliches Gesetzbuch
BGBl. . . . . Bundesgesetzblatt
BGE . . . . Entscheidungen des (schweiz.) Bundesgerichts
BGHStr. . . . . Entscheidungen des Bundesgerichtshofs in Strafsachen
BGHZ . . . . Entscheidungen des Bundesgerichtshofs in Zivilsachen
BRD . . . . Bundesrepublik Deutschland
BVG . . . . Bundesverfassungsgericht
BYIL . . . . British Yearbook of International Law

Cmd. . . . . Command Paper

DDR . . . . Deutsche Demokratische Republik
Dept. of State Bulletin . . . . . Department of State Bulletin
Diss. . . . . Dissertation
DJZ . . . . Deutsche Juristenzeitung
Doc. . . . . Document

EG . . . . Europäische Gemeinschaft

FAO . . . . Food and Agriculture Organisation

GVG . . . . Gerichtsverfassungsgesetz
GAOR . . . . General Assembly, Official Records
GG . . . . Grundgesetz für die Bundesrepublik Deutschland

Harvard L. R. . . . . Harvard Law Review
Her. . . . . Herausgeber

ICJ . . . . International Court of Justice
IG . . . . Internationaler Gerichtshof
ILA . . . . International Law Association
ILC . . . . International Law Commission
Int. Conc. . . . . International Conciliation, herausgegeben vom Carnegie Endowment for International Peace
IRO . . . . International Refugee Organization

JIR . . . . Jahrbuch für Internationales Recht
JO . . . . Société des Nations – Journal Officiel

LNTS . . . . League of Nations Treaty Series

Manual . . . . Sørensen (Her.), Manual of Public International Law

Abkürzungsverzeichnis

Mart. (N. S.)	Martin's Louisiana Reports, New Series
Mon. f. Ausw. Pol.	Monatshefte für Auswärtige Politik
NJW	Neue Juristische Wochenschrift
OAU	Organization for African Unity
OffJ	Official Journal, League of Nations
OLG	Oberlandesgericht
Proceedings	Proceedings of the Amercan Society of International Law
Prol.	Prolegomena
QBD	Queen's Bench Division
RDIP	Revue générale de Droit international public
Rec.	Recueil des Cours, Académie de Droit International
RGBl.	Reichsgesetzblatt
RGSt	Entscheidungen des Reichsgerichts in Strafsachen
RGZ	Entscheidungen des Reichsgerichts in Zivilsachen
S.	Seite
s.	siehe
Scss.	Session
StGB	Strafgesetzbuch
StIG	Ständiger Internationaler Gerichtshof
StPO	Strafprozeßordnung
Suppl.	Supplement, Supplément
UAR	United Arabian Republic
UK	United Kingdom
UN-Gen. Ass.	United Nations General Assembly
UN Doc.	Documents issued by the United Nations
UN Publ.	United Nations Publication
UNRRA	United Nations Relief and Rehabilitation Administration
UNTS	United Nations Treaty Series
UNYB	Yearbook of the United Nations
USCA	United States Code Annotated
v.	versus = gegen (bei Gerichtsentscheidungen englischer Sprache)
Verf.	Verfassung
vol.	volume
VVDStRL	Veröffentlichungen der Vereinigung der Deutschen Staatsrechtslehrer
Wörterbuch	Strupp-Schlochauer, Wörterbuch des Völkerrechts
ZaöRVR	Zeitschrift für ausländisches öffentliches Recht und Völkerrecht
ZPO	Zivilprozeßordnung

Erstes Kapitel

Begriff und Wesen des Völkerrechts

Literatur: *Alvarez,* Le Droit International Nouveau dans ses Rapports avec la Vie Actuelle des Peuples, 1959; *Basdevant* (Her.), Dictionnaire de la Terminologie du Droit International, 1960; *Berber,* Sicherheit und Gerechtigkeit, 1934; *Berber,* Das Staatsideal im Wandel der Weltgeschichte, 1973; *Bleiber,* Handwörterbuch der Diplomatie und Außenpolitik, 1959; *Coste,* La Morale Internationale, 1964; *Friedmann,* The Changing Structure of International Law, 1964; *Hart,* The Concept of Law, 1963; *Jenks,* The Common Law of Mankind, 1958; *Kaplan-Katzenbach,* The Political Foundations of International Law, 1961; *Lauterpacht,* The Function of Law in the International Community, 1933; *Papaligouras,* Théorie de la Société Internationale, 1941; *Politis,* La Morale Internationale, 1943; *Tunkin,* Völkerrechtstheorie, 1972; *de Visscher,* Théories et Réalités en Droit International Public, 1953 u. später.

§ 1. Der Begriff des Völkerrechts

Das Völkerrecht wird herkömmlich und auch heute noch überwiegend definiert als ,,die Normen, die das Verhalten der Staaten untereinander regeln",[1] als die Bestimmung der ,,Rechte und Pflichten der zur internationalen Staatengemeinschaft (Völkerrechtsgemeinschaft) gehörenden Staaten untereinander",[2] als ,,the body of customary and treaty rules which are considered legally binding by States in their intercourse with each other",[3] als ,,l'ensemble des règles qui déterminent les droits et les devoirs respectifs des Etats dans leurs mutuelles relations",[4] als ,,die Gesamtheit der Normen, die die Beziehungen zwischen den Staaten im Prozeß ihres Kampfes und ihrer Zusammenarbeit regeln, der Sicherung ihrer friedlichen Koexistenz dienen, den Willen der herrschenden Klassen dieser Staaten ausdrükken und erforderlichenfalls durch Zwang garantiert werden, der von den Staaten individuell oder kollektiv ausgeübt wird".[5] Diese Definitionen, die sämtlich aus den Lehrbüchern ,,der höchstqualifizierten Publizisten"[6] des 20. Jahrhunderts entnommen sind, befinden sich in völliger Deckung mit den herrschenden Definitionen des 19.[7] und auch meist des 18. Jahrhunderts.[8] In Wirklichkeit gehen diese

---

[1] D. Anzilotti, Lehrbuch des Völkerrechts, Berlin und Leipzig 1929, Bd. I, S. 34.

[2] Franz von Liszt, Das Völkerrecht, Berlin 1925, S. 1.

[3] Oppenheim, International Law I, London 1955, S. 4.

[4] Paul Fauchille, Traité de Droit International Public, Paris 1922, I_1, S. 4.

[5] Akademie der Wissenschaften der UdSSR, Rechtsinstitut (Her.), Völkerrecht, deutsch 1960, S. 1.

[6] Art. 38 Abs. 1d des Statuts des Internationalen Gerichtshofs.

[7] Siehe die Lehrbücher von Bulmerincq S. 177, Gareis S. 2, Hartmann S. 1, Rivier S. 1, Ullmann S. 6.

[8] Siehe Christian Wolff: ,,Per jus gentium intellegimus scientiam juris, quo gentes, sive populi inter se utuntur, et obligationum eidem respondentium", Jus Gentium, § 1 Juris Gentium Prolegomena, 1764; oder Vattel, Le droit des gens, 1758, § 6: ,,Le droit des gens n'est originairement autre chose que le

Definitionen aber bis auf die Anfänge des modernen abendländischen Völkerrechts zurück. So unterscheidet Hugo Grotius[9] vom ,,jus civile sive Romanum" das Völkerrecht als ,,jus illud, quod inter populos plures aut populorum rectores intercedit". Diese klare Beschränkung auf das zwischen*staat*liche Recht war dem lateinischen Begriff ,,jus gentium", von dem sich unsere Bezeichnung ,,Völkerrecht" herleitet, in der Antike und bis zum Spätmittelalter unbekannt[10] und wurde allgemein und mit voller Konsequenz erst seit dem 18. Jahrhundert durchgeführt.[11] Das ,,jus gentium" des römischen Rechts, erwachsen aus einer Mischung kosmopolitischen naturrechtlichen Denkens der Stoa und dem vom praetor peregrinus in Rom seit dem 3. Jahrhundert v. Chr. gehandhabten Fremdenrecht, wird in den Institutionen des Gaius[12] folgendermaßen definiert: ,,Quod vero naturalis ratio inter omnes homines constituit, id apud omnes populos peraeque custoditur vocaturque jus gentium, quasi quo jure omnes gentes utuntur."[13] A. W. Heffter[14] hat den Unterschied zwischen dem antiken Begriff des jus gentium und dem klassisch-abendländischen Begriff des Völkerrechts klar folgendermaßen herausgestellt: ,,Völkerrecht, ius gentium, hieß in seiner antiken und weitesten Bedeutung, wie sie die Römische Rechtswissenschaft aufgestellt hat, die gemeinsame Völkersitte, welche nicht allein unter den Nationen im gegenseitigen Verkehr als Regel beobachtet ward, sondern auch die inneren gesellschaftlichen Zustände in den Einzelstaaten gleichmäßig durchdrang und regelte, so weit sie nicht daselbst ihre eigenthümliche Begründung oder Gestaltung empfangen hatten. Es enthielt demnach theils ein äußeres Staatenrecht, theils ein allgemeines Menschenrecht. In der neuen Welt ist ihm nur die erstere Bedeutung eines äußeren Staatenrechtes, ius inter gentes, droit international verblieben. Der andere Bestandtheil des antiken Völkerrechtes, gleichsam das gemeinsame Privatrecht aller Menschen von gleicher Sitte, hat sich dagegen in dem inneren Rechtssystem der Einzelstaaten verloren; dem heutigen Völkerrecht gehört es nur noch insofern an, als gewisse Men-

---

droit de la nature appliqué aux nations"; erst recht Johann Jakob Moser in der Einleitung zu seinem ,,Versuch des neuesten europäischen Völkerrechts in Friedens- und Kriegszeiten, vornehmlich aus denen Staatshandlungen derer europäischen Mächte usw.".

[9] De Jure Belli ac Pacis, Prolegomena 1.

[10] August Freiherr von der Heydte hat in seinem Buch: ,,Die Geburtsstunde des souveränen Staates", Regensburg 1952, darauf hingewiesen, daß der Begriff eines zwischen gleichberechtigten souveränen Staaten bestehenden Rechtes, also eben des Völkerrechtes im modernen abendländischen Sinn, in der großen Auseinandersetzung zwischen Papst und Kaiser im 14. Jahrhundert unter dem Einfluß averroistischer Lehren entstanden ist und zum erstenmal von dem Bamberger Bischof Lupold von Bebenburg 1340 theoretisch formuliert wurde: aaO S. 117ff.

[11] Siehe Ernst Reibstein, Die Anfänge des neueren Natur- und Völkerrechts. Studien zu den Controversiae Illustres des Fernandus Vasquius, 1949, S. 198ff.

[12] I_1.

[13] S. dazu Savigny, System des heutigen römischen Rechts, I S. 105ff.; Carlyle and Carlyle, A History of Medieval Political Theory in the West, vol. I, S. 36ff.; F. de Zulueta, The Development of Law under the Republic, in Cambridge Ancient History, vol. IX, ch. 21.

[14] Das Europäische Völkerrecht der Gegenwart, 8. Ausgabe 1888, S. 1.

schenrechte und Privatverhältnisse zugleich auch unter die Tutel oder Gewährleistung verschiedener Nationen gegenseitig gestellt sind."

Der umfassendere Begriff „jus gentium" in seiner ursprünglichen Bedeutung wird aber in neuester Zeit, infolge der sog. „Rückwendung zum Naturrecht",[15] in Theorie[16] und Praxis[17] wieder von größerem Interesse, nachdem er jahrhundertelang hinter dem engeren klassischen Begriff des Völkerrechts als zwischenstaatlichem Recht fast[18] völlig zurückgetreten war.

Es erweist sich somit, daß das Wort „Völkerrecht" keine ganz zutreffende Bezeichnung für unser Rechtsgebiet darstellt, ebensowenig wie das lateinische Wort „jus gentium", das französische Wort „droit des gens" und das englische Wort „law of nations". Infolgedessen hat schon Richard Zouche, der Regius-Professor für Zivilrecht an der Universität Oxford, in seinem 1651 erschienenen Buch „Juris et judicii fecialis, sive, juris inter gentes, et quaestionum de eodem explicatio" statt dessen das zutreffende Wort „jus inter gentes" gebraucht. In ähnlicher Weise schlug der französische Kanzler d'Aguesseau (1668–1751) die Ersetzung des Wortes „droit des gens" durch „droit entre les gens" vor.[19] Ebenso schlug Bentham das englische Wort „international law" vor, um das Wort „law of nations" zu ersetzen, „an appellation so uncharacteristic, that, were it not for the force of custom, it would seem rather to refer to internal jurisprudence".[20] Schließlich ist auch für die deutsche Bezeichnung ein analoger Vorschlag gemacht worden: Kant spricht[21] von dem „Recht der Staaten im Verhältnis zu einander (welches nicht ganz richtig im Deutschen das Völkerrecht genannt wird, sondern vielmehr das Staatenrecht [ius publicum civitatum] heißen sollte) . . ." Aber diese Bezeichnung hat sich in der deutschen Sprache als allzuleicht mit dem Wort „Staatsrecht" verwechselbar nicht durchgesetzt, so daß es bei der unzutreffenden Bezeichnung „Völkerrecht" geblieben ist, die sich in der Vergangenheit nicht nur als durch lange Gewohnheit eingebürgert empfahl, sondern die auch ein gewisses ideales Pathos auszustrahlen schien, bei einem Durchdringen der obengenannten naturrechtlichen Tendenzen aber, als sowohl Staatenrecht wie Menschenrecht

---

[15] Siehe Ulrich Scheuner, Naturrechtliche Strömungen im heutigen Völkerrecht, in ZaöRVR XIII, S. 556ff.

[16] Siehe Delos, La Société internationale et les principes du droit public, 1929; Le Fur, Les grands problèmes du droit, 1937; H. Lauterpacht, International Law and Human Rights, 1950; A. Verdross, Völkerrecht, 2. Aufl. 1950, S. 28ff.

[17] Siehe insbesondere die Einführung der „allgemeinen von den zivilisierten Nationen anerkannten Rechtsgrundsätze" als dritter Rechtsquelle neben Vertragsrecht und Gewohnheitsrecht durch Artikel 38 des Statuts des Internationalen Gerichtshofs, sowie die Einführung von „Menschenrechten" in das Völkerrecht.

[18] Nicht ganz: s. z. B. die interessante Definition des Völkerrechts von M. Bluntschli, in „Das moderne Völkerrecht usw. als Rechtsbuch dargestellt", 1868, I_1.

[19] Œuvres, éd. 1773, tome II, S. 337.

[20] An Introduction to the Principles of Morals and Legislation, Oxford 1789, Chapter XVII Nr. XXV, Fußnote.

[21] Metaphysik der Sitten, I, Metaphysische Anfangsgründe der Rechtslehre, § 53.

deckend, endlich wirklich gerechtfertigt wäre. Im Englischen hat sich im allgemeinen die Bezeichnung ,,International Law" durchgesetzt, obwohl auch die Bezeichnung ,,Law of Nations" immer noch gebraucht wird.[22] Im Französischen hat sich im allgemeinen das Wort ,,Droit international public" durchgesetzt, doch hat ein so bedeutsamer Autor wie Georges Scelle, einer der Hauptbekämpfer der Rechtssubjektivität der Staaten im Völkerrecht und des ,,exclusivisme étatique", gerade deshalb sein 1932 erschienenes Buch wieder mit dem alten Wort ,,Droit des gens" bezeichnet. Übereinstimmend mit der französischen Terminologie spricht man im Italienischen von ,,diritto internazionale" oder ,,diritto internazionale pubblico", im Spanischen von ,,derecho internacional publico". Über die russische und die polnische Bezeichnung vergleiche man Seite 1 des oben (Anm. 5) zitierten sowjetischen Lehrbuchs.

Eine zutreffende Bezeichnung, die zugleich in allen abendländischen Sprachen leicht verständlich sein würde, wäre ,,Internationales Recht". Der Gebrauch dieser zutreffenden Bezeichnung ist aber zur Zeit blockiert dadurch, daß gewisse Rechtsgebiete der nationalen Rechte, die Kollisionsnormen, sich seit etwa 100 Jahren als ,,internationales Privatrecht" (und ähnlich ,,internationales Strafrecht", ,,internationales Verwaltungsrecht" usw.) bezeichnen, obwohl sie gerade nicht internationales, sondern regelmäßig nationales Recht sind.[23] Solange also die kontinentalen nationalen Juristen nicht dem lobenswerten englischen Sprachgebrauch folgen, wonach dieses Teilgebiet der nationalen Rechte ganz überwiegend als ,,Conflict of Laws" bezeichnet wird, kann das eigentliche internationale Recht sich nicht mit dem ihm zukommenden legitimen Namen bezeichnen, ohne mit gewissen Gebieten des innerstaatlichen Rechts verwechselt zu werden, die sich diesen ihnen nicht zukommenden Namen angeeignet haben.[24]

Gegen die oben angegebene herkömmliche und auch heute noch überwiegende Definition des Völkerrechts als der ,,Normen, die das Verhalten der Staaten untereinander regeln", sind nun im Laufe der Zeit, vor allem aber seit der schweren Krise, in der sich das Völkerrecht seit dem ersten Weltkrieg befindet, eine Reihe von kritischen Einwendungen erhoben worden, die sich gegen das Monopol der *Staaten* als Subjekte des Völkerrechts richten.

Eine schon wegen des Namens ,,Völkerrecht", ,,Law of Nations" naheliegende These besagt, daß unter Umständen ,,Nationen ohne eigenen Staat"[25] legitime Subjekte des Völkerrechts seien. Im Gegensatz zu der Definition von Christian Wolff:[26] ,,(Gentes) Sunt enim multitudo hominum in civitatem consociatorum",

---

[22] Siehe z. B. Brierly, The Law of Nations, 1955; Briggs, The Law of Nations, 1952.

[23] S. A. Nußbaum, Deutsches Internationales Privatrecht, 1932, S. 16; Bühler, Der völkerrechtliche Gehalt des internationalen Privatrechts, 1952.

[24] Vgl. schon die bewegliche Klage von v. Martitz, Internationale Rechtshilfe in Strafsachen, Bd. I, 1888, S. 400ff.: ,,Was alles wird heutzutage nicht als international bezeichnet."

[25] Siehe Günther Decker, Das Selbstbestimmungsrecht der Nationen, 1955, S. 67.

[26] aaO § 2.

steht zunächst die italienische Schule des Völkerrechts in der Mitte des 19. Jahrhunderts, die aus politischen Gründen dem dynastischen Legitimitätsprinzip das Nationalitätsprinzip entgegenstellt und infolgedessen die Nation zum konstitutiven Prinzip des Völkerrechts macht.[27] In ähnlicher Weise wird dann später der Fortbestand Polens als Völkerrechtssubjekt trotz der 125 Jahre dauernden Aufteilung des Staatsgebiets zwischen Rußland, Österreich und Preußen wegen der fortdauernden Existenz der polnischen *Nation* behauptet: ,,Wird die staatliche Organisation vom Feind vernichtet, so hört doch die Nation nicht auf, eine politische, moralische und rechtliche Einheit zu sein."[28] In ähnlicher Weise argumentierte noch 1970 der damalige deutsche Bundeskanzler Brandt in seinem Bericht über die Lage der Nation: ,,25 Jahre nach der bedingungslosen Kapitulation des Hitlerreiches bildet der Begriff der Nation das Band um das gespaltene Deutschland. Im Begriff der Nation sind geschichtliche Wirklichkeit und politischer Wille vereint ... Die Nation gründet sich auf das fortdauernde Zusammengehörigkeitsgefühl der Menschen eines Volkes."

Aus wiederum anderen politischen Gründen hatte die frühe bolschewistische Völkerrechtstheorie in der ersten revolutionären Etappe des Bolschewismus den Völkern vor den Staaten den Vorrang zu geben versucht.[29] Aber trotz der inzwischen durchgesetzten starken Betonung der staatlichen Souveränität sind nach der sozialistischen Völkerrechtslehre, insbesondere dem DDR-Lehrbuch I S. 268, ,,die Völker nach dem heute geltenden demokratischen Völkerrecht Subjekte des ihnen nach Artikel 1 Ziffer 2 der UNO-Charta verbrieften Selbstbestimmungsrechts".

Zur Stützung der ursprünglich völkischen nationalsozialistischen These: ,,Ein Volk, ein Reich" hat Norbert Gürke[30] das Völkerrecht auf dem Begriff des Volkes statt dem des Staates aufzubauen versucht, während die imperialistische Wendung der nationalsozialistischen Außenpolitik seit dem 15. 3. 1939 von Carl Schmitt theoretisch durch den Begriff des Reichs und des Großraums unterbaut wurde: ,,Eine Großraumordnung gehört zum Begriff des Reiches, der hier als eine spezifisch völkerrechtliche Größe in die völkerrechtswissenschaftliche Erörterung eingeführt werden soll. ... Daß dieser überkommene Staatsbegriff als Zentralbegriff des Völkerrechts der Wahrheit und Wirklichkeit nicht mehr entspricht, ist seit langem zum Bewußtsein gekommen."[31]

---

[27] Siehe Terenzio Mamiani, Di un nuovo diritto europeo, 1860; Pasquale Stanislao Mancini, Diritto Internazionale, Prelezioni, 1873.

[28] Siehe Cybichowski, Das völkerrechtliche Okkupationsrecht, in Zeitschrift für Völkerrecht, 1934, S. 295ff.; s. auch Stanislaw Swajcer, Plan X, Paris 1956.

[29] Siehe Korovin, Das Völkerrecht der Übergangszeit, Deutsche Übersetzung 1926.

[30] Volk und Völkerrecht, 1935.

[31] Carl Schmitt, Der Rechtsbegriff im Völkerrecht, in Deutsches Recht 1939, S. 341ff.; s. dagegen die Ablehnung des nationalsozialistischen Großraum- und Reichsbegriffs durch F. Berber, Die Neuordnung Europas und die Aufgabe der außenpolitischen Wissenschaft, in Auswärtige Politik 1942, S. 189ff.

Verdroß[32] plädiert für die Beibehaltung des Begriffs „Völkerrecht" an Stelle des Begriffs des „zwischenstaatlichen Rechts", da letzterer zu eng sei, „um auch jene Normen erfassen zu können, welche die Beziehungen zwischen den Staaten und bestimmten souveränen Rechtsgemeinschaften (Heiliger Stuhl, Malteser Orden, Internationale Organisationen, Aufständische usw.) regeln". Taube[33] schlägt vor, die Rechtsnormen, die den Verkehr zwischen den Staaten und anderen souveränen Rechtsgemeinschaften regeln, als Zwischenmächterecht (jus inter potestates) zu bezeichnen, so daß es bei der Definition des Völkerrechts als zwischenstaatlichen Rechts verbleiben könne. Brandweiner[34] schließt unter dem Begriff „Völkerrecht" sogar jene Normen ein, die die Beziehungen zwischen den Staaten und allen christlichen Kirchen sowie zwischen den christlichen Kirchen unter sich regeln, was offenbar zu sehr vom engen Gesichtswinkel zentraleuropäischer kirchenrechtlicher Entwicklung aus gesehen ist, da es einerseits angesichts der verwirrenden Fülle christlicher Kirchen in Amerika und der durch die Verfassung der USA der Regierung gegenüber den Kirchen vorgeschriebenen Enthaltung, die die Religion in den USA zur reinen Privatangelegenheit macht, der wirklichen Lage in sehr wichtigen Gebieten der Christenheit nicht Rechnung trägt, andererseits durch die einseitige Bevorzugung der *christlichen* Religionsgesellschaften den Organisationen nichtchristlicher Religionen nicht gerecht würde.

Von größter Bedeutung für die Gefährdung des herkömmlichen Begriffs des Völkerrechts sind aber diejenigen Theorien geworden, die die Individuen als die wahren Subjekte des Völkerrechts deklarieren und damit allerdings, im Gegensatz zu den eben genannten, den herkömmlichen Begriff des Völkerrechts nur modifizierenden Definitionen in einem unversöhnlichen Gegensatz zu dieser Begriffsbestimmung sich befinden. Dies gilt in vollem Umfang nur für jene Theorien, die die Völkerrechtssubjektivität der Staaten überhaupt verneinen, während diejenigen, die das Individuum neben dem Staat als Völkerrechtssubjekt zulassen, eine im einzelnen oft weit auseinandergehende Zwischenstellung einnehmen.

Ausgangspunkt der radikalen These, die den Staat als Völkerrechtssubjekt ablehnt, ist die Staatstheorie von Léon Duguit, der schon für den Bereich des Staatsrechts feststellt:[35] „L'Etat est une pure abstraction. La réalité, ce sont les individus qui exercent la puissance étatique ..." Konsequenterweise definiert er für das Völkerrecht:[36] „Les normes du droit international s'adressent donc, non pas aux Etats souverains personnifiés, mais aux individus membres des Etats, et particulièrement aux gouvernants ..." In Übereinstimmung mit Duguit erklärt Georges Scelle:[37] „Les individus seuls sont sujets de droit en droit international

[32] Völkerrecht, 5. Aufl. 1964, S. 1.
[33] Archiv für Rechts- und Wirtschaftsphilosophie, I S. 360ff.
[34] Die christlichen Kirchen als souveräne Rechtsgemeinschaften, 1948.
[35] Traité de Droit Constitutionnel, 1921, I, S. 515.
[36] aaO S. 560.
[37] Précis de Droit des gens, 1932, I, S. 42.

public." Übereinstimmend mit diesen Thesen definiert Hans Nawiasky:[38] die Adressaten der Rechtsnormen müssen willensbegabte Bewußtseinsträger sein; willensbegabte Bewußtseinsträger sind nur Menschen; auch die Normadressaten des Völkerrechts können nur Menschen sein.

Sehr viel verbreiteter sind die Theorien, nach denen neben den Staaten auch die Individuen Subjekte des Völkerrechts sind. Schon Heffter[39] hat als völkerrechtliche Personen „die Staaten selbst mit ihren Vertretern und mit den unter ihrem Schutze stehenden" (sic!) bezeichnet. Auch Bluntschli[40] hat das Völkerrecht definiert als „die anerkannte Weltordnung, welche die verschiedenen Staaten zu einer menschlichen Rechtsgenossenschaft verbindet, und auch den Angehörigen der verschiedenen Staaten einen gemeinsamen Rechtsschutz gewährt für ihre allgemeinmenschlichen Rechte". Ebenso gehört hierher Rehm.[41]

Seit dem ersten Weltkrieg ist die Zahl der diese gemischte Theorie vertretenden Autoren überaus stark angewachsen; es muß hier genügen, die Namen Politis, Spiropoulos, Lauterpacht, Kelsen, Jessup, Isay, Drost, Guggenheim, Wengler zu nennen. Während also für die radikalen Verneiner der Völkerrechtssubjektivität der Staaten die obige herkömmliche Definition des Völkerrechts ganz unannehmbar ist, ist sie für die Vertreter der gemischten Theorien nur mit mehr oder weniger großen Modifikationen möglich.

Die einzig logisch mögliche und praktisch befriedigende Definition des Völkerrechts scheint uns eine solche zu sein, die von der Wirklichkeit des internationalen Lebens ausgeht. Das Völkerrecht ist, wie alle Rechtsdisziplinen, eine eminent praktische Wissenschaft, und es ist nicht nur nutzlos, sondern sogar schädlich, ihm die Definitionen aufzuzwingen, die Wunschträumen, Idealen, legislatorischen Absichten oder Entwicklungstendenzen entsprechen mögen, aber sich nicht mit der Wirklichkeit in Deckung befinden. Der Ansatzpunkt der Definition von Charles Rousseau,[42] wonach das Völkerrecht im wesentlichen die Regelung der Beziehungen zwischen Völkerrechtssubjekten darstellt, ist logisch durchaus richtig, nur leider tautologisch. Die Frage, wer denn Völkerrechtssubjekte sind, kann im einzelnen und in Auseinandersetzung mit den oben angegebenen Theorien erst an ihrem systematischen Ort, nämlich in dem Kapitel über die Subjekte des Völkerrechts, endgültig beantwortet werden; hier muß genügen, vorwegnehmend festzustellen, daß die *generellen* Rechtssubjekte des völkerrechtlichen Verkehrs auch heute immer noch nur die Staaten sind. Daneben gibt es, teils auf altem

---

[38] Die Stellung der Einzelperson im Völkerrecht, in Festgabe für Keckeis 1954; s. insbesondere auch Allgemeine Staatslehre, Dritter Teil, Einsiedeln 1956, S. 24f.

[39] aaO S. 2.

[40] aaO S. 54.

[41] Untertanen als Subjekte völkerrechtlicher Pflichten, Zeitschrift für Völkerrecht und Bundesstaatsrecht, I, S. 53ff.

[42] Droit International Public, Paris 1953, S. 7.

internationalem Herkommen beruhend, teils im Zuge der neuesten Intensivierung der internationalen Zusammenarbeit geschaffen, eine Reihe von internationalen Organismen, die in gewissem Umfang am internationalen Verkehr teilnehmen. Es ist auch möglich, daß selbst Staaten unter bestimmten Voraussetzungen nicht generell, sondern nur in gewissem Umfang und auf Grund konkreter staatlicher Vereinbarungen am internationalen Rechtsverkehr teilnehmen, so insbesondere die sog. halbsouveränen Staaten oder als Kriegführende anerkannte sezessionistische Aufständische, die also als ,,werdende Staaten" behandelt werden. Die Frage, inwieweit *neben* diesen Gebilden (sicher nicht an ihrer Stelle) auch gewisse Einzelmenschen oder gar alle Menschen am internationalen Verkehr unmittelbar und rechtens in gewissem Umfang teilnehmen, muß hier zunächst offenbleiben. Die Frage, wer die jeweiligen Subjekte einer völkerrechtlichen Ordnung sind, kann also nur historisch beantwortet werden. Es ist zweifellos, daß dem – damals allein von der europäischen Lehre behandelten und von der europäischen Staatenpraxis beachteten – abendländischen Völkerrecht des 18. Jahrhunderts nicht die Staaten schlechthin, wie man nach den gängigen Definitionen annehmen müßte, sondern nur die Mitglieder der europäischen Staatengemeinschaft angehörten, nicht dagegen andere, damals ebenfalls zweifellos souveräne Staatengebilde, wie China, Japan, Siam, Persien, Türkei, das Reich des Großmoguls, der Mahrattenstaat, usw. Diese nichteuropäischen Staaten waren ,,jenseits der Linie",[43] daher nach europäischem Völkerrecht – nicht nach dem Völkerrecht ihrer eigenen Rechtskreise – frei okkupierbar;[44] jenseits des Äquators ,,gab es keine Sünde".[45]

Obwohl das heutige Völkerrecht hinsichtlich seiner Rechtssubjekte universalistisch aufgebaut ist, ist doch der demokratisch-nationalstaatliche Gedanke noch nicht rein durchgesetzt, sondern noch immer vermischt mit kolonialistischen und imperialistischen Residuen, deren Ergebnis irreguläre Erscheinungen wie der halbsouveräne Staat, die Kolonie, das Protektorat, das Mandat, z. T. auch die Insurgenten sind; bevor aber noch die demokratisch-nationalstaatliche Epoche sich rein durchgesetzt hat, drängen sich schon neue Entwicklungstendenzen in den Vordergrund, die der internationalen Organisation, zwischen die sich Tendenzen eines individualistischen Menschenrechts im Sinne des von Kant[46] vorgeschlagenen ius cosmopoliticum schieben.

Es läßt sich also auch heute neben der zutreffenden formalen, aber tautologischen Definition von Charles Rousseau, wonach Völkerrecht die Regelung der Beziehungen zwischen Völkerrechtssubjekten ist, als materiale Definition nur eine solche rechtfertigen, die der objektiven Wirklichkeit, d. h. aber der komplexen

[43] Siehe dazu Carl Schmitt, Der Nomos der Erde, Köln 1950, S. 54ff.

[44] Siehe dazu F. Berber, Indien und das Völkerrecht, in Indien und Deutschland, Frankfurt 1956, S. 228ff.

[45] Siehe Adolf Rein, Der Kampf Westeuropas um Nordamerika im 15. und 16. Jahrhundert, Stuttgart-Gotha 1925, S. 207ff.

[46] aaO § 62; s. auch Röling, International Law in an Expanded World, 1960.

Zusammensetzung der Mitglieder der Völkerrechtsgemeinschaft, gerecht wird, also etwa folgendermaßen lautet: *Völkerrecht ist die Gesamtheit der Regeln, die die rechtlichen Beziehungen in erster Linie und generell zwischen Staaten, aber auch in gewissem Umfang zwischen Staaten und anderen zum internationalen Rechtsverkehr zugelassenen Rechtspersonen sowie zwischen diesen Rechtspersonen selbst zum Gegenstand haben.*

§ 2. Die Rechtsnatur des Völkerrechts

Der Streit über die Rechtsnatur des Völkerrechts, die Frage, ob das Völkerrecht wirklich Recht ist oder nicht vielmehr eine Sollordnung anderer Art, von wesentlich geringerer Verbindlichkeitsintensität, ist so alt wie das abendländische Völkerrecht selbst. Schon Hugo Grotius (1583–1645) klagt über die Verächter des Völkerrechts,[47] und in der Tat ist ja Grotius geistesgeschichtlich eingerahmt von zwei historisch besonders wirksam gewordenen Verächtern des Völkerrechts, von Niccolò Machiavelli (1469–1527) und von Thomas Hobbes (1588–1679), den beiden Hauptvertretern der Idee der Staatsräson[48] im 16. und 17. Jahrhundert.[49] Völkerrecht kann nicht bestehen, wenn die machiavellistische Maxime gilt:[50] „Ein kluger Herrscher kann und soll daher sein Wort nicht halten, wenn ihm dies zum Schaden gereicht und die Gründe, aus denen er es gab, hinfällig geworden sind." Nach Thomas Hobbes besteht zwischen souveränen Staaten, da kein oberer Leviathan über ihnen errichtet werden kann, das „bellum omnium contra omnes" als natürlicher Zustand, in dem alle Mittel der Gewalt und Hinterlist erlaubt sind.[51]

Noch weiter als Hobbes, der wenigstens für diesen Naturzustand eine Reihe von Naturgesetzen postuliert, geht in der Leugnung des Völkerrechts Spinoza (1632–1677), indem er nicht nur Staaten in ihrem gegenseitigen Verhältnis als im Naturzustand befindlich betrachtet,[52] sondern auch die bindende Kraft des zwischenstaatlichen Vertrags rein vom fortdauernden Nutzen für einen der Partner abhängig macht.[53] Ebenso gehört Samuel Pufendorf[54] zu diesen philosophischen

---

[47] Siehe aaO Prol. 3: „Atque eo magis necessaria est haec opera, quod et nostro saeculo non desunt et olim non defuerunt, qui hanc iuris partem ita contemnerent, quasi nihil eius praeter inane nomen existeret."

[48] Obwohl Hobbes den Begriff selbst nicht verwendet.

[49] Siehe dazu F. Meinecke, Die Idee der Staatsräson in der neueren Geschichte, Berlin 1924, S. 260: „Völkerrecht und Staatsräson stehen in einem natürlichen Konkurrenzkampfe miteinander. Völkerrecht will das Walten der Staatsräson einengen und ihm so viel Rechtscharakter geben als möglich ist. Die Staatsräson aber lökt wider diesen Stachel und benutzt, ja mißbraucht auch sehr häufig das Recht als Mittel für ihre egoistischen Zwecke. Sie erschüttert dadurch immer wieder die Grundlagen, die das Völkerrecht eben mühsam zu legen versucht hat."

[50] Der Fürst, Kap. 18.

[51] Siehe Leviathan 62, 63 = I_{13}; siehe Berber, Staatsideal, 1973, S. 196ff., S. 209ff.

[52] Siehe Tractatus politicus III, 11.

[53] aaO III 14: „Hoc foedus tamdiu fixum manet, quamdiu causa foederis pangendi, nempe metus damni, seu lucri spes in medio est."

[54] De Jure Naturae et Gentium libri octo, Editio Nova, Frankfurt 1716, Lib. II, cap. III, § 23.

Leugnern des Völkerrechts. Ihr prominentester Vertreter im 19. Jahrhundert ist Friedrich Wilhelm Hegel.[55] Am deutlichsten folgt ihm sein Schüler Adolf Lasson.[56] In ähnlicher Weise argumentiert der bayerische Staatsrechtslehrer Max Seydel:[57] ,,Zwischen den Staaten ist aber eine Rechtsordnung nicht möglich; denn diese setzt einen höchsten Herrscherwillen als Rechtsquelle voraus ... Zwischen den Staaten kann mithin kein Recht sein, zwischen ihnen gilt nur Gewalt. Es gibt darum kein Völkerrecht." Schließlich ist in diesem Zusammenhang noch der Schwede Lundstedt zu erwähnen,[58] dem das sogenannte Völkerrecht eine reine Politik der Gewalt ist, die sich im Gewande des Idealismus und der Gerechtigkeit verbirgt; in den internationalen Staatenbeziehungen sei keine Spur von einem wirklichen Völkerrecht aufzufinden.

Die kritische Auseinandersetzung mit den philosophisch begründeten Leugnungen des Völkerrechts kann nur auf philosophischer Ebene geschehen und würde daher den Rahmen dieser Darstellung sprengen.

Von den juristischen Begründungen der Leugnung der Rechtsnatur des Völkerrechts ist die bekannteste die des englischen Juristen John Austin.[59] Da er das Recht als eine Unterart des mit Erzwingungssanktionen ausgestatteten Befehls ansieht, ist ihm Recht nur möglich in einem System der Über- und Unterordnung mit systematisch vorgesehener Zwangsexekution im Nichtbefolgungsfalle. Durch diese Definition verbaut er sich naturgemäß die Möglichkeit, das Völkerrecht, aber auch weite Teile des innerstaatlichen Rechts als Recht im Sinne seiner Definition zu begreifen, und er muß folgerichtig den Rechtscharakter des Völkerrechts verneinen: ,,The so-called law of nations consists of opinions or sentiments current among nations generally. It therefore is not law properly so called."[60] Völkerrecht ist ihm positive internationale Moral, garantiert durch spezifisch moralische Sanktionen, nämlich die Furcht der Staaten und Regierungen, durch ihr völkermoralwidriges Verhalten allgemeine Feindseligkeit mit ihren schädlichen Folgen hervorzurufen.

Die Lehre Austins hat vor allem in angelsächsischen Ländern beträchtlichen Einfluß gewonnen, nicht nur insofern, als die Nichtdeckung des Völkerrechts mit

[55] Grundlinien der Philosophie des Rechts, Berlin 1821, insbesondere § 333: ,,Weil aber deren Verhältnis ihre Souveränität zum Prinzip hat, so sind sie insofern im Naturzustande gegeneinander, und ihre Rechte haben nicht in einem allgemeinen zur Macht über sie konstituierten, sondern in ihrem besonderen Willen ihre Wirklichkeit."

[56] Prinzip und Zukunft des Völkerrechts, Berlin 1871, S. 22: ,,Der Staat kann sich ... niemals einer Rechtsordnung, wie überhaupt keinem Willen außer ihm unterwerfen. Mithin ist der Zustand, der zwischen den Staaten obwaltet, ein vollkommen rechtloser."

[57] Grundzüge einer allgemeinen Staatslehre, Würzburg 1873, S. 31/32.

[58] Superstition or Rationality in Action for Peace? Arguments against Founding a World Peace on the Common Sense of Justice. A Criticism of Jurisprudence. London 1925.

[59] Siehe die 1861–1863 herausgegebenen Lectures on Jurisprudence; or the Philosophy of Positive Law.

[60] aaO I 184.

den Erfordernissen eines aus der innerstaatlichen Rechtsanschauung gewonnenen Rechtsbegriffs zu Anzweiflungen seines Rechtscharakters selbst bei Autoren wie Lorimer, Westlake, Wheaton und Holland geführt hat,[61] sondern auch insofern, als die Austinsche These zu für das Völkerrecht wie für den Frieden gleich verhängnisvollen Reformversuchen geführt hat, das Völkerrecht, das wesensmäßig auf der freien Einverständniserklärung seiner gleichberechtigten Partner beruht, in ein mit Exekutionszwang nach Art des innerstaatlichen Rechts ausgestattetes Befehls- und Subordinationssystem umzuwandeln, nach Art jener These von Lauterpacht:[62] ,,The more international law approaches the standards of municipal law, the more it approximates to those standards of morals and order which are the ultimate foundation of all law.“ Aber selbst auf dem Kontinent hat Austins Lehre Nachfolger gefunden, so insbesondere Felix Somló,[63] der mit Rücksicht auf seine Definition des Rechts als der ,,Normen einer gewöhnlich befolgten, umfassenden und beständigen höchsten Macht“ ebenfalls zu einer Leugnung des Rechtscharakters des Völkerrechts kommt. Ähnlich argumentieren Fritz Sander[64] und Arthur Baumgarten.[65] Weitgehend ähnlich, obwohl er ablehnt, die Geltung des Rechts im äußeren Zwang zu begründen, argumentiert Julius Binder:[66] ,,Das sog. Völkerrecht ist ja, wenn überhaupt, nur zum kleinsten Teil wirkliches Recht; es befindet sich noch im Zustand der primitiven Urnorm, enthält zum guten Teil Vorschriften der guten Sitte des Verkehrs unter den Nationen und der internationalen Moral und beginnt erst seit kurzem sich mit den erstrebten, wenn auch immer noch problematischen Einrichtungen des Völkerbundes mit Gerichtsverfassung, Völkerprozeß und Bundesexekution auf ein wirkliches Recht, oder wenigstens auf die äußere empirische Form eines solchen, hin zu entwickeln . . .“

Es hat in der Tat bei oberflächlicher Betrachtung einen gewissen Anschein, als ob die Leugner des Völkerrechts sich in größerer Deckung mit der internationalen Wirklichkeit befänden als seine Bejaher. Wenn feierliche Verträge als ,,Fetzen Papier“ bezeichnet und beiseite geschoben werden; wenn Völkerbund oder Vereinte Nationen eine strittige internationale Frage von einer Sitzung auf die andere vertagen, weil sie sie offenbar nicht zu bereinigen vermögen; wenn Kriege ausbrechen, die statt der Herrschaft des Rechts der Anarchie, der Willkür, der brutalen Gewalt, dem Recht des Stärkeren Tür und Tor öffnen, wenn in einem Friedensvertrag unter dem Scheine des Rechts dem wehrlosen Besiegten ungerechte und

---

[61] Siehe hierüber wie über das ganze Problem der Völkerrechtsleugner: Gustav Adolf Walz, Wesen des Völkerrechts und Kritik der Völkerrechtsleugner, Stuttgart 1930.

[62] The Function of Law in the International Community, Oxford 1933, S. 432.

[63] Juristische Grundlehre, 2. Aufl., Leipzig 1927.

[64] Das Wesen der ,,Völkerrecht“ genannten Gebilde, in: Zeitschrift für die gesamte Staatswissenschaft, Bd. 81, S. 80ff.

[65] Die Wissenschaft vom Recht und ihre Methode, 2 Bde., Tübingen 1920/22.

[66] Philosophie des Rechts, Berlin 1925, S. 250; s. auch S. 550ff.

einseitige Bedingungen auferlegt werden, die den Keim neuer Kriege in sich tragen: dann spricht man gerne vom Versagen des Völkerrechts, von seiner Unvollkommenheit, von seiner Unfähigkeit, die internationale Wirklichkeit zu regeln und zu meistern.

Dazu ist zunächst zu sagen, daß das Zukurzkommen und Versagen des Rechts eine uralte menschliche Erscheinung auf *allen* Gebieten des Rechts ist; man denke an die bewegliche Klage des alttestamentlichen Weisen:[67] „Ich wandte mich und sah an alles Unrecht, das geschah unter der Sonne, und siehe, da waren Tränen derer, so Unrecht litten und hatten keinen Tröster; und die ihnen Unrecht taten, waren zu mächtig, daß sie keinen Tröster haben konnten." Bei der Klage über die anscheinende Unfähigkeit des Rechts, den Krieg zu beseitigen, vergißt man, daß die Masse des Völkerrechts, der Alltag des Völkerrechts, die unübersehbare Menge völkerrechtlicher Praxis auf dem Gebiet der internationalen Zusammenarbeit, den überwiegenden Teil der internationalen Wirklichkeit bildet, der Krieg die seltene Ausnahme.

Dieser Leugnung durch einen Teil der Theorie steht insbesondere die Bejahung durch die Staatenpraxis entgegen, die seit Jahrhunderten völkerrechtliche Argumente verwendet, völkerrechtliche Verträge abschließt und sie überwiegend einhält, einen Stab von Völkerrechtlern zur Beratung der Außenämter hält, große Geldsummen zur Unterhaltung völkerrechtlicher Gemeinschaftsorgane ausgibt, gemäß den Verfassungen vieler Staaten den Gerichten die Einhaltung des Völkerrechts einschärft, ja in einigen dieser Verfassungen das Völkerrecht sogar höher stellt als das eigene Recht.[68]

Im übrigen wird die Leugnung des Rechtscharakters des Völkerrechts durch einen Teil der Theorie in ihrer systematischen Bedeutung oft überschätzt. Eine ganze Reihe dieser Verneiner leugnen nicht die Verbindlichkeit des Völkerrechts, sondern lediglich seine Verbindlichkeit als *Rechts*norm. Das Problem ist also weitgehend ein definitorisches, ein solches der Terminologie.[69] Dabei wird vielfach von einer Definition ausgegangen, die allein nach Gesichtspunkten des innerstaatlichen Rechts – also nur der einen Hälfte des Rechts – ausgerichtet ist, aber selbst diesen Gesichtspunkten nur recht unvollkommen gerecht wird, statt die Warnung Cardozos[70] zu beachten: „If the result of a definition is to make ... (facts) seem to be illusions, so much the worse for the definition; we must enlarge it till it is broad enough to answer to realities."

In der Tat sind selbst viele in Völkerrechtslehrbüchern verwendeten Definitionen des Rechts allzu äußerlich und ungenau. So definiert das führende englische

[67] Prediger IV, 1.

[68] Siehe Art. 25 Bonner Grundgesetz: „Die allgemeinen Regeln des Völkerrechts sind Bestandteil des Bundesrechts. Sie gehen den Gesetzen vor ...". S. auch Jessup, The Reality of International Law, in: Foreign Affairs, 1940, S. 244.

[69] Siehe Ross aaO S. 51.

[70] Zitiert bei Jessup in Foreign Affairs 1940, S. 244.

Lehrbuch des Völkerrechts von Oppenheim-Lauterpacht[71] Recht als eine Gesamtheit von Regeln für menschliches Verhalten innerhalb einer Gemeinschaft, die kraft allgemeiner Zustimmung dieser Gemeinschaft durch äußere Gewalt erzwungen werden sollen; der Austinsche Ursprung dieser auf Erzwingbarkeit durch äußere Gewalt abstellenden Definition ist unverkennbar.

Wenn diese Definition des Rechts zutreffend wäre, dann wären große Gebiete des öffentlichen und privaten innerstaatlichen Rechts, durchaus nicht nur das Völkerrecht, nicht Recht.

So ist z. B. im Verfassungsrecht, soweit es auf dem Prinzip der Teilung der Gewalten beruht, also am deutlichsten im Staatsrecht der USA, aber auch in dem vieler anderer Staaten, das Recht der obersten Staatsspitzen gegeneinander nur unvollkommen erzwingbar. Im deutschen Familienrecht ist die Hauptverpflichtung der Ehegatten, die Pflicht zur ehelichen Lebensgemeinschaft (§ 1353 BGB), zwar einklagbar, aber nicht erzwingbar (§ 888 II ZPO). Im Dienstvertragsrecht, das so große Gebiete des Wirtschaftslebens der modernen Völker umfaßt, ist die Pflicht zur Leistung unvertretbarer Dienste ebenfalls einklagbar, aber nicht erzwingbar (§ 888 II ZPO). Erich Kaufmann[72] hat mit Recht darauf hingewiesen, daß Rechtsregeln nur dann vorliegen, wenn für den Fall ihrer Verletzung spezifische Rechtssanktionen vorgesehen sind; aus der von ihm nur exemplifikativ gegebenen langen Liste von Rechtssanktionen ergibt sich aber ohne weiteres, wie unzutreffend die Behauptung ist, die Rechtssanktion müsse immer Erzwingbarkeit durch äußere Gewalt sein; Kaufmann nennt als Rechtssanktionen insbesondere: Nichtigkeit, Anfechtung, Kriminalstrafe, Disziplinarstrafe, Verwaltungsstrafe, die verschiedenen Formen und Grade des Zwanges, Selbsthilfe, Schadenersatz, Genugtuung, Kündigungs- und Vertragsaufhebungsrechte, Verfall und Widerruf erworbener Rechte, die Auflösung der Gemeinschaft, Entzug von Rechten sowie von Ehrenerweisungen und Vergünstigungen, Disqualifizierungen, Ausschluß aus einer Körperschaft oder einem Kreis, Ächtung, Rechtloserklärung, offizielle Feststellung einer Verfehlung usw. Es ist also allzu vereinfacht, aus dem Fehlen einer einzigen dieser zahlreichen Sanktionen, der Erzwingbarkeit durch äußere Gewalt, auch wenn sie die dem nur mit innerstaatlichem Recht vertrauten Rechtsanwalt oder Richter aus seinem begrenzten Blickwinkel heraus als die normale erscheint, auf das Fehlen des Rechtscharakters des Völkerrechts schließen zu wollen.

Eine Rechtsdefinition, die nur auf die Erzwingbarkeit durch äußere Gewalt abstellt und damit fast das gesamte Völkerrecht sowie wichtige Teile des Staats- und sogar des Privatrechts nicht zu umfassen vermag, ist einfach falsch, weil viel zu eng. Wollen wir die oben genannten, von der Zwangsdefinition nicht erfaßten Rechtsgebiete in unsere Definition des Rechts mit einbeziehen, so müssen wir

[71] 8. Aufl. 1955, S. 10.
[72] Règles Générales du Droit de la Paix, Paris 1936, S. 177.

Recht definieren als Regeln für äußeres menschliches Verhalten, an deren Verletzung Unrechtsfolgen geknüpft sind. Diese Unrechtsfolgen brauchen nicht, wie Guggenheim[73] offenbar annimmt, Zwangsakte zu sein, sondern irgendeine Rechtssanktion, von denen, wie wir eben gesehen haben, der Zwangsakt nur eine unter vielen ist.

Darüber hinaus ist es eine feststehende rechtsphilosophische Erkenntnis, daß Recht und Moral unlösbar verbunden sind. Radbruch[74] sagt mit Recht: „Nur die Moral vermag die verpflichtende Kraft des Rechts zu begründen." Übereinstimmend stellt Charles de Visscher[75] fest: „Le problème de l'obligation en droit international rentre dans le problème de l'obligation en général et celui-ci se ramène à son tour à un problème moral ... L'explication dernière de la société comme du droit se trouve au-delà de la société: elle se trouve dans les consciences individuelles."

Alle menschlichen Handlungen basieren auf Motivationen wie Trägheit, Gewohnheit, Furcht, Egoismus, Berechnung, englightened self-interest, kategorischem Imperativ, Idealismus, Vernunft, Gewissen usw. Der hauptsächlichste Fehler der Erzwingbarkeitsdefinition, die unter dem Einfluß von Austin vor allem in England noch heute weithin die herrschende ist, liegt darin, daß sie auf moralisch minderwertige Motivationen abstellt, wie Unterwerfung unter Zwang und Furcht vor Strafe, soweit nicht rein materialistisch, dann allerdings unter völliger Verkennung aller gesellschaftlichen Wirklichkeit, an bloß physiologische Zwangseinwirkungen gedacht wird: damit könnte man höchstens ein Strafrecht vom Niveau des 17. Jahrhunderts oder der Konzentrationslager des 20. Jahrhunderts, nie aber ein modernes Staats- oder Völkerrecht erklären. Es ist gerade das Spezifikum abendländischer freiheitlicher Rechtsauffassung, daß nach ihr die Befolgung von Regeln in wirksamerer und moralisch höherwertiger Weise garantiert wird durch die Methode der freien Einverständniserklärung als durch die des Zwanges;[76] d. h. die Methoden freiheitlicher Integration sind wirksamer und moralisch höherwertig als die des Polizeistaats. Die freie Einverständniserklärung, als die soziologisch wirksamste und moralisch höchstwertige Form der Garantie allen politischen Rechts, zu dem gerade das Völkerrecht in eminentem Maße gehört,[77] ist um so eher zu erreichen, je mehr die Rechtsgenossen von der Richtigkeit, der Vernünftigkeit, der Gerechtigkeit der Rechtsregeln überzeugt sind, so daß also für das Völkerrecht viel vordringlicher als die Verhärtung von Verfahrensvorschriften und ihre Formalisierung nach dem Muster innerstaatlichen

[73] Lehrbuch des Völkerrechts, 1948, I, S. 3.

[74] Rechtsphilosophie, 4. Aufl., Stuttgart 1950, S. 138.

[75] Théories et Réalités en Droit International Public, Paris 1953, S. 126f.

[76] Siehe F. Berber, Sicherheit und Gerechtigkeit, Berlin 1934, S. 136ff.; s. dazu die negative Kritik dieser als „liberal" verurteilten Thesen durch die nationalsozialistische offizielle Zeitschrift „Deutsches Recht", 15. 3. 1935; siehe dazu jetzt Kimminich in Festschrift für F. Berber, 1973, S. 228ff.

[77] Siehe unten § 3 IV.

Rechts der Ausbau einer materialen Gerechtigkeitsordnung ist. Übereinstimmend stellt W. Briggs[78] fest: ,,The treaties most likely to be observed are those which recognize and develop whithin a legal framework a positive mutuality of interests. The treaties most likely to be violated are those which, taking no account of the political considerations which sometimes cause States to disregard law, nevertheless attempt to control political conduct by a series of negative or prohibitory rules. International Law must be conceived of less as a body of commands which are expected to achieve their prohibitive purposes in opposition to social and political realities than as a canalization of those tendencies considered valuable in terms of social ends." Ebenso stellt Hans Morgenthau[79] fest: ,,Most rules of international law formulate in legal terms such identical or complementary interests. It is for this reason that they generally enforce themselves, as it were, and that there is generally no need for a specific enforcement action."[80] Die Zwangstheorien dagegen verkennen den Sachverhalt, daß der Verkehr freier Völker seit alters den Methoden freier Integration entsprach, die, wie wir aus der innerstaatlichen Entwicklung der freien Völker wissen, trotz aller Risiken und Rückschläge die einzigen auf die Dauer wirksamen sind.[81] Es ist aufschlußreich, daß von den Tausenden von Urteilen internationaler Gerichte, die in den letzten 150 Jahren ergangen sind, nur wenige nicht freiwillig durch den verlierenden Staat befolgt wurden.[82] Während die freiheitliche Integrationstheorie behauptet, daß eine Regel um so eher befolgt wird, je mehr die Rechtsgenossen von ihrer Gerechtigkeit überzeugt sind, muß die Zwangstheorie sagen, daß Rechtsregeln um so eher befolgt werden, je strenger und wirksamer die Sanktionen der Nichtbeachtung sind; sie vernachlässigt also das Bemühen um eine materiell gerechte Ordnung und damit auch um die Ausräumung der wirklichen Kriegsursachen und konzentriert sich auf die Forderung nach der Konstruktion lückenloser Zwangsmechanismen. Hierher gehören die Versuche der letzten Jahrzehnte, die den Völkerbund und die Vereinten Nationen aus völkerrechtlichen Gemeinschaftsorganen, die auf der freien Zusammenarbeit gleichberechtigter Staaten beruhen, in automatisch arbeitende Sanktions-, Zwangs- und Strafmechanismen umwandeln und damit den zwischenstaatlichen Verkehr in das Prokrustesbett einer nach innerstaatlichem Vorbild ausgerichteten polizeistaatlichen Entwicklung pressen wollen. Diese Fehlentwicklung leitet sich von theoretischen Irrtümern her, die den Zwang als einzige Rechtsgarantie sehen;

[78] The Law of Nations, New York 1952, S. 20.

[79] Politics among Nations, New York 1956, S. 272.

[80] Siehe hierzu auch Herbert W. Briggs, The progressive development of international law, Istanbul 1947; Max Huber, Die soziologischen Grundlagen des Völkerrechts, Berlin 1928; Gerhart Niemeyer, Law without Force: the Function of Politics in International Law, 1941.

[81] Siehe Philip Marshall Brown, International Realities, 1917, S. 104: ,,It may truly be affirmed that the lex gentium is of a more elevated nature. Applying as it does inter gentes, it does not appeal to the policeman; it appeals to reason itself, to the sense of equity, to a higher moral consciousness." Siehe ebenso auch Sauer, Lehrbuch der Rechts- und Sozialphilosophie, 1929, S. 290.

[82] Morgenthau aaO S. 272.

es kommt dann zu Feststellungen, wie sie sich noch in der 6. Auflage 1947 von Oppenheim[83] finden: „A Law is the stronger, the more guarantees are given that it can and will be enforced." Das ist reiner Materialismus. Es ist ein hoffnungsvolles Zeichen, daß dieser verhängnisvolle Satz sich in der 8. Auflage Oppenheims von 1955 nicht mehr findet. Die einzige mit abendländisch-christlicher Tradition vereinbare rechtsphilosophische These kann nur lauten: Ein Recht ist um so stärker, je gerechter es ist; dann wird es nämlich um so williger und allgemeiner befolgt.[84]

Auf jeden Fall steht fest: Selbst wenn man die innerstaatlich verengte Definition des Rechts zugrunde legt, ist das sog. Völkerrecht doch ein verbindliches und befolgtes System von Normen.[85] Definiert man dagegen Recht in einer Weise, daß alle herkömmlich als Recht bezeichneten Gebiete darunter subsumierbar sind, so ist Völkerrecht zweifellos echtes Recht, wie das auch die Praxis der unmittelbar von ihm betroffenen Rechtssubjekte, der Staaten, in ständiger Übung aufweist.[86]

Das Völkerrecht ist also zweifellos ein System von Normen, es ist eine Rechtsordnung. Aber genau so, wie es charakteristische Besonderheiten des öffentlichen Rechts gegenüber dem privaten Recht gibt, gibt es charakteristische Besonderheiten des Völkerrechts, die es vom innerstaatlichen Recht in einer Reihe wesentlicher Beziehungen deutlich unterscheiden.[87]

§ 3. Die Besonderheiten des Völkerrechts

I. Der genossenschaftliche Charakter des Völkerrechts

Gierke hat für die deutsche Verfassungsentwicklung die großen Gegensätze der Genossenschaft und der Herrschaft klar herausgearbeitet, und es handelt sich dabei

[83] aaO S. 14; siehe dagegen Borchard in Yale Law Journal 1946, S. 966.

[84] Zum ganzen Fragenkomplex siehe noch: Ago, Scienza giuridica e il diritto internazionale, 1950; Bruns, V., Völkerrecht als Rechtsordnung, inZaöR VR 1929, S. 1ff., 1933, S. 454ff.; Burckhardt, W., Die Organisation der Rechtsgemeinschaft, Untersuchungen über die Eigenart des Privatrechts, des Staatsrechts, des Völkerrechts, 1927; Cohen, Ethical Systems and Legal Ideals, 1933; Goodheart, English Law and Moral Law, 1953; Grosch, Der Zwang im Völkerrecht, 1912; Kelsen, Das Problem der Souveränität und die Theorie des Völkerrechts, 1920; Kelsen, Principles of International Law, 1952; Papaligouras, Théorie de la Société Internationale, I, 1941; Spiropoulos, Théorie Générale de Droit International, 1930; A. Verdross, Die Einheit des rechtlichen Weltbildes auf Grundlage der Völkerrechtsverfassung, 1923.

[85] Siehe Anzilotti aaO S. 35: „Uns genügt die Feststellung, daß Normen, die dem sich deckenden Willen mehrerer Staaten ihre Entstehung verdanken und zur Regelung ihres gegenseitigen Verhaltens bestimmt sind, ohne jeden Zweifel existieren."

[86] Siehe Brierly: The Law of Nations, 1955, S. 70: „questions of international law are invariably treated as legal questions by the foreign offices which conduct our international business, and in the courts, national or international, before which they are brought . . ."; Hart aaO S. 208ff.

[87] Gegen die Annahme eines sog. „spezifischen" Charakters des Völkerrechts wendet sich Lauterpacht, The Function of Law in the International Community, S. 405ff., mit der Behauptung, dadurch werde der Weg für die modernste Form der Völkerrechtsleugnung geebnet; s. dagegen Tunkin, Co-Existence and International Law, in: Recueil 1958 III, S. 78f.

um eine grundlegende und universale Unterscheidung allen Rechts. Er definiert[88] den herrschaftlichen Verband in seiner reinen Gestalt als ,,diejenige Gemeinschaft, in welcher Einer das ist, was in der Genossenschaft Alle sind". Während nun aber in der innerstaatlichen Entwicklung die Herrschaft die Genossenschaft immer mehr und mehr zurückdrängte und erst in neuerer Entwicklung durch die Idee der Demokratie in gewissem Umfang das Herrschaftliche wieder mit genossenschaftlichen Gedanken sich durchdrang, ist das Völkerrecht in fast reiner Form auf dem genossenschaftlichen Prinzip stehen geblieben. Das bedeutet, daß das Völkerrecht nicht das Recht von Untertanen ist, die einem Höheren unterworfen sind, sondern das Recht gleichberechtigter Freier, die keinen Höheren über sich anerkennen, im Sinne jener mittelalterlichen Formel vom ,,rex, qui superiorem non recognoscit",[89] die am Anfang der abendländischen Entwicklung zum modernen souveränen Staat steht. Daraus folgt, daß das Völkerrecht zunächst aus der Übung der Rechtsgenossen herauswachsendes Gewohnheitsrecht ist; ist es gesetztes Recht, so ist es nicht Gesetz, Befehl eines Gesetzgebers, sondern freie Einung, Vertragsrecht. Aus diesem genossenschaftlichen Charakter des Völkerrechts folgt weiter, daß die Basis seiner Entstehung die einstimmige Beschlußfassung der Rechtsgenossen ist, und daß hierfür eine bloße Majorität nicht genügt.[90] Diese genossenschaftliche Struktur des Völkerrechts ist die Basis für die Souveränitätseigenschaft der Mitglieder der internationalen Gemeinschaft, die trotz aller insbesondere seit dem ersten Weltkrieg erfolgten Anzweifelungen[91] noch am Ende des 2. Weltkrieges in Art. 2 Ziff. 1 der Satzung der Vereinten Nationen klar und formell anerkannt wird: ,,The organization is based on the principle of the sovereign equality of all its members."

Die Organisationsformen aller Gemeinschaften sind entweder stärker nach dem

---

[88] Das deutsche Genossenschaftsrecht, 1868, I, S. 89.

[89] Siehe darüber von der Heydte aaO S. 59; s. z. B. als ein frühes Beispiel der so überaus wichtigen Formel den bei Bernheim, Mittelalterliche Zeitanschauungen in ihrem Einfluß auf Politik und Geschichte, 1918, I, S. 216, zitierten Brief des Papstes Gregor VII. an den ungarischen Kronprätendenten Geisa von 1056: ,,. . ., daß das Königreich Ungarn wie auch andere hervorragende Königreiche sich im Zustand ursprünglicher Freiheit befinden und keinem König eines anderen Königreichs unterworfen sein sollen außer der heiligen und allumfassenden Mutter, der römischen Kirche . . ."; s. auch die schon ganz prägnante Formel in des Wilhelm von Rennes Glosse zur Summa casuum des Raimund von Pennafort um 1250 – zitiert nach von der Heydte aaO S. 64: ,,Der Fürst, der keinen Oberen hat, mag er König sein oder Kaiser, kann, wenn ein gerechter Grund vorliegt, Krieg führen sowohl gegen seine Untertanen als auch gegen äußere Gegner."

[90] Über die Einschränkungen des Einstimmigkeitsprinzips bei einigen internationalen Organisationen neuester Entwicklung s. unten § 25 B, C.

[91] Siehe vor allem Alvarez, Le droit international de l'avenir, 1916; Burckhardt, Die Unvollkommenheit des Völkerrechts, 1923; Kraus, Die Krise des zwischenstaatlichen Denkens, 1933; Lammasch, Das Völkerrecht nach dem Kriege, 1917; Laun, Der Wandel der Ideen Staat und Volk als Äußerung des Weltgewissens, 1933; Politis, Les nouvelles tendances du droit international, 1927; Schücking, Die völkerrechtliche Lehre des Weltkriegs, 1917; Scott, Le progrès du droit des gens, 1934; Niemeyer, Aufgaben künftiger Völkerrechtswissenschaft, 1917; Woltzendorf, Die Lüge des Völkerrechts, 1919; Zitelmann, Die Unvollkommenheiten des Völkerrechts, 1919.

Prinzip der Einheit oder nach dem der Freiheit bestimmt.[92] Dem Prinzip der Einheit schlechthin entspricht der herrschaftliche, dem Prinzip der Freiheit in der Gemeinschaft entspricht der genossenschaftliche Organisationstyp; dem Prinzip der Freiheit schlechthin entspricht überhaupt keine Organisationsform, sondern die Anarchie. Das genossenschaftliche Recht befindet sich in einem labilen Gleichgewichtszustand zwischen Herrschaft und Anarchie und ist immer in der Gefahr, entweder dem Gedanken der einseitigen Einheit oder dem der einseitigen Freiheit zum Opfer zu fallen.[93] Ein Recht zwischen gleichberechtigten Freien verfällt nur dann nicht in Anarchie, wenn zwischen ihnen eine substantielle Gemeinschaft mit einem lebendigen Gemeinschaftsbewußtsein und wirksamen Gemeinschaftsorganen besteht. Hier liegt die Wurzel der nicht zu übersehenden Schwäche des gegenwärtigen Völkerrechts, nicht in seinem genossenschaftlichen Charakter als solchem.

Zwei Entwicklungen haben vor allem zu diesem unbefriedigenden Ergebnis beigetragen. Die eine ist die unter fälschlicher Berufung auf Bodin erfolgte Übersteigerung der Idee der Freiheit in der modernen Souveränitätstheorie.[94] Die andere ist der Zerfall der abendländisch-christlichen Gemeinschaft, auf der das moderne Völkerrecht ursprünglich beruhte, von innen her, durch den – vielfach unbewußten – Abfall innerhalb des Christentums von seiner verpflichtenden ethischen Kraft trotz weiterbestehenden Bekenntnisses, und durch den bewußten formellen Abfall vom Christentum, wie er sich in den modernen totalitären Staaten vollzog, und die Zersetzung und Unterwanderung dieser abendländisch-christlichen Gemeinschaft von außen her, dadurch, daß Kulturen, die mit der abendländisch-christlichen Kultur in keinem Zusammenhang standen, zu vollen Rechten in sie aufgenommen wurden und heute schon an bloßer Kopfzahl ihrer

---

[92] Siehe hierüber Berber, Sicherheit und Gerechtigkeit, S. 16ff.; Berber, Staatsideal, S. 496ff.

[93] Vgl. für das Heilige Römische Reich z. B. Gierke aaO Bd. 2, S. 128: „Die Entwicklung unseres Volkes im Sinne des Subjektivismus, der Mannigfaltigkeit und der Individualfreiheit fand, als sie sich auf das Recht übertrug, kein Gegengewicht an einem unverrückbaren und einheitlichen Gesetzesbegriff. Das Recht löste sich in Rechte auf, bis es nur noch in der Idee ein gleiches und gemeines Recht, in Wirklichkeit nur die zahllosen individuellen Rechte, Freiheiten, Privilegien und Sonderbefugnisse der Stände, Herren und Genossenschaften, der Marken und der Höfe gab"; vgl. auch G. F. W. Hegel, Die Verfassung Deutschlands, 1802, S. 13: „Das deutsche Staatsgebäude ist nichts anderes als die Summe der Rechte, welche die einzelnen Teile dem Ganzen entzogen haben. . . ."

[94] Siehe dafür als anschauliches Beispiel die Interpretation eines Liberalen, nicht eines Nationalisten, aus der Zeit zwischen den zwei Weltkriegen, nämlich die Deutung des Bodinschen Souveränitätsbegriffs durch Mendelssohn-Bartholdi, Souveränitäten, in Neue Rundschau 1923, S. 97ff.: „. . . der souveränen Majestät, die niemand und nirgends anders war als der König von Frankreich, der unbeschränkte Monarch, der keinem Gesetz unterworfen, vielmehr der Schöpfer alles Rechtes und der Herr über alle Gesetze ist, einer, den nur sein eigenes Wort binden kann, weil Er es gegeben, der sich aber auch selbst vom Bruch dieses Wortes lossprechen kann, ein Allergroßmächtigster, für den die Menschen nur Untertanen sein können oder Feinde . . ." Bodin hatte aber nie solche Absolutheit behauptet, sondern den Souverän als gebunden betrachtet an das göttliche Gesetz, an das Naturrecht, das allen Nationen gemeinsam ist, und an die sog. leges imperii, eine Art Grundgesetz des Landes: s. Les six livres de la République 1583, I, S. 8, 132ff.

Bevölkerung die alteingesessenen Mitglieder übertreffen.[95] Dramatisiert wird dieser Vorgang dadurch, daß gerade oft die nichtchristlichen Teile der Völkerrechtsgemeinschaft sich für ihre Forderungen auf christliche Prinzipien berufen können (s. z. B. die antikolonialen Beschlüsse der Bandung-Konferenz und der UN), während die christlichen Nationen diese Prinzipien nicht voll verwirklichen. Dieser Mangel an Gemeinschaftsbewußtsein verhindert das organische Wachstum echter und wirksamer Gemeinschaftsorgane, und damit sind wir zugleich bei der zweiten Besonderheit des Völkerrechts angelangt, seinem schwachorganisierten, seinem dezentralisierten Charakter.

II. Der schwachorganisierte Charakter des Völkerrechts

Diese Besonderheit des Völkerrechts wird manchmal, wenn auch zu Unrecht, als sein „primitiver" oder „anarchischer" Charakter bezeichnet.[96] Diese Unwertbezeichnung ist prima facie nur gerechtfertigt, wenn man das Völkerrecht mit dem zweifellos hoch organisierten Recht des modernen Staates vergleicht, dem die *potentielle* Totalität immanent ist. An sich ist der schwach organisierte Charakter der Rechtsordnung ein verbreitetes Merkmal allen genossenschaftlichen Rechts; man denke nur etwa an das (British) Commonwealth of Nations oder an das Heilige Römische Reich Deutscher Nation, von dem Hegel[97] behauptete: „Deutschland ist kein Staat mehr" – eine falsch begründete Kritik, da das Reich ja eben kein Staat, sondern ein genossenschaftlicher Verband war.[98] Dieser schwachorganisierte Charakter des Völkerrechts ergibt sich daraus, daß es an einem regelmäßig wirksamen institutionellen, sich über eine widersprechende Minorität gegebenenfalls hinwegsetzenden völkerrechtlichen Apparat zur Schaffung wie zur Durchsetzung von Völkerrecht fehlt. Es fehlt nicht an Möglichkeiten zur Schaffung neuen Rechts, und es fehlt nicht an Zwangsmöglichkeiten, wie etwa in der von der Satzung der UN selbst in aller Form sanktionierten Selbsthilfeform der „individuellen und kollektiven Selbstverteidigung". Aber es fehlt an einer dem staatlichen Gesetzgebungs- und Vollstreckungsapparat vergleichbaren autoritären Institution, und es muß an ihr fehlen, da sonst das Völkerrecht in Weltstaatsrecht verwandelt würde. Die Tatsache, daß die Durchführung des Völkerrechts regelmäßig nicht in der Hand von eigentlichen Gemeinschaftsorganen, sondern kraft

---

[95] Siehe Charles de Visscher aaO 1. Aufl., S. 168: „La diffusion d'idéologies politiques nouvelles, la brusque accession aux rapports internationaux de peuples de civilisations très diverses, ont singulièrement réduit le fond éthique commun du droit international." Siehe auch Tunkin, The Role of International Law in International Relations, in Festschrift für A. Verdross, 1960, S. 293ff.

[96] Siehe z. B. Guggenheim aaO I, S. 3f.

[97] Die Verfassung des Deutschen Reichs, 13, 11a.

[98] Siehe Berber, International Aspects of the Holy Roman Empire, in Indian Year Book of International Law, 1964 II, S. 74; Berber, Staatsideal, S. 333; Randelzhofer, Völkerrechtliche Aspekte des Heiligen Römischen Reiches nach 1648, 1967.

Delegation in der Hand von Organen der Einzelstaaten liegt, ist dagegen nicht notwendig mit dem genossenschaftlichen Charakter des Völkerrechts verbunden, sondern stellt nur ein bestimmtes Entwicklungsstadium dar, dessen Bezeichnung als „primitiv“ uns keine größere Aufklärung über die Bedeutung dieser Regelung gibt. Die Tatsache, daß das Völkerrecht im wesentlichen nicht garantiert ist von Organen der Staatengemeinschaft, sondern von Organen der einzelnen Staaten, ist aber so stark mit dem gegenwärtig erreichbaren Stadium internationaler Integration verbunden, daß es unfruchtbar ist, zur Ersetzung dieser Situation utopische weltstaatliche Organisationsformen vorzuschlagen. Es ist wesentlich realer, zu überlegen, was beim – vorläufig unvermeidlichen – Fortbestand dieser Situation getan werden kann, um die mit ihr notwendig verbundenen Gefahren auf ein Minimum zu reduzieren.

Die Gefahren dieser gegenwärtigen Situation des Völkerrechts sind unverkennbar. Die Garantierung des Völkerrechts durch einzelstaatliche Organe statt durch Organe der Gemeinschaft bedeutet etwa dasselbe, als wenn das innerstaatliche Recht nicht vom Staat, sondern von den einzelnen Bürgern als Rechtsgenossen garantiert wäre, was nur noch in rudimentären Resten, wie etwa dem Selbsthilferecht des § 227 BGB oder dem vorläufigen Festnahmerecht des § 127 Strafprozeßordnung, vorkommt. Man kann also im Völkerrecht mit größerem Recht als anderswo von einer Identität von Rechtssubjekt und Rechtsunterworfenem sprechen; den gleichen Sachverhalt meint man, wenn man in populär-ungenauer Weise davon spricht, daß im Völkerrecht die Staaten „Richter in eigener Sache“ seien.

Die einzelstaatliche Garantierung des Völkerrechts vollzog sich bis zur Schaffung von Völkerbund und Vereinten Nationen vor allem in Selbsthilfe, Intervention, Repressalie und Krieg. Das war ganz zweifellos ein weniger rationalisiertes, primitiveres System der Rechtsgarantierung als das innerstaatliche Rechtsverwirklichungsverfahren. Es hatte von allem Anfang an den schweren Mangel, daß es in der Praxis dem Stärkeren gegenüber dem Schwächeren Möglichkeiten an die Hand gab, die dem Schwächeren gegenüber dem Stärkeren verwehrt waren. Darüber hinaus bringen diese primitiven Prozeduren bei der modernen technischen Entwicklung die Gefahr der Selbstvernichtung mit sich. Man hat deshalb sowohl nach dem ersten wie nach dem zweiten Weltkrieg den Versuch gemacht, an Stelle der einzelstaatlichen Selbsthilfe eine kollektive Organisation zu setzen, die in der Satzung der UN so weit ging, die einzelstaatliche Gewaltanwendung zur Durchsetzung einzelstaatlicher Interessen überhaupt zu verbieten, ohne doch ein umfassendes kollektives System zur Wahrung einzelstaatlicher Rechtsansprüche zur Verfügung zu stellen.

Zum schwachorganisierten Charakter des Völkerrechts gehört schließlich mangels eines internationalen Gesetzgebers auch die Tatsache, daß das Völkerrecht weitgehend ungeschriebenes Gewohnheitsrecht ist. Existenz und Umfang völkerrechtlicher Regeln sind deshalb oft schwer festzustellen,[99] und auf jeden Fall ist auf diesem Wege, bei dem Zeit, Übung und Rechtsbewußtsein die konstituierenden Elemente sind, nicht die dem rastlosen modernen Geist so adäquate rasche Rechtsschöpfung möglich. Andererseits ist dadurch die Bestandsgarantie des Gewohnheitsrechts auch besonders stark; nicht nur zum Entstehen, auch zum Vergehen benötigt Gewohnheitsrecht lange Zeiträume. Man könnte deshalb fast, in Abwandlung eines Zitats von Otto Mayer,[100] sagen: ,,Staatliches Recht vergeht, Völkerrecht besteht." Auf jeden Fall ist diese überwiegend gewohnheitsrechtliche Basis des Völkerrechts ein Zeichen ebensowohl für seinen genossenschaftlichen (,,demokratischen") wie für seinen konservativen Charakter. Genossenschaftliches Gewohnheitsrecht kann immer nur in dem Umfang entstehen, in dem Homogenität gegeben ist.[101] Da dies in den Beziehungen der Völker nicht in dem gleichen Umfang wie im innerstaatlichen Recht der Fall ist, wird das Völkerrecht, solange diese zugrunde liegenden soziologischen Tatsachen nicht entscheidend geändert sind, Lücken aufweisen, wird es nicht alle zwischen Staaten möglichen Probleme geregelt haben; für einen Totalitätsanspruch des Rechts analog den modernen innerstaatlichen Potentialitäten fehlen im Völkerrecht heute noch weithin die Voraussetzungen.[102] Ebenso überwiegt angesichts des Mangels einer universalen Homogenität und Interessenübereinstimmung das partikuläre Völkerrecht quantitativ bei weitem das universale Völkerrecht, da in begrenzten Rechtskreisen die Voraussetzungen genossenschaftlicher gewohnheitsrechtlicher Rechtsbildung wie des Vertragsschlusses leichter gegeben sind.[103] Damit sind wir

[99] Hierher gehört auch die kritische Bemerkung von Alf Ross aaO S. 56: ,,... rules which have come into existence in this manner will show a tendency to be of a certain hard-handed rude character, The finer shades imply explicit formulation. Therefore International Law often bears the stamp of a primitive simplification compared with the minutely analytical quality of national law."

[100] Siehe Deutsches Verwaltungsrecht, Vorwort zur 3. Aufl. 1924.

[101] Siehe dazu Carl Schmitt, Die Kernfrage des Völkerbundes, 1926, S. 63ff.

[102] Über den hieraus folgenden lückenhaften Charakter des Völkerrechts siehe anschaulich die bedeutsamen Ausführungen von Julius Stone in Proceedings of the American Society of International Law, 1956, S. 204: ,,Moreover, I find it neither self-evident nor proven that there may not arise cases as to which the long-term effectiveness of international law would be better served by admitting that no existing rule of law covers the matter, and that the elaboration of a rule is best left to emerge from practice and experience. I do not, indeed, believe that it would necessarily be a good thing (even if it were practicable) to attempt to regulate by general rules of international law all the relations between states, not even all those relations which may give rise to conflicts of interests." Siehe ferner Stone, Non Liquet and the Function of Law in the International Community, in BYIL 1959 S. 124; Siorat, Le Problème des Lacunes en Droit International, 1959; a. M. Lauterpacht in Symbolae Verzijl, 1958, S. 196.

[103] Siehe auch Walz aaO S. 260: ,,Das Völkerrecht normiert die rechtlichen Beziehungen einer ungleich umfassenderen Gemeinschaft, als dies bei den einzelstaatlichen Rechtsordnungen der Fall ist. Die Folge ist nun nicht die, daß das Völkerrecht eine entsprechend größere Normenzahl bereitstellen müßte. Umgekehrt genügt für den weiteren Gemeinschaftskreis eine geringere Normenzahl; denn je weiter der Personenkreis, desto geringer die Gemeinsamkeiten. ... Das Völkerrecht ist seiner ganzen Natur nach auf eine gewisse Beschränkung angewiesen. Die Fülle der rechtlichen Einzelnormierungen bleibt nach wie vor bei den Staaten der Völkerrechtsgemeinschaft." Daß dies nicht die Nichtexistenz

bereits bei der dritten Besonderheit des Völkerrechts angelangt, nämlich seinem partikulären, konkreten Charakter.

III. Der konkrete Charakter des Völkerrechts

Das Völkerrecht findet sich im Gegensatz zu anderen Rechtsgebieten vorzüglich nicht in typischen und abstrakten, sondern in konkreten und individuellen Regelungen. Ein Grund dafür ist, im Gegensatz zu der unübersehbaren Zahl der Rechtssubjekte im bürgerlichen Recht, für die typische Situationen mit relativer Gleichartigkeit in einer großen Zahl von Fällen auftreten, so daß abstrakte Regelungen und Formulierungen möglich sind, die klar begrenzte Zahl der Rechtssubjekte des Völkerrechts, die unter 200 bleibt.[104] Diese Rechtssubjekte treten in das Völkerrecht nicht als abstrakte auswechselbare Typen, als ,,Staaten" schlechthin, ein, sondern als konkrete, so und so beschaffene, individuelle historische Mächte,[105] die jeder abstrakt-generellen Regelung spotten.[106] Die den am innerstaatlichen Massenrecht geschulten Juristen beängstigende Leere des Völkerrechts von allgemeinen abstrakten Regeln, das Überwiegen der bilateralen über die multilaterale oder gar universale Abmachung findet hier ihre Ursache. So weist Ross[107] darauf hin, daß der Grund, warum es bisher unmöglich war, eine Lösung für die Frage der Ausdehnung des Küstenmeeres zu finden, wahrscheinlich der ist, daß eine Lösung mittels abstrakter Regeln wegen der großen individuellen Unterschiede zwischen den wirklichen Bedingungen und Interessen überhaupt nicht möglich ist: ,,The ideal solution might be conceived to be a complete marking out of the limits of each maritime belt on a map of the world." Der Verfasser ist bei der Untersuchung des internationalen Stromnutzungsrechts zu ganz ähnlichen Ergebnissen gelangt:[108] ,,... würde ein solches universales System vor allem daran

allgemeingültiger Völkerrechtsnormen bedeutet, wird überzeugend dargetan in DDR-Lehrbuch I S. 42.

[104] Siehe I. L. Brierly, The Outlook for International Law, S. 40: ,,In contrast with a national society, the two most prominent characteristics of the international society are the fewness of its members and their heterogeneity." Siehe ferner Charles de Visscher aaO S. 165f.: ,,Ces différenciations profondes qui procèdent de l'individualité ethnique et historique propre des nations, des inégalités de leur constitution physique et de leurs ressources économiques, du nombre réduit des Etats par comparaison avec celui des individus, du caractère éminemment politique de leurs fins propres, de l'irrégularité et de la moindre fréquence de leurs rapports mutuels, conduisent ici à la prédominance des situations particulières sur les situations générales."

[105] Siehe Berber in Ausw. Politik 1942, S. 193; Stone, Legal Controls of International Conflict, 1954, S. 330: ,,The Bergsonian Adage, moreover, that phenomena in time are unique, applies with special force to the procession of States and their policies, so that the concretization of precepts for judgement in terms of stereotype situations becomes quite hazardous."

[106] Siehe Ross aaO S. 59: ,,If International Law is to be more than an illusion for the maintenance of abstract ideals of equality, it is inevitable that it should largely take into consideration (especially in the rules of organisation) the actual differences between the states, especially the extent of their political power."

[107] aaO 59.

[108] Berber, Die Rechtsquellen des internationalen Wassernutzungsrechts, 1955, S. 195.

scheitern, daß die geographischen und klimatischen Verschiedenheiten ebenso wie die darauf basierende große Verschiedenheit der Art der Wassernutzungen jeder uniformen Typisierung spotten würden. Nicht nur der grundsätzliche Unterschied zwischen konsumptiven und nichtkonsumptiven Benutzungsarten, der den Kern der Benutzung betrifft, wird jede universale Regelung ausschließen; auch innerhalb der einzelnen großen Gruppen überwiegen die individuellen Unterschiede ... Es besteht keine Möglichkeit, aber auch keine Notwendigkeit, all diese verschiedenen Modalitäten in das Prokrustesbett einer uniformen Regelung zu pressen. ... Die bunte Vielfalt der Verträge ist nichts anderes als ein Widerschein der bunten Vielfalt völkerrechtlicher Verhältnisse überhaupt, die der öden Gleichmacherei weltstaatlichen rationalistischen Denkens spottet und allein dem vielfältigen Reichtum der Welt gerecht wird."

Aus diesem konkreten Charakter des Völkerrechts ist auch das weitgehende Zusammenfallen von Rechtsgeschäft und Rechtsnorm zu erklären, das von Gierke als ein wesentlicher Zug auch des ebenfalls genossenschaftlichen altdeutschen Rechtes nachgewiesen wird.[109]

Aus dem konkreten Charakter des Völkerrechts folgt, daß es hier viel gefährlicher als sonstwo im Recht ist, typisch oder generell zu denken. Man darf nie vergessen, daß viele theoretische völkerrechtliche Regeln abstrahierende Generalisierungen konkreter Einzelfälle ohne hundertprozentig sicheres Präjudiz für künftige Einzelfälle sind.[110]

Aus dem konkreten Charakter des Völkerrechts folgt schließlich auch die besondere Nähe der Wissenschaft vom Völkerrecht zu politischer Wissenschaft und Geschichte, insbesondere diplomatischer Geschichte, als Wissenschaften weniger vom Generellen und Typischen als vom Konkreten und Individuellen. Aber freilich entsteht die Nachbarschaft zur politischen Wissenschaft in noch viel stärke-

[109] Siehe Gierke aaO II S. 126: „Hauptcharakterzug unserer Rechtsgeschichte ist, daß bei uns, während die römische Entwicklung mit der scharfen Gegenüberstellung von Gesetz und Befugnis begann, Jahrtausende lang die eine Idee des Rechts den unentwickelten Gegensatz des objektiven und des subjektiven Rechts umspannte"; ebenso ebda S. 128: „... ohne daß man sich bewußt wird, daß in dem einen Fall Rechtsnormen, in dem anderen Rechtsverhältnisse entstehen"; und ebda S. 466: „Unter diesen Umständen mußte auch die bewußte Rechtserzeugung die Momente des Legislativaktes und des bloßen Rechtsgeschäfts miteinander vermischen." Siehe auch Sir James Headlam Morley, Studies in Diplomatic History, 1930, S. 172: „It is probably the most serious defect in the protocol (sc. Genfer Protokoll von 1924) that, devised at it is to meet a particular and local problem, we find nothing in the text to indicate that its chief importance is its application to Europe ... To this is due the sense of unreality which it originated."

[110] Siehe auch den Aufsatz von Verdross: Abstrakte und konkrete Regelungen im Völkerrecht, in: Völkerbund und Völkerrecht 4. Jahrg., 1937/38, S. 212ff.; s. auch Max Huber, Die konstitutiven Grundlagen des Völkerrechts, in Zeitschr. f. Völkerrecht, 1923, S. 1ff.: „Wir glauben überhaupt, daß auf dem Gebiete des öffentlichen Rechts und auf demjenigen des Völkerrechts insbesondere die im Zivilrecht richtige Methode der Herausarbeitung von Typen und die Anwendung dieser auf die konkreten Erscheinungen des Rechtslebens nicht ohne Gefahr ist. Das Staatsleben wirkt sich größtenteils in Individualerscheinungen aus; es widerstrebt deshalb vielfach juristischer Erfassung – die indessen nicht identisch ist mit rechtlicher Ordnung."

rem Maße aus dem nunmehr zu beschreibenden politischen Charakter des Völkerrechts.

IV. Der politische Charakter des Völkerrechts

Unter dem „politischen" Charakter des Völkerrechts soll natürlich nichts außerhalb des Rechts Stehendes oder dem Recht feindlich Gegenüberstehendes verstanden werden,[111] sondern eben ein Wesensmerkmal des Völkerrechts selbst, ohne dessen Erkenntnis man unvermeidlich zu falschen Konstruktionen im Völkerrecht kommt. Dieses Wesensmerkmal zu übersehen, führt nur allzu leicht zur Leugnung des Rechtscharakters des Völkerrechts, da dann sein wesenhafter Unterschied zu den meisten Teilen des innerstaatlichen Rechts nicht eingesehen werden kann.[112] Diese blasse und weltfremde Verkennung des politischen Charakters des Völkerrechts durch theoretisierende Wunschträumer führt unweigerlich zum Gegenschlag der das *Rechtliche* in den internationalen Beziehungen verkennenden, nur das Politische betonenden Neo-Realisten.[113] So wendet sich z. B. der bekannte amerikanische Diplomat George F. Kennan[114] gegen den „moralistic-legalistic approach" einer weithin herrschenden Völkerrechtslehre und fordert statt seiner „old-fashioned diplomatic procedures in naked power-calculations and practices". Percy E. Corbett[115] leugnet, daß die Materialien, die euphemistisch

[111] Ganz unverständlich ist eine kritische Bemerkung von Wengler, Der Begriff des Politischen im internationalen Recht, S.38, der unter Zitierung von S. 20 meines Buches „Sicherheit und Gerechtigkeit" behauptet, ich sehe „allgemein das Politische in der, dem Recht gegenüberstehenden dynamischen Lebendigkeit". In Wirklichkeit sage ich an der zitierten Stelle unter der Überschrift: „Der politische Charakter des Völkerrechts" das genaue Gegenteil, nämlich daß das Politische hier *nicht* im Sinne der dem Recht gegenüberstehenden dynamischen Lebendigkeit – die das Politische natürlich auch sein kann – verstanden werden solle; „es soll hier vielmehr von dem Gesamtgebiet des internationalen Rechts jener Teil, der sich mit den existenziellen Problemen der Staatenbeziehungen befaßt, in seinen ihn von anderen Teilen des internationalen Rechts unterscheidenden Merkmalen erkannt werden, die sich eben als der ‚politische Charakter' des Völkerrechts erweisen werden. Hier können wir wörtlich das Zitat Triepels einsetzen: ‚In dem Zusammenhang, in dem wir uns befinden, ist das Politische nach meiner Überzeugung nicht etwas anderes als das Recht, sondern ein einem Teil der Rechtsordnung innewohnender Inhalt'".

[112] Wiederum ganz mißverstehend und entstellend die Kritik von Wengler aaO S. 31, wo mir das Bestreben unterstellt wird, das Hochpolitische von rechtlicher Betrachtung und rechtlicher Regelung frei zu halten, „wenn unter Recht das verstanden wird, was z. B. in Gestalt des staatlichen Privat- und Strafrechts positives Recht ist". Gerade diese Prämisse verbaut den Weg zum Verständnis des Völkerrechts und führt zu weltfremden Thesen, die, statt die internationalen Beziehungen dem Recht in seinem echten und weiten Sinn einzuordnen, von der Staatenpraxis als belanglos beiseite geschoben werden. Wenn man die Macht aus dem Recht herauseskamotiert, dann gerade kapituliert sie nicht, sondern stellt sich dem Recht feindlich gegenüber. Siehe dazu auch S. Hoffmann, International Relations: The Long Road to Theory, 11 World Politics, S. 346ff.

[113] Siehe Josef Kunz, The Swing of the Pendulum, AJIL 1950, S. 135ff.; s. ders., Der heutige Stand der Wissenschaft und des Unterrichts des Völkerrechts in den Vereinigten Staaten, in: Österr. Zeitschr. f. Öffentliches Recht, 1956, S. 401ff.

[114] American Diplomacy 1900–1950, Chicago 1951.

[115] Law and Society in the Relations of States, New York, 1951; The Study of International Law, New York, 1955.

als Völkerrecht bezeichnet werden, wirkliches Recht seien, und fordert eine „Soziologie" des Völkerrechts. Hans Morgenthau[116] erklärt die Unterschätzung des Faktors der politischen Macht als eine der Hauptschwächen der gegenwärtigen Völkerrechtswissenschaft und sieht als mögliche Beschränkung nationaler Machtpolitik nicht das Völkerrecht, sondern „accomodation through diplomacy". Gegenüber solchen gefährlichen Vereinseitigungen, die nur die Folge der einseitigen Überbetonung des Formal-Legalen durch blasse, den politischen Charakter des Völkerrechts verkennende Theoretiker[117] sind, ist es daher notwendig, die eigentümliche Verschränkung von Politischem und Rechtlichem, die den politischen Charakter des Völkerrechts ausmacht, systematisch klarzulegen.[118]

Der politische Charakter des Völkerrechts ergibt sich ohne weiteres daraus, daß das dem überwiegenden Teil des Völkerrechts zugeordnete Lebensgebiet ein politisches ist.[119] Das Völkerrecht teilt diese Eigenschaft mit weiten Teilen des Staatsrechts, während es bekanntlich eine Reihe von Rechtsgebieten gibt, deren zugeordnetes Lebensgebiet überwiegend unpolitisch ist. Wohl darf man nicht übersehen, daß ein beachtlicher Teil des Völkerrechts[120] fast völlig unpolitischen Charakter trägt und in seiner Daseinsberechtigung von niemand ernsthaft bestritten wird. Aber die eigentümliche Problematik des Völkerrechts entsteht eben gerade bei jenen überwiegenden Teilen des Völkerrechts, denen die Außenpolitik in derselben Weise als Lebensgebiet zugeordnet ist, wie dies für das Zivilrecht das bürgerliche Leben, für das Sozialrecht die sozialen Probleme, für das Strafrecht das Gebiet der Kriminalität ist. Die richtige Bewertung (die Vermeidung ebensowohl der Überschätzung wie der Unterschätzung) des Wesens und der Bedeutung des Völkerrechts als der Rechtsordnung der internationalen Beziehungen der Staaten ist nur möglich bei einer realistischen Betrachtung seines Verhältnisses zur Außenpolitik als der konkreten Gestaltung der internationalen Beziehungen durch die Staaten.[121]

---

[116] Politics among Nations, 4. Aufl. 1967.

[117] Mit Recht stellt Arnold Gehlen, Urmensch und Spätkultur, 1956, S. 77, fest: „Im Zuge der Verharmlosung der Lebensprobleme, die sich in der Wohlstandsgesellschaft ausbreitet, ist das Wort ‚Macht' unter ein Worttabu geraten, ohne daß die Sache selbst verschwinden könnte; man sagt lieber ‚social control' oder ähnliches."

[118] Siehe hiezu auch die Ausführungen von Alf Ross in Proceedings of the American Society of International Law, 1956, S. 208: „that in his opinion there is only one way to make international law effective and that is to shape it in accordance with the fundamental facts of international politics, i. e., in accordance with the power relations of states".

[119] Vgl. Montesquieu, De l'Esprit des Lois, X 1: „... le droit des gens, qui est la loi politique des nations, considérées dans le rapport qu'elles ont les unes avec les autres."

[120] Vor allem die internationale Zusammenarbeit auf wirtschaftlichem, technischem, kulturellem etc. Gebiet.

[121] Vgl. Bruns, Völkerrecht und Politik, Berlin 1934; Bilfinger, Betrachtungen über politisches Recht, ZaöRVR I, S. 57ff.; Triepel, Staatsrecht und Politik, 1926; G. Schwarzenberger, Power Politics, 1951; Kaplan-Katzenbach-Tunkin, Modernes Völkerrecht. Form oder Mittel der Außenpolitik, 1965.

Zur Außenpolitik gehören in bunter Fülle Rechtsvorgänge ebenso wie bloß faktische Akte, Krieg und Eroberung ebenso wie Diplomatie und Verträge, konkrete Vorgänge wie der Tod eines Herrschers, die Geburt eines Thronfolgers, eine verlorene Schlacht, eine außenpolitische Rede, eine versäumte Gelegenheit, ebenso wie abstrakte völkerrechtliche Überlegungen, Auseinandersetzungen propagandistischer, diplomatischer, schiedsgerichtlicher oder gerichtlicher Art über Völkerrechtsfragen, die Vorbereitung, der Abschluß, die Ratifizierung, die Durchführung, die Aufhebung, die Verletzung von völkerrechtlichen Pakten. Angesichts dieses Sachverhalts wäre es falsch, die These aufzustellen, das Völkerrecht sei die *Form* der Außenpolitik. Wohl spielen sich zahllose außenpolitische Akte in völkerrechtlicher Form ab, aber ebenso gibt es zahllose Akte und Ereignisse der Außenpolitik, die, ganz abgesehen von der Kontroverse um die Berechtigung eines Totalitätsanspruchs des Völkerrechts für die internationalen Beziehungen,[122] ja selbst bei Bejahung einer solchen Berechtigung sich wesensgemäß jenseits der völkerrechtlichen Form abspielen oder bei denen doch die völkerrechtliche Form eine ganz nebensächliche Rolle spielt, etwa eine außenpolitische Rede, eine Fürstenheirat, ein militärischer Aufmarsch an der Grenze, eine Aussprache, ein Treffen, eine Pression, eine Intrige, ein Bluff.[123]

Neben dieser *umfänglichen* Beschränkung des Völkerrechts in seiner Relation zur Außenpolitik ist auch eine *grundsätzliche* Beschränkung zu bedenken. Das Völkerrecht ist ein integrierender Teil der Außenpolitik nur unter ganz bestimmten Voraussetzungen. So gab es z. B. zweifellos eine Außenpolitik der Mongolen unter Dschingis Chan oder des Römischen Imperiums, aber das Völkerrecht im Sinne der Ordnung einer überwölbenden Rechtsgemeinschaft spielte dabei, wenn überhaupt, eine gänzlich untergeordnete Rolle, da die außerhalb des Reichs stehenden Völker als Barbaren, als Gegenstand der Eroberung und Unterwerfung betrachtet wurden.

In zwei extremen Fällen der Organisation der internationalen Beziehungen wäre Völkerrecht sicher nicht möglich: wenn entweder die Souveränität der Einzelstaaten beseitigt und an eine oberstaatliche Organisation irgendwelcher Art übergegangen ist, die dann nicht völkerrechtlichen, sondern staatsrechtlichen Regeln unterliegt – oder wenn die Staaten in einem bloßen Neben- oder Gegeneinander ohne ein Minimum von organisierter Interessengemeinsamkeit leben, etwa in der primitiven Situation der reinen Isolierung, in der entarteten Situation des totalen

---

[122] Siehe dazu Visscher aaO S. 169: „Les défenseurs de la thèse de la plénitude du droit perdent souvent de vue que, même dans l'ordre juridique interne, le cercle des intérêts qui appellent une réglementation légale et celui que recouvre la loi positive sont loin de se superposer entièrement"; s. auch das Zitat von Stone oben Fußnote 102.

[123] Siehe die von der englischen Nationalhymne zitierten Schurkenstreiche, „knavish tricks", von denen Arnold Toynbee, An Historian's Approach to Religion, London 1956, S. 234, sagt: „. . . the iron curtain which, from time immemorial, every government has always pulled down over the ‚knavish tricks' that governments play on one another."

Kriegs, oder in der *vor* der Universalierung des Völkerrechts in den letzten 100 Jahren üblichen Form des Nebeneinanderbestehens unter sich unverbundener Rechtskreise.[124] Völkerrecht im echten und herkömmlichen Sinne des Wortes ist vielmehr nur möglich, wenn die außenpolitische Wirklichkeit sich darstellt als die Koexistenz einer Vielzahl oder im Grenzfall wenigstens einer Mehrzahl von Staaten, die sich ihre letzte politische Form und damit ihr letztes politisches Schicksal selbst souverän bestimmen, die aber untereinander in wechselseitigen Beziehungen stehen und diese Beziehungen mindestens zum Teil rechtlich fixiert haben, das heißt also in der Weise, daß eine einseitige Loslösung von dieser Fixierung grundsätzlich überhaupt nicht, ausnahmsweise aber nur unter den vom Recht angegebenen Voraussetzungen und in den vom Recht vorgeschriebenen Formen zulässig ist.

Die Existenz von Völkerrecht in der außenpolitischen Situation einer Epoche setzt also voraus:

a) erstens die Existenz mehrerer (mindestens zweier) souveräner Staaten, die untereinander in nicht nur in vorübergehenden Einzelakten sich erschöpfenden Wechselbeziehungen stehen und die sich gegenseitig als gleichberechtigte, also als völkerrechtsfähige, vertragsfähige, gemeinschaftsfähige Partner anerkennen;

b) zweitens eine gewisse Stabilität der Verhältnisse, kraft deren man sich nicht nur auf schöpferische Einzelakte verläßt, sondern der automatischen Wiederholung gleichartiger Akte einen gewissen Spielraum zuerkennt, also der Übung, dem Herkommen, der Gewohnheit, der Regel, durch die man zugleich, ohne die Möglichkeit sofortiger einseitiger Loslösung, für die Zukunft gebunden ist;

c) drittens eine gewisse moralische Bindung in der Außenpolitik.

Das Völkerrecht bewirkt also eine gewisse Entlastung der schöpferischen Initiative in der Außenpolitik von Routineakten,[125] aber auch gleichzeitig eine gewisse Begrenzung der freien Initiative durch ethische Prinzipien; das Völkerrecht ist zu einem wichtigen Teil nichts anderes als die rechtliche Fixierung von Routineübungen und von ethischen Prinzipien. Man braucht z. B. nicht jedesmal neu zu überlegen, wie man den Vertreter eines fremden Staates empfängt, sondern man

---

[124] Siehe z. B. für die vorkoloniale Zeit die Feststellung des Bartolus (1314–1357), Tractatus de Insula, zitiert nach von der Heydte aaO S. 226: „Mit einigen haben wir weder Krieg noch Frieden, noch irgendwelchen Verkehr, wie mit den indischen Völkerschaften."

[125] Vgl. dazu Gehlen, Urmensch und Spätkultur, 1956, S. 48f.: „Die allen Institutionen wesenseigene Entlastungsfunktion von der subjektiven Motivation und von dauernden Improvisationen fallweise zu vertretender Entschlüsse ist eine der großartigsten Kultureigenschaften . . ." „Alles gesellschaftliche Handeln wird nur durch Institutionen hindurch effektiv, auf Dauer gestellt, normierbar, quasi-automatisch und voraussehbar." „. . . daß die Habitualisierung des Verhaltens selbst produktiv ist, da sie die Entlastungschance für höhere kombinationsreiche Motivationen herstellt und diese damit geradezu fundiert."

verläßt sich auf das Protokoll, auf das Herkommen, auf das Völkerrecht. Dabei besteht infolge des alle menschlichen Verhältnisse beherrschenden Trägheitsgesetzes oder des eigensüchtigen Interesses an der Aufrechterhaltung eines momentanen Status quo die Gefahr, daß auch Akte, die ihrer Natur nach keine Routineakte sind, oder Situationen, die durch Routine-Akte nicht zu bewältigen sind, aus Bequemlichkeit oder Selbstsucht der bloßen Wiederholung statt der schöpferischen Initiative überlassen werden: das ist die Gefahr der Versteinerung, der Verrechtlichung, die zugleich mit der Übersteigerung der Kodifizierung moralischer Prinzipien verbunden sein kann. Das Gleichgewicht, das richtige Verhältnis zwischen der immer neuen Anstrengung der schöpferischen Initiative und dem Ausruhen in der Wiederholung, der Gewohnheit, der Regel, ist ein Hauptproblem wie jeder Persönlichkeit, so auch jeder menschlichen Gemeinschaft, des Staates, der Staatenbeziehungen. Gleichlaufend damit besteht das Problem des Verhältnisses von freier Initiative zur Bindung an ethische Normen.[126] Es gibt gewisse Akte, die man der schöpferischen Initiative überlassen muß, wenn das Leben lebendig bleiben soll;[127] es gibt gewisse Regeln, die bestehen bleiben müssen, wenn nicht alles in Anarchie und Chaos enden soll, so etwa die Regel: Pacta sunt servanda. Aber ihre Grenze ist flüssig; je nach der Stabilität einer Situation überwiegt das eine oder das andere.[128]

Das Völkerrecht ist also nicht der Herr der Außenpolitik. Es ist aber auch falsch, das Völkerrecht als eine bloße Funktion der außenpolitischen Situation zu betrachten; das wäre eine bloß vitalistische Machtlehre, die der Wirklichkeit nicht gerecht wird; durch sie würde das Völkerrecht zu einem bloßen ideologischen Vorhang, zu einem bloßen Propagandavorwand.[129]

---

[126] Siehe unten Nr. V.

[127] Siehe die grundlegenden Ausführungen von Maurice Bourquin über das Verhältnis von Status quo und Peaceful Change in: Peaceful Change. Proceedings of the Tenth International Studies Conference 1937, Paris 1938, S. 18f.

[128] Nicht gerecht werden dieser dialektischen Spannung einige Thesen von Erich Kaufmann, Das Wesen des Völkerrechts und die Clausula rebus sic stantibus, Tübingen 1911, so insbesondere S. 181: „Der Staat muß, soll das Koordinationsrecht nicht in Subordinationsrecht umschlagen, *über seinen Verträgen* stehen bleiben." Oder S. 179: „Es kann, wenn nicht der eine freiwillig nachgibt, nur der Krieg entscheiden, welches Interesse das stärkere war, hinter welchem mehr sittliche Energien standen: und das ist kein Aufhören des *Rechts*zustands, sondern der einzige, in einem Koordinationsrecht denkbare letzte Rechtsnachweis." Oder S. 153: „So stellt sich auch für das Koordinationsrecht der *siegreiche Krieg* als Bewährung des Rechtsgedankens, als die letzte Norm heraus, die darüber entscheidet, welcher der Staaten *Recht* hat." Richtig dagegen ist die auf S. 158 aufgestellte These: „Es ist eben keineswegs richtig, daß ‚in jeder Zweiheit der eine Teil schließlich das entscheidende Wort sprechen' muß wie z. B. in der Ehe: gerade darin, daß dies nicht geschieht, sondern daß man sich über das entscheidende Wort ‚einigt', besteht das Wesen jeder Koordination ..."

[129] Dies wird auch tatsächlich als zutreffend behauptet von dem Schweden Lundstedt, Superstition or Rationality in Action for Peace, London 1925; nach ihm ist das Völkerrecht eine reine Politik der Gewalt, die sich im Gewande des Idealismus und der Gerechtigkeit verbirgt. Dies ist zweifellos manchmal, in Zeiten politischer Hochspannung sogar häufig, der Fall; es widerspricht aber der Idee des Völkerrechts wie seiner Wirklichkeit in gesunden Zeiten. Siehe dazu die zutreffende Kritik solchen Mißbrauchs durch Alf Ross in: Proceedings of the American Society of International Law, 1956, S. 208:

Ein solcher Mißbrauch des Völkerrechts ist aber immer nur für kurze Zeit möglich, nämlich nur so lange, als man vom Kapital des Vertrauens, das das echte Völkerrecht genießt, unentdeckt zehren kann; im Interesse des echten Völkerrechts liegt daher die möglichst frühzeitige Entdeckung und Entlarvung solcher Mißbräuche.

Das Verhältnis von Völkerrecht und Außenpolitik ist viel komplizierter und verschränkter, als es nach solchen allzu vereinfachenden Theorien, die entweder den Machtfaktor übersehen oder das Recht in der Macht aufgehen lassen wollen, den Anschein hat. Wohl ist das Völkerrecht weithin ein Ausdruck der eine Epoche beherrschenden außenpolitischen Prinzipien, sowohl die Existenz von Völkerrecht wie der Umfang und der Inhalt des Völkerrechts. Aber gleichzeitig gibt das Völkerrecht diesen außenpolitischen Prinzipien erst Dauer und Bestandsgarantie, ja überdauert sie.[130]

Das Verständnis des Völkerrechts einer Epoche ist damit zugleich der Schlüssel zum Verständnis ihres außenpolitischen Sinnes in einer vertieften und verallgemeinerten Form: über die bunte Fülle von Einzeltatsachen und Einzelgeschehnissen ragen die dauernden Institutionen einer Epoche, die eben ihr völkerrechtlicher Gehalt sind, und geben ihr ihre substanzielle differentia specifica. Zugleich verknüpfen sie, dank der Dauerhaftigkeit rechtlicher Institutionen, selbst in der Form von Residuen,[131] die gegenwärtige Epoche mit früheren und bilden zugleich die Brücke, oft sogar das Tor, zu neuen Entwicklungen.

Aus diesem politischen Charakter des Völkerrechts ergeben sich überaus wichtige praktische Folgen für seine Form wie für seine Substanz. Es ist, als ob die Ergreifung politischer Tatbestände nicht nur dem Politischen Rechtsfesseln anlege, sondern als ob auch umgekehrt in einer Art Rache des Politischen das Recht infiziert werde mit einem Charakter des Labilen und Unexakten.[132] Die Formulie-

---

„. . . that there is a kind of idealism that he could not respect – an idealism that is verbose, full of rhetoric and always proclaiming high-sounding principles, but lacking in sincerity. It is a nuisance to international law because it creates false aspirations and expectations, and, when these aspirations are not fulfilled, an attitude of dissatisfaction and distrust. Examples of this type of idealism are: the Kellogg-Briand Pact outlawing war at the same time as no state sincerely was willing to abandon this weapon or take effective steps to conquer the causes of war; the Nuremberg principles, pretending to set up an impartial administration of justice at the same time as the victors are and must remain outside the reign of this justice; and the Genocide Convention, a parody of a legal instrument."

[130] Siehe Gehlen aaO S. 48: „Die Überlebenszeit einer Gesinnung, der die Außenstützung durch Institutionen entzogen ist, die sich also handlungslos tradieren soll, hat eine meßbare Dauer von höchstens zwei bis drei Generationen, wie das Schicksal des monarchischen Gedankens in Frankreich beweist. Umgekehrt können Institutionen, selbst von innen her leerlaufend, eine ungeheure Lebensdauer haben, weil sie schließlich noch die abstrakte Dauer verkörpern, die selbst ein Wert ist." Derselbe S. 100: „Die Institutionen einer Gesellschaft sind es also, welche das Handeln nach außen und das Verhalten gegeneinander auf Dauer stellen; auch die höchsten geistigen Synthesen, die ‚idées directrices', dauern nur so lange, wie die Institutionen, in denen sie gelebt werden."

[131] Siehe Vilfredo Pareto, Traité de Sociologie Générale, 1932, vol. I, S. 450ff.

[132] Siehe Berber, Sicherheit und Gerechtigkeit, S. 21ff.

rungen werden vage, bleiben oft im Prinzipiellen; man kann sagen, je politischer ein Text ist, desto vager die Formulierungen.[133] Der Grund dafür liegt darin, daß hier divergierende, ja oft inkompatible Lebensinteressen auf eine gemeinsame Formel gebracht werden sollen, was nur um den Preis juristischer Präzision möglich ist. Dies bringt Dokumente eminent politischen Völkerrechts in die Nähe der von Carl Schmitt für das Recht der Weimarer Verfassung sogenannten „dilatorischen Formelkompromisse, deren Wesen darin besteht, der Entscheidung zu entgehen".[134] Dies zeigte sich insbesondere bei dem Recht des Völkerbundes als einem eminent politischen Recht.[135] Noch viel ausgesprochener ist dies der Fall mit der Charter der Vereinten Nationen, bei der ganz bewußt eine Abkehr von den „legalistischen" Tendenzen der Völkerbundszeit stattgefunden hat.[136] Dieser überwiegend politische Charakter der rechtlichen Organisation der Vereinten Nationen zeigt sich in eklatanter Weise in der Regelung, wonach Beschlüsse des Sicherheitsrats, die nicht die minder wichtigen Verfahrensangelegenheiten betreffen, gültig nur zustande kommen bei Einstimmigkeit der 5 Großmächte, die bei der entscheidenden Frage der Verhängung von Sanktionen selbst dann nicht von der Stimmabgabe, also von der Ausübung des Veto-Rechts, ausgeschlossen sind, wenn sie am Streit beteiligt sind (Art. 27 Abs. III der Charter); denn wenn für eine Entscheidung Einstimmigkeit vorgeschrieben ist, so bedeutet dies Verzicht auf eine rechtlich-majoritäre Regelung. Die die ganze Schiedsgerichtsbarkeit durchziehende Unterscheidung von rechtlichen und politischen Streitigkeiten wie die Tragweite der clausula rebus sic stantibus im Völkerrecht sind weitere Symptome für den politischen Charakter des Völkerrechts. Mit dem politischen Charakter

[133] Auch wenn man nicht soweit geht, wie Ross in Proceedings aaO S. 208f., der behauptet: „A study of conventions and instruments of this kind often struck one by the lack of care with which they are drafted. The same lack of care would never occur ... in a treaty of commerce."

[134] Siehe Handbuch des deutschen Staatsrechts, 1932, Bd. II, S. 582.

[135] Siehe z. B. Jean Ray, Commentaire du Pacte de la Société des Nations, Paris 1930, S. 12: „... le pacte est un texte politique au moins autant que juridique." Siehe ebenso Scialoja in Actes de l'Assemblée, 1923, Commission I., S. 13: „Il était impossible de prévoir quelles pouvaient être les limites de l'action du Conseil et de la Société elle-même; devant cet inconnu de l'avenir, on a pensé qu'il convenait mieux de formuler des principes un peu vagues et qui, comme tels, pouvaient, par la suite, s'adapter aux circonstances; ce qui explique pourquoi on ne peut pas leur appliquer les règles d'exégèse comme les juristes les appliquent aux articles du Code civil et du Code pénal." Siehe ferner Briand anläßlich der Auseinandersetzung mit Stresemann über die Saar in J. O. 1927, S. 408f.: „Une thèse juridique est une chose bien délicate et bien dangereuse. Le mieux qu'on puisse faire, dans nos assemblées, des thèses juridiques, c'est de les inviter à sommeiller dans l'hospitalité douillette et bienfaisante des dossiers et de ne les en sortir que le moins possible." Ebenso stellt der Rechtsberater der amerikanischen Delegation auf der Pariser Friedenskonferenz, D. H. Miller – in: The Drafting of the Covenant, 1928, vol. I, S. 181 – fest: „But probably it was wise to leave the matter vague and uncertain. Complete and final precision in any international document, particularly regarding such a momentous issue, is not always desirable."

[136] Siehe F. O. Wilcox in: Proceedings of the American Society of International Law, 1956, S. 188: „The document itself is a remarkable compromise in the name of political reality ... This in itself is a major tribute to the architects who by and large confined themselves within the bounds of political interests and possibilities."

des Völkerrechts hängt schließlich auch die weitgehende Bevorzugung der Rechts*grundsätze* vor den Rechtssätzen zusammen, da die Rechtsgrundsätze jenes begrenzte freie Spiel der Kräfte, jene Freiheit des Ermessens gewähren, die in der engen und starren Rüstung der Rechtssätze zu kurz kommen würde. Alle diese Merkmale der Elastizität, der Grundsätzlichkeit, der Regelung im großen statt im kleinen sind keine Zeichen für die Unfertigkeit und Unvollkommenheit des Völkerrechts oder gar Beweise gegen seine Rechtsnatur, sondern Charakteristika allen politischen Rechts.[137]

V. Der ethische Charakter des Völkerrechts

Wir haben bereits gesehen, daß Völkerrecht nicht möglich ist ohne eine gewisse moralische Bindung in der Außenpolitik.[138] Wir haben auch gesehen, daß ganz allgemein Recht und Moral aufeinander angewiesen sind, und daß die verpflichtende Kraft allen Rechts nur durch die Moral begründet zu werden vermag.[139] Das Verhältnis von Völkerrecht und Moral ist also zunächst nur ein Unterfall des allgemeinen Verhältnisses von Recht und Moral überhaupt. Während das Recht sich regelmäßig auf ein äußeres Verhalten richtet und die Sanktionen des Rechts regelmäßig äußere Unrechtsfolgen sind, appelliert die Moral an eine innere Haltung; ihre Sanktion ist der Gewissensbiß, das Verantwortungsgefühl, die innere Einsicht.[140] Gleichwohl sind die beiden Sollordnungen des Rechts und der Moral organisch aufeinander angewiesen: kein unmoralisches, ungerechtes Recht hat die Gewähr der Dauer.[141] Die Moral stellt aus irgendeiner mit der Wirklichkeit nicht notwendig in Deckung befindlichen Wertvorstellung heraus Sollansprüche an diese Wirklichkeit, die oft gerade im Völkerrecht von nicht unbeträchtlicher praktischer Wirkung sind, ohne doch selbst Recht zu sein, obwohl gerade idealistische Völkerrechtstheoretiker immer wieder der Tendenz unterlegen sind, eigene moralische Forderungen als geltendes Recht auszugeben, statt sie als Forderungen de lege ferenda kenntlich zu machen. Manchmal ist das auch die Übung der Staaten selbst.

Aber diese allgemein für alles Recht bestehende letztliche Basierung auf der Moral ist für das Völkerrecht in charakteristischer Weise intensiviert dadurch, daß es an den im innerstaatlichen Recht vorherrschenden Verfahrens- und Zwangsmechanismen im Völkerrecht weithin fehlt, die Garantierung des Völkerrechts vielmehr weitgehend in die Selbstverwirklichung der einzelnen Staaten gestellt ist.

---

[137] Siehe Berber, Sicherheit und Gerechtigkeit, S. 23.
[138] Siehe oben Nr. IVc.
[139] Siehe das Zitat Radbruchs oben Anmerkung 74.
[140] Siehe Hart aaO S. 61.
[141] Vgl. Maurice Hauriou, Précis de Droit Constitutionnel, Paris 1929, S. 16: „Tout pouvoir qui veut durer est donc obligé de créer un ordre des choses et un droit positif qui ne s'écartent pas du droit naturel au point de pousser ses sujets à la révolte."

Dadurch liegt beim Völkerrecht die Gewähr der Rechtseinhaltung weitgehend in sittlichen Momenten. Max Huber[142] hat diese Situation folgendermaßen formuliert: „Weil unter den Staaten die sozialen Bindungen nicht wie *im* Staat durch Macht gesichert sind, müssen sie im Verhältnis von Staat zu Staat von der Seite der Ethik aus unterbaut werden." Neben der Betonung des Machtfaktors als Bindungsgrundlage des innerstaatlichen Rechts ist aber zu betonen, daß die Zugehörigkeit zu der „Nation" genannten historischen, kulturellen und Interessengemeinschaft an sich schon eine überwältigende natürliche Prädisposition zu einer übereinstimmenden Entscheidungsrichtung darstellt.[143] Die internationalen Beziehungen sind aber zur Zeit noch längst nicht zu einer der nationalen Solidarität auch nur annähernd vergleichbaren Intensität gediehen.[144] Die zwischenstaatliche Gemeinschaft ist also nicht derart integriert, daß sie zur Garantierung des freien Einverständnisses der Staaten ausreicht; bei der Vielfältigkeit, ja der überwiegenden Gegensätzlichkeit der einzelstaatlichen Interessen läßt sich eine Rechtsgemeinschaft auf eine alle einzelstaatlichen Interessenansprüche im Vertrauen auf den Ausgleich kraft internationaler Solidarität zulassende Auffassung nicht begründen. Auch innerstaatlich genügen trotz viel stärkerer Solidarität die Freiwilligkeitsmotive nicht; sie werden hier durch die schiedsrichterliche und notfalls zwangsvollstreckende Macht des Staates ergänzt und unterbaut. Es ist eine optimistische Verkennung der immanenten Dämonie und potentiellen Tragik allen menschlichen Daseins, eine prästabilierte Harmonie und Balance unter den zur Durchsetzung drängenden vitalen Kräften anzunehmen, eine Verkennung, die z. B. dem lange Zeit als regulatives Prinzip des Völkerrechts angesehenen Grundsatz von dem Gleichgewicht der Macht zugrunde lag.[145] Keine solche automatisch-mechanische Harmonie ist genügend; die Übereinstimmung der eigensüchtigen einzelstaatlichen Interessen ist nicht die Regel, sondern die Ausnahme. Wird die fehlende Übereinstimmung im innerstaatlichen Recht durch die Macht des Staates ergänzt, so muß diese Ergänzung im zwischenstaatlichen Recht, will man nicht auf den „siegreichen Krieg als Bewährung des Rechtsgedankens" im Sinne des Völkerrechts vor 1914[146] zurückfallen, durch sittliche Momente erfolgen. Die Idee der Nützlichkeit reicht also als Regulativ der internationalen Beziehungen nicht aus, sondern muß durch die Idee der Gerechtigkeit vertieft werden. Es handelt sich

---

[142] Vom Wesen und Sinn des schweizerischen Staates, in: Grundlagen nationaler Erneuerung, Zürich 1934, S. 56.

[143] Siehe dazu Gierke, in Zeitschrift für die gesamte Staatswissenschaft, 1874, S. 179ff.; ebenso Léon Duguit, Traité de Droit Constitutionnel, Paris 1921, Vol. I, S. 47ff.

[144] Siehe Proceedings 1972 S. 259 über den Gegensatz zwischen jüdisch-christlich-islamischer und indisch-chinesischer Ethik.

[145] Diese Auffassung ist auch heute noch durchaus aktuell; man vergleiche den weitverbreiteten Glauben an die Kriegsverhütung durch Herstellung eines atomaren Rüstungsgleichgewichts zwischen den USA und der UdSSR.

[146] Und im Sinne aller modernen Protagonisten kollektiver Sanktionen als ultima ratio der „Kriegsverhütung", die ja *Krieg* durch *Krieg* verhüten wollen.

nicht um eine ausschließende Entgegensetzung, sondern um eine Vertiefung, da der eigentliche Gegensatz zwischen der einseitigen Nützlichkeit und der umfassenden Gerechtigkeit in der Regel zu reduzieren ist auf den Gegensatz zwischen einem für den Augenblick oder für kurzsichtige oder isolierte oder einseitige Betrachtung gut und nützlich Scheinenden und dem auf längste Sicht, bei sorgfältigster, umsichtigster und weitsichtigster Berücksichtigung aller, insbesondere der die bloß materielle Interessenlage transzendierenden Momente sich als gut und empfehlenswert für alle Beteiligten Herausstellenden.

Diese Auffassung bedeutet also einmal, daß die Durchführung des Völkerrechts sich stärker auf sittliche Momente verlassen muß, als dies beim innerstaatlichen Recht der Fall ist. Damit werden metajuristische Probleme von größter Tragweite aufgerollt, die einen Teilaspekt der ganzen modernen Kulturkrise darstellen. In diesem Zusammenhang mag es zweckmäßig sein, einen Appell und ein Bekenntnis zu wiederholen, das in einer für solche Appelle und Bekenntnisse gefährlichen Zeit gewagt wurde, aber auch heute nichts von seiner Aktualität verloren hat:[147] ,,Gerechtigkeit ist eine Sache des Könnens; sie ist die große Kunst des Taktes und der Weisheit in politischen Dingen, die in einer rationalistisch-mechanistisch-materialistischen Zeit fast völlig verlorengegangen ist, und die nicht leicht, nicht anders als durch systematische Einübung in ihr wiedergewonnen werden kann; solche Einübung ist die vordringlichste Aufgabe aller politischen Erziehung, weit wichtiger als alle bloße Übermittlung von Wissensstoff, so unentbehrlich dieses letztere selbstverständlich ist. Es ist hier nicht der Ort, darüber zu klagen, daß die Kunst der Gerechtigkeit einer dekadenten Zeit abhanden gekommen ist; es ist hier nur erneut darauf hinzuweisen, daß das eigentliche und drängendste Problem der internationalen Beziehungen ein ethisches ist, und daß die Zukunft des Völkerrechts nicht anders als ethisch fundiert sein kann. Die Herrschaft des Positivismus im Recht ist nichts als der Ausdruck dafür, daß im Recht entsprechend der Entwicklung auf fast allen Lebensgebieten die Technik an die Stelle der Metaphysik, der Ethik getreten ist; es ist ein Versuch mit untauglichen Mitteln, den positivistischen Leichnam des Rechts mit Soziologie oder Geistesgeschichte wieder lebendig reiben zu wollen; nur ein bewußter Neuaufbau vom Ethischen her kann hier helfen. All das liegt beim Völkerrecht noch verhältnismäßig günstig. Es ist sozusagen im toten Winkel der positivistischen Beschießung gelegen und hat aus den Zeiten des Mittelalters und des Naturrechts einen Rest an ethischer Substanz herübergerettet. Durch seine koordinationsrechtliche Gestaltung aber ist das Völkerrecht geradezu gezwungen, sich auf ethische Qualitäten, auf die freie Einverständniserklärung, die nur in einer gerechten Gemeinschaft möglich ist, als die Hauptgarantien seiner *Rechts*beständigkeit zu stützen und sich nie auf die bloße Automatie eines Rechtsmechanismus zu verlassen. ... Führt diese Bedrohung des

[147] Berber, Sicherheit und Gerechtigkeit 1934, S. 164f.

wahren und einzig möglichen Charakters des Völkerrechts zu einer grundsätzlichen und radikalen Reaktion gegen diese Abwege, so mag es wohl sein, daß gerade vom Völkerrecht her, jenem vernachlässigten, verachteten, verkannten, ja verleugneten Teil des großen Rechtsbaus, aus der Not der Dinge der Anstoß zu jener ethischen Neubelebung und Vertiefung des Rechts kommt, auf die wir alle warten wie dürres Land auf den Regen."

Diese Auffassung von dem ethischen Charakter des Völkerrechts bedeutet aber zum anderen, daß eine wirklichkeitsnahe materiale Gerechtigkeitslehre die regulativen Prinzipien der Fortbildung des Völkerrechts wie der Lösung konkreter internationaler Differenzen liefern muß, das heißt also, daß nicht der Ausbau des Völkerrechts zu einem lückenlosen Prozeß- und Vollstreckungsverfahren, sondern seine Fortbildung zu einer internationalen materiellen Gerechtigkeitsordnung das Gebot der Stunde ist. Denn wenn alles Recht in wirksamster Weise dann garantiert ist, wenn es auf der positiven Zustimmung und Billigung der Rechtsunterworfenen beruht, so ist solche positive Zustimmung und Billigung um so eher zu erreichen, je mehr das Recht den objektiven Merkmalen der Gerechtigkeit entspricht und subjektiv als richtig, als gerecht empfunden wird.[148] Gerechtigkeit ist also nicht, wie Hauriou[149] behauptet, ein Luxus, auf den man in gewissem Umfang verzichten kann, sondern sie ist das konstitutive Prinzip für ein Völkerrecht, das zwischen der Scylla der einzelstaatlichen Rechtsdurchsetzung durch Gewalt und Krieg und der Charybdis einer kollektiven Gewaltanwendung durch Sanktionen einen Weg zur friedlichen Ordnung der Welt finden will.

Schließlich ist durch die Betonung des ethischen Charakters des Völkerrechts jene weitverbreitete These abgelehnt, wonach ethische Richtlinien nur auf die Beziehungen zwischen Individuen, nicht auf die zwischen Staaten anwendbar seien.[150]

---

[148] Siehe dazu auch DDR-Lehrbuch II, S. 313: „Ein wichtiges Mittel, um Völkerrechtsverletzungen vorzubeugen bzw. um sie zu verhindern, besteht darin, die Völker mit den bestehenden völkerrechtlichen Vereinbarungen bekannt zu machen und ihnen zum Bewußtsein zu bringen, daß das gegenwärtige Völkerrecht im wesentlichen der juristische Ausdruck ihrer Lebensinteressen, insbesondere ihres Interesses an der Sicherung des Friedens und des friedlichen gleichberechtigten Zusammenlebens der Völker und Staaten sind."

[149] Précis de droit constitutionnel, 1929, S. 37.

[150] Siehe Freund, Politik und Ethik, 1955; Kraus, Gedanken über Staatsethos im internationalen Verkehr, 1925; Morgenthau and Thompson, Principles and Problems of International Politics, 1950; Niebuhr, Christianity and Power Politics, 1940; Ritter, Machtstaat und Utopie, 1941; Römer, The ethical basis of international law, 1929; Strauss-Hupé and Possony, International Relations in the Age of the Conflict between Democracy and Dictatorship, 1950; Wolfers, Statesmanship and Moral Choice, in: World Politics, vol. I, 2; Karl Marx 1870 (zitiert nach DDR-Lehrbuch I, S. 27): daß „die einfachen Gesetze der Moral und des Rechts, welche die Beziehungen von Privatpersonen regeln sollten, als die obersten Gesetze des Verkehrs von Nationen geltend" gemacht werden.

VI. Der indirekte Charakter des Völkerrechts

Eng mit der Frage der Völkerrechtssubjektivität zusammenhängend und bei Annahme der Völkerrechtssubjektivität regelmäßig nur der Staaten logisch hieraus folgend ist der indirekte Charakter des Völkerrechts, d. h. die Tatsache, daß, obwohl durch das Völkerrecht wie durch alles sonstige Recht immer menschliches Verhalten geregelt wird, doch durch das Völkerrecht, im Gegensatz zum Landesrecht, der Einzelmensch regelmäßig nicht unmittelbar, sondern durch Vermittlung des ihm jeweils übergeordneten Völkerrechtssubjekts „Staat", der ihn gegenüber dem Völkerrecht „mediatisiert", berechtigt und verpflichtet wird. Alf Ross[151] macht diese Besonderheit geradezu zum hauptsächlichsten Unterscheidungsmerkmal des Völkerrechts gegenüber allem anderen Recht. Guggenheim[152] betont mit Recht, daß das Völkerrecht sich als Normadressaten an die Staaten wendet, „die sodann zu bestimmen haben, welche Individuen die vom Völkerrecht vorgeschriebenen Rechte und Pflichten ausführen dürfen bzw. müssen. ... Das Vorhandensein einer staatlichen Rechtsorganisation wird vom Völkerrecht vorausgesetzt". Es ist selbstverständlich, daß insoweit, als Einzelmenschen heute schon ausnahmsweise unmittelbare Subjekte des Völkerrechts sein sollten, dieser indirekte Charakter des Völkerrechts zurücktritt, und daß er in einer etwaigen zukünftigen Entwicklung, in der nur noch Einzelmenschen Subjekte des Völkerrechts sein würden, ganz verschwinden würde. Aber dann handelte es sich ja auch nicht mehr um Völkerrecht im heutigen Sinn, sondern um ein irgendwie geartetes Weltstaatsrecht. Daß davon heute in keiner Weise die Rede sein kann, auch nicht einmal in der allgemeinen Tendenz, zeigt ein realistischer Blick auf die Staatenpraxis, die, vor allem bei den Großmächten, aber auch bei den neuentstandenen Staaten in Asien und Afrika, alle weltstaatlichen Theorien ablehnt. Diese Situation wird von dem Völkerrechtler Julius Stone[153] in überzeugender Weise unterstrichen, wenn er von der Tatsache spricht, „that for most peoples, and certainly for each major one, the state entity still remains the final trustee of the values most cherished, and the chosen instrument of their protection".[154] Man darf auch nicht die allgemeine Weltentwicklung nur aus dem Blickwinkel der eigenen Nöte beurteilen, die eine gewisse Tendenz zum regionalen Zusammenschluß zu klein gewordener staatlicher Gebilde hervorrufen,[155] ohne doch an dem indirekten Charakter des allgemeinen und weltweiten Völkerrechts dadurch etwas zu ändern.

---

[151] aaO S. 17.

[152] aaO Bd. I, S. 5f.

[153] What Price Effectiveness? Proceedings 1956, S. 205.

[154] Siehe ganz übereinstimmend Visscher aaO S. 134: „on ne triomphe pas par des anticipations doctrinales de l'inclination séculaire qui porte les nations à faire de l'Etat le gardien de leurs intérêts suprêmes."

[155] Vor deren Überschätzung Visscher, aaO S. 147, eindringlich warnt: „Il faut se garder de confondre l'idée fédérale, riche en ressources et en possibilités d'avenir dans l'ordre interne comme dans l'ordre externe, avec les entreprises hâtives que représentent la Communauté européenne de défense et le projet de Communauté politique."

Zweites Kapitel

Die Quellen des Völkerrechts

Literatur: *Alvarez,* Méthodes de la codification du droit international public, 1947; *Berber,* Die Rechtsquellen des internationalen Wassernutzungsrechts, 1955; *Bracht,* Ideologische Grundlagen der sowjetischen Völkerrechtslehre, 1964; *Briggs,* The International Law Commission, 1965; *Bulmerincq,* Praxis, Theorie und Codification des Völkerrechts, 1874; *Cavaglieri,* La Consuetudine giuridica internazionale, 1907; *Cegla,* Die Bedeutung der allgemeinen Rechtsgrundsätze für die Quellenlehre des Völkerrechts, 1936; *Cheng,* The General Principles of Law, as applied by International Courts and Tribunals, 1953; *Finck,* The Sources of Modern International Law, 1937; *Gianni,* La coutume en droit international, 1931; *Goulet,* La coutume en droit constitutionnel interne et en droit constitutionnel international, 1932; *Haemmerlé,* La coutume en droit des gens d'après la jurisprudence de la Cour Permanente de Justice Internationale, 1936; *Higgins,* The Development of International Law through the Political Organs of the United Nations, 1963; *Küntzel,* Ungeschriebenes Völkerrecht, 1935; *Lauterpacht,* Private Law Sources and Analogies of International Law, 1927; *Lauterpacht,* The Development of International Law by the International Court, 1958; *Maschke,* Die Rangordnung der Rechtsquellen, 1932; *Mateesco,* La coutume dans les cycles juridiques internationaux, 1947; *Parry,* The Sources and Evidences of International Law, 1965; *Rosenne,* League of Nations Committee for the Progressive Codification of International Law, 2 Bde., 1972; *Ross,* Theorie der Rechtsquellen, 1929; *Verdross,* Die Quellen des Universellen Völkerrechts, 1973; *Wolfke,* Custom in Present International Law, 1964. Siehe auch die Literatur beim 11. Kapitel (Verträge).

§ 4. Das Problem

Unter der Bezeichnung ,,Quellen des Völkerrechts" kann man drei ganz verschiedene Dinge verstehen, es verbergen sich darunter drei ganz verschiedene Probleme, die nicht selten vermengt, vermischt oder verwechselt werden.

Erstens kann unter ,,Quellen des Völkerrechts" ihr Ursprung, ihr *Grund* verstanden werden, d. h. das Problem, welches der Grund der Geltung, der Verbindlichkeit der Völkerrechtsnormen ist.

Zweitens können unter ,,Quellen des Völkerrechts" die *Erscheinungsformen* des Völkerrechts verstanden werden, ,,die historischen Tatsachen, welche die Anerkennung der Existenz von Rechtsregeln verkörpern",[1] ,,eine historische Tatsache, aus der Verhaltungsregeln zu Dasein und Rechtswirkung kommen",[2] ,,das tatsächliche Material, aus dem der Völkerrechtler die auf eine gegebene Situation anwendbare Regel bestimmt",[3] ,,die Methoden oder Verfahrensweisen, durch die Völkerrecht geschaffen wird",[4] ,,die von den Rechtserzeugungsnormen geregel-

[1] Fenwick, International Law, 1948, S. 69.
[2] Oppenheim aaO I S. 25.
[3] Starke, An Introduction to International Law, 1954, S. 30.
[4] Briggs aaO S. 44.

ten Tatbestände, durch welche die Normen des positiven Völkerrechts gesetzt werden",[5] „die Methoden der Schaffung von Völkerrecht",[6] „die allgemeinen Faktoren, die den konkreten Inhalt des Rechts in internationalen Gerichtsentscheidungen bestimmen."[7]

Drittens können unter „Quellen des Völkerrechts" die *Erkenntnisquellen* des Völkerrechts verstanden werden, das heißt Akte (insbesondere z. B. Dokumente, aber auch nichtformalisierte Tatsachen), aus denen der Nachweis des Vorhandenseins und des Soseins von völkerrechtlichen Regeln erbracht werden kann; sie sind also verwandt, wenn auch nicht zusammenfallend, mit dem Begriff der „Hilfsmittel des Völkerrechts".

Hinsichtlich des Problems der Quellen im ersten Sinne als Grund, als Ursache, als Begründung des Völkerrechts sind im wesentlichen zwei grundsätzliche Theorien zu unterscheiden, die voluntaristische Theorie, nach der die Rechtsregeln das Ergebnis menschlicher Willensakte sind, und die objektivistische Theorie, nach der der Ursprung der Rechtsregeln außerhalb des menschlichen Willens liegt, sei es in einer Grundnorm, sei es im Volksgeist, in der gesellschaftlichen Solidarität, oder in der Natur, der Gerechtigkeit, der Vernunft, dem Willen Gottes.

Die voluntaristische Theorie ist die Grundlage des gesamten Völkerrechtspositivismus. So sagt Oppenheim,[8] als notwendige Folgerung aus seiner Austinschen Definition des Rechts: „common consent is the basis of all law", gibt allerdings zu, daß dies eher eine soziologische als eine juristische Begründung der Geltung des Rechts sei. Spezifische Ausprägungen der voluntaristischen Theorie sind die Selbstbindungs-, die Autolimitationslehre von Georg Jellinek,[9] die aber nur zu einem der souveränen Entscheidung der Einzelstaaten unterliegenden äußeren Staatsrecht, nicht zu einem auch gegen den späteren anderen Willen der Einzelstaaten bindend bleibenden Völkerrecht führt, und die Vereinbarungslehre von Heinrich Triepel,[10] die zwar diese Schwäche vermeidet, aber auch nicht zu erklären vermag, warum die Vereinbarung bindet. Ein so ausgesprochener Voluntarist wie Anzilotti[11] stellt daher die These auf, daß die Vereinbarungen ihre bindende Kraft aus der Regel „Pacta sunt servanda" herleiten, wobei er diese Regel als die Urnorm erklärt, „hinter der sich keine andere finden läßt, die ihre Rechtmäßigkeit erklärte, und die deshalb von der Rechtswissenschaft als Grundannahme oder unbeweisbares Postulat aufgestellt wird".

Kelsen, der den Voluntarismus scharf ablehnt und ihn auf die naturrechtliche Lehre vom Gesellschaftsvertrag zurückführt, begründet die Gültigkeit der inter-

[5] Verdross, Völkerrecht, 2. Aufl., S. 107.
[6] Kelsen, Principles of International Law, S. 304.
[7] Ross aaO S. 83.
[8] aaO I S. 15.
[9] Die rechtliche Natur der Staatsverträge, 1880.
[10] Völkerrecht und Landesrecht, 1899.
[11] aaO I S. 49f.

nationalen Verträge aus dem Gewohnheitsrecht, nämlich aus dem gewohnheitsrechtlichen Satz „Pacta sunt servanda", die Gültigkeit des Gewohnheitsrechts aber aus der „Grundnorm genannten juristischen Hypothese";[12] es sei die Annahme, daß die durch die Praxis der Staaten geübte internationale Gewohnheit eine rechtsschöpferische Tatsache sei. Die Brüchigkeit dieser These[13] erweist sich dadurch, daß nach Kelsen das staatliche Recht seine Gültigkeit vom Völkerrecht ableitet, nun aber umgekehrt das Völkerrecht von der Praxis der Staaten abgeleitet wird.[14] Mit Recht sagt Verdross:[15] „Daher sind diese und andere ähnliche Formeln vollkommen inhaltsleer, *wenn* ihre soziologischen und naturrechtlichen Hintergründe weggedacht werden." Daher hält Verdross neuerlich nicht mehr an einer Grundnorm fest, sondern hält es für richtiger, „von einem Gefüge von Rechtsgrundsätzen statt von **einer** Grundnorm zu sprechen".[16]

Zu den objektivistischen Theorien gehört auch die im Anschluß an Duguit[17] entwickelte These von Georges Scelle,[18] wonach die metajuristische Begründung des Rechts sich in einem Bereich materieller Realitäten findet, „dans les nécessités ou lois d'ordre biologique qui conditionnent et maîtrisent la vie des individus et des groupes". Ganz ähnlich, wenn auch mit einer psychologisch-idealistischen Wendung, die ins Subjektive zurückführt, ist die These von Brierly,[19] daß die letzte Erklärung der bindenden Kraft allen Rechtes die ist, daß der Mensch, soweit er ein vernünftiges Wesen ist, gezwungen ist, zu glauben, daß Ordnung und nicht Chaos das bestimmende Prinzip der Welt ist, in der er zu leben hat.

In der Tat kann nur eine das Rechtliche transzendierende Auffassung die Quelle des Rechts im Sinne von „Ursprung", „Grund" aufklären.[20] Die Frage nach der Quelle des Rechts als Ursprung, als Grund ist nicht ein juristisches, sondern ein historisches, ein philosophisches Problem. Der Wunsch des Menschen nach Ordnung, nach Regelmäßigkeit, nach Sicherheit ist ebenso alt als universell. Aber diese psychologische Erklärungsweise ist für sich allein unzureichend. Wenn man die Verträge auf Gewohnheitsrecht, das Gewohnheitsrecht aber auf Gewohnheit, auf Übung, auf „Staatenpraxis", auf Wiederholung basiert, dann bleibt eben die entscheidende Kluft zwischen Gewohnheit und Gewohnheitsrecht zu überbrücken; die entscheidende Frage lautet: wie wird aus Wiederholung eine Norm?[21]

[12] aaO S. 367.

[13] Ähnlich auch Guggenheim aaO I S. 6ff.

[14] Siehe kritisch zur Lehre von der Grundnorm auch Stone, Legal Controls of International Conflict, S. 32f.

[15] Völkerrecht, 2. Aufl., S. 31.

[16] Völkerrecht, 5. Aufl., S. 25.

[17] aaO I S. 71f.

[18] Précis de Droit des Gens, I, S. 41.

[19] aaO S. 57.

[20] Siehe Rousseau aaO, 2. Aufl. 1970, S. 37: „Le fondement du caractère du droit ne saurait être démontré que par des considérations morales ou sociologiques, en tout cas étrangères au droit positif."

[21] Vgl. eine analoge Problematik bei der Frage nach dem Ursprung der Sprache und die aufschlußreichen Ausführungen von Susanne K. Langer in: „Philosophy in a New Key. A Study in the Symbolism

Die neuesten anthropologischen, soziologischen, philosophischen Forschungen geben uns in der Tat Hinweise, wie diese Kluft zu überbrücken ist.[22] Nach den Ergebnissen dieser Forschungen ruhen alle Kulturen auf Systemen stereotypisierter und stabilisierter Gewohnheiten.[23] Das Entscheidende bei der Bildung und Institutionalisierung von Gewohnheiten ist die Entlastung vom Aufwand improvisierter Motivbildung, die so erfolgen kann, „daß die Motivbildung an umschriebenen Bestandstücken der Außenwelt festgemacht wird, so daß das Verhalten von der Stabilität der Außenwelt her seine Dauergarantie bezieht".[24] „Die Verselbständigung des Gewohnheitsgefüges, seine Eigenstabilität und die Anreicherung der Motive, die Chancen des Schöpferischen nur in seiner Fortsetzung, sind, von außen erlebt, die Auslöserwirkung des Gerätes, seine Sollsuggestion. ... Kultur ist ihrem Wesen nach ein über Jahrhunderte gehendes Herausarbeiten von hohen Gedanken und Entscheidungen, aber auch ein Umgießen dieser Inhalte zu festen Formen, so daß sie jetzt, gleichgültig gegen die geringe Kapazität der kleinen Seelen, weitergereicht werden können, um nicht nur die Zeit, sondern auch die Menschen zu überstehen."[25] Die „Reziprozität des Verhaltens ist formal eine ganz grundlegende anthropologische Kategorie".[26] „Die Norm ist als nicht, was den Sachen sekundär zuwüchse, es gibt unter den verschiednen Normenquellen eine, welche in dem Anspruch besteht, den die vor der Gesellschaft sanktionierten Sachlichkeitsaspekte der Dinge uns gegenüber vertreten. Der Eigensinn der Realität oktroyiert uns Sollformen des Umgangs mit ihnen, und die Interessen und Bedürfnisse der anderen setzen sich hinter diesen Eigensinn."[27] „Die Institutionen einer Gesellschaft sind es also, welche das Handeln nach außen und das Verhalten gegeneinander auf Dauer stellen."[28] „Angesichts der Weltoffenheit und Instinktentbindung des Menschen ist es durch nichts gewährleistet, daß ein gemeinsames Handeln überhaupt zustande kommt oder daß es, einmal vorhanden, nicht morgen wieder zerfällt. Gerade in diese Lücke tritt ja die Institution, sie steht an der Stelle des fehlenden automatischen Zusammenhanges zwischen Menschen, und gerade sie verselbständigt sich zur Sollgeltung."[29]

---

of Reason, Rite and Art", 1942, zu der These, daß das Motiv der Sprache die Transformierung von Erfahrung in Begriffe sei.

[22] Hier ist in erster Linie auf Arnold Gehlen, Urmensch und Spätkultur, 1956, zu verweisen, auf den sich die folgenden Ausführungen vor allem stützen.

[23] Gehlen aaO S. 22.

[24] Gehlen aaO S. 23.

[25] Gehlen aaO S. 26, 27.

[26] Gehlen aaO S. 51; s. dazu auch B. Rehfeld, Die Wurzeln des Rechts, 1951; Simma, Das Reziprozitätselement in der Entstehung des Völkergewohnheitsrechts, 1970.

[27] Gehlen aaO S. 68.

[28] Gehlen aaO S. 100; s. dazu übereinstimmend Maurice Hauriou aaO, S. 5: „Tout le secret de l'ordre constitutionnel est dans la création d'institutions vivantes. Les lois constitutionnelles ne signifient rien en tant que règles; elles n'ont de signification qu'en tant que statuts organiques d'institutions."

[29] Gehlen aaO S. 178.

Prüfen wir die Geltung völkerrechtlicher Normen unter diesen Aspekten, so haben wir uns an all das zu erinnern, was oben[30] über den politischen und ethischen Charakter des Völkerrechts gesagt wurde. Diese Charakteristika besagen ja gerade die Abwesenheit und Schwäche des Institutionellen auf wesentlichen Gebieten des Völkerrechts. Der Schwerpunkt der institutionellen Entwicklung der Menschheit lag bisher im Staatlichen, also in einem lokal, national Integrierenden, aber universal, international Desintegrierenden. Es ist sinnlos, diesen Zustand vom Ideologischen, vom Programmatischen her, etwa durch eine Satzung, umgestalten zu wollen.[31] Viel wichtiger also als z. B. die Verkündung der Satzung der UN ist die Praxis ihrer Organe, die in entscheidenden Funktionen zwar hinter der Satzung zurückbleibt, ja ihr manchmal direkt widerspricht, aber die eine wirkliche Staatenpraxis, also die Bildung von Gewohnheiten, von Institutionen darstellt, auf die es sehr viel mehr ankommt als auf die Verkündung von Programmen, Deklarationen, Statuten und dergleichen. Zu Gewohnheitsrecht sich verdichtende Staatenpraxis ist also die eigentliche, materielle Quelle des Völkerrechts (Quelle als Ursprung, Grund). Das Gewohnheitsrecht ist, entsprechend der oben in § 3 dargelegten Besonderheit des Völkerrechts, die historisch überwiegende formelle Quelle des Völkerrechts (Quelle als Erscheinungsform), die zunächst nur vereinzelt, erst recht spät in größerem Umfang von der ausdrücklichen Rechtssatzung ergänzt wurde, die entsprechend dem genossenschaftlichen Charakter des Völkerrechts nicht in der Form des Gesetzes, sondern des Vertrages ergeht. Wir wenden uns daher nunmehr zunächst der eingehenderen Darstellung des völkerrechtlichen Gewohnheitsrechts zu.

§ 5. Das Gewohnheitsrecht als Hauptquelle des Völkerrechts

Nicht nur das Völkerrecht, sondern auch die innerstaatlichen Rechte beruhten lange Zeit vorwiegend auf Gewohnheitsrecht. Eine vergleichende Betrachtung innerstaatlicher Erfordernisse für die Anerkennung von Gewohnheitsrecht wird auch für die Erhellung völkerrechtlicher Zusammenhänge von Nutzen sein.[32]

So hatte das alte französische Recht, das bis zur Erlassung des Code Napoléon (1804) überwiegend gewohnheitsrechtlich war, eine Theorie entwickelt, die zwei Merkmale, ein objektives und ein subjektives, für das Vorhandensein von Gewohnheitsrecht verlangte:

a) die gleichförmige und langdauernde Beobachtung einer Regel durch die Allgemeinheit der Beteiligten,

---

[30] Kap. 1, § 3.

[31] Siehe Visscher aaO S. 134: „On ne triomphe pas par des anticipations doctrinales de l'inclination séculaire qui porte les nations à faire de l'Etat le gardien de leurs intérêts suprêmes."

[32] Puchta, G. F., Das Gewohnheitsrecht, 1828/1837.

b) die unter den Beteiligten herrschende Idee des verbindlichen Charakters der Regel.[33]

Ähnlich, wenn auch weniger prägnant, ist die Definition des englischen,[34] des amerikanischen[35] oder des deutschen Rechts.[36]

I. Definitionen des Gewohnheitsrechts

Die völkerrechtlichen Definitionen finden sich in voller Übereinstimmung mit diesen innerstaatlichen Definitionen, was zugleich ein interessantes Symptom einer gemeinsamen Rechtsüberzeugung der zivilisierten Nationen über Begriff und Verbindlichkeit des Gewohnheitsrechts darstellt.

Fenwick[37] definiert: ,,established usages which have come to be regarded as having an obligatory character".

Schwarzenberger[38] definiert: ,,. . . two . . . elements: (a) a general practice of States and (f) the acceptance by States of this general practice as law."

Oppenheim[39] spricht von ,,a custom when a clear and continuous habit of doing certain actions has grown up under the aegis of the conviction that these actions are, according to international law, obligatory or right".

Anzilotti[40] sagt: ,,Im Völkerrecht spricht man von Gewohnheitsrecht, eher als von einfacher Übung, dann, wenn die Staaten sich mit der opinio necessitatis tatsächlich auf eine bestimmte Weise verhalten."

Verdross[41] sagt: ,,daß nur jene Übung Völkergewohnheitsrecht begründet, die vom Rechtsbewußtsein (opinio juris) begleitet wird".

Kaufmann[42] sagt: ,,que ce n'est pas l'attitude, même souvent renouvelée, l'habitude comme telle, qui permet de conclure à des règles de droit, mais que la ,coutume' doit être qualifiée et caractérisée par l'élément de l'opinio juris: les mêmes attitudes observées par les mêmes Etats dans les mêmes circonstances ne constituent pas comme telles un ,droit' coutumier. Il faut que le lien spirituel qui les relie

[33] Siehe Claude Du Pasquier, Introduction à la théorie générale et à la philosophie du droit, 1942.

[34] ,,Custom may be defined to be a law or right not written which being established by long use and consent of our ancestors has been and daily is put in practice" (les Termes de la Ley).

[35] ,,A usage or practice of the people, which, by common adoption and acquiescence, and by long and unvarying habit, has become compulsory, and has acquired the force of a law . . ." (Black's Law Dictionary, 4. Aufl., 1951).

[36] ,,. . . ist für die Bildung eines Gewohnheitsrechts erforderlich: ein menschlicher Verband; eine gemeinsame rechtliche Überzeugung der Mitglieder des Verbandes; eine dieser Überzeugung entsprechende rechtliche Übung" (Stengel-Feischmann, Wörterbuch des deutschen Staats- und Verwaltungsrechts, 2. Aufl., 1911).

[37] International Law 1948, S. 72.

[38] Manual 4. Aufl. 1960, I S. 27.

[39] aaO I S. 35.

[40] Lehrbuch des Völkerrechts, Bd. I, S. 53.

[41] Völkerrecht, 5. Aufl., S. 138.

[42] Règles Générales, S. 193.

soit la conviction qu'elles sont dictées par le droit: lorsque ce sont des liens et convictions d'un autre genre qui ont dicté la ‚pratique générale', on n'est pas en présence de droit coutumier."

G. Scelle[43] sagt: „Dans le processus coutumier, la règle de droit positive se dégage implicitement d'une succession concordante d'actes juridiques, autonomes à l'égard les uns des autres, mais accomplis par leurs auteurs avec le sentiment ou la conviction de se conformer à une contrainte juridique obligatoire." Er fährt fort: „Cette définition est traditionelle et comprend les deux éléments qui, en droit classique, caractérisent la coutume: la répétition concordante et l'opinio necessetatis."

Manley O. Hudson sagt in einer Studie über Artikel 24 des Statuts der International Law Commission:[44] „... the emergence of a principle or rule of customary international law would seem to require presence of the following elements:

a) concordant practice by a number of States with reference to a type of situation falling within the domain of international relations;

b) continuation or repetition of the practice over a considerable period of time;

c) conception that the practice is required by, or consistent with, prevailing international law; and

d) general acquiescence in the practice by other States."

Max Hagemann hat eine interessante Studie über „Die Gewohnheit als Völkerrechtsquelle in der Rechtsprechung des Internationalen Gerichtshofs" veröffentlicht,[45] aus der sich ergibt, daß der Internationale Gerichtshof bei der Anerkennung von Regeln als Gewohnheitsrechtssätzen streng verfährt. Als Bedingungen der Anerkennung einer Übung als Gewohnheitsrecht hat der Gerichtshof festgestellt: 1. die Häufigkeit, 2. die Einheitlichkeit, 3. die Allgemeinheit (und zwar die relative Allgemeinheit), 4. die Spezifiziertheit und 5. den rechtlichen Gehalt.

Zum Erfordernis der opinio juris hat der Internationale Gerichtshof im Asylfall[46] die folgenden Feststellungen getroffen:

„Enfin le Gouvernement de la Colombie a cité un grand nombre de cas particuliers dans lesquels l'asile diplomatique a, en fait, été accordé et respecté. Mais il n'a pas établi que la régle prétendue de la qualification unilatérale et définitive ait été invoquée ou que – si, dans certains cas, elle a, en fait, été invoquée – elle ait été appliquée, en dehors des stipulations conventionelles, par les Etats qui accordaient l'asile, en tant que droit appartenant à ceux-ci, et respectée par les Etats territoriaux en tant que devoir leur incombant, et pas seulement pour des raisons d'opportunité politique."

Den gleichen Grundsatz hat der IG auch im Streitfall über den Kontinentalschelf der Nordsee ausgesprochen.[47]

---

[43] Précis de droit des gens, 1934, II, S. 304.

[44] UN Doc. A/C-N. 4/16 (3 March 1950), 5.

[45] Schweizerisches Jahrbuch für Internationales Recht, 1953, S. 6ff.

[46] Reports 1950, S. 277.

[47] Reports 1969, S. 44.

II. Allgemeine Merkmale des Gewohnheitsrechts

Wir können also feststellen, daß übereinstimmend zwei Merkmale für das Vorhandensein von völkerrechtlichem Gewohnheitsrecht verlangt werden, ein objektives, das der wiederholten (regelmäßigen), einheitlichen, allgemeinen Übung, und ein subjektives, nämlich das der Übung, die mit der Überzeugung vorgenommen wird, rechtlich zu solchem Verhalten verpflichtet zu sein.

Liegt nur das objektive, nicht das subjektive Merkmal vor, so handelt es sich um eine rechtlich irrelevante Übung, um Völkersitte, um Völkercourtoisie;[48] sie ist *rechtlich,* wenn auch nicht *praktisch,* für den internationalen Verkehr irrelevant; bei ihrer Verletzung treten nicht die spezifischen völkerrechtlichen Unrechtsfolgen, wohl aber andere praktische, oft nicht minder schwerwiegende Folgen ein.

Liegt nur das subjektive Merkmal vor, d. h. handelt ein Völkerrechtssubjekt in der irrigen Annahme, gewohnheitsrechtlich zu solchem Verhalten verpflichtet zu sein, ohne daß doch die objektiven Merkmale der Regelmäßigkeit, Einheitlichkeit und Allgemeinheit vorliegen, sei es, daß keines, sei es, daß nur einige von ihnen, nicht aber alle drei, vorliegen, so wird der unter solch irriger Motivation vorgenommene konkrete Rechtsakt der Regel nach rechtswirksam und nur ausnahmsweise, falls die allgemeinen Voraussetzungen der Anfechtung wegen Vorliegens von Willensmängeln gegeben sind,[49] anfechtbar sein. Keinesfalls erwächst aus solcher irrigen einmaligen Übung anderen Staaten das Recht, von dem irrig handelnden Staat auch in künftigen Fällen zu verlangen, sich rechtlich so zu verhalten, als ob bereits eine gewohnheitsrechtliche Regel vorliege, noch auch erwächst dem irrig handelnden Staat aus seinem eigenen einmaligen, wenn auch von den anderen Staaten akzeptierten Verhalten das Recht, in künftigen Fällen von den anderen Staaten die Befolgung der von ihm irrtümlich als geltend angenommenen Regel zu verlangen, ohne daß alle Merkmale der Bildung von Gewohnheitsrecht vorliegen.

Objektive und subjektive Merkmale müssen sämtlich und gleichzeitig vorliegen. Diese Merkmale sind nun im einzelnen zu prüfen.

III. Subjekte gewohnheitsrechtlicher Übung

Zunächst ist zu fragen, wer die Subjekte einer solchen sich zu Gewohnheitsrecht verdichtenden Übung sind. Es kann kein Zweifel daran bestehen, daß dies niemand anders sein kann als die regelmäßigen Völkerrechtssubjekte. Das sind nach der hier[50] vertretenen und im allgemeinen als herrschend zu bezeichnenden Auffassung die zum internationalen Rechtsverkehr zugelassenen Staaten und anderen

---

[48] Über sie Näheres unten § 7 Nr. V.
[49] Siehe unten § 68 II.
[50] Siehe unten § 13.

Rechtspersonen, vor allem gewisse internationale Organisationen, nicht aber Einzelpersonen; hinsichtlich der letzteren nehmen im übrigen auch die meisten Theorien, die ihnen Völkerrechtspersönlichkeit zuerkennen, an, daß sie ihnen doch hinsichtlich der Erzeugung von Völkerrechtsnormen, also auch hinsichtlich der Entstehung von Völkergewohnheitsrecht, nicht zukommt.[51] Wir können also abkürzend sagen, daß es sich bei der Erzeugung von völkerrechtlichem Gewohnheitsrecht vor allem um die Übung von *Staaten* handelt; das Wort „Staatenpraxis" für diese Übung ist also angemessen, wenn man sich bewußt bleibt, daß in neuester Zeit vor allem die Vereinten Nationen und ihre Spezialorganisationen in wachsendem Maße an dieser Übung teilnehmen.

IV. Organe gewohnheitsrechtlicher Übung

Welches sind die Organe der Staaten, die Träger dieser rechtserzeugenden Übung sein können? Es besteht kein Zweifel, daß auf jeden Fall die Organe, die zur völkerrechtlichen Vertretung des Staates berufen sind, zu denjenigen Organen gehören, deren Übung rechtsbildend zu wirken vermag. Fraglich ist, inwieweit auch andere Organe eines Einzelstaats, etwa gesetzgebende, richterliche oder verwaltende Instanzen, als zur Vornahme von als solche Übung zu betrachtenden Akten geeignet angesehen werden können. Eine Reihe von Autoren geht sehr weit in der Heranziehung solcher rein innerstaatlicher, an die eigenen Untertanen sich wendender Akte, sei es, daß diese sich unmittelbar über völkerrechtliche Fragen aussprechen, sei es auch nur, daß eine inhaltliche Übereinstimmung landesrechtlicher Rechtssätze vorliegt. So nennt Rousseau[52] als „Präzedenzien, aus denen das völkerrechtliche Gewohnheitsrecht entsteht", interne Gesetze, die sich auf Gegenstände von internationaler Bedeutung beziehen, und interne Gerichtsentscheidungen, wenn diese über völkerrechtliche Fragen unter Anwendung oder auch nur angeblicher Anwendung von Völkerrecht entscheiden. Ebenso spricht Guggenheim[53] von Rechtssätzen des Landesrechts, die zur Entstehung eines entsprechenden Gewohnheitsrechtssatzes beigetragen haben. Starke[54] geht sogar so weit, zu sagen: „Eine Übereinstimmung innerstaatlicher Gesetze oder der Entscheidungen innerstaatlicher Gerichte oder staatlicher Praktiken kann eine so weitgehende Annahme ähnlicher Regeln anzeigen, daß man die allgemeine Anerkennung eines weiten Rechtsprinzips annehmen muß."[55]

---

[51] Anders z. B. Jitta, La rénovation du droit international sur la base c'une communauté juridique du genre humain, 1919.

[52] aaO 2. Aufl., S. 329.

[53] aaO I S. 49.

[54] aaO S. 34.

[55] Siehe ähnlich auch Oppenheim aaO I S. 32; doch ist aus dem Satz, daß sie „considerable practical importance for determining what is the correct rule" haben, wohl zu schließen, daß sie – zutreffend – nur als Erkenntnismittel, nicht als rechtserzeugende Quellen gemeint sind.

Alle diese Thesen scheinen uns auf der einen oder anderen Art von Verwechslung über den Charakter gewohnheitsrechtlicher Normenbildung zu beruhen. Die These Starkes spricht von Erfordernissen, bei deren Vorliegen man allenfalls von „allgemeinen Rechtsprinzipien" im Sinne von Artikel 38 Abs. Ic des Statuts des Internationalen Gerichtshofs, nicht aber von Gewohnheitsrecht im Sinne von Artikel 38 Abs. Ib oder im allgemein genommenen Wortsinn der Doktrin sprechen kann. Die These von Guggenheim kann ein Argument für „Quelle" im Sinne von „Ursprung", Grund" sein, sie gibt uns soziologische Gründe, warum ein Satz sich der völkerrechtlichen Praxis empfohlen hat, aber umschreibt die Bedingungen des Zustandekommens von internationalem Gewohnheitsrecht unzutreffend, wenn sie es „auf Landesrecht zurückgehen" läßt. Die von Rousseau angegebenen innerstaatlichen Akte dagegen können zweifellos ein wichtiges Mittel zum Nachweis des Vorhandenseins von internationalem Gewohnheitsrecht sein, wenngleich sie auch als solche nur mit großer Vorsicht zu verwenden sind, sie sind also u. U. wichtige *Erkenntnismittel* für das Dasein von Völkerrecht, es ist aber irrig, sie als Elemente der Entstehung von Völkerrecht, als „Präzedenzien, aus denen völkerrechtliches Gewohnheitsrecht entsteht", darzustellen.

Die einzigen Akte, die konstitutiv für die Entstehung von internationalem Gewohnheitsrecht sein können, sind vielmehr Akte der internationalen Staatenpraxis, d. h. Akte von Staaten oder unter gewissen Voraussetzungen von internationalen Organisationen, die unmittelbar auf die internationalen Beziehungen Bezug haben und diese, nicht aber interne staatliche Vorgänge, zu gestalten intendieren. Dabei darf diese Übung nicht einseitig sein, sondern, worauf schon Fauchille[56] zutreffend hingewiesen hat, es muß sich um eine gegenseitige, auf einander bezogene, inhaltlich übereinstimmende Praxis in der Gestaltung der gegenseitigen äußeren Beziehungen einer Vielzahl oder doch einer Mehrzahl von Staaten handeln. Die zur Entstehung von Gewohnheitsrecht erforderliche Staatenpraxis kann also nur von den zur Vornahme solcher auswärtiger Akte zuständigen staatlichen Organen vorgenommen werden; sie muß gegenseitig sein, um konstituierend für die Entstehung von Gewohnheitsrecht zu wirken, „die einseitige Wiederholung von Akten, die von einem und demselben Staat ausgehen, kann keine verbindliche Regel schaffen, auch nicht für den diese Akte vornehmenden Staat".[57] Mit Recht ist vom Staatsgerichtshof für das Deutsche Reich[58] festgestellt worden: „Die Übung muß ferner, wenn sie zur Bildung von Gewohnheitsrecht führen soll, von den berufenen Organen des Staates betätigt werden und kann nur zwischen solchen Staaten Recht erzeugen, in deren Zwischenverkehr sie gepflogen worden ist."[59]

---

[56] aaO I S. 42.

[57] Fauchille aaO I S. 42.

[58] Lübeck gegen Mecklenburg-Schwerin betr. Hoheitsrechte in der Lübecker Bucht, RGZ Bd. 122, Anhang S. 1ff.

[59] Siehe ebenso Hatschek, Völkerrecht, S. 9; Heilborn, Grundbegriffe des Völkerrechts, S. 38f.

Sind bloße einseitige Akte in bezug auf konkrete internationale Beziehungen von dem nach dem innerstaatlichen Recht zuständigen Organ vorgenommen worden, so binden sie für diese konkrete Situation den Staat, sind aber keinesfalls konstitutiv für die Erzeugung von Gewohnheitsrecht. Handelt es sich aber um einseitige *interne* Akte, so bewirken sie weder eine auf den konkreten Fall beschränkte Bindung nach außen, noch gar können sie konstitutiv für die Entstehung von Gewohnheitsrecht sein.

Ein anschauliches Beispiel einer solchen internen, auf internationale Zusammenhänge bezogenen einzelstaatlichen gesetzlichen Regelung ist die Neutralitätsgesetzgebung der USA in den Jahren 1935 und 1937. Um die Gründe, die nach damaliger amerikanischer Überzeugung zu dem unerwünschten Ergebnis der Eintritts der USA in den ersten Weltkrieg geführt hatten, bei künftigen internationalen Konflikten von vornherein nicht wirksam werden zu lassen, sahen diese Gesetze Beschränkungen für USA-Bürger vor, die weit über das hinausgingen, was das Völkerrecht hierfür vorschrieb.[60] Aber diese innerstaatliche Gesetzgebung konnte und sollte nie zur Bildung von völkerrechtlichem Gewohnheitsrecht führen, das die vom Völkerrecht vorgesehenen Verpflichtungen der Neutralen im Sinne dieser Neutralitätsgesetze erweitert hätte. Eine völkerrechtliche Bindung des Staates an solche interne Gesetzgebung tritt regelmäßig nicht ein; selbst für den Fall einer Änderung gewisser interner Neutralitätsregelungen während des Krieges, die nach der Präambel zum XIII. Haager Abkommen vom 18. 10. 1907 grundsätzlich nicht vorgenommen werden soll, wird doch die volle Freiheit des Landesgesetzgebers – wenn er nur im Rahmen des völkerrechtlich Vorgeschriebenen bleibt – durch die Ermessensklausel wiederhergestellt: „es sei denn, daß die gemachten Erfahrungen eine Änderung als notwendig zur Wahrung der eigenen Rechte erweisen würden".[61]

Ein ebenso instruktives Beispiel einer auf Völkerrecht bezogenen internen gerichtlichen Entscheidung stellt die Entscheidung des Staatsgerichtshofs für das Deutsche Reich über die Donauversinkung vom 17./18. 6. 1927 dar,[62] in der von dem völkerrechtlichen Grundsatz gesprochen wird, „daß kein Staat auf seinem Gebiet Maßnahmen an einem internationalen Flußlauf treffen dürfe, die auf den Wasserlauf im Gebiet eines anderen Staates zu dessen Nachteil einschneidend einwirken. Es liegt hier eine bereits allgemein anerkannte Regel des Völkerrechts vor". Es ist nicht einzusehen, inwiefern eine solche theoretische Feststellung, die in einem innerstaatlichen Streit ergeht, in irgendeiner Weise zur Bildung von Gewohnheitsrecht beitragen könnte; sehr wohl aber kann eine solche Feststellung eines oberen innerstaatlichen Gerichts ein wichtiges Erkenntnismittel über den Bestand von Völkerrechtsregeln sein, insbesondere auch über das schwer feststell-

[60] Siehe Fenwick aaO S. 616f.; Berber, Wandlungen der amerikanischen Neutralität, 1944.
[61] RGBl. 1910, S. 343ff., dort bezeichnet als XII. Haager Abkommen.
[62] RGZ 116, Anhang S. 18.

bare subjektive Moment, das zur Bildung von Gewohnheitsrecht erforderlich ist. Es erscheint überaus zweifelhaft, ob dies anders liegt bei solchen innerstaatlichen Gerichten, die kraft völkerrechtlicher Anordnung oder Zulassung über Fragen des internationalen Rechtsverkehrs unter Anwendung von internationalem Recht zu entscheiden haben. Rousseau[63] nennt als solche Gerichte die Prisengerichte, mahnt aber gleichzeitig zur Vorsicht, da sie häufig von naturrechtlichen Vorstellungen oder von politischen Erwägungen beherrscht seien. Noch größer ist die Skepsis von Oppenheim.[64] Er erwähnt zwar, daß britische Richter und Völkerrechtsgelehrte häufig der Meinung Ausdruck gegeben haben, daß Prisengerichte internationale Gerichte seien und daß sie Völkerrecht anwenden. Er weist aber dementgegen mit Nachdruck darauf hin, daß Verfahren vor Prisengerichten keine internationale Angelegenheit, daß Prisengerichte innerstaatliche Gerichte, daß Prisenverfahren innerstaatliche Verfahren seien, daß das von ihnen anzuwendende Recht innerstaatliches Recht ist, das von ihnen anzuwenden ist, selbst wenn es gegen das Völkerrecht verstößt, und daß eine Prisensache erst dann einen internationalen Charakter erhält, wenn der Heimatstaat des aufgebrachten Schiffes sie zum Gegenstand von Protesten und Ansprüchen gegen den Staat des Prisengerichts macht, während sie bis zu diesem Augenblick eine rein innerstaatliche Angelegenheit bleibt. Man muß also, im Gegensatz zu Starkes Lehre von der völkerrechtsschöpferischen Kraft der Urteile innerstaatlicher Prisengerichte, feststellen, daß sie keineswegs direkter Ausdruck rechtsschöpferischer Staatenpraxis, sondern höchstens ein – mehr oder minder trübes – Erkenntnismittel zur Feststellung der Existenz von anderweitig entstandenem völkerrechtlichem Gewohnheitsrecht sind.

V. Völkerrechtlicher Rechtsquellenwert innerstaatlicher Gerichtsentscheidungen

Zusammenfassend läßt sich also über den Rechtsquellenwert der Entscheidungen innerstaatlicher Gerichte folgendes feststellen:[65] Ein innerstaatliches Gericht kann selbst in privaten Streitsachen Gelegenheit haben, nicht nur internationales Privatrecht, das ja innerstaatliches Recht ist, oder, unter den Regeln des internationalen Privatrechts, ausländisches Recht anzuwenden, sondern auch incidenter Völkerrecht, wenn es von Einfluß ist auf die Entscheidung über das privatrechtliche Problem, das den Gegenstand der Entscheidung bildet. Die wohlbekannte Regel des angelsächsischen Rechts: ,,International law is part of the law of the land" ist ebenso wie etwa Artikel 25 des Grundgesetzes der Bundesrepublik eine eindrucksvolle Bestätigung der Notwendigkeit für den innerstaatlichen Richter,

[63] aaO 2. Aufl. I S. 333.
[64] aaO II S. 869f.
[65] Siehe Berber, ,,Die Rechtsquellen des internationalen Wassernutzungsrechts", S. 123ff.

mit den Regeln des Völkerrechts vertraut zu sein. Wenn solche Entscheidungen innerstaatlicher Gerichte über völkerrechtliche Fragen zutreffend und gut begründet sind, können sie ebenso wie private Publikationen ein wertvolles Hilfsmittel zur Findung gewohnheitsrechtlicher Regeln für den Völkerrechtler sein;[66] aber diese Entscheidungen innerstaatlicher Gerichte sind natürlich nie Quelle des Völkerrechts und können vor allem auch durch konstanteste Praxis nie Völkerrecht erzeugen. Dieser Gesichtspunkt wurde klar und zutreffend von Moore in seinem abweichenden Votum zum Lotusfall[67] herausgearbeitet.

Wieder anders liegt die Situation, wenn ein innerstaatliches Gericht gar nicht – falsch oder richtig – Völkerrecht zur Entscheidung einer innerstaatlichen Streitigkeit heranzieht, sondern eine innerstaatliche Streitigkeit ausschließlich nach innerstaatlichem Recht entscheidet, diese innerstaatliche Streitigkeit aber nicht zwischen Individuen, sondern zwischen Gliedstaaten eines Bundesstaates bestand. Auch in diesem Fall bleibt das innerstaatliche Gericht nichts als ein innerstaatliches Gericht, das von ihm angewandte Recht nichts als innerstaatliches Recht; dieses kann keinesfalls als solches auf dem Wege der Analogie zur Entscheidung zwischenstaatlicher Streitigkeiten herangezogen werden. Denn wohl hat das im Verhältnis zwischen den Gliedstaaten geltende Bundesverfassungsrecht notwendigerweise eine gewisse Schablonenähnlichkeit mit dem die Rechtsbeziehungen zwischen souveränen Staaten regelnden Völkerrecht; aber die zugrundeliegenden Prinzipien sind im Völkerrecht völlig verschieden von denen des Bundesstaatsrechts. Im innerstaatlichen Recht, und deshalb auch im Bundesstaatsrecht, gibt es nicht die Sanktionen des Völkerrechts wie Selbsthilfe, Retorsion, Repressalie, Intervention, Abbruch der diplomatischen Beziehungen, Wirtschaftskrieg, Zollkrieg, kalter Krieg, ja wirklicher Krieg, die der Souveränität wesentlich sind; im Gegenteil, im innerstaatlichen Recht, handle es sich nun um einen Einheitsstaat oder um einen Bundesstaat, ist der Friede und die Ordnung innerhalb der Nation als Ganzes das oberste Gesetz, die Aufgabe des Richters ist mehr, als nur Auskunft über die Rechtslage zu geben, sie hat an ihrem Teil die dem Staat für seine inneren Beziehungen aufgegebene Ordnungsaufgabe mit zu lösen; die Entscheidung des Richters wird notfalls nicht nur gegen eine Privatperson, sondern auch gegen den Gliedstaat eines Bundesstaats vollstreckt. Natürlich kann der innerstaatliche Richter in einem Streit zwischen Gliedstaaten eines Bundesstaats, wenn sein Recht ihm das erlaubt, Rechtssätze vom Völkerrecht entlehnen und in seinem innerstaatlichen Streit zur Anwendung bringen. Aber durch diese Entlehnung wird der

---

[66] Siehe Art. 38 Id des Statuts des Ständigen Internationalen Gerichtshofs; s. auch Anzilotti aaO S. 56.

[67] StIG, A 10: „International tribunals, whether permanent or temporary, sitting in Judgment between independent States, are not to treat the judgments of the Courts of one State on questions of international law as binding on other States, but, while giving to such judgments the weight due to judicial expressions of the view taken in the particular country, are to follow them as authority only so far as they may be found to be in harmony with international law, the law common to all countries."

innerstaatliche Richter nicht zum internationalen Richter; er wendet nicht Völkerrecht an, sondern hat durch seine Anwendung das Völkerrecht in innerstaatliches Recht transformiert; ebenso wie der internationale Richter dadurch, daß er aus dem Landesrecht „allgemeine von den zivilisierten Nationen anerkannte Rechtsgrundsätze" entlehnt, nicht zum innerstaatlichen Richter wird, sondern dieses Recht durch seine Anwendung in Völkerrecht transformiert. Freilich gibt es viele unpräzise Formulierungen, selbst bei hohen Gerichten und bekannten Publizisten; aber diese Formulierungen dürfen nicht den wahren Sachverhalt des Verhältnisses von Völkerrecht und Landesrecht verdunkeln. Wenn ein Gliedstaat der USA in einem Rechtsstreit sich „souveräner Staat" nennt und unter Berufung hierauf die Anwendung von Völkerrecht auf sich verlangt,[68] so ist dies ebenso gleichgültig für die wahre juristische Situation, wie wenn dem Obersten USA-Gerichtshof selbst[69] solch falscher Zungenschlag begegnet: „Sitting as it were as international as well as domestic Tribunal, we apply Federal Law, State Law, and International Law, as the exigencies of the particular case may demand."

Zu Bedenken Anlaß gibt auch trotz der Sonderregelung des Artikels IV des zur Beilegung des Streits am 15. 4. 1935 in Ottawa abgeschlossenen Abkommens[70] die Begründung des Urteils des Schiedsgerichts zwischen USA und Kanada in der Trail-Smelter-Angelegenheit 1938/41,[71] in dem versucht wird, Entscheidungen des Obersten Gerichtshofs der USA auf dem Wege der Analogie als völkerrechtliche Präzedenzien zu benutzen. Es gibt keine Regel des Völkerrechts, die eine solche analogieweise Anwendung erlauben würde.

VI. Völkerrechtlicher Rechtsquellenwert innerstaatlicher Rechtssätze

Über den Rechtsquellenwert von innerstaatlichen Rechtssätzen für die Bildung von völkerrechtlichem Gewohnheitsrecht läßt sich zusammenfassend folgendes feststellen:[72]

[68] wie dies Colorado in Kansas v. Colorado, 206 US 1907, tut: „that as a sovereign and independent State she is justified. . . that she occupied towards the State of Kansas the same position that foreign States occupied towards each other. That the rule of decision is a rule which controls foreign and independent States in their relation to each other. . ."

[69] In der in Fußnote 68 genannten Entscheidung.

[70] Reports of International Arbitral Awards, vol. III, 1949 V. 2, S. 1908: „The Tribunal shall apply the law and practice followed in dealing with cognate questions in the United States of America as well as international law and practice, and shall give consideration to the desire of the high contracting parties to reach a solution just to all parties concerned."

[71] Reports of International Arbitral Awards, vol. III, 1949 V. 2, S. 1964: „There are, however, as regards both air pollution and water pollution, certain decisions of the Supreme Court of the United States which may legitimately be taken as a guide in this field of international law, for it is reasonable to follow by analogy, in international cases, precedents established by that court in dealing with controversies between States of the Union or with other controversies concerning the quasi-sovereign rights of such States, where no contrary rule prevails in international law and no reason for rejecting such precedents can be adduced from the limitations of sovereignty inherent in the Constitution of the United States . . ."

[72] Siehe Berber „Die Rechtsquellen des internationalen Wassernutzungsrechts", S. 120ff.

Die wahre Bedeutung des Landesrechts für das Völkerrecht wurde vom Ständigen Internationalen Gerichtshof in seinem Urteil über gewisse deutsche Interessen in Polnisch-Oberschlesien[73] zutreffend folgendermaßen bestimmt: „From the standpoint of international law and of the Court which is its organ, municipal laws are merely facts which express the will and constitute the activities of States, in the same manner as do legal decisions or administrative measures."

Diese kategorische Feststellung beruht auf der offensichtlichen Tatsache, daß, während das Landesrecht ausschließlich für die Regelung innerstaatlicher Angelegenheiten zuständig ist, völkerrechtliche Gewohnheitsregeln nur durch ihre Anwendung im zwischenstaatlichen Bereich entstehen und bestehen können. Natürlich ist es durchaus möglich, daß Landesrecht in Völkergewohnheitsrecht umgewandelt wird; aber es muß dann nachgewiesen werden, daß es tatsächlich in zwischenstaatlichen Beziehungen angewandt wird. In einem solchen Fall ist seine ursprüngliche Eigenschaft als innerstaatliches Recht unwichtig; ihre Existenz als innerstaatliches Recht beweist nichts für (freilich auch nichts gegen) die Existenz inhaltlich identischer Normen als Völkerrechtsgewohnheitsrecht, aber sie müssen dann den für den Nachweis von Völkergewohnheitsrecht oben aufgestellten autochthonen völkerrechtlichen Voraussetzungen – und nur ihnen – entsprechen. Man kann die Existenz von Völkergewohnheitsrecht also niemals unter Berufung auf die Existenz von Landesrecht beweisen, sondern immer nur durch den Nachweis konstanter zwischenstaatlicher Anwendung plus „opinio necessitatis". Es mag für den völkerrechtlichen Rechtshistoriker interessant sein herauszufinden, daß sie ursprünglich als Regeln des innerstaatlichen Rechts galten;[74] für die praktische Anwendung des Völkerrechts ist dies ohne Bedeutung.

Der einzige Weg, auf dem innerstaatliches Recht automatisch als Völkerrecht angewandt werden kann, ohne erst den Beweis seiner Umwandlung in Völkergewohnheitsrecht, den Beweis seiner festgegründeten Anwendung im zwischenstaatlichen Bereich führen zu müssen, ist seine Anerkennung als „allgemeine von den zivilisierten Staaten anerkannte Rechtsgrundsätze" im Sinne von Artikel 38 I c des Statuts des Internationalen Gerichtshofs. In diesem letzteren Zusammenhang ist Landesrecht tatsächlich von größter Wichtigkeit für das Völkerrecht, wie unten[75] ausführlich zu zeigen sein wird. Aber das ist grundsätzlich verschieden von dem Nachweis seiner Existenz als Völkergewohnheitsrecht. Die Übernahme von Landesrecht in Völkerrecht durch eine andere Methode als entweder unter den Voraussetzungen von Völkergewohnheitsrecht oder unter denen der „allgemeinen von den zivilisierten Nationen anerkannten Rechtsgrundsätze" ist unzulässig und führt nur zu Verwirrung und falschen Thesen. Gleichwohl ist diese willkür-

[73] StIG, A 7.
[74] Siehe Guggenheim aaO I S. 49.
[75] Siehe unten § 7 Nr. III.

liche Transformierung gerade auf unserem Gebiet nichts Seltenes, und der Ernst der Warnung vor Mißbrauch ist daher durchaus angebracht.

Ein Beispiel eines solchen unzulässigen Transformierungsversuchs findet sich bei Oppenheim,[76] wenn er behauptet, daß übereinstimmendes Landesrecht die Existenz von völkerrechtlichem Gewohnheitsrecht beweise.

Der Trugschluß liegt darin, daß dem Erfordernis der (mit opinio necessitatis vorgenommenen) Anwendung in der zwischenstaatlichen Staatenpraxis weder die einseitige Übung eines Staates in seinem Verhalten zu anderen Staaten, noch auch die bloße Übereinstimmung mehrerer innerstaatlicher Rechte unter sich genügt, ohne daß sie in den zwischenstaatlichen Beziehungen von allen Beteiligten, mindestens aber von zweien, angewendet werden, während andererseits für die Annahme als Völkergewohnheitsrecht das Vorhandensein uniformer Landesrechte ganz irrelevant ist. Identisches innerstaatliches Recht kann nur in zwei Fällen als völkerrechtliche Regel angewendet werden:

a) wenn die zwei Staaten ausdrücklich die Anwendung solcher identischer landesrechtlicher Normen für ihre internationalen Streitigkeiten vereinbaren, wie dies z. B. in der Verwaltungsentscheidung Nr. I der deutsch-amerikanischen Mixed-Claims-Commission vom 1. 11. 1923 geschehen ist, wo in erster Linie der Vertrag von Berlin als Rechtsquelle bezeichnet ist, subsidiär aber auch, neben den anderen üblichen Rechtsquellen, ,,rules of law common to the United States and Germany established by either Statutes or judicial decisions".[77]

b) wenn in der Staatenpraxis zwischen den beiden Staaten, die solche identische Normen besitzen, sich ein Gewohnheitsrechtssatz herausgebildet hat, der die Anwendung dieses identischen innerstaatlichen Rechts als Völkergewohnheitsrecht zwischen ihnen vorschreibt oder zuläßt.

VII. Universales und partikuläres Gewohnheitsrecht

Nachdem wir festgestellt haben, daß regelmäßig nur die Übung von Staaten (und eventuell anderen Völkerrechtssubjekten) gewohnheitsrechtsbildend ist,

[76] Siehe Oppenheim aaO I S. 30 Fußnote 5: ,,Unlike in the case of treaties, it is not necessary for the creation of international custom that there should be on the part of the acting organs of the State an intention to incur mutually binding obligations; it is enough if the conduct in question is dictated by a sense of legal obligation in the sphere of international law. For the same reason uniform municipal legislation constitutes in a substantial sense evidence of international custom (see, to the same effect, Gianni, La coutume en droit international, 1931, p. 129). The same applies to other manifestations of the views of competent State organs on questions of International Law in so far as they partake of an undoubted degree of uniformity, e. g. governmental instructions, State papers, etc.".

[77] Siehe Final Report of Commissioner and Decisions and Opinions, 1933; siehe auch Art. 215/II des Vertrags zur Gründung der Europ. Wirtschaftsgemeinschaft vom 25. 3. 1957 (BGBl. 1957 II S. 766) und Art. 188/II des Euratom-Vertrags vom 25. 3. 1957 (BGBl. 1957 II S. 1014): ,,. . . ersetzt die Gemeinschaft den durch ihre Organe oder Bediensteten in Ausübung ihrer Amtstätigkeit verursachten Schaden nach den allgemeinen Rechtsgrundsätzen, die den Rechtsordnungen der Mitgliedstaaten gemeinsam sind"; siehe dazu Heldrich in Juristenzeitung 1960 S. 681 ff.

und daß diese Übung in gegenseitig übereinstimmender Weise durch die zu zwischenstaatlichen Akten befugten Staatsorgane erfolgen muß, ist nun die weitere Frage zu prüfen, ob alle durch einen Gewohnheitsrechtssatz gebundenen Völkerrechtssubjekte an seiner Erzeugung durch ihre Übung teilgenommen haben müssen, oder ob es genügt, daß die meisten und wichtigsten Staaten, wenn auch nicht alle, an der erzeugenden Übung teilnehmen, mit bindender Wirkung auch für die Nichtteilnehmer.

Zunächst ist festzustellen, daß es in bezug auf den Geltungsumfang zwei Arten von Gewohnheitsrecht gibt, universelles, alle am Völkerrechtsverkehr teilnehmenden Staaten bindendes, und partikuläres Gewohnheitsrecht, das nur in einer bestimmten, geographisch, historisch, ideologisch oder politisch abgegrenzten Gruppe von Staaten gilt. Mit Rücksicht auf die verschiedenartige Begründung einer solchen Staatengruppe ist es unrichtig, von „regionalem"[78] oder von „kontinentalem"[79] Gewohnheitsrecht zu sprechen; es ist aber schon ein Fortschritt, den Unterschied überhaupt zu sehen, da man ursprünglich das europäische Völkerrecht naiv mit universalem Völkerrecht gleichstellte, ein Anspruch, dem zunächst durch die Bildung eines panamerikanischen Völkerrechts Abbruch geschah, in neuester Zeit durch die Verselbständigung aller übrigen Kontinente. Partikuläres Völkerrecht *kann* also geographisch, kontinental bestimmt sein, muß es aber nicht; man denke an die Staatengruppe des Commonwealth, an die arabische Staatengruppe, an die Zusammengehörigkeit der kommunistischen Staaten,[80] an die Bandung-Gruppe, die über Asien hinausgreift, aber auch nicht alle asiatischen Staaten umfaßt, an die Colombogruppe.

Es ist klar, daß die Entstehung der rechtlichen Bindung wie ihr Nachweis – so D'Amato in AJIL 1969 S. 212 – bei universalem und bei partikulärem Völkerrecht ganz verschieden ist. Mit Rücksicht auf den genossenschaftlichen Charakter des Völkerrechts, mit Rücksicht auf den Grundsatz der „souveränen Gleichheit" aller Staaten, der von der Satzung der UN ausdrücklich aufrechterhalten wurde, kann aber keine völkerrechtliche Bindung für einen Staat entstehen, die entweder seinem ausdrücklich erklärten Willen widerspricht oder die sich sonst mit den allgemeinen Linien seiner Völkerrechtspolitik nicht verträgt;[81] in letzterem Falle wird es von den konkreten Umständen abhängen, ob ausdrückliche Proteste oder Rechtsmittel zur Vermeidung der Erstreckung der Bindung auf einen Staat von ihm einzulegen sind,[82] oder ob bloße Nichtteilnahme an der Übung genügt. Die These von Oppenheim,[83] daß allgemeine Zustimmung, die Grundlage allen

[78] I. Gottmann, La politique des Etats et leur géographie, 1952.

[79] Fauchille aaO I_1 S. 45.

[80] Siehe DDR-Lehrbuch I S. 27ff.

[81] Übereinstimmend DDR-Lehrbuch I S. 66.

[82] Rousseau, aaO 2. Aufl. I S. 326, scheint anzunehmen, daß ausdrückliche Akte des Widerspruchs notwendig sind.

[83] aaO I S. 17.

Rechtes, die Zustimmung einer so überwältigenden Mehrheit bedeute, daß die Nichtzustimmenden von keiner Bedeutung seien „im Vergleich zur Gemeinschaft als Einheit, im Gegensatz zu den Willen ihrer einzelnen Mitglieder", ist eine unzulässige Herübernahme der bekannten innerstaatlichen, auf J. J. Rousseau zurückgehenden fiktiven Unterscheidung von „volonté générale" und „volonté de tous" zur Rechtfertigung der Bindung der überstimmten Minderheit durch die Mehrheit. Es ist eine recht gefährliche Definition: wer entscheidet darüber, ob der Dissentierende von keiner Wichtigkeit ist? Vielleicht eine überwältigende Koalition militärisch siegreicher Staaten, die auf diese Weise den machtlos gemachten Gegner zugleich *rechtlos* machen könnte? Die Hegemonie großer Staaten ist eine politische Wirklichkeit; ihnen zugleich ein Monopol der Erzeugung von Gewohnheitsrecht zu geben, steht im Widerspruch zu dem das Völkerrecht in seiner heutigen Gestalt konstituierenden Grundsatz von der „souveränen Gleichheit" aller, der großen und der kleinen Staaten. Dies wird in aller Prägnanz vom Internationalen Gerichtshof in der Asylentscheidung[84] betont: „Die Partei, welche sich auf Gewohnheitsrecht beruft . . . muß beweisen, daß die Gewohnheit in solcher Weise besteht, daß sie für die andere Partei bindend geworden ist . . . daß die angerufene Regel . . . sich in Übereinstimmung befindet mit einer von den beteiligten Staaten beständig und einheitlich vorgenommenen Übung . . ." Damit ist zugleich der Schlüssel gegeben, wie verhindert werden kann, daß nicht ein einzelner Staat sich dem fortschreitenden Wachstum des Völkerrechts entgegenstellen kann: soweit eine für sinnvolle gegenseitige Rechtsübung geeignete Gruppenbildung ohne Beteiligung des dissentierenden Staates möglich ist, steht der Bildung von partikulärem Völkerrecht, das im Grenzfall eine *fast* universelle Erstreckung haben kann, nichts im Wege. Nur ausnahmsweise kann der dissentierende Staat die Bildung von Gewohnheitsrecht gegen seinen Willen überhaupt verhindern, dann nämlich, wenn eine sinnvolle und effektive Anwendung der Regel ohne seine positive Mitübung nicht möglich erscheint. Verweigert in einem solchen Fall ein einzelner Staat seine Mitwirkung trotz diplomatischen Drucks und wirtschaftlicher Diskriminierung von seiten einer überwältigenden Staatengruppe, dann muß er schon so gewichtige Gründe für seine Weigerung haben, daß kein Grund besteht, nicht an der Grundthese des Völkerrechts festzuhalten: „Beschränkungen der Unabhängigkeit der Staaten können nicht vermutet werden",[85] und mit dem StIG[86] das Prinzip der Unabhängigkeit der Staaten als „ein fundamentales Prinzip des Völkerrechts" anzusehen.

Es war lange eine allgemein anerkannte Regel des völkerrechtlichen Gewohnheitsrechts, daß neue Staaten mit ihrer Zulassung zur Völkerrechtsgemeinschaft den allgemeinen Regeln des völkerrechtlichen Gewohnheitsrechts unterworfen

---

[84] Reports 1950 S. 276f.
[85] StIG im Lotusfall, A 10.
[86] Ostkarelienfall, B 5.

wurden.[87] Der Prozeß der Aufnahme schon bestehender außereuropäischer Staaten in die abendländische Völkerrechtsgemeinschaft, heute im wesentlichen abgeschlossen, war in den vergangenen hundert Jahren ein häufiger Anwendungsfall des Instituts der „Anerkennung neuer Staaten". Moore[88] hat mit Recht darauf hingewiesen, daß ein Staat als souveräner Staat anerkannt sein kann, ohne als Mitglied der Völkerrechtsgemeinschaft anerkannt zu sein (Beispiel: die Türkei bis 1856); ein solcher Staat konnte zweifellos nicht als an das bestehende Völkerrecht gebunden angesehen werden. Mit seiner Zulassung zur Völkerrechtsgemeinschaft übernahm er aber ebenso zweifellos die Bindung an das allgemeine Völkerrecht; man vergleiche den Wortlaut des Artikels VII des Pariser Friedens vom 30. 3. 1856, durch den die Hohe Pforte „in die Gemeinschaft des Europäischen öffentlichen Rechtes und Konzertes" aufgenommen wurde.[89] Seit 1945 sind aber eine große Zahl neuer Staaten dadurch entstanden, daß die westeuropäischen Kolonialmächte die bisher von ihnen abhängigen Gebiete, die nicht der abendländischen Zivilisation angehörten, in die Unabhängigkeit entließen; diese neuen Staaten treten mit ihrer Anerkennung zwar ebenfalls in die bestehende Völkerrechtsgemeinschaft ein, beanspruchen aber nicht selten, nicht an alle Regeln des herkömmlichen universellen Völkergewohnheitsrechts gebunden zu sein. Soweit sie bei ihrer Aufnahme in die Völkerrechtsgemeinschaft ausdrücklich konkrete Vorbehalte in dieser Richtung machen und diese sich nicht auf zwingendes Völkerrecht erstrekken, wird dies als zulässig anzusehen sein; ohne solche ausdrücklichen Vorbehalte sind sie an das bestehende universelle Völkergewohnheitsrecht gebunden, können nun aber ihrerseits auf seine Entwicklung oder Reform wie alle anderen Völkerrechtssubjekte Einfluß nehmen, was vor allem im Rahmen der Kodifikationsbestrebungen der UN wie mit Hilfe von Resolutionen der Generalversammlung bereits geschieht.[90]

VIII. Erfordernisse der gewohnheitsrechtlichen Übung

Es erhebt sich weiter die Frage, wie lange oder wie oft eine Übung wiederholt werden muß, um Gewohnheitsrecht zu werden. Sicherlich kann ein einziger Akt gar nicht als konstitutive Übung angesehen werden.[91]

---

[87] Siehe z. B. Oppenheim aaO I S. 18.

[88] Digest of International Law, 1906, I S. 74.

[89] Martens N. R. G. XV S. 774.

[90] Siehe hierzu: Bokor-Szegö, New States and International Law, 1970; Friedmann, Law in a Changing Society, 1959; O'Brien, The New Nations in International Law and Diplomacy, 1965; Röling, International Law in an Expanded World, 1960; Sahovic, Influence des Etats Nouveaux sur la Conception du Droit International, in: Annuaire Français du Droit International, 1966, S. 30ff.

[91] Siehe die Entscheidung des Staatsgerichtshofs für das Deutsche Reich, RGZ 122, Anh. S. 1: „genügt doch regelmäßig ein einzelner Übungsfall nicht"; aM, aber wohl unbegründet, Ross aaO S. 89.

Über die Zahl und Dauer der Übungshandlungen lassen sich keine allgemeinen Regeln aufstellen; der Übergang von Übung zu Rechtsregel ist ein organischer, vielfach unmerklicher. Eine Praxis, die im Übungsgebiet nicht auf jeden gleichgearteten Fall angewandt wird, also eine sporadische, intermittierende, unterbrochene Übung, entspricht nicht dem vom Internationalen Gerichtshof im Asylfall aufgestellten Erfordernis der Konstanz und Uniformität. Die spätere Wiederaufnahme einer begonnenen Übung, die dann aber in nachfolgenden gleichgelagerten Fällen nicht zur Anwendung kam, also unterbrochen wurde, kann nicht als unter Anschluß an jene früheren Übungsakte fortgesetzte, sondern muß als eine erst jetzt neu begonnene Übung angesehen werden. So verbietet z. B. die Tatsache, daß seit der Verurteilung deutscher Politiker und Generale in Nürnberg als schuldig des Verbrechens des Angriffskriegs andere Angriffsakte in verbotenen Kriegen nicht zur Verurteilung gebracht wurden, die Benützung der Nürnberger Akte als Präzedenzfälle für eine gewohnheitsrechtliche Fortbildung des Kellogg-Paktes.

Die Akte, in denen sich die die Bildung gewohnheitsrechtlicher Regeln konstituierende Übung vollzieht – wir wiederholen: scharf zu unterscheiden von den Indizien, aus denen solche Konstituierung erkannt werden kann, den sogenannten Erkenntnisquellen oder Erkenntnismitteln des Völkerrechts[92] – sind vor allem Akte der gegenseitigen außenpolitischen und diplomatischen Praxis der Völkerrechtssubjekte, die ebensowohl in faktischem Verhalten wie in ausdrücklichen die internationalen Beziehungen gestaltenden Erklärungen, Noten, Deklarationen, Proklamationen, Resolutionen usw. bestehen können. Innerstaatliche Gesetze, Verwaltungsakte und Gerichtsurteile können Bestandteil oder Indiz solchen tatsächlichen Verhaltens sein, falls dieses letztere auf die internationalen Beziehungen bezogen ist[93], nie sind sie, wie oben ausführlich dargelegt, für sich allein konstitutive Elemente der Gewohnheitsrechtsbildung. Die Gerichtspraxis internationaler Gerichte und Schiedsgerichte kann zweifellos zur Bildung von Gewohnheitsrecht beitragen, und zwar weniger durch Urteile, hinsichtlich derer wenigstens für den IG durch Artikel 59 des Statuts eine Präzedenzwirkung nach angelsächsischem Muster ausdrücklich ausgeschlossen ist, als durch ihre Verfahrenspraxis, durch die diese Gerichte wesentlich zur Bildung von prozessualem Gewohnheitsrecht beitragen können. Im Gegensatz zum innerstaatlichen Recht spielt aber die Gerichtspraxis im Völkerrecht eine mehr als bescheidene Rolle, die hauptsächliche völkerrechtliche Tätigkeit spielt sich in diplomatischen Akten ab.[94] Im übrigen wird die

[92] Über sie s. unten § 8.

[93] Siehe die Feststellungen des Ständigen Internationalen Gerichtshofs in dem Urteil von 1926 über „Gewisse Deutsche Interessen in Polnisch Oberschlesien“: „Vom Standpunkt des Völkerrechts und des Gerichtshofs, der sein Organ ist, sind innerstaatliche Gesetze bloße Tatsachen, welche den Willen der Staaten ausdrücken und ihre Aktivitäten konstituieren, in derselben Weise wie Gerichtsentscheidungen oder Verwaltungsmaßnahmen.“

[94] Dies verkennt Ross aaO S. 80, wenn er eine Rechtsquelle definiert als „the general factors (motive components) which guide the judge when fixing and making concrete the legal content in judicial decisions“.

Bedeutung von internationalen Gerichtsentscheidungen wegen ihrer ausdrücklichen Hervorhebung in Artikel 38 des Statuts des IG in eigenem Zusammenhang gesondert behandelt werden.[95]

IX. Der gewohnheitsrechtsbildende Charakter von Verträgen

Internationale Verträge sind natürlich in erster Linie unmittelbar als solche eigentliche Rechtsquellen. Darüber hinaus können sie aber auch konstituierende Elemente einer zu Gewohnheitsrecht führenden Staatenpraxis sein, sei es über die Laufdauer des Vertrags hinaus, sei es über die Parteien des Vertrags hinaus, sei es über den Inhalt des Vertrags hinaus.[96]

Starke[97] unterscheidet drei Arten, wie Verträge für die Bildung von internationalem Gewohnheitsrecht von Bedeutung werden können, die nicht alle zutreffend begründet sind; insbesondere geht gerade das Beispiel der Auslieferungsverträge als Quelle für allgemeine Regeln fehl.[98]

Hyde[99] gibt einen interessanten Kommentar zu der Frage, unter welchen Voraussetzungen bilaterale Verträge Erkenntnisquelle für bestehendes Gewohnheitsrecht sind oder es überhaupt erzeugen können, und stellt fest, daß bisher verhältnismäßig wenige bilaterale Verträge als Völkerrechtsquellen betrachtet worden sind. Aber seine Ausführungen sind mehr pragmatisch als systematisch und entbehren der methodischen Strenge, die für diese Frage unerläßlich ist.[100]

Es muß zunächst mit Nachdruck darauf hingewiesen werden, daß die bloße Häufigkeit von Verträgen über einen Gegenstand keinen Hinweis darauf gibt, ob die Völkerrechtsgemeinschaft oder auch nur eine regional begrenzte Gruppe von Staaten die in solchen Verträgen niedergelegten Prinzipien als Gewohnheitsrechtsregeln anerkennt. Es gibt eine Reihe von Gebieten zwischenstaatlichen Verkehrs, auf denen es eine beträchtliche Anzahl von bilateralen Verträgen gibt, auf denen aber hieraus sich keine gewohnheitsrechtliche Regelung entwickelt hat.

So gibt es eine ganze Anzahl von Verträgen, die den Vertragspartnern Auslieferung flüchtiger Verbrecher gewähren. Aber Oppenheim[101] gibt die rechtliche Situation zutreffend wieder, wenn er erklärt: „es existiert also keine allgemeine Regel des völkerrechtlichen Gewohnheitsrechts, die die Auslieferung vorschreibt". Guggenheim[102] sagt: „Der weitgehend übereinstimmende Inhalt völ-

---

[95] Siehe unten § 8 I.

[96] Siehe Baxter, Treaties and Custom, Rec. 1970 I, S. 40.

[97] aaO S. 41.

[98] Siehe unten Absatz 5.

[99] International Law, 1951, I S. 10, 12, 142.

[100] Siehe D'Amato, Manifest Intent and the Generation by Treaty of Customary Rules of International Law, AJIL 1970, S. 892; Baxter, Multilateral Treaties as Evidence of Customary International Law, BYIL 1965/66, S. 275.

[101] aaO I S. 635.

[102] aaO I S. 50.

kerrechtlicher Verträge, der insbesondere für die Niederlassungs-, Konsulats- und Auslieferungsabkommen charakteristisch ist, führte nicht zur Erzeugung eines entsprechenden Gewohnheitsrechtssatzes".

Die Washingtoner Konvention vom 25. 11. 1927, die dem in Madrid am 9. 12. 1932 abgeschlossenen Internationalen Fernmeldevertrag angehängten ,,General Radio Communication Regulations", die Europäische Rundfunkkonvention von Luzern vom 19. 6. 1933 sowie der internationale Fernmeldevertrag von Buenos Aires vom 22. 12. 1952[103], obwohl sogar multilaterale Verträge, haben keine völkerrechtliche Gewohnheitsregel geschaffen, die das Prinzip der ausschließlichen Lufthoheit für den Staat beseitigen würde, in der das Recht des Staates beschlossen ist, Störungen des Luftraumes über seinem Gebiet mittels Hertzscher Wellen, die von einer ausländischen Quelle herrühren, zu verbieten.[104]

Es gibt eine große Anzahl bilateraler Verträge, die den Durchflug und die Landung fremder Flugzeuge gestatten. Aber dadurch wurde keineswegs die Regel des völkerrechtlichen Gewohnheitsrechts abgeändert, wonach der Gebietsstaat in Abwesenheit eines Spezialvertrages absolute Souveränität über seinen Luftraum besitzt, die nicht durch irgendeine Servitut oder ein sonstiges Recht des Durchflugs eingeschränkt wird.[105]

Besonders in den Jahren nach dem ersten Weltkrieg sind eine ganze Anzahl von Verträgen geschlossen worden, die das Prinzip der Freiheit der Flußschiffahrt enthalten, aber nach Oppenheim[106] ,,kann das Prinzip nicht als eine anerkannte Regel des völkerrechtlichen Gewohnheitsrechts bezeichnet werden". Ebenso ist Hyde[107] der Ansicht, daß ,,der Versuch immer noch vergeblich bleibt, Regeln niederzulegen, die gleichermaßen auf alle internationalen Wasserwege anwendbar sind".

Nach dem ersten Weltkrieg wurde eine ganze Reihe von Verträgen über den Schutz von Minderheiten der Rasse, der Religion oder der Sprache abgeschlossen. Aber dies hat nicht zur Entwicklung eines entsprechenden völkerrechtlichen Gewohnheitsrechtssatzes geführt.[108]

Es wurde eine Reihe von Verträgen abgeschlossen, um Sklaverei und Sklavenhandel zu unterdrücken, z. B. der Londoner Vertrag von 1841, die Generalakte der Berliner Kongo-Konferenz von 1885, die Generalakte der Brüsseler Antisklaverei-Konferenz von 1890, das Abkommen von St. Germain vom 10. 9. 1919 und die

---

[103] BGBl. 1955 II S. 9.

[104] S. Oppenheim aaO I S. 481.

[105] S. Oppenheim aaO I S. 475.

[106] aaO I S. 429.

[107] Hyde aaO I S. 530, 563.

[108] Siehe Oppenheim aaO I S. 651: ,,It cannot be too clearly realized that, apart from treaty, the treatment meted out by a State to any group of persons who are exclusively its own subjects, however much they may resemble in race, religion or language the population of neighbouring States, is at present a matter entirely within its own discretion;" siehe jetzt aber die *vertragliche* Regelung durch die Menschenrechtskonventionen von 1966.

Sklavereikonvention von 1926 und 1956. Aber trotz dieser sogar multilateraler Verträge stellt Oppenheim[109] mit Recht fest: ,,It is difficult to say that customary International Law condemns two of the greatest curses which man has ever imposed upon his fellow-man, the institution of slavery and the traffic in slaves."

Es sind zahlreiche Verträge abgeschlossen worden, die einen Staat, der Eigentum unter einem solchen Vertrag erwirbt, verpflichten, vom Veräußerungsstaat abgeschlossene Pachtverträge zu respektieren. Aber keine entsprechende Regel völkerrechtlichen Gewohnheitsrechts läßt sich bis jetzt feststellen.[110]

Es gibt eine große Zahl von Verträgen, unter denen Staaten verpflichtet sind, ihre Streitigkeiten der schiedsgerichtlichen oder gerichtlichen Erledigung zu unterbreiten. Oppenheim stellt zutreffend fest:[111] ,,no universal legal duty as yet exists for States to settle their differences through arbitration or judicial process".

Auch der Internationale Gerichtshof ist äußerst zurückhaltend gegenüber internationalen Verträgen als Ansätzen zu Gewohnheitsrecht, wie sich insbesondere aus seinen Ausführungen zum Asylfall ergibt.[112] Hagemann[113] stellt mit Recht fest: ,,Denn wenn die südamerikanische Asylpraxis trotz ihrer Verbreitung und Dichte, trotz ihrer historischen Entwicklung und trotz ihres sinnvollen und vernünftigen Gehalts keine Übung mit Gewohnheitsrechtscharakter ist, dann muß das Wirkungsfeld des völkerrechtlichen Gewohnheitsrechts als ein außerordentlich enges angesprochen werden".

Die beträchtliche Anzahl von Verträgen, die über eine bestimmte Materie existieren, dürfen uns also nicht zu übereilten Folgerungen hinsichtlich der Existenz von völkerrechtlichen Gewohnheitsregeln über diesen Gegenstand verführen.

Bei der Deutung der Bedeutung der Existenz von Verträgen für die Entstehung von internationalem Gewohnheitsrecht sind die folgenden Möglichkeiten zu unterscheiden:

1. Entweder kann die Existenz solcher Verträge bedeuten, daß sie geschlossen worden sind, weil ohne solche Verträge keine auf allgemeinem Völkerrecht (Gewohnheitsrecht) beruhende Verpflichtung bestanden hätte, daß sie also geschlossen worden sind, um eine Lücke im Völkerrecht auszufüllen. In diesem Fall schaffen sie neues Recht, aber nur für die zwischen den Parteien geregelte konkrete Situation; sie sind eine Ausnahme, und gerade aus diesem Ausnahmecharakter

[109] aaO I S. 733.

[110] Siehe Hyde aaO I S. 427.

[111] aaO II S. 6, s. auch S. 31.

[112] Siehe neuerlich das Urteil des IG in den Nordsee-Kontinentalschelf-Fällen (Reports 1969 S. 3, besonders Nr. 77): ,,Not only must the acts considered amount to a settled practice, but they must also be such, or carried out in such a way, as to be evidence of a belief that this practice is rendered obligatory by the existence of a rule of law requiring it."

[113] aaO S. 82; oben Fußnote 45.

muß man auf die Nichtexistenz gewohnheitsrechtlicher Regeln schließen; sie sind eine Insel konkreter Regulierung in einem Meere der Freiheit von Regeln.[114]

2. Oder der Abschluß solcher Verträge kann bedeuten, daß die Parteien sich selbst *ohne* diese Verträge rechtlich verpflichtet gefühlt haben, sich in dem von den Verträgen gemeinten Sinn zu verhalten, daß die Verträge also geschlossen wurden auf der Grundlage der oben erwähnten ,,opinio juris vel necessitatis", daß sie geschlossen wurden, um Situationen, die schon durch gewohnheitsrechtliche Regeln gedeckt waren, jedem Zweifel zu entheben, sie zu klären, sie in Einzelheiten zu regeln. In diesem Fall würden die Verträge in der Hauptsache eine deklaratorische, nicht eine konstitutive Bedeutung für die betreffende Regel haben, gerade die Häufigkeit solcher Verträge würde der Ausdruck einer schon bestehenden Regel sein.[115]

3. Oder der Abschluß solcher Verträge hat zunächst nichts anderes bedeutet, als was oben unter (1) beschrieben wurde, nämlich vertragliche Regelungen wegen einer Lücke im Recht. Aber durch den fortgesetzten und weitverbreiteten Abschluß ähnlicher Verträge sind diese Verträge die Schöpfer neuer gewohnheitsrechtlicher Regeln geworden, welche letztere in diesem Falle nichts anderes sind als Generalisierungen aus vorher existierenden Verträgen.[116]

---

[114] Siehe hierzu auch Oppenheim aaO I S. 289 über die Bedeutung von Post- usw. Verträgen, sowie Schwarzenberger aaO I S. 46 über das Gutachten des StIG in der Angelegenheit der marokkanischen und tunesischen Staatsangehörigkeitsdekrete. Eine solche Situation wird z. B. angenommen in der dissenting opinion des Richters Read zum Urteil des Internationalen Gerichtshofes vom 6. April 1955 im Nottebohm-Fall: ,,The fact that it was considered necessary to conclude the series of bilateral conventions and to establish the multilateral Convention referred to above indicates that the countries concerned were not content to rely on the possible existence of a rule of positive international law qualifying the right of protection." Siehe auch RGSt 67_{221}: ,,Wenn die Parteien eines völkerrechtlichen Vertrages davon ausgehen, daß eine bestimmte Regel einer ausdrücklichen vertraglichen Festlegung bedarf, um ihre Anerkennung zu gewährleisten, so ist dies ein Indiz dafür, daß es sich um keine allgemein anerkannte Regel des Völkerrechts handelt."

[115] Diese Auffassung ist z. B. enthalten in einer häufig zitierten Erwägung des Nürnberger Urteils vom 1. 10. 1946: ,,In many cases, treaties do not more than express and define for more accurate reference the principles of law already existing." Siehe deutsche Übersetzung in ,,Der Prozeß gegen die Hauptkriegsverbrecher vor dem Internationalen Militärgerichtshof", 1947, I, S. 247; s. hierzu Schwarzenberger aaO I S. 96. Siehe ähnlich Thalmann, Grundprinzipien des modernen zwischenstaatlichen Nachbarrechts, 1951, S. 136: ,, Verträge über internationale Wasserimmissionen sind daher weniger Ausdruck einer von der generellen Rechtsüberzeugung abweichenden Auffassung, sondern eher deren Präzisierung. Daneben deutet auch die Regelmäßigkeit , mit der an modernen Staatsgrenzen Verträge über die Nutzung der Grenzgewässer abgeschlossen werden, darauf hin, daß das Verbot unbeschränkten Wasserentzugs einem universalen Rechtsgedanken entspricht."

[116] Diese Alternative meint Hyde, wenn er sagt (aaO I S. 10): ,,Some bi-partite agreements have . . . . recorded the beginnings of rules of restraint, in which States were generally prepared ultimately to acquiesce . . . . Agreements between States are thus becoming increasingly regarded as the sources of law as well as furnishing evidence of what the contracting parties are agreed that the law should be." Siehe in eben diesem Sinne Schwarzenberger (aaO I S. 187): ,,Many of the rules which are commonly considered to-day to be rules of customary international law are nothing but generalisations from clauses of innumerable treaties of the past which have found general acceptance." Siehe auch Schwarzenberger, The inductive approach to International Law, 60 Harvard L. R. – 1946/47 – S. 539ff.

4. Oder eine der Alternativen unter (1), (2) oder (3) mag zutreffen für einen Vertrag oder Verträge, die zu einer bestimmten Zeit geschlosssen wurden, aber eine andere dieser Alternativen mag zutreffen für einen Vertrag oder Verträge über das gleiche Gebiet, die früher oder später abgeschlossen wurden.[117]

5. Oder eine der Alternativen unter (1), (2) oder (3) mag gültig sein für einen Vertrag oder Verträge, die in einer bestimmten Region abgeschlossen sind, dagegen nicht für einen Vertrag oder Verträge, die in einer anderen Region abgeschlossen sind.[118]

X. Die Dauer des Gewohnheitsrechts

Eine weitere sehr wichtige Frage ist die nach der Dauer von Gewohnheitsrecht: *Wie lange bleibt Gewohnheitsrecht gültig?* Obwohl Gewohnheitsrecht zweifellos eine stärkere Bestandsgarantie hat als Gesetzesrecht oder Vertragsrecht, da es organisch gewachsen und genossenschaftlich (nicht heteronom) begründet ist und nur auf echter Rechtsüberzeugung beruhen kann – im Gegensatz zu den zahllosen Regelungen des Völkerrechts, vor allem in Friedensverträgen, die zwar formell auf Willenseinigung, materiell aber häufig auf Drohung oder Zwang beruhen – kann es doch ebensowenig wie irgendeine menschliche Institution ewig dauern. Es tritt ohne weiteres außer Kraft durch desuetudo, d. h. dadurch, daß dieselben Rechtsgenossen, die durch ihre Übung die Rechtsgewohnheit bildeten, übereinstimmend aufhören, sich an sie gebunden zu erachten, oder übereinstimmend eine mit dem bisherigen Gewohnheitsrechtssatz unvereinbare Übung bis zu dem Punkte betätigen, wo die neue Übung selbst Gewohnheitsrecht wird, wofern es sich nur um denselben oder einen erweiterten Kreis der Rechtsübenden handelt. Der Satz: „Lex posterior derogat legi priori" gilt also auch im Verhältnis von Gewohnheitsrechtssatz zu Gewohnheitsrechtssatz. Ebenso ist im gleichen Umfang eine ausdrückliche Willenserklärung, vorzugsweise also ein Vertrag, geeignet, Gewohnheitsrecht zu beenden oder abzuändern; auch im Verhältnis von Gewohnheitsrecht zu Vertragsrecht gilt der eben erwähnte Satz betr. den Vorrang des späteren Rechts über das frühere. Schwieriger dagegen liegt die Frage, ob ein einzelner Staat oder eine kleine Gruppe von Staaten sich dem Obsoletwerden oder dem ausdrücklichen Aufgeben einer Gewohnheitsrechtsnorm durch die überwiegende Zahl der einer Gewohnheitsrechtsnorm Unterworfenen mit Erfolg entgegenstellen kann, oder ob ein einzelner Staat oder eine kleine Gruppe von Staaten sich durch Aufhören mit der Übung, durch Einführung einer widersprechenden Übung oder durch aus-

[117] Siehe Thalmann aaO S. 129: „Bei der Beurteilung von Rechtsregeln über Wasserimmissionen ist deshalb die Berücksichtigung des Zeitpunkts von deren Formulierung von großer Bedeutung."

[118] Siehe Thalmann aaO S. 136: „Dabei wird vielfach übersehen, daß Rückschlüsse auf geltendes Recht innerhalb dieses Sachgebiets fast ausschließlich an Hand von Vertragstexten, der getreuesten Wiedergabe der Rechtsüberzeugung, gezogen werden können, die dann aber ihrerseits wiederum nur für geographisch begrenzte Räume Geltung beanspruchen können."

drücklichen Willensakt, von einem Gewohnheitsrechtssatz loslösen können. Angesichts des konservativen Charakters des Gewohnheitsrechts wird die Vermutung wohl im Zweifel für die Aufrechterhaltung der Gewohnheitsrechtsnorm sprechen und nur im äußersten Grenzfall mit der clausula rebus sic stantibus der größeren oder kleineren Gruppe, die sich lösen will, zu helfen sein.[119]

XI. Die Feststellung des Gewohnheitsrechts

Wie kann man das Bestehen von Gewohnheitsrecht feststellen und beweisen, wo findet man Gewohnheitsrecht, wo kann man es nachschlagen oder darüber nachlesen? Das ist die Frage nach den Erkenntnisquellen des völkerrechtlichen Gewohnheitsrechts, die unten[120] zu beantworten sein wird.

Bei den schwierigen tatsächlichen und juristischen Fragen, die zum Zwecke der Auffindung des Gewohnheitsrechts zu prüfen sind, kommt bei seiner Feststellung der Wissenschaft eine überragende Bedeutung zu, die es rechtfertigt, die Rolle der Wissenschaft ,,als Hilfsmittel zur Feststellung von Rechtsregeln"[121] ebenfalls in ihrem eigenen Zusammenhang[122] darzustellen. Die Rolle der Wissenschaft im Völkerrecht ist gegenüber anderen Rechtsordnungen mit überwiegend gewohnheitsrechtlicher Basis, etwa der des Common Law, deshalb so viel bedeutsamer, weil im innerstaatlichen Recht der Großteil dieser Feststellungsarbeit von den Gerichten übernommen wird, während die Tätigkeit internationaler Gerichte viel zu sporadisch ist, um dieser Aufgabe gerecht werden zu können, so daß das Völkerrecht schon als vorwiegendes ,,Gelehrtenrecht" angesprochen worden ist.[123] In diesen Zusammenhang der Zugänglichmachung des völkerrechtlichen Gewohnheitsrechts gehört schließlich auch die Kodifikation.[124]

§ 6. Die Verträge als Quelle des Völkerrechts

Im Gegensatz zum Gewohnheitsrecht sind Verträge das Ergebnis der bewußten Schaffung von Völkerrecht. Ein Vertrag ist, unabhängig von ihrer äußeren Form, jede Willenseinigung zwischen Völkerrechtssubjekten, die einen völkerrechtli-

[119] Wenig hilfreich ist die These von Fauchille aaO I S. 43, wonach ein Staat sich von der gewohnheitsrechtlichen Bindung durch ausdrückliche Erklärung lossagen kann, sich damit aber Repressalien und Krieg aussetzt. Das bedeutet doch nichts anderes, als daß er zunächst durch seine Lossagung das Recht gebrochen hat, da sonst keine ,,Repressalien" – die ja typische Unrechtsfolgen sind – gegen ihn angewandt werden dürfen. Das ,,kann" Fauchille's ist also ein rein physisches ,,kann", das juristisch irrelevant ist.

[120] § 8.

[121] Art. 38 I d Statut des IG.

[122] § 8 Nr. II.

[123] Siehe Blühdorn, Einführung in das angewandte Völkerrecht, 1934, S. 159ff.

[124] Siehe unten § 8 Nr. IV.

chen Erfolg herbeizuführen bestimmt ist; sie kann schriftlich, mündlich oder konkludent erfolgen. Ihre ausführliche Darstellung erfolgt bei der Behandlung der völkerrechtlichen Rechtsgeschäfte (unten Kapitel 11).

Nicht sind völkerrechtliche Verträge in diesem Sinn Abmachungen, bei denen überhaupt kein Völkerrechtssubjekt beteiligt ist, oder bei denen nur auf der einen Seite ein Völkerrechtssubjekt (oder auch mehrere) beteiligt ist, auf der anderen Seite aber ein Nichtvölkerrechtssubjekt, z. B. eine ausländische natürliche oder juristische Person.[125] Ebenso fallen nicht unter den Begriff „völkerrechtliche Verträge" die Heiratspakte gekrönter Staatshäupter, die vielmehr dem fürstlichen Familienrecht unterfallen, da die Fürsten hier nicht in ihrer Eigenschaft als Staatshäupter, sondern als Chefs ihrer Familien handeln. Soweit schriftliche Verträge im formellen Sinn vorliegen, kann man sie mit der innerstaatlichen bewußten Rechtssetzung durch Gesetze vergleichen. Dennoch ist es falsch, den Abschluß von Verträgen als „internationale Gesetzgebung" zu bezeichnen,[126] da damit der wesenhafte Unterschied zwischen Vertrag als autonomer und Gesetz als heteronomer Form der Rechtserzeugung verwischt wird: durch einen Vertrag werden im Gegensatz zum Gesetz nur die Rechtssubjekte verpflichtet, die ihm zugestimmt haben: „Pacta tertiis nec prosunt nec nocent". Angesichts der Tatsache, daß der genossenschaftliche Charakter des Völkerrechts eines seiner Hauptmerkmale ist, ist aber die Exaktheit der Bezeichnung von nicht nur formeller Bedeutung.

Die bindende Kraft der Verträge beruht auf dem völkerrechtlichen Gewohnheitsrecht, und zwar auf dem Gewohnheitsrechtssatz: „Pacta sunt servanda". Trotz dieser prinzipiellen Zurückführung allen Vertragsrechts auf Gewohnheitsrecht wird doch in der Praxis der Vorrang des Vertragsrechts dadurch herbeigeführt, daß im Einzelfall zunächst zu prüfen ist, ob die Materie durch einen Vertrag geregelt ist – zu dessen Auslegung und evtl. Ergänzung dann allerdings wieder auf gewohnheitsrechtliche Regeln zurückzugreifen ist – da der Vertrag als lex specialis der lex generalis des Gewohnheitsrechts häufig vorgehen wird, solange er sich nicht im Widerspruch zu einer zwingenden Norm des Gewohnheitsrechts befindet. Bei der Aufzählung der Quellen stellt Artikel 38 des Statuts des IG infolgedessen auch die Verträge und nicht das Gewohnheitsrecht an die erste Stelle, weil es ihm nicht um ein rechtstheoretisches Rangverhältnis, sondern um die Zurverfügungstellung einer praktischen Handhabe geht.

Eine der einfachsten Einteilungen von Verträgen, die auch von Artikel 38 des Statuts des IG zugrundegelegt wird, ist die auf die Zahl der Kontrahenten abstellende. Man spricht von bilateralen Verträgen, wenn nur zwei Vertragsschließende vorhanden sind, dagegen von multilateralen Verträgen, wenn eine Vielzahl von Kontrahenten vorliegt. Die Unterscheidung ist rechtlich relevant z. B. für den

[125] Siehe z. B. den Vertrag vom 29. April 1933 zwischen der Regierung des Iran und der Anglo-Iranian Oil Company.

[126] Siehe z. B. Manley O. Hudson, International Legislation, 1931, vol. I, S. XIII.

Einfluß des Kriegsausbruchs auf die Gültigkeit des Vertrags oder für bei der Ratifikation ausgesprochene Vorbehalte (Reservationen). Eine mit dieser Einteilung zusammenhängende Bezeichnung ist die von universellem, generellem oder partikulärem Völkerrecht, je nachdem, ob alle Staaten, die große Mehrzahl der Staaten oder nur ein begrenzter Kreis von Staaten an einem Vertrag beteiligt sind.[127]

Nicht zu verwechseln mit dieser Unterscheidung,[128] die auf die Zahl der Teilnehmer abstellt, ist die angeblich auf den rechtlichen Inhalt bezogene Unterscheidung zwischen rechtsetzenden und rechtsgeschäftlichen Verträgen (traités-lois und traités-contrats, law-making treaties und contract-treaties). Diese schon auf Bergbohm und Jellinek zurückgehende Unterscheidung wurde von Triepel ausgearbeitet, dem sich insbesondere Anzilotti anschloß.[129] Hiernach wird unterschieden zwischen rechtsgeschäftlichen Staatsverträgen im eigentlichen Sinn, die auf den Austausch von Nutzen und Leistung gerichtet seien, die das Mittel seien, „verschiedene und zwar einander entgegengesetzte, aber korrespondierende Interessen zu erfüllen", die daher unfähig seien, objektives Recht zu erzeugen, da dies einen Gemeinwillen als Quelle voraussetze – und zwischen Vereinbarungen oder Gesamtakten, die die Befriedigung gemeinsamer Interessen oder die Ausübung gemeinsamer Befugnisse zum Ziele haben, bei denen die Willenserklärungen der Parteien inhaltlich übereinstimmen und die daher allein imstande seien, objektives Völkerrecht zu schaffen. Diese Unterscheidung beruht aber auf einem Mißverständnis, das manchmal nur terminologisch ist,[130] manchmal aber auf der Verkennung der Tatsache beruht, daß jeder völkerrechtliche Vertrag, ob „rechtsgeschäftlich" oder „rechtssetzend", ob „abstrakt" oder „konkret", ob „generell" oder „individuell", ob „multilateral" oder „bilateral", Recht schafft.[131] Im übrigen verwischt sich die Unterscheidung von Rechtsgeschäft und Rechtsnorm, da abstrakte Regel und Bindung für den konkreten Fall sich nicht ausschließen und häufig innerhalb derselben Urkunde rechtsgeschäftliche wie rechtsetzende Akte zusammengefaßt werden.[132]

---

[127] Siehe Oppenheim aaO I S. 28.

[128] Infolgedessen ist falsch die Definition von Starke aaO S. 38, wo für die Unterscheidung zwischen „law-making-treaties" und „treaty-contracts" auf die Zahl der Kontrahenten abgestellt wird; auch auf S. 48 wird definiert: „. . .generally, to be law-making, a treaty should be adopted by all or most of the Great States." Auf S. 39 wird dann, insoweit zutreffend, festgestellt: „Every multilateral treaty is not necessarily ‚law-making'."

[129] Siehe Bergbohm, Staatsverträge und Gesetze als Quelle des Völkerrechts, 1877; G. Jellinek, Die rechtliche Natur der Staatenverträge, 1880; Triepel, Völkerrecht und Landesrecht, 1899; O. Hoijer, Les traités internationaux, 2 Bde., 1928.

[130] Siehe Ruth D. Masters, International Law in National Courts, 1932, S. 18: „Generally speaking, we may say that Anglo-American writers give the name internationel law to those rules only which have been accepted by all or almost all States; while Continental European writers usually define international law as the body of all those rules which are obligatory on two or several States in their relation with one another."

[131] Siehe Kelsen aaO S. 319f.; Kaufmann, Wesen des Völkerrechts S. 160ff.

[132] Siehe Fleischmann, Staatsverträge, in Stengel-Fleischmann, Wörterbuch des deutschen Staats- und Verwaltungsrechts, III, 2. Aufl. 1914.

Auf jeden Fall sind die Rechtsregeln für die Form, für die Voraussetzungen der Eingehung und der Beendigung, für die Gültigkeit und die Auslegung bei beiden Arten von Verträgen die gleichen, so daß es sich, wie dies herkömmlich ist, empfiehlt, alle diese Regeln nicht im Zusammenhang der Regeln über die Quellen des Völkerrechts, sondern in dem der Regeln über völkerrechtliche Rechtsgeschäfte zu behandeln.[133]

Wie wir weiter unten bei der Darstellung der Erkenntnisquellen des Völkerrechts sehen werden, ist die Zahl der völkerrechtlichen Verträge in den letzten Jahrzehnten überaus stark gestiegen, so daß sich die ursprüngliche Relation zwischen Überwiegen des völkerrechtlichen Gewohnheitsrechts und Spärlichkeit des völkerrechtlichen Vertragsrechts mehr und mehr zugunsten des letzteren verschiebt.[134] Dazu trägt auch das durch den Völkerbund und vor allem durch die UN intensiver gewordene Streben nach Kodifizierung[135] bei, da diese ja, um völkerrechtlich bindend zu sein, entweder schon bestehendes Gewohnheitsrecht in Vertragsrecht verwandelt oder rudimentäre gewohnheitsrechtliche Ansätze zu präzisem Vertragsrecht weiterbildet.

Was ist das Verhältnis von völkerrechtlichem Gewohnheitsrecht und völkerrechtlichem Vertragsrecht? Beide haben, wenn für den gleichen Rechtskreis gültig, prinzipiell gleichen Rang; das heißt aber, daß nach dem Grundsatz: „lex posterior derogat legi priori", späteres Gewohnheitsrecht früheres Vertragsrecht, späteres Vertragsrecht früheres Gewohnheitsrecht abändern oder aufheben kann.

Es ist eine offene Frage, ob die Beschlüsse internationaler Organisationen, insbesondere die der Generalversammlung der UN, das Völkerrecht weiterbilden können, also eine zusätzliche Rechtsquelle darstellen.[136] Eine allgemeine Antwort läßt sich hierauf nicht geben; es kommt zunächst auf die konkreten Einzelregelungen der verschiedenen internationalen Organisationen an, die auf dem konstituierenden Vertrag beruhen und die Organisation zur Schaffung von internem Gemeinschaftsrecht ermächtigen. Die Satzung der Vereinten Nationen erteilt zwar der Generalversammlung die Zuständigkeit zum Erlaß einer Reihe interner Akte[137], nicht aber die zum Erlaß von die Mitgliedstaaten bindenden generellen Rechtsvorschriften; hier ist die Generalversammlung auf die Erlassung von nicht-

---

[133] Siehe unten Kapitel XI.

[134] Siehe Fenwick aaO S. 77f.

[135] Darüber Näheres unten § 8 Nr. IV.

[136] Castañeda, Valeur Juridique des Résolutions des Nations Unies, Rec. 1970 I; Dahm, Die völkerrechtliche Verbindlichkeit von Empfehlungen internationaler Organisationen, Öffentl. Verwaltung 1959 S. 361; Detter, Law-making by International Organizations, 1965; Johnson, The Effect of Resolutions of the General Assembly, BYIL 1955/56 S. 97; Qual, Les Effets des Résolutions des Nations Unies, 1967; Schwelb, Neue Etappen der Fortentwicklung des Völkerrechts durch die VN, Archiv des Völkerrechts S. 1; Verdross, Kann die Generalversammlung der Vereinten Nationen das Völkerrecht weiterbilden? ZaöRVR 1966 S. 690; Virally, La Valeur Juridique des recommandations des organisations internationales, Annuaire Français de Droit International 1956, S. 66.

[137] Siehe eine Liste bei Verdross ZaöRVR 1966 S. 690 Note 1.

bindenden „Empfehlungen" beschränkt. Es ist natürlich möglich, daß die zustimmenden Staaten mit ihrer Zustimmung eine rechtliche Bindung im Sinne der vom StIG im Ostgrönlandfall so gedeuteten Ihlen-Erklärung eingehen wollten, also, da vertragliche Einigungen keiner Form bedürfen, durch einen vereinfachten Vertrag sich gebunden haben, der aber für die nichtzustimmenden Mitglieder keine unmittelbare Rechtswirkung entfalten kann. Eine mittelbare Rechtswirkung kann z. B. dadurch entstehen, daß eine solche Resolution fördernd – oder hemmend – auf die in der Entwicklung begriffene Bildung von Völkergewohnheitsrecht wirken kann. Dagegen ist fraglich, ob durch die ausdrückliche Anerkennung von in solchen Resolutionen enthaltenen Prinzipien durch die Mitgliedstaaten sog. Rechtsgrundsätze im Sinne des Art. 38 Ic des Statuts des IG entstehen, wie Zemanek[138] meint; es dürfte hier vereinfachte Vertragsbildung im objektiven Sinn vorliegen, da die unten § 7 III angegebenen Voraussetzungen für die Bildung solcher Rechtsgrundsätze hier kaum vorliegen dürften. Dagegen ist es sehr wohl möglich, daß solche Resolutionen eine Präzisierung und Verfeinerung schon allgemein anerkannter Rechtsgrundsätze enthalten und insoweit, als diese Präzisierung und Verfeinerung nicht über den Wesensgehalt der schon bestehenden Rechtsgrundsätze hinausgeht, rechtlich bindend sind. Eine generelle Rechtsquelle stellen die Beschlüsse internationaler Organisationen also niemals dar[139].

§ 7. Die allgemeinen Rechtsgrundsätze

I. Die Funktion der allgemeinen Rechtsgrundsätze

Der sporadische Charakter von völkerrechtlichem Gewohnheitsrecht und Vertragsrecht hat schon frühzeitig zu Bestrebungen geführt, wenigstens subsidiär noch andere Rechtsquellen für das Völkerrecht zu erschließen. So wurde im Abendland vielfach auf Grundsätze des römischen Rechts zurückgegriffen.[140] Ebenso gehören hierher alle jene Theorien, die das Völkerrecht auf das Naturrecht gründen und daher imstande sind, in weitestem Umfang allgemeine Rechtsgrundsätze in das Völkerrecht einzuführen.[141] Ihre systematische Zusammenfassung und Präzisierung erhielten alle diese Bestrebungen durch das für den Ständigen Internationalen Gerichtshof aufgestellte Statut, das es unternahm, die von diesem Gerichtshof anzuwendenden Rechtsnormen erschöpfend aufzuzählen.[142]

---

[138] The UN and the Law of Outer Space, Yearbook of World Affairs 1965 S. 199.

[139] Übereinstimmend DDR-Lehrbuch I S. 213.

[140] Siehe dazu Karl Neumeyer, Ein Beitrag zum internationalen Wasserrecht, in Festschrift für Georg Cohn, 1915, S. 143ff.

[141] Siehe Verdross, Völkerrecht, 2. Aufl. S. 113; s. auch Fechner, Erich, Rechtsphilosophie, 1956, S. 182ff.; Scheuner, Naturrechtliche Strömungen im heutigen Völkerrecht, ZaöRVR XIII S. 556ff.

[142] Siehe Berber, Die Rechtsquellen des internationalen Wassernutzungsrechts, S. 132ff., dem einzelne der folgenden Ausführungen entnommen sind.

Die vom Internationalen Gerichtshof bei seinen Entscheidungen anzuwendenden Rechtsnormen umfassen zusätzlich zu Vertragsrecht und Gewohnheitsrecht gemäß Artikel 38 I c des Status ausdrücklich auch „die allgemeinen von den zivilisierten Nationen anerkannten Rechtsgrundsätze". Der Grund für diese ausdrückliche Erwähnung ist der folgende: Die Juristenkommission des Völkerbunds, die das Statut des Ständigen Internationalen Gerichtshofs zu entwerfen hatte, fand, daß das Völkerrecht, wenn es auf Vertragsrecht und Gewohnheitsrecht beschränkt blieb, den Richter häufig ohne die Möglichkeit lasse, eine Entscheidung zur Sache in einer vor ihn gebrachten Angelegenheit zu fällen.[143] Um so viele solcher Rechtslücken[144] wie möglich zu überbrücken, führte sie als dritte Rechtsquelle die allgemeinen Rechtsgrundsätze an. Verdross[145] gibt einen interessanten Bericht über die Schwierigkeiten, die bis zu dieser Formulierung zu überwinden waren, indem er zeigt, daß, obwohl die allgemeine Idee einer solchen dritten Rechtsquelle schon früher existierte, ihre genaue Definition Schwierigkeiten machte; Erwägungen der Gerechtigkeit, der Billigkeit, des Rechtsgewissens, der Moral waren mit rein rechtlichen Begriffen gemischt.[146] Vor der Formulierung in Artikel 38 des Statuts vermengte man nicht nur Recht und Moral, sondern man nahm aus diesen Grundsätzen auch das Recht des Richters zu quasi-legislatorischen Entscheidungen in Fortbildung des bestehenden Rechts. Diese letztere Möglichkeit ist auch nach dem Statut nicht ausgeschlossen, aber sie ist nicht eine normale Rechtsquelle, sondern sie setzt eine spezielle Einigung der Parteien voraus.[147] Das Statut hat also diese Rechtsquelle der Rechtsgrundsätze nicht neu geschaffen, sondern nur präziser definiert; die Rechtsregel, daß solche Rechtsprinzipien bestehen und geachtet werden müssen, ist eine alte Regel des Völkergewohnheitsrechts und als solche für alle Mitglieder der Völkerrechtsgemeinschaft bindend.[148] Verdross[149] hat aber mit Recht darauf hingewiesen, daß jeder Streit auch dann entschieden werden könnte, wenn es keine allgemeinen Rechtsgrundsätze geben würde, da in einem solchen Falle alle Ansprüche abgewiesen werden müßten, die weder im Vertragsrecht noch im Gewohnheitsrecht begründet wären; Artikel 38 I c ermächtige somit den Internationalen Gerichtshof, einem Anspruch stattzugeben, der bei der ausschließlichen Anwendung von Vertrags- und Gewohnheitsrecht abgewiesen werden müßte.

---

[143] Siehe Cour Permanente de Justice Internationale, Comité Consultatif des Juristes, La Haye, 1920, S. 314, 334.

[144] Siehe darüber oben Kapitel 1, Fußnote 102.

[145] Die Verfassung der Völkerrechtsgemeinschaft, 1926, S. 60; s. hierzu auch Bin Cheng, General Principles of Law, 1953, S. 6ff.

[146] Siehe z. B. die Präambel zur Haager Landkriegsordnung von 1907; s. auch die Ausführungen Fromageots zu diesem Punkt in dem Schiedsspruch zwischen Großbritannien und den USA in dem Eastern Extension, Australasia and China Telegraph Company Ltd. Claim, 1923.

[147] Siehe Art. 38 II Statut.

[148] Siehe Oppenheim aaO I S. 27.

[149] Völkerrecht, 5. Aufl., S. 149.

Die meisten Staaten haben das Statut angenommen, seine Formulierung entspricht der gesunden Tradition der Doktrin und ist seither durch die Staatenpraxis auch außerhalb des Anwendungsbereichs des Statuts befolgt worden.[150] Es ist daher gerechtfertigt, die Formel des Statuts als identisch mit dem gegenwärtig geltenden Gewohnheitsrecht anzusehen.[151] Die im Statut des Ständigen Internationalen Gerichtshofs enthaltene Regelung dieser Frage ist voll auf den Internationalen Gerichtshof übergegangen.[152]

II. Definitionen der allgemeinen Rechtsgrundsätze

Was ist die Rechtsnatur dieser allgemeinen Rechtsgrundsätze?[153]

Oppenheim[154] versteht darunter „die allgemeinen Prinzipien des Landesrechts, insbesondere des Privatrechts, insoweit sie auf zwischenstaatliche Beziehungen anwendbar sind".

Nach Rousseau[155] sind darunter zu verstehen „Prinzipien, die die juristische Überzeugung der zivilisierten Staaten als einen notwendigen Bestandteil jeder juristischen Ordnung betrachtet".

Nach Guggenheim[156] wird auf allgemeine Rechtsgrundsätze insbesondere bei Fragen verwiesen, bei denen die Problemstellung mit derjenigen des Landesrechts der zivilisierten Staaten weitgehend übereinstimmt und Völkergewohnheitsrecht fehlt.

Nach Verdross[157] darf man unter den Rechtsgrundsätzen keineswegs alle bloß zufällig übereinstimmenden Rechtsvorschriften der verschiedenen Staaten verstehen, sondern nur jene auf den Verkehr von Staat zu Staat übertragbaren Rechtsgrundsätze, die auf allgemeinen Rechtsgedanken beruhen.

Axel Möller[158] versteht darunter sowohl durch Analogie aus dem Völkerrecht gewonnene Rechtsgrundsätze als auch Grundsätze, welche aus dem „Sinn der Sache" folgen.

---

[150] Siehe z. B. Art. 5 des deutsch-schweizerischen Schiedsvertrags vom 5. Dezember 1921; deutsch-schwedischer Schiedsvertrag vom 29. August 1924; deutsch-finnischer Schiedsvertrag vom 14. März 1925; deutsch-estnischer Schiedsvertrag vom 10. August 1925; deutsch-niederländischer Schiedsvertrag vom 20. Mai 1926; deutsch-dänischer Schiedsvertrag vom 2. Juni 1926; polnisch-tschechoslowakischer Schiedsvertrag vom 23. April 1925; polnisch-jugoslawischer Schiedsvertrag vom 18. September 1926; finnisch-norwegischer Schiedsvertrag vom 3. Februar 1926; Entscheidung Nr. 2 vom 1. November 1923 der deutsch-amerikanischen Mixed Claims Commission; Entscheidung vom 31. Juli 1928 des Besonderen Rumänischen Schiedsgerichts.

[151] Gl. A. E. Härle, Les principes généraux de droit et le droit des gens, in Revue de Droit International et de Législation Comparée, 1935, S. 687.

[152] Siehe ebenfalls Art. 38 des Statuts dieses Gerichtshofs.

[153] Siehe die umfassende Bibliographie bei Bin Cheng aaO S. 409–438.

[154] aaO I S. 27.

[155] Principes Généraux du Droit International Public, 1944, I, S. 890.

[156] aaO I S. 143.

[157] aaO 5. Aufl. S. 148.

[158] International Law in Peace and War, I 1931, S. 40.

A. Ross[159] versteht darunter der menschlichen Zivilisation gemeinsame grundlegende Rechtsgrundsätze, die in den verschiedenen innerstaatlichen Rechtsordnungen anerkannt sind.

E. Kaufmann[160] erkennt diesen Charakter den von allen Nationen in foro domestico angenommenen Rechtsgrundsätzen zu, aber auch weitergehenden „normes de la justice objective".

M. Habicht[161] versteht darunter lediglich die allgemeinen Grundsätze des innerstaatlichen Rechts.

Politis[162] versteht darunter auf Gewohnheit und Natur gegründete Prinzipien, die allgemein im innerstaatlichen Recht der zivilisierten Länder befolgt werden und im Völkerrecht anwendbar sind.

G. Scelle[163] verwirft die Unterscheidung zweier verschiedener Rechtsordnungen, die voneinander Rechtsgrundsätze entleihen könnten, und betrachtet die in Art. 38 genannten Grundsätze daher als ein immer vorhandenes „potentiel juridique de l'ordre universel".

E. Ruck[164] sieht in den Rechtsgrundsätzen „konstitutive Rechtsgedanken und immanentes Recht", die hinter Vereinbarungen und Gewohnheitsrecht stehen und aus ihnen erschlossen werden können.

Kopelmanas[165] sieht in Artikel 38 I c keinen Fortschritt über den schon vorher bestehenden Rechtszustand hinaus.

I. L. Brierly[166] versteht darunter insbesondere, obwohl nicht ausschließlich, die Prinzipien des Landesprivatrechts, soweit sie auf die internationalen Beziehungen anwendbar sind.

T. Gihl[167] lehnt allgemeine Rechtsgrundsätze als unzulässiges Naturrecht ab.

Der herrschenden Doktrin folgt dagegen I. Spiropoulos,[168] ebenso M. Sørensen,[169] ja sogar in gewissem Umfang Lauterpacht.[170] G. Ripert[171] betont, daß nicht alle Regeln des Landesrechts, selbst wenn in der ganzen Welt identisch, als allgemeine Rechtsgrundsätze im Völkerrecht angewendet werden dürfen, gerade wie

---

[159] aaO S. 90.

[160] Règles Générales du Droit de la Paix, S. 200.

[161] The Power of the International Judge to give a decision „ex aequo et bono", 1935, S. 7ff.

[162] Le problème des limitations de la souveraineté, in: Recueil des Cours, 1925, vol. I, S. 91.

[163] Précis de droit des gens II, 1934, S. 214.

[164] Grundsätze im Völkerrecht, 1946, S. 9.

[165] Essai d'une théorie des sources formelles du Droit International, in Revue de Droit International, 1938, S. 138ff.

[166] The Law of Nations, 1949, S. 63.

[167] Lacunes du Droit International, in Nordisk Tidskrift for International Ret, 1932, S. 52.

[168] Die allgemeinen Rechtsgrundsätze im Völkerrecht, 1928.

[169] Les sources du Droit International, 1946, S. 137ff.

[170] Private Law sources and Analogies of International Law, 1927, S. 84ff.

[171] Les règles du droit civil applicables aux rapports internationaux, in Recueil des Cours, 1933, II, S. 582.

die Abwesenheit einer Uniformität der technischen Regeln nicht die Uniformität in Prinzipien ausschließt.

Zur Vorsicht in der Übernahme mahnt McNair in seinem Sondervotum über den Status von Südwestafrika:[172]

„The way in which international law borrows from this source is not by means of importing private law institutions ‚lock, stock and barrel', ready-made and fully equipped with a set of rules. It would be difficult to reconcile such a process with the application of ‚the general principles of law'. In my opinion, the true view of the duty of international tribunals in this matter is to regard any features or terminology which are reminiscent of the rules and institutions of private law as an indication of policy and principles rather than as directly importing these rules and institutions."

E. Härle[173] gibt folgende Feststellungsmethode an:

„(6) Zur Erkenntnis und Feststellung der allgemeinen Rechtsgrundsätze im Sinne des Artikels 38/3 des Statuts des Ständigen Internationalen Gerichtshofs ist folgendes Verfahren einzuhalten:

a) Es sind allgemeine positive Rechtssätze in den einzelstaatlichen Rechtsordnungen aufzusuchen.

b) Sie müssen in den wichtigsten Kulturstaaten und in den wichtigsten Rechtskreisen anerkannt sein.

c) Es müssen solche Rechtssätze sein, die wegen ihres tiefer postulierten Rechtswertes, den sie verkörpern, Allgemeingültigkeit beanspruchen, und die als notwendige Grundbestandteile einer jeden kulturell höher entwickelten Rechtsordnung – also auch der zwischenstaatlichen – zu betrachten sind."

H. C. Gutteridge, dessen kritische Bemerkungen besonders wichtig sind, weil er nicht Vertreter des Völkerrechts, sondern der vergleichenden Rechtswissenschaft ist, sagt:[174]

„If any real meaning is to be given to the words ‚general' or ‚universal' and the like, the correct test would seem to be that an International Judge before taking over a principle from private law must satisfy himself that it is recognized in substance by all the main systems of law, and that in applying it he will not be doing violence to the fundamental concepts of any of those systems. ...

It (sc. Comparative Law) depends above all on its employment as a corrective to any tendency there may be on the part of International Judges or lawyers or on the part of the draftsmen of treaties to employ concepts or rules which either belong exclusively to a single system or are only to be found in a few of such systems."

III. Rechtscharakter der allgemeinen Rechtsgrundsätze

Auf der Basis dieser knappen Übersicht über die Doktrin kommen wir zu folgendem Ergebnis:

1. Die allgemeinen von den zivilisierten Nationen anerkannten Rechtsgrundsätze im Sinne des Statuts und der übereinstimmenden Staatenpraxis außerhalb des Statuts können nur aus dem innerstaatlichen Recht gewonnen werden, nicht aus dem Völkerrecht selbst durch Analogie und Generalisierung.[175] Die normalen

[172] IG, Reports, 1950, S. 148.

[173] Die allgemeinen Entscheidungsgrundlagen des Ständigen Internationalen Gerichtshofs, 1933, S. 302.

[174] Comparative Law, 1946, S. 65, 71.

[175] A. M. Krylov und Durdénevsky, zitiert bei Lapenna, Conceptions Sovjétiques de Droit International Public, 1954, S. 163; DDR-Lehrbuch I S. 209f.

Völkerrechtsquellen sind entweder Vertrag oder Gewohnheitsrecht. Wenn Prinzipien von Verträgen abgeleitet werden können, so sind sie auf Vertragsstaatenpraxis gegründete Gewohnheitsrechtsregeln. Wenn Prinzipien von auf andere Staatenpraxis als Vertragspraxis gegründeten Gewohnheitsrechtsregeln abgeleitet werden können, so sind sie wiederum Gewohnheitsrechtsregeln. Es steht natürlich nichts im Wege, solche Prinzipien „allgemeine Völkerrechtsprinzipien" zu nennen, man muß sich dann aber vor Verwechslungsgefahr hüten. Wenn die Aufführung von Artikel 38 Ic einen Sinn haben soll, so kann sie nur zusätzliche Prinzipien meinen, die aus anderen Quellen als Vertrag oder Gewohnheit abgeleitet werden müssen, nämlich aus dem innerstaatlichen Recht, dessen viel durchgearbeitetere Rechtssysteme dadurch für das Völkerrecht fruchtbar gemacht werden sollen.

2. Nicht Rechtssätze des innerstaatlichen Rechts als solche können in das Völkerrecht übernommen werden, sondern nur von solchen Rechtssätzen abgeleitete allgemeine Prinzipien.[176]

3. Es genügt nicht, daß solche allgemeine Prinzipien in dem Landesrecht eines oder mehrerer Staaten vorgefunden werden; ihre Existenz muß in allen oder doch den meisten hauptsächlichsten Rechtssystemen der Erde nachgewiesen werden können.[177] Diese hauptsächlichsten Rechtssysteme umfassen vor allem das angelsächsische, das lateinische, das germanische, das russische, das chinesische, das indische und das islamische Rechtssystem. Ein Prinzip, das nur vom „kontinentalen", „römischen" oder „gemeinen" Recht abgeleitet wird, ist kein der Aufnahme ins Völkerrecht würdiges allgemeines Prinzip. Und doch ist leider eine solche verengte Praxis weitverbreitet, offensichtlich dank dem unentwickelten Stand der Rechtsvergleichung. Leider kann uns die Rechtsvergleichung noch lange nicht eine systematische Übersicht der die innerstaatlichen Rechtsordnungen konstituierenden Rechtsgrundsätze liefern.[178] Dieser traurige Zustand gibt aber dem internationalen Juristen nicht das Recht, ein „allgemeines Prinzip" auf der Basis der Verbindung einer ausgezeichneten Kenntnis seines heimischen Rechtssystems mit einer starken Dosis von Phantasie und Wunschträumen zu erfinden. Solange wir keine wirkliche Durchdringung der hauptsächlichsten Rechtssysteme im Sinne eines „jus gentium" römischer Tradition haben, muß also äußerste Zurückhaltung bei der Übernahme völkerrechtlicher Rechtsgrundsätze aus diesem zwar bestehenden, doch weithin unerforschten „jus gentium" geübt werden.

4. Nicht alle allgemeinen Prinzipien, die übereinstimmend in den hauptsächlichsten Rechtssystemen gefunden werden, können für das Völkerrecht nutzbar

[176] Siehe übereinstimmend Ripert aaO S. 582.

[177] Siehe Mann, Reflections on a Commercial Law of Nations, BYIL 1957, S. 39.

[178] Siehe Schlesinger, Research on the General Principles of Law recognized by Civilized Nations, AJIL 1957 S. 734ff.: „Among students of international law it is no secret that the concrete determination and formulation of the general principles of law recognized by civilized nations is a task hardly begun."

gemacht werden, sondern nur die, die eine Lösung für ein dem im Völkerrecht zu lösenden Problem analoges Problem liefern. Es gibt viele Institutionen im innerstaatlichen Recht, die keine logische Analogie im Völkerrecht haben, und umgekehrt. Dieses Problem ist leider systematisch ebenfalls ganz unerforscht.[179]

5. Die Hauptunterschiede zwischen den von den zivilisierten Nationen anerkannten allgemeinen Rechtsgrundsätzen und den völkerrechtlichen Gewohnheitsregeln sind die folgenden: Die allgemeinen Rechtsgrundsätze sind allgemeiner, abstrakter, vager als Regeln des Gewohnheitsrechts, sie sind nur Prinzipien, die das vorgeschriebene Verhalten in großen und groben Umrissen anzeigen, nicht ins Einzelne gehende technische Regelungen; sie brauchen keinen Nachweis in der internationalen Staatenpraxis, sie brauchen in den internationalen Beziehungen nicht einmal ein einziges Mal angewandt worden zu sein, ja, sobald sie in der internationalen Praxis regelmäßig angewandt werden, verlieren sie ihren Charakter und werden zu Rechtssätzen des Gewohnheitsrechts, zumal sie ja auch durch die Konkretisierung ihre Vagheit verloren haben; sie sind nur subsidiär anzuwenden, wenn keine vertraglichen oder gewohnheitsrechtlichen Regeln vorhanden sind.

IV. Beispiele allgemeiner Rechtsgrundsätze

Eine Aufzählung der heute gültigen allgemeinen Rechtsgrundsätze im Sinne des Artikels 38 Ic des Statuts wird erst möglich sein, wenn die Rechtsvergleichung dem Völkerrecht das bisher nur gelegentlich, nicht systematisch durchgearbeitete und daher unerschöpflich erscheinende Material des innerstaatlichen Rechts geordnet zur Verfügung stellen kann. Bis dahin ist größte Vorsicht geboten, da häufig unter der gleichen rechtlichen Bezeichnung in verschiedenen Rechtsordnungen ganz verschiedene Rechtsinhalte vorliegen, so daß in solchen Fällen nur der oberflächliche Betrachter, aber allzu rasch und leichtfertig, die inhaltliche Formulierung solcher Rechtsgrundsätze wagen kann.[180]

Als allgemeine Rechtsgrundsätze dieser Art werden häufig genannt: das Prinzip von Treu und Glauben, das Prinzip des Verbots des Rechtsmißbrauchs, das

---

[179] Siehe dazu Berber, Zur Problematik der Rechtsquellen im internationalen Wasserrecht, in Festschrift für Gieseke, 1958, S. 117ff.

[180] Siehe eine kritische Überprüfung einzelner so in Anspruch genommener Rechtsprinzipien bei Berber, Die Rechtsquellen des internationalen Wassernutzungsrechts, S. 138–182; s. Mann aaO S. 38 über die Gefahren der Anwendung allgemeiner Rechtsprinzipien: „They leave the result unpredictable. They lack that minimum of precision without which every legal decision would be wholly uncertain. They may, on occasions, be useful to fill a gap but in essence they are too elementary, too obvious and even too platitudinous to permit detached evaluation of conflicting interests, the specifically legal appreciation of the implications of a given situation. In short they are frequently apt to let discretion prevail over justice"; s. auch Roulet, Le caractère artificiel de la théorie de l'abus de droit en droit international public, 1958; Kiss, L'abus de droit en droit international, 1953; Politis, Théorie des Limitations de la Souveraineté et la Théorie de l'Abus de Droit, Rec. 1925 I S. 55ff.

Prinzip: pacta sunt servanda (das aber in Wirklichkeit gewohnheitsrechtlicher Natur ist), die clausula rebus sic stantibus, das Prinzip der guten Nachbarschaft und andere mehr. Bin Cheng untersucht in seiner schon oben erwähnten eindringenden Studie,[181] ohne erschöpfend sein zu wollen, als die 4 hauptsächlichsten Kategorien solcher allgemeiner Rechtsgrundsätze:

a) das Prinzip der Selbsterhaltung, das auch das Notrecht, das Recht der Selbstverteidigung und das Recht der Selbsthilfe einschließt,

b) das Prinzip des guten Glaubens, das auch den Satz: ,,Pacta sunt servanda", sowie die Theorie des Rechtsmißbrauchs einschließen soll,

c) die mit der Staatenhaftung zusammenhängenden allgemeinen Rechtsprinzipien,

d) die mit dem internationalen Prozeßrecht zusammenhängenden allgemeinen Rechtsprinzipien.

Nach der hier vertretenen Auffassung ist es zum Nachweis einiger der von ihm als ,,Rechtsprinzipien" angeführten Normen nicht notwendig, auf den Begriff der Rechtsprinzipien zurückzugreifen, da sie bereits als Gewohnheitsrechtssätze nachweisbar sind. Rousseau[182] untersucht eine ganze Reihe von durch die internationale Rechtsprechung als ,,allgemeine Rechtsgrundsätze" in Anspruch genommenen Prinzipien des innerstaatlichen Rechts, insbesondere solche aus dem Obligationenrecht, so etwa die ungerechtfertigte Bereicherung, die Geschäftsführung ohne Auftrag, die Verpflichtung zur Zahlung von Verzugszinsen, den Rechtsmißbrauch, die Achtung wohlerworbener Rechte, die Regel ,,nemo plus juris transferre potest quam ipse habet", die Verjährung, die Schadensersatzpflicht für Rechtsverletzungen, sowie solche aus dem Prozeßrecht; er warnt vor der Verwechslung von Rechtsgrundsätzen mit den Regeln logischer Vernunft, zu denen er u. a. den Satz ,,lex posterior derogat legi priori" zählt, und kommt zu dem resignierten Ergebnis ,,que l'admission de ces principes par la pratique internationale est loin d'avoir l'ampleur et la précision que lui ont prêté trop de juristes, sur la foi d'une analyse hâtive des précédents".

Nicht identisch mit den ,,allgemeinen von den zivilisierten Nationen anerkannten Rechtsgrundsätzen" sind die im Bonner Grundgesetz ,,allgemeine Regeln des Völkerrechts" genannten Völkerrechtssätze, die nach Artikel 25 GG Bestandteil, und zwar hierarchisch übergeordneter Bestandteil des Bundesrechts sind. Sie umfassen im wesentlichen das generelle völkerrechtliche Gewohnheits- und Vertragsrecht, und, da auf Gewohnheitsrecht beruhend, wohl auch die allgemeinen Rechtsgrundsätze.[183]

---

[181] General Principles of Law as applied by International Courts and Tribunals.

[182] aaO 2. Aufl. I S. 379ff.

[183] Siehe übereinstimmend Maunz-Dürig, Grundgesetz, 1973, Kommentar zu Art. 25; teilweise abweichend Mangoldt-Klein, Das Bonner Grundgesetz, 2. Aufl., I, S. 674ff.; s. auch das ebda S. 672 angegebene Schrifttum; Menzel, Bonner Kommentar, II 2 zu Art. 25; Guradze, Der Stand der Menschenrechte im Völkerrecht, S. 173.

V. Regeln der Courtoisie

Nicht zu den allgemeinen Rechtsprinzipien, ja überhaupt nicht zum Völkerrecht gehören die Regeln der Courtoisie. Unter Courtoisie, auch Comitas Gentium, Convenance et Courtoisie Internationale, Staatengunst, Comity of Nations genannt,[184] versteht man diejenigen von den Staaten in ihrem gegenseitigen Verhalten beobachteten Regeln, die nicht auf Rechtsverpflichtung, sondern auf internationaler Sitte, Höflichkeit, Anstand, Takt, Ritterlichkeit, Menschlichkeit beruhen.[185]

Die Beziehungen der Völkercourtoisie zum Völkerrecht sind gleichwohl enge, da ja Völkergewohnheitsrecht aus Übung entsteht, also Courtoisie in Recht übergehen kann, wie das bei vielen der diplomatischen Privilegien der Fall gewesen ist, wie auch umgekehrt Völkerrecht zu bloßer Völkercourtoisie herabsinken kann, wie z. B. viele Regeln des Seezeremoniells, die früher echte Rechtsregeln waren. Es ist infolgedessen auch im Einzelfall nicht immer leicht zu entscheiden, ob eine Regel eine solche des Völkerrechts oder der Völkercourtoisie ist; die Befreiung der Diplomaten von den Zollvorschriften des Gastlandes wurde lange Zeit als auf Courtoisie beruhend betrachtet[186], die Befreiung der Diplomaten von der Gerichtsbarkeit des Gastlandes dagegen als völkerrechtlich. Wenn eine Regel der Courtoisie von einem Staat gegenüber einem anderen Staat verletzt wird, so treten keine völkerrechtlichen Deliktsfolgen ein, insbesondere können keine Repressalien ausgeübt werden; das Mittel, um den verletzenden Staat zur Abhilfe zu veranlassen, ist die Retorsion, d. h. die Vergeltung der Unfreundlichkeit mit einer anderen Unfreundlichkeit, die aber nicht gleich oder proportional zu sein braucht, da ja das Gebiet der Courtoisie von Rechtsregeln überhaupt nicht beherrscht wird; die Vergeltungsmaßnahme darf aber keinesfalls in völkerrechtlich geschützte Interessen eingreifen. Eine Hauptfundstelle der internationalen Courtoisie in Friedenszeiten ist das sogenannte „Protokoll" der Auswärtigen Ämter, mit oft überaus detaillierten Regelungen. Eine Hauptquelle der internationalen Courtoisie in Kriegszeiten ist die Ritterlichkeit, d. h. diejenigen Kriegsgebräuche, die noch nicht zu Völkerrechtssätzen verdichtet sind. Sie werden manchmal mit einem alten Wort als „Kriegsmanier" bezeichnet; nur hinsichtlich solcher bisher nicht zu Völkerrecht gewordener Gebräuche kann der vielumstrittene Satz gelten: „Kriegsräson geht vor Kriegsmanier."[187]

Fraglich ist, welches die rechtliche Bedeutung jener Bestimmung der Präambel

---

[184] Siehe Störk, Völkerrecht und Völkercourtoisie, in Festgabe für Laband, I, 1908, S. 129ff.

[185] Der völkerrechtliche Begriff der internationalen Courtoisie ist also nicht identisch mit dem von der holländischen Schule des 17. Jahrhunderts, vor allem von Johann Vogt und Ulrich Huber, entwickelten gleichnamigen Prinzip des internationalen Privatrechts, s. dazu Jordan in Répertoire de Droit International, herausg. von Lapradelle und Niboyet, Bd. V, S. 324ff.

[186] Siehe einige geltende Regelungen bei Satow-Bland, A Guide to Diplomatic Practice, 4. Aufl., 1957, S. 320ff.

[187] Siehe darüber Näheres in Band II § 16.

zum IV. Haager Abkommen vom 18. Oktober 1907 ist, die von dem Schutze und der Herrschaft der Grundsätze des Völkerrechts spricht, „wie sie sich ergeben aus den unter gesitteten Völkern feststehenden Gebräuchen, aus den Gesetzen der Menschlichkeit und aus den Forderungen des öffentlichen Gewissens". Es muß mehr als fraglich erscheinen, daß dadurch eine generelle Umwandlung der Kriegscourtoisie in „Grundsätze des Völkerrechts" für die Signatare dieser Konvention erfolgt sein sollte.

VI. Außenpolitische Doktrinen

Ebenfalls nicht allgemeine Rechtsgrundsätze und überhaupt nicht Völkerrecht sind die sogenannten außenpolitischen Doktrinen, die, manchmal in feierlicher Form, die Grundsätze der künftigen einzelstaatlichen Außenpolitik oder Völkerrechtspolitik aussprechen, auch gemeinsam für mehrere Staaten. Beispiele für solche Doktrinen sind z. B. das Prinzip des Gleichgewichts, das Prinzip der Legitimität, die Monroe-Doktrin, das Prinzip der Offenen Tür, die Vierzehn Punkte Wilsons, die Lehre vom Lebensraum, die Atlantikcharta, Roosevelts Vier Freiheiten, die Truman-Doktrin, die Breschnew-Doktrin, das Prinzip der friedlichen Koexistenz,[188] und andere mehr.

Auch diese außenpolitischen Grundsätze haben oft eine starke Einwirkung auf die Gestaltung des Völkerrechts, ohne doch selbst Völkerrecht zu sein. Daran kann auch nichts ändern, daß sie sich etwa selbst als Völkerrecht ausgeben oder von einem „Recht" sprechen. Sie können natürlich unter den normalen Voraussetzungen der Bildung von Völkerrecht zu echtem Völkerrecht werden, sei es als Gewohnheitsrecht, sei es als allgemeiner von den zivilisierten Nationen anerkannter Rechtsgrundsatz, sei es auf vertraglichem Wege. Handelt es sich um die Erklärung mehrerer Staaten und wollen diese ernsthaft eine Rechtsbindung der ausgesprochenen Art, so kann immerhin partikuläres Völkerrecht entstehen. Handelt es sich dagegen um die Erklärung eines einzelnen Staates, so kann daraus Völkerrecht nur im Falle der Anerkennung durch andere Staaten oder durch die Staatengemeinschaft entstehen.

Das *Prinzip des Gleichgewichts* (balance of power, équilibre politique), lange Zeit das tragende oder doch zum mindesten propagandistische Prinzip der internationalen Politik des europäischen Staatensystems, wurde im Frieden von Utrecht ausdrücklich als Leitmotiv genannt: „ad conservandum in Europa equilibrium"; es hat auch in der Folge die internationale Politik weitgehend bestimmt[189] und ist

[188] Siehe Band III, § 23 VI.

[189] Siehe z. B. Geheimartikel VII des Friedensvertrags von Campo-Formio von 1797 zwischen Österreich und Frankreich: „Il est convenu, en outre, entre les deux P. C. que si, lors de la pacification prochaine de l'Empire Germanique, la République Française fait une acqusiton en Allemagne, S. M. l'Empereur, Roi de Hongrie et de Bohême doit également y obtenir un équivalent, et réciproquement, si S. M. I. et R. fait une acqusition de cette espèce, la République Française obtiendra un semblable équivalent."

bis zum Zweiten Weltkrieg das bestimmende Prinzip der britischen Außenpolitik geblieben[190], ist aber nie ein Satz des Völkerrechts gewesen.[191]

Ist das Prinzip des Gleichgewichts im wesentlichen ein politisches, so ist das *Prinzip der Legitimität* im wesentlichen ein staatsphilosophisches konservatives Prinzip[192], das vor allem in restaurativen Zeiten, so insbesondere nach 1815, eine große Rolle gespielt hat.

Die im Kampfe gegen europäische Restaurierungsversuche in der westlichen Hemisphäre 1823 vom Präsidenten der USA verkündete *Monroe-Doktrin* ist niemals Bestandteil des geltenden Völkerrechts gewesen, obwohl sie in Artikel 21 der Völkerbundssatzung ausdrücklich als Regionalvereinbarung erwähnt wird.[193] Sie ist eine nur einseitige außenpolitische Erklärung der USA, die von vielen anderen amerikanischen Staaten aufs heftigste angegriffen wurde[194] und in mancher Beziehung sogar gegen das geltende Völkerrecht verstieß. Die Definition des amerikanischen Staatssekretärs Elihu Root:[195] „Die Doktrin ist nicht Völkerrecht, aber sie beruht auf dem Recht des Selbstschutzes, und dieses Recht ist vom Völkerrecht anerkannt," ist viel zu vereinfacht. Viel richtiger ist die Definition des amerikanischen Staatssekretärs Hughes von 1923:[196] „Da die in der Monroe-Doktrin verkörperte Politik klar die Politik der USA ist, so behält sich die Regierung der US ihre Definition, Auslegung und Anwendung vor."

Das *Prinzip der Offenen Tür* ist ein außenpolitisches Prinzip der amerikanischen Chinapolitik, das um die Jahrhundertwende angenommen und auch von anderen Staaten befolgt wurde,[197] aber nie ein Satz des Völkerrechts war.

Die *Vierzehn Punkte Wilsons,* genauer gesagt die 14 Punkte aus der Kongreßrede Wilsons vom 8. Januar 1918, die 4 Punkte aus der Kongreßrede Wilsons vom 11. Februar 1918, die 4 Punkte aus der Mount-Vernon-Rede Wilsons vom 4. Juli 1918 und die 5 Punkte aus der New Yorker Rede Wilsons vom 26. September 1918[198] enthielten ein Friedensprogramm des amerikanischen Präsidenten, das in dieser Form zunächst keinerlei rechtliche Bedeutung besaß. Durch den Notenwechsel zwischen der Regierung des Deutschen Reiches und der Regierung der USA vom 3. Oktober bis 5. November 1918[199] wurden sie, mit zwei Vorbehalten betreffend die Freiheit der Meere und die Reparationen, zur völkerrechtlich bin-

---

[190] Siehe Berber, Prinzipien der britischen Außenpolitik, 1939.

[191] Näheres siehe Band III, § 23 III.

[192] Siehe P. A. Papaligouras, Théorie de la Société Internationale, Zürich 1941, S. 317ff.

[193] Auf Verlangen Wilsons, um die – dann doch erfolgte – Ablehnung der Völkerbundssatzung durch den Senat zu vermeiden, s. D. H. Miller, The Drafting of the Covenant, II, S. 374.

[194] Siehe Berber, Der Mythos der Monroe-Doktrin, 1942; Pereya, El mito de Monroe, 1931.

[195] AJIL 1914, S. 432.

[196] Siehe Hackworth, Digest of International Law, V, S. 451.

[197] Siehe Griswold, The Far Eastern Policy of the United States, 1938, S. 36ff.

[198] Siehe Berber, Das Diktat von Versailles, I, S. 2ff.

[199] Siehe „Der Waffenstillstand 1918–1919", herausgegeben im Auftrag der Deutschen Waffenstillstandskommission, 1928, I, S. 11ff.

denden Grundlage des kommenden Friedensschlusses gemacht, stellten also die Basis eines echten Präliminarfriedensvertrags dar, der dann allerdings durch den endgültigen Friedensvertrag in flagranter Weise verletzt wurde, so daß der zu seiner Annahme gegen Deutschland ausgeübte Zwang dadurch rechtswidrig wurde[200] und von daher die schwere Friedensbedrohung ihren Ausgang nahm, die die internationalen Beziehungen seit 1919 vergiftete.[201]

Das Prinzip der *Freiheit der Meere* ist eine alte Forderung der seefahrenden, aber nicht seebeherrschenden Völker. Es war der zweite der 14 Punkte Wilsons vom 8. Januar 1918, wurde aber wegen des Vorbehalts der alliierten Regierungen[202] nicht Inhalt des Präliminarvertrags.

Das *Selbstbestimmungsrecht der Völker* war zunächst eine im Nationalstaatsgedanken wurzelnde politische Forderung und eine natürliche Folgerung aus den Prinzipien der Demokratie. Es war eine Hauptbasis des amerikanischen Friedensprogramms von 1918 und wird in Artikel 1 (2) der Satzung der Vereinten Nationen unter deren „Zielen" ausdrücklich genannt. Es war aber kein Satz des geltenden Völkerrechts, vielmehr eine Forderung der internationalen Ethik, die völkerrechtlich ganz unzulänglich verwirklicht war. Spätestens seit der Resolution der Generalversammlung der UN vom 24. Oktober 1970 muß es aber als Bestandteil des geltenden Völkerrechts angesehen werden.[203] Das mit diesem Prinzip in engstem Zusammenhang stehende Prinzip des *„Rechts auf Heimat"*,[204] das insbesondere von den deutschen und arabischen Vertriebenen der letzten 30 Jahre geltend gemacht wird, hat noch keine klare Anerkennung als Völkerrechtsprinzip gewonnen.

Der Begriff des *„Lebensraums"* ist eine aus der Geopolitik erwachsene machtpolitische Forderung, die von Carl Schmitt[205] in das Völkerrecht einzuführen versucht wurde und in der Präambel zum Dreimächtepakt von 1940 zwischen Deutschland, Italien und Japan als „eine Voraussetzung für einen dauerhaften Frieden" erklärt wird.

Die *Atlantic Charter* ist eine gemeinsame Erklärung des britischen und des amerikanischen Regierungschefs über ihre Kriegsziele zu einer Zeit, als die USA

---

[200] Siehe Verdross, Völkerrecht, 1937, S. 18ff.

[201] Siehe dazu die Enzyklika „Ubi arcano" des Papstes Pius XI. vom 23. Dezember 1922 mit den Zitaten von Jer. 14, 19 und Jesaja 59, 9–11, mit ausdrücklicher Bezugnahme auf die Friedlosigkeit der Zeit nach 1919: „Wir hofften, es sollte Frieden werden, und wir haben nichts Gutes erlangt; wir hofften auf die Heilung, aber es kam der Schrecken . . . Wir erwarteten das Licht, aber es kam die Finsternis . . . wir harren aufs Recht, so ist's nicht da, aufs Heil, so ist's ferne von uns."

[202] „. . . daß der gewöhnlich so genannte Begriff der Freiheit der Meere verschiedene Auslegungen einschließt, von denen sie einige nicht annehmen können. Sie müssen sich deshalb über diesen Gegenstand bei Eintritt in die Friedenskonferenz volle Freiheit vorbehalten."

[203] Siehe unten § 21 VII.

[204] Siehe Rudolf Laun, Das Recht auf die Heimat, 1951.

[205] Völkerrechtliche Großraumordnung mit Interventionsverbot für raumfremde Mächte, 1939; s. *gegen* diesen Begriff Berber, in: Auswärtige Politik, 1942, S. 189ff.

noch nicht in den Krieg eingetreten waren, und hat naturgemäß keinerlei Wirkung völkerrechtlicher Bindung.[206]

Die *„vier Freiheiten"* Roosevelts, enthalten in seiner Botschaft an den Kongreß vom 6. Januar 1941[207] und umfassend Redefreiheit, Bekenntnisfreiheit, Freiheit von Not und Freiheit von Furcht, wurden von Roosevelt als die Grundlage einer neuen Weltordnung verkündet, sind, schon ihrer Vagheit wegen, nicht geltendes Völkerrecht, haben aber starken Einfluß auf die Entwicklung der Menschenrechte in den UN gehabt.[208]

§ 8. Hilfsmittel zur Feststellung von Rechtsregeln

Die Hilfsmittel zur Feststellung von Rechtsregeln sind in gewissem, zwar nicht juristischem, aber soziologischem Sinne ebenfalls Quellen, nämlich Erkenntnisquellen des Völkerrechts. Zur Vermeidung von Mißverständnissen ist es aber zweckmäßig, hier überhaupt nicht von Quellen, sondern eben von Hilfsmitteln zu sprechen.

Man muß zwei Arten von Hilfsmitteln unterscheiden, geistige Hilfsmittel, die auf Grund einer mit ihrer Hilfe vorgenommenen juristischen Prüfung Rückschlüsse auf Rechtsquellen im echten Sinn ergeben, und technische Hilfsmittel, die im Wege der Lektüre und des Nachschlagens der Zugänglichmachung von Rechtsquellen wie von geistigen Hilfsmitteln dienen. Zu den geistigen Hilfsmitteln gehören – und sind als solche ausdrücklich in Artikel 38 Abs. I des Statuts genannt –

a) Gerichtsurteile,

b) die Lehren der höchstqualifizierten Publizisten der verschiedenen Nationen.

Sie sind insbesondere wichtig für die Feststellung gewohnheitsrechtlicher Regeln, während die Feststellung des Vertragsrechts, sich auf die technischen Hilfsmittel stützend, im wesentlichen Auslegungsprobleme stellt.[209]

Zu den technischen Hilfsmitteln gehören insbesondere:

a) Die Sammlungen internationaler Verträge,

b) Die Sammlungen betr. völkerrechtliche Staatenpraxis.

---

[206] Text in Monatshefte für Auswärtige Politik, 1941, S. 763.

[207] Abgedruckt bei Berber, Die amerikanische Neutralität im Kriege, 1943, S. 114.

[208] Siehe unten § 57.

[209] Es ist instruktiv, zu vergleichen, daß auch im innerstaatlichen Recht die schwierige Feststellung des Gewohnheitsrechts gewisse Hilfsmittel erfordert. Ein interessantes Hilfsmittel dieser Art im altfranzösischen Recht ist die „enquête par turbe", zu der der Richter im Falle zweifelhaften Gewohnheitsrechts verpflichtet war; ebenso gehören hierher die Privatarbeiten der „coutumiers"; s. Olivier-Martin, Précis d'Histoire du Droit Français, 1938, S. 90, 209. Eine ähnliche Rolle spielen im alten deutschen Recht die Weistümer, Öffnungen oder Rügen, periodische Vorträge des Gewohnheitsrechts durch Älteste oder Schöffen, und die privaten Rechtsbücher, wie vor allem der Sachsenspiegel; s. Schröder, Lehrbuch der deutschen Rechtsgeschichte, 1919, S. 718, 761.

c) Die Sammlungen von Gerichtsurteilen.

d) Die wissenschaftlichen Werke über völkerrechtliche Fragen.

Schließlich gehören in diesen Zusammenhang noch die Probleme der Kodifikation.

I. Gerichtsurteile

Urteile internationaler Gerichte spielen im Völkerrecht aus verschiedenen Gründen eine wesentlich geringere Rolle als im innerstaatlichen Recht, zunächst deshalb, weil der größere Teil der völkerrechtlichen Streitigkeiten nicht auf gerichtlichem Wege, sondern auf andere Weise erledigt wird, weil es kein generelles gerichtliches Obligatorium gibt, weil Gerichtsentscheidungen nicht kontinuierlich über das gesamte Rechtsgebiet, sondern nur sporadisch ergehen; dann auch deshalb, weil im Gegensatz zum angelsächsischen Recht keine Präzedenzwirkung der Urteile des einzigen generellen ständigen internationalen Gerichts eintritt; Artikel 59 des Statuts des Internationalen Gerichtshofs bestimmt ausdrücklich: „Die Entscheidung des Gerichtshofs ist nur für die Parteien und nur in bezug auf diesen bestimmten Fall bindend." Eine Entscheidung des Internationalen Gerichtshofs kann also, in Übereinstimmung mit Artikel 38 I (d) und Artikel 59 des Statuts, nicht als Rechtsquelle, sondern nur als Rechtserkenntnismittel angesehen werden. Die Praxis des Internationalen Gerichtshofs hat auch bisher nicht gezeigt, daß das Gericht, etwa unter Berufung auf die Anwendung allgemeiner Rechtsgrundsätze, neues Recht hätte schaffen wollen.[210]

Erst recht gilt dies für Entscheidungen nationaler Gerichte, die ja meist von Richtern erlassen werden, denen eine innige Vertrautheit mit dem Völkerrecht fehlt, so daß sie also manchmal nicht einmal Erkenntnismittel sind, sondern in die Irre führen. Im übrigen darf auf das im Zusammenhang mit der Entstehung von Gewohnheitsrecht über die Rolle nationaler Gerichte Gesagte[211] verwiesen werden. In angelsächsischen Ländern, in denen die nationalen Gerichte eine überragende Bedeutung besitzen, besteht demgegenüber eine Neigung, die Bedeutung der eigenen Gerichte für das Völkerrecht zu überschätzen, was durch die Praxis dieser Gerichte etwa auf dem Gebiet des Seekriegsrechts keineswegs ausgewiesen wird.[212]

---

[210] Siehe Stone aaO S. 144f.; aM Lauterpacht, The Development of International Law by the Permanent Court of International Justice, 1934, S. 10: „the distinction between the evidence and the source of many a rule of law is more speculative and less rigid than is commonly supposed." Das ist unrichtig, weil das Völkerrecht es strikte ablehnt, und seiner Natur nach ablehnen muß, einem internationalen Gerichtshof, abgesehen von besonderer Parteivereinbarung – s. Art. 38 II des Statuts – die dann aber auch nur für die Parteien und für den konkreten Fall Rechtswirkung erzeugt, legislatorische Aufgaben zuzuteilen. Ein Urteil eines internationalen Gerichts kann höchstens eine indirekte oder soziologische Quelle von Völkerrecht sein, dann nämlich, wenn die Staatenpraxis unter dem Eindruck eines Gerichtsurteils entsprechendes Gewohnheitsrecht entwickelt.

[211] Siehe oben § 5 Nr. V.

[212] Siehe z. B. das Lob, das Kent, Commentaries on American Law, 1896, I, S. 96f., den angelsächsischen Gerichten erteilt: „We have a series of judicial decisions in England and in this country, in which

Der Ständige Internationale Gerichtshof (Série A, Série B und Séries A/B, Série C, Série D, Série E) wie der Internationale Gerichtshof (Recueil des Arrêts, Avis Consultatifs et Ordonnances, Reports of Judgments, Advisory Opinions and Orders) veröffentlichen ihre Urteile, Gutachten und sonstigen Materialien fortlaufend. Die Vereinten Nationen geben seit 1948 eine Sammlung von seit dem ersten Weltkrieg ergangenen schiedsgerichtlichen Entscheidungen unter dem Titel „Reports of International Arbitral Awards" heraus. Seit 1955 erscheint der „Recueil de la Jurisprudence de la Cour de Justice des Communautés Européennes", seit 1960 die „Publications de la Cour Européenne des Droits de l'Homme".

An privaten Sammlungen von Entscheidungen internationaler Gerichte sind zu nennen:

La Fontaine, Pasicrisie internationale, 1794–1900 (1902); Lapradelle-Politis, Recueil des arbitrages internationaux, I: 1798–1855, 1905, II: 1856–1872, 1924; Scott, The Hague Court Reports, 1916; Moore, International adjudications ancient and modern, 1 und 6 Bände (1929–1936); Bruns, Fontes Juris Gentium, Serie A, seit 1931, (enthält neben Urteilen internationaler Gerichte auch die deutsche höchstrichterliche Rechtsprechung in völkerrechtlichen Fragen); Hambro, Case Law of the International Court, 1952ff.; Parry, British International Law Cases, 1964ff.; Guggenheim-Marek, Répertoire de la Jurisprudence de la Cour Permanente de Justice Internationale, 1962ff.; Deák, American International Law Cases 1793–1968, 1971ff.; Parry, Commonwealth International Law Cases, 1974ff.

Die umfassendste, auch die Entscheidungen nationaler Gerichte einbeziehende Sammlung von Entscheidungen ist (seit 1932) der von Lauterpacht herausgegebene „Annual Digest and Report of Public International Law Cases", seit 1950 umbenannt in „International Law Reports".[213]

II. Die Völkerrechtswissenschaft

Die Wissenschaft kann noch weniger als die Judikatur als Quelle angesprochen werden; sie ist ein geistiges, oft sogar, als Nachschlagewerk, ein mehr technisches Hilfsmittel zur Auffindung des geltenden Völkerrechts. Die These Blühdorns,[214] das Völkerrecht sei vorwiegend ein Gelehrtenrecht, ist daher abwegig. Es ist vielmehr symptomatisch für die gegenwärtige Bedeutung der Völkerrechtswissenschaft in diesem Zusammenhang, daß der Ständige Internationale Gerichtshof

the usages and the duties of nations are explained and declared with that depth of research, and that liberal and enlarged enquiry which strengthen and embellish the conclusions of reason. They contain more intrinsic argument, more full and precise details, more accurate illustrations, and are of more authority than the loose dicta of elementary writers." Siehe auch H. Lauterpacht, Decisions of Municipal Courts as a Source of International Law, BYIL 1929 S. 65ff.; ähnlich O'Connell aaO I S. 28.

[213] Eine Zusammenstellung offizieller und privater Sammlungen von Urteilen internationaler Gerichte und völkerrechtlich relevanten Urteilen nationaler Gerichte s. in: Ways and Means of making the Evidence of Customary International Law more readily available, UN-Memorandum A/CN 4/6, 7 March 1949, S. 27–66.

[214] Einführung in das angewandte Völkerrecht, 1934, S. 159f.

in keinem seiner Urteile oder Gutachten sich auf einen Völkerrechtsautor berufen hat. Das hängt z. T. mit der gegenwärtigen Vernachlässigung des Völkerrechts durch die Universitätslehrpläne zusammen. Diese Lehrpläne werden der ständig zunehmenden Bedeutung des Völkerrechts in keiner Weise gerecht, sondern behandeln es meist noch mit derselben Vernachlässigung, die vor 1914 üblich, freilich schon damals nicht zu rechtfertigen war, heute aber, bei der radikal gewandelten internationalen Situation, schlechterdings nicht zu verantworten ist. Die umfassende Meisterung des riesigen Stoffes übersteigt heute bei weitem die Kräfte eines einzelnen. Die finanzielle Dotierung der etwa bestehenden Universitätsinstitute für Völkerrecht ist, mit Ausnahme der wenigen großen amerikanischen Universitäten, ganz ungenügend und kann, etwa im Vergleich zu den für die *positive* Zukunft der Menschheit weniger wichtigen Instituten für Raketenforschung, nur als kläglich bezeichnet werden. Dabei ist die geistige Durchdringung des immer mehr anwachsenden völkerrechtlichen Stoffes dringender als je, zumal bei der gegenwärtigen Zusammensetzung des Internationalen Gerichtshofs dessen Urteile häufig Kompromisse sind, die zur wissenschaftlichen Durchdringung des Völkerrechts wenig beitragen. Eine gewisse Besserung dieses unbefriedigenden Zustandes kann vielleicht von einigen der großen völkerrechtswissenschaftlichen Organisationen erwartet werden, so dem 1873 in Genf begründeten „Institut de Droit International", der 1873 in London begründeten „International Law Association", der 1906 in Washington begründeten „American Society of International Law", dem 1912 in Washington begründeten panamerikanischen Institut für internationales Recht und der 1923 im Haag begründeten „Académie de Droit International". Ebenso sind bedeutsam für die wissenschaftliche Durchdringung des Völkerrechts *die völkerrechtlichen Fachzeitschriften*. Die folgenden Aufzählungen sind in keiner Weise erschöpfend.

In deutscher Sprache sind hier vor allem zu nennen:

Zeitschrift für ausländisches öffentliches Recht und Völkerrecht,
Archiv des Völkerrechts,
Archiv des öffentlichen Rechts,
Österreichische Zeitschrift für öffentliches Recht.

Ihr Erscheinen haben eingestellt:

Niemeyers Zeitschrift für internationales Recht
sowie die Zeitschrift für Völkerrecht und Bundesstaatsrecht.

In deutscher und französischer Sprache erscheint:

Schweizerisches Jahrbuch für Internationales Recht (Annuaire Suisse de Droit International).

In französischer Sprache erscheinen:

Revue Générale de Droit International Public,
Journal du Droit International,
Revue de droit international,
Annuaire Français de Droit International,
Revue Egyptienne de Droit International,
Annuaire de l'Institut de Droit International,
Académie de Droit International, Recueil des Cours,
Revue belge de droit international.

In englischer Sprache erscheinen:

American Journal of International Law,
International and Comparative Law Quarterly,
International Organisation,
Japanese Annual of International Law,
International Law Association Report,
Proceedings of the American Society of International Law,
British Year Book of International Law,
Indian Journal of International Law,
Canadian Yearbook of International Law,
Australian Yearbook of International Law,
Netherlands Yearbook of International Law.

In holländischer Sprache erscheint:

Nederlands Tijdschrift voor International Recht.

In den skandinavischen Sprachen erscheint:

Nordisk Tidsskrift for international Ret og Jus Gentium. Acta scandinavica juris gentium.

In italienischer Sprache erscheint:

Rivista di Diritto Internazionale.

In spanischer Sprache erscheint:

Revista Española de derecho internacional.

In russischer Sprache erscheinen:

Mezdunarodnoje Pravo (Völkerrecht) (Moskau),
Mezdunarodnaja Zisn (Internationales Leben) (Moskau),
Sovetskoje Gosudarstvo i Pravo (Sowjetstaat und Recht) (Moskau),
Sovjet Yearbook of International Law.

Die wichtigste *allgemeine* völkerrechtliche Literatur wird in folgendem aufgeführt, soweit sie nicht im wesentlichen nur historisches Interesse hat.

In deutscher Sprache sind erschienen:[215]

Holtzendorff, F. v., unter der Mitarbeit von A. von Bulmerincq, E. Caratheodory, O. Dambach, K. Gareis, F. H. Geffcken, L. Gessner, H. Lammasch, C. Lueder, F. Meili, W. v. Melle, A. Rivier und F. Störk, Handbuch des Völkerrechts (in 4 Bänden und 1 Indexband, Berlin-Hamburg 1885–1889).

Stier-Somlo, Handbuch des Völkerrechts, Berlin 1912ff., unter der Mitarbeit von P. Heilborn, v. Dungern, W. Schönborn, Ph. Zorn, M. Fleischmann, H. Lammasch, M. Huber, A. Hold v. Ferneck, E. Zitelmann, J. Kohler.

Schmelzing, Julius, Systematischer Grundriß des practischen europäischen Völkerrechts, 3 Bde., 1818–1820; Lehrbuch des europäischen Völkerrechts, 1821.

Klüber, Johann Ludwig, Le Droit des Gens moderne de l'Europe, 2 Bde., 1819; deutscher Titel: Europäisches Völkerrecht, 1821.

Heffter, August Wilhelm, Das europäische Völkerrecht der Gegenwart, 1844; 8. Auflage 1888.

Bluntschli, Johann Caspar, Das moderne Völkerrecht der civilisirten Staaten als Rechtsbuch dargestellt, 1868, 5. Auflage 1895.

Bulmerincq, August von, Das Völkerrecht, 1887, 2. Auflage 1889.

Gareis, Karl, Institutionen des Völkerrechts, 1888, 2. Auflage 1901.

Ullmann, E., Völkerrecht, 1898, 2. Auflage 1908.

Liszt, Franz von, Das Völkerrecht, 1898, 12. Auflage 1925.

Kohler, F. v., Grundlagen des Völkerrechts, 1918.

Zorn, A., Grundzüge des Völkerrechts, 2. Ausgabe, 1903.

Heilborn, P., Das System des Völkerrechts entwickelt aus völkerrechtlichen Begriffen, 1896.

Hatschek, J., Völkerrecht als System rechtlich bedeutsamer Staatsakte, 1926.

Waldkirch, E. v., Das Völkerrecht in seinen Grundzügen dargestellt, 1926 (Schweiz).

Strupp, K., Grundzüge des positiven Völkerrechts, 1921; 5. Auflage 1932; Theorie und Praxis des Völkerrechts, 1925; Französische Ausgabe 1927 unter dem Titel: Eléments du droit international public universel, européen et américain, 2. Ausgabe, 3 Bände, 1930.

[215] Rauschning (Her.), Bibliographie des deutschen Schrifttums zum Völkerrecht, 1945–1964.

Vanselow, E., Völkerrecht, 1931.
Wolgast, E., Völkerrecht, 1934.
Verdross, A., Völkerrecht, 1. Auflage 1937, 5. Auflage 1964 (Österreich).
Hold-Ferneck, A., Lehrbuch des Völkerrechts, Bd. 1, 1930, Bd. 2, 1932 (Österreich).
Sauer, W., System des Völkerrechts, Bonn 1952.
Sauer, E., Grundlehre des Völkerrechts, 3. Auflage, Köln-Berlin 1955.
Dahm, G., Völkerrecht, 3 Bde., 1958ff.
Heydte, v. d., F. A., Völkerrecht, 2 Bde., 1958f.
Reibstein, Völkerrecht, 2 Bde., 1957/63.
Strupp-Schlochauer, Wörterbuch des Völkerrechts, 3 Bde., 1960/62.
Berber, Lehrbuch des Völkerrechts, 3 Bde., 2. Aufl. 1968ff.
Menzel, Völkerrecht, 1962.
Seidl-Hohenveldern, Völkerrecht, 3. Auflage 1975.
Kröger (Gesamtred.), Völkerrecht, 2 Bde., 1973 (DDR).

In französischer Sprache sind erschienen:

Funck-Brentano et Albert *Sorel,* Précis du Droit des Gens, 1877.
Pradier-Fodéré, P., Traité de droit international public, 8 Bde., 1885–1906.
Bonfils, H., Manuel de droit international public, 1894.
Rivier, A., Principes du Droit des Gens, 2 Bde., 1896.
Nys, E., Le droit international, 3 Bde., 2. Aufl. 1912.
Fauchille, P., Traité de droit international public, 4 Bde., 1922–1926.
Scelle, G., Précis de droit des gens, 2 Bde., 1932–1934.
Scelle, G., Manuel Elémentaire de droit international public, 1943.
Guggenheim, Traité de Droit International Public, 2 Bde., 1953/54; I 2. Aufl. 1967.
Sibert, M., Traité de droit international public, 2 Bde., 1951.
Basdevant, Dictionnaire de la Terminologie du Droit International, 1959.
Cavaré, L., Le droit international public positif, 2 Bde., 3. Aufl. 1967/69.
Rousseau, Ch., Droit International Public, 2. Aufl. 1970f.
Rousseau, Ch., Droit International Public approfondi, 5. Aufl. 1969.
Reuter, P., Droit International Public, 1973.

In englischer Sprache sind erschienen:

Kent, J., Commentary on International Law, 1826.
Wheaton, H., Elements of International Law, 1836.
Halleck, H. W., International Law, 2 Bde., 1861.
Phillimore, Sir Robert, Commentaries upon International Law, 4 vols., 1854–1861.
Twiss, Sir Travers, The Law of Nations, 2 Bde., 1861–1863.
Amos, Sheldon, Lectures on International Law, 1874.

Hall, William Edward, A Treatise on International Law, 1880.
Lorimer, James, The Institutes of the Law of Nations, 2 Bde., 1883–1884.
Wharton, F., A Digest of the International Law of the United States, 3 Bde., 1886.
Lawrence, T. J., The Principles of International Law, 1895, 7. Aufl. 1923.
Holland, T. E., Studies in International Law, 1898.
Smith, F. E. (später Lord Birkenhead), International Law, 1900.
Wilson, George Grafton and *Tucker,* George Fox, International Law, 1901.
Westlake, J., International Law, vol. 1 (Peace) 1904, vol. 2 (War) 1907.
Oppenheim, L., International Law, vol. 1 (Peace) 1905, vol. 2 (War) 1906, mit zahlreichen Neuauflagen.
Wilson, George Grafton, Handbook of International Law, 1910.
Hyde, C. C., International Law, chiefly as interpreted and applied by the United States, 2 Bde., 1922; 2. Auflage 3 Bde., 1945.
Fenwick, C. G., International Law, 1924; 4. Auflage 1965.
Brierly, J. L., The Law of Nations, 1928, 6. Aufl. 1963.
Stowell, E. C., International Law, a Restatement of Principles in Conformity with Actual Practice, 1931.
Jessup, P. C., A Modern Law of Nations – An Introduction –, New York 1946 u. öfters.
Schwarzenberger, G., A Manual of International Law, 5. Aufl. 1967.
Starke, J. G., An Introduction to International Law, 6. Aufl. 1967.
Kelsen, H., Principles of International Law, 1952, 2. Aufl. 1966.
Briggs, H., The Law of Nations, 1953.
Bishop, W. W., International Law, 1953.
Jessup, P. C., Transnational Law, 1956.
Gould, W. L., An Introduction to International Law, 1957.
Schuschnigg, International Law, 1959.
O'Connell, International Law, 2 Bde., 2. Aufl. 1970.
Sørensen (ed.), Manual of Public International Law, 1968.
Verzijl, International Law in historical perspective, 1968 ff.
Brownlie, Principles of Public International Law, 2. Aufl. 1973.
von Glahn, Law among Nations, 1970.

In holländischer Sprache sind erschienen:

Louter, J. de, Het Stellig Volkenrecht, 2 Bde., 1910, franz. Übersetzung 1920.
François, Handboek van het Volkenrecht, Bd. 1, 1931, Bd. 2, 1933.
van Bogaert, Volkenrecht, 1973.

In dänischer Sprache sind erschienen:

Bornemann, F. K., Forelaesninger over den positive Folkeret, 1866.
Matzen, H., Forelaesninger over den positive Folkeret, 1900.

Møller, International Law in Peace and War, 2 Bde. in Dänisch, 1928, 1933 und 1934; engl. Übersetzung Bd. 1, 1933; Bd. 2, 1935.
Ross, A., A Textbook of International Law, 1947 (Engl. Übersetzung des dänischen Originals); deutsche Übersetzung 1957.

In schwedischer Sprache ist zu nennen

Eek, Folkrätten, 1968.

In norwegischer Sprache sind erschienen:

Boye, Handboog i Folkerett, 1918.
Castberg, F., Folkerett, 1937.

In italienischer Sprache sind erschienen:

Casanova, L., Lezioni del diritto internazionale, 1853.
Fiore, P., Trattato di diritto internazionale pubblico, 1865.
Lomonaco, G., Trattato di diritto internazionale pubblico, 1905.
Diena, G., Principi di diritto internazionale, 1908.
Anzilotti, D., Corso di diritto internazionale, Bd. 1, 3. Aufl. 1928, deutsche Übersetzung, 1929.
Gemma, Appunti di diritto internazionale, 1923.
Cavaglieri, Lezioni di diritto internazionale, 1925.
Fedozzi, Trattato di diritto internazionale, 1933.
Olivi, Diritto internazionale pubblico, 1933.
Balladore, Pallieri, Diritto internazionale pubblico, 8. Auflage, 1962.
Morelli, Nozioni di diritto internazionale, 6. Auflage, 1963.
Sereni, Diritto Internazionale, 5 Bde., 1956ff.
Monaco, Manuale di Diritto Internazionale Pubblico, 1960.
Quadri, Diritto Internazionale Pubblico, 5. Aufl. 1968.
Miele, Diritto Internazionale, 3. Aufl. 1972.

Aus der großen Anzahl *in spanischer Sprache erschienenen Lehrbücher* sind hervorzuheben:

Bello, Andrés, Principios de Derecho de Gentes (internacional), 1832 (Chile).
Calvo, Carlos (in französischer Übersetzung): Le droit international, théorique et pratique, 5. Auflage in 6 Bänden, 1887/1896 (Argentinien).
Alcorta, Amancio, Curso de Derecho internacional público, Bd. 1, 1887 (Argentinien).
Olivart, Marquis de, Tratado y Notas de Derecho internacional público, 2 Bde., 1887 (Spanien).

Torres Campos, Manuel, Elementos de Derecho internacional público, 3. Auflage, 1913.
Suarez, S. Planas, Tratado de Derecho internacional público, 2 Bde., 1916 (Venezuela).
Antokoletz, Tratado de Derecho internacional público en tiempo de paz, 2 Bde., 4. Aufl. 1944 (Argentinien).
Ulloa, Derecho internacional público, 2 Bde., 4. Aufl. 1957 (Peru).
Alvarez, A. (in französischer Übersetzung) Le Droit International Américain, 1920 (Chile).
Moreno, Lecciones de Derecho internacional público, 2 Bde., 1934 (Argentinien).
Bustamente y Sirven, Derecho internacional público, Bd. 1, 1933; Bd. 2, 1934; Bd. 3, 1936; Bd. 4, 1937; Bd. 5, 1938 (Cuba).
Sepulveda, Curso de Derecho internacional público, 1960 (Mexico).

In portugiesischer Sprache sind zu erwähnen:

Bevilaqua, Clovis, Direito público internacional, 2 Bde., 1911 (Brasilien).
Accioly, Tratado de Direito internacional público, 2 Bde., 2. Aufl. 1956 (Brasilien).

In griechischer Sprache sind zu erwähnen die Lehrbücher von Saripoloz (1860), von Seferiades (1920), von Spiropoulos (1933), von Tenekides (1959, 2. Aufl.) und von Vallindas (1959),

In polnischer Sprache das Lehrbuch von Cybichowski (1915) und von Ehrlich (1927, 4. Auflage 1958),

In tschechischer Sprache das Lehrbuch von Hobza (1933),

In serbo-kroatischer Sprache das Lehrbuch von Andrassy (4. Aufl. 1961) und von Bartoš (I 1954, II 1956).

In russischer Sprache ist zu nennen ein Lehrbuch von F. de Martens, das 1905 in 5. Auflage erschien, 1883–1886 in einer deutschen, 1883–1886 in einer französischen und 1883–1886 in einer spanischen Ausgabe. Ferner das 1911 erschienene Lehrbuch von Ulanickij, die 1925/26 in Moskau von Paschukanis erschienene Enzyklopädie; Durdeneroskij-Krylow, Meždunarodnoe Pravo (Völkerrecht, Moskau 1947); Korovin, E. A., Meždunarodnoe Pravo (Völkerrecht), Moskau 1951; Wyschinskij-Losowskij, Diplomatičeskij Slovar (Diplomatisches Wörterbuch), 2 Bde., Moskau 1948/50; Lisovskij, V. J., Meždunarodnoe Pravo (Völkerrecht), Kiew 1955; Völkerrecht, herausg. von Akademie der Wiss. der UdSSR, Rechtsinstitut, Moskau 1957, deutsche Übers. 1960; Tunkin, Theorie des Völkerrechts, 1971.

III. Sammlungen von Verträgen und diplomatischer Praxis

Amtliche Sammlungen von Verträgen sind die vom Völkerbund seit 1920 herausgegebene „League of Nations Treaty Series" (insgesamt 205 Bände) und die von den Vereinten Nationen seit 1946 herausgegebene „United Nations Treaty Series" (bis 1975 über 700 Bände).[216]

Die auswärtigen Ämter zahlreicher Staaten veröffentlichen die von ihnen abgeschlossenen internationalen Verträge in ihren Gesetzblättern oder in gesonderten Sammlungen oder in beiden. So veröffentlicht die Bundesrepublik Deutschland die für sie gültigen Verträge im Bundesgesetzblatt, Teil II, und in der Sammlung: Verträge der Bundesrepublik Deutschland, herausgegeben vom Auswärtigen Amt.

Wichtigere private Vertragssammlungen sind:

Leibnitz, Codex Iuris Gentium diplomaticus (1693); Mantissa Codicis Iuris Gentium diplomatici (1700).

Dumont, Corps universel diplomatique, etc., 8 Bde., 1726–1731.

Rousset, Supplément au corps universel diplomatique de Dumont, 5 Bde., 1739.

Martens, Recueil de Traités d'Alliance, etc., 8 Bde., 1791–1801; Nouveau recueil de Traités d'Alliance, etc., 16 Bde., 1817–1842; Nouveaux suppléments au recueil de traités et d'autres actes remarquables, etc., 3 Bde., 1839–1842; Nouveau recueil général de traités, conventions et autres actes remarquables, etc., 20 Bde., 1843–1875; Nouveau recueil général de traités et autres actes relatifs aux rapports de droit international, Deuxième Série, 35 Bde., 1876–1908; Nouveau recueil général de traités et autres actes relatifs aux rapports de droit international, Troisième Série, Bd. 1, 1909 bis Bd. XLI (1944).

Strupp, Urkunden zur Geschichte des Völkerrechts, 2 Bde., 1911; Documents pour servir à l'histoire du droit des gens, 5 Bde., 1923.

Albin, Les grands traités politiques depuis 1815 jusqu'à nos jours, 2. Auflage, 1912.

Giannini, Collezione dei trattati di pace, 6 Bde., 1922–1924.

Hudson, International Legislation. Washington, Carnegie Endowment for International Peace. 9 Bde., 1919–1945.

Le Fur et Chklaver, Recueil de textes de droit international public; 2. Auflage, 1934.

Berber, Völkerrecht. Dokumentensammlung. 2 Bde., 1967.

Clive Parry, The Consolidated Treaty Series, 1648–1918, 1969 ff. (geplant sind 120 Bde.).[217]

Eine umfassende Übersicht privater und amtlicher Vertragssammlungen, zusammengestellt von L. Bittner, findet sich in Strupps Wörterbuch des Völker-

[216] Siehe auch die vom Europarat herausgegebene „European Treaty Series".

[217] Siehe auch die seit 1962 in Washington herausgegebene Vierteljahreszeitschrift „International Legal Materials".

rechts und der Diplomatic, II S. 664ff.; eine neuere, aber weit weniger umfassende Übersicht findet sich bei Oppenheim aaO I S. 110f.

Schwieriger zugänglich sind Erkenntnismittel der völkerrechtlichen *Staatenpraxis*. Brierly[218] nennt als solche: diplomatische Korrespondenz, offizielle Instruktionen an Diplomaten, Konsuln, Flotten- und Militärbefehlshaber, Akte staatlicher Gesetzgebung und Entscheidungen staatlicher Gerichte, Gutachten staatlicher Rechtsberater.

In besonders umfänglicher Weise macht die Regierung der USA diese Erkenntnismittel der Öffentlichkeit zugänglich. Eine Aufzählung solcher durch die USA veröffentlichten Materialien findet sich in: Proceedings of the American Society of International Law, 1956, S. 259ff. Schon im Jahre 1877 veröffentlichte das State Department unter der Herausgeberschaft von John L. Cadwalader „A Digest of the Published Opinions of the Attorneys-General, and of the Leading Decisions of the Federal Courts, with reference to International Law, Treaties and Kindred Subjects". Im Jahre 1886 wurde unter Leitung von F. Wharton ein zweiter „Digest" des Völkerrechts veröffentlicht, dem im Jahre 1906 ein von John Basset Moore herausgegebener siebenbändiger „Digest" folgte. H. G. Hackworth hat 1940–1943 einen siebenbändigen „Digest" im Auftrag des State Department herausgegeben, dem 1963/70 Whiteman's Digest in 14 Bänden folgte.

Ein bescheideneres Werk ähnlicher Art auf privater Basis hat für die englische Völkerrechtspraxis H. A. Smith 1932–1935 unter dem Titel „Great Britain and the Law of Nations" herausgegeben; in umfänglicherer Weise hat dies McNair in seinem 1938 erschienenen Buch „The Law of Treaties" und seinem 1956 erschienenen zweibändigen Werk „International Law Opinions" getan, und seit 1965 hat Clive Parry einen „British Digest of International Law" gestartet.

In Frankreich ist seit 1962 ein die Zeit seit 1790 umfassendes, von Kiss herausgegebenes „Répertoire de la Pratique Française" erschienen.

Viktor Bruns hat in den „Fontes Juris Gentium" mit einem „Handbuch der diplomatischen Korrespondenz der europäischen Staaten" begonnen (5 Bde., 1932/1938).

Im allgemeinen sind aber die diplomatischen Archive der meisten Staaten völkerrechtlich-systematisch noch nicht ausgeschöpft; die von den meisten Regierungen aus bestimmten politischen Anlässen herausgegebenen Farbbücher (Weiß-, Blau-, Rot-, Gelb- etc. -Bücher) geben regelmäßig nur partielles, weitgehend sogar nur einseitiges Material, da ja diplomatische Aktenstücke als Eigentum der beiden korrespondierenden Regierungen betrachtet werden, so daß keine, zum mindesten ohne Verstoß gegen die Courtoisie, einseitig zur Veröffentlichung schreiten kann.[219] Im allgemeinen stehen die diplomatischen Archive für Forschungsarbeiten nur für weiter zurückliegende Zeiträume zur Verfügung, so daß

[218] aaO S. 61.

[219] Siehe Fauchille aaO I 1 S. 58.

gerade das aktuelle Material nicht greifbar ist.[220] Vorbildlich ist demgegenüber die Herausgabe der „Foreign Relations of the United States" durch das State Department in Washington.

Die besondere Art der Staatenpraxis, die sich im Rahmen der zwischenstaatlichen Zusammenarbeit der Vereinten Nationen entfaltet, ist in Übereinstimmung mit dem Publizitätscharakter dieser Institution in weitestem Umfang dokumentarisch zugänglich.[221] Eine umfassende Übersicht über amtliche und nichtamtliche Hilfsmittel zur Auffindung des Völkerrechts gibt das vom Generalsekretär der UN 1949 veröffentlichte Memorandum A/CN. 4/7 „Ways and Means of Making the Evidence of Customary International Law more readily available".

IV. Die Kodifikation

Alles Gewohnheitsrecht hat den Nachteil, schwer feststellbar zu sein und des systematischen umfassenden Charakters wie der Präzision zu ermangeln. Auf allen Gebieten des Gewohnheitsrechts, sowohl innerstaatlichen wie zwischenstaatlichen, stellt sich daher bei Intensivierung des Rechtsverkehrs das Bedürfnis ein, den Bestand des geltenden Rechts durch schriftliche autoritäre Fixierung außer Zweifel zu stellen und zugleich schon vorher empfundene oder bei dieser Fixierung festgestellte Lücken entweder durch analogieweise gewonnene oder durch neugeschaffene Rechtssätze auszufüllen, um eine systematische Regelung des ganzen der Kodifikation unterliegenden Fragenkomplexes zu erreichen.[222] Die Kodifizierung des internationalen Gewohnheitsrechts dient also zwei Funktionen:

a) der autoritativen Feststellung des geltenden Gewohnheitsrechts, gleich ob das Ergebnis juristisch-systematisch voll befriedigend ist oder nicht,

b) der systematischen Ausfüllung von Lücken und der Weiterbildung des Völkerrechts.

Nur die Erfüllung der ersteren Funktion kann als Kodifizierung im strengen und eigentlichen Sinn des Wortes bezeichnet werden, während die Erfüllung der letzteren Funktion Schaffung neuen Rechts, Rechtsetzung ist (im innerstaatlichen Recht Gesetzgebung genannt, im zwischenstaatlichen Recht nur durch Abschluß völkerrechtlicher Verträge möglich). Daher ist auch nur die erstere Aufgabe eine genuin-juristische, die zweite dagegen eine legislatorische, rechtsphilosophische, politische Tätigkeit, bei der dem Juristen eine weit bescheidenere Rolle zufällt.

Wissenschaftlichen, aber keinen unmittelbaren praktischen Wert für den Be-

---

[220] Siehe Guide International des archives-Europe, herausgegeben 1934 vom Institut International de Coopération Intellectuelle in Paris.

[221] Die Veröffentlichungen der UN werden in Bd. III bei der systematischen Behandlung des Rechts der UN angegeben werden. Eine nützliche Zusammenstellung der UN-Publikationen s. bei Sørensen (ed.), Manual, S. 873–881.

[222] Siehe Marek in ZaöRVR 1971 S. 489ff.

stand des Rechts haben private Kodifikationsunternehmen einzelner Völkerrechtsgelehrter[223] oder privater Vereinigungen internationaler Juristen.[224]

Versuche, bestimmte Gebiete des Völkerrechts durch multilaterale Verträge systematisch zu regeln, wurden mit nicht unbeträchtlichem Erfolg vor allem auf den beiden Haager Friedenskonferenzen von 1899 und 1907 unternommen. Im Jahre 1930 trat auf Veranlassung des Völkerbundes eine internationale Staatenkonferenz im Haag zusammen, um die Probleme der Staatsangehörigkeit, der Küstengewässer und der Staatenhaftung einer Kodifikation zuzuführen; das Ergebnis war aber überwiegend negativ.[225]

Die Ergebnisse der auf diesem Gebiet sehr aktiven panamerikanischen Konferenzen, so vor allem der von 1928 und 1933, sind weitgehend nur scheinbar besser, da die Zahl der vorgenommenen Ratifikationen häufig gering ist;[226] doch sieht die Charter der Organisation der Amerikanischen Staaten von 1948 ein eigenes Kodifikationsorgan vor, erweitert durch Art. 105 ff. der revidierten Charta von 1967.

In Artikel 13 der Charter der UN ist der Generalversammlung die Aufgabe gestellt, sich um die Förderung der fortschreitenden Entwicklung des Völkerrechts und seine Kodifikation zu bekümmern. Im Verfolg dieser Bestimmung kam es zur Schaffung der International Law Commission, deren Statut in Artikel 15 eine klare Unterscheidung zwischen der Feststellung schon bestehenden Rechts und seiner Fortbildung macht,[227] ja sogar verschiedene Verfahrensarten für diese beiden Aufgaben vorsieht. Das 1949 aufgestellte kodifikatorische Arbeitsprogramm der International Law Commission umfaßt: Anerkennung von Staaten und Regierungen, Staatensukzession, Staatsimmunitäten, extraterritoriale Strafgerichtsbarkeit, hohes Meer, Küstengewässer, Staatsangehörigkeit, Fremdenrecht, Asylrecht, Verträge, Recht der Diplomatie, Konsularrecht, Staatenhaftung, Schiedsverfahren. Inzwischen sind weitere Themen dazugekommen (z. B. die

---

[223] Siehe z. B. Domin-Petruschévecz, Précis d'un code de droit international, 1861; Bluntschli, Das moderne Völkerrecht der civilisirten Staaten als Rechtsbuch dargestellt, 1868; Field, Draft Outlines of an International Code, 1872; Fiore, Il diritto internazionale codificato e la sua sanzione giuridica, 1890; Pessoa, Projecto de codigo de direito internacional publico, 1911.

[224] So des Institut de Droit International und der International Law Association (letztere ursprünglich „Association for the Reform and Codification of the Law of Nations" benannt), beide 1873 gegründet; auch die Harvard Law School hat wertvolle Arbeit geleistet.

[225] Siehe die materialreichen Berichte in den Völkerbundsdrucksachen: Vol. I. Nationality: C. 73. M. 38, 1929, V; Vol. II. Territorial Waters: C. 74, M. 39, 1929, V; Vol. III. Responsibility of States for Damage done in their Territory to the Person or Property of Foreigners: C. 75, M. 69, 1929, V; Rauchberg in ZaöRVR 1931 S. 481 ff.

[226] Siehe Rousseau aaO I 2. Aufl. S. 354.

[227] „In the following articles the expression ‚progressive development of international law' is used for convenience as meaning the preparation of draft conventions on subjects which have not yet been regulated by international law or in regard to which the law has not yet been sufficiently developed in the practice of States. Similarly, the expression ‚codification of international law' is used for convenience as meaning the more precise formulation and systematization of rules of international law fields where there already has been extensive state practice, precedent and doctrine."

Meistbegünstigungsklausel, Verträge zwischen Staaten und internationalen Organisationen, Verbrechen gegen Diplomaten, internationales Wasserrecht usw.).[228]

Eine Kodifikation, die nicht überaus vorsichtig vorgeht, birgt in sich bei dem gegenwärtigen Entwicklungsstand der internationalen Beziehungen große Gefahren. Es ist der Vorteil des Gewohnheitsrechts, daß bei ihm jenes langsame, organische Wachstum möglich ist, das allein dem gegenwärtigen Stand der internationalen Beziehungen entspricht. Will man dieses organische Wachstum durch fortschrittliche Maßnahmen beschleunigen, so riskiert man, daß ein Großteil der Staaten die Ratifizierung unterläßt. Will man eine allgemeine Zustimmung erreichen, so muß man die ganze Regelung auf dem Niveau der rückständigen Staaten halten, was dann einen klaren Rückschritt für die fortschrittlicheren Staaten bedeutet. Erst recht gefährlich wird die Kodifikation, wenn sie die für eine starre Fixierung schwer faßbaren „allgemeinen Rechtsprinzipien" einbeziehen will. Im gegenwärtigen Stadium der völkerrechtlichen Entwicklung hat man sich von der systematischen wissenschaftlichen Arbeit und der organisch sich erweiternden Ausarbeitung konkreter Verträge mehr zu versprechen als von einer auf dem Gedanken des Fortschritts im technischen Sinn basierenden, stürmisch vorwärtsdrängenden Kodifikation weitester Bereiche des Völkerrechts.

---

[228] Siehe Rosenne in Proceedings 1970 S. 24ff.; Kearney in AJIL 1974, S. 454ff.

Drittes Kapitel

Völkerrecht und Landesrecht

Literatur: *Cassese,* Il diritto interno nel processo internazionale, 1962; *Erades-Gould,* The relation between International and Municipal Law in the Netherlands and in the US, 1961; *Evrigenis,* La Cour Internationale de Justice et le Droit Interne, 1958; *Masters,* International Law in National Courts, 1932; *Menzel,* Die englische Lehre vom Wesen der Völkerrechtsnorm, 1942; *Monaco,* L'ordinamento internazionale in rapporti all'ordinamento statuale, 1937; *Mosler,* Das Völkerrecht in der Praxis der deutschen Gerichte, 1957; *Pigorsch,* Die Einordnung völkerrechtlicher Normen in das Recht der Bundesrepublik Deutschland, 1959; *Rudolf,* Völkerrecht und deutsches Recht, 1967; *Stoll,* L'Application et l'Interprétation du Droit Interne par les Juridictions Internationales, 1962; *Triepel,* Völkerrecht und Landesrecht, 1899; *Walz,* Völkerrecht und staatliches Recht, 1933; *Wright,* The Enforcement of International Law through Municipal Law in the United States, 1916.

§ 9. Das Problem

Der Ausgangspunkt des Problems des Verhältnisses von Völkerrecht und Landesrecht, d. h. innerstaatlichem, staatlichem, einzelstaatlichem Recht, ist der Sachverhalt, daß das Völkerrecht wie das Landesrecht in sich geschlossene, prinzipiell in ihrer Entstehung voneinander unabhängige, autonome Rechtsordnungen sind, die aber häufig, jede für sich, und deshalb prinzipiell ohne Garantie der sachlichen Übereinstimmung, das gleiche sachliche Problem, etwa Enteignung, Auslieferung, Eisenbahnverkehr, regeln und auch in sonstiger Weise in mannigfaltiger Wechselwirkung stehen.

Das Problem des Verhältnisses von Völkerrecht und Landesrecht ist *formell* verwandt dem Problem des Verhältnisses von Bundesrecht und Landesrecht, von staatlichem Recht und Gemeinderecht, von Recht des Staates A und Recht des Staates B („internationales" Privatrecht, Verwaltungsrecht, Steuerrecht usw.), von Staatsrecht und Kirchenrecht, in gewisser, obwohl beschränkterer Weise, als Kaufmann annimmt,[1] auch dem Problem des Verhältnisses von inneren Beziehungen zwischen Mitgliedern einer Gesellschaft und äußeren Beziehungen zwischen der Gesellschaft und Dritten. Zu eng ist die Definition des Problems bei Kelsen,[2] wonach es die Frage beinhalte, ob es Gegenstände gebe, die ihrem Wesen nach nur und ausschließlich von Völkerrechtsnormen geregelt werden können, und Gegenstände, die ihrem Wesen nach nur und ausschließlich von innerstaatlichen Normen geregelt werden können.

[1] Siehe Règles Générales, S. 129.

[2] Principles of International Law, S. 191; siehe Guggenheim in Wörterbuch III S. 654.

Das Problem ist charakterisiert und spezifiziert durch folgende Besonderheiten der *gegenwärtigen* internationalen Ordnung:[3]

a) die Tatsache, daß die Verfassungen der die Völkerrechtsgemeinschaft konstituierenden Staaten keine Homogenität aufweisen, insbesondere auch nicht hinsichtlich der Regelung der sogenannten ,,Auswärtigen Gewalt" und der zur Erfüllung der völkerrechtlichen Verpflichtungen getroffenen Maßnahmen;

b) die Tatsache, daß das Völkerrecht dem Landesrecht nicht die Verpflichtung auferlegt, mit landesrechtlicher Wirkung den Vorrang des Völkerrechts vor dem Landesrecht sicherzustellen, und daß die Landesrechte überwiegend diesen Vorrang nicht oder nur unzureichend gewähren;

c) die Tatsache, daß das gegenwärtige Völkerrecht durch das staatliche Recht mediatisiert ist in dem Sinne, daß es regelmäßig nicht direkt für Einzelpersonen bindend ist, sondern nur durch Vermittlung der unmittelbar allein gebundenen Staaten,[4] mit der weiteren Folge, daß die regelmäßigen Vollzugsorgane des Völkerrechts nicht Organe der Völkerrechtsgemeinschaft, sondern innerstaatliche Organe sind.[5]

Aus diesem Ausgangspunkt des Problems in Zusammenhalt mit diesen Besonderheiten der gegenwärtigen internationalen Ordnung ergeben sich eine Reihe von Fragen, die zu beantworten sind, insbesondere die folgenden:

Dürfen, und gegebenenfalls wieweit dürfen innerstaatliche Gerichte und andere innerstaatliche Organe Völkerrecht anwenden?

Müssen sie es, und gegebenenfalls wieweit müssen sie es?

Wie müssen sie sich verhalten, wenn das denselben Gegenstand regelnde Völkerrecht und innerstaatliche Recht einander widersprechen?

Auf welche Weise werden internationale Verträge und andere völkerrechtliche Normen innerstaatlich bindende Normen?

Was ist die völkerrechtliche Folge, wenn Akte zur Geltendmachung völkerrechtlicher Rechte oder zur Erfüllung völkerrechtlicher Pflichten nicht von den innerstaatlich dazu bestellten Organen, sondern von unzuständigen Organen vorgenommen werden?[6]

---

[3] Die natürlich in vergangenen und künftigen Ordnungen durchaus anders liegen können und auch rechtslogisch-abstrakt anders gedacht werden könnten.

[4] Siehe Ross aaO S. 17f.; s. Walz, Völkerrecht und staatliches Recht, S. 240: ,,Es erweist sich somit das Völkerrecht als historische Erscheinungsform der allgemeineren Figur eines echten interkorporativen Rechtssystems, dessen Eigentümlichkeit darin besteht, rechtlich organisierte Kollektivpersonen (in unserem Fall Staaten) mit seinen Normen unter Verwendung des Prinzips der Kollektivhaftung der beteiligten korporativen Gesamtsysteme zu überspannen, womit jene eigentümliche Zäsur in der Aktualisierung der Rechtsnormen verbunden ist, die wir am besten als korporative Geltungsmediatisierung bezeichnen."

[5] Siehe Kaufmann, Règles Générales S. 130: ,,Bien que l'ordre international s'adresse aux Etats en tant qu'unités, il ne peut être réalisé que par les Etats, dans leur différenciation d'après les lois de leur ordre interne en services et instances spécialisés".

[6] Siehe darüber unten § 68 I c.

Gibt es Angelegenheiten, die zur ausschließlichen inneren Zuständigkeit eines Staats gehören?[7]

Was ist die rechtliche Situation des innerstaatlichen Rechts, innerstaatlicher Rechtsakte und anderer innerstaatlicher Vorgänge im Völkerrecht, vor internationalen Gerichten, vor anderen internationalen Organen?

§ 10. Die Theorien

Man unterscheidet prinzipiell drei verschiedene Gruppen von Theorien über unseren Fragenkomplex:

a) Die dualistischen bzw. pluralistischen Theorien, nach denen Völkerrecht und Landesrecht autonome Rechtsordnungen mit verschiedenen Zuständigkeitsbereichen, Rechtsquellen und Normadressaten sind, mit mehr oder weniger geringfügigen Einwirkungsmöglichkeiten aufeinander: Hauptvertreter sind Triepel,[8] der für die durchgängige Trennung von Völkerrecht und Landesrecht eintritt und betont: ,,Der Gegensatz ist einmal Gegensatz der normierten Lebensverhältnisse; das Völkerrecht regelt andere Beziehungen als das staatliche! Der Gegensatz ist ferner Gegensatz der Rechtsquellen", sowie Anzilotti,[9] der darauf hinweist, ,,... daß das Völkerrecht dem Staate übergeordnet ist, in dem Sinne, daß es eine rechtliche Begrenzung seiner Macht darstellt, aber nicht in dem Sinne, daß der Staat seine Herrschaftsgewalt durch das Völkerrecht empfangen hat ... aus selbständigen Grundnormen hervorgehend, sind Völkerrecht und staatliches Recht somit getrennte Rechtsordnungen."

b) Die monistischen Theorien mit Primat des innerstaatlichen Rechts, nach denen das Völkerrecht lediglich eine Abteilung oder Delegation des staatlichen Rechts, ,,äußeres Staatsrecht" ist, so daß sie wegen der Aufhebung des Dualismus zwischen Staats- und Völkerrecht im Primat des staatlichen Rechts zu Recht als monistisch bezeichnet werden, wegen der Vielzahl einzelstaatlicher Rechtsordnungen aber gleichzeitig mit Recht als pluralistisch, nie aber als dualistisch bezeichnet werden können. Hauptvertreter sind: Hegel, der betont:[10] ,,... Weil aber deren Verhältnis ihre Souveränität zum Prinzip hat, so sind sie insofern im Naturzustande gegeneinander, und ihre Rechte haben nicht in einem allgemeinen zur Macht über sie konstituierten, sondern in ihrem besonderen Willen ihre Wirklichkeit ...," Ph. Zorn, A. Zorn, der behauptet:[11] ,,Völkerrecht ist juristisch Recht nur, wenn und soweit es Staatsrecht ist," Max Wenzel, der geltendmacht:[12] ,,Die Völkerrechtsnormen haben also so viele Geltungsgründe als Staaten und damit

[7] Siehe darüber unten § 23 Nr. II.

[8] Völkerrecht und Landesrecht, 1899, S. 9.

[9] Lehrbuch des Völkerrechts, 1929, S. 38.

[10] Grundlinien der Philosophie des Rechts, herausgegeben von Lasson, 1911, § 333.

[11] Grundzüge des Völkerrechts, 1903:

[12] Juristische Grundprobleme I: Der Begriff des Gesetzes, 1920, S. 387.

Gesetzessysteme an ihrer Setzung beteiligt sind", sowie Heinrich Pohl, der ausführt:[13] „Jeder Satz des Völkergewohnheitsrechts hat so viele Geltungsgründe, als sich Staaten zu seiner Geltung bekennen; er ist verankert im staatlichen Recht und ein Stück desselben."

c) Die monistischen Theorien mit Primat des Völkerrechts, wonach das staatliche Recht nur eine Ableitung oder Delegation des Völkerrechts ist, bald mit der radikalen Folgerung, daß es kein völkerrechtswidriges Landesrecht geben könne, da die völkerrechtswidrigen staatlichen Normen nichtig seien (G. Scelle, früher auch Kelsen), bald mit der gemäßigten Folgerung, daß die Verbindlichkeit eines völkerrechtswidrigen Gesetzes nur eine innerstaatliche und vorläufige sei (Verdross, Oppenheim-Lauterpacht). Hauptvertreter sind: Kelsen, der ausführt:[14] „Diese Einheit (von Völkerrecht und Landesrecht) aber wird hier nur zum Ausdruck für die Einheit juristischer Erkenntnis überhaupt, die ... nichts anderes zu ihrem Gegenstande haben kann als Rechtsnormen, und die in der Erzeugung eines einheitlichen Systems von Rechtssätzen ihre Aufgabe als Wissenschaft erfüllt"; Scelle, der behauptet:[15] „Völkerrecht bricht Staatsrecht"; Verdross, der darauf hinweist,[16] „... daß sich das staatliche Recht nur in jenem Rahmen *unangefochten* bewegen kann, den das Völkerrecht abgegrenzt hat"; Guggenheim, der folgert:[17] „... so führt nur die Vorstellung vom Primat des Völkerrechts dazu, eine der Staatenpraxis entsprechende theoretische Grundlegung des Verhältnisses zwischen Völkerrecht und Landesrecht in einem widerspruchslosen System zu schaffen."

Abgesehen von den radikalen monistischen Theorien mit Primat des Völkerrechts, und abgesehen von allen monistischen Theorien mit Primat des staatlichen Rechts, die beide in einem zu krassen Gegensatz zur Wirklichkeit des internationalen Staatenlebens stehen, als daß sie als zutreffende Deutung der völkerrechtlichen Wirklichkeit anerkannt werden könnten, ist der Streit zwischen monistischer und dualistischer Auffassung weitgehend ein Streit um Worte und Begriffe,[18] während über die praktischen Folgerungen weitgehend Übereinstimmung besteht.[19]

---

[13] Völkerrecht und Außenpolitik in der Reichsverfassung, 1929, S. 4.
[14] Das Problem der Souveränität und die Theorie des Völkerrechts, 1920, S. III.
[15] Manual Elémentaire de Droit International Public, 1943, S. 21.
[16] Völkerrecht, 5. Aufl. S. 113.
[17] Lehrbuch des Völkerrechts, I, 1948, S. 24.
[18] Übereinstimmend Ross aaO S. 60, Fitzmaurice in Rec. 1957 II S. 72ff.
[19] Siehe Walz, Völkerrecht und staatliches Recht, S. 264f.: „... daß der heftige Gegenwartskampf in der prinzipiellen Auseinandersetzung zwischen „monistischer" und „dualistischer" Theorie bei exakter Formulierung des Streitgegenstandes und strikter Beachtung der relevanten positiven Rechtserfahrungstatsachen seinen eigentlichen Sinn verlieren muß, weil das praktisch allein in Frage kommende Kampfgebiet heute von allen nüchternen Theorien jeglicher Schattierungen im wesentlichen als unbestrittene neutrale Zone anerkannt ist (Rechtscharakter des Völkerrechts, Gültigkeit völkerrechtswidrigen Landesrechts, grundsätzliche Mediatisierung des Völkerrechts), so daß der theoretische Streit weniger um praktische Folgerungen und Tatsachen als vielmehr um Konstruktionen und Namen geht."

Aus diesem Grunde findet man auch in der mehr aufs Praktische abgestellten angelsächsischen Völkerrechtslehre nur einen schwachen Widerhall dieser theoretischen Auseinandersetzungen.[20] Der einzige wichtige Unterschied der dualistischen und der gemäßigt-monistischen Theorie mit Primat des Völkerrechts bleibt die These der letzteren, das staatliche Recht sei eine Ableitung oder Delegation des Völkerrechts, was für die dualistische, eine Gleichberechtigung der beiden Ordnungen zugrundelegende Auffassung schlechthin unannehmbar ist. Logisch ist jede der beiden Auffassungen denkbar.[21] Vom Standpunkt des Fortschritts der gegenwärtigen pluralistischen Staatenordnung zu einem den Weltfrieden garantierenden Weltstaat wäre die monistische Theorie mit Primat des Völkerrechts vorzuziehen. Sie entspricht aber nicht der gegenwärtigen Wirklichkeit der internationalen Staatenbeziehungen, die sich in einem komplizierten und von Widersprüchen nicht freien dialektischen Ineinander und Gegeneinander befindet, dessen wirklichkeitsgetreuer Erklärung allein die dualistische Ausgangsthese gerecht wird.

§ 11. Die Praxis der Staaten

I. Die britische Praxis

In der britischen Praxis wird zwischen der Anwendung von Regeln des völkerrechtlichen Gewohnheitsrechts und von internationalen Verträgen unterschieden. Wir wenden uns daher zunächst dem ersteren zu.

a) Verhältnis von völkerrechtlichem Gewohnheitsrecht und britischem Landesrecht

Ausgangspunkt der Praxis im 18. Jahrhundert war die sog. Inkorporationslehre, erstmalig in einem Gerichtsurteil ausgesprochen von Lord Chancellor Talbot in Barbuit's Case im Jahre 1737 und klassisch formuliert von Blackstone:[22] „The law of nations wherever any question arises which is properly the object of its jurisdiction is here adopted in its full extent by common law, and is held to be a part of the law of the land." Eine Verengung der Lehre trat im Laufe des 19. Jahrhunderts ein.[23] Der gegenwärtige Stand der britischen Praxis läßt sich etwa folgendermaßen

[20] Siehe allerdings den interessanten Versuch von Josef Kunz in Strupp's Wörterbuch des Völkerrechts und der Diplomatie, I, 1924, S. 793, die angelsächsische Rechtsparömie „International Law is part of the law of the land" in ihrer ursprünglichen Form für eine monistische Theorie mit Primat des Völkerrechts, in moderner englischer Ausgestaltung für eine monistische Theorie mit Primat des staatlichen Rechts in Anspruch zu nehmen; siehe auch O'Connell, International Law, 1. Aufl., S. 42 über eine vierte theoretische Möglichkeit der „Harmonisation".

[21] Siehe Ross aaO S. 62.

[22] Commentaries on the Laws of England, 1765, Book IV, Chap. 5.

[23] Siehe insbesondere R. v. Keyn (The Franconia), 1876, 2 Ex. D. 63, etwas weitherziger wieder West Rand Gold Mining Co. v. R., 1905, 2 K. B. 391; s. auch Chung Chi Cheung v. R., 1939, A. C. 160.

umschreiben:[24] Normen des völkerrechtlichen Gewohnheitsrechts gelten als innerstaatliches Recht und werden als solches angewandt, wenn sie sich nicht im Widerspruch zu Präzedenzurteilen oder zu (älteren oder neueren) britischen Gesetzen befinden – welch letztere also immer dem Völkerrecht vorgehen. Sie werden in der Weise angewandt, wie sie ein für allemal von einem oberen britischen Gericht im Wege der Präzedenz festgesetzt wurden, ohne Rücksicht auf eine spätere Entwicklung der Norm im Völkerrecht, und ohne Rücksicht auf außerbritische Lehrmeinungen und Auslegungen; doch sollen britische Gesetze, wenn immer möglich, so ausgelegt werden, daß sie nicht mit dem Völkerrecht kollidieren, und Völkerrechtsnormen bedürfen im Gegensatz zu ausländischen Rechtsnormen vor Gerichten keines Beweises. Allerdings sind britische Gerichte an offizielle Auskünfte der Regierung über gewisse zur königlichen Prärogative gehörende Angelegenheiten der auswärtigen Beziehungen, wie Anerkennung von Staaten oder Regierungen, Bestehen eines Kriegszustandes, diplomatische Immunität usw. auch dann gebunden, wenn diese Auskünfte im Widerspruch zum Völkerrecht stehen. Auch können Regierungsakte, wie z. B. Kriegserklärungen oder Annexionen, sog. Acts of State, auch dann nicht von den Gerichten in Frage gezogen werden, wenn sie offensichtlich gegen das Völkerrecht verstoßen.

Diese wenig völkerrechtsfreundliche Haltung wird im allgemeinen auch in anderen Ländern mit Common-Law-Tradition eingenommen, so etwa in Indien,[25] in Australien,[26] in Israel.[27]

b) Verhältnis von völkerrechtlichem Vertragsrecht und britischem Landesrecht

Da britische Gerichte nur britisches Recht anzuwenden haben, ist ein internationaler, für Großbritannien völkerrechtlich bindender Vertrag von einem britischen Gericht so lange nicht zu beachten, als er nicht durch einen ausdrücklichen Akt des Parlaments zu innerstaatlichem Recht geworden ist. Da der Abschluß von Verträgen zu den Prärogativrechten der Krone gehört und die parlamentarische Zustimmung zu Verträgen durch „enabling Act" nach britischem Recht nur in einer begrenzten Zahl von Fällen erforderlich ist,[28] gibt es also eine große Zahl von für Großbritannien völkerrechtlich bindenden Verträgen, die von den Gerichten als landesrechtlich nichtexistent zu behandeln sind. Aber auch Verträge, die durch

[24] Siehe dazu insbesondere Starke, An Introduction to International Law, 1954, S. 68ff., sowie Brierly aaO S. 77, O'Connell, International Law, 1. Aufl. I S. 57ff.

[25] Siehe Durga Das Basu, Commentary on the Constitution of India, 2nd ed. 1952, Anmerkung zu Artikel 51, Whiteman aaO I S. 111.

[26] Siehe das Urteil des High Court von Australien vom 8. und 9. März und 10. April 1945 in Sachen Polites v. The Commonwealth etc., Annual Digest 1943–45, S. 211, wo es heißt: „But all the authorities in English law also recognize that courts are bound by the statute law of their country, even if that law should violate a rule of international law."

[27] Siehe Entscheidung des Obersten Gerichtshofs vom 19. 7. 1951 in Sachen Steinberg v. Attorney-General, International Law Reports 1951, S. 10.

[28] Siehe Brownlie aaO 1. Aufl. S. 44.

parlamentarischen ausdrücklichen Akt Teil des innerstaatlichen Rechts geworden sind, genießen keinerlei Vorrang, sondern haben nach der Regel: „Lex posterior derogat legi priori" hinter später ergangenem Landesrecht zurückzutreten.

Auch diese Regelung gilt im allgemeinen in derselben Weise in anderen Ländern mit Common-Law-Tradition.[29]

II. Die Praxis der Vereinigten Staaten von Amerika

Die Praxis der USA in bezug auf das Verhältnis von völkerrechtlichem Gewohnheitsrecht, das allgemein oder zumindest von den USA anerkannt ist, und amerikanischem innerstaatlichem Recht entspricht, gemäß der vorherrschenden Common-Law-Tradition in den USA, weitgehend der oben unter (I a) geschilderten britischen Praxis.[30] Dagegen ist die Praxis in bezug auf Verträge verschieden von der britischen Praxis einmal wegen der Unterscheidung von „self-executing treaties", die ihrer Natur entsprechend ohne legislatorischen Akt sofort im Landesrecht angewendet werden können, und von „non-self-executing treaties", die ihrer Natur entsprechend nach Absicht der Vertragspartner und nach den Umständen nicht ohne ausdrücklichen gesetzgeberischen Akt innerstaatlich angewandt werden können,[31] sodann wegen der ausdrücklichen Bestimmung von Artikel VI, § 2 der Verfassung, die besagt: „Diese Verfassung, und die in ihrem Verfolg ergangenen Gesetze der U. S.; und alle bisher oder in Zukunft unter der Autorität der U. S. abgeschlossenen Verträge sollen das oberste Recht des Landes sein ..." Daraus folgt, daß „self-executing treaties" in jedem Fall, „non-self-executing treaties" immer dann, wenn die zu ihrer Wirksamkeit notwendige Gesetzgebung ergangen ist, innerstaatlich anzuerkennen sind; lediglich „non-self-executing treaties", zu denen keine Gesetzgebung ergangen ist, sind innerstaatlich nicht zu beachten. Dagegen verbleibt es auch hier im Falle des Konflikts zwischen internationalem Vertragsrecht und innerstaatlichem Recht bei der Regel: „Lex posterior derogat legi priori", so daß ein einfaches US-Gesetz genügt, um die innerstaatliche Wirksamkeit eines – völkerrechtlich weiter bindend bleibenden – internationalen Vertrags außer Kraft zu setzen; und natürlich hat, infolge des – dem britischen Recht unbekannten – erhöhten Rangs von Verfassungsrecht in den USA dieses immer den Vorrang, gleich ob vor oder nach Vertragsschluß ergan-

[29] Siehe etwa für Indien die Entscheidung des High Court of Rajasthan vom 17. 3. 1950 in Sachen Birma v. State, International Law Reports 1950 S. 17, wo es ausdrücklich heißt: „Treaties which are part of international law do not form part of the law of the land unless expressly made so by the legislative authority. In the present case the treaty remained a treaty only and no action was taken to incorporate it into a law. That treaty cannot, therefore, be regarded as a part of the municipal Law....".

[30] Siehe insbesondere The Paqueta Habana, 1900, 175 U. S. 677; s. Wright, Q., The Enforcement of International Law through Municipal Law in the United States, 1916.

[31] Über diese Unterscheidung siehe Hackworth, Digest of International Law, Bd. V, 1943, S. 177ff.; Constitution of the U. S. A., ed. E. S. Corwin, 1953, S. 417f.; Whiteman aaO XIV (1970) S. 302ff.

gen.[32] Natürlich bleibt es auch in den USA bei der Auslegungsregel, daß Landesrecht möglichst nicht so ausgelegt werden soll, daß es mit Vertragsrecht kollidiert.[33] Eine Reihe von Komplikationen entstehen in den USA durch die bundesstaatliche Verfassung.[34]

III. Die deutsche Praxis

Über den in Deutschland vor dem Inkrafttreten der Weimarer Verfassung von 1919 geltenden Rechtszustand hinsichtlich des Verhältnisses von Völkerrecht und Landesrecht machte der Abgeordnete Dr. Kahl im Verfassungsausschuß folgende Feststellung:[35] „Das Völkerrecht ist bisher ein Staatenrecht gewesen. Es berechtigte und verpflichtete nur Staaten; für die Untertanen war es eine res inter alios acta. Sollte es für die Untertanen unmittelbar Rechtswirksamkeit haben, so bedurfte es der entsprechenden staatlichen Gesetzgebung." Dies galt insbesondere auch für Verträge; so stellte Laband[36] fest: „Verträge verpflichten ihrer juristischen Natur nach immer nur die Contrahenten; Staatsverträge verpflichten daher lediglich die Staaten, niemals deren Unterthanen; sie erzeugen immer nur völkerrechtliche Befugnisse und Verbindlichkeiten, niemals Rechtssätze. Die Behörden und Unterthanen werden nicht durch Rechtsgeschäfte, sondern nur durch Befehle ihrer Staatsgewalt zum Gehorsam verpflichtet; sie werden demgemäß auch zur Befolgung der in einem Staatsvertrage vereinbarten Regeln nicht durch den Staatsvertrag selbst, sondern nur durch den staatlichen Befehl, diese Regeln zu befolgen, verpflichtet. Von diesem Gesichtspunkte aus ergiebt sich als logische Consequenz der Satz: die staatsrechtliche Gültigkeit völkerrechtlicher Verträge beruht nicht auf deren Abschluß, sondern auf dem Befehl des Staates, den Inhalt des Vertrages als bindende Vorschrift anzusehen."

Eine bedeutsame Änderung dieses Rechtszustandes trat durch Artikel 4 der Weimarer Reichsverfassung von 1919 ein, der bestimmte: „Die allgemein anerkannten Regeln des Völkerrechts gelten als bindende Bestandteile des deutschen Reichsrechts." Dadurch wurden auf Gewohnheitsrecht oder Vertragsrecht beruhende Normen des Völkerrechts, wenn sie allgemein, d. h. von einem Großteil der Staaten einschließlich Deutschlands, anerkannt waren, für Individuen wie Staats-

---

[32] Siehe die Nachweise höchstrichterlicher Rechtsprechung hierzu bei Hackworth aaO Bd. V, S. 188; Whiteman aaO XIV S. 316ff.

[33] Siehe etwa Hackworth aaO Bd. V S. 192: „While Congress has the power to violate treaties, it is obviously not to be assumed that Congress intends to exercise such a power unless its intention is unequivocally expressed"; s. auch Urteil des Supreme Court vom 23. 1. 1933 in S. Frank Cook v. USA, AJIL 1933, S. 559.

[34] Siehe darüber Berber, Zu den föderalistischen Aspekten der „Auswärtigen Gewalt", in: „Vom Bonner Grundgesetz zur gesamtdeutschen Verfassung", Festschrift für Nawiasky, herausgegeben von Th. Maunz, 1956, S. 245.

[35] Berichte und Protokolle des Achten Ausschusses über den Entwurf einer Verfassung des Deutschen Reiches, 1920, S. 31.

[36] Das Staatsrecht des Deutschen Reiches, 1878, 2. Bd., S. 185.

organe unmittelbar und ohne weiteres berechtigend und verpflichtend, d. h. ohne daß es erst noch einer speziellen Transformierung in deutsches Recht bedurfte.[37] Allerdings konnte bei auf Vertrag beruhenden Völkerrechtsnormen die nach Artikel 4 notwendige Anerkennung seitens des Reiches nur nach Maßgabe des Artikels 45 Absatz III der Reichsverfassung erfolgen, also unter Zustimmung des Reichstags, während die ,,Anerkennung" von gewohnheitsrechtlichen Normen auch stillschweigend erfolgen konnte. Vor allem aber hatte das so in deutsches Recht transformierte Völkerrecht keinen höheren Rang als deutsches Reichsrecht, d. h. gemäß dem Grundsatz: ,,Lex posterior derogat legi priori" konnte es durch späteres Reichsgesetz oder Reichsgewohnheitsrecht mit innerstaatlicher Wirkung abgeändert oder aufgehoben werden, so daß also Völkerrechtsverletzungen auch weiterhin innerstaatlich legal möglich blieben.[38]

Eine weitere Intensivierung des 1919 eingeschlagenen Weges bedeutet für das Gebiet der Bundesrepublik Deutschland der Artikel 25 des Grundgesetzes von 1949, während es nach Artikel 5 der Verfassung der Deutschen Demokratischen Republik von 1949 im wesentlichen bei der Regelung der Weimarer Verfassung verblieben ist.

Artikel 25 des Grundgesetzes bestimmt: ,,Die allgemeinen Regeln des Völkerrechts sind Bestandteil des Bundesrechts. Sie gehen den Gesetzen vor und erzeugen Rechte und Pflichten unmittelbar für die Bewohner des Bundesgebietes."

Welches sind die Änderungen gegenüber dem Rechtszustand nach Artikel 4 der Weimarer Reichsverfassung?

Zunächst ist darauf hinzuweisen, daß die Worte: ,,erzeugen Rechte und Pflichten unmittelbar für die Bewohner des Bundesgebietes" rein pleonastisch sind, da sich diese Folge für etwas, das ,,Bestandteil des Bundesrechtes" ist, von selbst versteht.[39] Darüber hinaus gibt es Völkerrechtssätze, die gar nicht Rechte und Pflichten für Einzelpersonen beinhalten, sondern nur dem Zusammenwirken von Staaten gelten.[40] Ebenso ist wohl selbstverständlich, daß Bundesrecht territorial gilt, d. h. also auch für im Bundesgebiet wohnende Ausländer und Staatenlose. Es ist naheliegend, daß trotz der ausdrücklichen Beschränkung auf ,,die Bewohner des Bundesgebiets" aus allgemeinen Gründen eine Erstreckung auf Deutsche außerhalb des Bundesgebiets wie auch in der Bundesrepublik rechtsuchende oder durch sie reisende Ausländer möglich ist.[41]

Unter den ,,allgemeinen Regeln des Völkerrechts" sind solche zu verstehen, ,,die von der überwiegenden Mehrheit der Staaten der Völkerrechtsgemeinschaft und von den maßgebenden Mächten als verpflichtend anerkannt werden";[42] sie

[37] Siehe Anschütz, Die Verfassung des Deutschen Reiches, 1932, S. 63.
[38] Siehe Fleischmann in Handbuch des Deutschen Staatsrechts, I, S. 221.
[39] Siehe von Mangoldt-Klein, Das Bonner Grundgesetz, 1957, I, S. 682.
[40] Siehe Briggs, The Law of Nations, 1952, S. 64.
[41] Siehe Maunz, GG Art. 25, Ziff. 21 b.
[42] Siehe Maunz, GG Art. 25, Ziff. 19f.; BVerfG 15_{34}, 16_{33}.

umfassen Vertragsrecht, wenn es diesem Begriff der Allgemeinheit entspricht,[43] allgemeines (also nicht das recht verbreitete regionale) Gewohnheitsrecht, die allgemeinen von den zivilisierten Staaten anerkannten Rechtsgrundsätze.[44] Da z. B. die europäische Menschenrechtskonvention nur von europäischen Staaten, sogar nur von einem Teil von ihnen, unterzeichnet ist, also nur für einen kleinen Teil der Staaten der Völkerrechtsgemeinschaft gilt, kann sie als des Erfordernisses der Allgemeinheit entbehrend nicht zu den allgemeinen Regeln des Völkerrechts gerechnet werden; *europäische* Geltung ist heute nicht mehr identisch mit *allgemeiner* Geltung. Die in bilateralen und multilateralen Verträgen enthaltenen Rechtsnormen erhalten also der Regel nach innerstaatliche Gültigkeit nicht auf dem Wege des Artikels 25, sondern auf dem Wege des Artikels 59 Absatz II („Form eines Bundesgesetzes"), des Artikels 59 Absatz I (Abschluß durch den Bundespräsidenten), des Artikels 32 Absatz III (Abschluß durch die Länder); die in solchen Verträgen etwa enthaltenen Rechtsnormen genießen aber nicht die erhöhte Bestandskraft des Artikels 25, sondern für sie gilt der allgemeine Satz: „Lex posterior derogat legi priori".[45] Dies gilt auch für die Regeln des sog. „internen Gemeinschaftsrechts" der europäischen Gemeinschaft; man vergleiche Scheuner, Die Rechtsetzungsbefugnis internationaler Gemeinschaften, in Festschrift für Verdross, 1960, S. 241. Nur für die *allgemeinen* Regeln, beruhen sie nun auf Vertragsrecht, auf Gewohnheitsrecht oder auf Rechtsgrundsätzen, gilt der im Artikel 25, Satz 2, Halbsatz 1 ausgesprochene Vorrang. Sie gehen sicher allen einfachen Gesetzen vor, können also durch späteres Bundesrecht nicht abgeändert oder beseitigt werden. Ob sie auch dem Bundes*verfassungs*recht übergeordnet sind, ist bestritten,[46] aber wohl zu verneinen, da sonst Artikel 79 Absatz I Satz 1 des Grundgesetzes verletzt würde, wonach das Grundgesetz nur durch ein *Gesetz* geändert werden kann, das den Wortlaut des Grundgesetzes *ausdrücklich* ändert oder ergänzt, während im Falle des Vorrangs der allgemeinen Regeln des Völkerrechts vor dem Grundgesetz dieses durch Entstehen einer widersprechenden allgemeinen völkerrechtlichen Gewohnheitsregel *formlos* und stillschweigend geändert werden könnte. Die von einigen Autoren aufgestellte Behauptung, der Artikel 25 unterliege nicht der Verfassungsänderung,[47] befindet sich im Widerspruch zum Wortlaut des Artikels 79 Absatz 3 GG und ist abzulehnen.

Zu den nach Artikel 25 GG mit erhöhtem Rang ins Bundesrecht inkorporierten allgemeinen Völkerrechtsregeln gehört zweifellos der von manchen sogar als Grundnorm des Völkerrechts bezeichnete Satz: Pacta sunt servanda, d. h.: interna-

[43] Siehe den Nachweis über die Lehrmeinungen bei von Mangoldt-Klein aaO I S. 676.

[44] Deren Ausscheidung durch v. Mangoldt-Klein aaO I S. 678, unverständlich ist, da sie das Erfordernis der Allgemeinheit wesensmäßig immer erfüllen, und da sie, wie oben § 7 nachgewiesen, positives Völkerrecht sind.

[45] Siehe BVerfG 6 S. 363.

[46] Siehe den Nachweis der Lehrmeinungen bei v. Mangoldt-Klein aaO S. 680.

[47] Siehe v. Mangoldt-Klein aaO I S. 674.

tionale Verträge sind völkerrechtlich bindend. Daraus folgt aber keineswegs, daß internationale Verträge, die nicht „allgemeine Regeln des Völkerrechts" darstellen, aus diesem Grunde nicht durch späteres einfaches Bundesgesetz ihrer innerstaatlichen Wirksamkeit beraubt werden könnten, da dieser Satz ja nur die völkerrechtliche, nicht aber die innerstaatliche Bindung sicherstellen will.[48]

Es ist daher den Ausführungen des Bundesverfassungsgerichts im Konkordatsurteil[49] insoweit zuzustimmen, als dieses feststellt, daß *besondere* vertragliche Vereinbarungen, auch wenn sie objektives Recht setzen, die in Artikel 25 GG für *allgemeine* Regeln des Völkerrechts eingeräumte Vorrangstellung nicht genießen, und „daß das Grundgesetz in seiner Völkerrechtsfreundlichkeit nicht so weit geht, die Einhaltung bestehender völkerrechtlicher Verträge durch eine Bindung des Gesetzgebers an das ihnen entsprechende Recht zu sichern".

Zu Bedenken Anlaß gibt eine gewisse deutsche Auslegung zu Artikel 25 GG auch noch in einem anderen Punkte.[50] Nach dieser Auslegung soll Artikel 25, da im Gegensatz zu Artikel 4 Weimarer Reichsverfassung nicht mehr von *allgemein anerkannten* Regeln die Rede ist, auf eine Anerkennung speziell deutscherseits verzichten; offenbar soll es aber doch bei einer Anerkennung durch die überwiegende Zahl der Staaten bleiben, so daß nicht einzusehen ist, warum dann nicht weiter von „allgemein anerkannten" Regeln gesprochen werden soll, weil doch das Anerkanntsein durch die Allgemeinheit weiterhin Erfordernis für die Anwendung nach Artikel 25 GG sein soll. Daß es bei dieser Anerkennung durch die Allgemeinheit der Staaten bleiben muß, ergibt sich schon aus allgemeinem Völkerrecht: Gewohnheitsrecht entsteht nur fallweise durch die mit der opinio juris vorgenommene tatsächliche Übung der Staaten, für die eine Bindung eintreten soll, Vertragsrecht nur durch Abschluß und Ratifizierung des einzelnen Vertrags durch den jeweils gebunden sein wollenden Staat; denn Völkerrecht ist ein Recht von Freien, die nur kraft ihrer Zustimmung gebunden werden können; diese Zustimmung ist die Anerkennung. Die Bundesrepublik kann diese Grundlagen des Völkerrechts nicht einseitig abändern; Völkerrechtsregeln, die von der Bundesrepublik nicht anerkannt sind, sind also für die Bundesrepublik völkerrechtlich

[48] Übereinstimmend Guggenheim, Völkerrechtliche Schranken im Landesrecht, 1955, S. 22; aM Grewe in VVDStRL. H. 12 (1954), S. 149, und v. Mangoldt-Klein aaO I S. 676. Auch der Auffassung des Bundesgerichtshofs (Beschluß vom 3. 3. 1954, BGHStr. 5, S. 396ff.: „Es kann allerdings kein Zweifel darüber bestehen, daß die Bundesrepublik wegen des Vorranges internationaler Verträge vor dem innerstaatlichen Recht – einer allgemeinen Regel des Völkerrechts, die nach Art. 25 GG Bestandteil des Bundesrechts ist – verpflichtet wäre ...") kann nicht beigetreten werden, da nach Völkerrecht dieser Vorrang nur in foro externo, nicht in foro domestico beansprucht wird, und Artikel 25 nicht imstande ist, eine Änderung des *Inhalts* der völkerrechtlichen Regel herbeizuführen. Will man mit dem – *völkerrechtlich* zweifellos bestehenden – Vorrang des Vertrages vor innerstaatlichem Recht auch landesrechtlich Ernst machen, so muß man dem niederländischen Beispiel (s. u. Nr. VII) folgen und dies ausdrücklich in der Verfassung sagen, was, selbst wenn die Auffassung des Bundesgerichtshofs richtig wäre, wünschenswert wäre, um eine so wichtige Entscheidung außer Zweifel zu setzen.

[49] 6 S. 309ff.

[50] Siehe die Nachweise bei v. Mangoldt-Klein aaO I S. 674; Maunz, GG Art. 25 Ziff. 17.

nicht bindend; sie sollen aber, wenn sie von den meisten anderen Staaten anerkannt sind, auch in diesem Fall nach der herrschenden Lehre innerstaatlich bindend sein. Das wäre ein unnatürlicheres Auseinanderklaffen von Völkerrecht und Landesrecht als in dem weitverbreiteten umgekehrten Fall, wonach nicht notwendig innerstaatlich bindend ist, was völkerrechtlich bindend ist. Die Völkergemeinschaft hat kaum ein großes Interesse daran, daß man sich in der Bundesrepublik innerstaatlich an von vielen anderen Staaten anerkanntes Völkerrecht halten will, nicht aber völkerrechtlich, was ja die „Anerkennung" nötig machen würde. Daß die Völkergemeinschaft auf die „Anerkennung" von allgemeinen Völkerrechtsregeln durch die Bundesrepublik Wert legt, ergibt sich z. B. anschaulich aus Artikel 3 des Bonner Vertrages vom 26. 5. 1952 zwischen den Drei Mächten und der Bundesrepublik: „Die Bundesrepublik wird ihre Politik in Einklang mit den Prinzipien der Satzung der Vereinten Nationen und mit den im Statut des Europarates aufgestellten Zielen halten."

In der deutschen Praxis ist zwar nicht ausdrücklich, wohl aber der Sache nach der Unterschied zwischen self-executing und anderen Verträgen bekannt. So hat der BGH in einer Entscheidung vom 24. 5. 1955[51] ausgeführt: „Falls sie hierdurch (Ratifizierung, Ausfertigung und Verkündung) innerstaatliche Kraft erhalten, so können die in solchen Verträgen enthaltenen Vorschriften unmittelbar privatrechtliche Wirkungen ausüben, wenn Inhalt, Zweck und Fassung der einzelnen Vorschrift mit voller Klarheit die Annahme zuläßt, daß eine solche Wirkung gewollt sei ...".

Im übrigen gilt auch in Deutschland das Prinzip der völkerrechtsfreundlichen Interpretation im Konfliktsfall; so hat das Bundesverfassungsgericht im Saarurteil vom 4. 5. 1955[52] ausgesprochen: „Solange die Auslegung eines völkerrechtlichen Vertrages noch offen ist, muß bei der verfassungsrechtlichen Prüfung des Vertragsgesetzes unter mehreren Auslegungsmöglichkeiten derjenigen der Vorzug gegeben werden, bei der der Vertrag vor dem Grundgesetz bestehen kann."

IV. Die französische Praxis

Die französische Praxis hat sich nie viel um das Verhältnis von völkerrechtlichem Gewohnheitsrecht und französischem Recht gekümmert. Dagegen enthielt die Verfassung von 1946 zwei sehr interessante Bestimmungen über das Verhältnis von völkerrechtlichem Vertragsrecht und französischem Recht, nämlich die Artikel 26 und 28.

Art. 26 lautete:

„Les traités diplomatiques régulièrement ratifiés et publiés ont force de loi dans le cas même où ils seraient contraires à des lois internes françaises, sans qu'il soit besoin pour en assurer l'application d'autres dispositions législatives que celles qui auraient été nécessaires pour assurer leur ratification."

[51] BGHZ Bd. 17, S. 309 (313); weitere Nachweise siehe bei Morvay, ZaöRVR 21 S. 94.
[52] 4 S. 157ff.; siehe auch RGSt. 70 S. 74.

Art. 28 lautete:

„Les traités diplomatiques régulièrement ratifiés et publiés ayant une autorité supérieure à celle des lois internes, leurs dispositions ne peuvent être abrogées, modifiées ou suspendues qu'à la suite d'une dénonciation régulière, notifiée par voie diplomatique."

Es ist kein Zweifel, daß damit der Vorrang der ordnungsmäßig ratifizierten und publizierten diplomatischen Verträge vor entgegenstehendem älterem Landesrecht sichergestellt war.[53] Die Regelung des Artikels 55 der neuen französischen Verfassung von 1958 („Die rechtmäßig ratifizierten oder angenommenen Verträge oder Abkommen erlangen mit ihrer Veröffentlichung höhere Rechtskraft als die Gesetze, vorausgesetzt, daß diese Verträge oder Abkommen von den Vertragsstaaten eingehalten werden") enthält durch die Einführung dieser Voraussetzung eine gewisse Unklarheit und Labilität.[54]

V. Die italienische Praxis

Die italienische Verfassung von 1947 spricht in Artikel 10 Absatz 1 den Grundsatz aus, daß die italienische Rechtsordnung sich den Normen des allgemein anerkannten Völkerrechts angleiche[55] Damit ist ein ähnlicher Rechtszustand wie nach bundesdeutschem Recht erreicht.[56]

VI. Die Schweizer Praxis

Nach Schweizer Auffassung[57] sind Völkergewohnheits- wie Völkervertragsrecht ohne Transformation innerstaatlich vollziehbar. Im Gegensatz zu früherer Rechtsprechung wird aber heute in der Schweizer Praxis am Vorrang des Vertrags auch gegenüber einem späteren Gesetz nicht mehr festgehalten.[58]

---

[53] Siehe Urteil des Kassationshofs vom 10. 2. 1948 in Sachen Capello v. Marie, Annual Digest 1948, S. 327; Preuss in AJIL 1950 S. 641ff.

[54] Siehe Michel Mouskhély, Le traité et la loi dans le système constitutionnel français de 1946, ZaöRVR Bd. 13 S. 98ff.; s. auch ebda. Bd. 9 S. 703ff. Siehe Guggenheim, Völkerrechtliche Schranken, S. 20; Rousseau, Droit International Public 2. Aufl. I S. 179, mit Nachweis der Rechtsprechung; Cocatre-Zilgien, Constitution de 1958, Droit International, Relations Extérieures et Politique Etrangère, in: Annuaire Français de Droit International, 1958, S. 654ff.

[55] „L'ordinamento giuridico italiano si conforma alle norme del diritto internazionale generalemente riconosciuto."

[56] Siehe Perassi, La Costituzione e l'ordinamento internazionale, 1952; Quadri, Diritto Int. Publ., 1960, S. 62ff.; Karin Öllers-Frahm in ZaöRVR 34 (1974) S. 330ff.

[57] Zum Folgenden Guggenheim, Völkerrechtliche Schranken, S. 8ff.; Guggenheim, Lehrbuch, 1. Aufl., Bd. I, S. 39ff.

[58] Siehe Entscheidung des Bundesgerichts Bd. 59, II, S. 337, Erw. 4: „Conformément à cette maxime, le traité récent abroge ipso jure les dispositions de la loi antérieure, inversément, la loi récente paralyse l'application d'un traité plus ancien." Siehe auch William G. Rice, The Position of International Treaties in Swiss Law, AJIL 1952, S. 641ff.

VII. Die niederländische Praxis

Zwar nicht hinsichtlich der Normen des Völkergewohnheitsrechts, wohl aber hinsichtlich großer Teile des völkerrechtlichen Vertragsrechts (und der Entscheidungen internationaler Organisationen) bestimmt die revidierte Verfassung in der Fassung vom 23. 8. 1956[59] den klaren Vorrang vor früherem oder späterem Landesrecht. Artikel 66 der Verfassung bestimmt:

„Innerhalb des Königreiches geltende gesetzliche Vorschriften finden keine Anwendung, wenn diese Anwendung nicht im Einklang steht mit jedermann verpflichtenden Bestimmungen von Verträgen, die vor oder nach dem Zustandekommen der Vorschriften eingegangen sind.“

Es besteht Übereinstimmung, daß diese Vorrangstellung sich gleichermaßen auf self-executing wie auf non-self-executing Verträge bezieht.

VIII. Die Praxis der sozialistischen Staaten

Die Haltung der sozialistischen Staaten zu dem Verhältnis von Völkerrecht und Landesrecht wird von dem DDR-Lehrbuch in klarer und mit der Haltung der anderen sozialistischen Staaten übereinstimmender Weise folgendermaßen beschrieben (I S. 81): „Wenn ein Staat völkerrechtliche Verpflichtungen eingeht, die durch innerstaatliche Gesetzgebungsakte erfüllt werden müssen ..., so ist er kraft Völkerrechts verpflichtet, im Bereich seiner innerstaatlichen Gesetzgebung entsprechend diesen von ihm übernommenen Verpflichtungen zu handeln und sie zu erfüllen. ... Andererseits wirkt die völkerrechtliche Verpflichtung des Staates, also die für ihn bindende Norm des Völkerrechts, nicht unmittelbar auf sein innerstaatliches Recht ein. Ein Widerspruch zwischen dem innerstaatlichen und dem Völkerrecht beeinträchtigt daher grundsätzlich nicht automatisch die Rechtswirksamkeit einer völkerrechtswidrigen innerstaatlichen Norm in ihrem innerstaatlichen Geltungsbereich. ... Wohl aber ist der Staat in einem solchen Falle völkerrechtlich verpflichtet, durch die dazu erforderlichen gesetzgeberischen Maßnahmen seine innerstaatliche Rechtsordnung in Übereinstimmung mit den für ihn bindenden Normen des Völkerrechts zu bringen.“

§ 12. Die völkerrechtlichen Erfordernisse für das Verhältnis von Völkerrecht und Landesrecht

1. Das grundlegende Prinzip des Völkerrechts für das Verhältnis von Völkerrecht und Landesrecht ist die Regel, daß das Verhalten eines Völkerrechtssubjekts zu einem anderen Völkerrechtssubjekt sich ausschließlich nach Völkerrecht be-

[59] Siehe ZaöRVR, Bd. 18, S. 137; van Panhuis in AJIL 1964 S. 85ff.

mißt und daß ein zur Entscheidung über ein solches Verhalten berufenes internationales Organ ausschließlich Völkerrecht anzuwenden hat. Der StIG hat ausdrücklich betont, daß vom Standpunkt des Völkerrechts und völkerrechtlicher Organe innerstaatliche Gesetze wie innerstaatliche Gerichtsentscheidungen und innerstaatliche Verwaltungsakte lediglich Tatsachen sind, die am Maßstab des Völkerrechts gemessen werden,[60] daß ein Staat zur Vermeidung der Erfüllung völkerrechtlicher Pflichten sich nicht auf seine Verfassung berufen kann,[61] daß in den Beziehungen zwischen Staaten, die einen Vertrag abgeschlossen haben, die Vorschriften ihres innerstaatlichen Rechts nicht den Vorrang vor dem Vertrag haben können,[62] daß ein Staat sich völkerrechtlich nicht auf seine eigene Gesetzgebung berufen kann, um den Umfang seiner internationalen Verpflichtungen zu beschränken.[63] Das ist auch sonst allgemeine völkerrechtliche Überzeugung.[64]

2. Es gibt keine Vorschrift des allgemeinen Völkerrechts, die den Staatsorganen befehlen oder auch nur erlauben würde, den Befehlen ihrer eigenen Staatsgewalt, insbesondere den innerstaatlichen Gesetzen, ungehorsam zu sein, wenn diese Gesetze dem Völkerrecht widersprechen;[65] nach Ross[66] gilt für innerstaatliche Behörden und innerstaatliche Gerichte der Grundsatz: „Innerstaatliches Recht bricht Völkerrecht." Wenn dies in einem konkreten innerstaatlichen Recht anders ist, insbesondere der Vorrang des Völkerrechts vor dem Landesrecht verfassungsmäßig statuiert ist – wie wir bei unserem Überblick über die Staatenpraxis gesehen haben, ist dies bei keinem Staat unbeschränkt der Fall, selbst nicht bei den zwei völkerrechtsfreundlichsten Verfassungen: in Deutschland nicht hinsichtlich weiter Teile des Vertragsrechts, in den Niederlanden nicht hinsichtlich des völkerrechtlichen Gewohnheitsrechts – so beruht dies nicht auf einer Anordnung des Völkerrechts, sondern des innerstaatlichen Rechts.

3. Wegen des für den gegenwärtigen Stand der internationalen Beziehungen charakteristischen Auseinanderklaffens der Prinzipien zu (1) und (2) kommt es faktisch häufig vor, daß denselben Gegenstand regelndes Völkerrecht und Landesrecht einander widersprechen. Man spricht in einem solchen Falle von völkerrechtswidrigem Landesrecht;[67] man nennt völkerrechtsgemäßes Landesrecht in-

[60] Siehe den Streitfall betr. gewisse deutsche Interessen in Polnisch-Oberschlesien, Série A, Nr. 7.
[61] Behandlung polnischer Staatsangehöriger in Danzig, Série A/B Nr. 44.
[62] Griechisch-Bulgarische „Gemeinschaften", Série B, Nr. 17.
[63] Freizonenstreit, Série A, Nr. 24.
[64] Siehe Beispiele bei Hackworth aaO I S. 28, S. 36, S. 37, S. 38; Schwarzenberger aaO I S. 27/28.
[65] Siehe Urteil des Calcutta High Court, AJIL 1955 S. 413; s. auch die Entscheidung des Reichsgerichts vom 14. 3. 1928, RGSt. 62, 65, wo es u. a. heißt: „Dem eigenen Staate hat jeder Staatsbürger die Treue zu halten. Das Wohl des eigenen Staates wahrzunehmen, ist für ihn höchstes Gebot." Dies kann nach der Regelung des Grundgesetzes, die ja teilweise über das völkerrechtlich Gebotene hinausgeht, nicht mehr uneingeschränkt gelten; es gilt nicht bei vom Völkerrecht verbotenen Kriegsverbrechen; siehe § 11/II des deutschen Soldatengesetzes von 1956: „Ein Befehl darf nicht befolgt werden, wenn dadurch ein Verbrechen oder Vergehen begangen würde."
[66] aaO S. 63.
[67] Anzilotti aaO S. 42.

nerstaatliche Normen, die sich mit völkerrechtlichen Normen in Deckung befinden; man nennt völkerrechtlich gebotenes Landesrecht diejenigen innerstaatlichen Normen, durch die ein Staat eine vom Völkerrecht auferlegte Verpflichtung erfüllt. Diese 3 Gruppen innerstaatlicher Normen faßt man unter dem Begriff völkerrechtlich erhebliches Landesrecht zusammen, während man das übrige Landesrecht völkerrechtlich unerheblich nennt. Daneben gibt es noch völkerrechtsüberschreitendes Landesrecht, d. h. solche innerstaatliche Normen, die im Völkerrecht nicht enthaltene Verpflichtungen gegenüber dritten Staaten den eigenen Organen und Bürgern auferlegen, z. B. Teile der US-Neutralitätsgesetze von 1935 und 1937 oder des Artikel 25 GG; solche Normen bleiben, obwohl sie einen international relevanten Tatbestand regeln, innerstaatliche Normen, auf die sich dritte Staaten gegenüber dem erlassenden Staat nicht berufen können.

4. Im Falle des Widerspruchs zwischen Völkerrecht und Landesrecht bleiben zwar die eigenen Organe und Bürger an das völkerrechtswidrige Landesrecht gebunden, der Staat begeht aber durch die Setzung wie die Durchsetzung völkerrechtswidrigen Landesrechts eine Völkerrechtsverletzung, die ihn zum Schadensersatze verpflichtet; das Recht auf Schadensersatz beinhaltet die Forderung auf Aufhebung oder zum mindesten auf Nichtanwendung der völkerrechtswidrigen Norm, so daß also deren Verbindlichkeit auch innerstaatlich nur eine vorläufige ist, nämlich bis zur völkerrechtlich erzwungenen Abstellung. Der StIG hat es als ein ,,selbstverständliches" Prinzip bezeichnet,[68] daß ,,ein Staat, der gültige internationale Verpflichtungen eingegangen ist, verpflichtet ist, in seiner Gesetzgebung die Änderungen vorzunehmen, die notwendig sind, um die Erfüllung der übernommenen Verpflichtungen zu sichern".

5. Um peinliche und zu Schadensersatz verpflichtende Kollisionen zwischen Normen des Völkerrechts und des innerstaatlichen Rechts nach Möglichkeit zu vermeiden, verwenden fast alle Staaten die völkerrechtsfreundliche Auslegungsmethode innerstaatlichen Rechtes.[69]

6. Dagegen schreibt das Völkerrecht im einzelnen nicht vor, auf welche Weise die Staaten die Übereinstimmung ihres innerstaatlichen Rechts mit Völkerrecht sichern müssen. Borchard[70] betont mit Recht: ,,Die speziellen innerstaatlichen Instrumente, die der Staat benützt, um seine internationalen Verpflichtungen zu erfüllen, sind dem Völkerrecht gleichgültig. Der Staat kann Kontrolle durch Gesetz, Verwaltungsakt oder Gerichtsurteil benützen. Er kann das Völkerrecht direkt in die innerstaatliche Ordnung einverleiben, oder er kann nur Verträge und nicht Gewohnheitsrecht einverleiben. Die Unterlassung der notwendigen Verwirklichungsgesetzgebung kann ihn internationaler Verantwortlichkeit aussetzen. ..." Übereinstimmend stellt der Schiedsrichter (Bagge) in dem Streit um die

---

[68] Griechisch-Bulgarische ,,Gemeinschaften", Série B, Nr. 17; s. auch Série B, Nr. 10, S. 20.
[69] Siehe O'Connell aaO I S. 52ff.
[70] In: Proceedings, 8th American Scientific Congreß, Washington 1940 (1943), S. 77ff.

finnischen Schiffe[71] fest: „In bezug auf die Art, in der sein innerstaatliches Recht geformt ist, hat der Staat nach Völkerrecht völlige Handlungsfreiheit, und sein Landesrecht ist eine innere Angelegenheit, die keinen anderen Staat angeht, vorausgesetzt, daß das Landesrecht derart ist, daß es alle internationalen Verpflichtungen des Staats verwirklicht." Der Regel nach stellt das staatliche Recht sogar wahlweise eine Mehrheit von Methoden zur Verfügung.[72] Infolgedessen ist der Streit zwischen der Transformationstheorie, wie sie in Deutschland herrschend ist,[73] und der Rezeptions- oder Adoptionstheorie, wie sie etwa für die Schweiz in Anspruch genommen wird,[74] ja auch der Delegationstheorie[75] oder der Harmonisationstheorie[76] völkerrechtlich irrelevant; er gehört nicht in das Völkerrecht, sondern in das Staatsrecht[77] und ist nichts anderes als ein Reflex der verschiedenen in der Staatenpraxis geübten Methoden zur Sicherung der Übereinstimmung von Landesrecht mit Völkerrecht, deren Auswahl ja das Völkerrecht dem innerstaatlichen Recht überläßt. Sicherlich wäre eine Kombination der deutschen und der niederländischen Regelung im innerstaatlichen Recht der Mitglieder der Völkergemeinschaft ein wesentlicher Fortschritt über den gegenwärtigen Rechtszustand in ausnahmslos allen Staaten der Erde, d. h. also eine Reform des Staatsrechts, nicht des Völkerrechts; alle Konfliktsmöglichkeiten würden wegen der Zweifelhaftigkeit des Inhalts und Umfangs, ja sogar des Bestandes vieler gewohnheitsrechtlicher Völkerrechtsregeln auch dann nicht ausgeräumt sein; eine umfassende Kodifikation des bestehenden Völkergewohnheitsrechts würde hier nützlich sein.[78] Selbst dann würden weiterhin Kollisionen vorkommen, da Rechtsanwendung immer zugleich Auslegung ist, zumal wenn diese Auslegung auch innerstaatlich übermäßig dezentralisiert ist.[79] Einen Ansatzpunkt zu einer innerstaatlichen Lösung dieser Schwäche stellt Artikel 100 Absatz II des Grundgesetzes dar, der zur Garantierung einer einheitlichen Rechtsprechung[80] bestimmt: „Ist in einem Rechtsstreit zweifelhaft, ob eine Regel des Völkerrechts Bestandteil des Bundesrechts ist und ob sie unmittelbar Rechte und Pflichten für den Einzelnen erzeugt (Artikel 25), so hat das Gericht die Entscheidung des Bundesverfassungsgerichts einzuholen." Eine wirksame umfassende Lösung wäre wohl nur durch

---

[71] Reports of International Arbitral Awards, Bd. III, S. 1479.

[72] Übereinstimmend Kaufmann, Règles Générales, S. 135.

[73] Siehe die Nachweise bei Bernhardt, Der Abschluß völkerrechtlicher Verträge im Bundesstaat, 1957, S. 136, Fußnote 602.

[74] Siehe Guggenheim in Wörterbuch III S. 658.

[75] Siehe Starke aaO S. 67.

[76] Siehe O'Connell aaO I S. 51f.

[77] Siehe hierzu auch Kaufmann, Normenkontrollverfahren und völkerrechtliche Verträge, in Gedächtnisschrift für Walter Jellinek, 1955, S. 445ff.; Wright, The enforcement of International Law through Municipal Law in the US, 1916; Maunz-Dürig, GG, 1973, Art. 25 Ziff. 7–10.

[78] Siehe Fenwick aaO S. 96 Nr. 8.

[79] Siehe Guggenheim, Völkerrechtliche Schranken, S. 24.

[80] BVerfG 15 S. 33.

Einrichtung einer internationalen Revisionsinstanz gegeben, wie sie z. B. für ein Teilgebiet in dem auf deutsche Anregung in das – nicht ratifizierte – 12. Abkommen der 2. Haager Friedenskonferenz von 1907 aufgenommenen Internationalen Prisenhof beabsichtigt war.[81]

7. Die ausdrückliche Erklärung von Völkerrecht zu Landesrecht, wie sie etwa in Artikel 25 des Grundgesetzes erfolgt ist, kann noch einen weiteren Zweck als den der Ausräumung von Kollisionsmöglichkeiten zwischen Völkerrecht und Landesrecht, also der Vermeidung einer völkerrechtlichen Haftung des Staates, haben. Sie kann nämlich der Verstärkung der Erfüllung der völkerrechtlichen Pflichten des Staates durch den *Staat,* wie an sich vom Völkerrecht regelmäßig vorgeschrieben, dadurch dienen, daß sie eine direkte Verpflichtung auch der *Individuen* herbeiführt, damit sowohl eine ,,Demokratisierung" dieser Pflichten wie eine Durchbrechung der Mediatisierung des Völkerrechts durch den Staat, wie sie dem klassischen Völkerrecht entspricht, bewirkend, im Sinne einer Auflockerung der klassischen Lehre von den Völkerrechtssubjekten und im Vollzug gewisser in den Kriegsverbrecherprozessen nach 1945 zum Durchbruch drängender Tendenzen. Nötig wäre dann aber, daß den so verpflichteten Bürgern nicht eine dunkle Generalklausel, wie in Artikel 25 GG, sondern eine klare Pflichtentafel vorgelegt wird. Solange dies nicht der Fall ist, wird die Auslegung von Maunz[82] nicht als ganz unbegründet angesehen werden können: ,,Artikel 25 Satz 1 GG hat offenbar mehr programmatische als praktische Bedeutung." Eine Verwirklichung dieser geforderten Konkretisierung in einer besonders wichtigen Einzelfrage stellt wohl Artikel 26 des Grundgesetzes dar, der in seinem Absatz 2 den Gefahren des Waffenhandels entgegentritt, im Absatz 1 folgendes bestimmt: ,,Handlungen, die geeignet sind und in der Absicht vorgenommen werden, das friedliche Zusammenleben der Völker zu stören, insbesondere die Führung eines Angriffskrieges vorzubereiten, sind verfassungswidrig. Sie sind unter Strafe zu stellen." Nach Smend[83] wird damit die Friedenshaltung zum legitimierenden Grundsatz der Bundesrepublik und ihrer Verfassung erhoben.

Das Völkerrecht selbst stellt in dieser Hinsicht gewisse Anforderungen an das Landesrecht, die allerdings bisher kaum konkretisiert sind. So können nach Artikel 4 der Satzung der UN nur ,,friedliebende" Staaten als neue Mitglieder aufgenommen werden. So ist es z. B. die Praxis vieler Staaten, als Voraussetzung der Anerkennung eines neuen Staates zu verlangen, daß er in der Lage ist, alle internationalen Verpflichtungen aus Gewohnheitsrecht und Vertragsrecht zu erfüllen.[84] Solche Bestimmungen weisen auf das umfassende Problem des Verhältnisses von

---

[81] Siehe Liszt-Fleischmann, Völkerrecht, 12. Aufl. 1925, S. 530ff.
[82] Deutsches Staatsrecht, 16. Aufl. 1968 S. 309.
[83] Wehrbeitrag, II, S. 561.
[84] Siehe Hackworth aaO I S. 174ff.

Völkerrecht und Verfassungsform hin, das mehr der Völkerrechtspolitik als dem Völkerrecht angehört und daher hier nicht weiter verfolgt werden kann.[85]

8. Die Frage der Entleihung landesrechtlicher Rechtsprinzipien durch das Völkerrecht ist ein Problem der Rechtsquellen, das insbesondere die sogenannten „allgemeinen von den zivilisierten Nationen anerkannten Rechtsgrundsätze" betrifft,[86] aber auch sonstige Analogien aus dem Landesrecht[87] und die bei dem gegenwärtigen unentwickelten Stand der völkerrechtlichen Methodik unvermeidliche Entlehnung landesrechtlicher Methoden[88] und Grundbegriffe, wie die vier von Zouche ins Völkerrecht eingeführten Begriffe status, dominium, debitum und delictum,[89] sowie die (nichtrezipierende) Verweisung.

Wenn ein völkerrechtliches Organ incidenter Landesrecht auslegen muß, so muß es versuchen, es so auszulegen, wie es, insbesondere in der Gerichtspraxis, innerstaatlich ausgelegt wird; der Satz: jura novit curia, gilt nicht für solche Anwendung von Landesrecht.[90]

Umgekehrt entleiht das innerstaatliche Recht, insbesondere das von Bundesstaaten, häufig in analoger Anwendung völkerrechtliche Grundsätze.[91]

---

[85] Siehe meinen Beitrag zur Festschrift für Apelt, 1958, S. 149ff.: „Staat, Bürger und Völkerrecht"; siehe unten Bd. III § 22; s. Corbett, Law and Society in the Relations between States, 1951, S. 299; s. auch Alvarez, La psychologie des peuples et le problème de la paix, 1936; Alvarez, Le droit international nouveau dans ses rapports avec la vie actuelle des peuples, 1959.

[86] Siehe darüber oben § 7.

[87] Siehe Kaufmann, Règles Générales, S. 132f.

[88] Siehe meinen Beitrag zur Festschrift für Gieseke, 1958, S. 117ff.: „Zur Problematik der Rechtsquellen im internationalen Wasserrecht"; s. Rousseau aaO 2. Aufl. I S. 49ff.; Lauterpacht, Private Law Sources and Analogies of International Law, 1927.

[89] Siehe Niemeyer, Law without Force, 1941, S. 11ff.

[90] StIG, Bezahlung in Gold von in Frankreich emittierten brasilianischen Bundesanleihen, Série A, Nr. 20/21, S. 124.

[91] Siehe z. B. für die Schweiz die Nachweise bei Guggenheim, Lehrbuch, 1. Aufl., Bd. I, S. 34; s. für Deutschland die Entscheidung des Staatsgerichtshofs im Donauversickerungsstreit, RGZ 116, Anhang, S. 18ff., und die Entscheidung OGHBrZ Köln vom 31. 3. 1949, abgedruckt in Fontes Juris Gentium, Series A, Sectio II, Tomus 3, 1956, S. 203ff., wo es – mit falscher Begründung – heißt: „Diese Grundsätze des Völkerrechts gelten überall da, wo sich Rechtskreise überschneiden, und beschränken sich daher nicht auf Fälle, wo sich selbständige Staaten einander gegenüberstehen". Sie *gelten* nicht im Landesrecht, sondern sie werden von ihm als sachdienlich *frei* entlehnt. Deshalb ist unrichtig auch die Begründung des Supreme Court der US im Streit zwischen Kansas und Colorado, 185 US (1902), 125, 146–147: „Sitting, as it were, as an international, as well as a domestic tribunal, we apply Federal Law, state law, and international law, as the exigencies of the particular case may demand. ...". Auf einer Verkennung dieses Entleihungscharakters beruht die Feststellung von Ross (aaO S. 101), daß die bundesstaatliche Verfassung, sofern sie Regeln betr. die gegenseitigen Beziehungen zwischen den Einzelstaaten unter sich oder zwischen Einzelstaaten und Bund enthalte, ein besonderer Teil des Völkerrechts sei.

Viertes Kapitel

Die Subjekte des Völkerrechts

Literatur: *Apelt,* Abhängige Mitglieder völkerrechtlicher Verbände, 1937; *Arangio-Ruiz,* Gli enti soggetti dell'ordinamento internazionale, 1951; *Burckhardt, W.,* Die Organisation der Rechtsgemeinschaft, 2. Aufl., 1944; *Gunst,* Der Begriff der Souveränität im modernen Völkerrecht, 1953; *Jessup,* A modern Law of Nations, 1949; *Kelsen,* General Theory of Law and State, 1949; *Knubben,* Die Subjekte des Völkerrechts, 1928; *Korowicz,* Organisations Internationales et Souveraineté des Etats Membres, 1961; *Korte,* Grundfragen der völkerrechtlichen Rechtsfähigkeit und Handlungsfähigkeit der Staaten, 1934; *Larson-Jenks u. a.,* Sovereignty within the Law, 1965; *Mateesco,* Le Droit international nouveau, 1948; *Mattern,* Concepts of State, Sovereignty, and International Law, 1928; *Politis,* Les nouvelles tendances du droit international, 1927; *Rapaport u. a.,* Small States and Territories, 1971; *Sukiennicki,* La souveraineté des états en droit international moderne, 1927.

§ 13. Der Begriff und das Problem

Unter Rechtssubjekten versteht man die Träger von Rechten und Pflichten im Rahmen einer Rechtsgemeinschaft. So sind Rechtssubjekte (Personen) des Zivilrechts Träger von privatrechtlichen Rechten und Pflichten, eingeteilt in natürliche und juristische Personen. Rechtssubjekte des Staatsrechts sind Träger von verfassungsrechtlichen Rechten und Pflichten: die Bürger, Staatsorgane, Parteien, Fraktionen, Wählergruppen, öffentliche Körperschaften usw. Völkerrechtssubjekte sind Träger von völkerrechtlichen Rechten und Pflichten.

Dies entspricht der herrschenden Definitionsweise. So definiert Heilborn[1] Völkerrechtssubjekte als ,,mögliche Träger völkerrechtlicher Rechte und Verbindlichkeiten; sie handeln mit völkerrechtlicher Wirksamkeit". Du Pasquier[2] definiert Rechtssubjekte als ,,les ,personnes' que le droit considère comme aptes à profiter de la faculté conférée par une règle juridique ou à être soumises à un impératif". Nach Kelsen[3] sind Rechtssubjekte des Völkerrechts die Personen, denen das Völkerrecht Verpflichtungen und Haftungen auferlegt und Rechte zuerkennt. Knubben[4] versteht unter Völkerrechtssubjekten ,,diejenigen Zurechnungspunkte ..., die das objektive Völkerrecht (Normen, Sätze) mit subjektiven Rechten bzw. oder mit subjektiven Pflichten ausstattet". Verdross[5] definiert sie als ,,jene Personen, deren Verhalten unmittelbar von der Völkerrechtsordnung geregelt wird".

[1] In Strupp's Wörterbuch, Bd. II, S. 684.
[2] aaO S. 78.
[3] Principles of International Law, S. 114.
[4] Die Subjekte des Völkerrechts, Handbuch des Völkerrechts, 2. Bd., 1928, S. 2.
[5] Völkerrecht, 5. Aufl., S. 188.

Anzilotti stellt fest:[6] „Die Wesenheiten, auf die sich diese durch die Normen gesetzten Rechte und Pflichten beziehen, mit anderen Worten die Normenadressaten, nämlich die Glieder jener Gesellschaft, deren Überbau die Rechtsordnung ist, heißen Rechtssubjekte oder Personen. Rechtspersönlichkeit ist also ein Ausdruck für das Bezogensein eines Subjektes auf eine bestimmte Rechtsordnung. Man ist Rechtspersönlichkeit, sofern man Adressat von Rechtsnormen ist; es gibt keine natürlichen Rechtspersönlichkeiten; sie existieren nur innerhalb einer bestimmten Rechtsordnung und nur kraft dieser." Nach Bierling[7] ist Rechtssubjekt, „wer sich in der Lage befindet, eine Norm als Rechtsnorm, d. h. in der Eigenschaft als Rechtsgenosse gegenüber einem oder mehreren anderen Rechtsgenossen, anzuerkennen".

Seit Beginn des modernen Völkerrechts bis fast in unsere Tage war es in Völkerrechtspraxis[8] wie in Völkerrechtslehre[9] so gut wie unbestritten, daß diese Völkerrechtssubjekte als Träger völkerrechtlicher Rechte und Pflichten nur die Staaten seien.[10]

Die strenge klassische Auffassung, wonach *ausschließlich* Staaten Völkerrechtssubjekte sein können, wird heute nur noch vereinzelt vertreten.[11] Heute wird sie meist abgewandelt in der Form vertreten, daß neben den Staaten auch andere juristische Personen, etwa die UN, die Weltbank, die Montanunion, nicht aber Individuen Völkerrechtssubjekte sein können.[12]

Grundsätzlich entgegengesetzt ist die Auffassung vor allem einer weitverbreiteten französischen Schule, so Duguit, Scelle, Politis, daß nur die Individuen die wahren Subjekte des Völkerrechts seien, da die Staaten im Völkerrecht nur als Agenten ihrer Staatsangehörigen auftreten;[13] eine juristisch unscharfe, mehr soziologisch basierte Abwandlung ist die vor allem von Le Fur[14] vertretene Auffassung, wonach das Individuum das letzte, allerdings indirekte, Subjekt des Völkerrechts wie allen Rechtes sei.

Weit verbreitet ist dagegen heute die Auffassung, daß neben den Staaten und gewissen internationalen Organisationen unter gewissen Umständen nach heutiger Staatenpraxis auch die Individuen als Subjekte des Völkerrechts zu bezeichnen seien.[15]

---

[6] aaO S. 89.

[7] Prinzipienlehre I, S. 201 ff.

[8] Nachweise s. bei Oppenheim aaO I S. 48.

[9] Nachweise s. bei Knubben aaO S. 18ff.

[10] Siehe Visscher aaO S. 132: „Historiquement et logiquement, le droit international présuppose l'Etat."

[11] Nachweise s. bei Grassi, Die Rechtsstellung des Individuums im Völkerrecht, 1955, S. 101; Mosler, Die Erweiterung des Kreises der Völkerrechtssubjekte, in ZaöRVR 1962 S. 1ff.

[12] Nachweise s. bei Grassi, aaO S. 104.

[13] Nachweise s. bei Grassi, aaO S. 109.

[14] Précis de Droit International Public, 2. Aufl. 1933, S. 114.

[15] Nachweise s. bei Grassi, aaO S. 105.

Wie ist diese Frage nach positivem, d. h. geltendem Völkerrecht, de lege lata, nicht de lege ferenda, zu beantworten?

Es ist zunächst zu betonen, daß eine gewisse Verwirrung durch unscharfe oder tautologische Definitionen eintritt. Der juristische Begriff „Rechtssubjekt" ist nicht identisch mit dem soziologischen Begriff „Interessent", „Destinatär". Für jede individualistisch-humanistische Auffassung – im Gegensatz etwa zur Gemeinschaftsauffassung Hegels oder zur theologischen Auffassung F. J. Stahls[16] – ist es selbstverständlich, daß der Mensch, das Individuum, das letzte Ziel aller menschlichen Ordnungen sei.[17] Damit ist aber noch gar nichts darüber gesagt, ob der Interessent zugleich zum Rechtssubjekt gemacht ist, oder ob die Rechtsordnung so konstruiert ist, daß sie ihn mediatisiert und damit zugleich die Festlegung auf irgendeine Staatsauffassung, sei sie individualistisch, organistisch oder kollektivistisch, vermeidet, was bei der Vielheit der auch heute noch bestehenden Staatsphilosophien eine Notwendigkeit für ein Völkerrecht ist, das nicht nur für *eine* Gruppe von Staaten gelten will, sondern universal. In diesem Zusammenhang ist es von aufschlußreicher Bedeutung, daß die sowjetische Völkerrechtslehre lange Zeit an dem Monopol des Staates als Völkerrechtssubjekt festhielt.[18] Auf einer Verwechslung von Mitglied der Völkerfamilie und Völkerrechtssubjekt beruht dagegen die Behauptung Oppenheims:[19] „... every State which belongs to the civilized States, and is therefore a member of the Family of Nations, is an International Person". Fauchille betont mit Recht,[20] daß, wenn man von einer Identität von Völkerrechtssubjekten und Mitgliedern der internationalen Gemeinschaft ausgeht, die Staaten tatsächlich die einzigen Völkerrechtssubjekte sind, während, wenn man unter Völkerrechtssubjekten alle die Wesen versteht, deren

---

[16] Siehe Philosophie des Rechts, 5. Aufl., 1870, S. 200: „Das Ziel des Rechts ist die Erhaltung der Weltordnung Gottes"; S. 349: „Das ist denn die Schattenseite der neuern Zeit bei jenem hohen Vorzug, daß sie bloß den Menschen sucht und nicht gebunden ist an das Höhere über dem Menschen".

[17] Siehe Rousseau aaO 1. Aufl. S. 215: „S'il n'est pas contestable, en effet, que l'individu soit le destinataire réel de toute règle juridique....". Siehe auch Ross aaO S. 110: „As *subjects of interest* private individuals, societies, subordinate legal communities, and the like come largely into consideration according to current International Law. Many of the general rules of International Law, for instance in the Law concerning aliens, and especially many provisions of treaties, directly safeguard private interests".

[18] Siehe z. B. Levin, Individuum und Staat im Völkerrecht – Fälschung des Begriffs des Völkerrechts durch bourgeoise Pseudowissenschaft (auf russisch) in Sovetskoye gosudarstvo i pravo Nr. 4, April 1952, ebenso V. V. Evgenyev, ebda Nr. 2, März 1955, unter dem (hier ebenfalls ins Deutsche übersetzten) Titel: „Rechtssubjekte, Souveränität und Nichteinmischung im Völkerrecht"; frühere vermittelnde Auffassungen, so etwa die von Krylov, Les notions principales du droit des gens; La doctrine sovjétique du droit international, 70 Rec 1947, S. 446f. wurden als irrige „Abweichungen" gebrandmarkt; s. auch L. A. Modshorjan, Die Völkerrechtssubjekte (in russ. Sprache), Moskau 1958; neuerdings wird auch den zwischenstaatlichen Organisationen eine abgeleitete und begrenzte Völkerrechtssubjektivität zuerkannt, siehe Morosow, Internationale Organisationen, Berlin 1971, S. 85ff. und DDR-Lehrbuch I S. 57.

[19] aaO I S. 117.

[20] aaO I_1 S. 207.

rechtliche Situation vom Völkerrecht geregelt wird, die Staaten heute nicht mehr die einzigen Völkerrechtssubjekte sind.

Einen wichtigen Ansatzpunkt zu einer realistischen, nicht von weltanschaulichen Wunschträumen oder von vagen Fortschrittsideologien bestimmten Beantwortung nach den Rechtssubjekten des gegenwärtigen Völkerrechts gibt Gilbert Gidel,[21] in dem er zwei Arten von Völkerrechtssubjekten unterscheidet: die normalen Rechtssubjekte, die kraft ihrer wesentlichen Eigenschaften dem Völkerrecht unterfallen, d. h. die Staaten, und die künstlichen Rechtssubjekte, die internationale rechtliche Bedeutung erst dadurch erlangen, daß die normalen Rechtssubjekte sie ihnen freiwillig zuerteilen.

Es ist zuzugeben, daß in der neuesten Entwicklung des Völkerrechts neben den Staaten auch gewissen anderen internationalen Körperschaften eine beschränktere Anteilnahme am völkerrechtlichen Verkehr zukommt, ja, daß sogar, wenn auch wieder in anderer Weise, gewisse Rechte und Pflichten von Individuen vom Völkerrecht geregelt werden. Aber automatisch, d. h. also, ohne daß rechtschaffende Akte von Staaten notwendig sind – wobei allerdings auf gewisse einschränkende Theorien des Rechts der Anerkennung zu verweisen ist –, nehmen nur Staaten am völkerrechtlichen Verkehr in der Weise teil, daß sie „die Gesamtheit der möglichen Rechte erwerben und Pflichten auf sich nehmen" können, „die es innerhalb der Gemeinschaft gibt". Es sind daher nur Staaten *geborene* und *generelle* Völkerrechtssubjekte,[22] darüber hinaus gibt es völkerrechtliche Rechte und Pflichten in gewissem Umfang auch für gewisse Körperschaften und Individuen, die aber nur als *gekorene* und *spezielle* Völkerrechtssubjekte am internationalen Verkehr teilnehmen.[23] Zwar erfolgt die Setzung neuen Rechts meist nur durch ausdrückliche Willenserklärung oder durch Rechtsübung der generellen Völkerrechtssubjekte, der Staaten; doch kann auch das Verhalten gekorener Völkerrechtssubjekte an der Entstehung von Gewohnheitsrecht mitwirken.[24]

Neben dieser Einteilung der Völkerrechtssubjekte in einerseits geborene und generelle, andererseits gekorene und spezielle sind alle anderen Einteilungsmöglichkeiten, so interessant sie sein mögen, nicht von derselben grundlegenden Bedeutung. Verdross z. B. teilt die Völkerrechtssubjekte in teilweise deckender Weise ein in:

a) Pflicht- und Berechtigungssubjekte,

b) Aktive (die „auch die Befugnis besitzen, an der Erzeugung des Völkerrechts unmittelbar mitzuwirken") und passive,

---

[21] R. D. I. P., t. XVIII, S. 604.

[22] Freilich gibt es auch Staaten, die nicht unbeschränkt am völkerrechtlichen Verkehr teilnehmen; siehe dazu unten § 18 über „abhängige Staaten".

[23] Siehe ähnlich die Unterscheidung v. d. Heydte's in der Festschrift für Spiropoulos, 1957, S. 249f., in natürliche und juristische Personen des Völkerrechts, oder die Moslers in ZaöRVR 1962 S. 1ff., in notwendige und abgeleitete Völkerrechtssubjekte.

[24] Siehe oben § 6 Ende; Seidl-Hohenveldern, Recht der internat. Organis. S. 178ff.

c) dauernde und vorübergehende,
d) ursprüngliche und später aufgenommene,
e) solche mit und ohne Selbstregierung,
f) solche mit Rechts- *und* Handlungsfähigkeit, und solche mit bloßer Rechtsfähigkeit,
g) allgemeine und partikuläre Völkerrechtssubjekte.

Wir werden im folgenden zu prüfen haben, welche Erfordernisse vorliegen müssen, damit das Völkerrecht einem Staat die Eigenschaft als geborenes und generelles Völkerrechtssubjekt zuerkennt, und werden dann erst zu den Subjekten mit bloß begrenzter Teilnahme am Völkerrechtsverkehr sowie zu den Zweifels-, Sonder- und Grenzfällen übergehen.

§ 14. Der Staat als Völkerrechtssubjekt

Völkerrechtssubjekt kraft seines bloßen Daseins, ohne Notwendigkeit weiterer Rechtsakte, und zugleich generelles Völkerrechtssubjekt ist auch heute noch nur der Staat.

Was ist ein Staat im Sinne des Völkerrechts?

Im allgemeinen gehen auch heute noch die meisten Definitionen von der traditionellen Auffassung aus, daß das Vorhandensein von drei Elementen für das Vorhandensein eines Staates wesentlich ist: Volk, Gebiet, Staatsgewalt.

So definiert Liszt-Fleischmann:[25] „Staat im Sinne des Völkerrechts ist die selbstherrliche Gebietskörperschaft, d. h. die auf einem bestimmten Gebiete angesiedelte, durch eine selbständige Herrschergewalt zusammengefaßte menschliche Gemeinschaft."

Mac Iver[26] definiert den Staat als „an association which, acting through law as promulgated by a government endowed to this end with coercive power, maintains within a community territorially demarcated the universal external conditions of social order."

Brierly[27] definiert den Staat als eine Institution, d. h. ein System von Beziehungen, das Menschen unter sich errichten als Mittel zur Sicherung gewisser Zwecke; der moderne Staat sei territorial; das Völkerrecht interessiere sich aber nur für Staaten, deren Regierungsgewalt sich auf die Führung ihrer auswärtigen Angelegenheiten erstrecke.

Oppenheim[28] stellt vier Erfordernisse für das Vorhandensein eines Staates auf: ein Volk, ein Land, eine Regierung, und Souveränität dieser Regierung.

Hyde[29] stellt fünf Erfordernisse für das Vorliegen eines Staates auf: Volk,

[25] aaO S. 86.
[26] The Modern State, Oxford Paperback 1964 S. 22.
[27] aaO S. 111.
[28] aaO I S. 118.
[29] aaO I S. 22f.

Gebiet, organisierte Regierung, Fähigkeit zur Aufnahme von Beziehungen nach außen, Fähigkeit zur Beobachtung der Völkerrechtsprinzipien in den auswärtigen Beziehungen.

Nach Dahm[30] ist der Staat „die Organisation, in der die in einem bestimmten Raum der Erde ansässigen Menschen zusammengefaßt werden, ein zu einer konkreten Lebensordnung zusammengeschlossener Inbegriff von Menschen, Einrichtungen, Anstalten, Beziehungen, der vom Recht als ‚Person', als Einheit gedacht wird."

Hackworth[31] definiert den Staat als „ein Volk, das dauernd ein bestimmtes Gebiet innehat, durch gemeinsame Gesetze und Gebräuche zu einem politischen Körper verbunden ist, eine organisierte Regierung besitzt und fähig ist, Beziehungen mit anderen Staaten zu unterhalten".

Artikel I der panamerikanischen Konvention von Montevideo von 1933[32] verlangt zum Vorhandensein eines Staates: eine dauernde Bevölkerung, ein bestimmtes Gebiet, eine Regierung, die Fähigkeit mit anderen Staaten in Beziehungen zu treten.

Verdross[33] definiert: „Ein souveräner Staat ist eine vollständige und dauerhafte menschliche Gemeinschaft mit *voller Selbstregierung,* dic keine andere irdische Autorität als die des Völkerrechts über sich hat, durch eine wirksame Rechtsordnung verbunden wird und so organisiert ist, daß sie am völkerrechtlichen Verkehr teilnehmen kann."

Nach Scelle[34] gibt die klassische Lehre mit den drei Wesenselementen des Staates kein genügendes Unterscheidungsmerkmal von anderen politischen Körperschaften an, überdies gebe es kein juristisches Kriterium des Staates; infolgedessen definiert er:[35] „Sont ‚Etats' les collectivités dont les gouvernants se sont vu reconnaître la compétence majeure du Droit des gens," eine weitgehend tautologische Definition.

Wir prüfen nun im einzelnen die Erfordernisse für das Vorhandensein eines Staates, um dann abschließend den Staat zu definieren.

a) Das Erfordernis des Volkes

Es ist zweifellos, daß es keinen Staat ohne ihn konstituierende Menschen gibt. Dabei ist die Regierungsform, in der diese Menschen staatlich verfaßt sind, gleichgültig; diese Menschen können sich in Herrscher und Beherrschte, in Obrigkeit und Untertanen gliedern oder eine Genossenschaft gleichberechtigter Bürger darstellen, ohne daß damit das personale Element des Staates verändert würde. Es

[30] aaO I S. 75.
[31] aaO I S. 47.
[32] U. S. Treaty Series 881.
[33] aaO S. 191.
[34] Précis I S. 74.
[35] aaO S. 83.

ist auch gleichgültig, ob die zum Staat zusammengefaßten Menschen eine Nation im soziologischen Sinne bilden, ob sie die gleiche Sprache sprechen, der gleichen Rasse oder historischen Tradition oder Religion angehören. Die zu einem Staat konstituierten Menschen können aus mehreren Volksteilen oder Völkern bestehen, wie z. B. die Schweiz, Belgien, Großbritannien, Indien, die Sowjetunion, Nigeria, Sudan; die Personen in verschiedenen Staaten können die gleiche Sprache sprechen, wie etwa in den spanisch sprechenden Staaten Südamerikas oder in den deutsch sprechenden Staaten Zentraleuropas. Es braucht auch zwischen diesen Menschen nicht dieselbe Privatrechtsordnung zu bestehen; man denke an die Mehrzahl der Privatrechtsordnungen im Frankreich vor 1789, im Deutschen Reich vor 1900, im Großbritannien, im Indien, in den USA von heute. Das Band, das die Menschen eines Staates zusammenbindet, ist also weder notwendig ein natürliches noch ein historisches noch ein kulturelles, es ist aber notwendig ein verfassungsrechtliches, das soziologisch durch das Vorhandensein anderer Bande zweifellos gestützt und intensiviert wird.[36]

In diesem Zusammenhang ist auch zu betonen, daß die Nation, die nicht einmal notwendiges Element des Staates ist, erst recht nicht für sich allein ein Völkerrechtssubjekt darstellt.[37] Dies wurde vor allem behauptet von der älteren italienischen Nationalitätentheorie, vor allem von Mancini,[38] der, im Interesse der Unterstützung der staatlichen Einigung des italienischen Volkes, die Nationen als die wahren Subjekte des Völkerrechts bezeichnete, im Gegensatz zu den willkürlichen und künstlichen Bildungen der Staaten, die oft durch Gewalt und Betrug geschaffen seien. Zur Stützung der politischen Forderung: ,,Ein Volk, Ein Reich" haben vor allem österreichische Theoretiker des Nationalsozialismus diese Theorie wieder aufgenommen.[39] In einer anderen historischen Situation ist der Fortbestand Polens trotz Aufteilung des Staats wegen Fortbestands der Nation für Polen von einigen polnischen Theoretikern in Anspruch genommen worden, und in einer ähnlichen historischen Situation, nämlich der Aufteilung Deutschlands in vier Besatzungszonen seit 1945, finden sich auch in Deutschland Ansatzpunkte ähnlicher Theorien.[40] Alle diese Argumente sind zwar nicht de lege lata, wohl aber de lege ferenda bedeutsam, insbesondere durch das den nicht staatlich organisierten

---

[36] Siehe dazu Smend, Verfassung und Verfassungsrecht, 1928.

[37] Anders manchmal das englische Wort ,,nation", das öfters als synonym mit ,,Staat" gebraucht wird, s. z. B. ,,League of Nations", ,,United Nations", ,,Law of Nations"; s. auch oben über die Unzulänglichkeit der Bezeichnung ,,Völkerrecht".

[38] P. S. Mancini, Della nazionalità come fondamento del diritto delle genti, 1851.

[39] Siehe Gürke, Volk und Völkerrecht, 1935; Kier, Volk, Rasse und Staat, in N.-S.-Handbuch für Recht und Gesetzgebung, S. 17ff.; Hamel, Walter, Volkseinheit und Nationalitätenstaat, in Zeitschr. für die gesamte Staatswissenschaft, Bd. 95, S. 595ff.

[40] Siehe etwa Stödter, Deutschlands Rechtslage, 1948, S. 47: ,,Solange aber das Staatsvolk fortbesteht, existiert der Staat", unter Berufung auf Grotius, De jure belli ac pacis, lib. II cap. IX, 3; s. auch OLG Schleswig-Holstein vom 9. 6. 1950, Neue Justiz IV (1950) S. 460.

Nationalitäten zustehende „Selbstbestimmungsrecht“.[41] Realistisch ist dagegen die sechsfache Einteilung des möglichen Verhältnisses von Volk und Staat bei Decker:[42] Identität von Nation und Staat (Schweden), Nation ohne eigenen Staat (Slowaken), multinationaler Staat (Schweiz), Nationalitätenstaat (Österreich-Ungarn bis 1918), Minoritätenstaat (Polen nach 1918), abhängige Gebiete und Kolonien (Indien bis 1947).

Fauchille stellt hinsichtlich der den Staat konstituierenden Menschen noch das Erfordernis auf, daß diese Menschen zahlreich genug sein müssen, um imstande zu sein, von ihren eigenen Hilfsmitteln zu leben. Dies ist ein seltsam begründetes Moment wirtschaftlicher Autarkie, das nicht akzeptiert werden kann; übrigens können die Hilfsmittel eines Landes gerade deshalb unzureichend sein, weil es zu viele Menschen hat; es gibt genug Beispiele übervölkerter Länder, die ohne „foreign aid“ nicht wohl leben könnten; es kann dann, je nach den mit der „Hilfe“ verbundenen Bedingungen, eine Minderung der Souveränität vorliegen.

Die Machtbegrenzung der Staaten hinsichtlich der Personen (Staatsangehörige, Fremde, Exterritoriale) wird unten in Kapitel X behandelt werden.

b) Das Erfordernis des Gebiets

Das Erfordernis eines Gebietes für die Existenz eines Staates ist von der Theorie erst seit etwa 150 Jahren aufgestellt worden und ist vorher ganz unbekannt.[43] Heute besteht aber im allgemeinen Einverständnis über die Notwendigkeit eines Staatsgebiets,[44] wenn auch eine genaue Fixierung der Grenzen nicht unbedingt notwendig ist.[45] Aus diesem Grunde werden Nomaden (z. B. Zigeuner) nicht als Staat anerkannt. Wenn man von dem Erfordernis des Gebiets absehen würde, so wäre der Staat ein bloßer Personenverband, der ohne festes Gebiet notwendig auf dem Prinzip der Freizügigkeit beruhen müßte, so daß die Bevölkerung *eines* Gebiets verschiedenen solchen vereinsartigen Verbänden angehören würde; wie wäre hier eine klare Abgrenzung der gegenseitigen staatlichen Kompetenzen möglich, etwa hinsichtlich der Ahndung von Verbrechen oder hinsichtlich der Fernhaltung unerwünschter Elemente? Hauriou[46] weist darauf hin, daß die Aufgabe des Nomadentums und die Seßhaftmachung den Anfang der Zivilisation und damit der Staatsbildung darstellte, und er nennt deshalb den modernen Staat eine Körperschaft mit territorialer Basis.

---

[41] Siehe unten § 21 VII.

[42] Selbstbestimmungsrecht der Nationen, 1955, S. 66ff.; s. dazu oben § 7 Nr. VI.

[43] S. Jellinek, G., Allgemeine Staatslehre, 3. Aufl. 1941, S. 395; es ist aber unrichtig, wenn Jellinek Heffter als Zeugen dafür anführt. Heffter, Das europäische Völkerrecht, 8. Ausg. 1888, S. 62, sagt ausdrücklich: „Feste Sitze erachten wir freilich für wesentlich zu einem wahren Staat“.

[44] Siehe bei Oppenheim aaO I S. 118, n. 3, den Nachweis der wenigen gegenteiligen Auffassungen.

[45] Siehe Verdross, Völkerrecht, 5. Aufl. S. 194: „Es genügt, daß ein unbestrittenes Kerngebiet vorliegt“.

[46] Précis de Droit Constitutionnel, 2. Aufl., 1929, S. 41.

Alle Einzelheiten über das Wesen des Staatsgebiets und die Machtabgrenzung der Staaten hinsichtlich des Raums sind unten in Kapitel IX dargestellt.

c) Das Erfordernis der Staatsgewalt

Es besteht allgemeine Übereinstimmung, daß die Staatsgewalt ein notwendiges Element des Begriffs der Staatlichkeit ist, in dem Sinne, daß darunter das Bestehen einer Regierung, einer rechtlichen Ordnung, einer Verfassung zu verstehen ist, die auch die auswärtigen Beziehungen in Übereinstimmung mit dem Völkerrecht umfaßt. Eine Gemeinschaft, die diese Eigenschaft nicht besaß, ohne doch in irgendeiner Weise einem bestehenden Staat, z. B. als Provinz, als Kommune, als Territorium, als ,,Indianerreservat", als Kolonie eingegliedert zu sein, galt trotz dieser Freiheit von fremder Staatsgewalt wegen Mangels dieses organisatorischen Elements dem klassischen Völkerrecht nicht als Staat; solche Gemeinschaften galten als Eingeborene, als Wilde,[47] mit der Folge, daß ihr Gebiet als herrenlos, als frei okkupierbar galt, sei es eventuell auch nur als Hinterland oder Interessensphäre.[48] Diese These ging im Grunde auf Aristoteles[49] zurück, der behauptete, daß der Mensch, der nicht an einer staatlichen Organisation teilzunehmen fähig sei, ein Tier sei; daß alle Menschen, die sich von anderen unterscheiden wie ein Tier vom Menschen, von Natur Sklaven seien, daß die Barbaren überall und ihrem Wesen nach Sklaven, die Griechen aber überall und ihrem Wesen nach frei seien. Diese These wurde dann von der Ideologie des christlich-abendländischen Kolonisationszeitalters übernommen, so insbesondere in den Worten Sepulvedas (1490–1573): ,,Die Spanier stehen über den Barbaren wie der Mensch über dem Affen"; deshalb kann ihr Land frei okkupiert werden.[50] Ohne diese Grundthese wäre der europäische Kolonialismus und die europäische Expansion seit dem 16. Jahrhundert unmöglich gewesen; sie dehnten aber den Begriff der rechtlosen Eingeborenen nicht nur auf echte ,,Wilde", sondern auch auf Völker mit eigener staatlicher, wenn auch von der europäischen abweichender Verfassung aus,[51] so daß man den Ausschluß aus dem Völkerrecht auf alle nichtchristlichen Völker

---

[47] Siehe Fauchille aaO I S. 212; Snow, The question of aborigenes in the law and practice of nations, 1919; Trione, Gli stati civili nei loro rapporti giuridici coi popoli barbari e semibarbari, 1889.

[48] Siehe darüber unten § 54 A X.

[49] Politik, I, II, 14; II, V, 8; I, VI, 6.

[50] Siehe dazu C. Schmitt, Nomos der Erde, 1950, S. 71f.; s. auch Krüger, Die ,,Koexistenz" von Christen und Heiden im Mittelalter, in Mitteilungen aus der Forschungsstelle für Völkerrecht und ausländisches öffentliches Recht der Universität Hamburg etc., Nr. 2, 1959; man vergleiche die Kritik des Vertreters von Ghana in der Uno (zitiert nach AJIL 1970 S. 501): ,,that most African countries had been colonized as a result of ‚gin-bottle' treaties concluded between African chiefs and the colonial Powers, which, whenever it suited them to do so, elevated those treaties to the status of solemn international agreements or reminded their luckless partners that the agreements which they had thus concluded had no standing in international law."

[51] Siehe dazu Berber, Indien und das Völkerrecht, in: Indien und Deutschland, ed. Günther, 1956, S. 232.

ausdehnte.[52] Erst seit dem 19. Jahrhundert (erstmalig 1856 die Türkei) wurden auch nichtchristliche Staaten in die Völkerrechtsgemeinschaft aufgenommen, aber die alte Theorie überlebt noch in Formulierungen wie der von Knubben,[53] der von einem „Mangel an Zivilisation und Kultur, gemessen an dem Maßstab der anerkannten Zivilisation und Kultur der entwickelten Staaten", spricht, während der Mandatsartikel (22) der Völkerbundssatzung von Völkern spricht, „die noch nicht imstande sind, sich unter den besonders schwierigen Bedingungen der heutigen Welt selbst zu leiten".[54] Schwierig ist die Frage, welches die rechtliche Bedeutung von Verträgen ist, die die Völkerrechtssubjekte mit den Oberhäuptern solcher „wilden" Gemeinschaften häufig gerade zu dem Zweck abgeschlossen haben, um sie zum Gegenstand kolonialer „Durchdringung" zu machen. Huber führt dazu im Las Palmas-Schiedsspruch vom 4. April 1928[55] aus: „Was Verträge zwischen einem Staat oder einer Gesellschaft wie der Niederländischen Ostindien-Gesellschaft und eingeborenen Fürsten oder Häuptlingen von nicht als Völkerrechtsmitgliedern anerkannten Völkern anlangt, so sind sie im völkerrechtlichen Sinn nicht Verträge oder Konventionen, die imstande sind, Rechte und Verpflichtungen zu schaffen, wie sie im Völkerrecht aus Verträgen entstehen können. Aber auf der anderen Seite sind Verträge dieser Art nicht ganz ohne indirekte Wirkungen auf dem Völkerrecht unterliegende Situationen; wenn sie keine völkerrechtlichen Rechtstitel darstellen, so sind sie gleichwohl Tatsachen, die das Völkerrecht unter gewissen Umständen in Betracht ziehen muß." Interessant ist in diesem Zusammenhang die These Anzilottis,[56] daß wilde Völkerschaften deshalb keine Völkerrechtspersönlichkeit besäßen, weil sie unfähig seien, die Normen, die das Völkerrecht bilden, zu verstehen und sie daher zu wollen.[57]

Diese Abgrenzung des Staates von primitiveren Ordnungen ist zwar heute weithin überholt, weiterhin aktuell ist aber folgende Frage: In welcher Weise unterscheidet sich die Staatsgewalt des Staates, der Völkerrechtssubjekt ist, von der Staatsgewalt derjenigen Staaten, die zweifellos diese Eigenschaft nicht besitzen, z. B. den Gliedstaaten der USA oder der Indischen Union? Die traditionell hierauf gegebene Antwort, die allerdings heute sehr umstritten ist, beruft sich auf

---

[52] Siehe die Feststellung Alvaro Pelayos in seinem Speculum regum, zitiert nach von der Heydte, Die Geburtsstunde des modernen Staates, 1952, S. 249: „Wer nicht glaubt, steht außerhalb von Treu und Glauben: es scheint aber, daß dem, der außerhalb von Treu und Glauben steht, Treu und Glauben nicht zu wahren ist".

[53] aaO S. 402.

[54] Siehe auch Hobhouse-Wheeler-Ginsburg, The Material Culture and Social Institutions of the Simpler Peoples, London 1915.

[55] Recueil des Sentences Arbitrales, UN 1949, V. 1, Bd. II, S. 829ff.

[56] aaO S. 94.

[57] Siehe weiteres interessantes Material über diese Frage bei A. H. Smith, Great Britain and the Law of Nations, 1932, I, S. 14ff., und Mc Nair, International Law Opinions, 1956, I, S. 65f. Siehe insbesondere über die in den USA lebenden Indianerstämme Hyde aaO I S. 2f., und Moore, Digest, 1906, I, S. 30ff.; Dahm aaO I S. 80 Fußn. 21; Proceedings 1974, S. 276ff.

ihre Eigenschaft als souverän. Alle hiermit zusammenhängenden Fragen sollen daher unter dem Aspekt der Souveränität untersucht werden.

d) Die Souveränität

Der Begriff der Souveränität, der eine jahrhundertealte Geschichte hat, ist nicht frei von Dunkelheiten und Widersprüchen.[58] Es besteht im allgemeinen Einverständnis darüber, daß Souveränität herkömmlich in zwei ganz verschiedenen Bedeutungen verwendet wird: einmal als Souveränität des Staates, der Staatsgewalt,[59] dann als Souveränität des Trägers der Staatsgewalt, als Eigenschaft, das höchste Organ im Staate zu sein, sei es als Souveränität des Monarchen,[60] sei es als Souveränität des Volkes[61] oder des Parlaments.[62] In unserem Zusammenhang interessiert nur die erstere Bedeutung.[63]

Geschichtlich ist der Begriff der Souveränität erwachsen aus den mittelalterlichen Kämpfen zwischen Kaiser, Papst, nationalen und feudalen Gewalten.[64] In diesem Sinne haben Bodin[65] und Loyseau[66] sie in Frankreich systematisch herausgearbeitet; sie hat aber ihren Ausgangspunkt in den mittelalterlichen Lehren vom Fürsten, der keinen Höheren anerkennt, dem ,,rex qui superiorem non recognoscit".[67] Die Doktrin hat lange in einer von Bodin gar nicht so weit getriebenen Weise[68] die Souveränität definiert als summa potestas, ,,die höchste, nach außen wie im Innern selbständige, von keinem Höheren abhängige Herrschermacht".[69] Diese absolutistische Auffassung der Souveränität ist wachsenden Anzweiflungen begegnet, die vor allem darauf hinwiesen, daß die zunehmende Unterworfenheit der Staaten unter das Völkerrecht, ja schon das Prinzip der Gebundenheit der Staaten durch das Völkerrecht, unvereinbar sei mit der traditionellen Auffassung der Souveränität.[70] Dennoch hält die Staatenpraxis zäh an diesem Begriff, ja sogar

[58] Siehe Bindschedler in Festschrift für Guggenheim S. 167: ,,... handelt es sich bei der Souveränität um einen schillernden und emotionell geladenen Begriff."

[59] Siehe z. B. Art. 1_2 des Vertrages über die Beziehungen zwischen der Bundesrepublik Deutschland und den Drei Mächten vom 26. 5. 1952/23. 10. 1954, BGBl. 1955 II S. 305: ,,Die Bundesrepublik wird demgemäß die volle Macht (the full authority) eines souveränen Staates über ihre inneren und äußeren Angelegenheiten haben".

[60] Siehe z. B. Art. 4 des Vertrags vom 7. 5. 1832: ,,La Grèce, sous la souveraineté du prince Othon de Bavière...".

[61] Siehe Art. 20 II 1 Grundgesetz: ,,Alle Staatsgewalt geht vom Volke aus".

[62] Siehe Dicey, Law of the Constitution, 8. Aufl. 1923, S. XVIII: ,,The sovereignty of Parliament is, from a legal point of view, the dominant characteristic of our political institutions".

[63] Siehe Kelsen, Das Problem der Souveränität und die Theorie des Völkerrechts, 1920; Laski, The Problem of sovereignty, 1917; Heller, Die Souveränität, 1927.

[64] Siehe Berber in Larson-Jenks, Sovereignty within the Law, 1965, S. 79f.

[65] Les six livres de la république, 1577.

[66] Traité des Seigneuries, 1608.

[67] Siehe dazu von der Heydte, Die Geburtsstunde des souveränen Staates, 1952, S. 59ff.

[68] Bodin sagt ausdrücklich: ,,Sed legibus divinis aut naturalibus principes omnes ac populi aeque obligantur". Das Naturrecht umfaßt auch das Völkerrecht!

[69] Siehe Liszt aaO S. 94; Oppenheim aaO I S. 118; Kaufmann aaO S. 43ff.

[70] Siehe für viele: Politis, Le Problème des Limitations de la Souveraineté, Rec. des Cours 1925, I, 5ff.

am Namen fest; es ist aufschlußreich, daß die Satzung der Vereinten Nationen in Artikel 2 I ausdrücklich feststellt: ,,Die Organisation beruht auf der Grundlage der souveränen Gleichheit aller ihrer Mitglieder". Visscher[71] hat eine überzeugende Erklärung für diesen Sachverhalt gegeben: ,,Die Beziehungen zwischen Souveränität und Recht hängen in Wirklichkeit vom Grad der historischen Integration der politischen Macht in der Rechtsordnung ab. Je stärker diese Integration fortschreitet, desto mehr verliert die Souveränität ihren herrschaftlichen Charakter und neigt dazu, eine Rechtskompetenz zu werden. ... Die Souveränität, wie sie Jahrhunderte der Geschichte geprägt haben, gehört, ob man es will oder nicht, zur Politik wie zum Recht. Weder die Bestimmungen der Satzung des Völkerbunds noch der der UN haben eine beachtliche Veränderung in der diskretionären Macht herbeigeführt, die die Staaten in bezug auf diejenigen Interessen behalten wollen, die sie für lebenswichtig halten." In der Tat ist die Berufung auf die Souveränität für die schwächeren Staaten eine Art generellen juristischen Titels, um sich der Intervention mächtigerer Staaten erwehren zu können, um zu verhindern, daß sie in den unerwünschten Status von Satelliten absinken, um zu erreichen, daß sie ,,frei" bleiben, im Sinne jener uralten Erklärung der portugiesischen Cortes von Lamego 1181, zur Zeit der Entstehung des Gedankens der Souveränität: ,,Wir sind frei, unser König ist frei ... und ein König, der zustimmt, sich einem anderen zu unterwerfen, soll sterben, und wenn er erst König wird, soll er nicht über uns herrschen."[72] Aus diesem Grunde legen die Staaten bis zum heutigen Tage Wert darauf, daß man ihnen ihre Souveränität ausdrücklich bestätigt.[73] Manchmal wird das Wort Souveränität sogar verwendet, um über die Abwesenheit von Souveränität hinwegzutrösten oder hinwegzutäuschen;[74] in solchen Fällen spricht man zweckmäßigerweise mit Verdross[75] von Scheinsouveränität (s. ebendort auch über ,,scheintote Staaten").

Man kann die Angriffe gegen den Begriff der Souveränität systematisch auf vier hauptsächliche Argumente reduzieren:[76]

a) sein Inhalt sei zu unbestimmt,

b) die These, daß ein Rechtssubjekt vom Recht unabhängig sein, über ihm stehen solle, sei unlogisch,

---

[71] aaO S. 132f.

[72] von der Heydte aaO S. 62.

[73] Siehe Artikel 2 I der Satzung der UN; s. Artikel 1 II des Generalvertrags mit Deutschland; s. Artikel 3 des britisch-ägyptischen Vertrages vom 26. 8. 1936: ,,... recognizing Egypt as a sovereign independent State".

[74] Siehe etwa die Entscheidung des House of Lords in bezug auf den Sultan von Kelantan (1924, A. C. 797, 814), dem die Souveränität – in Wirklichkeit die Immunität von englischer Gerichtsbarkeit – mit folgenden Worten bescheinigt wird: ,,... the control, for instance, of foreign affairs may be completely in the hands of a protecting Power, and there may be agreements or treaties which limit the power of the sovereign even in internal affairs without entailing a loss of the position of a sovereign Power". Siehe auch Hyde aaO I S. 43, Anm. 5.

[75] aaO S. 193.

[76] übereinstimmend mit Rousseau (1. Aufl.) aaO S. 88f.

c) er widerspreche der soziologisch-politischen Wirklichkeit,

d) er sei gefährlich für die internationalen Beziehungen und den Fortschritt, ja die Einhaltung des Völkerrechts.

Auf der anderen Seite hält die Staatenpraxis einen gewissen Kern der herkömmlichen Tradition mit Zähigkeit fest: sie lehnt die Einführung neuer Rechtsregeln durch Majoritätsbeschlüsse ab, sie weigert sich, einen ‚peaceful change' ohne Zustimmung der Betroffenen zuzulassen; sie anerkennt kein automatisches Obligatorium für internationale Streitigkeiten, selbst rechtlicher Natur; sie besteht auf dem aus der Souveränität folgenden Prinzip der Staatengleichheit.[77] Es ist hier nicht der Ort, Gedanken *de lege ferenda* über rechtspolitisch wünschenswerte Einschränkungen der Souveränität vorzutragen. Aber es erscheint *de lege lata* notwendig, den Begriff der Souveränität auf seinen mit der veränderten Rechtslage noch vereinbaren Kern zurückzuführen. Hand in Hand damit soll versucht werden, den historisch und rechtslogisch gleichermaßen belasteten Begriff der Souveränität durch eine der modernen Rechtslage mehr angepaßte Bezeichnung zu ersetzen.

Guggenheim[78] sieht das Unterscheidungsmerkmal der „souveränen" Staaten von anderen völkerrechtlichen Verbänden in ihrer Völkerrechtsunmittelbarkeit, d. h. in der Tatsache, daß sie keiner anderen Rechtsordnung als der des Völkergewohnheitsrechts unterworfen seien. Verdross[79] weist mit Recht darauf hin, daß dies kein Unterscheidungsmerkmal sei, da nicht nur die Staaten, sondern sämtliche Völkerrechtssubjekte dem Völkerrecht unterworfen seien. Im übrigen ist es nicht diese Unterscheidung, die wir zu definieren suchen, sondern die Unterscheidung gerade zwischen den Staaten, die Völkerrechtssubjekte sind, und denjenigen, die es nicht sind. Bei dieser Unterscheidung weist der Begriff der Völkerrechtsunmittelbarkeit wohl in die richtige Richtung, muß aber, um gültiges Unterscheidungsmerkmal zu werden, präziser und umfassender gefaßt werden.

Verdross selbst ersetzt den Begriff der Souveränität durch den der vollen Selbstregierung. Dieser Begriff kann aber gerade auch der Autonomie von Gebilden dienen, denen keine Souveränität zukommt; das Wort „voll" bietet kein präzises Unterscheidungsmerkmal; es wurde ja gerade in Artikel I 2 der Völkerbundssatzung gebraucht, um auch nichtsouveräne Staaten (Indien 1919!) in den Völkerbund aufnehmen zu können, so daß dort die unpräzise Formel lautet: „alle Staaten, Dominien oder Kolonien mit voller Selbstregierung". Wesentlich präziser scheint[80] der Begriff der *Unabhängigkeit* zu sein, der zugleich den Vorteil hat, heute schon weitgehend in der Staatenpraxis verwendet und auch definiert zu

---

[77] Siehe Oppenheim aaO I S. 123; s. auch Löwenstein, Karl, Sovereignty and International Cooperation, AJIL 1954, S. 222ff.

[78] aaO I S. 163.

[79] aaO S. 194.

[80] In Übereinstimmung mit Rousseau (1. Aufl.) aaO S. 90ff.

werden. Der Begriff der Unabhängigkeit erfüllt den Zweck, die Freiheit vom Willen fremder Staaten klar auszudrücken,[81] ohne doch, wie der Begriff der Souveränität, zugleich eine – heute nicht mehr zutreffende – Überordnung über das Völkerrecht anzudeuten. Er dürfte infolgedessen der heutigen Rechtslage besser entsprechen als der vieldeutig schillernde, historisch belastete, teilweise veraltete und scharf umkämpfte Begriff der Souveränität. In zahllosen Verträgen wird seit geraumer Zeit statt von Souveränität von Unabhängigkeit gesprochen.[82] Artikel 10 VBS spricht von der Unversehrtheit des Gebietes und der bestehenden politischen Unabhängigkeit aller Bundesmitglieder (die freilich für Kolonien im Sinne von Artikel 1 II nicht zutrifft). Artikel 80 des Versailler Vertrags spricht davon, daß die Unabhängigkeit Österreichs unabänderlich (inaliénable) ist, und diese Bestimmung erfuhr eine berühmte Kommentierung in dem Gutachten des StIG von 1931 über die deutsch-österreichische Zollunion. Es heißt dort u. a.: ,,... daß die von Artikel 80 gemeinte Unabhängigkeit Österreichs nichts anderes ist als das Bestehen Österreichs in den durch den Vertrag von St. Germain festgesetzten Grenzen als besonderer Staat, der nicht der Autorität irgendeines anderen Staates oder einer Gruppe von Staaten unterworfen ist. Derart aufgefaßt ist die Unabhängigkeit im Grunde nichts als der normale Status der Staaten nach dem internationalen Recht: sie kann ebenso gut als Souveränität (suprema potestas) oder äußere Souveränität bezeichnet werden, wenn man darunter versteht, daß der Staat keine andere Autorität über sich hat als die des internationalen Rechts." Die abweichende Meinung der Minderheit, die so bedeutende Unterschriften trägt wie die von Adatci, Kellogg, Rolin-Jacquemins, Cecil Hurst, Schücking, Eysinga und Wang, sagt: ,,Das Wort Unabhängigkeit ist ein Ausdruck, der für alle Schriftsteller des internationalen Rechts völlig klar ist, wenn sie auch verschiedene Erläuterungen dafür geben. Ein Staat wäre im Rechtssinne nicht unabhängig, wenn er sich in einer Lage der Abhängigkeit gegenüber einer anderen Macht befände, wenn er aufhörte, auf seinem eigenen Gebiete selbst die summa potestas oder Souveränität auszuüben, d. h., wenn er das Recht verlöre, die Entscheidungen, die die Regierung seines Gebietes erheischt, nach eigenem Ermessen zu fassen. Die Beschränkungen seiner Handlungsfreiheit, denen ein Staat zustimmen kann, berühren seine Unabhängigkeit nicht, vorausgesetzt, daß der Staat sich dadurch nicht seiner organischen Machtbefugnisse entäußert. Noch weniger berauben ihn die durch das internationale Recht auferlegten Beschränkungen seiner Unabhängigkeit."

Im Karelien-Fall (1923) nennt der StIG das Prinzip der Unabhängigkeit der Staaten ,,ein Grundprinzip des Völkerrechts". Im Palmas-Fall (1928) sagt der

[81] So im Grunde schon die Definition von Vattel, Le Droit des Gens, etc., I_1 4: ,,Jede Nation, die sich, unter welcher Form auch immer, selbst regiert, ohne Abhängigkeit von irgend einer fremden Macht, ist ein souveräner Staat"; siehe Hart aaO S. 217: ,,the word ‚sovereign' means here no more than ‚independent'."

[82] Beispiele s. bei Knubben, aaO, S. 136ff., freilich gemischt mit Beispielen für den Gebrauch des Wortes Souveränität.

Schiedsrichter Max Huber: „Souveränität in den Beziehungen zwischen Staaten bedeutet Unabhängigkeit. Unabhängigkeit in bezug auf einen Teil der Erdoberfläche ist das Recht, dort unter Ausschluß jedes anderen Staates die Funktion eines Staates auszuüben".

Eine treffende Definition der Unabhängigkeit findet sich in der Jahresbotschaft des Präsidenten Grant vom 6. 12. 1869[83] über die ehemaligen europäischen Kolonien in Amerika: „Wenn die gegenwärtige Kolonialbeziehung aufhört, so werden sie unabhängige Staaten, die das Recht der Auswahl und der Selbstkontrolle in der Bestimmung ihrer künftigen Lage und ihrer künftigen Beziehungen mit anderen Staaten ausüben".

Die Mandatskommission des Völkerbundes hat im Jahre 1931[84] einen Bericht über die Voraussetzungen erstattet, unter denen ein Mandat beendet werden kann (und dieses damit ein unabhängiger Staat wird), die aufschlußreich sind für die damals angenommenen *Voraussetzungen* der Unabhängigkeit:

a) „Versehen zu sein mit einer konstituierten Regierung und einer Verwaltung, die fähig ist, das regelmäßige Funktionieren der wesentlichen Einrichtungen des Staates zu sichern;

b) fähig zu sein, seine territoriale Integrität und seine politische Unabhängigkeit zu erhalten;

c) imstande zu sein, die öffentliche Ruhe im gesamten Gebiet zu sichern;

d) sicher zu sein, über die notwendigen finanziellen Hilfsmittel zu verfügen, um regelmäßig für die normalen Bedürfnisse des Staates sorgen zu können;

e) eine Gesetzgebung und eine Gerichtsorganisation zu besitzen, die allen Gerichtsunterworfenen eine regelmäßige Justiz sichern."

Bemerkenswert ist auch in Artikel 76 der UN-Satzung die Unterscheidung bei der „schrittweisen Entwicklung zur Selbstregierung *oder* Unabhängigkeit", die also die Selbstregierung deutlich von der Unabhängigkeit absetzt.

Rousseau[85] findet die juristischen Unterscheidungsmerkmale der Unabhängigkeit in drei Momenten:

a) in der Ausschließlichkeit der Kompetenz, d. h. dem Prinzip, daß auf einem bestimmten Gebiet grundsätzlich nur *eine* staatliche Kompetenz zum Zuge kommt, was sich vor allem ausdrückt im Monopol der Zwangsgewalt, im Monopol der Gerichtsbarkeit und im Monopol der Organisierung der öffentlichen Dienste;

b) in der Autonomie der Kompetenz, d. h. der Entscheidungsfreiheit in einem eigenen Zuständigkeitsbereich, was eine Zuständigkeit freien Ermessens einschließt;

---

[83] Moore, Digest, VI, S. 61.
[84] J. O. 1931, S. 2055.
[85] aaO (1. Aufl.) S. 90ff.

c) in dem umfassenden Charakter der Kompetenz, d. h. in der Freiheit des Staats, den Umfang seiner Kompetenz ratione materiae selbst zu bestimmen.

Brierly[86] bestimmt Unabhängigkeit als den Status eines Staates, der seine eigenen auswärtigen Beziehungen ohne Diktat von anderen Staaten kontrolliert, im Gegensatz zu dem Status eines Staates, der seine eigenen auswärtigen Beziehungen überhaupt nicht oder nur zum Teil kontrolliert; ,,Unabhängigkeit bedeutet nicht Freiheit vom Recht, sondern nur Freiheit von der Kontrolle durch andere Staaten".

Mugerwa[87] nennt Unabhängigkeit den ,,äußeren Aspekt der Souveränität", kraft dessen der Staat seine auswärtigen Beziehungen ohne die Kontrolle eines anderen Staates bestimmen kann.

In der Tat ist die Freiheit von der Kontrolle fremder Staaten das entscheidende Kriterium, das diejenigen Staaten, die volle Völkerrechtssubjekte sind, von denjenigen staatlichen Gebilden, die Völkerrechtssubjekte nur zum Teil oder gar nicht sind, unterscheidet. Diese Freiheit von der Kontrolle fremder Staaten ist aber noch näher zu präzisieren.

Die die Freiheit einschränkende oder aufhebende Kontrollmacht fremder Staaten kann von einem, von mehreren oder von allen fremden Staaten ausgeübt werden; die Unterwerfung unter das Völkerrecht als solches dagegen beeinträchtigt regelmäßig diese Freiheit nicht. Dies gilt auf jeden Fall für die Unterworfenheit unter das völkerrechtliche Gewohnheitsrecht. Es gilt im allgemeinen auch für völkerrechtliche Verträge, hier allerdings dann nicht, wenn durch einen völkerrechtlichen Vertrag nicht die Freiheit in einzelnen Ausübungsarten, sondern gerade ihr Kern, ihre Substanz, ihr Wesensgehalt[88] ganz oder teilweise in der Weise aufgehoben oder gemindert wird, daß eine Kontrolle fremder Staaten, sei es eines einzelnen, sei es vieler, sei es aller übrigen Staaten, auf die Substanz der Freiheit selbst ausgeübt wird,[89] in dem Sinne, daß der betroffene Staat diese Beeinträchtigung seiner Unabhängigkeit gegen den Willen des Staates oder der Staatengruppe, zu deren Gunsten diese Beschränkung besteht, nicht nur nicht ohne völkerrechtlichen Rechtsbruch aufheben kann, sondern auch nicht ohne verfassungsrechtlichen Rechtsbruch.[90]

---

[86] aaO S. 114f.

[87] In Manual S. 253.

[88] Siehe dazu ähnliche staatsrechtliche Interpretationen bei v. Mangoldt-Klein, Das Bonner Grundgesetz, 2. Aufl., Bd. I, S. 557ff.

[89] Siehe im wesentlichen sachlich übereinstimmend Guggenheim, Lehrbuch, I, S. 165: ,,Seine Völkerrechtsunmittelbarkeit berühren daher weder von ihm abgeschlossene noch vollzogene Völkerrechtsverträge, insofern sie keine dauernde Abhängigkeit zur Folge haben".

[90] Art. 24 GG sieht die Möglichkeit der Übertragung von Hoheitsrechten an internationale Einrichtungen durch Bundesgesetz vor (siehe dazu Maunz-Dürig aaO Kommentar zu Art. 24). Je nach Art und Maß der eventuell übertragenen Hoheitsrechte könnte die Bundesrepublick damit ihre Unabhängigkeit teilweise aufgeben, ebenso wie ein bisher selbständiger Staat, der einem Bundesstaat oder Staatenbund beitritt.

Die *Unabhängigkeit* als Wesensmerkmal des Staates als Völkerrechtssubjekt besteht also darin, *daß im ganzen Staatsgebiet und in allen inneren und äußeren Angelegenheiten des Staates die obersten Organe des Staates allein berechtigt sind, für den Staat rechtsverbindlich zu handeln sowie Weisungen an untere Staatsorgane und an Staatsangehörige und Einwohner des Staatsgebiets zu geben, aber weder Weisungen von Organen fremder Staaten oder internationaler Organisationen entgegennehmen müssen noch die Erteilung von Weisungen der Organe fremder Staaten oder internationaler Organisationen an ihre Unterorgane oder Untertanen zu dulden brauchen noch auch deren Handeln für ihren Staat als rechtsverbindlich gelten lassen müssen,* es sei denn, sie haben sich durch völkerrechtlichen Vertrag mit solchen Einschränkungen einverstanden erklärt in der Weise, daß diese Einschränkungen nicht die Substanz der Verfassungshoheit selbst ergreifen.[91]

e) Die Definition des Staats als Völkerrechtssubjekt

Ein *Staat* als volles Subjekt des Völkerrechts ist also *ein auf einem bestimmten Gebiet organisierter Personenverband, dessen Verbandsgewalt auf diesem Gebiet unabhängig von jeder anderen ihm nicht untergeordneten oder eingeordneten Verbandsgewalt gilt;* dabei sind die Merkmale dieser Unabhängigkeit im einzelnen aus der unmittelbar vorangehenden Definition der Unabhängigkeit abzulesen.

Wir haben nun die Fülle der internationalen Staatswirklichkeit auf das uneingeschränkte Vorhandensein dieser Merkmale oder auf ihre völlige Abwesenheit durchzuprüfen.

§ 15. Die Mitglieder der Vereinten Nationen als Völkerrechtssubjekte

Mitglieder der UN können nach Artikel 3 und 4 nur Staaten sein. Nach Artikel 3 der Charter sind ursprüngliche Mitglieder der UN die Staaten, die entweder an der San-Francisco-Konferenz der UN teilgenommen oder schon vorher die UN-Deklaration von 1. 1. 1942 unterzeichnet haben und die überdies die Charter unterzeichnen und ratifizieren. Über die Eigenschaft als „Staat" hinausgehende sachliche Qualifikationen sind für die Gründungsmitglieder nicht erfordert, insbesondere auch nicht das Merkmal der Unabhängigkeit. Die Tatsache, daß ein Staat ursprüngliches Mitglied der UN ist, sagt also nichts darüber aus, ob er regelmäßiges und generelles Völkerrechtssubjekt im Sinne der in § 14 gegebenen Definition ist, insbesondere also das Merkmal der Unabhängigkeit besitzt; sicherlich besitzt er aber zum mindesten die beschränkte Völkerrechtssubjektivität, die in der Zugehörigkeit zu den UN als solcher liegt. Dagegen wird unterstellt, daß er die bei der Aufnahme neuer Mitglieder nach Artikel 4 zu prüfende „Friedensliebe" besitzt,

---

[91] z. B. Entmilitarisierung, Neutralisierung von Gebietsteilen, Internationalisierung von Flüssen.

Wie aus der Verwendung der Worte „*andere* friedliebende Staaten" in Artikel 4 hervorgeht.

Neu aufzunehmende Mitglieder müssen neben ihrer Friedensliebe „nach dem Urteil der Organisation" fähig und willens sein, die Verpflichtungen der Charter zu erfüllen. Die Fähigkeit, die Verpflichtungen der Charter zu erfüllen, bedeutet bei dem weiten Umfang dieser Verpflichtungen wohl auch den Einschluß der Eigenschaft als unabhängiger Staat. Da aber „das Urteil der Organisation" frei ist und im wesentlichen nach politischen, nicht nach rechtlichen Gesichtspunkten ausgeübt wird, kommt der Aufnahme in die UN kein erhöhter oder gar unwiderleglicher Beweiswert für das Vorhandensein der Unabhängigkeit zu, deren Vorhandensein vielmehr auch in jedem einzelnen Fall eines Mitglieds der UN nach den allgemeinen sachlichen Merkmalen geprüft werden muß.

Dagegen ist etwas eingehender die Frage zu prüfen, ob nicht die Mitglieder der UN durch die bloße Tatsache ihrer Zugehörigkeit zu dieser Organisation eine Beeinträchtigung oder Aufhebung ihrer Unabhängigkeit erleiden.

Natürlich kann uns die bloße Deklaration der „souveränen Gleichheit" aller UN-Mitglieder[92] keine sachlich begründete Antwort erteilen, ebensowenig das in Artikel 2 VII der Charter ausgesprochene Verbot für die UN, „sich in Angelegenheiten einzumischen, die ihrem Wesen nach zur inneren Zuständigkeit eines Staates gehören", da damit ja gerade gewisse für die Unabhängigkeit wesentliche Angelegenheiten eines Staates von der Einmischung der UN nicht ausgeschlossen sind. Wir haben also die etwaigen *sachlichen* Einschränkungen der Unabhängigkeit der UN-Mitglieder durch die Charter unbeeinflußt von solchen Deklarationen objektiv zu prüfen.

Die Generalversammlung, die gemäß Artikel 18 der Charter mit Mehrheit (ohne „Veto-Recht") entscheidet, kann zwar nicht in die inneren, wohl aber in gewisse „äußere" Angelegenheiten der Mitglieder intervenieren; da sie aber gemäß Artikel 10 der Charter nur „diskutieren" oder „empfehlen", nicht dagegen Weisungen erteilen kann, wird die Unabhängigkeit der UN-Mitglieder durch die Zuständigkeit der Generalversammlung nicht beeinträchtigt.

Auch der Sicherheitsrat kann gemäß Artikel 36 und 38 der Charter im allgemeinen nur „Empfehlungen", also nicht Weisungen erlassen. Aber nach Artikel 39 der Charter kann der Sicherheitsrat im Falle von Friedensbedrohung, Friedensbruch oder Angriffsakten Entscheidungen über zu ergreifende militärische und wirtschaftliche Maßnahmen treffen, und nach Artikel 25 der Charter sind die Mitglieder der UN verpflichtet, diese Entscheidungen durchzuführen. Gemäß Artikel 27 III der Charter genügt für solche Entscheidungen ein Majoritätsbeschluß, allerdings müssen die fünf ständigen Ratsmitglieder (China, Frankreich, Großbritannien, USA, USSR) zustimmen, können also nicht überstimmt wer-

[92] Art. 2 I der Charter; Ninčić, The Problem of Sovereignty in the Charter and in the Practice of the United Nations, 1970.

den. Für diese fünf Staaten bedeutet also auch die Zuständigkeit des Sicherheitsrats keine Beeinträchtigung der Unabhängigkeit. Aber auch für die übrigen Mitglieder der UN, obwohl sie auch gegen ihren Willen an solche Entscheidungen gebunden sind, bedeutet dies keine Minderung der Unabhängigkeit, da diese Gebundenheit auf einem von ihnen frei eingegangenen völkerrechtlichen Vertrag beruht, von dem sie sich durch den Austritt aus den Vereinten Nationen „wegen ausnahmsweiser Umstände" im wirklichen Grenzfall wieder lösen könnten. Aber selbst ohne solche legale Austrittsmöglichkeit wird die Unabhängigkeit im Sinne der oben § 14d gegebenen Definition angesichts der vertraglichen Grundlage der Verpflichtungen durch die Zugehörigkeit zu den UN in ihrem Wesen nicht beeinträchtigt. Ähnliches gilt für die Mitgliedschaft in der EG[93], erst recht für die in der Organisation der Amerikanischen Staaten oder im Commonwealth.[94]

§ 16. Die dauernd neutralisierten Staaten[95]

Die dauernde Neutralisierung eines Staates als völkerrechtliches Rechtsverhältnis ist zu unterscheiden einmal von der dauernden Neutralisierung oder Entmilitarisierung gewisser Gebietsteile, Kanäle, Meeresteile usw., weiter von der sogenannten Neutralität eines Staates, die von Fall zu Fall automatisch eintritt als Rechtsfolge der Nichtbeteiligung eines Staates an einem zwischen dritten Staaten ausgebrochenen konkreten Kriege,[96] schließlich von der politischen Entschlossenheit eines Staates, sich in einer Zeit politischer Spannungen nicht dem einen oder anderen der sich feindlich gegenüberstehenden Militärbündnisblocks anzuschließen, sondern die Freiheit seiner außenpolitischen Entschließungen zu bewahren (sog. blockfreie Staaten).

Die dauernde Neutralisation eines Staates ist nicht ein beliebig wiederholbares abstraktes völkerrechtliches Institut, sondern die rechtliche Fixierung einer einmaligen historischen Situation, die immer auf einem konkreten Vertrag beruht und ganz bestimmter soziologischer, politischer, militärischer, geographischer und psychologischer Voraussetzungen bedarf, um Bestand zu haben. Die einseitige Erklärung eines Staates ist nicht imstande, diese Rechtssituation herbeizuführen, es ist dazu immer eine vertragliche Einigung zum mindesten mit den Staaten

---

[93] Siehe Bindschedler in Festschrift für Guggenheim S. 175ff.

[94] Über die Problematik der Zugehörigkeit zur „sozialistischen Staatengemeinschaft" im Zeichen der sog. Breschnew-Doktrin (siehe Tschechoslowakei 1968) vergleiche DDR-Lehrbuch I S. 282ff., ferner Zieger in NJW 1975 S. 147 zur Neufassung von Art. 6 der Verf. der DDR.

[95] Baldassari, La neutralizzazione, 1912; Haug, Neutralität und Völkergemeinschaft, 1968; Schmitt, Hans Peter, Die Rechtsgrundlagen der Neutralisation von Staaten, 1970; Sottile, Nature juridique de la neutralité à titre permanent, 1920; Strupp, Neutralisation, Befriedung, Entmilitarisierung, 1933; Verosta, Die dauernde Neutralität, 1967.

[96] Darüber s. unten in Bd. II, Kap. 9.

erforderlich, die ein unmittelbares Interesse an der Schaffung dieser Sondersituation und eine Einwirkungsmöglichkeit auf ihren Bestand haben.[97] Durch die dauernde Neutralisierung wird der neutralisierte Staat verpflichtet, nicht nur im Falle kriegerischer Auseinandersetzungen zwischen dritten Staaten eine strenge Neutralität im kriegsrechtlichen Sinne zu beobachten, sondern, um die Einhaltung dieser im Kriegsfall akut werdenden Pflicht nicht durch eine vor dem Krieg stattfindende außenpolitisch parteiische Haltung zu gefährden, auch schon im Frieden sich von aller Bündnispolitik oder sonstigen Beteiligung am allgemeinen Spiel der Mächtepolitik fernzuhalten, insbesondere auch nicht Eventualabmachungen für den Fall der künftigen Verletzung seiner dauernden Neutralität durch einen Staat oder eine Staatengruppe mit einem anderen Staat oder einer anderen Staatengruppe zu treffen.[98] Dagegen ist er durch die dauernde Neutralisierung rechtlich nicht gehindert, alle übrigen Vorbereitungen gegen eine künftige eventuelle Verletzung seiner Neutralität zu treffen, also eine bewaffnete Neutralität zu pflegen, und im Angriffsfall sich zu verteidigen. Er ist aber völkerrechtlich nicht verpflichtet – staatsrechtlich kann ihm dies sogar verwehrt sein, z. B. im Falle der verfassungsrechtlichen Verankerung der Pressefreiheit – seine Staatsangehörigen oder auf seinem Gebiet wohnende Fremde an der Äußerung von privaten Parteinahmen zu hindern („Gesinnungsneutralität"), obwohl dadurch infolge des demokratischen Kräftespiels seine durch die dauernde Neutralisierung bestehende Entscheidungsgebundenheit erheblich gefährdet werden kann.[99]

Kraft des die dauernde Neutralisierung konstituierenden Vertrags sind die übrigen Vertragsstaaten verpflichtet, diese Neutralisierung zu achten, d. h. sie nicht zu verletzen, und auch alles zu unterlassen, was sie gefährden könnte, eventuell, falls sie diese Verpflichtung im Vertrag ausdrücklich übernommen haben, diese Neutralisierung auch zu garantieren, d. h. gegen Verletzungen von dritter Seite zu schützen. Mit solcher Garantie entsteht ein Schutzverhältnis besonderer Art, das auch dritte am Vertrag nicht beteiligte Staaten beachten müssen, widrigenfalls sie sich eines Völkerrechtsdeliktes schuldig machen; dies ist nicht der Fall, wenn die dauernde Neutralisierung nicht garantiert ist.

Die dauernde Neutralisierung bewirkt nicht eine Einschränkung oder eine Aufhebung der Unabhängigkeit, d. h. der vollen völkerrechtlichen Persönlichkeit des neutralisierten Staates, da lediglich eine freiwillig-vertraglich eingegangene Selbstbeschränkung vorliegt, die die Substanz der Verfassungshoheit nicht beeinträchtigt. Infolgedessen ist die Rechtsfolge der Verletzung der dauernden Neutralisierung durch den neutralisierten Staat lediglich der Verlust dieser Rechtssitua-

[97] Siehe Whiteman, Digest I S. 343: „. . . the practice of States is nearly unanimous in the view that a unilateral declaration alone cannot create in international law a status of permanent neutrality. In the absence of a treaty creating permanent neutrality, any unilateral declaration to that effect has only the force of municipal law."

[98] Siehe Mc Nair, Law of Treaties, 1961, S. 46ff.

[99] Siehe P.-J. Pointet, La neutralité de la Suisse et la liberté de la presse, Zürich 1945.

tion; *gegen* den Willen des neutralisierten Staates kann diese Rechtsstellung nicht aufrechterhalten oder auferlegt werden, es sei denn durch die Herbeiführung eines anderen Status, der Abhängigkeit, des Protektorats, mit dem wir uns in diesem Zusammenhang nicht zu befassen haben.[100] Freilich stellt eine solche einseitige Lösung des neutralisierten Staates von seinem Rechtsstatus regelmäßig eine Völkerrechtsverletzung dar, wenn kein Rechtferigungsgrund vorliegt.

Die vorstehend aufgeführten Grundsätze stellen nicht gewohnheitsrechtliche Normen oder allgemeine Regeln des Völkerrechts dar, sondern sind eine zusammenfassende Darstellung und Systematisierung der historisch existierenden Fälle, deren vertragliche Formulierung im konkreten Fall befragt werden muß. Die gegenwärtig dauernd neutralen Staaten sind die folgenden:

a) Die Schweiz[101]

Die dauernde Neutralität der Schweiz war seit Jahrhunderten ein außenpolitisches Programm der Schweiz, das aber insbesondere von Frankreich in den Zeiten der Revolutions- und napoleonischen Kriege nicht beachtet wurde. Völkerrechtlich fixiert wurde sie erst durch die Wiener Erklärung vom 20. 3. 1815 in Verbindung mit dem Beitritt der Schweizer Eidgenossenschaft vom 27. 5. 1815 und der Erklärung der Signatare des 2. Pariser Friedens vom 20. 11. 1815.[102] Während der Kriege von 1859, 1866, 1870/71, 1914/18 zwischen den Nachbarländern wurde die dauernde Neutralisierung der Schweiz von allen Beteiligten geachtet und eingehalten. Den Beitritt zum Vökerbund vollzog die Schweiz erst, nachdem der Völkerbundsrat durch die Erklärung vom 13. 2. 1920[103] die Erklärung der Schweiz „angenommen" hatte, daß sie zwar an den vom Völkerbund gegen einen Paktbrecher verhängten wirtschaftlichen und finanziellen Sanktionen teilnehmen werde, nicht aber an militärischen Aktionen oder an der Duldung des Durchmarschs fremder Truppen oder der Vorbereitung militärischer Unternehmungen auf ihrem Gebiet. In Abweichung von dieser freiwillig eingegangenen Rechtsverpflichtung verweigerte die Schweiz 1935/36 in Rückkehr zur „integralen" Neutralität die volle Durchführung der vom Völkerbund gegen Italien verhängten Wirtschaftssanktionen,[104] was zu einem Beschluß des Völkerbundsrats vom 14. 5. 1938 führte,[105] durch den diese neue Haltung der Schweiz genehmigt wurde. Im 2.

---

[100] Siehe darüber unten § 18.

[101] Siehe Bonjour, Geschichte der schweizerischen Neutralität, 2. Aufl., 3 Bde., 1965/67.

[102] Siehe Berber, Völkerrecht. Dokumente S. 827ff.

[103] J. O. 1920 S. 57f.

[104] Siehe die Schweizer Denkschrift an den Völkerbund vom 28. 10. 1935, abgedruckt in Hamburger Monatshefte für Auswärtige Politik, Dezember 1935 S. 9, und die Erklärung Bundesrats Mottas vom 10. 10. 1935, ebda. S. 7: „Wir sind der Ansicht, daß wir nicht an Sanktionen teilzunehmen brauchen, die ihrer Natur und Wirkung nach unsere Neutralität einer wirklichen Gefahr aussetzen würden, einer Gefahr, die wir als souveräner Staat nur selbst beurteilen können." Siehe Schindler, Die schweizerische Neutralität 1920–1938, in ZaöRVR 1938 S. 413.

[105] Siehe Monatshefte für Auswärtige Politik 1938 S. 566.

Weltkrieg wurde die Neutralität der Schweiz vor allem von alliierten Flugzeugen verletzt.[106] Den Vereinten Nationen ist die Schweiz ebensowenig beigetreten wie etwa der Nato, wohl aber 1963 dem Europarat.

b) Österreich

Die dauernde Neutralität Österreichs beruht auf dem Moskauer Memorandum vom 15. 4. 1955, in dessen Ziff. 1 die dauernde Neutralität Österreichs nach Schweizer Muster vorgesehen ist, auf dem österreichischen Gesetz von 26. 10. 1955,[107] sowie auf der Anerkennung dieser dauernden Neutralität durch eine große Zahl von Staaten, darunter alle Großmächte.[108]

c) Die Vatikanische Stadt wurde durch Artikel 24 des Lateranvertrages zwischen Italien und dem Heiligen Stuhl vom 11. 2. 1929 zum ,,dauernd und in allen Umständen neutralen und unverletzlichen Gebiet" erklärt.[109]

Laos wurde durch die eigene Erklärung vom 9. 7. 1962 und die Kollektiverklärung der interessierten Staaten vom 28. 7. 1962 dauernd neutralisiert.[110]

Seit dem Ende des 1. Weltkriegs ist die dauernde Neutralisierung Belgiens und Luxemburgs überholt.

Die dauernde Neutralisierung Belgiens beruhte auf Artikel 7 des Vertrags vom 15. 11. 1831 und den Londoner Verträgen vom 19. 4. 1839. Durch den Einmarsch der deutschen Truppen am 4. 8. 1914 wurde diese Neutralisierung verletzt, aber nicht beseitigt. Artikel 31 des Versailler Vertrags stellte die Tatsache fest, ,,daß die Verträge vom 19. 4. 1839, die vor dem Kriege die Rechtslage Belgiens bestimmten, durch die Verhältnisse überholt sind", und verpflichtete das Deutsche Reich, der Aufhebung dieser Verträge zuzustimmen.

Die dauernde Neutralisierung Luxemburgs, das bis zur Auflösung des Deutschen Bundes im Jahre 1866 Mitglied dieses Bundes gewesen war, beruhte auf dem Londoner Vertrag vom 12. 5. 1867. Im Jahre 1914 durch den Einmarsch deutscher Truppen verletzt, wurde die dauernde Neutralisierung Luxemburgs durch Artikel 40 des Versailler Vertrags als aufgehoben bezeichnet, ohne daß Luxemburg Signatar des Versailler Vertrags war.

---

[106] Siehe Rousseau aaO S. 719 über die Bombardierung von Genf (11. 6. 1940) und Basel (16. 12. 1940) durch die britische, von Schaffhausen (1. 4. 1944), Stein am Rhein (22. 2. 1945), Basel und Zürich (4. 3. 1945) durch die amerikanische Luftwaffe, mit einem Verlust von 84 Toten und 260 Verwundeten.

[107] Dessen Art. 2 bestimmt: ,,Österreich wird zur Sicherung dieser Zwecke in aller Zukunft keinen militärischen Bündnissen beitreten und die Errichtung militärischer Stützpunkte fremder Staaten auf seinem Gebiete nicht zulassen"; siehe Berber, Völkerrecht. Dokumente S. 854ff.

[108] Siehe Verdross in AJIL 1956, S. 61ff.; Kunz, ebda, S. 418ff.; Verdross in ZaöRVR 19, S. 512ff.; Ermacora, Österreichs Staatsvertrag und Neutralität, 1957; Verdross, Die immerwährende Neutralität der Republik Österreich, 1958.

[109] Über die Rechtslage der Vatikanischen Stadt s. unten § 21 I.

[110] Siehe Berber, Völkerrecht. Dokumente S. 843ff.; Whiteman, Digest I S. 335; jetzt wohl nicht mehr gültig.

§ 17. Staatenverbindungen[111]

I. Allgemeines

Der Staat als Völkerrechtssubjekt befindet sich in dauernder Wechselwirkung mit anderen Staaten, die mehr oder weniger intensiv, mehr vorübergehend oder mehr dauernd nach verschiedenen Organisationsprinzipien aufgebaut sein kann.

a) Die allgemeinste Form der gewollten rechtlichen Verbindung von Staaten ist der allgemeine Völkerrechtsverkehr, der heute praktisch universell zwischen allen Staaten stattfindet und der sich vor allem in rechtsgeschäftlichen und rechtsetzenden Akten mannigfacher Art vollzieht, im Abschluß von Verträgen, in der Bildung eines gemeinsamen Gewohnheitsrechts, im diplomatischen Verkehr, in der gesamten bunten Fülle der partiellen oder universalen internationalen Zusammenarbeit. Hier bleibt die Unabhängigkeit der Staaten im oben definierten Sinn voll erhalten.[112]

b) Eine völkerrechtlich, nicht nur faktisch relevante Verdichtung dieses allgemeinen Völkerrechtsverkehrs findet statt, wenn diese völkerrechtliche Zusammenarbeit einiger, vieler oder aller Staaten sich nicht in Regelungen erschöpft, deren Durchführung den eigenen Organen der Staaten überlassen bleibt, sondern wenn sie Institutionen mit eigenen Organen schafft, die zwar auf dem Willen der in dieser Weise zusammenarbeitenden Staaten beruhen, die aber nicht mit den Organen dieser Staaten identisch sind, sondern rechtlich als Organe dieser Institutionen erscheinen. Auch diese Institutionalisierung des völkerrechtlichen Verkehrs kann wieder in den verschiedensten Intensitätsgraden und Organisationsformen erfolgen. Die herkömmliche Militärallianz z. B. enthält noch gar keine eigenständige Organisation, man vergleiche etwa Artikel V 1 des Dreibundvertrags vom 20. 5. 1882,[113] der bestimmt: ,,Wenn der Friede einer der Hohen Vertragsschließenden Parteien unter den in den vorstehenden Artikeln vorgesehenen Umständen bedroht werden sollte, so werden sich die Hohen Vertragsschließenden Parteien zu gegebener Zeit über die für ein etwaiges Zusammenwirken nötigen militärischen Maßnahmen verständigen". Diesc Allianz gehört also noch ganz zu dem oben unter (a) definierten (partikulären oder universalen) Völkerrechtsverkehr. Dagegen stellen neuere Militärallianzen bereits den Übergang zur institutionellen Zusammenarbeit mit eigenen Organen dar, so etwa Artikel VII des Brüsseler Ver-

---

[111] Allgem. Literatur: Brie, Theorie der Staatenverbindungen, 1886; Ebers, Die Lehre von dem Staatenbunde, 1910; Jellinek, Die Lehre von den Staatenverbindungen, 1882; Kunz, Staatenverbindungen, 1929; Lundborg, Die gegenwärtigen Staatenverbindungen, 1921; Stoke, The Foreign Relations of the Federal State, 1931.

[112] Siehe Gutachten des StIG im Zollunionsstreit, 1931, Serie A/B, Nr. 41: ,,... that the restrictions upon a State's liberty, whether arising out of ordinary international law or contractual engagements, do not as such in the least affect its independence".

[113] Die auswärtige Politik des Deutschen Reiches 1871–1941, herausg. vom Hamburger Institut für Auswärtige Politik, 1928, I, S. 182.

trags vom 17. 3. 1948, der einen Konsultativrat vorsieht, Artikel 9 des Nato-Vertrags vom 4. 4. 1949, der die Schaffung eines Rats vorsieht und fortfährt: „The council shall set up such subsidiary bodies as may be necessary. . .“, der eine fast identische Regelung vorsehende Artikel 6 des Warschauer Paktes vom 14. 5. 1955, die Artikel 5 und 6 des arabischen Verteidigungspaktes vom 17. 6. 1950, die eine „Permanente Militärkommission“ und einen „Gemeinsamen Verteidigungsrat“ vorsehen. Noch viel deutlicher ist diese Institutionalisierung bei den sog. Verwaltungsunionen, die schon lange vor dem 1. Weltkrieg eigene „Ämter“ zur Verfügung hatten, so etwa das interntionale Büro für Maße und Gewichte in Paris, das Büro des Weltpostvereins im Bern usw. Auch in allen diesen Fällen liegt zunächst keine Beeinträchtigung der staatlichen Unabhängigkeit vor. Am Ende des 1. und noch weit mehr des 2. Weltkriegs verdichtete sich diese Institutionalisierung in intensivster Weise durch die Schaffung zahlreicher internationaler Organisationen, die (unten § 20) gesondert behandelt werden.

c) Aus der Fülle dieser institutionellen internationalen Zusammenarbeit ragen diejenigen Regelungen hervor, die die Zusammenarbeit der Staaten nicht in einzelnen wirtschaftlichen, technischen, militärischen oder politischen Beziehungen erfassen, sondern die die Staaten selbst in dauernder und umfassender Weise verbinden. Hier entsteht das in unserem Zusammenhang der Völkerrechtssubjekte interessierende spezifische Problem, ob und gegebenenfalls inwieweit durch diese Verbundenheit von Staaten eine Minderung bzw. Aufhebung ihrer Unabhängigkeit und damit ihrer Völkerrechtspersönlichkeit eintritt.

Dieses Problem ist im Folgenden zu untersuchen.

II. Die Einteilung der Staatenverbindungen

Man hat seit langem versucht, die Vielfalt der historisch auftretenden Staatenverbindungen wissenschaftlich zu klassifizieren und alle historischen Fälle bestimmten abstrakten Kategorien einzuordnen. Dies kann naturgemäß bei der überaus großen Variationsbreite der praktisch vorkommenden Fälle nur annäherungsweise Erfolg haben. Vor allem aber muß man sich davor hüten, das Schema der einzelnen Kategorien von Staatenverbindungen, die ja nichts sind als mehr oder weniger zutreffende, mehr oder weniger in die Einzelheiten gehende Generalisierungen bestimmter historischer Einzelfälle, nun als eine Norm zu betrachten, in deren Prokrustesbett jeder neu auftauchende Fall gepreßt werden müßte. Die Kategorien sind vielmehr historisches, systematisch geordnetes Hilfsmaterial, das dazu dienen kann, vorliegende praktische Fälle besser zu verstehen und bei der politischen Schaffung von Staatenverbindungen Formen und Erfahrungen bereitzuhalten; eine logische Notwendigkeit oder gar eine juristische Verbindlichkeit wohnt ihnen keineswegs inne.

Die üblichen Einteilungssysteme[114] unterscheiden bald völkerrechtliche oder staatsrechtliche Verbindungen, bald solche auf der Grundlage der Gleichordnung oder der Über- und Unterordnung, bald organisierte oder unorganisierte, und andere mehr.

Jellinek[115] macht über diese Theorien eine Feststellung, die auch heute noch weitgehend gilt: „In wenigen Partien des öffentlichen Rechts herrscht eine solche Unklarheit wie in der Lehre von den Staatenverbindungen." Die Komplikationen der allgemeinen Staatslehre vereinfachen sich aber für eine der Wirklichkeit des internationalen Lebens zugewandte Völkerrechtsauffassung dadurch, daß alle nur innerstaatlich interessierenden Probleme außer Betracht bleiben können, und daß es nicht auf systematische Vollständigkeit ankommt, sondern auf eine Einteilung, die die wichtigsten in der Wirklichkeit des internationalen Lebens vorkommenden Erscheinungen in der Weise erfaßt, daß ihre völkerrechtlich relevanten Merkmale klar hervortreten. Unter diesem methodischen Blickpunkt ergeben sich drei große Fragenkomplexe:

a) Wenn sich Staaten unter Beibehaltung ihrer Völkerrechtspersönlichkeit in umfassender Weise zu einem Staatenverband zusammenschließen, so *kann* diesem neuen Staatenverband ebenfalls Völkerrechtspersönlichkeit zukommen, eine Abgrenzung der völkerrechtlichen Kompetenzen zwischen Verband und Mitgliedern ist in diesem Falle notwendig. Dies sind die Probleme, die herkömmlich unter der Bezeichnung Staatenbund, Realunion, Personalunion behandelt werden.

b) Wenn sich Staaten unter prinzipieller Aufgabe ihrer Völkerrechtspersönlichkeit nicht zu einem bloßen Staatenverband, sondern zu einem neuen Staat zusammenschließen, dabei aber innerstaatlich eine gewisse Staatlichkeit beibehalten, so können sie zugleich auch ein gewisses begrenztes Maß von Völkerrechtspersönlichkeit beibehalten haben. Ebenso, wenn ein Einheitsstaat sich unter Beibehaltung seines Staatscharakters so weitgehend dezentralisiert, daß seine dezentralisierten Teile eine gewisse Staatlichkeit erhalten, so kann ihnen zugleich ein gewisses Maß von Völkerrechtspersönlichkeit zugeteilt sein. Diese Probleme entstehen am häufigsten bei den von der Staatslehre „Bundesstaat" genannten Gebilden, deren sonstige überwiegende Problematik aber nicht ins Völkerrecht, sondern in die Staatslehre oder das Staatsrecht gehört.

c) Ein bisher selbständiger Staat kann seine Unabhängigkeit verloren haben und in Abhängigkeit von einem fremden Staat geraten sein, dabei aber doch eine teilweise völkerrechtliche Zuständigkeit behalten haben; ein bisher unselbständiger Gebietsteil kann Staatlichkeit verbunden mit beschränkter Völkerrechtspersönlichkeit erlangen. Dies sind die Fälle, die gewöhnlich unter der Bezeichnung „abhängige Staaten" zusammengefaßt werden.

---

[114] Siehe über ihre Dogmengeschichte Kunz, Staatenverbindungen, S. 61 ff.

[115] Lehre von den Staatenverbindungen, 1882, S. 4.

d) Dagegen gehört nicht in unseren Zusammenhang der Staatenverbindungen, sondern in den der Staatensukzession der Fall, daß ein bisher ganz oder teilweise abhängiger Gebietsteil völlige Unabhängigkeit erlangt oder daß ein bisher unabhängiger Staat diese Unabhängigkeit vollständig verliert, also als Völkerrechtssubjekt untergeht.

e) Wir werden im Folgenden zunächst die Gruppen (a) und (b), also die Staatenverbindungen zu gleichem Recht, behandeln.

III. Die Personalunion

Eine Personalunion kann nur zwischen Monarchien bestehen; falls Republiken den gleichen Präsidenten haben, beruht dies entweder auf dem Vorhandensein staatenbündischer Elemente, oder es ist völkerrechtlich ganz gleichgültig. Die Personalunion läßt die Völkerrechtspersönlichkeit der durch sie verbundenen Staaten ganz unberührt, ohne die Union selbst als juristische Person oder gar als Völkerrechtssubjekt zu konstituieren. Eine Personalunion liegt dann vor, wenn die Tatsache der Gemeinsamkeit der Krone nicht kraft völkerrechtlicher Vereinbarung oder übereinstimmender staatsrechtlicher Regelung von beiden Staaten als solche gewollt ist, sondern wenn kraft der Thronfolgeordnung in einem Staat ein in einem anderen Staat schon regierender Fürst automatisch oder kraft eines in der Thronfolgeordnung bestimmten Aktes auch in diesem Staat als Monarch berufen wird, eventuell auch, bei gleichzeitiger Erledigung zweier oder mehrerer Throne, wenn kraft der in jedem einzelnen dieser Staaten unabhängig von der Thronfolgeordnung in jedem anderen dieser Staaten geltenden Thronfolgeordnung eine und dieselbe physische Person als Monarch berufen wird. Wenn bei Vorliegen einer Personalunion ein anderes Staatsorgan als der Monarch gleichzeitig für die zwei oder mehr Mitglieder der Personalunion tätig wird, so wird er nicht für die Personalunion tätig, sondern für die einzelnen Staaten.

Historische Beispiele:

a) Polen-Litauen 1385–1569 (1569 in eine Realunion umgewandelt).

b) Polen–Sachsen 1679–1763.

c) Preußen–Neuenburg 1707–1857.

d) England–Hannover 1714–1837.[116]

e) Niederlande–Luxemburg 1815–1890.

f) Belgien–Kongostaat 1885–1908, wobei allerdings die Eigenstaatlichkeit des Kongos nur eine schlecht verhüllte Fiktion für einen Kolonialstatus war.[117]

[116] Nach englischem Recht hatte diese Gemeinsamkeit des Monarchen für die Angehörigen des so verbundenen Staates zur Folge, daß sie die englische Staatsangehörigkeit während der Dauer der Verbundenheit besaßen, Isaacson v. Durant (1886) 71 Q. B. D. 54; siehe auch Mc Nair, Law of Treaties, S. 41.

[117] Siehe Rousseau aaO 1. Aufl. S. 97; Thomson, Fondation de l'Etat Indépendant du Congo, 1933.

g) Italien–Albanien 1939–1943; auch hier war die Eigenstaatlichkeit Albaniens nur eine schlecht verhüllte[118] Fiktion.

h) Dänemark, Schleswig und Holstein 1460–1863; es blieb nach deutscher Ansicht bis zum Ende nur eine Personalunion, trotz der sog. Union von 1533, in der die Beteiligten sich zum friedlichen Austrag aller Streitigkeiten und zum gegenseitigen Beistand bei feindlichem Angriff verpflichteten.[119]

Da die Monarchie in einer Reihe germanischer und arabischer Staaten sich als krisenfest erwiesen hat, kann man die Möglichkeit der Personalunion, obwohl heute in keinem Fall aktuell verwirklicht, durchaus nicht als veraltet bezeichnen, wenngleich zuzugeben ist, daß die Blütezeit dieser Institution in die Feudalzeit fällt (s. Aragon-Kastilien 1479, Österreich und Niederlande 1479, Österreich und Spanien 1516–1519, Frankreich und Bretagne 1532).

IV. Die Realunion

Über die Abgrenzung der Realunion von der Personalunion besteht keine Übereinstimmung, so daß z. B. die Beziehung zwischen Dänemark und Island bald als Personal-, bald als Realunion bezeichnet[120] und die Zweckmäßigkeit der Unterscheidung von Ross[121] sogar gänzlich geleugnet wird.

Der rechtliche Hauptunterschied der Realunion von der Personalunion wird von der herrschenden Lehre[122] darin gesehen, daß die Gemeinsamkeit des Monarchen nicht eine rechtlich zufällige ist, sondern bewußt geschaffen wurde durch staats- oder völkerrechtlichen Willensakt, nicht für die Dauer einer dynastischen Erbfolgordnung, sondern für geschichtliche Dauer: während bei der Personalunion die Dynastie sehr wohl die Union überdauern kann, kann umgekehrt bei der Realunion die Union sehr wohl die Dynastie überdauern.[123]

Alle anderen Unterscheidungen sind Unterschiede innerhalb der historischen Erscheinungsformen der Realunion selbst; die Verbindung kann also im konkreten Einzelfall, abgesehen von der immer notwendigen Gemeinsamkeit des Monarchen, ebenso lose sein wie in der Personalunion, ebenso intensiv wie im Bundesstaat.[124] Infolgedessen ist es je nach Lage des konkreten Einzelfalles möglich, daß nur die verbundenen Staaten oder nur die Union oder sowohl die verbundenen Staaten als die Union Subjekte des Völkerrechts sind. Da es also immer auf die

[118] Wobei nicht zu vergessen ist, daß die Personalunion in der Antike als die mildeste Form der Unterwerfung galt, s. z. B. ihre Anwendung durch den Perserkönig, vgl. die Herrschaft dieses Königs über 127 Länder „von Indien bis an Mohrenland" in Esther I 1.

[119] Siehe C. Jansen und K. Samwer, Schleswig-Holsteins Befreiung, 1897; La Question du Slesvig, ed. F. de Jessen, Kopenhagen 1906.

[120] Siehe Hackworth aaO I S. 59.

[121] aaO S. 113.

[122] Siehe Kunz aaO S. 419ff.

[123] Siehe z. B. §§ 3, 12 des schwedisch-norwegischen Rigsakt von 1815.

[124] Siehe Kelsen, Principles of International Law, S. 171.

konkreten rechtlichen Einzelheiten des historischen Falls ankommt, ist die Typenbildung ,,Realunion" mehr von akademischem als praktischem Wert; in jedem Einzelfall ist die konkrete Regelung zu prüfen, um zu einem juristisch korrekten Ergebnis zu kommen. Im übrigen ist die Realunion heute praktisch von geringer Bedeutung. Die wichtigsten historischen Beispiele sind:

a) Schweden–Norwegen 1814–1905

Gemeinsam war den beiden Staaten lediglich das Staatsoberhaupt und die einheitliche Außenpolitik, im übrigen waren die beiden Staaten unabhängig voneinander organisiert, nur notdürftig koordiniert durch das Verbindungsorgan ,,Sammensat Staatsrad" zur Regelung von Fragen gemeinsamen Interesses. Gerade über dem Problem der einheitlichen Außenpolitik brach die Union auseinander, da Norwegen auf einem eigenen Außenministerium bestand, das durch das Erfordernis der einheitlichen Außenpolitik nicht ausgeschlossen sei.[125] Nach dieser Regelung waren also Schweden wie Norwegen je Völkerrechtssubjekt.[126]

b) Österreich–Ungarn 1867–1918

Die Verbindung zwischen Österreich und Ungarn war von 1526 bis 1848 eine Personalunion. Im Gefolge des ungarischen Aufstandes von 1848/49 folgten kurzc Jahre des Einheitsstaates, bis dann der österreichisch-ungarische ,,Ausgleich" von 1867, beruhend auf einem im wesentlichen gleichlautenden ungarischen und österreichischen Staatsgesetz, eine Realunion schuf. Nach dieser Regelung waren gemeinsam der Monarch, die Auswärtigen Angelegenheiten einschließlich der Vertretung gegenüber dem Ausland, das Kriegs- und das Finanzwesen (die sog. ,,pragmatischen" Angelegenheiten, im Gegensatz zu den ,,dualistischen", die nach gleichen, zu vereinbarenden Grundsätzen zu erledigen waren; eine gemeinsame Gesetzgebung und gemeinsame Gesetzgebungsorgane gab es nicht).

Es gab also nur ein einziges Völkerrechtssubjekt Österreich-Ungarn, das 1918 mit der militärischen Niederlage im 1. Weltkrieg auseinanderfiel,[127] obwohl die Praxis des Vertragsabschlusses schon seit 1907 dahin tendierte, Ungarn als Subjekt völkerrechtlicher Verträge anzuerkennen.

c) Dänemark–Island 1918–1940/44[128]

Gemeinsame Organe waren neben dem König zwei paritätische Kommissionen und der oberste dänische Gerichtshof. Im übrigen anerkannte Dänemark Island als souveränen Staat und nahm im Namen Islands dessen auswärtige Angelegenheiten

---

[125] Siehe Aall-Gjelsvik, Die norwegisch-schwedische Union, 1912.

[126] Vgl. z. B. den norwegisch-russischen Vertrag von 1826, den schwedisch-französischen Vertrag von 1877.

[127] Siehe Bidermann, Die rechtliche Natur der österreichisch-ungarischen Monarchie, 1887; Bernatzik, Die österreichischen Verfassungsgesetze, 1911.

[128] Siehe R. Lundborg, Islands völkerrechtliche Stellung, 1934.

wahr; Dänemark war Mitglied des Völkerbunds, Island dagegen dauernd neutral. Beide Staaten waren Völkerrechtssubjekte, und Island führte die Trennung der Realunion durch einseitigen Akt durch.

d) Dagegen ist die Verbindung Englands mit Schottland seit 1707 trotz des Namens „Union" keine Realunion, sondern Herstellung eines einzigen Staates („United Kingdom"), während sie von 1603 bis 1707 eine Personalunion gewesen war.[129] Auch die Union mit Irland von 1800 war die Herstellung eines Einheitsstaates. Ebenso sind die Kanalinseln und die Insel Man integrierende Bestandteile eines einzigen Staates. Auch die Verbindung mit Indien seit 1858 war trotz der Annahme des Titels „Kaiser von Indien" im Jahre 1876 bis zur Freigabe Indiens 1947 die zwischen Mutterland und Kolonie, nicht etwa eine Realunion. Das heutige „Commonwealth" kann schon um deswillen keine Realunion sein, weil es auch Republiken umfaßt (z. B. Indien, Pakistan), deren Staatsoberhaupt nicht identisch ist mit dem Großbritanniens.

V. Der Staatenbund (Konföderation)

Wie schon G. Jellinek dargetan hat,[130] ist die Realunion nur ein Sonderfall des Staatenbundes, ihre Abgrenzung voneinander also, abgesehen von der Notwendigkeit der Gemeinsamkeit des monarchischen Staatshaupts im Falle der Realunion, wenig ergiebig. Der Staatenbund ist vielmehr im wesentlichen abzugrenzen einmal gegenüber dem Bundesstaat, dann gegenüber der Staatenverbindung zu ungleichem Recht, insbesondere dem Staatenstaat.[131]

Vom Bundesstaat unterscheidet sich der Staatenbund dadurch, daß er nicht selbst einen Staat mit Befehlsgewalt über die Einwohner der ihm zugehörigen Einzelstaaten darstellt, sondern daß er die in ihm zusammengeschlossenen Staaten lediglich völkerrechtlich verbindet, auf die Einwohner dieser Einzelstaaten also lediglich indirekt, kraft Vermittlung durch die verbundenen Staaten, wirken kann. Während also die Beziehungen zwischen Bundesstaat und Einzelstaaten staatsrechtlicher Natur sind, sind die Beziehungen zwischen den im Staatenbund verbundenen Staaten völkerrechtlicher Natur. Nicht dagegen kommt es an auf den rechtlichen Ursprung der Verbindung: bisher unabhängige Staaten können sich sehr wohl durch einen völkerrechtlichen Vertrag zu einem neuen Staat „Bundesstaat" zusammenschließen, während andererseits ein Staatenbund durch einen staatsrechtlichen Akt (etwa im Fall des Auseinanderfallens eines Einheitsstaats bzw. Staatenstaats in einen Staatenbund, s. z. B. Westminsterstatut von 1931 und britisches Commonwealth) oder durch mehrere staatsrechtliche parallele Akte bisher unverbundener Staaten entstehen kann. Es kommt also nur auf die rechtliche Natur der Verbindung, nicht auf den Rechtsgrund ihrer Entstehung an.

[129] Siehe Mc Nair, Law of Treaties, 1961, S. 40.
[130] Allgemeine Staatslehre S. 756.
[131] Siehe die dogmengeschichtliche Übersicht bei Kunz aaO S. 442ff.

Auf der anderen Seite unterscheidet sich der Staatenbund von allen jenen Staatenverbindungen, bei denen ein voll unabhängiger Staat mit einem nicht voll unabhängigen Staat in der Weise verbunden ist, daß die dem einen Staat teilweise fehlende Unabhängigkeit von dem anderen Staate an sich genommen wurde, die Verbindung also nicht, wie dies für den Staatenbund wesensnotwendig ist, auf Gleichberechtigung, sondern auf Abhängigkeit des einen vom anderen beruht.

Wesentlich für den Staatenbund ist also, daß alle in ihm zusammengeschlossenen Staaten volle Völkerrechtssubjekte sind; der Bund selbst ist kein volles Völkerrechtssubjekt, doch kann ihm in einzelnen Beziehungen völkerrechtliche Persönlichkeit zugeteilt sein; das bestimmt sich nach der konkreten Regelung des einzelnen Staatenbundes.

Kennzeichnend für das Vorhandensein eines Staatenbundes sind drei Merkmale:

1. Die zusammengeschlossenen Staaten dürfen sich nicht zu einem staatsrechtlichen Gebilde, einem Staat, zusammenschließen, das ihre Unabhängigkeit beeinträchtigen würde, sondern nur zu einem völkerrechtlichen Gebilde, das nicht selbst ein Staat, ein ,,Überstaat" ist.

2. Der Zusammenschluß muß bestehen auf dem Boden der Gleichberechtigung, nicht der Ungleichheit und der Abhängigkeit des einen vom anderen.

3. Das Minimum, das vorliegen muß, damit man von einem Staatenbund und nicht bloß von einem völkerrechtlichen Vertragsverhältnis oder von einer bloßen internationalen Organisation im engeren Sinne sprechen kann, ist ein Kreis gemeinsamer Angelegenheiten, der auf die Dauer von einem oder mehreren der Staatenverbindung selbst, nicht bloß den verbundenen Staaten, angehörenden Organen wahrgenommen wird. Dagegen ist es nicht erforderlich, daß diese Organe gegenüber den verbundenen Staaten eine Befehls- und Zwangsgewalt besitzen; auch wenn diese Organe lediglich Empfehlungen, nicht Weisungen erteilen können, liegt ein Staatenbund vor. Auch hier kommt also alles auf die konkrete Regelung des Einzelfalls an. Regelmäßig spricht man allerdings von einem Staatenbund nur dann, wenn ,,die gemeinsamen Angelegenheiten" nicht nur technischer, sondern politischer Natur sind und eine gewisse Homogenität der Verfassungen der Mitgliedstaaten vorliegt, so daß man Verwaltungsunionen und Militärallianzen nicht als Staatenbünde bezeichnet. Wir kommen also zu folgender Definition des Staatenbundes:

Ein Staatenbund ist ein auf die Dauer bestimmter, mit eigenen Organen versehener, auf Gleichberechtigung beruhender politischer Zusammenschluß von Staaten, in dem die verbundenen Staaten ihre Völkerrechtssubjektivität behalten, der Bund selbst aber keine oder nur eine begrenzte Völkerrechtssubjektivität besitzt.

Beispiele von Staatenbünden sind:

a) Die USA von 1776–1787

Die USA waren zunächst als Staatenbund zu Zwecken gemeinsamer Verteidigung und Kriegführung organisiert; der Name des obersten Gesetzgebungsorganes, „Kongreß", zeigt noch heute die völkerrechtlich-staatenbündische Herkunft dieses Organs an, das keine unmittelbare Befehlsgewalt über die Bürger der USA hatte; die wirtschaftlich-finanziellen Nöte der Zeit nach dem Unabhängigkeitskrieg führten 1787 zur Umwandlung in einen Bundesstaat.[132]

b) Die Schweizerische Eidgenossenschaft von 1815–1848

Die Schweiz war schon in älteren Zeiten als Mischung eines Staatenbundes zwischen Kantonen, einer Allianz mit „zugewandten Orten" und einer Herrschaft über „gemeine Herrschaften" anzusehen. Nach den napoleonischen Wirren wurde sie als reiner Staatenbund reorganisiert, der im Gefolge des Sonderbundkrieges 1847 in einen Bundesstaat umgewandelt wurde.

c) Die Vereinigten Niederlande von 1579–1795

d) Das Heilige Römische Reich von 1648–1806[133]

e) Der Rheinbund von 1806–1813[134]

f) Der Deutsche Bund von 1815–1866[135]

Nach den napoleonischen Wirren wurde nicht das alte Deutsche Reich wiederhergestellt, sondern eine losere Verbindung errichtet, der auf der Bundesakte vom 8. 6. 1815 beruhende Deutsche Bund, geschlossen von den „souveränen Fürsten und Freien Städten Deutschlands". Artikel 11 III bestimmte: „ Die Bundesmitglieder behalten zwar das Recht der Bündnisse aller Art, verpflichten sich jedoch, in keine Verbindungen einzugehen, welche gegen die Sicherheit des Bundes oder einzelner Bundesstaaten gerichtet wären." Aber auch der Bund selbst hatte aktives und passives Gesandtschaftsrecht sowie das Recht, Bündnisse und andere Verträge zu schließen.

Dagegen hat sich das Britische „Commonwealth of Nations" entgegen gewissen Ansätzen und Erwartungen nicht zu einem Staatenbund entwickelt, sondern weiter desintegriert, so daß es nur noch ein loser Zusammenschluß ehemals britischer Reichsteile ist, der keine auch nur beschränkte Völkerrechtspersönlichkeit besitzt. Das Britische Commonwealth of Nations ist entstanden aus dem langsamen Auseinanderwachsen der „Dominions" genannten wichtigsten Teile

---

[132] Siehe Hamilton-Jay-Madison, The Federalist, 1788.
[133] Siehe Berber in Indian Year Book of International Affairs, 1964 II, S. 174ff.; Randelzhofer aaO.
[134] I. L. Klüber, Staatsrecht des Rheinbundes, 1808.
[135] E. R. Huber, Deutsche Verfassungsgeschichte seit 1789, 1957ff.

des Britischen Reichs, das zum mindesten bis 1918 ein Einheitsstaat mit mannigfachen Abstufungen lokaler Autonomie war. Der Balfour-Bericht definierte 1926 ihren neuen Status folgendermaßen: „Sie sind selbstregierende Gemeinschaften innerhalb des Britischen Reichs, gleichberechtigt, in keiner Weise einander in irgendeiner inneren oder äußeren Angelegenheit untergeordnet, wohl aber verbunden in gemeinsamer Treue zur Krone und frei verbunden als Glieder der britischen Staatengemeinschaft." Die letzten Spuren der Ungleichheit der Dominions gegenüber Großbritannien wurden durch das Westminsterstatut von 1931[136] beseitigt, und nunmehr umfaßt das Commonwealth mehr als 30 Mitglieder, die alle die volle völkerrechtliche Unabhängigkeit besitzen. Die Konstruktion des Commonwealth als Realunion ist ausgeschlossen, da 1950 Indiens neue *republikanische* Verfassung in Kraft trat; auch andere Mitglieder erklärten sich zur Republik, so daß seither die Krone lediglich Symbol der Staatengemeinschaft, allerdings nach der indischen Erklärung von 1949 zugleich „the Head of the Commonwealth" ist. Neben diesem auf diese rein formale Weise immer noch gemeinsamen Organ der Krone besitzt das Commonwealth weitere Organe in der periodisch zusammentretenden Commonwealth-Konferenz, die allerdings nur empfehlen, nicht befehlen kann, sowie in dem 1965 geschaffenen Sekretariat. Weitere Gemeinsamkeiten sind die Konsultations- und die Informationspflicht, eine eigenartige, nicht voll wirksame Commonwealth-Angehörigkeit der Staatsangehörigen der einzelnen Mitglieder des Commonwealth und die Unterhaltung diplomatischen Verkehrs zwischen den Commonwealth-Mitgliedern nicht durch normale diplomatische Agenten, sondern durch Hochkommissare. Aufgegeben ist die Ablehnung der Zuständigkeit des Internationalen Gerichtshofs für Streitigkeiten zwischen Mitgliedern des Commonwealth, die sog. inter-se-Doktrin.

Ebenso konnte die einseitig von Frankreich durch Abschnitt VIII der französischen Verfassung von 1946 geschaffene *Französische Union* schon um deswillen nicht als Staatenbund betrachtet werden, weil es sich nicht um einen Zusammenschluß *gleichberechtigter unabhängiger* Staaten handelte;[137] die Verfassung von 1958 (Artikel 77 bis 87) hat keine neuen Entwicklungen eingeleitet; die politische Desintegration hat weitere Fortschritte gemacht, im Gegensatz zu einem gewissen Grad wirtschaftlicher Zusammenarbeit im Zeichen der EG.

Ebenso ist zur Zeit angesichts der fortbestehenden Nahostkrise nicht festzustellen, ob die durch Vertrag vom 22. 3. 1945 geschaffene *Arabische Liga* zwischen Saudi-Arabien, Ägypten, Irak, Jordanien, Libanon, Syrien und Yemen, der in der Folge weitere Staaten, so Libyen, Sudan, Tunis, Marokko, Kuwait, Algerien und

[136] Apelt, Das Britische Reich als völkerrechtsverbundene Staatengemeinschaft, 1934; Berber, Die Rechtsbeziehungen der britischen Dominions zum Mutterlande, 1929; Dawson, The Evolution of Dominion Status (1900–1935), 1937; Keith, A. B., The Dominions as Sovereign States, 1938; Fawcett, The British Commonwealth in International Law, 1963; Stewart, Treaty Relations of the British Commonwealth of Nations, 1939.

[137] Siehe Rousseau aaO 1. Aufl. S. 94f.

die Volksrepublik Yemen beigetreten sind, als erster Schritt zu einer staatenbündischen Entwicklung anzusehen ist. Die Versuche Ägyptens, zu einem staatenbündischen Zusammenschluß mit Syrien, Yemen oder Libyen zu gelangen, waren nicht von Dauer.

Die Versuche eines westeuropäischen politischen Bundes sind bisher in der Planung steckengeblieben; Einzelheiten über die wirtschaftliche westeuropäische Integration gehören nicht hierher, sondern in das Kapitel über Internationale Integration, Bd. III, §§ 31, 32.

Dasselbe dürfte trotz dem Erlaß der „Charter der Organisation der Amerikanischen Staaten" vom 30. 4. 1948 für die *Organisation der Amerikanischen Staaten* gelten, alle Einzelheiten siehe in Bd. III, § 33.

Ebenso können weder *der Völkerbund* (alle Einzelheiten hierüber siehe in Band III § 28) noch die *Vereinten Nationen* (alle Einzelheiten hierüber siehe in Band III § 29) als Staatenbünde im engen, strengen Sinn klassifiziert werden.

VI. Der Bundesstaat

Die für das Staatsrecht überaus wichtige erschöpfende Untersuchung von Begriff und Wesen des Bundesstaats ist für das Völkerrecht nicht erforderlich, da ein großer Teil der das Staatsrecht interessierenden Probleme des Bundesstaats das Völkerrecht gar nicht angehen.[138]

In unserem Zusammenhang muß es genügen, auf die folgenden wichtigsten Merkmale des Bundesstaats hinzuweisen:

a) Im Gegensatz zum Einheitsstaat handelt es sich beim Bundesstaat um eine dezentralisierte Form des Staatsaufbaus.

b) Im Gegensatz zum dezentralisierten Einheitsstaat ist die Staatsgewalt zwischen Zentralstaat und Gliedstaaten in doppelter Weise aufgeteilt:
(a) es gibt Zuständigkeiten, die den Gliedstaaten zugeteilt, also dem Zentralstaat entzogen sind;
(b) die Gliedstaaten nehmen teil an der Herstellung des Gesamtwillens.

c) Im Gegensatz zum Staatenbund ist der Bundesstaat ein Staat und als solcher Subjekt des Völkerrechts, wenn nur an sich das Merkmal der Unabhängigkeit dritten Staaten gegenüber vorliegt;[139] die Gliedstaaten dagegen sind zwar im

[138] Über das Wesen des Bundesstaats s. Apelt, Zum Begriff Föderalismus, Festgabe für E. Kaufmann, 1950, S. 1ff.; Bernier, International Legal Aspects of Federalism, 1973; Brie, Theorie der Staatenverbindungen, 1886; Ebers, Die Lehre vom Bundesstaat, 1910; The Federalist, 1788; Grewe, Antinomien des Föderalismus, 1948; Imboden, Die Staatsformen, 1959; G. Jellinek, Die Lehre von den Staatenverbindungen, 1882; Jerusalem, Die Staatsidee des Föderalismus, 1949; Kunz aaO S. 537ff.; Maunz, Deutsches Staatsrecht, 16. Aufl. 1968; Mouskheli, La théorie juridique de l'Etat fédéral, 1931; Nawiasky, Der Bundesstaat als Rechtsbegriff, 1920; Sobei Mogi, Theory of Federalism, 1931; Usteri, Theorie des Bundesstaates, 1954; Wheare, Federal Government, 1946 (deutsch: Föderative Regierung, 1959).

[139] Kanada und Australien waren also vor 1919 mangels Unabhängigkeit trotz ihrer bundesstaatlichen Verfassung keine Völkerrechtssubjekte.

staatsrechtlichen Sinn Staaten, Subjekte des Völkerrechts dagegen sind sie entweder überhaupt nicht oder nur in gewissen Beziehungen und mit gewissen Beschränkungen. Während also die Beziehungen zwischen Mitgliedern eines Staatenbundes völkerrechtlicher Natur sind, sind die Beziehungen zwischen Mitgliedern eines Bundesstaats staatsrechtlicher Natur. An dieser staatsrechtlichen Natur ihrer Beziehungen wird nichts dadurch geändert, daß sie Verträge miteinander schließen können – auch andere innerstaatliche Körperschaften des öffentlichen Rechts können das – oder daß ein innerstaatliches Gericht, das Streitigkeiten zwischen ihnen zu entscheiden hat, auf ihre Beziehungen analog Völkerrecht anwendet – es handelt sich dann um eine landesrechtliche Rezeption von Völkerrecht.[140]

d) Im Gegensatz zum Staatenstaat, der ebenfalls ein Staat ist, nicht ein bloß völkerrechtlicher Verband, sind die Gliedstaaten untereinander gleichberechtigt und nicht einem dritten Staat unterworfen, der sie beherrscht, sondern sie sind ja gerade die Träger des Gesamtstaats, an dessen Willensbildung sie beteiligt sind.

e) Die – staats- oder völkerrechtliche – Form der Entstehung des Bundesstaats dagegen ist für das rechtliche Wesen des Bundesstaats gleichgültig; sie bestimmt sich nach der Art des historischen Vorgangs, durch den der Bundesstaat konstituiert wird, etwa durch Föderalisierung eines bisherigen Einheitsstaats, oder durch engeren Zusammenschluß mehrerer bisher völlig unabhängiger oder in einem Staatenbund zusammengeschlossener Staaten; je nach der politischen Tendenz zu größerer Integration oder Desintegration überwiegen zentripetale oder zentrifugale Kräfte, die die verschiedenen Variationen der historischen Erscheinungsformen des Bundesstaats bedingen.

Die Regelung der völkerrechtlichen Vertretungmacht beim Bundesstaat bestimmt sich nach der konkreten bundesstaatlichen Verfassung, meist in der Weise, daß die Gliedstaaten durch den Bundesstaat mediatisiert werden, daß also nur der Zentralstaat, nicht die Gliedstaaten, Völkerrechtssubjekt ist, Verträge abschließen kann, das aktive und passive Gesandtschaftsrecht besitzt. Regelmäßig tritt der Bundesstaat nach außen als Einheit auf.[141]

Nur wenige bundesstaatliche Verfassungen gewähren den Gliedstaaten eine begrenzte völkerrechtliche Zuständigkeit, vor allem beim Abschluß gewisser Verträge mit auswärtigen Staaten, freilich immer unter der Kontrolle des Zentralstaats, dem auch hier die Pflege der auswärtigen Beziehungen, abgesehen von dem ausnahmsweisen und sachlich eingeschränkten Vertragschließungsrecht, zusteht.

---

[140] Unzutreffend die Ausführungen von Ross aaO S. 100f.; ähnlich wie hier B. Müller, Die Beziehungen der Gliedstaaten im Bundesstaatsrecht, 1936; Kaiser in VVDSTRL, Bd. 19, S. 150.

[141] I. H. Kaiser, Die Erfüllung der völkerrechtlichen Verträge des Bundes durch die Länder, in ZaöRVR, Bd. 18, S. 550; s. auch Art. 2 des panamerikanischen Vertrags von Montevideo vom 26. 12. 1933 über die Rechte und Pflichten der Staaten: „The federal state shall constitute a sole person in the eyes of international law".

Für die Bundesrepublik Deutschland ist maßgebend der Art. 32 GG,[142] für die Schweiz Art. 8, 9 der Bundesverfassung.[143] Art. I Sec. 10 Clause 3 der US-Verfassung sieht zwar mit Zustimmung des Kongresses die Möglichkeit des Abschlusses von Vereinbarungen eines Gliedstaates mit einer fremden Macht vor, doch scheint davon in der fast zweihundertjährigen Geschichte der USA kein Gebrauch gemacht worden zu sein. Nach Art. 18a der sowjetischen Verfassung von 1936 (1944 hinzugefügt) hat jede Unionsrepublik das Recht, unmittelbare Beziehungen zu auswärtigen Staaten aufzunehmen, mit ihnen Abkommen zu schließen sowie diplomatische und konsularische Vertreter auszutauschen. Weißrußland und die Ukraine sind selbständige Mitglieder der Vereinten Nationen und besitzen Völkerrechtspersönlichkeit mindestens in diesem Rahmen. Aber weder sie noch die übrigen Unionsrepubliken unterhalten diplomatische oder konsularische Beziehungen mit auswärtigen Staaten, und die auswärtige Gewalt ist faktisch ausschließlich im Zentralstaat verankert (Art. 14 Ziff. 1).[144]

Der Bundesstaat bildet eine völkerrechtliche Einheit.[145] Dies ist so, auch wenn im einzelnen die bundesstaatliche Regelung ein begrenztes Vertragsschließungsrecht der Gliedstaaten zulässt; es handelt sich dabei in der Regel nur um eine bundesrechtliche Art der Kompetenzverteilung auf dem Gebiete der sogenannten auswärtigen Gewalt,[146] die nichts an dem allgemein anerkannten Grundsatz ändert, daß kein Staat sich auf seine eigene Verfassung berufen kann, um sich von völkerrechtlichen Verpflichtungen freizuhalten.[147] Ein Bundesstaat haftet daher auch für das völkerrechtswidrige Verhalten seiner Gliedstaaten, selbst wenn dieses Verhalten verfassungsmäßig ist, er also keine Möglichkeit hat, sie mit verfassungsrechtlichen Mitteln zu einem völkerrechtsgemäßen Verhalten anzuhalten.[148] Es liegt also im eigensten Interesse des Bundesstaats, seine Verfassung so einzurichten, daß er diesen völkerrechtlichen Verpflichtungen möglichst reibungslos nachkommen kann; er ist völkerrechtlich verpflichtet, seine Verfassung so zu

---

[142] Maunz-Dürig, GG, Kommentar zu Art. 32; Bernhardt, Der Abschluß völkerrechtlicher Verträge im Bundesstaat, 1957; Kroneck, Die völkerrechtliche Immunität bundesstaatlicher Gliedstaaten vor ausländischen Gerichten, 1959; Sonn, Die auswärtige Gewalt der Gliedstaaten im Bundesstaat, 1960.

[143] Guggenheim aaO I S. 276ff.; W. Schwarzenbach, Staatsverträge der Kantone mit dem Ausland, 1926.

[144] Siehe Maurach, Handbuch der Sowjetverfassung, 1955, S. 108ff.; Aspaturian, The Union Republics in Sovjet Diplomacy, 1960.

[145] Siehe BVG II S. 378; s. auch Fauchille, aaO I 1 S. 246: ,,qui absorbe, au point de vue du droit international, tous les Etats particuliers qui en sont les associés".

[146] Siehe Kunz aaO S. 664.

[147] Siehe oben § 12 Ziff. 1 über das Verhältnis von Völkerrecht und Landesrecht.

[148] Siehe M. Sørensen, Federal States and the International Protection of Human Rights, in AJIL 1952, S. 210, mit Nachweisen in Note 38; ebenso Kaiser aaO S. 546, mit Nachweisen in Note 102; ferner K. C. Wheare, Federal Government, Oxford 1947; H. W. Stoke, The Foreign Relations of the Federal State, Baltimore 1931; I. M. Hendry, Treaties and Federal Constitutions, Washington D. C. 1955; s. auch die Nachweise über eine inkonsequente Praxis der USA bei Hackworth, Bd. 5, S. 594; für die britische Praxis s. McNair, International Law Opinions, Cambridge 1956, Bd. 1, S. 36.

gestalten, daß er seine völkerrechtlichen Verpflichtungen erfüllen kann.[149] Da Bundesstaaten meist traditionale Gebilde mit oft beträchtlichen politischen Spannungen sind, lassen sich solche zweckrationalen Maßstäbe oft nur schwer verwirklichen. Ein besonders spannungreicher Anwendungsfall dieses Problems ist die Vertragserfüllung durch innerstaatliche Gesetzgebung im Bundesstaat.[150] In einigen Bundesstaaten ist eine Regelung getroffen, kraft deren der Gesamtstaat Gesetze zur innerstaatlichen Durchführung von Verträgen auch dann erlassen kann, wenn sie Gebiete betreffen, die an sich zur Gesetzgebungszuständigkeit der Gliedstaaten gehören, so in USA,[151] in Australien,[152] in Indien,[153] in Österreich[154] und in der Schweiz.[155] In anderen bundesstaatlichen Verfassungen dagegen gibt die auswärtige Vertragsschließungskompetenz des Bundes diesem nicht das Recht, zur Durchführung des Vertrags Gesetze auf den den Gliedstaaten vorbehaltenen Gebieten zu erlassen, so insbesondere in Canada.[156] Ähnlich liegt es wohl grundsätzlich

---

[149] Siehe Mosler, Das Völkerrecht in der Praxis der deutschen Gerichte, Karlsruhe 1957, S. 31; s. dazu auch BVG 6 S. 365f., mit der kaum zutreffenden Unterscheidung von übernommenen und überkommenen Verpflichtungen, die dem Begriff der staatlichen Kontinuität und Identität nicht gerecht wird.

[150] Bernhardt, Der Abschluß völkerrechtlicher Verträge im Bundesstaat, 1957; Mallmann in Wörterbuch III S. 640ff.

[151] Siehe Missouri v. Holland, 252 U. S. 416, 432: ,,If the treaty is valid, there can be no dispute about the validity of the statute under article 1, section 8, as a necessary and proper means to give effect to it". Siehe aber über die Zurückhaltung der USA in solchen Fällen: Berber, Zu den föderalistischen Aspekten der Auswärtigen Gewalt, in Festschrift für Hans Nawiasky, Vom Bonner Grundgesetz zur gesamtdeutschen Verfassung, München 1956, S. 245.

[152] Siehe R. v. Burgess (1936), 55 C. L. R. 608.

[153] Siehe Art. 253 der Verfassung vom 26. 11. 1949, der dem Gesamtstaat ausdrücklich ein solches Recht verleiht.

[154] Wo die Verfassung die Länder zur Durchführung der notwendigen Maßnahmen ausdrücklich verpflichtet.

[155] Widersprüchlich; s. Erklärung des Schweizer Bundesrats vom Dezember 1920, ILO, Off. Bull., 1921, S. 4ff.; s. auch Guggenheim aaO I S. 276ff.

[156] Siehe die Entscheidung des Judicial Committee of the Privy Council 1937 in S. Attorney-General for Canada v. Attorney-General for Ontario, in der es u. a. heißt: ,,Für die Zwecke der ss. 91 und 92, d. h. für die Verteilung der gesetzgeberischen Zuständigkeiten zwischen dem Dominion und den Provinzen, gibt es nicht so etwas wie eine Vertragsgesetzgebung an sich. Die Verteilung gründet sich auf Kategorien von Gegenständen; und da ein Vertrag mit einer bestimmten Kategorie von Gegenständen sich befaßt, wird die gesetzgeberische Zuständigkeit zur Erfüllung fixiert. ... Mit anderen Worten, das Dominion kann nicht einfach dadurch, daß es auswärtigen Staaten Versprechungen macht, sich mit gesetzgeberischer Autorität bekleiden, die mit der Verfassung unvereinbar ist. ... Man muß nicht denken, daß das Ergebnis dieser Entscheidung ist, daß Canada unzuständig ist, Gesetze zur Durchführung von vertraglichen Verpflichtungen zu erlassen. In der Totalität der gesetzgeberischen Zuständigkeit, denen von Dominion und Provinzen zusammen, ist Canada voll ausgestattet. Aber die gesetzgeberischen Zuständigkeiten bleiben verteilt, und wenn Canada in der Ausübung seiner neuen Funktionen, die sich von seinem neuen internationalen Status herleiten, Verpflichtungen eingeht, so müssen sie, soweit es sich um Gesetzgebung handelt, wenn sie provinziale Kategorien von Gegenständen betreffen, durch die Totalität der Zuständigkeiten behandelt werden, nämlich durch Zusammenarbeit zwischen dem Dominion und den Provinzen." Siehe dazu Deener, Treaty Powers in a Federal Parliamentary System: Case of Canada, in Proceedings 1959 S. 283ff.

für die Regelung des Grundgesetzes in der Bundesrepublik Deutschland,[157] bei der ja überdies auch die Länder ein auf ihre Gesetzgebungskompetenz beschränktes und von der Zustimmung der Bundesregierung abhängiges Vertragsschließungsrecht mit auswärtigen Staaten haben.[158] Es ist fraglich, ob die Gewährung dieses Rechts, das auf innerstaatlicher Regelung beruht und innerstaatlich abänderbar ist, die Länder zu beschränkten Völkerrechtssubjekten macht, oder, insbesondere im Hinblick auf die generelle Regelung, wonach die Pflege der Beziehungen zu auswärtigen Staaten Sache des Bundes ist, nur zu (beschränkten) Organen des Völkerrechtssubjekts „Bundesrepublik" bei der Ausübung des Vertragsschließungsrechts.[159] Diese Schwierigkeiten in der innerstaatlichen Durchführung völkerrechtlicher Verträge in Bundesstaaten haben in einigen multilateralen Verträgen zur Einführung einer Bundesstaatsklausel (Federal State Clause) geführt, kraft deren den Bundesstaaten hinsichtlich der Ratifizierung gewisser multilateraler Verträge mit Rücksicht auf diese Schwierigkeiten gewisse Zugeständnisse gemacht werden.[160]

Trotz gewisser formaler Schwierigkeiten ist aber der Bundesstaat wegen der Berücksichtigung regionaler, sprachlicher, historischer, kultureller, religiöser Verschiedenheiten eine höherwertige Form demokratischer Integration als der Einheitsstaat. Schon heute leben etwa 40 Prozent der Weltbevölkerung in Bundesstaaten, und dieser Prozentsatz ist noch im Zunehmen begriffen, zumal der Föderalismus eine geeignete Form ist, Schwierigkeiten bei der Verleihung von Selbstverwaltung an ehemalige Kolonien zu überwinden und den angesichts des Überwiegens des Nationalismus in vielen Teilen der Welt bestehenden Zersplitterungstendenzen vorzubeugen, ohne doch zur Majorisierung von Minoritäten zu führen. Bundesstaaten sind also sowohl vom Standpunkt der demokratischen wie der internationalen Integration wünschenswert.[161]

Die Beziehungen zwischen den einzelnen Gliedstaaten wie zwischen Gliedstaaten und Gesamtstaat sind verfassungsrechtlicher, also innerstaatlicher Natur. Wenn auf diese Beziehungen, wie nicht selten, von innerstaatlichen Gerichten

[157] Siehe Mosler, Kulturabkommen des Bundesstaats, in: ZaöRVR Bd. 16 S. 133: „Die Vertragszuständigkeit des Bundes folgt den ihm innerstaatlich zustehenden Kompetenzen, nicht aber schließt sich umgekehrt die Durchführungszuständigkeit an die Generalkompetenz zur Pflege der auswärtigen Beziehungen an." Bedenklich jedoch die Ausweitungsversuche Moslers „auf Grund des ausnahmsweise geübten jus eminens" und ähnlich Kaiser's aaO S. 549; Sonn, Die auswärtige Gewalt des Gliedstaates im Bundesstaat, 1960; Maunz, GG, Kommentar zu Art. 32, Noten 31ff.

[158] Art. 32 GG.

[159] Siehe Mosler, Die völkerrechtliche Wirkung bundesstaatlicher Verfassungen, in Festschrift für Richard Thoma, Tübingen 1950, S. 129ff.; s. ferner über diese dem Staatsrecht zugehörige und daher hier nicht weiter zu verfolgende Frage v. Mangoldt-Klein aaO S. 788.

[160] Siehe Sørensen, Federal States and the International Protection of Human Rights, in AJIL, 1952, S. 195ff.; Robert B. Looper, „Federal State" Clauses in Multilateral Instruments, in BYIL, XXXII, S. 162ff.; Bernhardt in Wörterbuch I S. 548ff.

[161] Siehe Berber, Die Dezentralisation des Britischen Reichs (als Problem demokratischer Selbstverwaltung), in: Probleme der Demokratie, herausgegeben von A. Wolfers, 1928.

völkerrechtliche Regeln angewendet werden, so handelt es sich dabei um die Entleihung von Völkerrecht kraft Analogie für das Landesrecht; keineswegs können aus nur für solche innerstaatlichen Beziehungen nachweisbaren Sätzen völkerrechtliche Regeln abgeleitet werden.[162]

§ 18. Abhängige Staaten[163]

Die Abhängigkeit eines Staates ist die Abwesenheit von Unabhängigkeit in dem oben beschriebenen Sinn, ohne daß doch der Staatscharakter und häufig auch die – immer nur begrenzte – Teilnahme am Völkerrechtsverkehr entfiele. Sie besteht also darin, daß die obersten Staatsorgane nicht in allen inneren oder äußeren Angelegenheiten unabhängig von fremder Staatseinwirkung zu handeln berechtigt sind. Es ist klar, daß diese Abhängigkeit alle Variationen von *fast* völliger Unabhängigkeit bis zu *fast* völliger Unselbständigkeit umfaßt: um abhängiger Staat zu sein, darf also weder völlige Unabhängigkeit noch völlige Unselbständigkeit vorliegen, es muß noch ein Staat gegeben sein; ein unselbständiger Staatsteil, eine Provinz, eine Kolonie, fällt nicht unter diesen Begriff.[164]

An sich fällt auch der Gliedstaat eines Bundesstaats unter diesen Begriff. Dennoch ist es gerechtfertigt, den Bundesstaat gesondert zu behandeln. Die Gliedstaaten eines Bundesstaats in ihrer Gesamtheit bilden den Bundesstaat, sie sind nicht von einem fremden Staat abhängig, sondern bilden in ihrer eigenen Zusammenfassung den Bundesstaat. Ihre Bürger sind die Bürger des Bundesstaats. Der Bundesstaat ist die Organisation einer vollkommeneren Anteilnahme der Bürger an den staatlichen Aufgaben als der normale Einheitsstaat; der abhängige Staat dagegen ist an der Bildung des staatlichen Willens des herrschenden Staates nicht beteiligt, seine Bürger sind rechtlich benachteiligt gegenüber den Bürgern des herrschenden Staates, da ihnen die Kontrolle über einen Teil ihrer eigenen Angelegenheiten entzogen ist, während die Bürger des herrschenden, unabhängigen Staates nicht nur ihre eigenen Angelegenheiten allein kontrollieren, sondern auch einen Teil der Angelegenheiten eines fremden Staates; die Abhängigkeit eines Staates ist immer eine „limitation in their self-government".[165]

Anzilotti sagt in seinem Sondervotum in der Zollunionsfrage 1931:[166] „Der Begriff der Unabhängigkeit, betrachtet als das normale Merkmal der Staaten als Subjekte des Völkerrechts, kann nicht besser definiert werden als durch einen

---

[162] Siehe Berber, Die Rechtsquellen des internationalen Wassernutzungsrechts, S. 120ff.; teilweise anders H. Krüger, Völkerrecht im Bundesstaat, Festgabe für Erich Kaufmann, Stuttgart 1950, S. 239ff.

[163] Boghitchévitch, Halbsouveränität, 1903; Despagnet, Essai sur les protectorats, 1896; Gairal, Le protectorat international, 1896; Heilborn, Das völkerrechtliche Protektorat, 1891; Kunz, Staatenverbindungen, 1929; Méir Ydit, Internationalised Territories, 1961.

[164] Sie fallen evtl. unter Art. 73 der UN-Satzung.

[165] Ross aaO S. 98.

[166] A/B 41, S. 57.

Vergleich mit der ausnahmsweisen und in gewissem Umfang abnormen Klasse von Staaten, die als ,,abhängige Staaten" bekannt sind. Dies sind Staaten, die der Autorität eines oder mehrerer anderer Staaten unterworfen sind. Der Gedanke der Abhängigkeit schließt daher notwendig eine Beziehung zwischen einem Oberstaat (Souverän, Protektor usw.) und einem Unterstaat (Vasall, Schutzstaat) ein; die Beziehungen zwischen dem Staat, der rechtlich einen Willen auferlegen kann, und dem Staat, der rechtlich gezwungen ist, sich diesem Willen zu unterwerfen. Wo keine solche Beziehung von Überordnung und Unterordnung vorhanden ist, ist es unmöglich, von Abhängigkeit im Sinn des Völkerrechts zu sprechen".

Die meisten Autoren unterscheiden zwei Arten von abhängigen Staaten, die Vasallität, auch Suzeränität oder Staatenstaat genannt, und das Protektorat.

Oppenheim[167] bezeichnete die Vasallität als eine Art internationaler Vormundschaft, da der Vasallenstaat völkerrechtlich entweder absolut oder hauptsächlich vom Suzeränstaat vertreten werde; aber auch das Protektorat könne als eine Art internationaler Vormundschaft bezeichnet werden und entbehre ebenso wie die Vasallität der juristischen Präzision.

Nach Liszt[168] ist der halbsouveräne Staat ,,nicht vollberechtigtes Glied der Völkerrechtsgemeinschaft", während das Protektorat ,,die Souveränität des geschützten Staates" in keiner Weise berührt.[169]

Nach Kunz[170] ist der Vasallenstaat ein nichtsouveräner Staat, ein ,,Staat im Sinne des Staatsrechts"; ,,die Rechtsstellung des Vasallenstaats geht nicht, wie etwa die des protegierten Staates, unmittelbar auf das Völkerrecht zurück, sondern auf das Staatsrecht des Suzeräns", kann daher vom Suzerän wieder entzogen werden; die protegierten Staaten dagegen sind nach ihm [171] ,,souveräne Staaten, aber nicht mit normaler, sondern mit beschränkter Kompetenz".

Rousseau[172] sieht in der Vasallität einen heute veralteten Vorläufer des Protektorats, während das letztere immer auf Vertrag beruhe und eine Zuständigkeitsverteilung zwischen den beiden Staaten beinhalte, kraft deren der Protektor das Monopol der auswärtigen Beziehungen besitze.

Nach Scelle[173] war die heute veraltete Vasallität eine Übergangserscheinung zwischen der Dezentralisation des innerstaatlichen Rechts und der internationalen Zuständigkeit, während das Protektorat die innerstaatliche Zuständigkeit des geschützten Staates unberührt läßt, nur seine auswärtigen Beziehungen erfaßt.[174]

Nach Fauchille[175] besitzt der Vasall nur eine geminderte Souveränität, während

---

[167] aaO I, S. 189.
[168] aaO S. 99.
[169] aaO S. 106.
[170] aaO S. 520ff.
[171] aaO S. 335.
[172] aaO S. 139f.
[173] aaO I S. 134.
[174] aaO I S. 167f.
[175] aaO I_1 S. 285.

der protegierte Staat fast immer dem Protektor die Führung seiner auswärtigen, manchmal auch gewisser innerer Angelegenheiten überläßt.

Zu allen diesen Definitionsversuchen ist zu sagen, daß sie praktisch von sehr geringer Bedeutung sind, da es kein völkerrechtliches Institut der Vasallität oder des Protektorats gibt, sondern nur konkrete Abhängigkeitsverhältnisse, die zwar das oben bezeichnete gemeinsame Merkmal haben, daß sie die volle Unabhängigkeit ausschließen, aber sonst im einzelnen stark variieren.[176] Es ist daher in jedem Fall die konkrete historische Regelung aufzusuchen, nicht sind abstrakte Folgerungen a priori aus einem angeblichen Typ zu ziehen,[177] und immer bleibt es bei der völkerrechtlichen Regel, daß Einschränkungen der Unabhängigkeit restriktiv auszulegen sind (vgl. StIG 10 S. 18).

Wenn es sich aber auch bei diesen Typen nicht um völkerrechtliche Institute, nicht um Inbegriffe von Völkerrechtsnormen handelt, sondern um theoretisch von der Rechtswissenschaft kraft vergleichender Analyse gewonnene Klassifikationstypen,[178] so ist doch die Tatsache der Aufstellung dieser Typen recht aufschlußreich. Die Vasallität ist eine Schöpfung des Feudalismus,[179] die im allgemeinen mit den letzten Restbeständen des Feudalismus in Vorder- und Südasien (Türkei, Arabien, indische Fürstenstaaten) in der ersten Hälfte unseres Jahrhunderts verschwunden ist und deshalb mit Recht heute als obsolet betrachtet wird. Das Protektorat ist dagegen eine Schöpfung des Imperialismus, nicht zu verwechseln mit dem sogenannten kolonialen Protektorat, das eine – vor allem von Großbritannien angewandte – Sonderform der Kolonialherrschaft war, die das Völkerrecht in unserem Zusammenhang nicht interessiert, da kein „Staat" vorlag, und das sich innerstaatsrechtlich von der Kronkolonie dadurch unterschied, daß die Eingeborenen nicht britische Staatsangehörige, sondern nur „British protected persons" waren.[180] Wegen der zur Zeit vor sich gehenden Wandlungen des Imperialismus tritt das Protektorat als typische Form des Imperialismus aus der Zeit vor dem ersten Weltkrieg mehr und mehr zurück und wird durch andere, oft

---

[176] Siehe Anzilotti aaO S. 177; Hyde aaO I S. 44: „... it may be doubted whether any classification of them preserves or indicates with precision useful distinctions of legal value"; siehe auch Annual Digest, 1929/30, Nr. 11.

[177] Siehe das Gutachten des StIG vom 7. 2. 1923 in der Sache Nationality Decrees in Tunis and Morocco, B 4 S. 27: „The extent of the powers of a protecting State in the territory of a protected State depends, first, upon the Treaties between the protecting State and the protected State establishing the Protectorate, and, secondly, upon the conditions under which the Protectorate has been recognised by third Powers as against whom there is an intention to rely on the provisions of these Treaties. In spite of common features possessed by Protectorates under international law, they have individual legal characteristics resulting from the special conditions under which they were created, and the stage of their development."

[178] Siehe Kunz aaO S. 328.

[179] Siehe Kaufmann aaO S. 34; Scelle aaO I S. 134.

[180] Siehe Lugard, Dual Mandate in British Tropical Africa, 1923, S. 35 f.; McNair, International Law Opinions, I. S. 41 ff.; Hyde aaO I S. 84; Liszt aaO S. 106; Scelle aaO I S. 159; Fauchille aaO I_1 S. 264; Lieberny, International Relations of Arabia: The dependant areas, Middle East Journal I S. 150 ff.

weniger sichtbare oder durchschaubare, Abhängigkeitsverhältnisse ersetzt. Man kann diese „Wandlungen des Imperialismus" auf im wesentlichen zwei Merkmale zurückführen:

a) Infolge der Wandlungen der Rüstungstechnik im atomaren Zeitalter sind die großen Weltmächte so übermächtig geworden, daß die älteren direkteren Formen des Imperialismus überflüssig geworden sind und an ihre Stelle die mehr indirekten Formen der hegemonialen Führung treten, die statt der rechtlichen Abhängigkeit alten Stils sich mit wirtschaftlicher (Dollarimperialismus,[181] foreign aid) oder parteipolitischer (proletarischer Internationalismus[182]) Abhängigkeit begnügen können;

b) infolge der Abneigung der Massen im demokratischen Zeitalter gegen die alten Formen der Herrschaftsausübung ist zwar nicht eine Ethisierung der Außenpolitik, aber doch eine Moralisierung der außenpolitischen Terminologien und eine Verschleierung der wahren Abhängigkeitsverhältnisse durch Formen scheinbarer Gleichberechtigung getreten; so werden heute weithin Protektorate alten Stils durch „Bündnisse" zwischen ungleichen Parteien ersetzt. Das Ergebnis ist jedenfalls, daß sich zahlreiche Abhängigkeitsverhältnisse vom Rechtlichen ins Soziologische zurückgezogen haben und dadurch zwar an Evidenz und Präzision, aber kaum an Effektivität verloren haben. Damit wird eine Entwicklung intensiviert, die schon immer als de-facto-Protektorat bekannt war;[183] auch der sogenannte Tributärstaat[184] war ja *völkerrechtlich* nicht notwendig ein abhängiger Staat. Ebenso werden im Zuge dieser Entwicklungstendenzen heute in wachsendem Maße rechtlich mildere Formen bevorzugt, etwa statt der Beanspruchung der generellen völkerrechtlichen Vertretung wird nur das Zustimmungsrecht zu einzelnen besonders bedeutsamen völkerrechtlichen Akten oder die Gewährung einzelner völkerrechtlicher Zuständigkeiten oder ein durch bestimmte Voraussetzungen eingeschränktes Interventionsrecht verlangt; in solchen Fällen wird man kaum von einem abhängigen Staat sprechen können.[185]

---

[181] Siehe unten Bd. III S. 139.

[182] Siehe DDR-Lehrbuch I S. 190ff.

[183] Siehe Brierly aaO S. 119.

[184] Fauchille aaO I_1 S. 296.

[185] Siehe z. B. die von Zypern im Vertrag von 1959/60 übernommene Verpflichtung, keine Union mit einem anderen Staat und keine Teilung der Insel zu unternehmen; diese Verpflichtung wurde von Griechenland, Großbritannien und der Türkei garantiert; sie sind berechtigt, zur Sicherung dieser Verpflichtung gemeinsam, notfalls aber auch einzeln (siehe Türkei 1974!) in Zypern zu intervenieren. Siehe ferner Art. 88 des Vertrags von Saint-Germain vom 10. 9. 1919 und das Protokoll I vom 4. 10. 1922, durch die Österreich sich verpflichtete, ohne die Zustimmung des Völkerbundrates sich jedes Aktes zu enthalten, der direkt oder indirekt seine Unabhängigkeit beeinträchtigen würde; im Jahre 1931 erstattete der StIG ein Gutachten, durch das die geplante Zollunion mit Deutschland für unvereinbar mit dem Protokoll erklärt wurde (A/B 41); durch Art. 4 des Staatsvertrags zwischen Österreich und den vier Besatzungsmächten vom 15. 5. 1955 verpflichtete sich Österreich, „keine wie immer geartete politische oder wirtschaftliche Vereinigung mit Deutschland" einzugehen. Man denke schließlich an die durch Art. 2 des Deutschlandvertrags von 1952/54 nicht begründeten, sondern nur aufrechterhalte-

Allerdings führt die durch den Übergang vom Rechtlichen ins Politische bewirkte geringere Präzision und Evidenz des Abhängigkeitsverhältnisses auch eine heute noch kaum erkannte Nebenwirkung mit sich: ein dritter Staat macht sich einer unzulässigen Intervention schuldig, wenn er ein völkerrechtlich bestehendes Abhängigkeitsverhältnis nicht achtet; bei der Verwischung von Präzision und Evidenz durch die verschleierten de-facto-Verhältnisse tritt diese Rechtsfolge nun häufig nicht mehr mit berechenbarer Sicherheit ein, die Versuchung zum Eingreifen in eine nur politisch garantierte Interessensphäre statt in ein rechtlich begrenztes Protektorat wird also größer, damit aber auch die Risiken des Zusammenstoßes zwischen rivalisierenden Mächten; die Lage im vorderen Orient ist ein beredtes Beispiel.[186]

Im folgenden werden nur einige Fälle völkerrechtlicher Abhängigkeit im 19. und 20. Jahrhundert beispielhaft angeführt.

1. Ägypten

Gemäß dem Londoner Vertrag vom 15. 7. 1840 war Ägypten ein Vasallenstaat der Türkei, wurde aber 1882 von britischen Truppen „vorübergehend" besetzt. 1914 erklärte Großbritannien einseitig ein Protektorat über Ägypten, das durch Artikel 147 des Versailler Vertrags international anerkannt wurde. Eine britische Erklärung vom 28. 2. 1922 erklärte das Ende des Protektorats und proklamierte Ägypten als einen „souveränen und unabhängigen Staat", allerdings unter einer Reihe so wesentlicher Vorbehalte (u. a. Sicherheit der Reichsverbindungen, Verteidigung Ägyptens, Schutz fremder Interessen, Regime des Sudan), daß Ägypten weiterhin als abhängiger Staat zu betrachten war. Am 26. August 1936 wurde ein anglo-ägyptischer Bündnisvertrag abgeschlossen, der die militärische Besetzung des Landes formell beendete, gleichwohl aber englische Truppen im Gebiet des Suezkanals beließ. Am 19. Oktober 1954 wurde ein englisch-ägyptisches Abkommen abgeschlossen, durch das die britische Besetzung endgültig abgeschlossen und der Bündnisvertrag von 1936 beendet, statt dessen aber unter gewissen Bedingungen ein Rückkehrrecht britischer Streitkräfte in die Kanalzone vereinbart wurde. Die Laufzeit des Vertrags war auf 7 Jahre begrenzt.[187]

---

nen Vorbehaltsrechte der drei Westmächte „in bezug auf Berlin und auf Deutschland als Ganzes einschließlich der Wiedervereinigung Deutschlands und einer friedensvertraglichen Regelung", zu denen Grewe (Archiv 1955, Heft 1/2) sagte: „Wer solche Souveränitätsbeschränkungen nicht-vertraglicher Natur für unvereinbar mit dem Souveränitätsbegriff hält, mag das tun". Bathurst sagt im BYIL 1962 S. 273 nach Erwähnung dieser Vorbehaltsrechte: „*In other respects* (Sperrung von mir) the Federal Republic was accorded the full authority of a sovereign State over its internal and external affairs".

[186] Siehe Triepel, Die Hegemonie, 1938, S. 211ff., über staats- und völkerrechtliche Methoden der Legalisierung der Hegemonie.

[187] Siehe British Command Paper 9586; s. auch Mayer, Die völkerrechtliche Stellung Ägyptens, 1914; Himaya, La condition internationale de l'Egypte depuis 1914, 1922; Rauschning, Der Streit um den Suezkanal, 1956.

2. Albanien

Im Verfolg des Londoner Friedensvertrags vom 30. 5. 1913 wurde Albanien als „souveränes und autonomes Fürstentum" errichtet, mit der Maßgabe, daß seine zivile und Finanzverwaltung der Kontrolle der Großmächte unterstellt wurde. Durch den Londoner Geheimvertrag vom 26. 4. 1915 wurde ein italienisches Protektorat über Albanien in Aussicht genommen. Am 10. 3. 1917 erklärte Österreich-Ungarn ein Protektorat über Albanien. Im Dezember 1920 wurde Albanien in den Völkerbund aufgenommen. Nachdem seit den Verträgen vom 27. 11. 1926 und 22. 11. 1927 ein italienisches de-facto-Protektorat bestand, erklärte Italien am 16. 4. 1939 eine Personalunion Albaniens mit Italien, die in Wirklichkeit nur ein schlecht verhülltes totales Abhängigkeitsverhältnis war. Am 11. 9. 1943 erklärte Albanien seine Unabhängigkeit.[188]

3. Andorra

Der Staatscharakter Andorras ist fraglich;[189] es handelt sich um ein Überbleibsel aus der Feudalzeit, das unter der gemeinsamen Oberhoheit Frankreichs (für weltliche Angelegenheiten) und des Bischofs von Urgel (für geistliche Angelegenheiten) steht.[190]

4. Bulgarien

Durch den Berliner Vertrag vom 13. 7. 1878 wurde Bulgarien als tributpflichtiges Fürstentum unter türkischer Oberherrlichkeit anerkannt. Am 5. 10. 1908 erklärte Bulgarien seine Unabhängigkeit.

5. Cuba

Nachdem Spanien 1898 im Frieden zu Paris auf die Souveränität über Cuba verzichtet hatte, erließ der amerikanische Kongreß am 2. 3. 1901 ein Gesetz, in dem als sog. „Platt Amendment" bestimmt war, daß der Präsident der USA die Regierung Cubas seinem eigenen Volk überlassen könne, sobald es in seine Verfassung gewisse Bedingungen aufgenommen habe, die insbesondere ein amerikanisches Interventionsrecht und amerikanische Flottenstützpunkte vorsahen. Diese Bedingungen wurden der cubanischen Verfassung als Anhang einverleibt und im Vertrag von Havana vom 22. 5. 1903 wiederholt. Dieser Vertrag wurde durch einen neuen Vertrag vom 29. 5. 1934 beseitigt, der allerdings in Artikel III die cubanische Verpflichtung zur Duldung amerikanischer Flottenstützpunkte aufrechterhielt.[191]

---

[188] Siehe A. Simonard, Essai sur l'indépendence albanaise, 1942; Mury, Albanie, 1970.

[189] Siehe Rousseau aaO, 1. Aufl., S. 144.

[190] Siehe die französischen Dekrete von 1882 und 1884.

[191] Siehe Hyde aaO I S. 56; Fenwick aaO S. 111; der These des letzteren, die Regelung des Platt Amendment habe seit seiner Inkorporierung in einen völkerrechtlichen Vertrag keine Minderung der kubanischen Selbständigkeit bedeutet, kann wohl kaum beigetreten werden; gl. A. Fauchille aaO I_1 S. 271, der von „Quasi-Protektorat" spricht.

6. Danzig

Um Polen den von Wilsons Punkt XIII in Aussicht gestellten ,,freien und sicheren Zugang zum Meer" zu gewährleisten, wurde durch Artikel 100ff. des Versailler Vertrags die rein deutsche Stadt Danzig vom Reich abgetrennt und als ,,Freie Stadt" unter dem Schutz des Völkerbundes begründet, zugleich aber die Leitung der auswärtigen Angelegenheiten der polnischen Regierung übertragen. Die Einzelheiten wurden im Pariser Vertrag vom 9. 11. 1920 zwischen Danzig und Polen geregelt.[192] Durch deutsches Gesetz vom 1. 9. 1939[193] wurde Danzig dem Reich einverleibt. Laut Artikel IX des Potsdamer Schlußkommuniqués vom 2. 8. 1945 wurde das Gebiet ,,der ehemaligen Freien Stadt Danzig" der polnischen Verwaltung unterstellt, unter Vorbehalt einer endgültigen Regelung im Friedensvertrag.

7. Rheinbund

Auf deutschem Boden stand der durch die Rheinbundsakte vom 12. 7. 1806 geschaffene Rheinbund unter dem Protektorat des französischen Kaisers.[194]

8. Indische Fürstenstaaten

Die etwa 600 indischen Fürstenstaaten bildeten keinen Teil Britisch-Indiens; ihr Gebiet war nicht britisches Staatsgebiet, ihre Untertanen besaßen nicht die britische Staatsangehörigkeit; ihre auswärtigen Beziehungen wurden aber völlig von Großbritannien verwaltet, ebenso fand eine weitgehende Einmischung in ihre inneren Angelegenheiten statt. Diese Rechte Großbritanniens beruhten teils auf einer großen Zahl in sich unterschiedlicher Verträge, teils auf der Anwendung des allgemeinen Begriffs der ,,paramountcy", der stark umstritten war.[195] Mit der Unabhängigkeitserklärung Britisch-Indiens 1947 wurden auch die britischen Rechte über die Fürstenstaaten als erloschen erklärt; die Fürstenstaaten sind inzwischen in den Nachfolgestaaten Indien und Pakistan aufgegangen.

9. Die Jonischen Inseln

wurden durch Vertrag der Großmächte vom 5. 11. 1815 einem britischen Protektorat unterstellt, bis sie 1864 in Griechenland aufgingen.

---

[192] Siehe G. Crusen, Der Pariser Vertrag, Danzig, 1936, mit umfassenden Literaturangaben; Loening, Die Rechtsstellung der Freien Stadt Danzig, Berlin 1928; Lewinsky-Wagner, Danziger Staats- und Völkerrecht, Berlin, 1927; Levesque, La situation internationale de Dantzig, 1924; Matschke, Die Grundlagen des internationalen Statuts von Danzig, 1936.

[193] RGBl. 1939 I S. 1547.

[194] Siehe Klüber, Staatsrecht des Rheinbundes, Tübingen 1808.

[195] Siehe Smith aaO I S. 39ff.; V. P. Menon, The Story of the Integration of the Indian States, 1956.

10. Krakau

Auf dem Wiener Kongreß wurde Krakau als „Freie Stadt" unter dem Schutz Rußlands, Österreichs und Preußens geschaffen, 1846 durch Beschluß der drei Schutzmächte in Österreich einverleibt.

11. Marokko

Seit dem Vertrag vom 30. 3. 1912 war Marokko ein französisches Protektorat, kompliziert durch die auf dem spanisch-französischen Vertrag vom 27. 11. 1912 beruhende spanische Zone und durch das auf dem Vertrag vom 18. 12. 1923 beruhende international verwaltete Gebiet von Tanger, außerdem durch das auf der Algecirasakte vom 7. 4. 1906 und dem deutsch-französischen Vertrag vom 4. 11. 1911 beruhende Prinzip der offenen Tür. Durch die Pariser „Gemeinsame Erklärung" vom 2. 3. 1956 wurde der Protektoratsvertrag von 1912 für unanwendbar erklärt und die Unabhängigkeit Marokkos anerkannt. Auch die spanische Zone und die internationale Zone Tanger sind voll unter die marokkanische Gebietshoheit zurückgekehrt.

12. Monaco

Die rechtliche Situation Monacos ist durch die Verträge vom 17. 7. 1918, 14. 4. 1945 und 23. 12. 1951 geregelt. Ein französisches Protektorat ist darin nur eventualiter für den Fall der Vakanz der Krone vorgesehen.

13. Tanger

Das Sonderstatut von Tanger, das 1956 im Gefolge der Wiedererlangung der Unabhängigkeit durch Marokko beendet wurde, beruhte auf dem Vertrag vom 18. 12. 1923 zwischen Frankreich, Spanien und Großbritannien, dem später noch Italien, Belgien, die Niederlande, Portugal, USA und Schweden beitraten. Es handelte sich weder um ein Kollektivprotektorat noch um ein Kondominium, sondern um die in den Einzelheiten geregelte internationale Verwaltung eines Gebietsteils Marokkos, das seinerseits ein französisches Protektorat war.[196]

14. Tibet

Die rechtliche Situation Tibets ist unklar. Tibet befand sich Jahrhunderte lang in feudalrechtlicher Abhängigkeit von China. Nach Artikel 9 des britisch-tibetanischen Vertrags vom 7. 9. 1904, dessen Rechtsgültigkeit aber zweifelhaft ist, da China ihn nicht anerkannte, verpflichtete sich Tibet, eine Reihe außenpolitischer Akte nicht ohne die vorherige Zustimmung der britischen Regierung vorzunehmen.[197] In Artikel 2 des Vertrags vom 3. 7. 1914 zwischen Großbritannien, China und Tibet wurde festgestellt, daß Tibet unter der Suzeränität Chinas stehe. Die

[196] Einzelheiten bei Rousseau aaO 1. Aufl. S. 175.
[197] Text des Vertrags bei Strupp, Documents, II, S. 250.

Pekinger Abmachung zwischen China und Tibet vom 23. 5. 1951[198] spricht in Artikel III von der Autonomie Tibets unter der vereinigten Leitung der Zentralregierung der Volksrepublik China. In dem indisch-chinesischen Vertrag vom 29. 4. 1954 wird Tibet als ein integrierender Bestandteil Chinas behandelt; Indien verpflichtet sich, binnen 6 Monaten seine Militärposten aus Tibet abzuziehen.[199] Im Jahre 1959 wandte sich der aus Tibet geflüchtete Dalai Lama an die UN, um deren Eingreifen gegenüber China herbeizuführen.

15. Transvaal

Im Gegensatz zum Oranje-Freistaat, der ein unabhängiger Staat war, war Transvaal seit dem Vertrag von Pretoria vom 3. 8. 1881 zwar selbstregierend, aber der britischen Suzeränität unterworfen; Großbritannien erhielt das Truppendurchzugsrecht und die Kontrolle der auswärtigen Beziehungen, die durch den Londoner Vertrag vom 27. 2. 1884 dahingehend gemildert wurde, daß Transvaal das Recht des selbständigen Vertragsschlusses unter der Bedingung der britischen Zustimmung erhielt. Transvaal wurde nach dem Burenkrieg durch den Frieden von Pretoria vom 31. 5. 1902 dem Britischen Reich einverleibt. 1910 wurden die 4 britischen Kolonien Kapprovinz, Natal, Oranje und Transvaal zur Südafrikanischen Union vereinigt, die Dominionstatus erhielt und inzwischen völlig unabhängig geworden ist.

16. Triest

Nach dem Vorbild Danzigs wurde durch Artikel 21 und 22 des Friedensvertrags mit Italien vom 10. 2. 1947 das „Freie Gebiet Triest" geschaffen, das internationalisiert und neutralisiert sein und von einem vom Sicherheitsrat der UN auf jeweils 5 Jahre ernannten Gouverneur kontrolliert werden sollte. Das Regime konnte aber mangels Einigung der Großmächte nie in Kraft treten. Durch eine Einigung vom 5. 10. 1954 zwischen USA, Großbritannien, Italien und Jugoslawien kam es zu einer praktischen Aufhebung des geplanten Regimes und Aufteilung des Gebiets zwischen Italien und Jugoslawien.

17. Tunis

Durch die Verträge von Bardo vom 12. 5. 1881 und von la Marsa vom 12. 6. 1883 wurde ein französisches Protektorat über Tunis errichtet, kraft dessen sich Tunis verpflichtete, „à ne conclure aucun acte ayant un caractère international sans en avoir donné connaissance au gouvernement français et sans s'être entendu préalablement avec lui". Nachdem schon der Vertrag vom 3. 6. 1955 das Protektorat weitgehend abgeschwächt hatte, anerkannte Frankreich im Abkommen vom 20. 3. 1956 die Unabhängigkeit von Tunis.

---

[198] Text s. Kuan yu ho ping chieh fang Hsitsang pan fa ti hsieh i, Peking 1951 ff.

[199] Verschiedene Deutungen der internationalen Lage Tibets s. bei Kunz aaO S. 197 Note 1 d; C. H. Alexandrowicz-Alexander, The Legal Position of Tibet, in AJIL 1954 S. 265 ff.; Tieh-Tseng Li, The Legal Position of Tibet, in AJIL 1956, S. 394 ff.

§ 19. Treuhandgebiete und Kolonien

Literatur: *Abendroth,* Die völkerrechtliche Stellung der B- und C-Mandate, 1936; *Bentwich,* The Mandates System, 1930; *Chowdhuri,* International Mandates and Trusteeship Systems, 1955; *Comisetti,* Mandats et Souveraineté, 1934; *Dölle u. a.,* Internationalrechtliche Betrachtungen zur Dekolonialisierung, 1964; *Duncan-Hall,* Mandates, Dependencies and Trusteeships, 1948; *v. Freytag-Loringhoven,* Das Mandatsrecht in den deutschen Kolonien, 1938; *Münch,* Das Mandatssystem des Völkerbunds, 1932; *Narayan,* United Nations Trusteeship of Non-Self Governing Territories, 1951; *Wright,* Mandates under the League of Nations, 1930.

Am Ende des ersten Weltkriegs waren die Sieger entschlossen, den Besiegten ihre Kolonien wegzunehmen, konnten dies aber nicht offen tun, ohne Punkt V von Wilsons 14 Punkten zu verletzen, der die Interessen der betroffenen Bevölkerung auf dieselbe Stufe stellte wie die Ansprüche der Sieger. Der sich für den Ausgleich dieses Gegensatzes darbietende Kompromiß war der von dem Südafrikaner Smuts vorgeschlagene Mandatsgedanke, der seinen rechtlichen Niederschlag in Artikel 22 der Völkerbundssatzung fand. Danach wurden die ehemaligen Kolonien Deutschlands und der Türkei in drei Gruppen verschieden organisierter Mandate eingeteilt: in A-, B- und C-Mandate. Die Mandatare hatten die Mandatsverwaltung im Interesse der Eingeborenen und unter Aufsicht des Völkerbunds zu führen; die Angehörigen der Mandatsländer, die unter dem völkerrechtlichen Schutz des Mandatars standen, ohne doch seine Staatsangehörigen zu sein, hatten ein Petitionsrecht an den Völkerbundsrat und die Mandatskommission; ihr hatten die Mandatare auch Jahresberichte zu erstatten. Die Mandatsländer waren nicht Gebietsteile des Mandatars; sie hatten eine beschränkte eigene völkerrechtliche Persönlichkeit, konnten aber nicht selbst handeln, sondern die Mandatare handelten für sie, aber nicht im eigenen Interesse, sondern im Interesse der Mandatsangehörigen.

Mit dem Ende des Völkerbunds ging naturgemäß auch die Kontrolle der Mandatsverwaltung zu Ende, ohne daß sich damit automatisch auch der beschränkte Status des Mandatars in den unbeschränkten Status eines Gebietsherrn verwandelt hätte. Dies führte im Falle des Mandats Südwestafrika zu schwierigen rechtlichen Auseinandersetzungen, über die eine Reihe von Urteilen und Rechtsgutachten des Internationalen Gerichtshofs erging.[200] Bei den übrigen Mandaten, soweit sie nicht durch die Verleihung der Unabhängigkeit zu bestehen aufgehört hatten, ergab sich diese Schwierigkeit nicht, da die ehemaligen Mandatare von der durch Artikel 77 I a der Charter der UN gebotenen Möglichkeit Gebrauch machten, sie dem Treuhandsystem der UN zu unterstellen. Außer auf bisherige Mandatsgebiete findet das Treuhandsystem auch Anwendung auf Gebiete, die infolge des zweiten Weltkriegs von Feindstaaten abgetrennt wurden, sowie auf andere Gebiete, aber nie automatisch, sondern immer nur kraft freiwilliger Unterstel-

[200] Siehe insbesondere ICJ 1950 S. 128, 1966 S. 6, 1971 S. 16.

lung, und immer auf Grund einer individuellen Vereinbarung der Bedingungen der Treuhänderschaft. Die Kontrolle der Treuhandgebiete erfolgt durch die Generalversammlung und den ihr assistierenden Treuhänderrat (Trusteeship Council).

Die Hauptunterschiede der Treuhandverwaltung zur Mandatsverwaltung sind die folgenden:

a) Das Ziel der Treuhandverwaltung ist nicht mehr nur, wie bei den B- und C-Mandaten, „das Wohlergehen und die Entwicklung dieser Völker", sondern, politisch weiterreichend und juristisch präziser, „ihre schrittweise Entwicklung zur Selbstregierung oder Unabhängigkeit".

b) Artikel 81 Satz 2 sieht nicht mehr nur eine Einzeltreuhänderschaft, sondern auch eine Kollektivtreuhänderschaft, ja, was besonders wichtig, wenn auch bisher noch in keinem Fall praktisch verwirklicht ist, Ausübung der Treuhänderschaft durch die UN selbst vor. Der Versuch der Generalversammlung (Beschlüsse vom 29. 11. 1947, 11. 12. 1948 und 9. 12. 1949), ein den UN selbst unterstelltes Treuhandgebiet der Heiligen Stätten in Jerusalem zu schaffen, ist infolge der Weigerung der diese Stätten innehabenden Regierungen gescheitert.

c) Nach Artikel 87 der Charter sind die Befugnisse des Treuhänderrats gegenüber denen der Mandatskommission erweitert.

d) Gegenüber den Entmilitarisierungsbestrebungen des Mandatssystems sind militärische Leistungen der Treuhandgebiete (Artikel 84) und die Schaffung sogenannter strategischer Zonen unter dem Sicherheitsrat (Artikel 83) vorgesehen, ein Zeichen, wie viel unsicherer die Weltlage nach 1945 als nach 1919 ist.

In bezug auf den Rechtscharakter der Treuhandgebiete ist Dahm[201] beizutreten, wonach das Treuhandgebiet kein Staat, aber auch keine das Völkerrecht nicht interessierende Provinz des Treuhänders ist, sondern ein Territorium mit einem eigentümlichen völkerrechtlichen Status, in dem die Ausübung der Gebietshoheit dem Treuhänder unter Aufsicht der UN zusteht. Inzwischen haben fast alle Treuhandgebiete die Unabhängigkeit erlangt.

Im Gegensatz zur Völkerbundssatzung enthält die Charter der UN auch Bestimmungen über Kolonien. Denn sie, und nicht, wie Kelsen[202] meint, auch Staaten, die keine demokratische Verfassung haben, sind schon nach dem Wortlaut gemeint, der deutlich das Gebiet des Mutterlandes ausschließt, indem er von Mitgliedern, also von Staaten spricht, die verantwortlich für gewisse näher bezeichnete Gebiete sind; auf diese Weise kann die Regierung des eigentlichen Staatsgebiets schon nach dem Wortsinn nicht beschrieben werden.

Kolonien im Rechtssinn sind integrierende Teile des Staatsgebiets; der Regel nach von einer Bevölkerung niedrigerer, für niedrig gehaltener oder auch nur andersartiger Zivilisation bewohnt, sind sie regelmäßig mit geringeren oder gar keinen Rechten der Selbstverwaltung oder der Teilnahme an der Regierung ausge-

[201] aaO I S. 575.
[202] Law of the UN, S. 555.

stattet als das Mutterland.[203] Die Art der Erwerbung der Kolonie ist für den Rechtsbegriff der Kolonie ebenso gleichgültig wie die Bezeichnung (Kronkolonie, Protektorat – nicht zu verwechseln mit dem echten völkerrechtlichen Protektorat – Schutzgebiet, Charter Colony) oder die Form der Regierung, sei es die abgestufte, wenn überhaupt, dann meist nur für einen bestimmten Teil der Bevölkerung bestehende Vertretung im Gesetzgebungsorgan des Mutterlandes, die relative Selbstverwaltung in der Kolonie selbst oder das reine Gouverneurprinzip, solange nur nicht allen Teilen der Bevölkerung ohne Diskriminierung die vollen Rechte der Bevölkerung des Mutterlandes gewährt werden, was dann natürlich den Begriff der Kolonie aufheben würde. Immer aber bedeutet das Vorhandensein einer Kolonie, daß, auch wenn das Mutterland demokratisch regiert wird, das Gesamtgebiet des Staates nicht als Demokratie bezeichnet werden kann; es existiert vielmehr eine – regional abgetrennte – herrschende Gruppe, die in sich selbst demokratisch verfaßt sein kann, der aber eine beherrschte Gruppe ohne volle demokratische Rechtsstellung gegenübersteht.

Die Verpflichtungen der Kolonialmächte nach Artikel 73 der Charter sind wesentlich geringer als diejenigen der Treuhandmächte für die ihnen anvertrauten Treuhandgebiete. Es sind aber echte Rechtsverpflichtungen; da nach Artikel 10 der Charter die Generalversammlung alle in den Rahmen der Satzung fallenden Fragen und Angelegenheiten erörtern kann, so können die in Artikel 73 und 74 geregelten Fragen sehr wohl zum Gegenstand der Behandlung durch die Generalversammlung gemacht werden. Die Rechtsverpflichtungen der Kolonialmächte umfassen im einzelnen:

a) die Anerkennung des Grundsatzes, daß die Interessen der Bewohner dieser Gebiete allen anderen Interessen vorgehen;

b) die Verpflichtung, die Wohlfahrt der Bewohner dieser Gebiete auf jede nur mögliche Weise zu fördern;

c) die Gewährleistung des Fortschritts auf politischem, wirtschaftlichem, sozialem und erzieherischem Gebiet, gerechter Behandlung und Schutzes gegen Mißbräuche;

d) Streben nach Förderung der Selbstverwaltung usw.

e) Förderung der Entwicklung usw.

f) Übermittlung von statistischem und technischem Material an den Generalsekretär zur Kenntnisnahme.

Sind diese Verpflichtungen auch unpräzis und weit hinter den Verpflichtungen der Treuhänder zurückbleibend, so sind es doch echte Rechtsverpflichtungen, ein Einbruch in eine bisher besonders eifersüchtig gehütete Domäne „innerer Angelegenheiten“ und damit ein wesentlicher Fortschritt gegenüber dem Rechtszustand

---

[203] Siehe Scelle, Précis de Droit des Gens, I, Kap. II (S. 142): Le Phénomène Colonial; Kelsen, Staatslehre, S. 189; Kunz, Staatenverbindungen, S. 172ff.

der Zeit vor 1945; sie bedeuteten einen ersten Schritt in Richtung auf eine allgemeine Dekolonialisierung.

Diese immerhin bescheidenen Ansätze wurden aber bald durch die faktische Entwicklung überholt. Der erste große Schritt der Entkolonialisierung vollzog sich schon 1947 durch den Rückzug der britischen Kolonialmacht aus dem indischen Subkontinent, auf dem mehrere unabhängige Staaten entstanden (Indien, Pakistan, Ceylon, Burma), erzwungen durch den jahrzehntelangen Freiheitskampf des indischen Volkes unter Führung Gandhi's.[204] Die ersten völkerrechtlichen Konsequenzen hieraus wurden auf der Bandung-Konferenz von 1955[205] gezogen, in deren Schluß-Kommuniqué es hieß: ,,... colonialism in all its manifestations is an evil which should speedily be brought to an end". Am 14. 12. 1960 nahm die Generalversammlung der UN ohne Gegenstimmen eine Resolution an, in der es hieß: ,,Alle Völker haben das Recht der freien Selbstbestimmung. ... daß dem Kolonialismus in allen seinen Formen und Erscheinungen unverzüglich und ohne jede Einschränkung ein Ende gemacht werden muß". Am 24. 10. 1970 nahm die Generalversammlung die Deklaration über Völkerrechtsprinzipien usw. an, in der es heißt: ,,den Kolonialismus rasch zu beendigen, unter Berücksichtigung des frei ausgedrückten Willens der betroffenen Bevölkerungen, und im Bewußtsein, daß die Unterwerfung von Völkern unter fremde Unterjochung, Beherrschung und Ausbeutung eine Verletzung des Prinzips (sc. der Selbstbestimmung) und eine Verleugnung fundamentaler Menschenrechte darstellt und im Widerspruch zur Satzung steht".

Seitdem auch Portugal 1974 seinen Kolonien die Unabhängigkeit zugesagt und sie seither vollzogen hat, sind praktisch alle Kolonien der westeuropäischen Staaten, aber auch nur sie, in die Freiheit entlassen worden. Das Prinzip der Selbstbestimmung der Nationen wartet noch in weiten Teilen der Welt auf seine Verwirklichung.[206]

§ 20. Internationale Organisationen

Literatur: *Bowett,* The Law of International Institutions, 1963; *Jenks,* The proper Law of International Organizations, 1962; *Langrod,* La Fonction Publique Internationale, 1963; *Migliazza,* Il Fenomeno dell' Organizzazione e la Comunità Internazionale, 1958; *Morosow,* International Organizations, 1971; *Schermers,* International Institutional Law, 3 Bde., 1972/74; *Seidl-Hohenveldern,* Das Recht der internationalen Organisationen, 1967/1971; *Zemanek,* Das Vertragsschließungsrecht der internationalen Organisationen, 1957.

Wir haben gesehen, daß Staaten kraft ihres bloßen Daseins die generellen Subjekte des Völkerrechts sind. Die Intensivierung der internationalen Beziehun-

[204] Siehe dazu Berber, Das Staatsideal, 1973, S. 66ff.

[205] Siehe Appadorai, The Bandung Conference, 1955; Decker, Selbstbestimmungsrecht der Nationen, 1955, S. 389.

[206] Siehe über das Selbstbestimmungsrecht unten § 21 Nr. VII.

gen hat es aber mit sich gebracht, daß in wachsendem Maße auch internationale Organisationen am internationalen Verkehr teilnehmen, völkerrechtliche Rechte und Pflichten besitzen. Sie nahmen ihren Ausgang von den sogenannten Verwaltungsunionen, die im 19. Jahrhundert zunächst vereinzelt, dann häufiger auftraten (z. B. Internationaler Fernmeldeverein 1865, Weltpostverein 1874, Donaukommission 1856). Seit dem Ende des ersten und vor allem des zweiten Weltkriegs fand eine überaus starke Verdichtung dieser Entwicklung statt, die dazu führte, daß ihre Zahl, ca. 250, höher ist als die der Staaten selbst, die Mitglieder der Völkerrechtsgemeinschaft sind. Als internationale Organisationen in diesem Sinn sind aber nur Zusammenschlüsse von Staaten und eventuell anderen Völkerrechtssubjekten anzusehen, die auf einer Willenseinigung dieser Völkerrechtssubjekte beruhen; dadurch unterscheiden sie sich von den nichtstaatlichen internationalen Organisationen, von denen es z. Z. über 22000 gibt, vor allem auf wissenschaftlichem, wirtschaftlichem, technischem, sozialem Gebiet; diese sind zwar keineswegs Völkerrechtssubjekte, aber doch für das Völkerrecht nicht ohne Bedeutung, wie etwa die um die Weiterbildung des Völkerrechts verdiente International Law Association. Art. 71 der UN-Satzung sieht ihre Mitwirkung im Rahmen des Wirtschafts- und Sozialrats der UN vor. Von gelegentlichen staatlichen Zusammenschlüssen unterscheiden sich die internationalen Organisationen im eigentlichen Sinn dadurch, daß sie auf die Dauer berechnet sind und mit mindestens *einem* Organ ausgestattet sind, das den vom Willen der einzelnen Mitglieder unterschiedenen Verbandswillen zu vertreten berechtigt ist.

Sie sind nach dem gegenwärtigen Stande der Entwicklung in doppelter Weise von den Staaten als den generellen Völkerrechtssubjekten unterschieden: ihre Völkerrechtspersönlichkeit ist eine ihrer beschränkten Zwecksetzung entsprechend beschränkte, und sie sind nie automatische, geborene Völkerrechtssubjekte, sondern geschaffen durch Willenseinigung der generellen Völkerrechtssubjekte, der Staaten, sei es direkt, sei es indirekt mit Hilfe schon von ihnen geschaffener internationaler Organisationen.[207] Solche internationalen Organisationen sind insbesondere die Vereinten Nationen selbst (wie früher der Völkerbund) und die ihnen angeschlossenen Spezialorganisationen. Der Internationale Gerichtshof hat im „Reparation for Injuries" Fall[208] bemerkenswerte Ausführungen über ihren Status gemacht: „Die Rechtssubjekte in irgendeinem Rechtssystem sind nicht notwendig in ihrer Natur oder in dem Umfang ihrer Rechte identisch, und ihre Natur hängt von den Erfordernissen der Gemeinschaft ab. Während der ganzen Geschichte des Völkerrechts wurde seine Entwicklung beeinflußt durch die Erfordernisse des internationalen Lebens, und die fortschreitende Zunahme der kollektiven Tätigkeit der Staaten hat schon Anlaß gegeben zur Tätigkeit gewisser nichtstaatlicher Einheiten auf internationaler Ebene. Diese Entwicklung gipfelte

[207] Siehe Jessup, A modern Law of Nations, New York 1952, S. 23ff.
[208] Reports 1949, S. 179ff.

im Juni 1945 in der Errichtung einer internationalen Organisation, deren Ziele und Prinzipien in der Charter der UN im einzelnen niedergelegt sind. Um aber diese Ziele zu erreichen, ist die Zuteilung internationaler Persönlichkeit unentbehrlich. ... Der ‚Vertrag über die Privilegien und Immunitäten der UN' von 1946 schafft Rechte und Pflichten zwischen jedem der Signatare und der Organisation (siehe insbesondere Abschnitt 35). Es ist schwierig einzusehen, wie ein solcher Vertrag anders als auf der internationalen Ebene und zwischen Parteien, die internationale Persönlichkeit besitzen, wirksam werden könnte. ... Nach Ansicht des Gerichtshofs sollte die Organisation nach der Absicht ihrer Schöpfer Funktionen und Rechte ausüben und genießen, und übt und genießt tatsächlich Funktionen und Rechte, die nur auf der Basis der Innehabung eines großen Maßes an internationaler Persönlichkeit und der Fähigkeit, auf internationaler Ebene zu handeln, erklärt werden können. ... Der Gerichtshof ist dementsprechend zu dem Schluß gekommen, daß die Organisation eine internationale Person ist. Das ist nicht dasselbe wie die Aussage, sie sei ein Staat, was sie sicherlich nicht ist, oder daß ihre Rechtspersönlichkeit und ihre Rechte und Pflichten die gleichen seien wie die eines Staates. ... Es bedeutet nicht einmal, daß alle ihre Rechte und Pflichten auf der internationalen Ebene sein müssen, so wenig wie alle Rechte und Pflichten eines Staates auf dieser Ebene sein müssen. Was es bedeutet, ist, daß sie ein Völkerrechtssubjekt ist, fähig, internationale Rechte und Pflichten zu besitzen, und daß sie die Fähigkeit hat, ihre Rechte zu behaupten, indem sie völkerrechtliche Ansprüche klagweise geltend macht. ..."

Dem ist hier nichts hinzuzufügen. Alle Einzelheiten werden in Kapitel 5, 6 und 7 des III. Bandes behandelt werden.

§ 21. Sonderfälle

I. Die Vatikanische Stadt

Literatur: *Baldassari,* Il trattato del Laterano, 1930; *Brazzola,* La cité du Vatican est-elle un Etat, 1932; *Donati,* La città del Vaticano nella teoria generale dello Stato, 1930; *Graham,* Vatican Diplomacy, 1959; *Le Fur,* Le Saint-Siège et le droit des gens, 1930; *Raffel,* Die Rechtsstellung der Vatikanstadt, 1961; *Köck,* Die völkerrechtliche Stellung des Heiligen Stuhls, 1975.

Da die vatikanische Stadt 1929 ausdrücklich zu dem Zwecke geschaffen wurde, um dem Heiligen Stuhl eine bestimmte Rechtsstellung zu sichern,[209] ist es zweckmäßig, zunächst die Rechtsstellung des Heiligen Stuhls zu untersuchen.

Der Heilige Stuhl bestand mit seinen wesentlichen Merkmalen, bevor es einen Kirchenstaat als Völkerrechtspersönlichkeit gab, und der Heilige Stuhl bestand mit seinen wesentlichen Merkmalen weiter, auch nachdem der Kirchenstaat im Jahre 1870 durch Debellation als Völkerrechtssubjekt untergegangen war. Ohne in eine Untersuchung der rechtlichen Natur des Kirchenstaates einzutreten, kann

[209] Siehe Präambel des Lateranvertrags.

doch davon ausgegangen werden, daß es sich bei ihm um ein echtes Völkerrechtssubjekt gehandelt hat, wie bei den übrigen italienischen Staaten, die schon 10 Jahre früher im Königreich Italien aufgegangen waren. Die Beziehung des Kirchenstaats zum Heiligen Stuhl war weder die der Personalunion noch des Protektorats, sondern vielmehr folgende: in der historischen Wirklichkeit, nicht kraft rechtslogischer Notwendigkeit, war das Staatshaupt des Kirchenstaats identisch mit dem Heiligen Stuhl. Es ist anerkannt, daß der Staat, nicht dagegen irgendein Staatsorgan, auch nicht das höchste, Völkerrechtssubjekt ist. Wenn er es also nicht ohnedies war, so wurde der Heilige Stuhl keineswegs Völkerrechtssubjekt allein durch die Beherrschung des Kirchenstaats. Wir können also zur Ergründung der rechtlichen Stellung des Heiligen Stuhls, d. h. des Papstes, fremden Staaten gegenüber absehen von seiner historischen, 1870 zu Ende gegangenen Verbindung mit dem Kirchenstaat.

Die Stellung des Papstes nach kanonischem Recht ist beschrieben in can. 218–221 des Codex Juris Canonici von 1917. Danach besitzt der Papst nicht nur den Ehrenvorrang, sondern die höchste und volle Jurisdiktionsgewalt für die gesamte Kirche, sowohl in Sachen des Glaubens und der Sitten als auch in denen der Disziplin und Regierung der Kirche auf dem ganzen Erdenrund. Der Papst ist oberster Lehrer in Glaubens- und Sittensachen; seine amtliche Lehre verpflichtet alle Christen; er ist oberster Gesetzgeber, dessen Vorschriften alle Christen befolgen müssen. Er ist oberster Richter, von dessen Entscheidung es keine Berufung an eine andere Instanz gibt und der selbst von niemand gerichtet werden kann.[210] Diese Stellung ist mit der eines Völkerrechtssubjekts keineswegs vereinbar, und die Einstufung als Völkerrechtssubjekt würde diesem umfassenden religiösen Anspruch keineswegs gerecht. Das Rechtsverhältnis des Papstes zu den Angehörigen der katholischen Kirche bestimmt sich nach katholischem Kirchenrecht, das Rechtsverhältnis des Papstes zu den unabhängigen Staaten der Erde dagegen nicht nach Völkerrecht, sondern nach einem Recht eigener Art, in dem es nicht, wie im Völkerrecht, um Machtabgrenzungen politischer Art geht, sondern um Abgrenzung von Staat und Kirche, von weltlich und geistlich.[211] Es handelt sich um ein Rechtsgebiet, das seine Quellen in Verträgen, Konkordate genannt, in Gewohnheitsrecht und in allgemeinen Rechtsprinzipien findet. Dieses Recht wird in vieler Beziehung eine gewisse Ähnlichkeit mit Völkerrechtsnormen haben, wie alle Rechtsbeziehungen öffentlichen Rechts zwischen Gleichgeordneten, z. B. die Rechtsbeziehungen zwischen Gliedstaaten eines Bundesstaats, die auch nicht Völkerrecht sind, trotz mannigfaltiger struktureller Ähnlichkeit und trotz mancher

---

[210] Siehe Retzbach, Das Recht der katholischen Kirche nach dem Codex Juris Canonici, 3. Aufl. 1947, S. 58.

[211] Die Legitimität der Anerkennung einer solchen Sonderrechtsordnung wird von Anzilotti, aaO S. 105, zugegeben, und ihr „didaktischer Wert“ anerkannt; Taube (Archiv für Rechts- und Wirtschaftsphilosophie I, S. 360) schlägt für solche Normen den Begriff „Zwischenmächterecht“ (jus inter potestates) vor, der uns keineswegs geglückt erscheinen will.

Entlehnung völkerrechtlicher Regeln kraft Analogie. Genau so ist es mit dem Recht zwischen Staat und katholischer Kirche. Die Juristen der Kurie hatten immer ein klares Gefühl für diese Unterscheidung, indem historisch, zur Zeit des Bestehens des Kirchenstaats, die Konkordate immer von den Staatsverträgen des Kirchenstaats gesondert geblieben sind. Nur diejenigen Teile des Völkerrechts sind auf die Rechtsbeziehungen des Papstes zu den Staaten anwendbar, die die notwendige Grundlage jeder Rechtsbeziehung zwischen Gleichgeordneten darstellen; alles darüber Hinausgehende, spezifisch Völkerrechtliche wird aber mit Selbstverständlichkeit von niemand auf den Papst angewandt. Die wichtigste völkerrechtliche Zusammenarbeit findet zur Zeit in den UN statt; niemand erwartet eine Mitgliedschaft des Heiligen Stuhls. Die Konkordate dagegen sind ebenso wie staatsrechtliche Verträge zwischen Gliedstaaten eines Bundesstaats oder völkerrechtliche Verträge zwischen unabhängigen Staaten oder Verträge zwischen Dominions des Britischen Commonwealth vor Erlangung der Unabhängigkeit, also vor 1931, Anwendungsfälle jenes allgemeinen Schemas rechtsverbindlicher Willenseinigung zwischen Gleichgeordneten, deren Grundlage der – weit über das Völkerrecht hinausreichende – Satz ist: „Pacta sunt servanda".[212] Es ist also ebensowohl die manchmal von staatlicher Seite vertretene Legaltheorie, wonach die Konkordate jederzeit und beliebig widerrufbare Zugeständnisse des Staates an die Kirche seien, wie die früher von kirchlicher Seite vertretene Privilegialtheorie, wonach die Konkordate jederzeit und beliebig zurückziehbare Privilegien der Kirche an den Staat seien, abzulehnen, und der heute herrschenden Kontraktualtheorie, wonach es sich bei den Konkordaten um beiderseitig bindende Willenseinigungen handelt, beizutreten, allerdings mit der Abwandlung, daß Konkordate nicht Verträge des normalen Völkerrechts,[213] sondern Verträge des Staat-Kirche-Rechts sind. Dies bedeutet keine geminderte, sondern eine verstärkte Bestandskraft der Konkordate, da das Gewohnheitsrecht und die allgemeinen Regeln, die mangels einer konkreten Regelung als Rechtssätze für die Auslegung wie für die Geltungsdauer der Konkordate heranzuziehen sind, bei mit katholischen Staaten abgeschlossenen Konkordaten[214] weitgehend mit kanonischem Recht und katholischem Naturrecht, bei mit nichtkatholischen christlichen Staaten abgeschlossenen Verträgen weitgehend mit gemeinchristlichem Naturrecht, bei Konkordaten mit nichtchristlichen, aber religiös fundierten Staaten weitgehend mit gemeinreligiösem Naturrecht[215] durchsetzt sein werden, lediglich bei etwa zustandekommenden Konkordaten mit religionsindifferenten oder religionsfeindlichen Staaten die blo-

[212] Siehe auch aus der Begründung der Regierung der Bundesrepublik zum Militärseelsorgevertrag mit der Evang. Kirche in Deutschland, 2. BT-Dr. S. 3500, S. 9: „Äußerlich ist der Vertrag weitgehend völkerrechtlichen Verträgen angeglichen."

[213] Wie heute die herrschende Meinung; s. unten § 64 I.

[214] Diese Unterscheidung wird z. B. in der Enzyklika Leos XIII. vom 16. 2. 1892, „Au milieu des sollicitudes", gemacht.

[215] Siehe Römer I, 19; II, 14.

ßen rationalen Lehren eines reinen Vertragsrechts in Anwendung kommen, niemals aber die für völkerrechtliche Verträge zwischen Staaten so grundlegenden Prinzipien der Staatsräson, die in der traurigen Bilanz der Anwendung der clausula rebus sic stantibus evident werden.

Die Tatsache, daß der Papst für den Verkehr mit den Staaten besondere Vertreter, die Nuntien, unterhält, auf die eine Reihe von Regeln des völkerrechtlichen Diplomatenrechts analog angewendet werden (nicht alle, z. B. nicht die Regelung der Anciennität; der Nuntius kann nach konkreter Übung[216] automatisch der Doyen des diplomatischen Korps sein), ist kein Beweis für die völkerrechtliche Natur der Beziehungen zwischen Papst und Staaten, so wenig wie die – ganz andersartig fundierte – Existenz eines bayerischen Gesandten in Berlin unter der Bismarckischen Verfassung ein Beweis für völkerrechtliche Beziehungen zwischen München und Berlin war.

Diese spezifische Situation des Papstes als Haupt der katholischen Kirche wurde weder durch die Beseitigung des Kirchenstaats 1870 noch durch die Schaffung der Vatikanischen Stadt im Jahre 1929 betroffen.[217] Natürlich war der Besitz eines fremder Staatsgewalt entzogenen Gebiets für die praktische Ausübung der Herrschaft des Papstes über die katholische Kirche von unschätzbarem Wert, im Sinne jener Erklärung des Papstes Pius IX. vom 26. 4. 1871 gegenüber dem französischen Botschafter Graf Harcourt:[218] „Ich weiß besser wie sonst jemand, daß in Zeiten wie diesen man nicht die Souveränität anstreben soll. Alles, was ich wünsche, wäre ein kleiner Winkel auf der Erde, wo ich Herr wäre. Wenn man mir vorschlagen würde, meine Staaten wieder in Besitz zu nehmen, würde ich mich nicht weigern. Aber solange ich dieses kleine Eckchen auf der Erde nicht habe, kann ich meine geistlichen Aufgaben nicht in ihrer Fülle ausüben."

In welcher Weise stellt nun die „Vatikanische Stadt" dieses „kleine Eckchen auf der Erde" dar, das ja nach den eigenen Worten des Papstes durchaus nicht ein souveräner Staat zu sein braucht?

Zunächst ist klarzustellen, daß am 11. 2. 1929 zwei Verträge auf verschiedener Ebene zwischen dem Papst und der italienischen Regierung abgeschlossen wurden: ein Vertrag und ein Konkordat. Das Konkordat interessiert in unserem Zusammenhang nicht. Der Vertrag enthält in Artikel 2 die Anerkennung der „Souveränität des Heiligen Stuhls in der internationalen Ordnung als seiner Natur wesentliche Eigenschaft, in Übereinstimmung mit seiner Tradition und den Erfordernissen seiner Mission in der Welt". Das Wort „internationale Ordnung" ist hier im weitesten Sinn zu verstehen, umfassend sowohl die Ordnung des Völker-

[216] Siehe Art. 16 III des Wiener Übereinkommens über diplomatische Beziehungen.

[217] Übereinstimmend, wenn auch z. T. mit anderer Begründung, die kanonische These nach 1870. Siehe Nicola Nuccitelli, Le Fondement Juridique des Rapports Diplomatiques entre le Saint-Siège et les Nations Unies, Paris 1956.

[218] Siehe Le Fur, Le Saint-Siège et le droit des gens, Paris 1930 S. 29; La Vie Catholique, 16. 2. 1929, S. 16.

rechts als des Staat-Kirche-Rechts. Der Vertrag schafft diese Souveränität nicht – wozu ein bilateraler Vertrag schwerlich geeignet wäre – sondern er erkennt sie als schon bestehend an, also unabhängig von irgendwelcher *staatlicher* Macht des Papstes, unabhängig von irgendeiner Stellung des Papstes im Völkerrecht im engeren Sinn. Es folgen Bestimmungen über die Unverletzlichkeit des Papstes, über Konklave und Konzile, über freien Zugang der Bischöfe zum Apostolischen Stuhl, über die Vorrechte der Kardinäle, über die Freiheit der Korrespondenz, über das aktive und passive Gesandtschaftsrecht; die beim Vatikan akkreditierten fremden Diplomaten genießen die üblichen Immunitäten, selbst wenn sie auf italienischem Gebiet wohnen. Das ist nichts als die Anerkennung des seit 1870 bestehenden Rechtszustands, nur nun nicht mehr auf Grund eines einseitigen italienischen Gesetzes, des Garantiegesetzes von 1870, sondern auf Grund eines beide Seiten bindenden Vertrags. Die bisher schon dem Papst zustehenden Gebäulichkeiten werden ihm „zu Eigentum und Souveränität" zugesprochen, aber nur zu den speziellen Zwecken und „gemäß den Modalitäten, die den Gegenstand des gegenwärtigen Vertrags bilden". Es gibt eine Art Pseudostaatsangehörigkeit des Vatikans: wenn der vatikanische – für Kardinäle der römische – Wohnsitz verlegt wird, erlischt sie. Die Kardinäle genießen die sonst auf den Vatikan beschränkte Immunität, wenn sie außerhalb des Vatikans, aber in Rom wohnen. Auf dem zur Vatikanstadt gehörenden Petersplatz waltet regelmäßig die italienische Polizei ihres Amtes, sie ist zurückzuziehen, wenn der Papst den Petersplatz für sich beansprucht.

Die verschiedensten Theorien über die Rechtsnatur der vatikanischen Stadt sind aufgestellt worden. Häufig wird die Theorie vertreten, die vatikanische Stadt sei ein Staat im Sinne des Völkerrechts; Verdross[219] behauptet, sie sei eine Art Vasallenstaat der katholischen Kirche.

Wenn man von einem Staat sprechen wollte, dann würde es sich um ein italienisches Protektorat handeln. Denn neben anderen protektionsartigen Merkmalen[220] verzichtet der Papst auf eine eigene Außenpolitik, es sei denn, die Parteien verlangten in einem internationalen Streit die Hilfe des Papstes für eine Beilegung – eine uralte Mission des Papstes, die nie von irgendeiner Staatlichkeit abhing – oder es handle sich um einen Fall, in dem der Papst glaube, seinen moralischen und geistlichen Einfluß geltend machen zu müssen: ebenfalls eine uralte Mission des Papstes, zu der er nicht als Staatsoberhaupt, sondern als Haupt der katholischen Kirche legitimiert ist: also Ausschluß des Papstes von spezifisch außenpolitischer Tätigkeit, Garantie Italiens für die Neutralität und Unverletzlichkeit der vatikanischen Stadt. Wenn sie also Staat ist, dann nur Staat unter italienischem Protektorat.

Aber die Annahme eines solchen Schutzstaats ist der althergekommenen Stellung des Papstes unwürdig und wird ihr nicht gerecht. Der Papst bedarf zur

[219] aaO 2. Aufl. S. 88.
[220] Siehe Scelle aaO I S. 305.

Erfüllung der Herrschaft über die Kirche nach kanonischem Recht weder eines italienischen Gesetzes noch eines Vertrags mit Italien, und es ist abwegig, seine säkulare Stellung in das Prokrustesbett eines Zwergstaats nach völkerrechtlicher Konstruktion zwängen zu wollen. Was ein italienisches Gesetz und natürlich noch besser ein Vertrag mit Italien vermag, das ist, dem Papst seine Mission praktisch zu erleichtern durch Hinwegräumung aller staatlichen Behinderungen, die Gewährung des „kleinen Eckchens auf der Erde“, von dem Papst Pius IX. als Basis zur Ermöglichung der Ausübung seiner geistlichen Funktionen sprach. Bei diesem „kleinen Eckchen“ handelt es sich nicht um einen Staat, sondern um ein Zurückweichen des Staates, ein Bündel von Immunitäten, die Schaffung einer staatsfreien Sphäre, die nur teilweise in einem abgegrenzten Raum besteht. Es handelt sich um die institutionelle Verankerung der Grenzen des Staates gegenüber der Kirche in deren Spitze. Staaten werden nicht nur durch andere Staaten oder durch das Völkerrecht begrenzt, sondern auch durch sie durchschneidende und transzendierende Mächte nichtstaatlicher Art.

II. Der Malteserritterorden

Dieser Ritterorden ist der Restbestand eines früheren Staates mit eigenem Gebiet (erst Akkon, dann Cypern, Rhodos, Malta), dem mit Rücksicht auf seinen einflußreichen Mitgliederbestand in der gesamten katholischen Welt von einer Reihe katholischer Staaten eine Reihe diplomatischer Privilegien und Immunitäten gewährt werden.[221]

III. Das Internationale Rote Kreuz

Ist der Malteserorden ein Restbestand ehemaliger Größe, so ist das Internationale Rote Kreuz eine in die Zukunft weisende humanitäre Aufgabe mit interessanten Ansätzen internationaler Institutionalisierung, ohne daß ihm bisher vom Staat seines Sitzes ein ähnliches Immunitätenbündel zur Verfügung gestellt worden wäre, wie dies Italien gegenüber dem Heiligen Stuhl getan hat und wie dies zur ungestörten Erfüllung seiner Aufgaben vor allem im Kriege unerläßlich wäre, zumal keinerlei Garantie besteht, daß der Staat des Sitzes des IRK, der ja anders als dieses nicht in erster Linie humanitäre, sondern staatlich-politische Aufgaben hat, immer imstande sein wird, seine Neutralität zu bewahren (dies war z. B. nicht der Fall während der napoleonischen Kriege).

Die organisatorische Grundlage des Internationalen Roten Kreuzes sind die von der XIII. Internationalen Rotkreuz-Konferenz im Haag 1928 angenommenen

[221] Siehe G. B. Hafkemeyer, Der Rechtsstatus des Souveränen Malteserritterordens als Völkerrechtssubjekt ohne Gebietshoheit, 1955.

Statuten des Internationalen Roten Kreuzes.[222] Danach umfaßt das Internationale Rote Kreuz die Nationalen Rot-Kreuz-Gesellschaften, das Internationale Komitee vom Roten Kreuz und die Liga der Rot-Kreuz-Gesellschaften. Die oberste Autorität ist die Internationale Rotkreuzkonferenz.

a) Die Internationale Rotkreuzkonferenz setzt sich gemäß ihrem von der Internationalen Rotkreuzkonferenz 1930 angenommenen Statut zusammen aus Delegierten aller nationalen Rotkreuzgesellschaften, aus Delegierten der Unterzeichner-Staaten der Genfer Konvention, sowie aus Delegierten der Liga der Rotkreuzgesellschaften. Aus der Tatsache, daß hier Staatenvertreter mit Vertretern nichtstaatlicher Organisationen zusammen ein internationales Organ bilden, das doch nicht zwischen*staatlicher* Natur ist, ist auf den singulären völkerrechtlichen Charakter der Institution zu schließen. Der Konferenz ist vor allem eine interessante völkerrechtspolitische Aufgabe zugewiesen mit der Zuständigkeit, Vorschläge mit Bezug auf die Konventionen von Genf und die anderen internationalen Rotkreuzkonventionen zu machen. Die Konferenz entscheidet mit Stimmenmehrheit.

b) Die nationalen Rotkreuzgesellschaften. Die juristische Natur der nationalen Rotkreuzgesellschaften richtet sich zunächst nach dem jeweiligen nationalen Recht, das ihnen bald den Charakter als juristische Person des Privatrechts, bald den als juristische Person des öffentlichen Rechts zuschreibt. Darüber hinaus müssen sie von ihrer eigenen Regierung als Hilfsdienste des militärischen Gesundheitsdienstes, vom Internationalen Komitee des Roten Kreuzes als Mitglied des Internationalen Roten Kreuzes anerkannt sein.

c) Die Liga der Rotkreuzgesellschaften setzt sich aus den einzelnen Nationalen Rotkreuzgesellschaften zusammen; ihre Organe sind vor allem das paritätisch zusammengesetzte Direktorium, ein ebensolcher Verwaltungsausschuß und ein Generalsekretariat.

d) Das Internationale Komitee des Roten Kreuzes in Genf ist die Keimzelle des ganzen Roten Kreuzes und das einzige Organ des Internationalen Roten Kreuzes, das während der Weltkriege seine internationale Tätigkeit fortführen konnte. Denn während Liga und Konferenz sich vor allem auch aus Angehörigen der Kriegführenden selbst zusammensetzen, deren Zusammenarbeit durch den Krieg naturgemäß fast zum Stillstand kam, konnte das Internationale Rote Kreuz, das sich satzungsmäßig ausschließlich aus Schweizerbürgern zusammensetzt, dank dieser seiner „Neutralität" seine gerade im Krieg unentbehrliche Arbeit fortsetzen. Immerhin ist darauf hinzuweisen, daß durch diese enge Verbindung von Rotkreuzneutralität und Schweizer Neutralität die erstere allen politischen und militärischen Wechselfällen der letzteren mit unterliegt, und es ist zu überlegen, in welcher Weise eine wahre, unpolitische, außerhalb aller Kriegsmöglichkeiten stehende „Neutralisierung" des Roten Kreuzes, die eine conditio sine qua non der

[222] Text siehe im Manuel de la Croix-Rouge Internationale, 1942.

im Kriege unentbehrlichen Durchführungsmöglichkeit der Genfer Konvention ist, unabhängig von der immer prekären Neutralität eines, wenn auch ,,dauernd neutralisierten", so doch souveränen Staates zu sichern wäre. Nach dem Statut von 1928, das von den einen organischen Teil der Internationalen Rot-Kreuz-Konferenz bildenden Staatenvertretern mitbeschlossen wurde und daher völkerrechtlichen Charakter trägt, ist das Internationale Komitee vom Roten Kreuz ,,der Hüter der Prinzipien des Roten Kreuzes", es ist weiterhin zuständig für alle Klagen über behauptete Verletzungen der Internationalen Rotkreuzkonventionen, ebenso für alle Fragen, deren Prüfung durch ein spezifisch neutrales Organ sich empfiehlt. Darüber hinaus entfaltet das Rote Kreuz eine weit über die Kriegsgefangenenfürsorge hinausgehende humanitäre Tätigkeit, die im letzten Krieg insbesondere auch die Fürsorge für die notleidende Zivilbevölkerung besetzter Länder mit umfaßte.[223]

Damit hat das Rote Kreuz eine Tradition fortgeführt, die schon im Mittelalter von umfassenden völkerrechtlichen Institutionen geübt wurde, vor allem von den Ritterorden der Malteser, der Johanniter usw., von denen dem Malteserorden heute noch eine begrenzte Völkerrechts-Subjektivität zukommt, deren Ansätze beim Internationalen Roten Kreuz eben sichtbar werden.[224]

IV. Die Aufständischen

Die begrenzte Völkerrechtsfähigkeit, die das Völkerrecht u. U. Insurgenten zuerteilt, wird unten in § 30 I–IV bei dem Problem der Anerkennung behandelt werden.

V. Die Einzelperson

Literatur: *Ewing,* The Individual, the State, and World Government, 1947; *Grassi,* Die Rechtsstellung des Individuums im Völkerrecht, 1955; *Hallier,* Völkerrechtliche Schiedsinstanzen für Einzelpersonen, 1962; *Huber,* Max, Das Völkerrecht und der Mensch, 1922; *Nórgard,* The Position of the Individual in International Law, 1962; *Remec,* The Position of the Individual in International Law, 1960; *Segal,* L'individu en droit international positif, 1932; *Sperduti,* L'Individuo nel diritto Internazionale, 1950; *Spiropoulos,* L'individu en droit international, 1928.

Von dem Problem des Individuums als Subjekt des Völkerrechts sagt Verdross[225] mit Recht: ,,Die zahlreichen Streitfragen, die über die Stellung der Einzelmenschen im Völkerrecht bestehen, haben zum größten Teil nicht in sachlichen

---

[223] Siehe im einzelnen: III. Genfer Abk. von 1949, Art. 73, 75, 123, 126; IV. Genfer Abk. von 1949, Art. 109, 140, 143.

[224] Siehe Huber, Croix-Rouge, Quelques Idées, Quelques Problèmes, Lausanne 1941; A. R. Werner, La Croix-Rouge et les Conventions de Genève, Genf 1943; P. Schneider, Zur Rechtsstellung des Internationalen Roten Kreuzes, in: Archiv des Völkerrechts 1955, S. 257ff.; s. auch Hackworth aaO I S. 50, über die konservative Haltung der Regierung der USA gegenüber dem Internationalen Roten Kreuz.

[225] aaO S. 216.

Gegensätzen, sondern in ungeklärten Begriffen ihren Grund." Dies gilt insbesondere für alle jene Theorien, die die Völkerrechtssubjektivität des Individuums von der Erfahrung herleiten, daß alles Recht letztlich dem Menschen zu dienen habe.[226] Diese Theorien beruhen auf einer unzulässigen Verwechslung von Destinatär und Subjekt eines Rechts.

Ebenso sind aus unserer Diskussion alle jene Theorien auszuscheiden, die aus einer naturrechtlichen Haltung heraus die Rechtssubjektivität des Individuums behaupten, ohne sich um den Nachweis im positiven Recht zu bekümmern, oder die diese Rechtssubjektivität de lege ferenda fordern.[227]

Es verbleiben also im wesentlichen drei Theorien:

a) die These, daß *nur* Staaten (und eventuell internationale Organisationen) Subjekte des Völkerrechts sind,

b) die These, daß *nur* Individuen Subjekte des Völkerrechts sind,

c) die These, daß *sowohl* Staaten (und eventuell internationale Organisationen) wie Individuen Subjekte des Völkerrechts sind.

Die These zu a) war lange Zeit die herrschende; sie wird aber auch heute noch von einer Reihe von Autoren festgehalten; insbesondere wird sie einhellig von der sozialistischen Völkerrechtstheorie vertreten.[228]

Die These zu b) wird vor allem von der sogenannten soziologischen Schule vertreten, die unter Führung von Duguit die These vertritt, in allem Recht seien die Individuen (Herrscher und Beherrschte) die einzigen Rechtssubjekte, da alles Recht sich nur an freie und bewußte Willen wenden könne.[229]

Die These zu c), die heute wohl als die vorherrschende betrachtet werden kann,[230] tritt in einer Reihe von Variationen auf, insbesondere wird das Individuum teilweise als ebenso normales Völkerrechtssubjekt wie der Staat, teilweise als bloß ausnahmsweises Rechtssubjekt sui generis betrachtet.

Wir können die zutreffende Antwort nur finden, wenn wir die Völkerrechtspraxis unvoreingenommen daraufhin prüfen, welche Regelung sich aus ihr ergibt.

1. In einer Reihe von Fällen verbietet das Völkerrecht Handlungen, die von Menschen nicht als Staatsorganen, sondern als Privatpersonen gesetzt werden. So

---

226 Siehe z. B. Fenwick aaO S. 133: „More effective, however, is the argument that the international community has come to realize more and more of recent years that the welfare of the individual is a matter of concern irrespective of the particular state of which he happens to be a national. ..."

227 Hiezu gehören insbesondere Bonfils, Fiore, Heffter, F. v. Martens, von Neueren vor allem Lauterpacht; dagegen mit überzeugenden Gründen Anzilotti aaO S. 97.

228 Als ihre Anhänger können bezeichnet werden: Bierling, Fedozzi, Hatschek, Heilborn, G. Jellinek, E. Kaufmann, Liszt, Niemeyer, Perassi, Rivier, Triepel, Ullmann, Vanselow, Waldkirch, Wheaton; für die sozialistische Theorie siehe DDR-Lehrbuch I S. 61.

229 Für das Völkerrecht so vor allem Baumgarten, Politis, Scelle, Spiropoulos, Stowell, wohl auch, wenngleich mit Abwandlungen bedeutsamer Art, Krabbe, und Nawiasky.

230 Sie wird insbesondere vertreten von Balladore Pallieri, Blühdorn, Borchard, Bourquin, Brierly, Cavaglieri, Dahm, Eagleton, François, Guggenheim, W. Kaufmann, Kelsen, Oppenheim, Schön, Schücking, Verdross, Walz.

verbietet das Völkerrecht die Piraterie zur See und in der Luft, die widerrechtliche Benutzung einer nationalen Flagge durch ein Schiff auf hoher See, Verletzungen diplomatischer Immunitätsrechte durch Privatpersonen; es knüpft Unrechtsfolgen an widerrechtlichen Blockadebruch usw. Alle diese Pflichten werden aber nicht von Völkerrechtsorganen, sondern von staatlichen Organen sanktioniert, und zwar auf Grund innerstaatlicher Anordnungen, die insoweit Völkerrecht rezipieren; tun sie das nicht, so tritt auch die Unrechtsfolge gegen den Einzelnen nicht ein.[231] Das Völkerrecht ermächtigt, evtl. auch verpflichtet hier den einzelnen Staat, üblicherweise nicht zulässige transterritoriale und transnationale Strafdrohungen zu setzen.

2. In einigen Fällen kann das Individuum unmittelbar aufgrund des Völkerrechts zur Verantwortung gezogen werden. Das ist insbesondere der Fall bei den sogenannten Kriegsverbrechen i. e. Sinn; alles Nähere über sie siehe im II. Band (2. Aufl.) § 49.

3. Staaten können Verträge abschließen, in denen sie ihre Staatsangehörigen direkt zu Trägern völkerrechtlicher Rechte und Pflichten gegenüber dem Vertragskontrahenten machen; eine solche Absicht ist aber nicht zu vermuten, sondern muß als Grundlage einer ausnahmsweisen Regelung ausdrücklich dargetan werden. So sagt das Gutachten des StIG über die Zuständigkeit der Danziger Gerichte:[232] ,,Es kann ohne weiteres zugegeben werden, daß entsprechend einem feststehenden Prinzip des Völkerrechts das Beamtenabkommen, da es ein völkerrechtliches Abkommen ist, als solches nicht direkte Rechte und Pflichten für Privatpersonen schaffen kann. Aber es kann nicht bestritten werden, daß der eigentliche Gegenstand eines internationalen Abkommens, entsprechend der Absicht der vertragsschließenden Parteien, die Annahme bestimmter Regeln durch die Parteien sein kann, die von den nationalen Gerichten erzwingbare individuelle Rechte und Pflichten schaffen.“ D. h.: durch ausdrückliche Vereinbarungen zwischen Staaten können Individuen ausnahmsweise in begrenztem Umfang zu Trägern völkerrechtlicher Rechte und Pflichten gemacht werden.[233]

---

[231] Ebenso mit überzeugenden Gründen Verdross aaO S. 217; s. auch Anzilotti aaO S. 98: ,,Die Gewohnheitsrechtsnormen oder die Verträge, die scheinbar den einzelnen Individuen Pflichten auferlegen, verpflichten in Wirklichkeit den Staat, gewisse Handlungen einzelner zu verbieten und zu bestrafen, oder ermächtigen ihn, es zu tun, wo es sonst verboten wäre. Die Verpflichtung für den Einzelnen besteht aber nur, wenn der Staat die betreffende Rechtsnorm erlassen hat; nullum crimen sine lege.“ Siehe ebenso Harvard Research Draft Convention on Piracy, 1932, 26 AJIL Suppl. S. 759f.: ,,International law piracy is only a special ground of state jurisdiction – of jurisdiction in every state. This jurisdiction may or may not be exercised by a certain state. It may be used in part only. How far it is used depends on the municipal law of the state, not on the law of nations. The law of nations on the matter is permissive only. It justifies state action within limits and fixes those limits. It goes no further;“ ebenso Hyde aaO I S. 33; s. auch Briggs aaO S. 95 über Lauterpachts ,,dialectical maneuver“; aM z. B. Lauterpacht, The Subjects of the Law of Nations, Law Quarterly Review 1947, S. 438ff.; Kelsen, Principles, S. 124ff.

[232] B 15, S 17/18.

[233] Über die Regelung bei der EG siehe Bd. III § 32.

4. In einer Reihe von Fällen haben Staaten Verträge geschlossen, durch die ihre Staatsangehörigen das Recht erhielten, ihre Ansprüche direkt vor internationalen Gerichten geltend zu machen. Beispiele (nicht erschöpfend) sind:

a) Die nichtratifizierte Haager Konvention Nr. XII von 1907, die einen Internationalen Prisenhof vorsah, vor dem nicht nur Staaten, sondern auch Individuen ihre Rechte unmittelbar sollten geltend machen können.

b) Der von 1907 bis 1917 bestehende zentralamerikanische Gerichtshof, vor dem auch einzelne Staatsangehörige der fünf zentralamerikanischen Republiken unter bestimmten Voraussetzungen als Prozeßparteien auftreten konnten.

c) Nach dem Versailler Vertrag[234] waren Privatpersonen berechtigt, Ansprüche vor den Ausgleichsämtern und „Gemischten Schiedsgerichtshöfen“ selbst geltend zu machen.

d) Nach dem Genfer Abkommen von 1922 zwischen Deutschland und Polen über den Schutz der oberschlesischen Minderheiten hatte das Schiedsgericht – bestehend aus deutschen und polnischen Mitgliedern unter dem Vorsitz eines neutralen Präsidenten – über Streitfälle zu befinden, die die Staatsangehörigkeit, das Aufenthaltsrecht, alle Arten von wohlerworbenen Rechten usw. betrafen; ein direktes Klagerecht stand den Privatpersonen nicht nur gegen den fremden, sondern auch gegen den eigenen Staat zu.[235]

e) Ebenso sind in diesem Zusammenhang die ägyptischen Gemischten Schiedsgerichte zu nennen.[236]

Dagegen hatten nach den am Ende des ersten Weltkriegs zum Schutze der Minderheiten vorgenommenen Regelungen die Angehörigen der Minderheit kein Klagerecht vor einem internationalen Organ; auch ihre Petitionen waren nur „Material“, das der Aufnahme durch ein Mitglied des Völkerbundsrats bedurfte.

Ebenso hat sowohl das Statut des Ständigen Internationalen Gerichtshofs von 1920 wie das des Internationalen Gerichtshofs von 1945 Privatpersonen die Prozeßfähigkeit versagt.

f) Nach Artikel 25 der Europäischen Konvention zum Schutz der Menschenrechte und Grundfreiheiten vom 4. 11. 1950[237] können sich natürliche Personen, nichtstaatliche Organisationen oder Personenvereinigungen zwar nicht an den Europäischen Gerichtshof für Menschenrechte, wohl aber an die „Europäische Kommission für Menschenrechte“ mit „Gesuchen“ wenden.

g) Durch den sog. Überleitungsvertrag vom 26. 5. 1952[239] wurde eine „Schieds-

---

[234] Art. 296 samt Anlage.

[235] Siehe G. Kaeckenbeeck, La protection internationale des droits acquis, in Rec. 1937 I, S. 396ff.

[236] Siehe Messina, Les Tribunaux Arbitraux Mixtes et les rapports interjuridictionnels en Egypte, Rec. 1932, III, S. 367ff.

[237] BGBl 1952, II S. 686.

[238] Näheres s. unten § 57.

[239] BGBl. 1955 II S. 405.

kommission für Güter, Rechte und Interessen in Deutschland" geschaffen, an die sich Privatpersonen unmittelbar wenden können.

h) Wegen des Klagerechts von Individuen vor dem Gerichtshof der EG siehe unten Bd. III § 32.

5. Zusammenfassend läßt sich auf Grund der Völkerrechtspraxis feststellen, daß die klassische These, wonach nur Staaten völkerrechtliche Rechte und Pflichten besitzen und besitzen können, nicht aufrechterhalten werden kann. Ebensowenig aber ist die Behauptung stichhaltig, daß die einzelnen den Staat aus seiner Stellung als vorwiegendes, reguläres, generelles und automatisches Völkerrechtssubjekt verdrängt hätten.

a) Individuen sind auch heute noch nur in beschränktem Umfang zur Teilnahme an völkerrechtlichen Rechten und Pflichten zugelassen; niemals sind sie zur Schöpfung von Völkerrechtsnormen berufen oder nehmen an völkerrechtlichen Konferenzen teil (s. aber die oben geschilderten Entwicklungen beim Internationalen Roten Kreuz).

b) Individuen können völkerrechtliche Rechte und Pflichten immer nur haben kraft Zulassung durch Willenseinigung der Staaten, sei es auf vertraglichem, sei es auf gewohnheitsrechtlichem Weg, und auf dieselbe Weise kann ihnen diese Stellung auch wieder entzogen werden; ihre Rechtsstellung als beschränkte Subjekte des Völkerrechts ist also eine prekäre, die ihnen jederzeit wieder durch die Staaten, die sie ihnen verliehen haben, entzogen werden kann.

c) Individuen sind nur ausnahmsweise zum Völkerrechtsverkehr zugelassen; ihre aus dieser Rechtsstellung sich ergebenden Rechte und Pflichten sind daher restriktiv, nicht extensiv auszulegen, und analogieweise Ausdehnung ihrer Rechtsstellung muß regelmäßig als ausgeschlossen gelten.

Die Regel ist nach wie vor, daß auf Individuen bezügliche völkerrechtliche Rechte und Pflichten nur durch Vermittlung der Staaten ausgeübt werden können, daß Einzelpersonen völkerrechtlich durch die Staaten mediatisiert bleiben.[240]

VI. Nichtstaatliche juristische Personen des privaten und öffentlichen Rechts

Für sie gelten die unter V für natürliche Personen entwickelten Grundsätze sinngemäß. Wenn der Staat eine solche Gesellschaft, etwa eine Kolonialgesellschaft, mit völkerrechtlichen Vertretungsrechten ausstattet, so handelt es sich möglicherweise um die Schaffung eines besonderen *staatlichen* Organs für den internationalen Verkehr, nicht aber um die Schaffung eines Völkerrechtssubjekts.[241]

[240] Siehe übereinstimmend: Rousseau aaO S. 215; Briggs aaO S. 97; Oppenheim aaO I S. 693 (Opp. spricht hier von den Individuen als „Objekten des Völkerrechts"); wohl auch Kelsen, Principles, S. 114; s. auch M. Grassi, Die Rechtsstellung des Individuums im Völkerrecht, Diss., Winterthur 1955.

[241] Siehe Al-Shawi, The Role of the Corporate Entity in International Law, 1957; siehe auch Art. 71 der UN-Satzung über Konsultationen des Wirtschafts- und Sozialrats mit nichtstaatlichen Organisationen.

VII. Nationalitäten

Die herrschende Lehre lehnt, im Gegensatz zur italienischen Schule Mancinis im 19. Jahrhundert, die Völkerrechtspersönlichkeit von Völkern und Volksteilen als solchen ab. Mit folgenden Gründen hat Anzilotti[242] diese Stellung dargelegt: „Wenn man hiermit einen idealen Grundsatz der Gerechtigkeit aufstellen will, so läßt sich gegen die Berechtigung des Verfahrens nichts einwenden. Doch diese Berechtigung hört auf, wenn man dieses Verfahren, auf welche Weise auch immer, in den Bereich des positiven Rechts zu übertragen sucht. Subjekte des Völkerrechts sind die Staaten, nicht die Nationalitäten, weil die geltenden Völkerrechtssätze sich an jene und nicht an diese wenden, und es ist auch völlig gleichgültig, ob ein Staat auf nationaler Basis errichtet ist oder nicht. So handelt es sich bei der sogenannten Anerkennung der den Zentralmächten unterworfenen Nationalitäten, die während des Krieges in den Ententestaaten Nationalkomités und dann Deserteurlegionen bildeten, die an der Seite der alliierten und assoziierten Mächte kämpften, in Wirklichkeit um eine Reihe innerstaatlicher, juristisch-politischer oder militärischer Maßnahmen, wenn durch sie auch der künftigen Bildung neuer Staaten auf nationaler Grundlage, die zu begünstigen die erwähnten Mächte sich moralisch verpflichtet hatten, vorgearbeitet wurde."

Nicht die Nationalitäten als solche, sondern nur ihre individuellen Mitglieder waren nach den Minderheitenschutzregelungen, die am Ende des ersten Weltkriegs zustandekamen, Objekte völkerrechtlicher Schutzbestimmungen.

Wenn das sog. „Selbstbestimmungsrecht der Völker"[243] nicht nur ein politisches Prinzip, sondern ein echter völkerrechtlicher Rechtssatz sein sollte, dann wären auch Völker und Nationen, die nicht als unabhängige Staaten und damit als normale Völkerrechtssubjekte organisiert sind, in den Schranken dieses Rechts auf Selbstbestimmung begrenzte Völkerrechtssubjekte, deren so begrenzte Völkerrechtssubjektivität allerdings dann umgewandelt würde, wenn sie im konkreten Fall von diesem Recht in der Weise Gebrauch gemacht hätten, daß sie die volle Unabhängigkeit und damit volle Völkerrechtssubjektivität erlangten, während ihr Recht auf Selbstbestimmung dadurch konsumiert und überflüssig wäre. Das Selbstbestimmungsrecht war zweifellos lange Zeit nichts als eine politische und moralische Forderung. Berühmte historische Beispiele sind der Befreiungskampf

---

[242] aaO S. 93.

[243] Literatur: Arzinger, Das Selbstbestimmungsrecht im allgemeinen Völkerrecht der Gegenwart, 1966; Böhm, Das eigenständige Volk, 1932; Burckhardt, W., Über das Selbstbestimmungsrecht der Völker, 1919; Cobban, National Self-Determination, 1944; Decker, Das Selbstbestimmungsrecht der Nationen, 1955; Johnson, Self-Determination within the Community of Nations, 1967; Kohn, Die Idee des Nationalismus, 1950; Lenin, Über das Selbstbestimmungsrecht der Nationen, 1914, deutsch 1950; Meißner, Sowjetunion und Selbstbestimmungsrecht, 1962; Miehsler, Südtirol als Völkerrechtsproblem, 1962; Rabl, Das Selbstbestimmungsrecht der Völker, 1973; Raschhofer, Das Selbstbestimmungsrecht, sein Ursprung und seine Bedeutung, 1960; Shukri, The Concept of Self-Determination in the United Nations, Damascus 1965; Döhring, Das Selbstbestimmungsrecht der Völker, 1973.

der jüdischen Makkabäer gegen die Unterdrückung durch das Seleukidenreich im 2. vorchristlichen Jahrhundert, der Aufstand der Schweizer Urkantone gegen die Habsburger im 13. und 14. Jahrhundert, der Befreiungskampf der Jungfrau von Orléans gegen England und der irische Freiheitskampf gegen Großbritannien. Seit Beginn des 20. Jahrhunderts mehren sich die Versuche, das Selbstbestimmungsrecht als politisches Kampfmittel einzusetzen. So verkündete Wilson zwar in der Baltimore-Rede vom 6. 4. 1918 ,,das freie Selbstbestimmungsrecht der Nationen" ganz allgemein als einen ,,Grundsatz, auf dem die ganze moderne Welt ruht", in der nachfolgenden Friedensregelung wurde dieser Grundsatz dann aber nur als ein politisches Mittel zur Zerschlagung der Besiegten, der Zentralmächte (einschließlich der Türkei) und Rußlands eingesetzt, und auch die Umwandlung der deutschen Kolonien in ,,Mandate" der Sieger war kein Beginn einer allgemeinen Dekolonialisierung. So verlangte Lenin 1914 im Kampf gegen den russischen Zarismus: ,,Kampf gegen jeden Nationalismus und in 1. Linie gegen den großrussischen Nationalismus; Anerkennung ... des Rechts der Nationen auf Selbstbestimmung, auf Lostrennung"; aber nach dem Sieg des Bolschewismus heißt es im Brief an den Parteitag (Aufzeichnung vom 30. 12. 1922) resignierend: ,,... ist es ganz natürlich, daß sich die ,Freiheit des Austritts aus der Union', mit der wir uns rechtfertigen, als ein wertloser Fetzen Papier herausstellen wird, der völlig ungeeignet ist, die nichtrussischen Einwohner Rußlands vor der Invasion jenes echten Russen zu schützen, des großrussischen Chauvinisten, ja im Grunde Schurken und Gewalttäters, wie es der typische russische Bürokrat ist".

In der berühmten Resolution der UN vom 14. 12. 1960 heißt es zwar in Punkt 2 ganz allgemein: ,,Alle Völker haben das Recht der Selbstbestimmung", konkret werden dann aber in Punkt 5 ,,unmittelbare Schritte" zur Übertragung der Staatsgewalt an die Völker nur für Kolonien und Treuhandgebiete vorgeschrieben, und auch in der Folge wurde diese Resolution als Hebel zur Freigabe nur der den westeuropäischen Staaten unterstehenden überseeischen Kolonien angesehen, nicht als eine generelle Proklamierung des Selbstbestimmungsrechts auf der *ganzen* Erde für *alle* Völker gegenüber *allen* Staaten.

Die programmatischen Sätze der Satzung der UN in Artikel 1 II und in Artikel 55 haben aber wohl nunmehr eine generelle Entfaltung gewonnen in dem mit ,,The Principle of Equal Rights and Self-Determination of Peoples" überschriebenen 5. Teil der Erklärung der UN vom 24. 10. 1970 betr. die Grundprinzipien des Völkerrechts über die freundschaftlichen Beziehungen und die Zusammenarbeit zwischen den Staaten;[244] sie werden von der Erklärung selbst als ,,Grundprinzipien des Völkerrechts" bezeichnet; das Selbstbestimmungsrecht kann also von nun ab

[244] Siehe Dohna, Grundprinzipien des Völkerrechts über die freundschaftlichen Beziehungen und die Zusammenarbeit zwischen den Staaten, 1973; Emerson, Self-Determination, in AJIL 1971 S. 459; Rosenstock in AJIL 1971 S. 713; Sahovic (Her.), Principles of International Law concerning Friendly Relations and Cooperation: Essays, Belgrad 1973.

nicht mehr bloß als ein politisches Prinzip, sondern muß als Rechtsprinzip betrachtet werden. Die Erklärung enthält freilich, der Formulierung des Selbstbestimmungsrechts als Rechtsprinzip und nicht als Rechts*satz* entsprechend, viele Dunkelheiten, mehr vage als präzise Formulierungen, kaum Durchführungsprozeduren, eine hervorgehobene Ermahnung zur raschen Beendigung des Kolonialismus, der doch, zumal seit der Freigabe der portugiesischen Kolonien, weitgehend liquidiert ist, beinhaltet aber doch wichtige Aussagen über ein generelles und weit über die Dekolonialisierung im engeren Sinn hinausgehendes Selbstbestimmungsrecht. Als Modalitäten seiner Verwirklichung werden genannt: die Errichtung eines souveränen und unabhängigen Staates, die freie Vereinigung oder Integration mit einem unabhängigen Staat, oder der Übergang zu irgendeinem anderen politischen Status, der frei von einem Volk bestimmt wird. Offen bleibt, was unter „Volk" zu verstehen ist; offenbar ist der Begriff nicht mehr vorwiegend ethnisch gemeint, da viele der neuen afrikanischen Staaten auf der bisherigen territorialen Zusammengehörigkeit als Kolonialgebiet beruhen, ohne eine ethnische Homogenität aufzuweisen, man denke nur an Biafra oder den Süden des Sudan. Aber freilich kann man die ethnische Bedeutung des Wortes „Volk" nicht einfach ausschließen, obwohl bei seiner unbegrenzten Anwendung ein disruptives Element erster Ordnung in die Staatengemeinschaft eingeführt würde; man denke nur etwa an die Kurden in Iran und Irak, an die Armenier, die Turk- und die baltischen Völker in der UdSSR, die Basken in Spanien, die Bretonen und Elsässer in Frankreich, die Schotten und die Walliser in Großbritannien, die Indianer und Neger in USA, die Quebec-Franzosen in Kanada. Um eine daraus folgende Anarchie zu vermeiden, bestimmt der Schlußsatz von Teil V: „Jeder Staat soll sich von jeder Handlung freihalten, die auf die teilweise oder totale Zerreißung der nationalen Einheit und territorialen Integrität irgendeines anderen Staates oder Landes abzielt." Es ist hervorzuheben, daß diese apodiktische Formulierung keine Ausnahme zugunsten der Aufteilungspläne eines militärischen Siegers am Ende eines Krieges zuläßt. Gegen spontane Ablösungsbestrebungen von Völkern oder Volksteilen, die zur Zerreißung der territorialen Integrität oder politischen Einheit souveräner Staaten führen würden, wendet sich die Deklaration nur dann, wenn innerhalb des Staates eine repräsentative, die ganze Bevölkerung ohne Unterscheidung der Rasse, des Glaubens oder der Farbe umfassende Regierung besteht; so weist die Sowjetunion zur Rechtfertigung ihres Vielvölkerstaates auf ihre föderalistische Verfassung hin; für Kolonien, die, um die territoriale Integrität aufrechtzuerhalten, zum Teil des Mutterlandes mit repräsentativen Rechten erklärt würden, wird dieser Ausschluß des vollen Selbstbestimmungsrechts zugunsten einer Repräsentation innerhalb des Gesamtstaats aber ausdrücklich untersagt. Viele Fragen bleiben ungeklärt, etwa die Frage der Berechtigung einer gewaltsamen Befreiung oder der Intervention dritter Staaten, die Frage der deutschen Wiedervereinigung, die Frage der Vereinbarkeit des in Artikel 4 des Staatsvertrags mit Österreich vom

15. 5. 1955 ausgesprochenen Verbots einer politischen oder auch nur wirtschaftlichen Vereinigung Österreichs mit Deutschland mit der lapidaren Legaldefinition des Selbstbestimmungsrechts durch die Deklaration als u. a. des Rechts auf ,,freie Vereinigung oder Integration mit einem unabhängigen Staat". Aber im ganzen stellt die Erklärung über das Selbstbestimmungsrecht einen Markstein in der Entwicklung von einem politischen zu einem völkerrechtlichen Prinzip dar, und so wird nun wohl auch Völkern, Nationalitäten eine begrenzte Völkerrechtspersönlichkeit in dem Sinne zuzusprechen sein, daß sie einen Rechtsanspruch auf freie Selbstbestimmung haben. Freilich bedarf dieses Recht noch sehr der Präzisierung; aber schon heute kann man es als den deutlichsten Ausdruck der Dynamik des Völkerrechts und als den bedeutsamsten Promotor des ,,Peaceful Change" bezeichnen.

Fünftes Kapitel

Die sogenannten Grundrechte und Grundpflichten der Staaten

Literatur: *Cavaglieri,* I diritti fondamentali degli Stati nella società internazionale, 1906; *Dohna,* Grundprinzipien des Völkerrechts über die freundschaftlichen Beziehungen und die Zusammenarbeit zwischen den Staaten, 1973; *Fontenay,* Des droits et des devoirs des Etats entre eux, 1888; *Graf,* Die Grundrechte der Staaten im Völkerrecht, 1948; *Günzer,* Die Grundrechte des Völkerrechts, 1938; *Rust,* Die Grundrechte und Grundpflichten der Staaten, 1933; *Sahović (Her.),* Principles of International Law Concerning Friendly Relations and Cooperation, 1973.

§ 22. Begriff der Grundrechte

Die Lehre von den Grundrechten der Staaten ist eine Entlehnung, die das Völkerrecht vor allem seit dem 18. Jahrhundert, seit Wolff und Vattel, unter naturrechtlichen Einflüssen beim Staatsrecht, bei der Lehre von den Grund- und Freiheitsrechten der Bürger, machte. Sie ist ein Versuch, die Übergriffe der starken gegenüber den schwachen Staaten durch einen Appell an gewisse Prinzipien, die als *vor* allem positiven Recht geltendes Völkerrecht dargestellt werden, zu schützen. Sie hat in der Völkerrechtsdoktrin im 19. Jahrhundert einen gewissen Höhepunkt erreicht, hat aber auch im 20. Jahrhundert noch einen beträchtlichen Einfluß in internationalen Entschließungen und Deklarationen ausgeübt, so insbesondere in der vom Amerikanischen Institut für Völkerrecht 1916 in Washington angenommenen Entschließung,[1] der Konvention von Montevideo von 1933, dem Kapitel III der Charter der Organisation der Amerikanischen Staaten von 1948,[2] der von der International Law Commission der UN vorgeschlagenen, aber bisher Entwurf gebliebenen „Erklärung über Rechte und Pflichten der Staaten“ von 1949.[3]

Eine neue Intensivierung begann 1963 mit der Errichtung eines Spezialkomitees für „Völkerrechtliche Prinzipien über freundschaftliche Beziehungen und Zusammenarbeit zwischen Staaten“ durch die Generalversammlung der UN. 1970 legte das Komitee der Generalversammlung eine Deklaration vor, die von dieser am 24. 10. 1970 ohne Abstimmung angenommen wurde (Resolution 2625/XXV, abgedruckt in AJIL 1971 S. 273). Die Deklaration enthält 7 Prinzipien: Gewaltverbot, Pflicht zu friedlicher Streiterledigung, Interventionsverbot, Pflicht zur Zusam-

---

[1] Abgedruckt in Fauchille aaO I_1 S. 400.
[2] Abgedruckt bei Berber, VR Dokumente, S. 680.
[3] Abgedruckt bei Berber, VR Dokumente, S. 68.

menarbeit, gleiche Rechte und Selbstbestimmungsrecht der Völker, souveräne Gleichheit der Staaten, Pflicht zur Einhaltung internationaler Verpflichtungen, also vorwiegend Pflichten, nicht Rechte, auf der Basis der in der Satzung der UN bereits enthaltenen Prinzipien, die die Deklaration interpretiert und z. T. weiterführend intensiviert. Der rechtliche Charakter dieser Deklaration ist nicht zweifelsfrei klar. Soweit sie nichts ist als allseits anerkannte bloße Interpretation der UN-Satzung, ist an ihrer Rechtsverbindlichkeit für die UN-Mitglieder und dem Vorrang ihrer Bestimmungen gemäß Artikel 103 der Satzung nicht zu zweifeln. Soweit sie darüber hinausgeht, bestehen wegen der Bestimmung des Artikels 108 über die formellen Bedingungen von Satzungsänderungen, die durch eine Resolution der Generalversammlung nicht erfüllt werden, Zweifel an ihrer Rechtsverbindlichkeit. Auf jeden Fall aber stellen diese Prinzipien keine erschöpfende Systematik der Grundrechte dar, da es der Satzung der UN nicht auf eine solche Systematik ankam, sondern auf praktische Maßnahmen zur Friedensbewahrung, zur Sicherung der Menschenrechte und zur Hebung des Lebensstandards (siehe Präambel). Dasselbe gilt erst recht für die ein beschränkteres Thema behandelnden Resolutionen der Generalversammlung vom 14. 12. 1962 über Bodenschätze (abgedruckt in AJIL 1963 S. 710) und vom 1. 5. 1974 über die Errichtung einer neuen internationalen Wirtschaftsordnung (abgedruckt in AJIL 1974 S. 798). Es ist daher an der umfassenderen Systematik der 1. Auflage dieses Buches festzuhalten, in die die weiterführenden Gedanken dieser Deklarationen einzuarbeiten sind, was vor allem bei dem Abschnitt über die Grund*pflichten* der Fall sein wird, für den die Deklarationen von besonderer Fruchtbarkeit sind.

Der Positivismus leugnet die Existenz von Grundrechten; Scelle[4] erklärt die Lehre von ihnen als ,,dénuée de valeur scientifique". Es ist zweifellos gewagt, im Völkerrecht für die Staaten Rechte nach Analogie der innerstaatlichen Grundrechte konstruieren zu wollen, die eine erhöhte Bestandsgarantie oder gar Unentziehbarkeit besitzen sollen. Auf der anderen Seite ist aber festzustellen, daß unter der, an sich falschen, Bezeichnung ,,Grundrechte" eine Reihe wichtiger Prinzipien dargestellt werden. Das, was als ,,Grundrechte der Staaten" dargestellt wird, sind in Wirklichkeit gar keine Grundrechte, sondern die konstitutiven sachlichen Prinzipien des Völkerrechts in seiner gegenwärtigen historischen Gestalt, die aus dem Wesen des Völkerrechts als eines Koordinationsrechts unabhängiger ,,souveräner" Staaten mit logischer Notwendigkeit folgen, also nicht hinweggedacht werden können, ohne daß die Grundlage des gegenwärtigen Völkerrechts entfiele.[5] Sie bedürfen keiner ausdrücklichen Rechtssetzung, da sie der Völkerrechtsordnung in ihrer gegenwärtigen historischen Gestalt notwendig inhärent sind. So

[4] Manuel Elémentaire S. 87.

[5] Siehe übereinstimmend Liszt aaO S. 116: ,,Es handelt sich nicht um naturrechtliche Truggebilde, sondern um Rechtsnormen, die nach dem Sinn des Nichtwiderspruchs aus dem Begriff der Völkerrechtsgemeinschaft folgen und der Form ausdrücklicher Rechtssatzung nicht bedürfen, weil ohne sie ein Völkerrecht überhaupt nicht denkbar wäre."

spricht z. B. Artikel 51 der Satzung der UN von „the inherent right of individual or collective self-defense". „Inherent" bedeutet nach der Definition des Oxford Dictionary: „existing in something as a permanent attribute or quality." Das ist genau das, was die obige Definition der sog. Grundrechte meint.

Die Frage, ob Grundrechte und Grundpflichten zwingendes Recht im Sinne von Artikel 53 der Wiener Konvention über das Recht der Verträge darstellen, läßt sich nicht generell beantworten. Bei den Grundrechten wie bei den Grundpflichten kommt es auf die Natur des zugehörigen Rechtsgebiets an, wobei es sich allerdings bei den Grundpflichten überwiegend um zwingendes Recht handeln wird, obgleich bei der häufigen Vagheit der Formulierung im konkreten Fall Zweifel nicht ausbleiben werden.

Man hat eine Reihe von abstrakten Klassifizierungen der sog. Grundrechte vorgenommen, in ursprüngliche, absolute, dauernde, wesentliche, unmittelbare, und in bedingte, abgeleitete, relative, erworbene, mittelbare, veränderliche Rechte. Solche Einteilungen sind praktisch unergiebig. Aus dem Wesen des Völkerrechts als eines Koordinationsrechts unabhängiger Staaten folgen aber mit logischer Notwendigkeit die folgenden drei Rechtsprinzipien:

a) das Rechtsprinzip der Selbstgestaltung,

b) das Rechtsprinzip der Selbsterhaltung oder besser Selbstbehauptung, die auch die Ehre umfaßt,

c) das Rechtsprinzip der Gleichberechtigung.[6]

Die zwei erstgenannten Prinzipien entsprechen im wesentlichen den traditionellen Vorbehalten, die lange Zeit gegenüber der Schiedsgerichtsbarkeit gemacht wurden (Unabhängigkeit, Lebensinteressen, Ehre),[7] während Gleichheit aus dem Wesen einer koordinationsrechtlichen Ordnung ohne weiteres folgt.

Die aus diesen Rechtsprinzipien folgenden Rechtsregeln sollen nachstehend im einzelnen dargestellt werden.

§ 23. Das Rechtsprinzip der Selbstgestaltung

Das Rechtsprinzip der Selbstgestaltung folgt unmittelbar aus der Tatsache, daß die Unabhängigkeit nach geltendem Völkerrecht das grundlegende Wesensmerkmal der Staaten als Völkerrechtssubjekte ist.

Nach unserer oben[8] gegebenen Definition besteht Unabhängigkeit in diesem Sinn darin, „daß im ganzen Staatsgebiet und in allen inneren und äußeren Angelegenheiten die obersten Organe des Staates allein berechtigt sind, für den Staat rechtsverbindlich zu handeln sowie Weisungen an untere Staatsorgane und an

---

[6] Siehe andere Einteilungen bei Fauchille aaO I_1 S. 407.

[7] Siehe unten Bd. III § 8 C.

[8] Siehe § 14d am Ende.

Staatsangehörige und Einwohner des Staatsgebiets zu geben, aber weder Weisungen von Organen fremder Staaten oder internationaler Organisationen entgegennehmen müssen noch die Erteilung von Weisungen der Organe fremder Staaten oder internationaler Organisationen an ihre eigenen Unterorgane oder Untertanen zu dulden brauchen, noch auch deren Handeln für ihren Staat als rechtsverbindlich gelten lassen müssen ...".

Dieses Rechtsprinzip der Selbstgestaltung, das Rechte (und korrespondierende Pflichten) für schon bestehende unabhängige Staaten enthält, darf nicht verwechselt werden mit dem sog. Selbstbestimmungsrecht der Völker, das nicht unabhängigen Staaten, sondern *Völkern,* die diesen Grad der Staatlichkeit noch nicht (oder nicht mehr) besitzen, zusteht.[9] Um einer Verwechslungsgefahr vorzubeugen, wurde das in der ersten Auflage dieses Buches als Recht der *Staaten* auf Selbstbestimmung bezeichnete Prinzip nunmehr als „Recht der Selbstgestaltung" bezeichnet, ohne daß sich an seinem Inhalt dadurch etwas ändert.

Dieses Rechtsprinzip der Selbstgestaltung, das allen vollen Völkerrechtssubjekten zu eigen ist, bezieht sich auf die Außenbeziehungen des Staates (äußere Selbstgestaltung), auf die inneren Angelegenheiten des Staates (innere Selbstgestaltung), auf die ihm unterworfenen Menschen (Personalhoheit), auf das ihm zugehörige Gebiet (Gebietshoheit), wobei diese sachlichen Aspekte sich naturgemäß in mannigfacher Weise überschneiden. Eine Verletzung dieser verschiedenen Aspekte des Rechtsprinzips der Selbstgestaltung heißt Intervention, die nur dann erlaubt ist, wenn ihr ein allgemeiner oder besonderer Rechtfertigungsgrund zur Seite steht. Wir werden also das Rechtsprinzip der Selbstgestaltung unter folgenden fünf Aspekten behandeln:

a) das Recht auf äußere Selbstgestaltung,
b) das Recht auf innere Selbstgestaltung,
c) die Personalhoheit,
d) die Gebietshoheit,
e) die Intervention.

I. Das Recht auf äußere Selbstgestaltung

Kraft des Rechtes auf äußere Selbstgestaltung kann der Staat, soweit nicht allgemeines Völkerrecht oder besondere Verträge entgegenstehen, seine äußeren Beziehungen nach Belieben gestalten, Bündnisse und andere Verträge mit anderen Staaten abschließen oder auflösen, diplomatische Beziehungen mit anderen Staaten aufnehmen oder abbrechen, fremde Staaten oder Regierungen nach Belieben anerkennen, sein Staatsgebiet erweitern oder Teile davon, ja sogar die eigene Unabhängigkeit aufgeben oder abtreten, Krieg führen oder Frieden schließen.

---

[9] Siehe oben § 21 VII.

Dieses Recht ist in wesentlichen Beziehungen durch das allgemeine Völkerrecht eingeschränkt.

So verbietet der Grundsatz „Pacta sunt servanda" den Staaten, Verträge mit anderen Staaten abzuschließen, die die für sie schon bestehenden Verträge verletzen würden, oder Verträge einseitig entgegen den in ihnen enthaltenen Endigungsklauseln oder ohne Vorliegen der Aufhebungsgründe des allgemeinen Völkerrechts zu beenden, ebenso Verträge abzuschließen, die zwingendes allgemeines Völkerrecht verletzen würden.[10]

So ist die traditionelle Freiheit der Außenpolitik der souveränen Staaten heute für praktisch alle Staaten durch die in Artikel 1 und 2 der Charter enthaltenen Prinzipien, für die Mitgliedstaaten außerdem durch zahlreiche Sonderbestimmungen der Charter sowie durch rechtsgültige Beschlüsse der zuständigen Organe der UN eingeschränkt.[11]

So ist es zum mindesten streitig, ob nicht unter gewissen Voraussetzungen eine Rechtspflicht zur Anerkennung fremder Staaten oder Regierungen besteht.[12]

So ist die – für viele Epochen der Weltgeschichte selbstverständliche – Erweiterung des eigenen Staatsgebiets durch Gewalt heute weitgehend verboten, ebenso das historische Recht des freien Krieges.[13]

Ebenso ist eine selbstverständliche Einschränkung des Rechts auf äußere Selbstgestaltung eines Staates das korrespondierende Recht jedes anderen Staates auf äußere Selbstgestaltung; jede Ausübung des Rechts auf äußere Selbstgestaltung, die ein solches korrespondierendes Recht eines anderen Staates verletzen würde, ist unzulässig.

Ebenso ist jede Ausübung des Rechts auf äußere Selbstgestaltung unzulässig, die mit allgemeinen Prinzipien des Völkerrechts im Widerspruch steht, etwa mit dem Grundsatz von Treu und Glauben, mit dem Verbot des Rechtsmißbrauchs, mit dem allgemeinen Rechtsgrundsatz der guten nachbarlichen Beziehungen usw.

Schließlich kann das Recht auf äußere Selbstgestaltung durch konkret übernommene Verpflichtungen in mannigfacher Weise eingeschränkt sein. So kann ein Staat durch Vertrag sich für die Führung seiner Außenpolitik der Verpflichtung zur Konsultation mit einem oder mehreren anderen Staaten, seinen oder ihren festgelegten Richtlinien oder seinem oder ihrem Veto unterworfen haben; bestimmte Teile seiner auswärtigen Beziehungen[14] oder die Gesamtheit seiner auswärtigen Beziehungen[15] können ihm vertraglich entzogen sein. Es kann einem

[10] Näheres s. unten Kap. XI.

[11] Näheres s. Bd. II § 11, Bd. III § 10.

[12] Näheres s. unten Kap. VI.

[13] Siehe Bd. II § 11.

[14] Siehe z. B. Generalvertrag vom 26. 5. 1952 mit der Bundesrepublik, Art. 2: „... behalten die Drei Mächte die bisher von ihnen ausgeübten oder innegehabten Rechte und Verantwortlichkeiten in Bezug auf Berlin und auf Deutschland als Ganzes einschließlich der Wiedervereinigung Deutschlands und einer friedensvertraglichen Regelung", BGBl. 1955 II S. 305.

[15] Siehe die oben dargestellten Verhältnisse der abhängigen Staaten.

Staat kraft seiner dauernden Neutralisierung oder infolge eines Neutralitäts- oder Nichtangriffspakts verboten sein, entweder an der Allianzpolitik fremder Staaten überhaupt teilzunehmen oder Bündnisse mit bestimmten Staaten einzugehen. So kann ein Staat sich durch Vertrag verpflichten, seine eigene Unabhängigkeit nicht aufzugeben.[16] So kann ein Staat sich verpflichten, einen Krieg unter bestimmten Voraussetzungen nicht zu führen[17] oder einen Frieden unter bestimmten Voraussetzungen nicht abzuschließen.[18]

Angesichts dieser umfänglichen Eingeschränktheit bzw. Einschränkungsmöglichkeit des Rechts auf äußere Selbstgestaltung kann man wohl kaum von einer rechtlichen Vermutung für das Bestehen eines uneingeschränkten Rechts auf äußere Selbstgestaltung sprechen; das gleiche gilt für jeden der drei anderen Aspekte des Rechtsprinzips der Selbstgestaltung.[19]

II. Das Recht auf innere Selbstgestaltung

Das Recht auf innere Selbstgestaltung bedeutet, daß der Staat auf seinem Gebiet die Ausübung jeder fremden Staatsgewalt untersagen kann, daß er das Monopol des Zwangs gegenüber allen auf seinem Gebiet befindlichen Personen hat,[20] daß der Staat sich jede beliebige Staatsform geben kann, beliebige Gesetze für die ihm unterworfenen Personen erlassen kann, Fremde vom Betreten seines Gebiets ausschließen kann, jede Einmischung fremder Staaten oder internationaler Organisationen in seine inneren Angelegenheiten untersagen und mißachten kann. Dieses Recht auf innere Selbstgestaltung ist prinzipiell unbegrenzt „ratione materiae",[21] es ist potentiell totalitär.[22] Die UN-Deklaration über freundschaftliche Beziehungen von 1970 formuliert dieses Recht folgendermaßen: „Jeder Staat hat ein unentziehbares Recht, sein politisches, wirtschaftliches, soziales und kulturelles System ohne Einmischung in irgendeiner Form durch einen anderen Staat zu wählen." Das Recht auf *wirtschaftliche* Selbstgestaltung wird in besonders intensiver Weise betont in der bereits in § 22 erwähnten UN-Resolution von 1974 über

[16] Siehe z. B. die österreichische Verpflichtung nach Art. 88 des Vertrags von St. Germain, Art. 4 des österreichischen Staatsvertrags vom 15. 5. 1955 (abgedruckt bei Berber, VR-Dok. S. 2228) oder den Vertrag vom 16. 9. 1915 zwischen USA und Haiti.

[17] Siehe Art. 2 des russisch-japanischen Vertrags vom 13. 4. 1941, abgedruckt in Mon. f. Ausw. Pol. 1941, S. 448: „Für den Fall, daß eine der vertragschließenden Parteien von einer oder mehreren dritten Mächten angegriffen wird, wird die andere Partei während der ganzen Dauer des Konfliktes die Neutralität wahren."

[18] Siehe Artikel V des Freundschafts- und Bündnispaktes zwischen Deutschland und Italien vom 22. 5. 1939 – Mon. f. Ausw. Pol. 1939 S. 581: „Die Vertragschließenden Teile verpflichten sich schon jetzt, im Falle eines gemeinsam geführten Krieges Waffenstillstand und Frieden nur in vollem Einverständnis miteinander abzuschließen."

[19] Siehe übereinstimmend und ausführlich Dahm aaO I S. 160, V.

[20] Dies umfaßt weitgehend auch die Probleme der Gebietshoheit und der Personalhoheit, die sich mit den übrigen Aspekten des Rechts der Selbstgestaltung überschneiden.

[21] Siehe Rousseau aaO S. 318.

[22] Siehe Kaufmann, Règles Générales, S. 54.

die Errichtung einer neuen internationalen Wirtschaftsordnung, der aber keinesfalls derselbe Rechtsstatus zukommt wie der Deklaration von 1970, sondern die sich in einigen Punkten in Widerspruch befindet mit dem geltenden Völkerrecht wie auch mit der UN-Resolution von 1962 über Bodenschätze (siehe die US-Kritik in AJIL 1974 S. 731). Diese Resolution von 1974 sagt u. a.: „Jedes Land hat das Recht, das wirtschaftliche und soziale System anzunehmen, das es für das geeignetste für seine eigene Entwicklung hält. ... Volle dauernde Souveränität jedes Staates über seine natürlichen Hilfsquellen und alle wirtschaftlichen Tätigkeiten. Um diese Hilfsquellen zu schützen, ist jeder Staat berechtigt, wirksame Kontrolle über sie und ihre Auswertung auszuüben, mit Mitteln, die seiner eigenen Lage entsprechen, einschließlich des Rechts der Verstaatlichung oder der Übertragung des Eigentums an seine eigenen Staatsbürger."

Einen besonderen, aber komplizierten Anwendungsfall dieses Rechts bietet die Garantie gegen Eingriffe in die „inneren" Angelegenheiten durch internationale Instanzen. So bestimmt Artikel II Nr. 7 der Charter der UN u. a., daß die UN durch die Satzung nicht berechtigt sind, „sich in Angelegenheiten einzumischen, die im Wesentlichen zur inneren Zuständigkeit eines Staates gehören ...".[23] Ein bei der Unterwerfung unter die obligatorische Gerichtsbarkeit des Internationalen Gerichtshofs nach Art. 36 II seines Statuts häufig gemachter Vorbehalt schließt von dieser Unterwerfung Angelegenheiten aus, „die im Wesentlichen zur inneren Zuständigkeit eines Staates gehören",[24] oder auch Fragen, „die nach Völkerrecht zur ausschließlichen Zuständigkeit" des betreffenden Staates gehören. Der Ständige Internationale Gerichtshof hat in seinem Rechtsgutachten über die Staatsangehörigkeitsdekrete in Tunis und Marokko[25] über die letztere Formel, die dem Artikel 15 Absatz VIII der Völkerbundssatzung entspricht,[26] festgestellt: „Die Worte ‚allein zur inneren Zuständigkeit' scheinen eher gewisse Gegenstände ins Auge zu fassen, die, obwohl sie die Interessen von mehr als einem Staat sehr nahe berühren können, im Prinzip nicht vom Völkerrecht geregelt sind. Hinsichtlich solcher Gegenstände ist jeder Staat der alleinige Richter. Die Frage, ob ein bestimmter Gegenstand sich innerhalb der ausschließlichen Zuständigkeit eines Staates befindet oder nicht, ist eine wesentlich relative Frage; sie hängt ab von der Entwicklung der internationalen Beziehungen."

Die Worte „innere Zuständigkeit" sind hier also nicht im Sinne eines Gegensatzes von innerer und äußerer Selbstgestaltung auszulegen, sondern sie wollen die einzelstaatliche im Gegensatz zur internationalen Zuständigkeit ausdrücken; auch äußere Angelegenheiten können zu dieser Art „innerer" Zuständigkeit gehören, etwa die Frage der Anerkennung einer fremden Regierung, deren Entscheidung

[23] Siehe Rajan, UN and Domestie Jurisdiction, 1961.

[24] So z. B. der Vorbehalt der USA, Frankreichs, Mexicos, Pakistans.

[25] 1923, B 4, S. 13f.

[26] Hier spricht der *englische* Text allerdings von Fragen, die „solely within the *domestic* jurisdiction" liegen.

regelmäßig zum Recht der äußeren Selbstgestaltung eines Staates gehören wird. Es würde daher zur Vermeidung von Mißverständnissen zweckmäßiger sein, wenn man in solchen Fällen von Fragen sprechen würde, „die im Wesentlichen zur *eigenen* (statt inneren) Zuständigkeit eines Staates gehören".

Das Recht der inneren Selbstgestaltung kann in der gleichen Weise wie das Recht der äußeren Selbstgestaltung durch allgemeine Regeln des Völkerrechts wie durch konkrete vertragliche Vereinbarungen eingeschränkt sein. Dagegen ist im allgemeinen das Recht der *inneren* Selbstgestaltung nicht eingeschränkt durch das korrespondierende Recht jedes anderen Staates auf innere Selbstgestaltung, da im Gegensatz zu den Angelegenheiten der äußeren Selbstgestaltung die hierher gehörenden Angelegenheiten, da nach innen gewendet, sich regelmäßig gegenseitig nicht überschneiden.

III. Die Gebietshoheit

Kraft der Gebietshoheit kann der Staat jedes Tätigwerden oder jede Einwirkung eines fremden Staates auf seinem Gebiet untersagen und, soweit er dabei nicht über die Grenzen seines Gebiets hinausgreift, verhindern, es sei denn, daß allgemeines Völkerrecht oder besondere Verträge entgegenstehen. Alle hierher gehörigen Fragen werden in systematischem Zusammenhang bei der Lehre von der Zuständigkeitsabgrenzung der Staaten hinsichtlich des Raumes[27] behandelt werden.

IV. Die Personalhoheit

Kraft der Personalhoheit kann ein Staat seine auf seinem Gebiet befindlichen Staatsangehörigen nach Belieben behandeln, soweit nicht allgemeines Völkerrecht oder besondere Verträge (z. B. Minderheitenverträge, Menschenrechtskonvention) entgegenstehen. Alle hierher gehörigen Fragen werden in systematischem Zusammenhang bei der Lehre von der Zuständigkeitsabgrenzung der Staaten hinsichtlich der Personen[28] behandelt werden.

V. Die Intervention

Literatur: *Becker,* Die völkerrechtliche Intervention nach modernster Entwicklung, 1953; *Bernard,* On the Principle of Non-Intervention, 1860; *Cavaglieri,* Nuovi studi sull'intervento, 1928; *Drago,* Cobro coercitivo de deudas publicas, 1906; *Fabela,* Intervention, 1961; *Geffken,* Das Recht der Intervention, 1887; *Graber,* Crisis Diplomacy. A History of US-Intervention Politics and Practices, 1959; *Hettlage,* Die Intervention in der Geschichte der Völkerrechtswissenschaft und im System der modernen Völkerrechtslehren, 1927; *Mosler,* Die Intervention im Völkerrecht, 1937; *Stowell,* Intervention in

[27] Siehe unten § 43; siehe als Beispiel Art. 6 des Grundvertrags zwischen Bundesrepublik und DDR vom 21. 12. 1972 (BGBl. 1973 II S. 423), wo festgestellt wird, „daß die Hoheitsgewalt jedes der beiden Staaten sich auf sein Staatsgebiet beschränkt".

[28] Siehe unten Kapitel X.

International Law, 1921; *Thomas* and *Thomas,* Non-Intervention, 1956; *Wachter,* Die völkerrechtliche Intervention als Mittel der Selbsthilfe, 1911; *Whitton-Larson,* Propaganda, 1963; *Zannini,* Dell'intervento, 1950.

Oppenheim[29] definiert Intervention als die diktatorische Einmischung eines Staates in die Angelegenheiten eines anderen Staates zum Zweck der Aufrechterhaltung oder Veränderung der gegenwärtigen Sachlage. Diese Definition ist juristisch unpräzis. Unter Intervention ist vielmehr zu verstehen *jeder Eingriff eines Staates oder einer Staatengruppe in die kraft des Prinzips der Selbstgestaltung einem anderen Staat zustehenden Rechte, ohne daß dem eingreifenden Staat ein Rechtfertigungsgrund kraft allgemeinen Völkerrechts oder kraft besonderer* (vertraglich genereller oder konkreter) *Gestattung zur Seite steht.* Man kann natürlich Intervention auch so definieren, daß man Akte, denen ein Rechtfertigungsgrund zur Seite steht, ebenfalls als Intervention bezeichnet, mit der Folge, daß die Intervention sich bald als erlaubte, bald als unerlaubte Intervention darstellt; dies ist aber ein rein definitorisches Problem; im folgenden soll hier unter Intervention nur der Eingriff in den oben bestimmten fremden Rechtskreis verstanden werden, dem kein Rechtfertigungsgrund zur Seite steht. Es ist auch klarzustellen, daß nicht jede Verletzung eines Rechtes eines fremden Staates eine Intervention darstellt, sondern nur die Verletzung von Rechten, die auf dem Rechtsprinzip der Selbstgestaltung beruhen. Damit eine Rechtsverletzung eine verbotene Intervention darstellt, sind also zwei Voraussetzungen zu erfüllen:

1. es muß sich um einen Eingriff in das Rechtsprinzip der Selbstgestaltung handeln;
2. diesem Eingriff darf kein Rechtfertigungsgrund zur Seite stehen.

Welche Rechtsfolgen im Falle einer illegalen Intervention eintreten, ist eine Frage, die im Kapitel über die völkerrechtliche Haftung[30] zu behandeln sein wird.

Verboten ist zunächst jeder Eingriff in die Freiheit der äußeren oder inneren Selbstgestaltung, der mit der Androhung oder der Anwendung von Gewalt verbunden ist, da diese Mittel auf jeden Fall ausdrücklich durch Artikel 2 Ziffer 4 der Charter der UN verboten sind; dieses Verbot wird in der Deklaration von 1970 ausdrücklich wiederholt. Die Gewaltanwendung – nach im Westen noch überwiegender, aber nicht unbestrittener Meinung (siehe unten Bd. II S. 44) ist unter Gewalt nur militärische Gewalt zu verstehen – ist also heute, soweit ihr nicht ein Rechtfertigungsgrund zur Seite steht, in jedem Fall eine verbotene Form der Intervention. Dies ist mit Deutlichkeit vom Internationalen Gerichtshof in seinem Urteil vom 9. 4. 1949 über den Korfu-Kanal-Fall ausgesprochen worden. Die britische Regierung hatte zur Rechtfertigung einer gegen den Willen Albaniens in dessen Küstengewässern unter dem Schutz bedeutender Seestreitkräfte vorgenommenen Minenräumung u. a. sich darauf berufen, daß sie Beweismittel im

[29] aaO I S. 305.
[30] Unten Bd. III, 1. Kapitel.

Gebiet eines anderen Staates sicherstellen müsse, um die Aufgabe eines internationalen Gerichts zu erleichtern. Demgegenüber betonte der Gerichtshof: ,,Das Gericht kann eine solche Art der Verteidigung nicht akzeptieren. Das Gericht kann das behauptete Recht auf Intervention nur als die Manifestation einer Politik der Gewalt betrachten, wie sie in der Vergangenheit zu überaus ernsten Mißbräuchen Anlaß gegeben hat und wie sie keinen Platz im Völkerrecht finden kann, was auch die gegenwärtigen Mängel der internationalen Organisation sein mögen."[31]

Aber eine Intervention ist nicht nur dann unzulässig, wenn sie sich der an sich und auf jeden Fall verbotenen Mittel der Gewalt und der Drohung mit (militärischer) Gewalt bedient. Dies sagt mit Deutlichkeit die Deklaration von 1970: ,,Kein Staat und keine Staatengruppe hat das Recht, direkt oder indirekt aus irgendeinem Grund in die inneren oder äußeren Angelegenheiten eines anderen Staates zu intervenieren. Infolgedessen stellen bewaffnete Intervention und alle anderen Formen der Einmischung oder versuchte Drohungen gegen die Persönlichkeit des Staates oder gegen seine politischen, wirtschaftlichen und kulturellen Elemente eine Völkerrechtsverletzung dar." Eine Intervention kann also auch mit diplomatischen, finanziellen, wirtschaftlichen, propagandistischen,[32] innenpolitischen (subversive Intervention) Mitteln vorgenommen werden, mit deren Vornahme versucht wird, in einer gegen die guten Sitten, gegen Treu und Glauben verstoßenden Weise, unter Ausnützung einer überlegenen Machtlage, arglistig, heimtückisch in den Bereich der freien Selbstbestimmung eines Staates einzugreifen, um diesen zu einem Tun oder Unterlassen, das er in freier Selbstbestimmung *so* nicht gestalten würde, zu veranlassen. Die Grenze ist hier aber überaus schwer zu ziehen. Die Vagheit der Grenze zeigt die These der Deklaration von 1970: ,,Kein Staat darf wirtschaftliche, politische oder irgendwelche anderen Zwangsmaßnahmen gegen einen anderen Staat benutzen (oder ihre Benutzung ermutigen), um von ihm die Unterordnung der Ausübung seiner souveränen Rechte zu erreichen und von ihm sich Vorteile irgendwelcher Art zu sichern."[33] Es wird aber wohl kaum als verbotene Intervention anzusehen sein, wenn ein Staat einem anderen Staat, der eine ihm genehme Verfassung, Wirtschaftspolitik oder Allianzpolitik besitzt, diplomatische, finanzielle, wirtschaftliche Hilfe gewährt, oder sie im gegenteiligen Fall verweigert, obwohl an sich eine Intervention auch durch Unterlassen erfolgen könnte.[34] Dagegen ist es zweifelsfrei eine verbotene Intervention, wenn ein Staat auf dem Gebiet eines anderen Staates Hoheitsakte vornimmt oder

---

[31] ICJ 1949 S. 35.

[32] Siehe Preuss in AJIL 1934 S. 649; Van Dyke, AJIL 1940 S. 58; Lauterpacht, AJIL 1928 S. 105; Thomas and Thomas, Non-Intervention, 1956, S. 273ff.; Murty, Propaganda and World Public Order, 1968.

[33] Über das Für und Wider der Rechtmäßigkeit des arabischen Ölboykotts 1973/74 siehe Shihata, Destination Embargo of Arab Oil: Its Legality under International Law, AJIL 1974 S. 591, und Paust-Blaustein, The Arab Oil Weapon – A Threat to International Peace, AJIL 1974 S. 410.

[34] Siehe das bei Dahm aaO I S. 205 erläuterte Beispiel des Alabama-Falls.

den Staatsangehörigen eines anderen Staats gegen deren Willen seine eigene Staatsangehörigkeit aufnötigt oder sie gegen ihren Willen zwingt, in seiner Wehrmacht zu dienen, nicht dagegen, wenn er fremden Staatsangehörigen den Zugang zu seinem Gebiet verweigert oder an ihre Weigerung, in seiner Wehrmacht zu dienen, gewisse Nachteile knüpft, z. B. die spätere Nichtzulassung zur Einbürgerung. So können Beamte eines ausländischen Staates auf fremdem Staatsgebiet niemanden, auch nicht ihre eigenen Staatsangehörigen, verhaften[35] oder entführen;[36] ein Staat darf auch nicht durch seine Organe in fremden Küstengewässern auf fliehende Deserteure schießen lassen;[37] ein Staat darf von seinen im Ausland befindlichen Staatsangehörigen nicht die Vornahme von Handlungen verlangen, die ihnen durch ihren Aufenthaltsstaat verboten sind, oder ihnen die Vornahme von Handlungen verbieten, die ihnen durch ihren Aufenthaltsstaat geboten sind, sofern diese Verbote oder Gebote des Aufenthaltsstaats nicht selbst unzulässige Interventionen darstellen. Die Deklaration von 1970 verbietet auch ausdrücklich, terroristische oder bewaffnete Aktivitäten, die auf den gewaltsamen Umsturz des Regimes eines anderen Staates gerichtet sind, zu organisieren, zu unterstützen, zu schüren, zu finanzieren, anzustiften oder zu tolerieren.

Als unzulässige Intervention ist es auch anzusehen, wenn ein Staat die Gültigkeit oder Legalität von Hoheitsakten eines anderen Staates, soweit sich ihre Wirkungen auf dessen Staatsgebiet beschränken und den eigenen ordre public oder das Völkerrecht (insbesondere das Fremdenrecht) nicht verletzen, in Frage stellen würde.[38] Dagegen folgt daraus nicht eine völkerrechtliche Pflicht, solche Akte formell anzuerkennen, noch weniger, solche Hoheitsakte, insbesondere Gesetzgebungsakte, den Entscheidungen seiner eigenen Gerichte ohne das Recht der Prüfung auf ihre Vereinbarkeit mit dem eigenen Recht (z. B. dem Prinzip des ordre public, siehe Artikel 30 EGBGB) oder mit dem Völkerrecht zugrundezulegen. Die englische und insbesondere die amerikanische Praxis lehnte lange Zeit ein solches Prüfungsrecht unter Berufung auf die sog. „Act of State Doctrine" ab, die besagte, daß die Gerichte eines Landes nicht befugt seien, die Hoheitsakte eines fremden Staates, soweit sie in dessen eigenem Staatsgebiet vollzogen wurden, auf ihre Rechtmäßigkeit zu überprüfen. Die Act of State Doctrine war aber niemals eine Regel des Völkerrechts, sondern eine solche des innerstaatlichen Prozeßrechts; sie ist heute, im Gefolge des vielumstrittenen Sabbatino-Falles und des vom Kongreß erlassenen Sabbatino-Amendment von 1964, auch in den USA weitge-

---

[35] Siehe über die Widerrechtlichkeit der Festhaltung Sun Yat Sen's in der Londoner Chinesischen Botschaft 1896: McNair aaO I S. 85.

[36] Siehe über die Entführung des deutschen Emigranten Jacob Salomon nach Deutschland 1935 und seine Rückstellung nach der Schweiz durch das Deutsche Reich: Oppenheim aaO I S. 295, Anm. 1.

[37] Siehe den bei McNair aaO I S. 79 angeführten Fall französischer Deserteure in Straits Settlements.

[38] Schwarz, Die Anerkennung ausländischer Staatsakte, 1935; Seidl-Hohenveldern, Internationales Konfiskations- und Enteignungsrecht, 1952; Zander, The Act of State Doctrine, in AJIL 1959, S. 826ff.; Whiteman aaO VI (1968) S. 1ff.

hend zugunsten eines richterlichen Prüfungsrechts außer Kraft gesetzt (siehe Whiteman aaO Bd. VI S. 1ff., 23ff., Bayer in ZaöRVR 25 [1965] S. 30ff., Andres in ZaöRVR 35 [1975] S. 41). Dagegen lehnen die Staaten es im allgemeinen ohne konkrete vertragliche Abmachungen ab, fremde Steuergesetze oder Strafgesetze zu beachten und ihnen Geltung vor ihren Gerichten oder sonstigen Behörden zu verschaffen. Auch lehnen es die Gerichte eines Staates im allgemeinen ab, privatrechtliche Verträge, die gegen das Strafrecht eines anderen Staates gerichtet sind, nur aus diesem Grund als ungültig zu behandeln. Für die deutsche Rechtsauffassung siehe RGZ 108 S. 243: „Es liegt weder ein Verstoß gegen ein für den deutschen Richter unbedingt maßgebendes gesetzliches Verbot vor (§ 134 BGB), als welches nur das Verbot eines inländischen Gesetzes gelten kann, noch enthält ein Rechtsgeschäft einen Verstoß gegen die guten Sitten (§ 138 BGB) um deswillen, weil dadurch ein ausländisches Gesetz umgangen werden soll, das nicht durch allen Kulturstaaten gemeinsame rechtlich-sittliche Erwägungen gerechtfertigt wird, sondern nur durch die in dem ausländischen Staate herrschenden wirtschafts- und sozialpolitischen (hier staatssozialistischen) Rechtsgrundsätze, die den deutschen Rechtsanschauungen widersprechen." Alle Einzelheiten gehören ins internationale Privatrecht,[39] ins internationale Verwaltungsrecht[40] und ins internationale Strafrecht,[41] nicht aber ins Völkerrecht.

Eine Intervention kann erfolgen durch einen einzelnen Staat oder kollektiv durch mehrere Staaten; auch internationale Organisationen können sich einer Intervention schuldig machen. Dagegen können Privatpersonen oder private Organisationen nicht ohne weiteres Subjekte von Interventionen sein, etwa durch Propaganda in der Presse oder durch Wirtschaftsboykott.[42] Wenn aber diese Maßnahmen Privater unter aktiver Mitwirkung des Staats, unter seiner Anstiftung und Unterstützung oder durch von ihm kontrollierte Partei- etc. -Organisationen vorgenommen werden, so können sie sehr wohl einer verbotenen Intervention des Staates gleichkommen.

Eine an sich unzulässige Intervention wird dadurch gerechtfertigt, daß der betroffene Staat ihr zustimmt (volenti non fit injuria), oder daß das allgemeine Völkerrecht sie unter bestimmten Voraussetzungen gestattet.

Die normale Form der Zustimmung eines Staates zu der Einmischung eines anderen Staates in den an sich freien Bereich seiner äußeren oder inneren Selbstbestimmung bildet der völkerrechtliche Vertrag.

So kann ein Staat einem fremden Staat durch Vertrag das Durchmarschrecht

---

[39] Siehe Martin Wolff, Das internationale Privatrecht Deutschlands, 3. Aufl. 1954; Dölle, Internationales Privatrecht, 2. Aufl. 1972.

[40] Siehe Neumeyer, Internationales Verwaltungsrecht, I–IV, 1910–1936.

[41] Siehe Donnedieu de Vabres, Les principes modernes du droit pénal international, 1928.

[42] Siehe Walz, Nationalboykott und Völkerrecht, 1939.

durch sein Gebiet, die Errichtung von Stützpunkten, die Stationierung von Truppen und die Gerichtsbarkeit über diese Truppen gestatten.[43]

Ein Staat kann durch Vertrag seine gesamte Außenpolitik der Führung eines anderen Staates übergeben; das ist der typische Fall eines Protektorats;[44] in einem solchen Falle sind die Maßnahmen des Protektorstaats im Bereich der außenpolitischen Beziehungen des protegierten Staates eine legitime Gechäftsführung, keine verbotene Intervention, während jede direkte außenpolitische Fühlungnahme eines dritten Staates mit dem protegierten Staat eine verbotene Intervention in die äußere Selbstbestimmung des Protektorstaates darstellt.

Aus ähnlichen Erwägungen wird auch die Einmischung dritter Mächte in die von diesen Mächten anerkannte Interessensphäre eines Staates als unzulässige Intervention anzusehen sein. Unter einer Interessensphäre verstand man ein Gebiet, das sich ein Staat für politische oder wirtschaftliche Durchdringung oder für künftige territoriale Expansion vorbehielt, ohne es doch schon effektiv zu okkupieren oder zu annektieren; die Absicht war die Fernhaltung dritter Mächte. Eine Einflußsphäre konnte begründet werden nicht nur durch Vertrag mit dem Staat, zu dessen Staatsgebiet die Einflußsphäre gehörte, sondern, falls die Interessensphäre keinem anerkannten Völkerrechtssubjekt gehörte, auch durch Vertrag mit einem oder mehreren anderen interessierten dritten Staaten.[45] Heute ist die Institution der Interessensphäre als kolonialistisches Relikt weithin als obsolet anzusehen und hat subtileren Formen der Einflußnahme oder der ideologischen Rechtfertigung Platz gemacht.

Ein Staat kann auch durch Vertrag seine außenpolitische Handlungsfreiheit in gewissen Beziehungen zugunsten eines fremden Staates einschränken, so daß insoweit dessen Handlungen, statt unrechtmäßiger Intervention, rechtmäßig sind. So konnte z. B. Großbritannien auf Grund des britisch-tibetanischen Vertrags vom 7. 9. 1904[46] unter Mißachtung des Diplomaten nach allgemeinem Völkerrecht zustehenden jus transitus innoxii etwa für Tibet bestimmten Vertretern dritter Mächte die Durchreise durch Britisch-Indien versagen und die Ausweisung solcher etwa nach Tibet gelangten Diplomaten von Tibet verlangen, ohne sich einer widerrechtlichen Intervention schuldig zu machen. In diesen Zusammenhang gehört auch das Recht der Intervention zur Aufrechterhaltung der Unabhängigkeit Zyperns durch die drei Garantiemächte des Londoner Abkommens vom 19. 2. 1959, Großbritannien, die Türkei und Griechenland.

[43] Siehe z. B. Art. 4 und 5 des Vertrags vom 26. 5. 1952 zwischen der Bundesrepublik Deutschland einerseits, Großbritannien, Frankreich und USA andererseits; oder das Abkommen zwischen Portugal und den USA vom 6. 9. 1951 über die Errichtung militärischer Anlagen auf den Azoren; und zahlreiche weitere Verträge, die im Verfolg der großen Allianzen seit 1945 zwischen zahlreichen Staaten der Erde abgeschlossen wurden.

[44] Siehe oben § 18.

[45] Siehe z. B. die brit. Verträge mit Deutschland 1886 und 1890, mit Portugal 1890, mit Italien 1891, mit Frankreich 1898, mit Rußland 1907.

[46] Art. IX, c: „no representatives or agents of any foreign Power shall be admitted to Tibet".

So unterwerfen sich Staaten durch Eintritt in eine internationale Organisation deren Satzung, die eine oft weitgehende Einschränkung ihrer freien Selbstbestimmung enthält. Akte der internationalen Organisation, die in diesem Rahmen gegenüber einem Mitgliedstaat erfolgen, etwa Auferlegung von Sanktionen nach Artikel 16 VBS, Teilnahme an wirtschaftlichen oder diplomatischen Sanktionen nach Artikel 41 der Charter der UN,[47] stellen keine widerrechtliche Intervention dar, was vor allem angesichts der Bestimmung des Artikel 2 Ziffer 7 der Charter der UN[48] von Bedeutung ist.

Artikel 3 des Haager Abkommens von 1907 zur friedlichen Erledigung internationaler Streitfälle gewährt den Vertragsmächten das Recht, in die Streitigkeiten anderer Vertragsmächte durch das Anbieten von guten Diensten oder von Vermittlung einzugreifen, so daß darin keine verbotene Intervention, ja nach der positiven Bestimmung des Absatz 3 nicht einmal eine unfreundliche Handlung gesehen werden kann.

Durch einen Vertrag kann die Personalhoheit eines Staates über seine eigenen sich auf seinem Gebiet befindlichen Untertanen oder gewisse Kategorien derselben in der Weise eingeschränkt sein, daß dritte Staaten oder internationale Organe zur Garantierung eines Minimumstandards dieser Personen eingreifen dürfen, ohne sich einer unzulässigen Intervention schuldig zu machen.[49]

Aber nicht nur generell durch Vertrag, sondern auch konkret-individuell, durch Gestattung oder Ersuchen im Einzelfall, kann sich ein Staat mit Eingriffen eines anderen Staates einverstanden erklären, die ohne solche Genehmigung eine widerrechtliche Intervention darstellen würden. So nimmt die herrschende Meinung entgegen dem kategorischen Verbot der Einmischung in einen Bürgerkrieg durch die Deklaration von 1970 an, daß eine legale Regierung in einem Bürgerkrieg fremde Hilfe anfordern kann, ohne daß dieses fremde Eingreifen eine verbotene Intervention darstellt,[50] und beruft sich auf die britische Hilfeleistung an Portugal 1826 oder die russische Hilfeleistung an Österreich 1849 anläßlich des ungarischen Aufstandes; ähnlich wäre zu beurteilen die von Libanon erbetene Hilfeleistung der USA 1958, die von Jordanien erbetene Hilfeleistung Großbritanniens 1958. Dagegen scheint das Eingreifen sowjetrussischer Truppen in Ungarn 1956 nicht auf Ersuchen der legalen ungarischen Regierung, sondern einer von Rußland selbst eingesetzten Gegenregierung erfolgt zu sein,[51] ebenso lag beim Einmarsch

[47] Siehe unten Bd. III § 15 über das Recht der UN; s. Dahm aaO I S. 215ff.: „Das Interventionsverbot und die internationalen Organisationen."

[48] „Nothing contained in the present Charter shall authorize the United Nations to intervene in matters which are essentially within the domestic jurisdiction of any State ..."

[49] Beispiele: Minderheitenverträge von 1919; Friedensverträge von 1947 mit Bulgarien, Rumänien, Ungarn – s. Rechtsgutachten des IG vom 30. 3. 1950; die europäische Konvention zum Schutze der Menschenrechte und Grundfreiheiten vom 4. November 1950.

[50] Siehe Dahm aaO I S. 202; Oppenheim aaO I S. 305; Mosler, Die Intervention im Völkerrecht, 1937, S. 53; aM Wehberg, Recueil des Cours 1938, I S. 57.

[51] Siehe Beschluß der UN vom 12. 12. 1956, Res. 1131–XI.

von 5 Warschau-Pakt-Staaten in der Tschechoslowakei im August 1968 kein Ersuchen der Prager Regierung vor. Dennoch wird von Seiten der sozialistischen Staaten bestritten, daß es sich dabei um eine vom Völkerrecht verbotene Intervention gehandelt habe, und zwar mit folgender Begründung (siehe DDR-Lehrbuch I S. 197): ,,... hat jeder sozialistische Staat und jedes Volk, das den Weg zum Sozialismus beschritten hat, das Recht auf Hilfe und Unterstützung durch jedes andere sozialistische Land und jeder sozialistische Staat die Pflicht zur Hilfeleistung an jedes andere sozialistische Land. ... Eine solche Hilfe, die der sozialistische Staat oder – wie bei den Ereignissen in der ČSSR – eine Gruppe sozialistischer Staaten einem anderen sozialistischen Staat im Interesse der Erhaltung des Sozialismus und des Friedens leistet, kann niemals eine ,Einmischung' in dessen innere Angelegenheiten oder in das Selbstbestimmungsrecht seines Volkes darstellen. Denn der Schutz des Sozialismus ist die Angelegenheit aller sozialistischen Staaten und die Entscheidung für den Sozialismus ein unwiderruflicher Akt demokratischer Selbstbestimmung." Legt man diese Deutung zugrunde, so würde ein Staat durch ,,die Entscheidung für den Sozialismus" auf ein wesentliches auf dem Prinzip der Selbstgestaltung beruhendes Recht verzichten, das die Deklaration von 1970 unter der Überschrift ,,Prinzip der souveränen Gleichheit der Staaten" folgendermaßen formuliert: ,,Jeder Staat hat das Recht, sein politisches, wirtschaftliches und kulturelles System frei zu wählen und zu entwickeln." Da die Grundrechte, wie oben dargelegt, nicht schlechthin zwingendes Recht sind, ist ein solcher Verzicht zulässig, allerdings mit unentrinnbaren Folgen für seinen Status der ,,souveränen Gleichheit".

Zweifelhafter als mit der Rechtfertigung einer Intervention kraft Zustimmung steht es mit den Rechtfertigungsgründen einer Intervention nach allgemeinem Völkerrecht.

Zweifellos ist zunächst, daß die ,,Diplomatie" genannte Tätigkeit eines Staates auf fremdem Staatsgebiet keine Intervention darstellt, sondern durch das Recht der Exterritorialität sogar in besonderer Weise gegen Eingriffe des Gebietsherrn sichergestellt ist. Dasselbe gilt für die amtliche Tätigkeit des auf fremdem Staatsgebiet sich aufhaltenden Staatshaupts. Auf Handels- und Kriegsschiffen auch im Küstenmeer eines fremden Staates, also zweifellos in fremdem Staatsgebiet, darf der Flaggenstaat in weitgehendem Umfang staatliche Tätigkeit ausüben, ohne sich einer Intervention schuldig zu machen.

Äußerst zweifelhaft ist dagegen, ob humanitäre Gründe eine Intervention rechtfertigen können. Zwar haben die christlichen Mächte mehrmals im 19. Jahrhundert in der Türkei gegen die Verfolgung von Christen interveniert, aber die gegen die Türkei dabei angewandte Gewalt war wohl meist auch mit politischen Interessen verquickt, während von einem Eingreifen gegen Judenpogrome im zaristischen Rußland oder gegen die nationalsozialistische Rassenpolitik in ihren frühen Stadien, als mit solchem Eingreifen noch keine Kriegsgefahr verbunden war, nichts bekannt ist.[52] Da heute Gewaltanwendung in internationalen Beziehungen generell verboten ist, ist eine gewaltsame Intervention aus humanitären Gründen heute sicherlich verboten; dagegen sind angesichts der Tatsache, daß Artikel 1 der Charter der UN es als ein Ziel der Vereinten Nationen erklärt, „die Achtung der Menschenrechte und die Grundlagen der Freiheit für alle ohne Unterschied der Rasse, des Geschlechts, der Sprache oder der Religion zu unterstützen und zu fördern", Demarchen, Proteste, Kundgebungen gegen Verletzungen der Menschenrechte durch einen Staat, Hilfeleistung für die Verfolgten bis zur Asylgewährung in diplomatischen Gebäuden zweifellos keine verbotene Intervention, sondern wohl weitgehend sogar völkerrechtliche Pflicht. Die Deklaration von 1970 bestätigt dies ausdrücklich: „Jeder Staat hat die Pflicht, universelle Achtung und Beobachtung der Menschenrechte und Grundfreiheiten in Übereinstimmung mit der Satzung durch gemeinsame wie Einzelaktion zu fördern."

Eine neue, damit verwandte Basis für eine legale, freilich ebenfalls gewaltlose Intervention ist von der Deklaration von 1970 im Zusammenhang mit dem Selbstbestimmungsrecht der Völker geschaffen worden: wenn Völker gewaltsam ihres Rechts auf Selbstbestimmung wie auf Freiheit und Unabhängigkeit beraubt sind, so haben sie das Recht, „Unterstützung in Übereinstimmung mit den Zwecken und Prinzipien der Satzung der UN" zu suchen und zu erhalten; solche Unterstützung vonseiten dritter Staaten ist also keine widerrechtliche Intervention.

Dagegen ist zweifellos unrichtig und, wie die Anwendung dieser unrichtigen Auffassung durch Großbritannien und Frankreich während der Suezkrise 1956 zeigt, sogar überaus gefährlich die These von Oppenheim,[53] daß, wenn ein Staat Regeln des völkerrechtlichen Gewohnheits- oder Vertragsrechts verletzt, andere Staaten ein Recht zur Intervention hätten und den Rechtsverletzer zur Unterwerfung unter diese Regeln zwingen könnten. Auch Dahm[54] scheint dieser These zuzuneigen, wenn er sagt, nicht nur die Anwendung der Gewalt, sondern erst recht die Anwendung schwächerer Mittel könne unter dem Gesichtspunkt der Selbsthilfe, des Repressalienrechts, möglicherweise auch des Notstands oder unter anderen Gesichtspunkten gerechtfertigt sein. Angesichts des klaren Gewaltverbots der Charter der UN ist aber nunmehr jede gewaltsame Selbsthilfe zur Durchsetzung verletzter Rechte eine unzulässige Intervention; die Durchsetzung verletzter Rechte – die oft sogar nur behauptete Rechte sind – ist kein Rechtfertigungsgrund für die Vornahme einer Intervention.[55]

---

[52] Siehe Janovsky and Fagen, International Aspects of German Racial Policies, 1937.

[53] aaO I S. 308.

[54] aaO I S. 209.

[55] Vgl. auch Stone aaO S. 287: „It has already been acknowledged that these methods of settlement by coercion short of war stand more easily in the books of Machtpolitik than in those of a system of law. They are an invitation for the strong to be lawless judges in their own cause; and it is even incongruous to think of them as functionally related to the staid proceedings of an international arbitral and judicial tribunal, or the orderly execution by a sheriff. The Writer, indeed, can readily appreciate the widely

Historisch hat die Intervention eine große Bedeutung gehabt. Von englischer Seite wurden militärische Aktionen auf dem europäischen Festland und in Übersee häufig als Interventionen zur Aufrechterhaltung des Mächtegleichgewichts deklariert.[56] Die 1815 zunächst zwischen Rußland, Österreich und Preußen geschaffene, bald erweiterte Heilige Allianz nahm im Namen des Legitimitätsprinzips das Recht zur Intervention auch in die innere Ordnung der Staaten in Anspruch.[57] Gegen die Anwendung dieses Prinzips zugunsten Spaniens für die Wiedererlangung seiner abgefallenen süd- und mittelamerikanischen Kolonien wandte sich 1823 der Präsident der USA, Monroe, in einer als Monroedoktrin berühmt gewordenen Erklärung, die aber eine Erklärung außenpolitischer amerikanischer Prinzipien, nicht eine Feststellung geltenden Völkerrechts ist, und erklärte, sich nicht in europäische Angelegenheiten mischen zu wollen, aber auch keiner europäischen Einmischung in amerikanische Angelegenheiten teilnahmslos zuzusehen.[58] Die Monroedoktrin hat sich aber im Lauf des 19. Jahrhunderts mehr und mehr zu einem Prinzip US-amerikanischer Hegemonialpolitik entwickelt und zu zahlreichen Interventionen der USA gegenüber süd- und mittelamerikanischen Staaten geführt.[59] Die neueste interamerikanische Entwicklung hat daher zu einer besonders scharfen Ablehnung jedes angeblichen Rechts auf Intervention geführt, so daß Briggs[60] die Nichtintervention heute als ein grundlegendes politisches und rechtliches Prinzip der westlichen Hemisphäre bezeichnet.[61] Einen besonders prägnanten Ausdruck findet dieses Nichtinterventionsprinzip in Artikel 15 der Charter der Organisation der Amerikanischen Staaten vom 30. 4. 1948, der bestimmt: ,,Kein Staat und keine Gruppe von Staaten hat das Recht, direkt oder indirekt, aus irgendeinem Grund in die inneren oder äußeren Angelegenheiten eines anderen Staates zu intervenieren. Dieses Prinzip verbietet nicht nur die bewaffnete Gewalt, sondern auch jede andere Form der Einmischung oder der versuchten Drohung gegen die Persönlichkeit des Staates oder gegen seine politischen, wirtschaftlichen und kulturellen Elemente.“ Diese Sätze wurden in die UN-Deklaration von 1970 übernommen, ebenso in das Prinzip Nr. VI der Konferenz von 1975 über Sicherheit und Zusammenarbeit in Europa (KSZE).

---

held view that they should not be given the prestige at all of standard remedies permitted by international law. It may well seem time that such forms of unilateral action were eliminated from the doctrine of international law. Their underlying conception is certainly archaic, inconsistent with the apparent trend of much-hailed modern instruments of international law and security.“ Aber siehe seine fatale Kehrtwendung in Stone, Agression and World Order, 1958.

[56] Siehe Oppenheim aaO I S. 311.

[57] Siehe Bourquin, Histoire de la Sainte Alliance, 1954.

[58] Am. State Papers, For. Rel. V, 246f., abgedruckt bei Berber, Der Mythos der Monroe-Doktrin, 1942; s. auch H. Kraus, Die Monroedoktrin, 1913; Hart, A, B., The Monroe-Doctrine, 1915; Alvarez, The Monroe-Doctrine, 1924; Perkins, The Monroe Doctrine, 3 Bde., 1927, 1932, 1937; s. oben § 7 VI.

[59] Siehe Felipe Barreda-Lima, Latin-American Opposition to the New Monroeism, in Current History, März 1927, S. 809ff.

[60] aaO S. 960.

[61] Siehe auch Samuel Flagg Bemis, The Latin American Policy of the United States, 1943.

§ 24. Das Rechtsprinzip der Selbstbehauptung

Literatur: *Bowett,* Self-Defence in International Law, 1958; *Cavaglieri,* Lo Stato di Necessità nel Diritto Internazionale, 1918; *Cybichowski,* Notwendigkeit im Völkerrecht, 1962; *Hindmarsh,* Force in Peace, 1933; *Krüger,* Die staatliche Selbsterhaltung als völkerrechtliches Grundrecht, 1936; *Rodick,* The Doctrine of Necessity in International Law, 1928.

Der herkömmliche Begriff „Selbsterhaltung" wird als viel zu eng für die hier behandelten Probleme durch den Begriff „Selbstbehauptung" ersetzt.

Die Selbstbehauptung des Staates hat zwei hauptsächliche Aspekte:

a) die materielle Selbstbehauptung, gipfelnd in der Selbsterhaltung;

b) die ideelle Selbstbehauptung, gipfelnd in der Ehre.

Während die Selbstgestaltung das natürliche Leben eines Staats darstellt, die zwar von anderen Staaten verletzt werden kann, die aber an sich unabhängig von der Einwirkung Dritter existiert und wirkt, ist die völkerrechtliche Selbstbehauptung nach außen gerichtet und tritt nur in Wirksamkeit, wenn die staatliche Existenz, die staatlichen Interessen, die staatliche Würde und Ehre von einem anderen Staat bedroht oder verletzt werden.

I. Die materielle Selbstbehauptung

Auch die materielle Selbstbehauptung tritt in zwei Erscheinungsformen auf, nämlich als Selbstdurchsetzung, d. h. als Selbsthilfe, als aktive Geltendmachung einzelner Rechte und Interessen im Falle ihrer Gefährdung oder Verletzung, und als Selbsterhaltung, nämlich als Verteidigung gegen einen bevorstehenden oder gegenwärtigen rechtswidrigen Angriff, der sich gegen die Existenz oder die territoriale Integrität des Staates selbst richtet.

A. Die materielle Selbstbehauptung als Selbstdurchsetzung, als Selbsthilfe

Die herkömmlichen Mittel der Selbstdurchsetzung sind Retorsion, Repressalie, Intervention, friedliche Blockade und, als äußerstes Mittel, Krieg. Die Intervention ist bereits oben[62] behandelt worden. Der Krieg wird im Rahmen des Kriegsrechts, die übrigen Mittel der Selbsthilfe werden in der Darstellung der völkerrechtlichen Durchsetzung behandelt werden.[63] Ihre Nennung, nicht Darstellung, in diesem Zusammenhang ist notwendig, um sie von der staatlichen Selbstbehauptung als Selbsterhaltung klar zu unterscheiden.

Da die politisch-diplomatische Sprache der Staaten in ihren internationalen Beziehungen die Tatsachen gerne dramatisiert und eine Vorliebe für Übertreibungen hat, so besteht in der Staatenpraxis eine Tendenz, den Unterschied zwischen diesen beiden Formen der Selbstbehauptung zu verwischen und gegen bloße

[62] § 23 V.
[63] Siehe Bd. III, 3. Kapitel.

Rechtsverletzungen anderer Staaten mit massiven Mitteln vorzugehen, wie sie nur im Falle echter Ausübung des Selbsterhaltungsrechts, echter Bedrohung der Existenz oder Integrität erlaubt wären, indem gleichzeitig die Rechtsverletzung als ein solcher Angriff deklariert wird. Demgegenüber ist es die Aufgabe der Wissenschaft, unbekümmert um solche Verwischungsversuche der Staatenpraxis, diese Unterscheidung klar herauszuarbeiten, um so mehr, als an jede dieser beiden Formen der staatlichen Selbstbehauptung ganz verschiedene Rechtsfolgen geknüpft sind. Gemäß dem überaus umfassenden Gewaltverbot, das in Artikel 2 Ziffer 4 der Charter der UN enthalten und praktisch für alle Staaten der Erde verbindlich ist, ist das Recht der Selbsthilfe radikal eingeschränkt worden, indem nurmehr Mittel der Selbsthilfe erlaubt sind, die keine Drohung oder Anwendung physischer Gewalt darstellen. Die UN-Deklaration von 1970 verbietet ausdrücklich Repressalien, die die Anwendung von Gewalt beinhalten (ebenso Prinzip II der KSZE von 1975). Dabei schließt sie in ihrem Verbot, wie oben § 23 Nr. V dargelegt, auch wirtschaftliche, politische oder irgendwelche andere Zwangsmaßnahmen ein, „um sich Vorteile irgendwelcher Art zu sichern"; das kann aber nicht gelten, wenn die „Vorteile" in der Wahrung von Rechtsansprüchen bestehen. Verboten ist in solchen Fällen immer die Anwendung physischer, militärischer Gewalt; sie ist heute, abgesehen von internationalen Aktionen der von der Völkerrechtsgemeinschaft eingesetzten Organe, nur noch möglich als Ausübung des „unveräußerlichen",[64] des naturrechtlich gegebenen, des „grundrechtlichen" (inherent) Rechts der individuellen oder kollektiven Selbstverteidigung, also im Falle der Selbstbehauptung gegenüber einem widerrechtlichen Angriff, nicht aber als Mittel der Selbsthilfe.

Die gegenwärtige Situation bei der Selbstdurchsetzung zur Wahrung eigener Rechte ist sicher nicht sehr befriedigend, da sie dem einzelnen Staat zwar die Möglichkeit einer Gewalt anwendenden Selbsthilfe nimmt, ohne nun doch der internationalen Gemeinschaft ein organisiertes Zwangsvollstreckungsverfahren – das bisher nur im Falle der Bedrohung oder des Bruchs des Friedens besteht, und auch dann nur in rudimentärer Form, nämlich nach Artikel 39ff. der Charta der UN – gegen den rechtsverletzenden Staat zu geben. Insofern trifft Dahm[65] die zweifellos zutreffende Feststellung: „Der Abbau der Druckmittel, das Verbot auch der gewaltsamen Beseitigung bestehenden Unrechts, das Minimum der legitimen Gewalt, das sich daraus ergibt, bietet dem Rechtsbrecher eine gefährliche Chance. Die internationale Gemeinschaft, aber auch der einzelne Staat, steht dem Rechtsbruch, der nicht gerade die Gestalt des bewaffneten Angriffs annimmt, im wesentlichen ungeschützt gegenüber."[66] Dennoch muß die gegenwärtige Re-

---

[64] Übersetzung von Schätzel in: Die Charta der Vereinten Nationen, 2. Aufl. 1957.

[65] aaO S. 200.

[66] Aus diesem Grunde wohl hauptsächlich, um die englisch-französische Selbsthilfeaktion auf dem Höhepunkt der Suezkrise im Herbst 1956 zu rechtfertigen, sprach der englische Premierminister in seiner Rede vom 31. 10. 1956 – House of Commons, Official Report, 5th series, vol. 558, Oct. 31,

gelung des Selbsthilferechts als ein Fortschritt gegenüber der traditionellen Form der gewaltsamen Selbsthilfe begrüßt werden, die in Wirklichkeit nur dem starken Staat, nicht dem Recht eine Chance gab, dem schwächeren gegenüber dem stärkeren Staat aber gerade die Möglichkeit der Rechtsdurchsetzung versagte, im Sinne der heute zynisch klingenden Schlußworte eines bekannten Buches aus der Zeit vor dem ersten Weltkrieg, die die damalige Rechtslage zutreffend zusammenfaßten:[67] „Nur, wer kann, darf".

Eine interessante Folge des Verbots *gewaltsamer* Repressalien im Sinne der Anwendung militärischer Zwangsmittel ist, daß damit eine uralte Unterscheidung des Repressalienrechts wieder aktuell wird, nämlich die von Bartolus (1314–1357) in seinem „Tractatus de Repressaliis" getroffene Feststellung, daß Krieg vorliege, wenn durch die Anwendung der Repressalie fremdes Staatsgebiet verletzt werde, eine echte Repressalie aber dann, wenn der Zwang zwar gegen die Untertanen des fremden Staates gerichtet sei, aber auf dem eigenen Staatsgebiet stattfinde.

B. Die materielle Selbstbehauptung als Selbsterhaltung

In der Geschichte der internationalen Beziehungen sind zahllose Eingriffe in die Rechte anderer Staaten mit dem Grundrecht der Selbsterhaltung zu rechtfertigen versucht worden, nicht immer, aber doch häufig, zu Unrecht.

So hat England im Jahre 1807 Kopenhagen, die Hauptstadt des neutralen Dänemark, bombardiert und die dänische Flotte weggenommen, mit der Begründung, daß das Notrecht der Selbstverteidigung das verlange, da sonst die Franzosen die dänische Flotte wegnehmen und sie gegen England benutzen könnten.[68]

So hoben 1817 die USA aus der spanischen Insel Amelia mit Waffengewalt Insurgenten aus, die von dort aus den amerikanischen Handel belästigten, mit der Begründung, daß sie „have assumed an attitude too pernicious to the peace and prosperity of this Union and of its citizens to be tolerated".[69]

Im Jahre 1837, während des kanadischen Aufstands, drangen britische Truppen in amerikanisches Gebiet ein und zerstörten dort das amerikanische Schiff „Caroline", das von den Aufständischen gechartert worden war, um ihnen Unterstützung zu bringen, und töteten zwei Amerikaner. Die englische Regierung berief sich zur Rechtfertigung dieser Aktion auf „necessity, which controls all other laws"; sie fügte hinzu, es sei weder leicht noch ungefährlich, die aus solchem Notrecht entspringenden Rechte und Grenzen zu definieren. Die amerikanische

1956, 1450–1456 – von der ägyptischen Haltung als einer Bedrohung des Friedens: „... a specific Egytian threat to the peace of the Middle East. Everybody knows that to be true. In the actions we have now taken we are not concerned to stop Egypt, but to stop war."

[67] E. Kaufmann, Das Wesen des Völkerrechts und die Clausula Rebus Sic Stantibus, 1911, S. 231; Hindmarsh, Force in Peace, 1933.

[68] Oppenheim aaO I S. 299.

[69] Moore aaO II S. 406.

Regierung wies demgegenüber darauf hin, daß Achtung für den unverletzlichen Charakter des Gebiets unabhängiger Staaten die wesentlichste Grundlage der Zivilisation sei, daß es wohl auf das Recht der Selbstverteidigung gegründete Ausnahmen hievon gebe, daß diese Ausnahmen aber auf Fälle beschränkt werden sollten, in denen die Notwendigkeit dieser Selbstverteidigung sofortig und überwältigend sei und keine Wahl der Mittel und keinen Augenblick der Überlegung lasse.[70]

Am 4. 8. 1914 drangen deutsche Truppen in das dauernd neutralisierte Belgien ein und besetzten es nach heftigen Kämpfen fast völlig. Zur Rechtfertigung dieses Vorgehens gab der deutsche Reichskanzler vor dem Reichstag eine widerspruchsvolle Erklärung ab, in der er die deutsche Aktion als gegen das Völkerrecht verstoßend bezeichnete, gleichzeitig aber hinzufügte: „Not kennt kein Gebot", weiterhin von den berechtigten Protesten Belgiens gegen die deutsche Aktion sprach, die er als „Unrecht" bezeichnete, dann aber wieder hinzufügte, wenn man bedroht sei und für die höchsten Güter kämpfe, müsse man sich verteidigen, so gut man könne.[71]

Die UN-Deklaration von 1970 enthält an mehreren Stellen Hinweise auf das Recht der Selbsterhaltung, ohne dieses selbst ausdrücklich zu statuieren. So heißt er in dem Abschnitt über das Prinzip der souveränen Staatengleichheit: „Die territoriale Integrität und politische Unabhängigkeit des Staates sind unverletzlich". So heißt es in der Präambel, daß „jeder Versuch, der auf die teilweise oder ganze Auflösung der nationalen Einheit und territorialen Integrität eines Staates oder Landes oder seiner politischen Unabhängigkeit gerichtet ist, mit den Zwekken und Prinzipien der Satzung unvereinbar ist". So heißt es in dem Abschnitt über das Gewaltverbot: „Das Gebiet eines Staates darf nicht Gegenstand der Erwerbung durch einen anderen Staat als Folge der Androhung oder Anwendung von Gewalt sein. Keine territoriale Erwerbung als Folge der Androhung oder Anwendung von Gewalt darf als rechtmäßig anerkannt werden." Und in dem Abschnitt über das Selbstbestimmungsrecht der Völker wird festgestellt, daß dieses Recht nicht zur Zerschlagung der Integrität oder politischen Einheit souveräner und unabhängiger Staaten führen darf, wenn diese eine die ganze Bevölkerung ohne Unterschied der Rasse, des Glaubens oder der Farbe repräsentierende Regierung besitzen. Daraus folgt die Existenz eines Grundrechts – wenigstens der Staaten mit alle Schichten des Volkes umfassender Repräsentation – auf Selbsterhaltung, auf Existenz gegenüber allen von außen drohenden gewaltsamen Einwir-

[70] „in which the necessity of that self-defence is instant, overwhelming, and leaving no choice of means, and no moment for deliberation"; s. Moore aaO II S. 409ff.

[71] Siehe Charles de Visscher, Belgium's Case, 1916; Strupp, Die Neutralisation und die Neutralität Belgiens, 1917, Mérignhac-Lémonon, Le Droit des Gens et la Guerre de 1914–18, 1921, II, S. 311ff.; Kohler, Josef, Notwehr und Neutralität, in: Zeitschrift für Völkerrecht, VIII, 1914, S. 576ff., ein umstrittener Aufsatz, der zum Ausscheiden Wehbergs aus der Schriftleitung der Zeitschrift aus Protest führte; Kunz, Das Problem von der Verletzung der belgischen Neutralität, 1920.

kungen. Wenn trotz dieser vielfachen Hinweise auf die Pflicht zur Achtung dieses Rechts die Deklaration darauf verzichtet, dieses Recht positiv zu statuieren, so wohl deshalb, weil Staaten unter Berufung auf dieses Recht in der Vergangenheit oftmals Eingriffe in die Rechte anderer Staaten vorgenommen haben, ohne zu beachten, daß ihr Recht auf Selbsterhaltung begrenzt wird durch das gleiche Recht auf Selbsterhaltung, das jedem anderen Staat zusteht (siehe Eagleton, International Government, 3. Aufl. 1957, S. 81). Bowett (Self-Defence in International Law, 1958 S. 10) kommt deshalb zu dem Ergebnis: ,,Es ist zweifelhaft, ob Selbsterhaltung irgendwelche Bedeutung als Rechtsbegriff haben kann, außer als gemeinsame Bezeichnung für Selbstverteidigung, Selbsthilfe und Notrecht.“ Aber selbst in diesem Rahmen ist die Statuierung eines solchen Grundrechts sinnvoll und trotz aller Mißbräuche in der praktischen Anwendung unentbehrlich.

Zur Begründung ihrer militärischen Aktionen in der Mandschurei 1931/32 berief sich die japanische Regierung auf das Recht der Selbstverteidigung.[72]

Als die britische und die französische Regierung am 8. 4. 1940 in den Küstengewässern des damals noch neutralen Norwegen eine Minensperre errichteten, um die Durchfahrt deutscher Schiffe in Zukunft zu verhindern, betonten sie in ihrer gemeinsamen Note vom 8. 4. 1940:[73] ,,Das Völkerrecht hat immer einem Kriegführenden das Recht zuerkannt, wenn der Feind systematisch illegale Methoden anwendet, geeignete Maßnahmen zu treffen in Anpassung an die Lage, die durch die Ungesetzmäßigkeit des Feindes geschaffen worden ist. ... Wenn die Notwendigkeit, den Krieg zu gewinnen, sie jetzt zwingt, solche Maßnahmen zu ergreifen, so wird die Weltmeinung nicht zögern, die Zwangslage, aus der heraus sie handeln mußten, und die Gründe ihrer Aktion sogleich zu verstehen. ...“

Als die deutschen Truppen am 9. 4. 1940 mit der Besetzung Norwegens und Dänemarks begannen, erklärte die deutsche Regierung zur Rechtfertigung ihrer Aktion u. a. folgendes: ,,In dieser entscheidenden Phase des dem deutschen Volke von England und Frankreich aufgezwungenen Existenzkampfes kann die Reichsregierung aber unter keinen Umständen dulden, daß Skandinavien von den Westmächten zum Kriegsschauplatz gemacht ... wird.“[74] Das Urteil des Nürnberger Militärgerichtshofs vom 1. 10. 1946 lehnte es unter ausdrücklicher Berufung auf den Caroline-Fall ab, in den deutschen Aktionen präventive Verteidigungsmaßnahmen zu sehen, und erklärte sie als Angriffskriegshandlungen.[75]

Als am 3. 7. 1940, also nach Abschluß des französisch-deutschen Waffenstillstands, der Befehlshaber der französischen Flotte in Oran es ablehnte, der englischen Forderung auf Übergabe oder Selbstversenkung nachzugeben, wurde die französische Flotte von den Engländern angegriffen und zum größten Teil ver-

[72] Siehe Oppenheim aaO I S. 302.
[73] Monatshefte für Auswärtige Politik, 1940, S. 344.
[74] Monatshefte für Auswärtige Politik, 1940, S. 349.
[75] Amtliche Veröffentlichung in deutscher Sprache, 1947, I, S. 232f.

senkt. Oppenheim[76] glaubt feststellen zu können, daß dies den strengen juristischen Anforderungen, die an einen Akt der Selbsterhaltung zu stellen seien, entspreche.

Am 2. 9. 1940, also lange vor ihrem Eintritt in den Krieg, schloß die amerikanische Regierung entgegen ihren Neutralitätsverpflichtungen[77] ein Abkommen mit Großbritannien über den Tausch von Zerstörern gegen Stützpunkte. Zur Rechtfertigung erklärte der Präsident der USA in seiner Botschaft an den Kongreß vom 3. 9. 1940: „Preparation for defense is an inalienable prerogative of a sovereign state. Under present circumstances this exercise of sovereign right is essential to the maintenance of our peace and safety ... considerations of safety from overseas attack were fundamental".

Im Oktober 1962 verhängte der Präsident der USA eine notfalls mit Gewalt zu erzwingende „Quarantäne" gegen die Einfuhr gewisser Kategorien von Waffen nach Cuba und berief sich zur Rechtfertigung auf die Gefährdung „des Friedens der Welt und der Sicherheit der USA und aller amerikanischer Staaten" durch die „Errichtung einer offensiven militärischen Schlagkraft in Cuba durch die chinesisch-sowjetischen Mächte" (siehe die Proklamation vom 23. 10. 1962, abgedruckt in AJIL 1963 S. 512, sowie die pro- und contra-Aufsätze in AJIL 1963 S. 515–565). Anfang 1975 erklärte der Präsident der USA Ford angesichts einer etwa künftig durch eine totale Ölsperre eintretenden „Strangulation" der industrialisierten Welt: „Wenn ein Land erwürgt wird, ... hat das Land das Recht, sich gegen den Tod zu schützen."

Wie aus diesen Beispielen ersichtlich ist, wurde das Recht der Selbsterhaltung z. T. für verschiedene prima-facie mit dem Völkerrecht unvereinbare Aktionen als Rechtfertigungsgrund angerufen, wobei, wie das auch auf anderen Gebieten in der diplomatischen Praxis weit verbreitet ist, die gleichen Akte, die ein Staat, wenn von ihm selbst vorgenommen, als auf dem Recht der Selbsterhaltung beruhend ansieht, als Angriffsakte verurteilt werden, wenn sie vom Gegner ausgehen. Die Staatenpraxis kann uns also keinen ausreichenden Maßstab zur Herausarbeitung der Merkmale des Selbsterhaltungsrechts liefern.

Die Völkerrechtslehre ist sich völlig einig darüber, daß nur solche Akte der Gewalt, die Selbstverteidigung und Notrecht sind, heute noch durch das Recht der Selbsterhaltung gerechtfertigt werden; dies wird auch ausdrücklich in Artikel 51 der Charter der UN gesagt. Wann aber liegt Selbstverteidigung vor?

Diese Frage kann in Ausführlichkeit erst an ihrem systematischen Ort, nämlich bei der Frage der Legalität des Krieges,[78] behandelt werden. Hier kann nur in Kürze folgendes festgestellt werden:

Verteidigung ist die Abwehr eines gegenwärtigen oder unmittelbar drohenden

[76] aaO I S. 303.
[77] Siehe die Neutralitätsproklamation vom 5. 9. 1939.
[78] Siehe Band II, 2. Kapitel.

Angriffs. Eine einigermaßen befriedigende Definition des Angriffs ist in den UN nach jahrzehntelangen Bemühungen erst 1974 gelungen, als die Generalversammlung feststellte: „Angriff ist der Gebrauch bewaffneter Gewalt durch einen Staat gegen die Souveränität, territoriale Integrität oder politische Unabhängigkeit irgendeines Staates usw.".[79] Aber nach wie vor bleiben die Grenzfälle im Dunkeln, insbesondere diejenigen, die durch die Versuche, das Selbstverteidigungsrecht räumlich und zeitlich auszuweiten, Komplikationen schaffen.

Zunächst kann eine Ausweitung des Begriffs der Selbstverteidigung dadurch erfolgen, daß ein Staat ausdrücklich erklärt, auch bei einem Angriff auf andere Gebiete als sein eigenes Staatsgebiet von dem Recht der Selbsterhaltung und damit der Selbstverteidigung Gebrauch machen zu wollen. So hat Großbritannien vor der endgültigen Annahme des Kriegsächtungspaktes von 1928 in einer Note vom 19. 5. 1928[80] erklärt, es gebe „gewisse Gebiete in der Welt, deren Wohlfahrt und Integrität ein spezielles und lebenswichtiges Interesse" für den Frieden und die Sicherheit Großbritanniens darstelle, und deren Schutz gegen einen Angriff als eine Maßnahme der Selbstverteidigung betrachtet werden müsse. Ebenso liegt eine Ausweitung des Begriffs der Selbstverteidigung auf die ganze westliche Hemisphäre in demjenigen Teil der Erklärung des Präsidenten Monroe vom 2. 12. 1823, in dem es heißt: „... daß wir jeden Versuch ihrerseits, ihr System auf irgendeinen Teil dieser Halbkugel auszudehnen, als gefährlich für unseren Frieden und unsere Sicherheit betrachten würden". Ein entsprechender Gedanke wird nunmehr in Artikel 5 (f) der Charter der Organisation der Amerikanischen Staaten vom 30. 4. 1948 ausgesprochen, in dem es heißt: „Ein Angriffsakt gegen einen amerikanischen Staat ist ein Angriffsakt gegen alle anderen amerikanischen Staaten." Eine ähnliche Ausweitung ist in einem Satz des Artikels 4 des Vertrags vom 26. 5. 1952 zwischen der Bundesrepublik Deutschland einerseits, den USA, Großbritannien und Frankreich andererseits zu erblicken, wo es heißt: „Die Aufgabe dieser Streitkräfte wird die Verteidigung der freien Welt sein, zu der die Bundesrepublik und Berlin gehören." Die sozialistische Völkerrechtstheorie und -praxis betrachtet als eines der sozialistischen Völkerrechtsprinzipien die „Pflicht der sozialistischen Staaten zum gemeinsamen Schutz der Sicherheit der sozialistischen Souveränität, der sozialistischen Errungenschaften und der Unabhängigkeit jedes einzelnen und aller sozialistischen Länder und zur gemeinsamen Abwehr jeglicher direkter oder indirekter imperialistischer Aggressions- oder Interventionsakte".[81] Der ganze Begriff der *kollektiven* Selbstverteidigung im Sinne von Artikel 51 der Charter der UN gehört hierher.

Eine noch wichtigere und zugleich wegen ihrer Unbestimmtheit recht gefährliche Ausweitung des Begriffs der Selbstverteidigung liegt in der Einbeziehung der

[79] Siehe AJIL 1975 S. 480.
[80] Cmd. 2109 und 3153.
[81] Siehe DDR-Lehrbuch I S. 196.

Abwehr erst künftiger Angriffe. Eine klassische Formulierung hat der amerikanische Staatssekretär Elihu Root 1914[82] dieser Ausweitung gegeben als dem „Recht jedes souveränen Staates, sich zu schützen, indem er einer Situation zuvorkommt, in der es zu spät sein wird, sich zu schützen". Das ist nichts anderes als die Rechtfertigung des Präventivkriegs.[83] Fast alle wirklichen Probleme konzentrieren sich auf die Frage, wann ein erst *bevorstehender* Angriff das Recht zur Selbstverteidigung gibt. Eine annähernde Begrenzung gibt die oben erwähnte Caroline-Formel ab, wonach die Notwendigkeit der Selbstverteidigung eine sofortige und überwältigende sein muß, die keine Wahl der Mittel und keinen Augenblick der Überlegung läßt. Vor allem aber ist zu beachten, daß das Recht der präventiven Selbstverteidigung nur ein Ausfluß des Rechts der Selbsterhaltung ist, so daß jedes hinter der Selbsterhaltung zurückbleibende Interesse *keine* Rechtfertigung für einen präventiven Gewaltakt gibt. So kann insbesondere während eines Krieges ein bloß strategischer Notstand – im Gegensatz zum echten Staatsnotstand, bei dem es um die Existenz des Staates selbst geht – keine Grundlage für eine Verletzung neutraler Rechte bieten. Im modernen totalen Krieg ist aber auch hier die Grenze schwer zu ziehen, da Sieg oft identisch mit Selbsterhaltung sein dürfte – siehe die oben zitierte britisch-französische Erklärung über die Minensperre in norwegischen Küstengewässern vom 8. 4. 1940 – ein strategischer Notstand aber für die Erreichung des Sieges von entscheidender Bedeutung sein kann.

Eine besondere Form der präventiven Gewaltanwendung ist ihre Anwendung zur Aufrechterhaltung des Gleichgewichts.[84]

Vattel[85] definiert das Gleichgewicht als eine Ordnung der Dinge, so, daß kein Staat in der Lage sein soll, absolute Überlegenheit zu haben und über andere zu herrschen. Der anonym 1741 erschienene „Europe's Catechism" definiert es als „an equal distribution of Power among the Princes of Europe as makes it impracticable for the one to disturb the repose of the other". Gentz[86] verstand darunter das Prinzip, daß niemals eines der Mitglieder des europäischen Staatenverbands so mächtig werden dürfe, daß die Gesamtheit der übrigen es nicht zu bezwingen vermöchte. Gegenüber den deutschen Einigungsbestrebungen des 19. Jahrhunderts erklärte Thiers, die Einigung Deutschlands würde den Umsturz des europäischen Gleichgewichts bedeuten und dürfe deshalb nicht konzediert werden: „pour l'Europe le chaos, pour la France le troisième rang". Der Hauptvertreter der These vom Gleichgewicht war aber seit Jahrhunderten England. Eine klassische Formulierung seiner Gleichgewichtsauffassung findet sich im Memorandum des späteren Unterstaatssekretärs im britischen Auswärtigen Amt, Sir Eyre Crowe, vom 1. 1.

---

[82] Siehe AJIL, Bd. 8, 1914, S. 427.

[83] Siehe alle Einzelheiten unten Bd. II S. 11f.

[84] Alle Einzelheiten siehe unten Bd. III § 23 III.

[85] Le Droit des Gens, 1758.

[86] Fragmente aus der neuesten Geschichte des politischen Gleichgewichts in Europa, 1806.

1907,[87] in dem es u. a. heißt: „Die Geschichte lehrt, daß die Gefahr, die die Unabhängigkeit dieser oder jener Nation bedroht, sich gewöhnlich, zum mindesten teilweise, aus dem augenblicklichen Übergewicht eines zugleich militärisch kraftvollen, wirtschaftlich leistungsfähigen und von dem ehrgeizigen Streben nach Erweiterung seiner Grenzen oder Ausdehnung seines Einflusses beseelten Nachbarstaates ergeben hat, wobei die Gefahr direkt im Verhältnis zum Grade seiner Macht und Leistungsfähigkeit sowie zur Spontaneität oder ‚Unvermeidlichkeit' seiner Bestrebungen stand. Das einzige Mittel, um dem Mißbrauch eines aus einer solchen Lage gewonnenen politischen Übergewichts entgegenzuwirken, hat immer in der Gegnerschaft eines ebenso furchtbaren Rivalen oder einer Verbindung mehrerer Länder bestanden, die Verteidigungsligen bildeten. Das durch eine derartige Kräftegruppierung hergestellte Gleichgewicht ist technisch als das Gleichgewicht der Macht bekannt, und es ist fast ein historischer Gemeinplatz geworden, Englands hundertjährige Politik mit der Aufrechterhaltung dieses Gleichgewichts zu identifizieren, die es dadurch bewirkte, daß es sein Gewicht bald in diese, bald in jene Waagschale warf, aber stets jeweils auf der der politischen Diktatur des stärksten Einzelstaats oder Verbandes entgegengesetzten Seite. Wenn diese britische Politik richtig ist, nimmt die Gegnerschaft, in die England unvermeidlich gegen jedes eine solche Diktatur anstrebende Land getrieben werden muß, fast die Form eines Naturgesetzes an. ..."

Die Versuche, Gewaltanwendung zur Aufrechterhaltung des Gleichgewichts als völkerrechtlich legitime präventive Selbstverteidigung, als Ausfluß des Rechts der Selbsterhaltung zu erklären, sind aber völkerrechtlich nicht begründet. Niemand hat deutlicher und eindringlicher vor der Unzulässigkeit der präventiven Gewaltanwendung, sei es zur Aufrechterhaltung des Gleichgewichts, d. h. des gegenwärtigen Machtstandes, sei es ganz allgemein, gewarnt, als Grotius. Er zitiert[88] zustimmend Livius,[89] Dio[90] und eine Reihe anderer Autoren und spricht dann selbst[91] von der unerträglichen Lehre einiger Autoren, „daß wir nach Völkerrecht rechtmäßig die Waffen ergreifen können gegen einen Staat, dessen Macht zunimmt und so zunehmen könnte, daß er schaden könnte". Statt dessen empfiehlt er: „So ist eben das menschliche Leben, daß niemals eine völlige Sicherheit besteht. Gegen Furcht vor dem Ungewissen müssen wir Schutz suchen bei der göttlichen Vorsehung und bei defensiven Vorsichtsmaßnahmen, nicht bei der Gewalt". Im modernsten Völkerrecht, in dem das Prinzip des Gleichgewichts als theoretisch völlig unvereinbar mit der nunmehr herrschenden Auffassung der kollektiven Sicherheit anzusehen ist, sollte an sich keine Möglichkeit solcher Gleichgewichtsprävention mehr denkbar sein; die internationale Lage hat sich aber

[87] British Documents on the Origins of the War 1898–1914, vol. III, S. 397ff.
[88] De jure belli ac pacis, Lib. II Cap. I § 5.
[89] „iniuriam a nobis repulsam, tanquam aut facere aut pati necesse sit, iniungimus aliis".
[90] „infamiam eos non effugere, qui facinus quod timent occupant".
[91] Ebda § 17.

mit der Degeneration der kollektiven Sicherheit in ein Blocksystem antagonistischer Bündnisse unter dem Deckmantel des Artikel 51 der Charter der UN erneut zu einem – diesmal atomaren – Weltgleichgewicht entwickelt, in dem alle Probleme der präventiven Selbstverteidigung neu gestellt sind.[92]

Aber nicht nur Akte der Gewalt im Gewand der Selbstverteidigung werden unter Berufung auf das Recht der Selbsterhaltung vorgenommen. Die allgemeine Lehre vom Staatsnotstand beruht auf der Auffassung, daß eine einseitige Loslösung von einem Vertrag oder einer sonstigen Bindung oder doch der Anspruch auf Befreiung von einem Vertrag durch Richterspruch dann gerechtfertigt sei, wenn die Fortdauer des Vertrags usw. die Existenz oder die Lebensinteressen eines der Vertragspartner gefährden würde, sie ist also im wesentlichen auf das Recht der Selbsterhaltung gestützt. Dieses Problem wird in seinem systematischen Zusammenhang bei der Vertragslehre behandelt werden.[93]

Ebenso gehört in einen anderen Zusammenhang, nämlich den des Kriegsrechts,[94] die Frage, inwieweit das Recht der Selbsterhaltung von der Einhaltung der die militärische Führung beschränkenden Kriegsrechtsregeln befreit; im allgemeinen ist anzunehmen, daß militärische Notwendigkeit, also die Ausnutzung strategischer und taktischer Chancen zur Erringung des Sieges, nicht von der Einhaltung des Kriegsrechts, sondern nur von der Einhaltung der noch nicht zu Recht verdichteten Kriegsbräuche befreit („Kriegsraison geht vor Kriegsmanier" hat diesen Sinn; abzulehnen dagegen ist in diesem Zusammenhang der Satz: „Not kennt kein Gebot").

Nicht dem geltenden Recht entsprechend, obwohl ein interessanter Fingerzeig für eine eventuell mögliche Weiterentwicklung des Völkerrechts, ist die These von Oppenheim,[95] daß die Weigerung eines Staates, die Frage der Berechtigtheit einer auf das Recht der Selbsterhaltung gegründeten Aktion der Entscheidung einer internationalen Instanz zu unterwerfen, prima-facie-Beweis für eine Verletzung des Völkerrechts unter dem Deckmantel eines Aktes der Selbsterhaltung sei. Das geltende Recht ist viel bescheidener. In Fällen des Gebrauchmachens von dem „unveräußerlichen Recht auf individuelle oder kollektive Selbstverteidigung" soll

[92] Man vergleiche z. B. gewisse Gedankengänge des US-Memorandums Nr. 3 (Dept. of State Publ. 2702): „Ein bewaffneter Angriff ist heute etwas völlig anderes als vor der Entstehung von Atomwaffen. Es würde daher unter den gegenwärtigen Bedingungen wichtig und angemessen erscheinen, daß der Vertrag ‚bewaffneten Angriff' in einer den Atomwaffen entsprechenden Weise definiert und in der Definition nicht einfach den tatsächlichen Abwurf einer Atombombe einschließt, sondern auch gewisse Schritte, die an sich einem solchen Abwurf vorausgehen", mit gewissen Erklärungen des englischen Feldmarschalls Montgomery aus dem Jahre 1955, zitiert nach Blühdorn aaO S. 143: „Im nächsten Kriege wird es möglich sein, den Feind in den ersten Stunden mit einer größeren Explosionsenergie anzugreifen, als sie in der gesamten Kriegsgeschichte angewendet worden ist. Entscheidende Operationen werden sofort ausgeführt werden und einige können in kürzester Zeit beendet sein. ... Der Sieg wird jener Partei zufallen, die die Initiative ergriffen haben wird."

[93] Siehe unten § 70 IV f.

[94] Siehe Bd. II, § 16.

[95] aaO I S. 299.

nach der ausdrücklichen Bestimmung des Artikel 51 der Charter der UN ,,keine Bestimmung der vorliegenden Satzung" dieses Recht beeinträchtigen, solange der Sicherheitsrat nicht selbst die notwendigen Maßnahmen getroffen hat. Die Charter sieht in solchen extremen Fällen nicht eine Unterwerfungspflicht unter eine vorgängige Entscheidung, sondern nur eine sofortige Mitteilungspflicht an den Sicherheitsrat vor.

II. Die ideelle Selbstbehauptung (Das Recht auf Ehre)

Das Recht der ideellen Selbstbehauptung ist einer materialistischen Zeit und Wissenschaft weitgehend unverständlich geworden, so daß eine Reihe von Lehrbüchern es überhaupt nicht erwähnen, andere einen gewissen Hinweis darauf durch die Schilderung reiner Formalien, wie Titel, Zeremoniell usw. geben. Es handelt sich aber bei diesem Recht um einen wesentlichen Aspekt des allgemeinen Rechts der Selbstbehauptung, ja Selbsterhaltung, das vor allem in dem Recht auf Achtung und dem Recht auf Wahrheit gipfelt.

Es ist richtig, daß im Laufe der geschichtlichen Entwicklung die Idee der Ehre oft in eine falsche Vorstellung des Prestiges übersteigert worden ist; aber solche falsche Überschätzung des richtigen Kerns der Idee der Ehre darf uns nicht zu ihrer Unterschätzung verleiten, die verhängnisvolle Folgen haben könnte, da die Verletzung der Ehre der Nation ein schweres internationales Trauma schafft. So sind die zahlreichen Verletzungen der Ehre des deutschen Volkes, die im Versailler Vertrag ausgesprochen sind,[96] mehr noch als die materiellen Belastungen des Friedensvertrags dafür verantwortlich, daß ein übersteigerter Nationalismus weite Teile des deutschen Volkes ergriff, das mit der Ehre ,,das lebendige Element, das den Menschen zu einem denkenden und fühlenden Wesen macht",[97] verlor, womit unsägliches Unglück über Deutschland und die Welt kam.[98] Die Ausführungen, die Vattel zu diesem Problem gemacht hat,[99] verdienen noch heute

[96] Z. B. sollen nach Art. 22 die Deutschland weggenommenen Kolonien ,,fortgeschrittenen Nationen" anvertraut werden; Auslieferungspflicht Deutscher an die Alliierten gem. Art. 228 entgegen den althergekommenen Bestimmungen des deutschen Rechts – § 9 Strafgesetzbuch von 1871, Art. 112 Weimarer Verfassung; Schuldbekenntnis des Artikels 231; vergleiche den leidenschaftlichen Appell des sozialdemokratischen Reichskanzlers Bauer an Clémenceau vom 22. 6. 1919, abgedruckt bei Berber, Versailles, I, S. 81ff.: ,,Ebensowenig kann es ein Deutscher mit seiner Würde und Ehre vereinbaren, die Artikel 227–230 anzunehmen und auszuführen ..."

[97] Siehe Grönbech, Kultur und Religion der Germanen, deutsche Übersetzung 1937, I S. 133.

[98] Siehe Max Weber in Frankfurter Zeitung vom 22. 3. 1919: ,,Saarbrücken, Bozen, Reichenberg, Danzig und andere Orte in die Hände von Fremdvölkern gespielt, deutsche Flüsse oder Kanäle durch eine sogenannte Neutralisierung unserer Verfügung entzogen, Fronknechtschaft und Pfandbesitz für Ansprüche aus Schulden, welche die Folgen des Krieges rein als solchen sind – das alles würde selbstverständlich dazu führen, daß auch der politisch radikalste Arbeiter Deutschlands – nicht jetzt, wohl aber nach Jahr und Tag, wenn der jetzige Taumel und die Folgen der Ermattung vorüber sind – zum Chauvinisten würde und daß er gemeinsam mit den Intellektuellen – Schichten der Nation sich auf jene revolutionären Mittel der Selbstbestimmung besinnen müßte, wie sie jede Irredenta gebraucht hat. ..." Siehe auch das Wort Schillers aus der Jungfrau von Orleans: ,,Nichtswürdig ist die Nation, die nicht ihr alles freudig setzt an ihre Ehre."

[99] aaO Buch I, Kap. XV.

Aufmerksamkeit: „Es ist also von großem Vorteil für eine Nation, ihren guten Ruf und Ruhm zu wahren; dies wird daher eine der wichtigsten Pflichten, die sie sich selbst schuldet. Wahrer Ruhm besteht in der günstigen Meinung von Männern von Weisheit und Unterscheidungsgabe; er wird erworben durch die Tugenden oder guten Eigenschaften des Kopfes und Herzens und durch große Taten, die die Früchte dieser Tugenden sind."

Die alte Definition von T. D. Woolsey:[100] „Every nation has a right of reputation, every other therefore is bound to abstain from deeds and words which are calculated to wound its sense of character or to injure its good name, or that of its sovereign, before the world", gibt die entscheidenden Merkmale des Begriffs des Rechts auf Ehre im allgemeinen zutreffend wieder, wenngleich der Begriff heute stark abgewandelt ist, da einerseits Erwägungen bloßen Prestiges oder Ruhms, erst recht nationaler Eitelkeit und Überempfindlichkeit mit Recht überaus stark abgewertet sind, andererseits ganz neue Pflichten aus ihm abzulesen sind.

Er umfaßt demnach heute:

a) das Recht auf Ehre, das nach wie vor den Kern dieses Rechtsprinzips bildet;

b) die daraus folgende Pflicht, das Recht auf Ehre jedes anderen Staates zu achten;

c) als neues Merkmal die Pflicht, sich des Rechts auf Ehre durch ehrenhaftes Betragen würdig zu erweisen.

Die bloße Tatsache, Staat zu sein, genügt also nach dem schärfer gewordenen Maßstab internationaler Moral, der bereits auch das Recht ergriffen hat, nicht mehr, wie das früher der Fall war, zur vollen Inanspruchnahme dieses Rechts; das Recht auf Ehre wird einem Staat, der das oben (c) genannte Merkmal grob verletzt, zwar nicht in vollem Umfang, aber doch in gewissem Grade versagt.[101] Diese Pflicht zum ehrenhaften Verhalten des Staates ist für seine internationalen Beziehungen ausdrücklich in der Präambel zur Völkerbundssatzung genannt.[102] Sie gilt aber auch für das sonstige Verhalten des Staates, insbesondere in bezug auf die Beachtung der Menschenrechte. Das ist ausdrücklich gesagt in Artikel 6 des UN-Entwurfs einer Erklärung über die Rechte und Pflichten der Staaten,[103] wie in der UN-Deklaration von 1970.

[100] Introduction to the Study of International Law, 6. Aufl. 1891, § 83.

[101] Siehe die Mitteilung des US State Department vom 1. 8. 1935 an den deutschen Geschäftsträger auf dessen Beschwerde, nachdem über die Judenverfolgung in Deutschland erregte Demonstranten im Hafen von New York die Hakenkreuzflagge von der „Bremen" heruntergerissen hatten (Hackworth aaO II S. 128): es sei „ein Mißgeschick, daß trotz der ehrlichen Bemühungen der Polizei, jede Unordnung zu verhüten, das deutsche nationale Symbol während der Unruhen nicht jene Achtung erhalten hat, auf die es Anspruch hat"; der ganze Ton des Schreibens stellt eine aus den beschämenden Verhältnissen in Deutschland gefolgerte geminderte Achtungserweisung dar.

[102] „In aller Öffentlichkeit auf Gerechtigkeit und Ehre gegründete internationale Beziehungen zu unterhalten."

[103] GAOR IV, Supp. 10 (A/925), S. 7; s. ebda Art. 7: „Jeder Staat hat die Pflicht, dafür zu sorgen, daß die in seinem Gebiet bestehenden Bedingungen nicht den internationalen Frieden und die internationale Ordnung bedrohen". Und s. schon Vattel aaO § 186: „Er (sc. der Souverän) soll in allen seinen

Das Recht auf Ehre enthält in erster Linie den Anspruch des Staates, von jedem anderen Staat mit der Achtung behandelt zu werden, die einem gleichberechtigten Mitglied der Völkerrechtsgemeinschaft, das seine internationalen Verpflichtungen gewissenhaft erfüllt und in seinem Innern den internationalen Minimumstandard an Recht und Menschlichkeit einhält, zukommt. Hier berührt sich also das Grundrecht der Ehre mit dem demnächst darzustellenden Grundrecht der Gleichheit. Diese Achtung verbietet die Beleidigung oder Verleumdung des Staates und seiner repräsentativen Organe (z. B. Staatshaupt, Diplomaten), Einrichtungen, Symbole (z. B. Flaggen, Hoheitszeichen) und kulturellen Werte,[104] sei es durch den Staat selbst, sei es durch dessen Organe und Beamte. Es ist dagegen zweifelhaft, inwieweit der Staat verpflichtet ist, die gleichen Grundsätze auch auf die seiner Kompetenz unterliegenden Privatpersonen zu erstrecken, insbesondere wenn deren Achtungsverletzungen in Wort und Schrift, nicht in Taten, erfolgen und sich auf das Recht der freien Meinungsäußerung berufen können, das auch international als Menschenrecht anerkannt ist.[105] Das geltende deutsche Strafrecht, insbesondere § 80a (Kriegshetze) und §§ 102ff. (Handlungen gegen ausländische Staaten) des Strafgesetzbuchs, muß aber als der Vorschrift des Artikels 26 Absatz 1 des Grundgesetzes, wonach „Handlungen, die geeignet sind und in der Absicht vorgenommen werden, das friedliche Zusammenleben der Völker zu stören" – ein Tatbestand, den die durch Presse oder Rundfunk erfolgende Ehrverletzung eines fremden Staates sehr wohl erfüllen kann – verfassungswidrig und unter Strafe zu stellen sind, nicht voll entsprechend angesehen werden.[106] In diesen Zusammen-

Handlungen Gerechtigkeit, Mäßigung und Seelengröße zeigen, und so wird er für sich selbst und sein Volk einen von der Welt geachteten Namen erwerben, der nicht weniger nützlich als ehrenvoll ist. ... es gibt eine Würde und Ehrenhaftigkeit, die speziell dem höchsten Rang zustehen, und die ein Souverän mit der größten Sorgfalt beachten sollte. Er kann sie nicht vernachlässigen, ohne sich selbst herabzuwürdigen und einen Flecken auf den Staat zu werfen. Alles, was vom Throne ausgeht, sollte den Charakter der Reinheit, des Edelsinns und der Größe tragen."

[104] Vgl. Smend, Verfassung und Verfassungsrecht, 1928, S. 49: „Vor allem der Gegensatz zu anderen Staaten läßt plötzlich Wert und Würde des eigenen und die persönliche Einbezogenheit in den eigenen erleben, wobei unter Umständen das repräsentative Moment der Wesensfülle des Staats improvisiert werden kann: der Staat kann ‚seine Ehre und Unendlichkeit in jede seiner Einzelheiten legen' und sich in ihr mit der Wirkung verletzt finden, daß auch seine Angehörigen dies Erlebnis als eigenes teilen".

[105] Siehe z. B. Art. 10 der europäischen Menschenrechtskonvention vom 4. 11. 1950, BGBl. II, S. 685, 953; s. zu diesem Problem, dessen Einzelheiten in der Lehre von der Staatenhaftung zu behandeln sind – s. unten Bd. III Kapitel 1 – insbesondere auch Oppenheim aaO I S. 283f.; vgl. auch die Ablehnung des Planes einer Lex Soraya durch die deutsche Presse 1958; s. ferner L. Preuss, International Responsibility for Hostile Propaganda against Foreign States, AJIL 1934 S. 649ff.; Whiteman aaO V (1965) S. 257ff.

[106] Siehe dagegen bei Oppenheim aaO I S. 283, Fußnote 1, Hinweise auf weitergehende Bestimmungen des kanadischen, indischen und englischen Rechts; über die dahinter zurückbleibende Praxis der USA, die sich gegenüber internationalen Beschwerden auf ihre eigene Verfassung zu berufen pflegen, trotz Art. 23 des obenerwähnten UN-Entwurfs über die Rechte und Pflichten der Staaten („... er kann nicht Bestimmungen seiner Gesetze als eine Entschuldigung für die Unterlassung dieser Pflichterfüllung anrufen"), s. Hackworth aaO II S. 140ff.; vgl. auch den in diesem Zusammenhang von Oppenheim aaO I S. 283, Fußnote 1, gemachten Hinweis auf Punkt 15 des deutschen Vorschlags vom 31. 3.

hang gehört auch die Genfer Konvention vom 23. 9. 1936 über den Gebrauch des Rundfunks für die Sache des Friedens,[107] die Resolution 110 (II) der Generalversammlung der UN über Propaganda vom 3. 11. 1947 wie von 1950 über „Verurteilung von Propaganda gegen den Frieden", sowie zahlreiche bilaterale Verträge (z. B. zwischen Frankreich und Rußland 1801 – Martens VII 386 – oder zwischen Indien und Pakistan 1948 – UN-Doc. E/CN 4/Sub 1/105 S. 29).

Von Interesse ist in diesem Zusammenhang auch eine Entscheidung des Reichspatentamtes von 1936, in der festgestellt wird, es bestehe eine völkerrechtliche Regel, nach welcher Abbildungen von Staatsoberhäuptern nicht für Handelszwecke benützt werden dürfen.[108] Dagegen ist fraglich, ob die Regel, daß Staaten im Staatenverkehr auf dem Gebrauch ihres offiziellen Namens bestehen könne, auf Völkerrecht oder lediglich auf Courtoisie beruht, siehe Whiteman aaO Bd. V S. 170.

Das Recht auf Ehre umfaßt auch das Recht auf Wahrheit: ein Staat darf unwahre Behauptungen in bezug auf einen anderen Staat nicht machen, er kann solche in bezug auf ihn selbst gemachte Behauptungen eines anderen Staates als Ehrverletzung behandeln. Eine im Jahre 1949 von der Generalversammlung der UN gebilligte Konvention über die internationale Nachrichtenübermittlung und das Recht auf Berichtigung[109] sieht ein Berichtigungsrecht eines Staates gegenüber im Ausland erschienenen Nachrichtenveröffentlichungen vor, die nach Ansicht dieses Staates entweder falsch und entstellt oder geeignet sind, seine Beziehungen zu anderen Staaten oder sein nationales Prestige oder seine Würde zu schädigen.[110]

Das Recht auf Wahrheit bzw. die Pflicht zur Wahrheit hat auch zur Folge, daß Erklärungen von Staaten bis zum Beweis des Gegenteils als wahr unterstellt werden. Eng mit dem allgemeinen Recht der Ehre hängt es zusammen, daß die

1936, abgedruckt bei Berber, Locarno, S. 379ff., wonach sich Deutschland und Frankreich verpflichten, „darauf hinzuwirken, daß in der Erziehung der Jugend der beiden Nationen sowohl als auch in öffentlichen Publikationen alles vermieden wird, was als Herabsetzung, Verächtlichmachung oder unpassende Einmischung in die inneren Angelegenheiten der anderen Seite geeignet sein könnte, die Einstellung der beiden Völker gegeneinander zu vergiften"; s. ferner die Deklaration (der Völkerbundsversammlung) über den Geschichtsunterricht (Revision der Schulbücher) vom Oktober 1937, die von einer beträchtlichen Zahl von Staaten unterzeichnet wurde; s. Hudson, International Legislation, 1931–1941, Bd. VII, S. 850. Siehe auch die Präambel der Satzung der Unesco vom 16. 11. 1945 (abgedruckt bei Berber, Völkerrecht-Dokumente S. 120), das Europ. Kulturabkommen vom 19. 12. 1954 (abgedruckt ebda. S. 1330), sowie zahlreiche bilaterale Kulturabkommen (z. B. Art. 13 des deutsch-französischen Kulturabkommens vom 23. 10. 1954 (BGBl. 1955 II S. 885), Art. 8 des deutsch-spanischen Kulturabkommens vom 10. 12. 1954 (BGBl. 1956 II S. 558).

[107] Siehe G. B. Krause, Der Rundfunkfriedenspakt von 1936, in Jahrbuch für internationales Recht, Bd. 9, S. 33ff.

[108] Annual Digest 1935–37, Nr. 10.

[109] GA, 3rd Sess., Part. II, Off. Recds., 1949, S. 21ff., bisher nicht in Kraft.

[110] Siehe John B. Whitton, The UN Conference on Freedom of Information and the Movement against international Propaganda, in: AJIL 1949, S. 73ff.; ders., An International Right of Reply, in: AJIL 1950, S. 141ff.; s. über feindselige Radiopropaganda: Fenwick, The Use of Radio as an Instrument of Foreign Propaganda, AJIL 1938, S. 341; John B. Whitton, Radio Propaganda – a modest Proposal, in: AJIL 1958, S. 739; Martin, International Propaganda 1958.

Einhaltung von Treu und Glauben zwischen Staaten, nicht dagegen ein Rechtsmißbrauch präsumiert wird (siehe auch Prinzip X der KSZE von 1975).[111]

Wegen der – heute veralteten – sog. Ehrenklausel in Schiedsgerichtsverträgen wird auf die Darstellung der Schiedsgerichtsbarkeit verwiesen.[112]

Die Probleme des Ehrenwortes und der Ritterlichkeit werden im Kriegsrecht[113] behandelt werden, die Probleme des Zeremoniells und der Titel im Diplomatenrecht.[114]

Staaten sind lange Zeit überaus empfindlich gegen die Verletzung ihrer Ehre gewesen und haben oft überaus scharf gegen sie reagiert.

So verhafteten mexikanische Truppen am 19. 4. 1914 in Tampico einen Zahlmeister und sieben Mann eines amerikanischen Kriegsschiffs, die an einer verbotenen Stelle an Land gegangen waren,[115] ließen sie durch einige Straßen marschieren und setzten sie dann wieder in Freiheit. Der Stadtkommandant von Tampico wie die mexikanische Regierung gaben eine Entschuldigungserklärung ab, weigerten sich aber, der Forderung des US-Admirals auf Grüßen der amerikanischen Flagge nachzukommen. Am 21. 4. 1914 bombardierten darauf die amerikanischen Streitkräfte auf ausdrücklichen Befehl des Präsidenten Wilson und mit Ermächtigung durch den Kongreß die Stadt Veracruz, wobei mehrere Hundert Mexikaner getötet wurden, besetzten die Stadt und errichteten dort am 2. 5. 1914 eine Militärregierung; erst am 23. 11. 1914 räumten die USA-Streitkräfte den Hafen von Veracruz.

Nachdem im Jahre 1923 ein mit der Grenzfestsetzung zwischen Griechenland und Albanien beauftragter italienischer Offizier und seine Begleiter auf griechischem Gebiet durch unbekannte Personen überfallen und getötet worden waren, stellte Italien ein Ultimatum an Griechenland,[116] das neben Entschädigungsforderungen auch eine Reihe von Forderungen zur Wiederherstellung der gekränkten italienischen Ehre enthielt.[117] Als die griechische Regierung binnen der gestellten Frist von 24 Stunden nicht sämtliche dieser Forderungen annahm, bombardierten und besetzten die Italiener die griechische Insel Korfu.[118]

Solchen in der Vergangenheit bei der Ahndung von Ehrverletzungen oft begangenen Übertreibungen der Ahndungsmittel ist nunmehr ein wirksamer Riegel

---

[111] Nachweise s. bei Bin Cheng, General Principles of Law, S. 305; s. darüber auch Heffter aaO § 32 III.

[112] Siehe unten Bd. III, § 8 C.

[113] Siehe Bd. III, § 30 II 2.

[114] Siehe unten § 39, § 41 XI.

[115] Siehe Edmunds, Das Völkerrecht – ein Pseudorecht, 1933 (Übers. von: The Lawless Law of Nations, 1925), S. 119.

[116] Inhaltlich abgedruckt bei Ross aaO S. 269.

[117] und große Ähnlichkeit mit dem Ultimatum Österreich-Ungarns an Serbien vom Juli 1914 aufwies.

[118] Hackworth aaO VI S. 155.

vorgeschoben durch das in Artikel 2 Nr. 4 der Charter der UN enthaltene Verbot der Androhung und Anwendung spezifischer Gewalt.

Die üblichen Forderungen auf Wiedergutmachung des immateriellen Schadens im Falle einer Ehrverletzung umfassen der Regel nach: eine Entschuldigung (oft in feierlicher Form, Entsendung von Sondergesandten), Ehrenerweisungen gegenüber dem beleidigten Staat (Grüßen der Flagge, Parade, Errichten eines Denksteins, Resolutionen des Parlaments, Regierungspublikationen), Bestrafung (auch disziplinarische) des Schuldigen mit Bekanntmachung des Urteils, vorbeugende Maßnahmen zur Verhinderung von Wiederholung (evtl. Gesetzesänderungen), Kontrollmaßnahmen des verletzten Staats (z. B. Beteiligung an der Untersuchung und am Gerichtsverfahren), Entschädigungszahlung.[119]

§ 25. Das Rechtsprinzip der Gleichheit

Literatur: *Broms,* The Doctrine of Equality of States as applied in International Organisations, 1959; *Dickinson,* The Equality of States in International Law, 1920; *Goebels,* The Equality of States. A Study in the History of Law, 1923; *Huber, Max,* Die Gleichheit der Staaten, in: Rechtswissenschaftliche Beiträge, 1909; *Jänicke,* Der Begriff der Diskriminierung im modernen Völkerrecht, 1940; *Kewenig,* Der Grundsatz der Nichtdiskriminierung usw. 1. Der Begriff der Diskriminierung, 1972; *Kooijmans,* The Doctrine of the Legal Equality of States, 1964; *Leibholz,* Die Gleichheit vor dem Gesetz, 1925; *Padirac,* L'Egalité des Etats et l'Organisation Internationale, 1953; *Rapisardi-Mirabelli,* Il principio dell'uguaglianza giuridica degli Stati, 1920; *Rümelin,* Die Gleichheit vor dem Gesetz, 1928; *Schaumann,* Die Gleichheit der Staaten, 1957; *Schwarz-Liebermann von Wahlendorff,* Mehrheitsentscheid und Stimmenwägung, 1953; *Wellington Koo,* Voting Procedures in International Political Organizations, 1947; *Wolfke,* Great and Small Powers in International Law from 1814 to 1920, 1961.

Die Gleichheit ist ein für alle Teile der Rechtsordnung grundlegendes Prinzip.[120] Sie ist zunächst ein logisches Prinzip, das aus dem abstrakten Rechtssatz selbst folgt: alle sich zukünftig ereignenden gleichen Fälle, die die Wesensmerkmale des abstrakten Rechtssatzes erfüllen, sollen in gleicher Weise diesem Rechtssatz unterstellt sein. Sie ist weiterhin ein ethisches Prinzip, zutreffend symbolisiert durch die Waage, d. h. einen gleicharmigen Doppelhebel, den Waagebalken, an dessen beiden Enden die Waagschalen hängen; die Waage befindet sich dann im *Gleich*gewicht, wenn sich in beiden Schalen Güter, wenn auch verschiedener Art, so doch völlig *gleichen* Gewichts befinden, oder wenn beide Schalen gleichermaßen völlig leer sind (Normalzustand, ,,Richtigkeit" der Waage); die in diesem Symbol die Waage haltende Gerechtigkeit hat verbundene Augen, um damit anzuzeigen, daß es für das Wägen der Gerechtigkeit nur auf die Gleichwertigkeit der Gewichte, nicht auf irgendwelche nicht auf der Waagschale befindliche Eigenschaften der

[119] Siehe Ross aaO S. 268.

[120] Siehe für das Privatrecht z. B.: Hueck, Götz, Der Grundsatz der gleichmäßigen Behandlung im Privatrecht, 1958; für das Verfassungsrecht: Ipsen, H. P., Gleichheit, in: Die Grundrechte, herausgegeben von Neumann, Nipperdey, Scheuner, II, 1954, S. 111ff.

Person ankommt.[121] In diesem Sinne kommt dann Aristoteles[122] zu der Feststellung: ,,Mithin ist das Recht das Gesetzliche und das der Gleichheit Entsprechende, das Unrecht das Ungesetzliche und das der Gleichheit Zuwiderlaufende."[123] Er unterscheidet weiterhin zwischen der ausgleichenden Gerechtigkeit, die die arithmetische Gleichheit zum Inhalt hat, und der austeilenden Gerechtigkeit, die die proportionale Gleichheit zum Inhalt hat: Gleiches muß gleich, Ungleiches ungleich behandelt werden.[124] Hier ist im Ansatz die ganze Problematik des Prinzips der Gleichheit im Völkerrecht enthalten.

Das Prinzip der Gleichheit hat in der Neuzeit seine bedeutsamste Anwendung erfahren im Verfassungsrecht. Vom Naturrecht zunächst theoretisch, dann praktisch-politisch in der französischen wie in der amerikanischen Revolution proklamiert, wird es zum obersten Prinzip des demokratischen Fortschritts, zunächst als antiständische Polemik,[125] dann als rechtsstaatliche Forderung formeller Rechtsgleichheit der Rechtsanwendung, schließlich als Forderung sozialer und ökonomischer Gleichberechtigung. Es ist die Gleichberechtigung des Individuums, um die es im innerstaatlichen Verfassungsrecht geht; es ist die Gleichberechtigung des Individuums, deren Grundgedanken die Völkerrechtstheorie seit dem 18. Jahrhundert auf die Staaten als die Subjekte des Völkerrechts zu übertragen sucht. So sagt Vattel:[126] ,,Da die Menschen von Natur gleich und ihre individuellen Rechte und Pflichten dieselben sind, da sie gleichermaßen von der Natur herkommen, so sind Nationen, die sich aus Menschen zusammensetzen und als so viele im Naturstand zusammenlebende freie Personen anzusehen sind, von Natur gleich und haben kraft Natur die gleichen Pflichten und Rechte. Macht oder Schwäche bewirkt in dieser Beziehung keinen Unterschied. Ein Zwerg ist ebensosehr ein Mensch als ein Riese; eine kleine Republik ist nicht weniger ein souveräner Staat als das mächtigste Königreich." Wenn Vattel dann aber in der Folge als ein Wesensmerkmal der Gleichheit aufführt, daß eine Nation Herrin ihrer eigenen Handlungen so lange sei, als sie nicht in die eigentlichen Rechte einer anderen Nation eingreife, so verwechselt er in derselben Weise das Prinzip der Gleichheit mit dem der Unabhängigkeit, wie dies Kant in seiner in der ,,Einleitung in die Rechtslehre" gegebenen Definition tut: ,,Die angeborene Gleichheit, d. i. die Unabhängigkeit nicht zu mehrerem von anderen verbunden zu werden, als wozu man sie wechselseitig auch verbinden kann; mithin die Qualität des Menschen, sein eigener Herr (sui juris) zu sein. ..." Sicherlich hängen Gleichheit und Unabhängigkeit im

---

[121] ,,Ohne Ansehen der Person", 5. Mose 1, 17.

[122] Nikomachische Ethik, V. Buch, 2. Kap.

[123] Siehe auch Nef, Hans, Gleichheit und Gerechtigkeit, 1941.

[124] Siehe aaO V. Buch, 6. Kap.: ,,Vielmehr kommen Zank und Streit eben daher, daß entweder Gleiche nicht Gleiches oder nicht Gleiche Gleiches bekommen und genießen".

[125] Die z. B. noch ersichtlich ist in Weimarer Verf. Art. 109 III: ,,Öffentlich-rechtliche Vorrechte oder Nachteile der Geburt oder des Standes sind aufzuheben".

[126] aaO, Einleitung, § 18.

Völkerrecht logisch wie historisch eng zusammen. Die Formel von den „superiorem non recognoscentes“,[127] also die Ablehnung der mittelalterlichen Hierarchie mit Kaiser und Papst an der Spitze, ist der Ausgangspunkt sowohl des Prinzips der Souveränität wie der Staatengleichheit; dieser Zusammenhang wird auch in der Formel von der „souveränen Gleichheit“ der Staaten in der Satzung der UN wie in der UN-Deklaration von 1970 ausgedrückt; aber gleichwohl ist das Prinzip der Gleichheit von dem der Unabhängigkeit klar unterschieden.

Der Ständige Internationale Schiedshof hat[128] festgestellt, daß Völkerrecht und internationale Gerechtigkeit auf dem Prinzip der Gleichheit zwischen Staaten beruhen.

Was ist der rechtliche Gehalt dieses Prinzips der Gleichheit?

Das Prinzip der Staatengleichheit im Völkerrecht bedeutet, daß grundsätzlich, soweit nicht vertraglich oder gewohnheitsrechtlich ein anderes gilt,

A. jeder unabhängige Staat die gleiche rechtliche Persönlichkeit und die gleiche Rechtsfähigkeit besitzt,

B. für jeden Staat neues Recht nur kraft seiner Zustimmung verbindlich werden kann (Prinzip der Einstimmigkeit),

C. auf internationalen Konferenzen, in internationalen Organen oder bei sonstigen internationalen Anlässen, bei denen zur Feststellung des Zustandegekommenseins eines Beschlusses eine Zählung von Stimmen stattfindet, jeder Staat mindestens *eine* Stimme, aber auch höchstens *eine* Stimme besitzt (Prinzip der Stimmengleichheit),

D. vor internationalen Gerichten jeder Staat die gleiche Rechtsstellung und die gleichen Rechtsmittel besitzt (Prinzip der Waffengleichheit),

E. kein Staat über einen anderen Staat ohne dessen Zustimmung zu Gericht sitzen kann („Par in parem non habet judicium“).[129]

A. Das Prinzip gleicher rechtlicher Persönlichkeit und gleicher Rechtsfähigkeit

Eine Reihe von Autoren, so insbesondere Lorimer, Pillet, Kaufmann lehnen das Prinzip der Staatengleichheit als unvereinbar mit der Wirklichkeit des internationalen Lebens ab. Es ist daher mit Nachdruck zu betonen, daß es sich um rechtliche, nicht um faktische, soziologische, politische Gleichheit handelt. Zwischen einem unabhängigen und einem rechtlich abhängigen Staat, etwa einem Protektorat, besteht keine rechtliche Gleichheit, wohl aber zwischen einem mächtigen und

---

[127] von der Heydte, Die Geburtsstunde des souveränen Staates, 1952, S. 59ff.

[128] In dem Streitfall Norwegen gegen USA, Urteil vom 13. 10. 1922; s. Reports of International Arbitral Awards, I, S. 307ff.

[129] Dagegen gehört der Grundsatz, daß prinzipiell jeder Staat von der Gültigkeit der öffentlich-rechtlichen Akte eines anderen Staates ausgehen muß, nicht, wie Oppenheim, aaO I S. 267, annimmt, zur Gleichheit, sondern zur Unabhängigkeit, s. oben § 23 V.

einem schwachen, zwischen einem reichen und einem armen unabhängigen Staat. Die rechtliche Gleichheit bedeutet ja schon im Staatsrecht ein Verbot der *rechtlichen* Differenzierung nach außerrechtlichen Merkmalen. In Artikel 14 der Europäischen Menschenrechtskonvention ist die Berücksichtigung der folgenden außerrechtlichen Merkmale von Menschen als verbotene Diskriminierung bezeichnet: des Geschlechts, der Rasse, der Hautfarbe, der Sprache, der Religion, der politischen oder sonstigen Anschauungen, der nationalen oder sozialen Herkunft, der Zugehörigkeit zu einer nationalen Minderheit, des Vermögens, der Geburt, des sonstigen Status.[130] Artikel 6 der Charter der Organisation der amerikanischen Staaten von 1948 macht einen ähnlichen Versuch für die Staaten, wenn er sagt: „Staaten sind juristisch gleich, genießen gleiche Rechte und gleiche Fähigkeiten, diese Rechte auszuüben, und haben gleiche Pflichten. Die Rechte jedes Staates hängen nicht von seiner Macht ab, ihre Ausübung zu sichern, sondern von der bloßen Tatsache seiner Existenz als einer Person des Völkerrechts." Dieser Begriff der faktischen Macht ist *ein* außerrechtliches Merkmal, das nicht die Grundlage einer rechtlichen Diskriminierung bilden darf; aber eine ganze Reihe anderer verbotener Merkmale sind dem hinzuzufügen. Eines davon ist die Religion. Bis 1856 gehörten dem abendländischen Völkerrechtskreis nur christliche Staaten an. Heute würde es unzulässig sein, einem Staat die rechtliche Gleichheit zu verweigern, weil er nicht der christlichen Tradition angehöre. Dasselbe gilt für die Staatsform (keine rechtliche Diskriminierung zwischen Monarchien und Republiken, zwischen Demokratien und autoritären Staaten, zwischen Staaten mit liberaler oder totalitärer Verfassung), für die Wirtschaftsform (keine rechtliche Diskriminierung zwischen kapitalistischen und sozialistischen Staaten), den Reichtum (keine rechtliche Diskriminierung zwischen reichen und armen Staaten), die technische Entwicklung (keine rechtliche Diskriminierung zwischen hochindustrialisierten und unterentwickelten Staaten), die völkische Zusammensetzung (keine rechtliche Diskriminierung zwischen Nationalstaaten und Vielvölkerstaaten, sofern diese das von der UN-Deklaration von 1970 geforderte Prinzip der nichtdiskriminierenden Repräsentation verwirklicht haben), die rassische Zusammensetzung (keine Diskriminierung zwischen weißen und „farbigen" Staaten), die Entstehung (keine rechtliche Diskriminierung zwischen den traditionsgemäß zur Völkerrechtsgemeinschaft gehörenden „alten" Staaten und erst neu hinzugetretenen oder neuentstandenen Staaten), die geographische Lage (Seestaaten und Binnenstaaten), die historische Vergangenheit usw. Es lassen sich also im Völkerrecht mindestens ebensoviele verbotene Diskriminierungen, die mit der rechtlichen Gleichheit unvereinbar sind, aufstellen wie im innerstaatlichen Verfassungsrecht; die Konzentrierung auf den Unterschied der Macht ist also eine viel zu enge

---

[130] Siehe ähnlich Art. 2 Abs. II des Abkommens vom 16. 12. 1966 über wirtschaftliche, soziale und kulturelle Rechte (AJIL 1967 S. 861) und Art. 2 Abs. I des Abkommens vom 16. 12. 1966 über bürgerliche und politische Rechte (AJIL 1967 S. 870).

Betrachtungsweise. Aber ebenso, wie es für das Staatsrecht anerkannt ist, daß der Gleichheitssatz einen notwendig variablen, keinen zeitlos-absoluten Gehalt besitzt,[131] so kommt auch im Völkerrecht alles auf die konkret-rechtliche Ausgestaltung, auf das hic et nunc, auf die jeweilige historische Rechtssituation an.[132] So bemühte sich die International Law Commission der UN um die Klärung des Verhältnisses zwischen der Meistbegünstigungsklausel und dem Prinzip der Nichtdiskriminierung. Sie stellte fest, die Meistbegünstigungsklausel sei eine nützliche Technik „für die Beförderung der Staatengleichheit oder der Nichtdiskriminierung", und fuhr fort: „Während die Staaten durch die auf dem Prinzip der Nichtdiskriminierung beruhende Pflicht gebunden sind, sind sie dennoch frei, anderen Staaten spezielle Vergünstigungen wegen irgendeiner besonderen Beziehung geographischer, wirtschaftlicher, politischer oder anderer Natur zu gewähren."[133]

Auch die Staatsform wird manchmal zum Ausgangspunkt von Differenzierungen gemacht, so etwa in der Weigerung der UN während der ersten Jahre ihrer Existenz, Spanien als Mitglied zuzulassen, und in der Aufforderung an die UN-Mitglieder, ihre Botschafter von Madrid abzuberufen.[134] Auch die illegale Herkunft einer Regierung kann über die notwendige Prüfungszeit hinaus zu Diskriminierungen bei der Anerkennung führen, so etwa von seiten der USA gegenüber der Sowjetregierung nach 1917, gegenüber der kommunistischen Regierung in Peking nach 1949. Besonders häufige Verletzungen des Grundsatzes der Gleichheit finden gegenüber besiegten Staaten von seiten der siegreichen, manchmal auch der neutralen Staaten statt, so schon beim Abschluß des Friedensvertrags, falls für dessen Zustandekommen dem Besiegten keine echte Teilnahme an den Verhandlungen zugebilligt wird, so daß der Vertrag in Wirklichkeit zum Diktat wird.[135] Auch die Regelung der Rechtssituation des besiegten Staates im einzelnen verstößt oft gegen den Grundsatz der Gleichheit; man denke an das Problem der

---

[131] Ipsen aaO S. 113.

[132] Siehe auch Kelsen aaO S. 155: „The States are legally equal insofar as general international law treats them in this way, i. e., insofar as general international law imposes upon all of them the same duties and confers upon all of them the same rights. This, however, is evidently not the case". Dieser Schlußsatz ist allerdings eine zu weitgehende Generalisierung.

[133] Siehe AJIL 1974 S. 467.

[134] Siehe Kelsen, Law of the United Nations, S. 77ff.; Sohn, Cases and Materials on United Nations Law, 1956, S. 527ff.; s. insbesondere aus der Resolution der Generalversammlung, Doc. A/64/add. 1, S. 63ff.: „that if, within a reasonable time, there is not established a government which derives its authority from the consent of the governed, committed to respect freedom of speech, religion and assembly and to the prompt holding of an election, in which the Spanish people, free from force and intimidation and regardless of party, may express their will, the Security Council consider the adequate measures to be taken in order to remedy the situation".

[135] Siehe Schaumann aaO S. 146; Berber, Diktat von Versailles, 1939, 2 Bände; über die Benachteiligung der kleineren Sieger s. Schaumann aaO S. 128 Fußnote 23; Rousseau aaO S. 320, der von einer „façon autocratique et inégalitaire" der Vorbereitung der Friedensverträge von 1919 spricht; s. auch Scelle, Manuel, S. 46.

Rüstungsgleichheit, das nach 1919 eine so entscheidende Rolle bei den Abrüstungsverhandlungen gespielt hat; man denke an die einseitige Überführung der Kolonien nur der Besiegten in die fortschrittlichere internationale Mandatsverwaltung; man denke an die (zumindest anfängliche) unterschiedliche Behandlung der Natotruppen in bezug auf die Strafgerichtsbarkeit des Aufenthaltsstaats in der Bundesrepublik und in anderen Mitgliedstaaten der Nato.[136]

Die weitaus wichtigste Abweichung vom Grundsatz der Gleichheit in bezug auf die rechtliche Persönlichkeit stellt aber die privilegierte Stellung der Großmächte dar, soweit sie nicht nur faktisch, sondern auch rechtlich besteht. Fauchille[137] definiert die Großmacht als einen Staat, der so aktiv und so stark ist, daß man nicht ohne Gefahr auf seine Mitwirkung in den europäischen Angelegenheiten verzichten kann. Für eine moderne Definition müssen die europäischen Angelegenheiten durch die der Welt ersetzt werden. Die privilegierte Stellung der Großmächte ist zwar kein allgemeines Rechtsprinzip,[138] führt aber doch in einer Reihe von Fällen zu einer nicht bloß faktischen, sondern auch rechtlichen Sonderstellung der Großmächte. So hatten die Großmächte seit den napoleonischen Kriegen bis 1914 im ,,Europäischen Konzert" eine quasi-institutionelle Vorrangstellung, kraft deren sie einvernehmlich auch wichtige rechtliche Entscheidungen fällten, bei denen sie manchmal ausdrücklich im Namen des europäischen öffentlichen Rechts sprachen.[139] Das gleiche gilt von der Vorrangstellung der fünf ,,Principal Allied and Associated Powers" seit 1919, die wichtige, z. T. die ganze Staatengemeinschaft bindende Regelungen trafen und in ihren Organen, dem Obersten Rat der Alliierten und der Botschafterkonferenz, institutionalisiert waren.[140] Der Versuch Mussolinis, im ursprünglichen Entwurf des Viermächtepaktes vom 26. 3. 1933 eine rechtliche Vorrangstellung der europäischen Großmächte festzulegen, scheiterte am Widerspruch Großbritanniens und Frankreichs.[141] Dagegen hatten die Großmächte im Völkerbund als ,,Ständige Mitglieder" des Völkerbundsrats gemäß Artikel 4 eine privilegierte rechtliche Stellung; in den Vereinten Nationen ist diese sogar noch gesteigert, da die Großmächte nicht nur ständige Mitglieder des Sicherheitsrats sind, sondern auch in gewissem Umfang ein Veto-Recht besitzen, was zweifellos eine Abweichung von dem in Artikel 2 der Charter der UN proklamierten Grundsatz der ,,sovereign equality of all its members" darstellt. Auch am Ende des zweiten Weltkrieges hatten die Großmächte sich für die

---

[136] Siehe Art. 6 des Truppenvertrages von 1954, BGBl. II S. 321; s. dagegen Art. VII des Vertrags vom 19. 6. 1951 zwischen den Mitgliedern der Nato betr. den Status ihrer Streitkräfte; seit 1959 ist eine stärkere Angleichung erfolgt.

[137] aaO I_1 S. 465.

[138] Übereinstimmend Dahm aaO I S. 166; s. auch Mosler, Die Großmachtstellung im Völkerrecht, 1949; Triepel, Die Hegemonie. Ein Buch von führenden Staaten, 1938.

[139] Siehe z. B. Art. VII des Pariser Vertrags vom 30. 3. 1856, in dem die Großmächte erklären, daß die Türkei zugelassen werde ,,à participer aux avantages du droit public et du concert européen".

[140] Einzelheiten s. bei Pink, The Conference of Ambassadors, 1942.

[141] Siehe ZaöRVR 1934, S. 96ff.

Vorbereitung und Durchführung der Friedensregelung wiederum eine dominierende Stellung gesichert, so durch die Konferenzen von Moskau, Teheran und Kairo im Jahre 1943 und die Konferenzen von Yalta, Potsdam und Moskau im Jahre 1945, durch die Übernahme der Hoheitsgewalt über Deutschland mit dem Organ des Kontrollrats in Berlin, durch die Vorbereitung der Friedensverträge von 1947 usw.

Die Zugehörigkeit zur Gruppe der Großmächte hat im Lauf der modernen Geschichte mehrfach geschwankt. Bei der Schöpfung der Pentarchie 1814/15 hatten Spanien, Portugal und Schweden schon ihre Großmachtstellung verloren, so daß Großbritannien, Frankreich, Rußland, Österreich und Preußen verblieben, denen sich seit seiner Einigung Italien als sechste Großmacht zugesellte, während Preußen zum Deutschen Reich erweitert wurde. 1919 dagegen bestanden die Großen Fünf aus USA, Großbritannien, Frankreich, Italien und Japan; bis zum Ausbruch des zweiten Weltkrieges waren auch Rußland und das Deutsche Reich wieder zu dem Rang von Großmächten aufgestiegen; nach dem zweiten Weltkrieg verbleiben als Großmächte nur die USA, die Sowjetunion, Großbritannien, China und Frankreich, als echte Weltmächte zunächst nur die zwei erstgenannten Staaten.

Die umgekehrte Benachteiligung kleiner Staaten wirkt sich im allgemeinen nur faktisch, lediglich in Grenzfällen rechtlich aus, so etwa in der Ablehnung der Aufnahme Liechtensteins in den Völkerbund 1920.[142]

Die Unterschiede im sog. *Rang der Staaten* stellen an sich keine Verletzung des Gleichheitsprinzips dar, zumal sie heute weitgehend durch technische Vorkehrungen wie den runden Tisch, die alphabetische Reihenfolge, das Alternat beim Vertragsschluß, die Verwischung des Unterschiedes zwischen Botschaftern (ursprünglich nur für den Verkehr der Großmächte) und Gesandten (heute weitgehend durch Botschafter ersetzt) unschädlich gemacht sind. In der Geschichte des Völkerrechts spielten Fragen des Rangs, der Etikette, des Vortrittsrechts lange Zeit eine wichtige Rolle und gaben Anlaß zu vielen Staatenstreitigkeiten.[143]

Auch hinsichtlich der *Sprache,* die im internationalen Verkehr zu verwenden ist, besteht Gleichheit; jeder Staat ist berechtigt, seine eigene Sprache zu verwenden. Aus praktischen Gründen wird häufig eine einheitliche Sprache verwendet; doch beruht dies auf freier (oft stillschweigender) Vereinbarung der Beteiligten und schafft kein Gewohnheitsrecht für die Zukunft.[144] Bis ins 18. Jahrhundert bedien-

[142] Siehe Schücking-Wehberg, Die Satzung des Völkerbundes, 1931, I, S. 368f.; ebda über Monaco und San Marino.

[143] Siehe Satow-Bland, Guide to Diplomatic Practice, 4. Aufl. 1957, S. 25ff.; Butler-Maccoby, The Development of International Law, 1928, S. 28ff.

[144] Siehe z. B. den Vorbehaltsartikel hinsichtlich des Gebrauchs der französischen Sprache in dem Friedensvertrag von Paris 1763 zwischen Großbritannien, Frankreich und Spanien, und dem Friedensvertrag von Versailles 1783 zwischen Großbritannien und Frankreich. Art. 120 der Wiener Schlußakte von 1815 bestimmte: „La langue française ayant été exclusivement employée dans toutes les copies du présent traité, il est reconnu par les Puissances qui ont concouru à cet acte que l'emploi de cette langue ne

ten sich die Staaten in ihrem Verkehr der lateinischen Sprache, so noch 1714 im Utrechter Friedensvertrag. In wachsendem Maße kam seit dieser Zeit Französisch als diplomatische Verkehrssprache in Übung, ohne allerdings jemals ausschließlich oder obligatorisch zu werden. Seit dem Ende des ersten Weltkriegs ist Englisch in wachsendem Maße neben oder an Stelle von Französisch getreten. Bilaterale Verträge werden heute der Regel nach in beiden Sprachen der Partner abgefaßt. Für die Generalversammlung[145] und für den Sicherheitsrat[146] der UN sind Chinesisch, Englisch, Französisch, Russisch und Spanisch die offiziellen Sprachen, Englisch, Französisch und Spanisch die Arbeitssprachen; doch darf jeder Vertreter eines Mitglieds in jeder beliebigen Sprache sprechen, muß dann aber selbst für die Übersetzung in eine Arbeitssprache sorgen. Die offiziellen Sprachen des Internationalen Gerichtshofs sind Französisch und Englisch;[147] mit Erlaubnis des Gerichts kann auch eine andere Sprache benutzt werden.

Ein Anwendungsfall des Satzes, daß Ungleiches ungleich zu behandeln ist, dürfte wohl der Brauch sein, daß kein Staat die schon bestehende Flagge eines anderen Staates als seine eigene einführen soll.[148]

B. Das Prinzip der Einstimmigkeit

Das Prinzip der Einstimmigkeit, nach dem völkerrechtliche Willensentscheidungen mehrerer Staaten regelmäßig nur mit Zustimmung aller Beteiligten zustandekommen, ist eine wesentliche Grundregel des Völkerrechts in seiner gegenwärtigen Entwicklung und Ausdruck des Rechts auf Gleichheit bei der Rechtsschöpfung wie des genossenschaftlichen Charakters des Völkerrechts. Der Gegensatz zur Einstimmigkeitsregel ist die Möglichkeit der Entscheidung durch nur einen Bruchteil der Beteiligten mit bindender Wirkung für alle Beteiligten, wobei dieser Bruchteil sowohl eine, eventuell qualifizierte, Majorität als auch eine Minorität sein kann.

Im innerstaatlichen Recht ist die Entscheidung durch einen Bruchteil der Beteiligten die Regel (anders z. B. das liberum veto im alten polnischen Reichstag). Mit Rücksicht auf diese Tatsache einer für alle bindenden Fremd-, meist Majoritätsentscheidung, erschwert durch die Fiktion der Repräsentanz angesichts der Seltenheit der unmittelbaren Demokratie, ist im innerstaatlichen Recht der Schutz gegen Willkür des Gesetzgebers ein wichtiges verfassungsrechtliches Anliegen, dem gerade der Grundsatz der Gleichheit vor dem Gesetz in seiner durch die verfas-

tirera point à conséquence pour l'avenir; de sorte que chaque Puissance se réserve d'adopter, dans les négociations et conventions futures, la langue dont elle s'est servie jusqu'ici dans ses relations diplomatiques, sans que le traité actuel puisse être cité comme exemple contraire aux usages établis".

[145] Siehe Rule 51.

[146] Siehe Rule 41.

[147] Art. 39 des Statuts.

[148] Siehe die belgischen Proteste vom 29. 11. 1918 und vom 15. 3. 1919 gegen die Einführung der belgischen Farben Schwarz-Gold-Rot für die neue deutsche Nationalflagge, Fauchille aaO I_1 S. 475.

sungsrechtliche Kontrolle der Gesetze durch Gerichte erweiterten Form dienen soll.[149] Für das Völkerrecht ist gerade mit Rücksicht auf das weithin geltende Prinzip der Einstimmigkeit eine solche quasi-verfassungsrechtliche Garantie des Satzes von der Gleichheit vor dem Gesetz als Willkürschutz nicht notwendig, da das Recht der Zustimmung sich als ein viel unmittelbarer wirkender Willkürschutz darstellt. Bei einer Zunahme von Majoritätsentscheidungen im Völkerrecht würde dann allerdings auch hier eine gerichtliche Kontrolle der Nichtverletzung des materiellen Gleichheitssatzes durch die Mehrheitsentscheidung als Schutz gegen Willkür aktuell werden, ebenso wie schon heute gegenüber solchen Friedensverträgen, die sich materiell als Diktate und damit ebenfalls als Fremdentscheidungen darstellen.

Einstimmigkeit ist heute im Völkerrecht noch die Regel, Majorität die Ausnahme. Die Charter der UN hat in weitem Umfang die Möglichkeit der Beschlußfassung durch eine bloße Majorität geschaffen, allerdings meist nur für Beschlüsse empfehlenden Charakters, im Rahmen des Sicherheitsrats im Falle der Bedrohung oder des Bruchs des Friedens sowie bei Angriffshandlungen aber auch für echte Entscheidungen. Hier haben sich die fünf ständigen Mitglieder des Sicherheitsrats aber, mit Ausnahme der Eventualität von Artikel 27 Ziff. 3 Satz 2, wiederum das Recht der Zustimmung vorbehalten; ihr Veto ist also ein auf dem – allerdings nur für eine privilegierte Gruppe durchgeführten – Recht auf Gleichheit aufgebauter Schutz gegen eine Überstimmung durch die Majorität.

Mit Recht weist Guggenheim[150] darauf hin, daß durch die Einstimmigkeitsregelung der Gleichheitsgrundsatz im Völkerrecht rechtspolitisch im Sinne der Aufrechterhaltung des Status quo wirkt, und daß dadurch gleichzeitig das Prinzip der Unabhängigkeit eine ideologische Unterstützung erfährt.

C. Das Prinzip der Stimmengleichheit

Dieses Prinzip darf keineswegs mit dem Prinzip der Einstimmigkeit zusammengeworfen werden. Es kommt vielmehr nur dann zur Anwendung, wenn für eine Beschlußfassung Einstimmigkeit *nicht* verlangt wird, sondern wenn die Zustimmung durch einen irgendwie gearteten Bruchteil, meist eine Majorität, zur Bindung für alle genügt, also Stimmen *gezählt* werden müssen. Es besagt, daß bei der Stimmenabgabe jeder Staat ohne Unterschied nur einmal gezählt wird, also nur 1 Stimme hat, d. h. mindestens und höchstens nur 1 Stimme. Dieses auch heute mangels konkreter abweichender Vereinbarung noch immer prinzipiell geltende Prinzip ist aber in einer Reihe von internationalen Organisationen, so etwa beim Weltpostverein, bei der Weltbank, beim Internationalen Währungsfonds,[151] beim Internationalen Landwirtschaftsinstitut, beim Internationalen Ge-

[149] Siehe Ipsen aaO S. 153.
[150] aaO I S. 165.
[151] Siehe Gold, Weighted Voting Power etc., in AJIL 1974 S. 687.

sundheitsamt, beim Internationalen Hydrographischen Büro, beim Internationalen Weinbüro usw., auch bei der Zuckerkonvention oder bei der Weizenkonvention, durch eine Regelung des ,,weighted voting", der Abstimmung nach (selbstbestimmten) Beiträgen oder sonstigen vereinbarten Verhältnissen, ersetzt worden. So haben nach der Weizenkonvention von 1959 (BGBl. 1960 II S. 2009) die 30 Importländer zusammen 1000 Stimmen, aber auch die 9 Exportländer haben ebenfalls 1000 Stimmen, so daß eine Minderheit von 10 Ländern eine Mehrheit von 29 Ländern überstimmen kann; nach dem Statut der Weltbank haben bei Entscheidungen über Auslegungsfragen die Verwaltungsdirektoren je nach den Anteilen ihrer Staaten in der Bank verschieden viele Voten. Auch für andere Gremien ist das Prinzip der Stimmengleichheit wachsenden Anzweiflungen begegnet, so etwa für die Generalversammlung der UN; man hat insbesondere auf die große Verschiedenheit der Beiträge hingewiesen, an denen die größeren Staaten einen oft hohen Prozentsatz, viele kleinere Staaten nicht einmal $^{1}/_{10}$ Prozent aufzubringen haben, während die Abstimmungen nach dem Prinzip der Stimmengleichheit für jeden Staat erfolgen.[152]

Theorien, die von der Völkerrechtssubjektivität der Individuen ausgehen, müßten konsequenterweise zu einer Abstimmung nicht nach Staaten, sondern nach Einwohnerzahl kommen, die allerdings wenigen überaus volkreichen, aber keineswegs proportional ebenso mächtigen Staaten ein erdrückendes Übergewicht geben würde.[153] Jedes Abgehen vom Prinzip der Stimmengleichheit, das nicht auf wohlerwogener spezieller Vereinbarung beruht, bringt also große Gefahren und Probleme mit sich.[154]

In Fällen, in denen die Mitgliederzahl internationaler Organe zur Erhaltung ihrer Arbeitsfähigkeit begrenzt sein muß, so daß nicht alle Mitgliedstaaten der Organisation einen Sitz erhalten können, wird eine möglichste Angleichung an das Prinzip der Gleichheit durch verschiedene Methoden zu erreichen versucht: durch Repräsentanz kraft Wahl,[155] durch Rotierung, durch Auswahl nach verschiedenen sachlichen Gesichtspunkten, etwa in der Form, ,,daß sie auch in ihrer Gesamtheit die Vertretung der hauptsächlichsten Formen der Zivilisation und der hauptsächlich geltenden Rechtssysteme in der Welt gewährleisten",[156] oder in der

[152] Siehe dazu die Erklärung des amerikanischen Staatssekretärs John Foster Dulles im amerikanischen Senat, 30 Dept. of State Bulletin 1. 2. 1954, S. 170f.: ,,If the General Assembly is to assume greater responsibilities, then should there not be some form of weighted voting, so that nations which are themselves unable to assume serious military or financial responsibilities cannot put those responsibilities on other nations? Should there be in some matters a combination vote whereby affirmative action requires both a majority of all the members, on the basis of sovereign equality, and also a majority vote, on a weighted basis, which takes into account population, resources etc?"

[153] Siehe kritisch, aber widerspruchsvoll Schaumann aaO S. 132.

[154] Siehe Riches, Majority Rule in International Organization, 1940; Koo, Voting Procedures in International Political Organisations, 1947; Schwarz-Liebermann, Mehrheitsentscheid und Stimmenwägung, 1953.

[155] Z. B. nach Art. 61 der Charter der UN für die Mitglieder des Wirtschafts- und Sozialrats.

[156] Art. 9 des Statuts des Internationalen Gerichtshofs.

Form, daß „in erster Linie der Beitrag der Mitglieder der UN zur Aufrechterhaltung des internationalen Friedens und der internationalen Sicherheit und zu den sonstigen Zwecken der Organisation, sowie eine gerechte geographische Verteilung der Sitze zu berücksichtigen" sind,[157] oder so, daß „die wirksame Durchführung seiner Aufgaben die Mitwirkung dieses Mitglieds an seinen Arbeiten erfordert".[158] Alle diese Ausleseprinzipien sind natürlich nur unvollkommene Versuche der möglichsten Annäherung an das nicht zu verwirklichende Prinzip der Gleichheit.

D. Das Prinzip der Waffengleichheit im Prozeß

Dieses Prinzip enthält eine Reihe von Folgerungen, die im sachlichen Zusammenhang der internationalen Gerichtsbarkeit zu behandeln sind. Hier ist nur auf die aus dem Gleichheitssatz folgende, für den Prozeß grundlegende Maxime hinzuweisen: „Audiatur et altera pars,"[159] aus der eine Reihe von Vorschriften des internationalen Prozesses folgen, so die Regelungen von Klageschrift, Klagebeantwortung, Repliken, die Ablehnung eines Versäumnisurteils, es sei denn, die Schlußanträge der erschienenen Partei sind sachlich und rechtlich begründet, usw.[160]

E. Das Prinzip der Immunität der Staaten vor fremden Gerichten

Das Prinzip der Immunität der Staaten vor fremden Gerichten wird üblicherweise aus dem völkerrechtlichen Grundsatz der Gleichheit der Staaten abgeleitet und daraus die Anwendbarkeit der Maxime: „Par in parem non habet judicium" gefolgert. Mit ebenso gutem Rechte könnte man den Grundsatz auf das Prinzip der Unabhängigkeit der Staaten stützen; doch soll hier der überwiegenden Einordnungsform gefolgt werden.[161]

Es besteht weitgehende Übereinstimmung, daß das Prinzip selbst dem Völkerrecht angehört.[162] Dabei gehören die meisten Einzelheiten, soweit sie nicht not-

[157] Art. 23 UN-Charter für die Mitglieder des Sicherheitsrats.

[158] Art. 47 UN-Charter für Mitglieder des Generalstabsausschusses.

[159] Siehe dazu Bin Cheng, General Principles of Law, 1953, S. 290ff.

[160] Siehe dazu auch aus einem früheren internationalen Schiedsspruch, The Betsye, 1797, zitiert bei Bin Cheng S. 290: „That board could never be denominated impartial or just, that did not see with equal eye the party that claimed and the party that resisted".

[161] Die Act of State-Doktrin wurde bereits oben § 23 V behandelt.

[162] Hauptsächliche Spezialliteratur: Allen, The Position of Foreign States before National Courts, 1933; Bentivoglio, L'immunità giurisdizionale degli stati esteri nella recente prassi Americana, 1950; Bishop, International Law, Cases and Materials, 1954, S. 417ff.; Briggs, The Law of Nations, 1952, S. 413–451; Dahm aaO S. 224–250, mit umfänglichen Nachweisen; Dahm, Völkerrechtliche Grenzen der inländischen Gerichtsbarkeit gegenüber ausländischen Staaten, in Festschrift für Nikisch, 1958, S. 153ff.; Gmür, Gerichtsbarkeit über fremde Staaten, 1948; Harvard Law School, Competence of Courts in Regard to Foreign States, Suppl. to AJIL 1932, S. 451ff.; Lauterpacht, The Problem of Jurisdictional Immunities of Foreign States, in BYIL 1951 S. 220; Loening, Die Gerichtsbarkeit über fremde Staaten und Souveräne, 1903; Quadri, La giurisdizione sugli stati stranierie, 1941; Riezler, Internationales

wendig aus dem allgemeinen Grundsatz folgen oder vertraglich vereinbart sind, nicht dem Völkerrecht, sondern dem internationalen Privatrecht, also dem innerstaatlichen Recht an, was die große Verschiedenheit der Gerichtspraxis der einzelnen Staaten erklärt.[163]

Wer sind die Subjekte dieser Immunität? Übereinstimmung besteht zunächst darüber, daß dies sind: ausländische Staaten, ausländische Staatsoberhäupter, ausländische Regierungen (nicht die einzelnen Mitglieder der Regierungen), und gehörig akkreditierte Diplomaten.[164] Dagegen sind schon umstritten und von der innerstaatlichen Praxis verschieden beantwortet die detaillierten Probleme, inwieweit immun sind auch Staaten mit verminderter Unabhängigkeit,[165] Gliedstaaten von Bundesstaaten,[166] juristisch unselbständige Untergliederungen der Staatsverwaltung,[167] juristisch selbständige Personen des öffentlichen Rechts wie Provinzen, Kreise, Gemeinden und Anstalten,[168] Staaten, deren Regierungen vom Gerichtsstaat nicht anerkannt sind,[169] Staaten, mit denen sich der Gerichtsstaat im Krieg befindet,[170] Truppenkontingente eines ausländischen Staates, denen der Gerichtsstaat den Aufenthalt auf seinem Gebiet gestattet hat,[171] ausländische Staatsschiffe.[172]

Ziemlich weitgehend besteht Übereinstimmung darüber, daß zulässig sind Klagen gegen einen ausländischen Staat, die sein im Ausland belegenes unbewegliches Eigentum betreffen.[173]

Zivilprozeßrecht, 1949, §§ 41, 42; Shepard, Sovereignty and state-owned commercial Entities, 1951; Spruth, Gerichtsbarkeit über fremde Staaten, 1929; Sucharitkul, State Immunities and Trading Activities in International Law, 1959.

[163] Siehe Battifol, Droit International Privé, 1949, Nr. 705f.; Oppenheim aaO I S. 274: „Pending the regulation, through comprehensive international agreement, of the question of jurisdictional immunity, the situation must be regarded as governed, in particular cases, by the Municipal Law of the country concerned".

[164] Einzelheiten über die Immunität der drei letztgenannten Gruppen s. unten Kap. VIII.

[165] Siehe z. B. das englische Gerichtsurteil Duff Development Co. Ltd. v. Govt of Kelantan, 1924, A. C. 797.

[166] Siehe z. B. das französische Gerichtsurteil Trib. civ. Seine in Dame Dumont c. Etat d'Amazone, Dalloz hebd. 1949 I 428, anders z. B. die US-Entscheidung des Supreme Court New York in Hahn H. Hassard v. the U. S. of Mexico, 1899, 29 Misc. 511.

[167] Siehe z. B. die Entscheidung des brit. Court of Appeal in Compania Mercantil Argentinia v. U. S. Shipping Board, 1924, 131 L. T. R. 388; siehe die Beispiele bei Deák in Sørensen, Manual of Public International Law, 1968, S. 427ff.

[168] Siehe z. B. die Entscheidung des deutschen Reichsgerichts in RGZ 110, 315, auch 157, 395.

[169] Siehe z. B. Hackworth aaO II S. 472ff.

[170] Siehe z. B. die US-Entscheidung Telkes v. Hungarian National Museum, 1942, 38 N. Y. S. 2nd 419.

[171] Häufig vertragliche Regelungen, s. unten § 62.

[172] Ausnahmen von der generellen Immunität ausländischer Staatsschiffe für gewisse Kategorien von ihnen enthält das Brüsseler Abkommen vom 10. 4. 1926 zur einheitlichen Feststellung der Regeln über die Immunität der Staatsschiffe, L. N. Tr. Ser. 176 S. 199, RGBl. 1927 II 483; 1936 II 303. Das Abkommen gilt für eine große Reihe von Mittelstaaten einschließlich Brasilien, Deutschland und Italien, nicht aber für Großbritannien, Frankreich, USA, UdSSR; s. auch RGZ 157 S. 389.

[173] Siehe z. B. für die deutsche Rechtslage GVG § 20 und RGZ 103, 274ff.; für eine abweichende Auffassung s. Battifol aaO S. 722.

Für rein hoheitliche Tätigkeiten wird übereinstimmend völkerrechtlich gewährte Immunität angenommen. Überaus umstritten ist dagegen die Frage, ob Staaten für Tätigkeiten, die nicht rein hoheitlich sind, sondern privatrechtlich, handelsrechtlich usw., ebenfalls Immunität genießen.

Von der angelsächsischen Rechtsprechung wurde lange Zeit, z. T. bis heute,[174] an der umfassenden Immunität für alle Staatstätigkeit ohne Rücksicht auf ihren Charakter festgehalten, während die belgischen und die italienischen Gerichte schon seit langem das System der absoluten Immunität (auch System der Einheitstheorie genannt) ablehnen und es durch das System der beschränkten oder qualifizierten Immunität (auch System der Unterscheidungstheorie genannt) ersetzt haben, das auf die Unterscheidung von Akten jure imperii und jure gestionis abstellt und nur für die ersteren Immunität anerkennt. Die Unterscheidungstheorie hat in den meisten Staaten in der neuesten Entwicklung mehr und mehr an Boden gewonnen, auch in der Bundesrepublik.[175] Dagegen kann man wohl kaum davon sprechen, daß sich bereits ein von dieser Unterscheidung ausgehendes völkerrechtliches Gewohnheitsrecht gebildet hat. Die Verträge, die die Sowjetunion mit einer Reihe von Staaten abgeschlossen und in denen sie sich für die von ihren Handelsdelegationen abgeschlossenen Rechtsgeschäfte der Gerichtsbarkeit des Vertragsstaates unterworfen hat, betreffen eben wegen der totalitär verstaatlichten russischen Wirtschaft einen Sonderfall, der nicht für die Beziehungen zwischen Staaten mit freier Wirtschaft kopiert werden kann; daß man solche spezielle vertragliche Regelungen für notwendig gehalten hat, zeigt eben gerade, daß nach allgemeinem Völkerrecht eine solche Unterscheidung nicht als zweifelsfrei anerkannt angesehen werden konnte.[176]

Diese immer mehr um sich greifende Praxis der differenzierenden Immunität bei den innerstaatlichen Gerichten begegnet aber völkerrechtlich gewissen Bedenken. Da es an einer bindenden völkerrechtlichen Grenzziehung zwischen hoheitlichen und privatrechtlichen Staatsakten fehlt, wird die Grenzziehung von den

---

[174] Siehe z. B. Hyde aaO II 844; s. aber die entgegengesetzte Erklärung des State Department (Tate Letter) vom 19. 5. 1952 über seine künftige Praxis, Dept. of State Bulletin 26, S. 984, abgedruckt bei Whiteman aaO VI S. 569ff.; siehe Drachsler, Some Observations on the Current Status of the Tate Letter, AJIL 1960 S. 790ff.

[175] Siehe die Nachweise bei Dahm aaO I S. 234 Fußnote 11; s. insbesondere für die Motivation dieser Wendung BGHZ 18, 1ff., wo es der Gerichtshof dahingestellt sein läßt, ob das bisher angewandte Prinzip der absoluten Immunität noch „in Zeiten anwendbar ist, in denen Staaten in immer stärkerem Umfang dazu übergehen, sich im Wirtschaftsleben zu betätigen, ohne daß diese Betätigung noch in einem erkennbaren Zusammenhang mit ihren hoheitlichen Aufgaben stehen würde", siehe BVerfG 16 S. 27ff.; Münch in ZaöRVR Bd. 24 S. 265ff.

[176] Dies gilt erst recht von der in den Friedensverträgen nach dem 1. Weltkrieg, z. B. Versailles Art. 281, den Besiegten auferlegten Verpflichtung, für den Fall („si", „if"!) ihrer Beteiligung am internationalen Handel „in dieser Hinsicht keinerlei Rechte, Vorrechte und Immunitäten der Souveränität" für sich in Anspruch zu nehmen; schon der Mangel der Gegenseitigkeit und das zynische „if" zeigen, daß es sich dabei um eine Ausnahmeregelung odiosen Charakters handelt, von der keineswegs auf eine anerkannte internationale Praxis geschlossen werden kann.

innerstaatlichen Gerichten nach selbst im gleichen Staat nicht immer übereinstimmenden Gesichtspunkten vorgenommen, was zu Rechtsunsicherheit und zur Aushöhlung des gesamten Immunitätsprinzips führen kann.[177] Bis zu der dringend notwendigen vertraglichen Regelung dieser Frage sind also die innerstaatlichen Gerichte als verpflichtet anzusehen, die Feststellung des Vorliegens von privatrechtlichen Akten eines fremden Staates restriktiv vorzunehmen, da Gerichtsbarkeit über diese eine Ausnahme von der prinzipiell geltenden Immunität des fremden Staates darstellt, die als Ausnahme immer restriktiv anzuwenden ist, und die eigene Gerichtsbarkeit über einen fremden Staat nur dann in Anspruch zu nehmen, wenn es über jeden Zweifel erhaben ist, daß keinerlei Zusammenhang mit einer hoheitlichen Betätigung vorliegen kann: in dubio pro immunitate![178]

Die Immunität bedeutet nicht, daß ein Staat überhaupt nicht vor den Gerichten eines fremden Staates verklagt werden kann, sondern nur, daß dies nicht gegen seinen Willen geschehen kann.[179] Als Fälle, in denen angenommen wird, daß der Staat nicht gegen seinen Willen der fremden Gerichtsbarkeit unterworfen wird, werden insbesondere folgende anerkannt:

a) Der Staat hat generell-vertraglich oder generell-gesetzlich sich mit der fremden Gerichtsbarkeit ausdrücklich einverstanden erklärt.

b) Der Staat erklärt im konkreten Fall sein ausdrückliches Einverständnis.

c) Der Staat läßt sich auf die Klage ein, ohne auf der Unzuständigkeit des Gerichts kategorisch zu bestehen.

d) (Nur für Widerklagen, Aufrechnung usw., die in rechtlichem Zusammenhang mit der Klage stehen): Der Staat tritt selbst vor einem ausländischen Gericht als Kläger auf.[180]

Die Unterwerfung des Staats unter die Zuständigkeit eines ausländischen Ge-

---

[177] Siehe Guggenheim aaO I S. 175.

[178] Abwegig erscheint die These von Oppenheim aaO I S. 272, daß die Beseitigung der Immunität des Staates vor fremden Gerichten insbesondere dann keine Beeinträchtigung des Rechts auf Gleichheit oder Unabhängigkeit darstelle, wenn der Staat nach seinem eigenen Landesrecht der Gerichtsbarkeit seiner eigenen Gerichte hinsichtlich gegen ihn erhobener Ansprüche unterworfen sei. Die ratio legis ist ja bei einer – innerstaatlichen – Unterwerfung unter die eigenen Gerichte grundsätzlich entgegengesetzt von der völkerrechtlichen Unterwerfung unter ausländische Gerichte. Man könnte vielmehr umgekehrt argumentieren, daß gerade im Fall einer rechtsstaatlichen Unterwerfung des Staats unter die Gerichtsbarkeit seiner eigenen Gerichte sogar die absolute Immunität vor fremden Gerichten erträglich wäre, weil ja nun dafür Sorge getragen ist, daß der den Anspruch Erhebende nicht einem allseitigen denial of justice sich ausgesetzt sieht. Staaten dagegen, bei denen dieses rechtsstaatliche Prinzip noch nicht verwirklicht ist, haben offenbar einen viel geringeren Anspruch auf völkerrechtliche Immunität vor fremden Gerichten, die ja in vielen Fällen dazu führen müßte, daß ein gegen einen solchen Staat Anspruchsberechtigter sein Recht nirgends finden könnte, weder vor den eigenen Gerichten des betreffenden Staates, noch vor sonstigen nach den Regeln des internationalen Privatrechts im Falle des Wegfalls der Immunität an sich zuständigen ausländischen Gerichten.

[179] Beispiele bei Deák aaO S. 441 ff.

[180] Siehe Beispiele bei Harvard Law School aaO S. 540–572.

richts schließt nicht automatisch die Unterwerfung unter ausländische Zwangsvollstreckung ein.[181]

§ 26. Die sog. Grundpflichten der Staaten

Als Grundpflichten der Staaten kann man Rechtsverpflichtungen bezeichnen, die so grundlegender Natur sind, daß sie aus der gegenwärtigen Struktur des Völkerrechts mit Notwendigkeit folgen und ohne ihr Vorhandensein die wesentlichen Merkmale des gegenwärtigen Völkerrechts entfielen. Ihre Liste läßt sich knapper oder weiter halten; die UN-Deklaration von 1970 enthält aber bereits weit mehr Grundpflichten als Grundrechte.

Zunächst sind Grundpflichten alle jene Verhaltungsweisen, die als Gegenstück der auf den obengenannten Prinzipien beruhenden Rechte alle Staaten verpflichten, die Unabhängigkeit, die Selbstgestaltung, die materielle und ideelle Selbstbehauptung, die Gleichheit jedes anderen Staates zu achten und sich der Verletzung dieser Grundrechte anderen Staaten gegenüber zu enthalten; sie sind bei der obigen Darstellung der Grundrechte bereits ausführlich berücksichtigt. Das häufig in Lehrbüchern genannte ,,Grundrecht auf Verkehr" läßt sich im geltenden Völkerrecht nicht nachweisen; an seine Stelle tritt die Pflicht zur Zusammenarbeit in wirtschaftlichen, sozialen, kulturellen und humanitären Angelegenheiten, wie dies in Artikel 1 der Charter der UN festgelegt ist. Die UN-Deklaration von 1970 konkretisiert und intensiviert diese Verpflichtung zur Zusammenarbeit; so bestimmt sie: ,,Staaten haben die Pflicht, ohne Rücksicht auf die Verschiedenheiten in ihren politischen, wirtschaftlichen und sozialen Systemen auf den verschiedenen Gebieten der internationalen Beziehungen miteinander zusammenzuarbeiten, um internationalen Frieden und Sicherheit zu erhalten und internationale wirtschaftliche Stabilität und Fortschritt, die allgemeine Wohlfahrt der Nationen und eine von auf solche Unterschiede gegründeten Diskriminierungen freie internationale Zusammenarbeit zu befördern. . . . Staaten sollten auf den wirtschaftlichen, sozialen und kulturellen Gebieten ebenso wie auf dem Feld der Wissenschaft und der Technologie und für die Beförderung internationalen kulturellen und pädagogischen Fortschritts zusammenarbeiten. Staaten sollten bei der Beförderung wirtschaftlichen Wachstums in der ganzen Welt, besonders bei den Entwicklungsländern, zusammenarbeiten". Die am 1. 5. 1974 von der Generalversammlung der UN beschlossene ,,Deklaration über die Errichtung einer neuen Weltwirtschaftsordnung" nimmt sich in besonderer Weise und mit zahlreichen Einzelwünschen der Entwicklungsländer an, so etwa mit dem Prinzip (k): ,,Ausdehnung aktiver Hilfe an Entwicklungsländer durch die ganze internationale Gemeinschaft, frei

[181] Siehe z. B. den Fall v. Hellfeld, DJZ 1910, 808; andere Tendenzen z. B. in der neuesten französischen Gerichtspraxis; siehe Deák aaO S. 440f.

von allen politischen oder militärischen Bedingungen". Wie schon die Formulierungen zeigen, handelt es sich dabei weniger um juristisch verwertbare präzise Grundpflichten als vielmehr um ein Zukunftsprogramm, das in einzelnen seiner Bestimmungen, etwa des Rechts auf entschädigungslose Enteignung, kaum universelle Zustimmung finden dürfte.[182]

Eine sog. ,,Grundpflicht", die erst in den letzten Jahrzehnten sich im Völkerrecht durchgesetzt hat, ist die Verpflichtung zum Verzicht auf den Krieg als Mittel nationaler Politik,[183] die diese Pflicht erweiternde Verpflichtung, sich der Drohung oder Anwendung von Gewalt gegen die territoriale Integrität oder politische Unabhängigkeit aller anderen Staaten zu enthalten,[184] und als logische Folgerung daraus die Verpflichtung, ,,alle ihre internationalen Streitigkeiten durch friedliche Mittel auf solche Art auszutragen, daß der internationale Friede und die internationale Sicherheit und Gerechtigkeit nicht gefährdet werden".[185] Diese Verpflichtungen, die eine wahrhaft revolutionäre Neuerung darstellen, sind um deswillen von so grundlegender Bedeutung, weil ohne ihre Beachtung infolge der neuesten technischen Entwicklung der Kriegsmittel die Existenz des Völkerrechts wie der Menschheit selbst ernstlich in Frage gestellt sind. Mit Recht hat deshalb die UN-Deklaration von 1970 über freundschaftliche Beziehungen und Zusammenarbeit diese beiden korrespondierenden Verpflichtungen des Verzichts auf Gewalt und der friedlichen Streitbeilegung in den Mittelpunkt ihrer ,,Prinzipien" gestellt und zugleich die in der Satzung der UN formulierten Prinzipien konkretisiert, vielleicht sogar teilweise erweitert, so durch das Verbot der Propaganda für Angriffskriege, das Verbot der gewaltsamen Verletzung von internationalen Grenzen, aber auch von bloßen Demarkationslinien, das Verbot von gewaltsamen Repressalien, das Verbot des direkten oder indirekten Eingreifens in Bürgerkriege, die Verpflichtung zu Verhandlungen über den raschen Abschluß eines universellen Vertrags über allgemeine und vollständige Abrüstung unter effektiver internationaler Kontrolle. Bei der friedlichen Streitbeilegung wird ein justizielles Obligatorium abgelehnt und in Übereinstimmung mit der Satzung der UN die freie Wahl der Mittel der Streitbeilegung ausdrücklich festgelegt. Einen ähnlichen Inhalt hat das Prinzip II der KSZE von 1975.

Die Menschenrechte werden in der Deklaration von 1970 leider nur mit einem recht vagen Satz über die Pflicht der Staaten zur Beförderung der Achtung und Beobachtung dieser Rechte gestreift, eine im Hinblick auf die in sehr vielen Ländern noch immer bestehende Mißachtung dieser Rechte höchst bedauerliche Lücke.

---

[182] Siehe die Kritik des Vertreters der USA in AJIL 1974 S. 731. Siehe auch die Resolution 3281 (XXIX) der Generalversammlung der UN vom 12. 12. 1974 (abgedruckt in AJIL 1975 S. 484ff.) betr. die Charta der wirtschaftlichen Rechte und Pflichten der Staaten.

[183] Siehe Art. 1 des Kriegsächtungspaktes von 1928.

[184] Siehe Art. 2 Ziff. 4 Charter der UN.

[185] Siehe Art. 2 Ziff. 3 Charter der UN.

Dagegen ist in der Deklaration eine neue, bisher unbekannte Verpflichtung enthalten, nicht nur die Pflicht, sich jeder gewaltsamen Verletzung des Selbstbestimmungsrechts der Völker zu enthalten, sondern auch die positive Pflicht, die Verwirklichung dieses Prinzips aktiv zu fördern.

Schließlich wird die Verpflichtung der Staaten, alle ihre internationalen Verpflichtungen nach Treu und Glauben zu erfüllen, und der Vorrang der Verpflichtungen aus der Satzung vor Verpflichtungen aus anderen Verträgen erneut betont (siehe ebenso das Prinzip X der KSZE von 1975).

Während die sog. Grundrechte in der Vergangenheit eine große Rolle spielten, aber mit der fortschreitenden Intensivierung der rechtlichen internationalen Verflechtung Abschwächungen erfuhren, ja teilweise veraltet erscheinen, weist die Betonung der Grundpflichten und die Einführung ganz neuer Grundpflichten in die Zukunft einer sehr viel intensiveren Integration, in der Zusammenarbeit wichtiger ist als Unabhängigkeit, Gewaltverzicht wichtiger als Selbstbehauptung. Daß sie nicht vage Zukunftshoffnungen bleiben, sondern mit ihrer Verwirklichung ungesäumt ernst gemacht wird, davon hängt die ganze Zukunft des Völkerrechts ab.

Sechstes Kapitel

Entstehung, Untergang, Umwandlung von Völkerrechtssubjekten

Literatur: *Arechaga,* Reconocimento de Gobiernos, 1947; *Charpentier,* La reconnaissance internationale et l'évolution du droit des gens, 1956; *Chen,* The International Law of Recognition, 1951; s. insbesondere die Bibliographie bei *Chen* aaO S. 445–452; *Frenzke,* Die kommunistische Anerkennungslehre, 1972; *Frowein,* Das de facto-Regime im Völkerrecht, 1967; *Hervey,* The Legal Effects of Recognition in International Law, 1928; *Horneffer,* Die Entstehung des Staates, 1933; *Jessup,* The Birth of Nations, 1974; *Kunz,* Die Anerkennung der Staaten und Regierungen im Völkerrecht, 1928; *Lauterpacht,* Recognition in International Law, 1947; *Spiropoulos,* Die de-facto-Regierung im Völkerrecht, 1926; *Teuscher,* Die vorzeitige Anerkennung im Völkerrecht, 1959; *Venturini,* Il riconoscimento nel diritto internazionale, 1946.

§ 27. Die Entstehung von Völkerrechtssubjekten

Vom Völkerrecht her betrachtet ist die Entstehung eines Staats ein historischer Akt, ein faktischer Vorgang, die Entstehung eines Völkerrechtssubjekts dagegen ein rechtlicher Vorgang. Es kann also theoretisch Staaten, und zwar unabhängige Staaten geben, die nicht Völkerrechtssubjekte sind. In den Anfängen des modernen Völkerrechts bestand die Völkerrechtsgemeinschaft lediglich aus den abendländisch-christlichen Staaten. Mit der förmlichen Zulassung der Türkei im Jahre 1856 „zur Teilnahme an den Vorteilen des europäischen öffentlichen Rechts und des europäischen Konzerts" wurde dieser Kreis erstmalig durchbrochen.[1]

Im weiteren Verlauf des 19. Jahrhunderts und zu Beginn des 20. Jahrhunderts wurden auch die übrigen nichtchristlichen Staaten, die ihre Unabhängigkeit zu wahren verstanden hatten, so insbesondere Japan, China, Persien, Siam, in die Völkerrechtsgemeinschaft aufgenommen. Dieser Prozeß war vor Ausbruch des ersten Weltkriegs im Wesentlichen abgeschlossen, so daß, da die ganze bewohnbare Erde in irgendeiner Weise staatlicher Kontrolle unterfiel, alle unabhängigen Staaten aber zugleich Völkerrechtssubjekte waren, neue Staaten nur mehr auf dem Boden bereits vorhandener Staaten entstehen konnten, sei es durch (gewaltsame oder freiwillig konzedierte) Lostrennung von einem oder von mehreren von ihnen, sei es durch Zusammenschluß mehrerer bisher unabhängiger Staaten zu einem neuen Staat. So waren schon im 17. Jahrhundert die Niederlande und die Schweiz durch ihre Lostrennung vom alten Deutschen Reich unabhängige Staaten geworden. Im 18. Jahrhundert trennten sich 13 nordamerikanische Staaten von Großbritannien ab, schlossen sich allerdings schon nach wenigen Jahren ihrer nur

[1] Art. 7 des Pariser Friedensvertrages von 1856.

durch einen Staatenbund schwach begrenzten Unabhängigkeit zu *einem* Bundesstaat zusammen. Im 19. Jahrhundert entstanden in Deutschland durch den Zerfall des alten Deutschen Reiches eine Reihe neuer deutscher Staaten, die sich aber 1867 bzw. 1871 fast alle (nicht mehr Österreich, Luxemburg, Liechtenstein) zu einem neuen deutschen Staat zusammenschlossen. Die nach der napoleonischen Übergangszeit teilweise restaurierten italienischen Staaten schlossen sich mit von Österreich abgetrennten Gebieten zu einem neuen Staat Italien zusammen. Belgien trennte sich 1831/1839 von den Niederlanden. Die zentral- und südamerikanischen Kolonien Spaniens und Portugals konstituierten sich zu einer Reihe neuer Staaten. Von der Türkei lösten sich mehrere Staaten auf dem Balkan, später auch in Asien und Afrika ab, teilweise über den Umweg von suzeränen Staaten, Protektoraten, Mandaten. Im 20. Jahrhundert entstanden durch den Zusammenbruch der Kaiserreiche Rußland und Österreich-Ungarn eine Reihe neuer Staaten, z. T. unter Hinzufügung deutscher Gebietsteile. Sehr bald trat der gleiche Zersetzungsprozeß im Britischen Reich ein, auf dessen Boden sich zunächst die sog. Dominions als unabhängige Staaten konstituierten, dann eine Reihe weiterer Staaten in Asien und Afrika, ebenso beim französischen Reich, auf dessen Boden sich sowohl in Asien wie in Afrika eine Reihe von neuen Staaten bildeten. Korea, zeitweise von Japan annektiert, spaltete sich von diesem ab, Indonesien von den Niederlanden, die Philippinen von USA. In der Situation der gespaltenen Staaten (Deutschland, Korea, Vietnam) ist eventuell ein komplizierter Anwendungsfall der Entstehung neuer Staaten zu sehen.

Diese Entstehung von Staaten ist eines der Hauptthemen der Weltgeschichte. Das Völkerrecht verhielt sich ihr gegenüber lange zurückhaltend. Dies ist anders seit der Verabschiedung der UN-Deklaration über freundschaftliche Beziehungen von 1970, durch die das vorher nur politische Prinzip des Selbstbestimmungsrechts der Völker zu einem universalen Rechtsprinzip erhoben wurde, das ein legitimes Eingangstor für die Entstehung neuer Staaten bildet, indem es nicht nur die erzwungene Vorenthaltung dieses Rechtes untersagt, sondern allen Staaten die Pflicht auferlegt, aktiv die Verwirklichung des Selbstbestimmungsrechts der Völker zu unterstützen. Als Modalitäten der Verwirklichung des Selbstbestimmungsrechts werden aufgeführt: „die Errichtung eines souveränen und unabhängigen Staates, die freie Verbindung mit oder das Aufgehen in einem unabhängigen Staat oder die Entstehung irgendeines anderen frei gewählten politischen Status."

Es gibt im Gegensatz zum Staatsrecht, wo das Unternehmen der Bildung eines neuen Staates auf dem Boden eines bestehenden Staates ohne sein Einverständnis regelmäßig als Hochverrat mit schwerer Strafe bedroht ist, keinen Satz des Völkerrechts, der die freie Bildung neuer Staaten auch außerhalb des Selbstbestimmungsrechts, freilich nicht gegen es verbietet. Das Völkerrecht übernimmt nicht den Schutz für die Existenz oder den gegenwärtigen Umfang von Staaten gegen Loslösungs- oder Umsturzbestrebungen im Innern, sondern nur gegen Störungen von außen (s. z. B. Artikel 10 Völkerbundsatzung, Artikel 2 Ziff. 4 Charter der UN, UN-Deklaration von 1970: „Jeder Staat soll sich von jeder Handlung fernhalten, die auf die teilweise oder völlige Auflösung der nationalen Einheit und territorialen Integrität irgendeines anderen Staates oder Landes gerichtet ist."). Es gibt natürlich die Möglichkeit, daß sich Staaten durch den Abschluß völkerrechtlicher Verträge gegen solche von innen kommende Gefahren zu sichern suchen (z. B. die Heilige Allianz). Das *allgemeine* Völkerrecht aber scheidet bei der Prüfung der Frage, ob ein auf dem Boden eines oder mehrerer bestehender Staaten durch Loslösung oder durch Zusammenschluß neu entstandener Staat zur Völkerrechtsgemeinschaft zugelassen werden soll, das Problem seiner innerstaatlich legalen oder illegalen Entstehung bewußt aus. Nur so kann das Völkerrecht dem Prinzip der Offenheit des welthistorischen Prozesses, das eines der konstitutiven Prinzipien der gegenwärtigen weltpolitischen Epoche ist, gerecht werden.

Diese Offenheit des welthistorischen Prozesses dient seit über hundert Jahren zwei beherrschenden Prinzipien unserer historischen Epoche: dem Prinzip des Nationalstaats und dem Prinzip der demokratischen Herrschaftsausübung innerhalb des Staates. Das Prinzip des Nationalstaats besagt: Jedes Volk soll seinen eigenen Staat besitzen. Das Prinzip der demokratischen Herrschaftsausübung besagt: Die Regierung jedes Staats soll vom Volk kontrolliert werden. Diese beiden Prinzipien waren in den letzten 100 Jahren weitgehend die Motoren der zur Staatenneubildung führenden Loslösungs- und Zusammenschlußtendenzen wie der zur Neubildung von Regierungen führenden Umsturztendenzen. Sie sind aber nicht die einzigen Motoren. Das Beispiel der gespaltenen Staaten zeigt uns, daß die Neubildung von Staaten aus Macht- bzw. Ideologiegründen gerade im Gegensatz zum Nationalitätenprinzip versucht werden kann, wie auch die zur Neubildung von Regierungen führenden Umsturztendenzen nicht aus demokratischen Beweggründen erfolgen müssen, sondern sehr wohl auch zu antidemokratisch-totalitären Zwecken vorgenommen werden können. Das Völkerrecht verzichtet aber in beiden Fällen auf eine wertende Prüfung der Legalität oder Illegalität des Machterwerbs, es prüft nur, ob die an die Effektivität eines neuen Staates bzw. einer neuen Regierung zu stellenden Anforderungen vorliegen. Bei positivem Ergebnis dieser Prüfung spricht man von der *Anerkennung* eines Staates bzw. einer Regierung. Wir werden uns zunächst dem Problem der Anerkennung eines Staates zuwenden.

§ 28. Die Anerkennung von Staaten

Über die Voraussetzungen und das Wesen der Anerkennung gibt es im wesentlichen zwei große sich grundsätzlich unterscheidende Theorien: die „politische" und die „juristische" Theorie.[2] Die „politische" Theorie weist, mit mannigfachen Abwandlungen im einzelnen, mehrere oder alle der folgenden Merkmale auf:

a) Jeder Staat entscheidet ohne Rücksicht auf die Anerkennungspolitik anderer Staaten, und insbesondere auch des Mutterlandes im Falle der Lostrennung, selbständig, einseitig, individuell über die Anerkennung, mit dem Ergebnis, daß ein neu entstandener Staat von einigen Staaten anerkannt sein kann, von anderen dagegen nicht.

b) Kein Staat ist beim Vorliegen gewisser materieller Voraussetzungen gezwungen, einen neuen Staat anzuerkennen. Er *kann* ihn beim Vorliegen dieser Voraussetzungen anerkennen, *muß* es aber nicht. So hat z. B. Spanien Peru erst 75 Jahre, nachdem Peru als neuer Staat entstanden war, anerkannt. China hat den 1932 neu entstandenen Staat Mandschukuo bis zum Ende seiner Existenz im Jahre 1945 niemals anerkannt.

c) Jeder Staat kann die Anerkennung eines Staates von bestimmten Voraussetzungen abhängig machen, die aber regelmäßig keine echten Bedingungen darstellen, da ihre Nichterfüllung nicht zur rückwirkenden Hinfälligkeit der Anerkennung führen kann.

Nach der „juristischen" Theorie dagegen unterliegt die Anerkennung eines neuen Staats folgender Regelung:

a) Die Anerkennung eines neuen Staates kann von einem Staat nicht individuell, anarchisch, ohne Rücksicht auf die Anerkennung oder Nichtanerkennung durch andere Staaten, vorgenommen werden, sondern gemeinsam mit ihnen, etwa durch das Konzert der Mächte, durch die Generalversammlung der UN.

b) Es besteht für jeden Staat eine rechtliche Verpflichtung, die Anerkennung eines neuen Staates ohne Rücksicht auf politische Erwägungen vorzunehmen, sobald die Voraussetzungen der Staatlichkeit, nämlich Volk, Gebiet, Staatsgewalt, in effektiver und Stabilität garantierender Weise gegeben sind.

c) Die Anerkennung eines neuen Staates kann nicht bedingt und daher evtl. zurücknehmbar erfolgen, wohl aber unter gewissen im Interesse der Völkerrechtsgemeinschaft liegenden Auflagen.

Wie sind diese Theorien im Lichte der Staatenpraxis zu beurteilen?

Das Erfordernis der einverständlich-kollektiven Anerkennung kann nicht als geltendes Recht, sondern nur als Forderung de lege ferenda verstanden werden. Die Staatenpraxis geht ganz überwiegend von dem Recht der individuellen Anerkennung aus, mit dem Ergebnis, daß ein neuer Staat von den schon bestehenden Staaten häufig zu ganz verschiedenen Zeiten anerkannt wird, oder daß er von einigen Staaten anerkannt wird, von anderen dagegen überhaupt nicht oder nur in abgeschwächter Form.

---

[2] Siehe Rousseau aaO 1. Aufl. S. 293: „Deux grandes théories sont ici en présence, celle de la reconnaissance acte politique et de la reconnaissance acte juridique".

Eine rechtliche Pflicht zur Anerkennung wird z. B. von Lauterpacht[3] als im geltenden Recht verankert behauptet. Kunz hat aber überzeugend nachgewiesen,[4] daß diese These Lauterpachts reines Wunschdenken ist, das keine Basis in der gegenwärtigen Staatenpraxis und damit im geltenden Völkerrecht hat. Die Theorie lehnt überwiegend eine Pflicht zur Anerkennung ab, so insbesondere Verdross, Kunz, Kelsen, Ross, Schwarzenberger. Die Staatenpraxis nimmt überwiegend an, daß eine solche Pflicht nicht besteht; doch sind Tendenzen unverkennbar, eine solche Pflicht anzunehmen. So enthält z. B. Artikel 2 eines von Panama den UN vorgelegten Entwurfs von 1947 über die Rechte und Pflichten der Staaten[5] die Bestimmung: ,,Jeder Staat hat einen Anspruch auf Anerkennung seiner Existenz.“ Die britische Regierung hat in ihrer offensichtlich von Lauterpacht inspirierten Stellungnahme zu dem Entwurf Panamas u. a. ausgesprochen, daß, wenn ein Verband die Bedingungen der Staatlichkeit erfülle, alle anderen Staaten die Pflicht hätten, ihn anzuerkennen; es wird allerdings hinzugefügt, daß diese These in der modernen Theorie umstritten sei. Den entgegengesetzten Standpunkt nimmt die im gleichen UN-Dokument[6] abgedruckte Antwort der USA ein; diese zitieren dabei die auf reiches Material gestützte kategorische These von Hackworth:[7] ,,Ob und wann die Anerkennung gewährt wird, ist eine Angelegenheit, die im freien Belieben des anerkennenden Staates steht.“[8] Der Entwurf der ILC von 1949 (A/925) enthält die These Panamas nicht mehr.

Eine befriedigende Antwort auf die Frage, ob eine rechtliche Verpflichtung zur Anerkennung vorliegt, läßt sich erst geben, wenn zunächst die Prüfung über die rechtliche Bedeutung der Anerkennung erfolgt ist. Hierüber gibt es ebenfalls zwei grundsätzlich divergierende Theorien, die sich aber[9] nicht mit der Unterscheidung der Anerkennung als politischer oder als juristischer Akt decken. Die eine Theorie behauptet, daß erst die Anerkennung den neuen Staat aus einem *rechtlich* nicht vorhandenen Wesen zu einer Rechtspersönlichkeit mache, die Anerkennung also konstitutive Wirkung habe. Hauptvertreter dieser Theorie sind: Oppenheim,[10] Triepel,[11] Scheuner,[12] Kelsen, Lauterpacht, Anzilotti,[13] Schwarzenberger[14] u. a.

[3] Recognition in International Law, 1947.

[4] AJIL 1950 S. 7, 15ff.

[5] U. N. Doc. A/285.

[6] A/CN. 4/2.

[7] aO I S. 161.

[8] Siehe auch Moore, Digest I 72: ,,Except in consequence of particular conventions, no State is obliged to accord it“.

[9] AM Rousseau aaO 1. Aufl. S. 293f.

[10] Siehe aaO I S. 125: ,,A State is, and becomes, an International Person through recognition only and exclusively“.

[11] Völkerrecht und Landesrecht S. 102.

[12] Archiv des Völkerrechts III S. 53f.

[13] aaO S. 119: ,,. . . wie denn dem Begriff Anerkennung das Moment der Gegenseitigkeit und der Konstitutivität eigen ist.“

[14] aaO I S. 64: ,,. . . an entity which, in so far as that existing subject of international law is concerned, does not exist before the recognition.“

Die entgegengesetzte Theorie behauptet, die Anerkennung habe nur einen deklaratorischen Sinn; sobald die Voraussetzungen der Staatlichkeit faktisch vorlägen, sei auch ein Staat im Rechtssinn vorhanden. Hauptvertreter dieser Richtung sind: Bluntschli,[15] Scelle,[16] Rivier,[17] Fauchille,[18] Hyde,[19] Guggenheim,[20] Dahm.[21]

In ihrer schon erwähnten Stellungnahme zu dem Entwurf der ILC hat die britische Regierung diesen letzteren Standpunkt mit großer Klarheit vertreten: „Die Existenz eines Staates sollte nicht als von seiner Anerkennung abhängend betrachtet werden, sondern davon, ob er tatsächlich die Bedingungen erfüllt, die eine Pflicht zur Anerkennung erzeugen". Die rein deklaratorische Wirkung der Anerkennung wird von einer Reihe von Anhängern dieser Theorie dahin modifiziert, daß der Staat zwar schon im Augenblick seiner Entstehung ein Völkerrechtssubjekt sei, gewisse Rechte aber erst nach der Anerkennung ausüben könne. Damit wird eine vermittelnde Theorie vorbereitet, wie sie insbesondere von Verdross[22] vertreten wird. Verdross behauptet, daß die Anerkennung ein aus zwei Teilen bestehender Vorgang sei; sie bestehe erstens aus der deklarativen Feststellung des anerkennenden Staates, daß sich eine neue unabhängige Herrschaftsordnung mit Aussicht auf Dauer durchgesetzt habe, zweitens aus der konstitutiven Übereinkunft der Aufnahme des Verkehrs. Diese vermittelnde Stellung wird auch von von der Heydte[23] und im Ergebnis auch von Dahm[24] eingenommen.

Bevor wir eine eigene Stellungnahme zu diesen Theorien vornehmen, ist zunächst der Begriff der Anerkennung selbst zu klären.

„Anerkennung" ist ein Begriff, der auf allen Gebieten des Rechts verwendet wird. Das bürgerliche Recht spricht von der Anerkennung eines Anspruchs, einer Schuld, des Nichtbestehens einer Schuld, von der Anerkennung der unehelichen Vaterschaft; das französische Recht kennt „anerkannte" Kinder. Das Prozeßrecht spricht von der Anerkennung einer Urkunde, des Urteils eines ausländischen Gerichts, eines ausländischen Schiedsspruchs. Das Steuerrecht spricht von der Anerkennung gewisser Einrichtungen oder Ausgaben als steuerbegünstigt. Das Staatsrecht spricht von der Inkorporierung der „allgemein anerkannten" Regeln des Völkerrechts in das Landesrecht. Das Völkerrecht selbst verwendet den Begriff der Anerkennung für eine Reihe von Vorgängen: man spricht von der

---

[15] aaO Nr. 29.

[16] Manuel S. 121: „. . . la reconnaissance est une constatation d'une situation acquise, d'un état de droit préexistant . . .".

[17] Lehrbuch des Völkerrechts, 2. Aufl. 1899, S. 92.

[18] aaO I_1 S. 307.

[19] aaO I S. 147.

[20] Siehe aaO I S. 181: „Eine autoritative Konstatierung dieses Zustandes ist notwendig".

[21] Siehe aaO I S. 132.

[22] aaO S. 246.

[23] Völkerrecht I S. 192.

[24] Siehe aaO I S. 136.

Anerkennung als Staat, als Regierung, als Kriegführender, von der Anerkennung eines neuen Titels, eines Gebietserwerbs.

Der gemeinsame Kern des auf so verschiedenen Rechtsgebieten verwendeten Begriffs der Anerkennung ist die rechtliche Klarstellung einer ungewissen rechtlichen Lage. Dernburg[25] sagt: ,,Anerkennung ist Feststellung der Existenz, sowie des Inhaltes von Rechten gegen Anzweifelung und Einwendungen". Es handelt sich also bei der Anerkennung darum, durch eine Erklärung eine rechtlich unklare Situation in bindender Weise in einem gewissen Sinn rechtlich zu fixieren. Die Anerkennung eines neuentstandenen Staates durch einen schon bestehenden Staat bedeutet also, daß die durch die Loslösung eines Gebietsteils von einem bestehenden Staat oder die durch den Zusammenschluß mehrerer bestehender Staaten zu einem neuen Gebilde geschaffene unklare und umstrittene Rechtslage durch eine den Erklärenden bindende einseitige Erklärung aufgeklärt, klargestellt, fixiert wird. Da es sich um die einseitige Erklärung eines einzelnen Staates handelt, da auch die Erklärungen mehrerer Staaten nicht ein im Namen der Völkerrechtsgemeinschaft erfolgender Gesamtakt, sondern eine Summe einseitiger Erklärungen einzelner Staaten sind, da die Erklärungen mehrerer Staaten in vieler Beziehung von einander abzuweichen pflegen (ein Staat anerkennt de facto, ein anderer de jure, ein Staat anerkennt als Staat, ein anderer nur als Kriegführender, ein Staat anerkennt mit bestimmten ,,Bedingungen", ein anderer mit anderen ,,Bedingungen" oder vorbehaltlos) oder sich sogar widersprechen (ein Staat anerkennt nur den Altstaat, ein anderer nur den Neustaat, ein dritter sowohl den Alt- wie den Neustaat), so ist klar, daß die Anerkennung weder den neuen Staat schafft noch den neuentstandenen Staat zum Völkerrechtssubjekt macht, sondern daß sie nur das Rechtsverhältnis zwischen dem anerkennenden und dem anerkannten Staat feststellt, klärt, und zugleich regelmäßig die Bereitschaft zur Aufnahme diplomatischer Beziehungen in sich schließt, ohne daß diese Verbindung allerdings zwangsläufig ist.

Daraus ergibt sich, daß die Anerkennung nicht ,,konstitutiv" in dem oben angegebenen Sinn ist, sondern daß ein neuer Staat entstanden ist, sobald objektiv die ihn konstituierenden Merkmale (Staatsvolk, Staatsgebiet, Staatsgewalt) in der oben § 14 beschriebenen Weise vorliegen. Da es aber an einem Völkerrechtsorgan fehlt, das befugt wäre, das Vorliegen eines neuen Staates ,,authentisch" festzustellen, wird zu dem schwachen Substitut der ,,Anerkennung" durch die einzelnen Staaten gegriffen, das die neue Situation nicht mit Wirkung für die Völkerrechtsgemeinschaft, sondern mit Wirkung nur für die jeweils anerkennenden Staaten, ihre Organe und ihre Untertanen feststellt.

Nach der hier vertretenen Auffassung hat also die Anerkennung keinen Einfluß auf die rechtliche Existenz eines neuen Staates als solchen, die vielmehr unabhängig von dieser Anerkennung eintritt, sobald die konstitutiven Merkmale der

[25] Pandekten, 3. Aufl. 1892, I, S. 192.

Staatlichkeit objektiv vorliegen.[26] Es ist auch absurd, anzunehmen, daß der neue Staat sich erst nach der Anerkennung an das Völkerrecht zu halten hätte oder die anderen Staaten sich vorher ihm gegenüber nicht an die Grundprinzipien des Völkerrechts zu halten hätten; bei der heute durchgedrungenen Universalität des Völkerrechts kann es keinen Staat auf der Erde geben, der den allgemeinen Regeln des Völkerrechts nicht unterworfen wäre. Lediglich die konkrete Teilnahme am Völkerrechtsverkehr bleibt bedingt durch die Anerkennung; nur die volle, auch die Aufnahme des diplomatischen Verkehrs einschließende Anerkennung gibt dem neuen Staat die Möglichkeit, im Umfang der ihm zuteil gewordenen Anerkennungen am Völkerrechtsverkehr teilzunehmen. Insoweit, aber auch nur insoweit kann man die Anerkennung als „konstitutiv" bezeichnen.[27]

Eine Pflicht zur Anerkennung kann es auf keinen Fall in dem weiten Sinne geben, in dem die Anerkennung auch die Aufnahme diplomatischer Beziehungen einschließt, da es jedem Staate freisteht, nur mit denjenigen Staaten diplomatische Beziehungen aufzunehmen oder zu unterhalten, mit denen er es nach seinem freien Willensentschluß tun will, gleich, ob es sich um einen schon bestehenden oder um einen neuen Staat handelt. Aber mangels eines völkerrechtlichen Organs, das mit bindender Wirkung für alle Mitglieder der Völkerrechtsgemeinschaft die Existenz des neuen Staates „anerkennen" könnte, ist ein Staat auch nur zur bloßen Anerkennung eines neuen Staates nicht verpflichtet, da es Ausfluß seiner Unabhängigkeit ist, das Vorliegen der Voraussetzungen selbständig zu prüfen. Lediglich dann, wenn die Existenz eines neuen Staates über jeden Zweifel erhaben feststeht, z. B. auch durch die Anerkennung seitens der großen Mehrzahl der Völkerrechtssubjekte, könnte die Verweigerung der Anerkennung des neuen Staats durch einen einzelnen Staat einen Rechtsmißbrauch darstellen, der eine Verletzung des Völkerrechts darstellen würde.

Ist so der Staat nicht völlig frei in der Verweigerung der Anerkennung (im beschränkten Sinn, ohne Einschluß der Aufnahme diplomatischen Verkehrs), so ist er erst recht nicht frei in der Gewährung der Anerkennung und in der Wahl des Zeitpunkts für diese Gewährung.

Die Anerkennung kann nicht erfolgen, solange die konstitutiven Merkmale eines Staates, der als Mitglied der Völkerrechtsgemeinschaft auftritt, nicht gegeben sind. Sind aber diese Merkmale, die also außer dem effektiven Vorhandensein von Staatsvolk, Staatsgebiet und Staatsgewalt auch die Beobachtung des Völkerrechts durch den neuen Staat einschließen, gegeben, so kann die Anerkennung erfolgen, selbst wenn das Mutterland, von dem die Losreißung erfolgte, die

[26] Übereinstimmend die bereits oben erwähnte Stellungnahme der britischen Regierung vom 15. 12. 1948: „the existence of a State should not be regarded as depending upon its recognition but on whether in fact it fulfils the conditions which create a duty for recognition"; s. übereinstimmend auch Art. 9 Satz 1 der Charter der Amerikanischen Staaten vom 30. 4. 1948: „The political existence of the State is independent of recognition by other States".

[27] Siehe Verdross aaO S. 246.

Anerkennung noch verweigert. Doch liegt das effektive Vorhandensein der konstitutiven Merkmale der Staatlichkeit noch nicht vor, solange das Mutterland die Versuche zur Niederwerfung des Abfalls noch nicht aufgegeben hat, es sei denn, daß diese Versuche objektiv als ganz aussichtslos erscheinen. Eine in diesem Sinne unzeitige oder vorzeitige Anerkennung[28] ist mehr als nur ein unfreundlicher Akt gegenüber dem Mutterland; sie stellt, insbesondere angesichts des Verbots der UN-Deklaration von 1970 „jeder Handlung ..., die auf die teilweise oder völlige Auflösung der nationalen Einheit und territorialen Integrität irgendeines anderen Staates ... gerichtet ist", eine rechtswidrige Intervention dar, die eine völkerrechtliche Haftung herbeiführen kann. Ganz sicher keine Völkerrechtsverletzung ist dagegen die Anerkennung zu einem Zeitpunkt, zu dem das Mutterland selbst die Anerkennung ausgesprochen hat. So war die Anerkennung der 1776 von Großbritannien abgefallenen Vereinigten Staaten durch Frankreich im Jahre 1778 verfrüht; nachdem aber Großbritannien die USA selbst 1782, also noch vor Beendigung des Krieges, anerkannt hatte, war sie zweifellos auch allen anderen Staaten legal möglich. Als die südamerikanischen Kolonien Spaniens 1810 ihre Unabhängigkeit erklärten, war Spanien so wenig gewillt, sich damit abzufinden, daß zunächst kein Staat sie anerkannte. Die Anerkennung durch die USA 1822, durch Großbritannien 1824 und 1825 war aber legal, obwohl Spanien mit seiner Anerkennung teilweise noch lange Jahre zurückhielt.[29] Um die Zeit des Zweifels möglichst risikolos zu machen, hat das Völkerrecht abgeschwächte Formen der Anerkennung geschaffen, etwa die Anerkennung de facto oder die Anerkennung als Kriegführender.[30]

Die Anerkennung ist ein einseitiger Akt des anerkennenden Staates, die ausdrücklich oder stillschweigend erfolgen kann. Die ausdrückliche Anerkennung erfolgt oft in der Form eines Vertrags mit dem anerkannten Neustaat, vor allem, wenn gleichzeitig die Aufnahme diplomatischer Beziehungen oder andere Rechtsfragen geregelt werden; diese Form ändert aber nichts am strikt einseitigen Charakter der Anerkennung.

Die stillschweigende Anerkennung erfolgt durch Akte, die den Willen erkennen lassen, das Gebilde, demgegenüber diese Akte erfolgen, als Völkerrechtssubjekt gelten lassen zu wollen. Will man eine solche Folgerung vermeiden, so muß man dem Akt, dem eine solche Auslegung gegeben werden könnte, einen Vorbehalt beifügen, aus dem mit Klarheit hervorgeht, daß keine Anerkennung gewollt ist, was bei einigen Akten, z. B. der Aufnahme voller normaler diplomatischer Beziehungen, ihrem Wesen nach nicht möglich ist, da sie eine stillschweigende Anerkennung notwendig beinhalten. Solche Akte mit Vorbehalt sind oft aus

---

[28] Siehe Teuscher, Die vorzeitige Anerkennung im Völkerrecht, 1959.

[29] Siehe Gibbs, Recognition: A Chapter from the History of the North American and South American States, 1863.

[30] Siehe darüber Näheres unten § 30.

Gründen administrativer Kontinuität unvermeidlich; die amerikanische Praxis nennt sie „Acts falling short of recognition".[31]

Akte, in denen eine stillschweigende Anerkennung gesehen werden kann, sind insbesondere:

a) Die Aufnahme des diplomatischen Verkehrs, nicht dagegen die bloße Fortsetzung der konsularischen Beziehungen oder die Zulassung von Handelsvertretungen und ähnlichen Agenturen (wie dies etwa eine Reihe von Staaten, die diplomatische Beziehungen mit der Bundesrepublik Deutschland unterhalten, gegenüber der DDR lange Zeit getan haben).[32]

b) Die Eröffnung von Verhandlungen zum Abschluß von völkerrechtlichen Verträgen und erst recht der Abschluß solcher (insbesondere bilateraler) Verträge, nicht aber der Abschluß eines bloß technischen modus vivendi, die Zulassung des Beitritts zu unpolitischen multilateralen Verträgen, die Vereinbarung einer Waffenruhe oder die Entgegennahme einer Kapitulation.

Die Aufnahme eines neuen Staates durch eine internationale Organisation hat dagegen nicht die Wirkung einer stillschweigenden Anerkennung durch die Mitgliedstaaten,[33] ebenso nicht die Teilnahme an internationalen Konferenzen, auf denen auch vom Teilnehmer nicht anerkannte Staaten vertreten sind.

In Situationen, in denen die endgültige und vorbehaltlose Anerkennung, auch mit einem mißverständlichen Wort „Anerkennung de jure" genannt,[34] angesichts mangelnder Effektivität oder Stabilität als zu riskant erscheint, besteht die Möglichkeit, den neuen Staat nur „de facto" anzuerkennen. Diese Anerkennung schafft dem Umfang der Rechte nach die gleiche Rechtslage wie die Anerkennung de jure, sie unterscheidet sich von dieser aber dadurch, daß sie nur vorläufig, also widerruflich ist, wenn sich die Erwartung dauernder Stabilisierung der neuen Staatsgewalt nicht erfüllt, während die Anerkennung de jure prinzipiell unwiderruflich ist, also nur zurückgenommen werden kann, wenn die Voraussetzungen der Staatlichkeit wieder entfallen. Die Zurücknahme der Anerkennung einer bestehenden Völkerrechtsperson kann ebenfalls ausdrücklich oder stillschweigend erfolgen.

Die Anerkennung einer neuen Staatsgewalt, die sich gegenüber einem früheren Staat in der Weise durchgesetzt hat, daß sie ihn völlig abgelöst hat, bedeutet immer zugleich den stillschweigenden Widerruf der Anerkennung der alten Staatsgewalt. Bei der Deutung von Akten als stillschweigender Widerruf muß aber mit besonderer Vorsicht verfahren werden.[35]

---

[31] Siehe Hackworth aaO I S. 327ff.

[32] Siehe Dahm aaO I S. 142.

[33] Israel, Mitglied der UN, ist von arabischen Staaten, ebenfalls Mitgliedern der UN, nicht anerkannt; siehe Seidl-Hohenveldern, Völkerrecht, 1975, Nr. 481.

[34] Jede Anerkennung, ob de jure oder de facto, ist ein juristischer Akt.

[35] Siehe Oppenheim aaO I S. 152.

Als Folge des deklaratorischen Charakters der Anerkennung als solcher ergibt sich in gewissem Umfang eine sog. ,,Rückwirkung" auf den Zeitpunkt, zu dem, schon vor der Anerkennung, objektiv der neue Staat entstanden war. Die Wirkungen der Anerkennung treten also in gewissem Umfang von jenem Zeitpunkt an ein, zu dem der Staat, da entstanden, eigentlich hätte anerkannt werden sollen, um die Folgen der in der verspäteten Anerkennung sich manifestierenden Fehlinterpretation der wahren Lage wiedergutzumachen. Das drückt sich vor allem darin aus, daß die inneren Staatsakte eines Staates, die vor der Anerkennung vorgenommen wurden, als vollgültig zu betrachten sind. Dagegen erfordert es der Vertrauensschutz, daß erworbene Rechte Privater aus Rechtsgeschäften im Gebiet des anerkennenden Staates, die vor der Anerkennung mit dem damals anerkannten alten Staat abgeschlossen wurden, als gültig behandelt werden.[36]

Die Anerkennung bedeutet kein Urteil über den legitimen oder illegitimen Ursprung des neuen Staates, sondern über seine Effektivität. Die bei der Prüfung über eine etwa vorzunehmende Anerkennung angestellten Erwägungen sind allerdings reichlich gemischter Art;[37] sie umfassen insbesondere: die Unabhängigkeit des Staates von äußerer Kontrolle; Stabilität und Effektivität seiner Regierung; Fähigkeit und Bereitschaft, völkerrechtliche Verpflichtungen zu erfüllen; politische Erwünschtheit des neuen Gebildes; Umfang der bisher schon vorliegenden Anerkennungen; dynastische und konstitutionelle Erwägungen; Erwägungen des internationalen Gleichgewichts und der Bündnispolitik; Beachtung von Nichtanerkennungsbeschlüssen internationaler Gremien.[38]

§ 29. Die Anerkennung von Regierungen

Die Anerkennung von Regierungen ist von der Anerkennung neuer Staaten scharf zu unterscheiden. Eine Erhebung gegen das bestehende Regime in einem Staat kann zwei grundsätzlich verschiedene Ziele verfolgen:

a) einen Teil des Staatsgebiets abzutrennen und auf ihm als einem neuen Staat eine selbständige Regierung zu errichten, im übrigen aber die gegenwärtige Regierung auf dem ihr verbleibenden Restgebiet an der Macht zu lassen,

b) an der Einheit und Integrität des Staatsgebiets festzuhalten, die gegenwärtige Regierung aber von der Ausübung der Macht für das gesamte Staatsgebiet restlos zu verdrängen und durch eine andere Regierung zu ersetzen.

In einem Zwischenstadium, solange diese Ziele nicht völlig erreicht sind, sehen sich die beiden alternativen Situationen bei oberflächlicher Betrachtung zum Ver-

---

[36] Siehe Oppenheim aaO I S. 150, Fußnote 4.

[37] Siehe Briggs aaO S. 115.

[38] Siehe insbesondere Moore aaO I S. 74ff.; Hackworth aaO I S. 195ff.; Smith, Great Britain and the Law of Nations, I, S. 77ff.; Bruns, Fontes Juris Gentium, Ser. B, Sec. 1, Tom. 1, S. 130ff., Tom. 2, S. 78ff.

wechseln ähnlich: in zwei verschiedenen Regionen des Staatsgebiets befinden sich zwei verschiedene Regierungen am Ruder. Diese oberflächliche Ähnlichkeit führt daher beim völkerrechtlich nicht geschulten Betrachter häufig zu der gefährlichen Verwechslung, es handle sich in beiden Fällen um zwei Staaten mit zwei Regierungen, die dann beide gleichzeitig anerkannt werden könnten. In Wirklichkeit kommt es auf die Zielrichtung der Umwälzung und die Zielrichtung des Widerstands der alten Regierung an. So haben wir in China heute zwei Regierungen, eine in Peking, eine in Taipeh. Keine dieser beiden Regierungen wünscht aber eine Teilung Chinas, jede macht den Anspruch, das gesamte China zu vertreten. Es gibt keinen Staat Rotchina und keinen Staat Formosa; es gibt nur den einheitlichen Staat China. Es gibt aber zwei konkurrierende Regierungen, von denen jede für sich in Anspruch nimmt, die richtige Regierung für den einheitlichen Staat China zu sein. Es handelte sich bei dem schließlich erfolgreichen Verlangen der Pekinger Regierung, Sitz und Stimme in den Vereinten Nationen einzunehmen, nicht um den Antrag, den gar nicht existierenden Staat Rotchina in die UN aufzunehmen, sondern um den Antrag, als Vertretung des einheitlichen Staates China nicht mehr die alte, auf einen kleinen Gebietsteil abgedrängte Regierung anzuerkennen, sondern die kommunistische Regierung, die zwar durch Gewalt an die Macht gekommen war, die aber den weitaus größten Teil Chinas effektiv beherrschte. Ähnlich lag es bei dem konkurrierenden Anspruch der Madrider legalen Regierung und der Revolutionsregierung Francos während des spanischen Bürgerkriegs 1936/39, die beide die Regierung über das gesamte einheitliche Spanien für sich in Anspruch nahmen. Bei zwei in solcher Weise um die Herrschaft über das ganze Staatsgebiet in Konkurrenz liegenden Regierungen kann die eine Regierung von *einer* Gruppe von Staaten, die andere Regierung von einer *anderen* Gruppe von Staaten anerkannt sein; niemals aber kann ein und derselbe Staat die beiden konkurrierenden Regierungen gleichzeitig anerkennen. Eine gleichzeitige Anerkennung beider Regierungen ist vielmehr nur möglich, wenn es sich um eine Sezession, eine Teilung handelt, um zwei Regierungen, von denen mindestens eine das oben unter a) gekennzeichnete Ziel verfolgt, nämlich die Regierung eines von dem Gebiet der anderen Regierung abgetrennten Staates zu sein.

Die Anerkennung eines neuen Staates bedeutet implicite immer zugleich die Anerkennung von dessen neuer Regierung; das ist aber nicht das Problem, das mit der Anerkennung einer Regierung gerade im Gegensatz zur Anerkennung eines Staates gemeint ist. Das spezifische Problem der Anerkennung einer Regierung entsteht vielmehr nur dann, wenn es sich nicht um die Losreißung und Neubildung eines Staates, sondern um einen bloßen, allerdings besonders charakterisierten, Regierungswechsel handelt, während die Einheit und Kontinuität des Staates erhalten bleibt.

Es ist ein anerkannter, aus dem Rechtsprinzip der Selbstgestaltung[39] folgender

[39] Siehe oben § 23.

Grundsatz des Völkerrechts, daß jeder unabhängige Staat das Recht hat, seine eigene Regierungsform (seine Verfassung) nach Belieben zu wählen. Das Problem der Anerkennung einer Regierung entsteht überhaupt nicht, wenn eine neue Regierung in Übereinstimmung mit der geltenden Verfassung – die nicht notwendig demokratisch zu sein braucht – bestellt wird. Das spezifische Problem der Anerkennung einer neuen Regierung durch dritte Staaten entsteht vielmehr nur dann, wenn eine neue Regierung im Gegensatz zur geltenden Verfassung zur Macht kommt, oder eine schon an der Macht befindliche, bisher legale Regierung im Gegensatz zur Verfassung an der Macht bleibt. Eine neue Regierung bedarf also der Anerkennung:

a) wenn sie im Gegensatz zur geltenden Verfassung an die Macht kommt, sei es durch eine Revolution (von unten), sei es durch einen Staatsstreich (von oben), sei es durch eine Intervention (von außen, oder, wie die japanische Doktrin dies ausdrückt, ,,von der Seite"),

b) wenn sie im Gegensatz zur geltenden Verfassung an der Macht bleibt, sei es, daß sie nach Ablauf der für ihre Tätigkeit vorgesehenen Zeit oder mit Eintritt eines ihre Tätigkeit beendenden Ereignisses (z. B. parlamentarisches Mißtrauensvotum) nicht zurücktritt oder in sonstiger Weise die Verfassung umgeht.

Der Grund für diese Regelung ist der folgende: eine Regierung vertritt regelmäßig ihren Staat nach außen; es entsteht also durch einen Bruch der Rechtskontinuität eine Ungewißheit darüber, welche von zwei konkurrierenden Regierungen wirklich die Vertretungsmacht besitzt, oder ob die neue Regierung, wenn ihr die Verdrängung der bisherigen Regierung sofort geglückt ist, mehr ist als nur ein rasch vorübergehendes Eintagsprodukt von Usurpatoren. Es ist also mit Klarheit daran festzuhalten, daß die Machtergreifung einer Regierung mit Gewalt oder sonst auf verfassungswidrige Weise wohl eine Verletzung des inneren Staatsrechts, nicht aber des Völkerrechts darstellt; sie hat aber eine Rechtsungewißheit über das echte vertretungsberechtigte Organ zur Folge, die die Prozedur der Anerkennung einer neuen Regierung nötig macht. Um also zu wissen, ob überhaupt eine Anerkennung erforderlich ist, ist zunächst das innere Verfassungsrecht des betreffenden Staates zu prüfen.

Häufig erfolgt bei dem Amtsantritt eines neuen Staatschefs, die auf streng legale Weise vor sich geht, eine Notifikation von seiten des neuen Staatschefs an die übrigen Staaten, die durch Glückwunschschreiben dieser Staaten an den neuen Staatschef beantwortet wird;[40] das ist keine Anerkennung, da gar keine Ungewißheit, weil kein Verfassungsbruch vorliegt.

Viele Merkmale sind für die Anerkennung eines neuen Staates und einer neuen Regierung identisch, so daß insoweit auf das oben Gesagte verwiesen werden kann; dies gilt insbesondere für die Unterscheidung der Anerkennung de jure und

---

[40] Siehe Oppenheim aaO I S. 130.

de facto,[41] für die Unterscheidung von ausdrücklicher und stillschweigender Anerkennung, für die rückwirkende Kraft der Anerkennung und anderes mehr. Ebenso gilt dies für das oben über eine verfrühte Anerkennung Gesagte; dagegen kann hier noch weniger als bei der Anerkennung eines neuen Staates von einer rechtlichen Verpflichtung zur Anerkennung gesprochen werden, da die Verweigerung der Anerkennung ja gar nicht die völkerrechtliche Rechtspersönlichkeit des Staates betrifft, sondern einfach Aufschub der Aufnahme diplomatischer Beziehungen bedeutet, die unbestrittenermaßen immer im Belieben des Staates steht.[42]

Es ist gerade das Wesen der Anerkennung einer Regierung, die ja nur akut wird bei illegalem Machterwerb, daß nicht die Frage der Legitimität, sondern nur die der Effektivität der Regierungsgewalt als Voraussetzung der Anerkennung zu prüfen ist; d. h. die Regierung muß, um anerkannt werden zu können, imstande sein, die faktische Kontrolle des Regierungsapparats vorzunehmen, und ihre Tätigkeit ohne erheblichen Widerstand ausüben können; auch die Abwesenheit des Widerstands braucht nicht auf freier Zustimmung zu beruhen; nach Völkerrecht genügt es, wenn das Volk sich tatsächlich der neuen Regierungsgewalt fügt, gleich ob dies freudig, gleichgültig oder murrend, freiwillig oder aus Furcht geschieht. Es steht natürlich nichts im Wege, daß ein Staat eine strengere Anerkennungspraxis übt, also noch weitere Erfordernisse aufstellt, da er ja überhaupt nicht rechtlich verpflichtet ist, die neue Regierung anzuerkennen. So empfahl die sog. Tobar-Doktrin von 1907 des damaligen Außenministers von Ecuador den lateinamerikanischen Staaten, sie sollten sich förmlich verpflichten, keine Regierungen anzuerkennen, die auf illegale Weise durch Revolution an die Macht gekommen seien. So bestimmte Artikel 1 des Zusatzabkommens zum allgemeinen Friedens- und Freundschaftsvertrag vom 20. 11. 1907 zwischen den fünf Republiken Zentralamerikas, daß „die Regierungen der Hohen Vertragschließenden Parteien keine andere Regierung, die in einer der fünf Republiken infolge eines Staatsstreichs oder einer Revolution gegen die anerkannte Regierung zur Macht gelangen sollte, anerkennen dürfen, solange die freigewählten Volksvertreter der betreffenden Republik das Land nicht verfassungsmäßig reorganisiert haben“.[43] Die Regierung Präsident Wilsons hat in gewissem Umfang ihre Anerkennungspolitik von ähnlichen Gesichtspunkten leiten lassen,[44] doch ist seither das Erfordernis der „Verfassungsmäßigkeit“ in der Anerkennungspolitik der USA (mit gewissen Ausnahmen unter dem Präsidenten Kennedy, siehe Whiteman aaO II, 1963, S. 73) wieder völlig fallengelassen worden.[45]

---

[41] Wobei allerdings die de-facto-Anerkennung einer Regierung beschränkter (z. B. nur für einen Teil des Staatsgebiets) erfolgen kann als die de-jure-Anerkennung.

[42] Siehe Anzilotti aaO I S. 134.

[43] Siehe Hackworth aaO I S. 186.

[44] Siehe Hackworth aaO I S. 181 ff.

[45] Siehe Jefferson 1793: „We surely cannot deny to any nation that right whereon our own Government is founded – that everyone may govern itself according to whatever form it pleases, and

Ebensowenig obligatorisch ist das nicht selten behauptete Erfordernis, daß die neue Regierung bereit sein müsse, die von früheren Regierungen eingegangenen völkerrechtlichen Verpflichtungen zu übernehmen und durchzuführen; ein Staat *kann* dies zur Voraussetzung seiner Anerkennung machen, muß es aber nicht.[46]

Einen radikal entgegengesetzten Standpunkt zur Tobardoktrin nahm der mexikanische Außenminister 1930 in der sog. Estrada-Doktrin ein, in der er die herrschende Anerkennungspraxis verurteilte, ,,die fremden Regierungen erlaubt, ihr Urteil über die Legitimität des in einem anderen Staat herrschenden Regimes abzugeben, mit dem Resultat, daß sich Situationen ergeben, in denen die rechtlichen Qualifikationen oder der nationale Status von Regierungen oder Behörden offensichtlich der Meinung von Ausländern unterworfen wird".[47] Das ist ein offensichtlicher Irrtum über die Funktion der Anerkennung, der als Reaktion auf die extreme Position Wilsons im Konflikt mit Mexiko zu erklären ist.

§ 30. Sonderfälle der Anerkennung

I. Anerkennung einer lokalen de-facto-Regierung

In einer Übergangszeit, in der die legale Regierung zurückgedrängt, aber nicht beseitigt ist, die revolutionäre Regierung aber einen bedeutenden Teil des Staatsgebiets faktisch beherrscht, kann es zweckmäßig erscheinen, neben der weiterhin de jure anerkannten legalen Regierung die revolutionäre Regierung de facto als vorläufige Repräsentation des Staats anzuerkennen, obwohl die Revolutionäre keine Sezessionsabsicht haben. In einem solchen Falle sind zwei Regierungen für ein und dasselbe Staatsgebiet anerkannt, eine legale Regierung de jure, eine lokale Regierung de facto und beschränkt auf technische Angelegenheiten, die von ihr in dem durch sie kontrollierten Gebiet abhängen. Man würde hier besser als von der Anerkennung einer lokalen de-facto-Regierung von der Anerkennung lokaler de-facto-Behörden sprechen.[48] Wahrscheinlich fällt unter diesen Begriff die regional beschränkte de facto-Anerkennung, die die britische Regierung laut Schreiben vom 28. 5. 1938 der Regierung Franco, die ,,de facto administrative control over the larger portion of Spain" ausübe, zu einem Zeitpunkt gewährte, als sie die republikanische spanische Regierung, obwohl sie nur noch den kleineren Teil

change these forms at its own will ...", zustimmend zitiert von Staatssekretär Hughes 1923 – Hackworth aaO I S. 177 – mit dem Beifügen: ,,it has never insisted that the will of the people of a foreign State may not be manifested by long continued acquiescence in a regime actually functioning as a government".

[46] Siehe Oppenheim aaO I S. 133; siehe auch den Briefwechsel zwischen Roosevelt und Litwinow anläßlich der Anerkennung der Sowjetregierung durch die USA im November 1933, abgedruckt in ZaöRVR 4 S. 83ff.

[47] Abgedruckt in AJIL 1931, Suppl. S. 203.

[48] Siehe Chen aaO S. 277.

Spaniens kontrollierte und ihren Sitz in Barcelona hatte, weiterhin als die de-jure-Regierung Spaniens anerkannte.[49]

Ebenso fällt wohl unter den Begriff der lokalen de-facto-Regierung die von General de Gaulle seit September 1941 errichtete französische Exilregierung, die zunächst den Namen „Comité national de la France combattante", schließlich „Comité français de libération nationale" führte und z. B. von Großbritannien anerkannt wurde als „übernehmend die Verwaltung derjenigen überseeischen Gebiete, über die sie Autorität hat, und als einziges Organ, das berechtigt ist, die Leitung der französischen Kriegsanstrengung zu sichern".[50]

II. Anerkennung als Kriegführender

Das erste Stadium einer Revolution geht zunächst nur das innere Staatsrecht, nicht das Völkerrecht an. Die Aufständischen sind Hochverräter im Sinne des internen Strafrechts und werden von der Regierung des Staates, gegen die sie sich erheben, nach straf- und polizeirechtlichen Gesichtspunkten, eventuell standrechtlich behandelt. Fremde Staaten dürfen wohl die Regierung, nicht aber die Aufständischen unterstützen, denn das wäre eine völkerrechtliche Intervention, es sei denn, es handle sich um Unterstützung zur Durchsetzung des nationalen Selbstbestimmungsrechts im Sinn der UN-Deklaration von 1970.[51] Diese Rechtslage ändert sich, sobald die Rebellen als „Kriegführende" anerkannt werden. Dann verwandelt sich der strafrechtliche Tatbestand der Rebellion in den völkerrechtlichen Zustand des Bürgerkriegs, in dem beiden Seiten gewisse Rechte und Pflichten nach Analogie des völkerrechtlichen Kriegsrechts zustehen; die Aufständischen sind also nicht mehr hemmungslosen Racheakten der Regierung ausgeliefert, sondern stehen hinfort unter dem Schutz gewisser humanitärer Bestimmungen des Völkerrechts, die *vor* solcher Anerkennung nur in dem engen Rahmen des Artikels 3 der vier Genfer Konventionen von 1949 für die Kontraktstaaten bindend sind, ohne daß dadurch der Rechtsstatus der am Konflikt beteiligten Parteien verändert wird.[52] Eine solche Anerkennung als Kriegführender kann jedenfalls

[49] Das Schreiben der britischen Regierung, das die Antwort auf eine Frage des britischen Gerichts im Fall des „Arantzazu Mendi" darstellt, ist abgedruckt bei Briggs aaO S. 143. Vgl. auch ähnliche Probleme in der Entscheidung des britischen Court of Appeal im Fall „Haile Selassie v. Cable and Wireless Ltd." (Nr. 2) (1939) Ch. 182, teilweise abgedruckt bei Briggs aaO S. 213.

[50] Siehe Rousseau aaO 1. Aufl. S. 309.

[51] Siehe oben § 21 VII.

[52] Art. 3 der vier Genfer Konventionen lautet übereinstimmend:

„Im Falle eines bewaffneten Konflikts, der keinen internationalen Charakter hat und auf dem Gebiet einer der Hohen Vertragsparteien entsteht, ist jede der am Konflikt beteiligten Parteien gehalten, mindestens die folgenden Bestimmungen anzuwenden:

1. Personen, die nicht unmittelbar an den Feindseligkeiten teilnehmen, einschließlich der Mitglieder der Streitkräfte, welche die Waffen gestreckt haben, und der Personen, die durch Krankheit, Verwundung, Gefangennnahme oder irgendeine andere Ursache außer Kampf gesetzt sind, werden unter allen Umständen mit Menschlichkeit behandelt, ohne jede auf Rasse, Farbe, Religion oder Glauben, Ge-

von der legalen Regierung vorgenommen werden, die dadurch ebenso wie die Rebellen die Rechte der Kriegführung, z. B. das Blockade-Recht, erhält, die auch von dritten Staaten beachtet werden müssen, selbst wenn diese ihrerseits die Bürgerkriegsparteien nicht als Kriegführende anerkannt haben. Dagegen hat die Anerkennung als Kriegführende durch dritte Staaten nicht dieselbe breite Wirkung, sondern hat für die dritten Staaten im wesentlichen die Wirkungen einer Neutralitätserklärung. Dritte Staaten können also durch ihre Anerkennung als Kriegführende die Bürgerkriegsparteien nicht zur Einhaltung der humanitären Regeln des Kriegsrechts nötigen. Dritte Staaten sind auch nur beim Vorliegen gewisser Voraussetzungen berechtigt, eine solche Anerkennung vorzunehmen, nämlich nur dann, wenn der Bürgerkrieg einen kriegsähnlichen Umfang hat, der über bloß lokale Unruhen hinausgeht, wenn die Aufständischen einen nicht unbedeutenden Teil des Staatsgebiets beherrschen, eine gewisse Organisation besitzen und die Kriegsregeln beachten. Eine wichtige Folge dieser Anerkennung ist auch der Verzicht des anerkennenden Staates auf Schadenersatz für durch seine Bürger im Bürgerkrieg erlittene Schäden. Historische Beispiele sind die Anerkennung der aufständischen spanischen Kolonien als Kriegsführende durch die USA und Großbritannien zu Beginn des 19. Jahrhunderts, insbesondere aber die Anerkennung der Konföderierten im amerikanischen Sezessionskrieg als Kriegführende durch Großbritannien, Frankreich, Spanien und andere Staaten.[53]

III. Anerkennung als Insurgenten

Diese Form der Anerkennung ist noch beschränkter als die vorhergehende; sie kommt vor allem in der amerikanischen Praxis gegenüber Aufständischen vor,

schlecht, Geburt oder Vermögen oder auf irgendeinem anderen ähnlichen Unterscheidungsmerkmal beruhende Benachteiligung.

Zu diesem Zwecke sind und bleiben in bezug auf die oben erwähnten Personen jederzeit und überall verboten:

a) Angriffe auf das Leben und die Person, namentlich Tötung jeder Art, Verstümmelung, grausame Behandlung und Folterung;
b) das Festnehmen von Geiseln;
c) Beeinträchtigung der persönlichen Würde, namentlich erniedrigende und entwürdigende Behandlung;
d) Verurteilungen und Hinrichtungen ohne vorhergehendes Urteil eines ordentlich bestellten Gerichtes, das die von den zivilisierten Völkern als unerläßlich anerkannten Rechtsgarantien bietet.

2. Die Verwundeten und Kranken werden geborgen und gepflegt.

Eine unparteiische humanitäre Organisation, wie das Internationale Komitee vom Roten Kreuz, kann den am Konflikt beteiligten Parteien ihre Dienste anbieten.

Die am Konflikt beteiligten Parteien werden sich andererseits bemühen, durch Sondervereinbarungen auch die anderen Bestimmungen des vorliegenden Abkommens ganz oder teilweise in Kraft zu setzen.

Die Anwendung der vorstehenden Bestimmungen hat auf die Rechtsstellung der am Konflikt beteiligten Parteien keinen Einfluß.“

(BGBl. 1954 II S. 783, abgedruckt bei Berber, Völkerrecht, Dokumente, S. 1951.)

[53] Siehe H. A. Smith, aaO I S. 261–333; McNair aaO I S. 138ff.; Moore, Digest, I, S. 164–205; Hackworth aaO I S. 318ff.

um dem anerkennenden Staat die Inkraftsetzung seiner Neutralitätsgesetze zu ermöglichen oder um den Schutz der eigenen Bürger gegenüber den Aufständischen rechtlich wirksamer gestalten zu können.[54] Es besteht im allgemeinen auch bei den Autoren, die die Anerkennung eines Staates als nur deklaratorisch bezeichnen, Übereinstimmung, daß die Anerkennung von Aufständischen ein konstitutiver Akt ist.[55]

IV. Anerkennung von Nationalkomitees

Gegen Ende des ersten Weltkrieges sind die alliierten Regierungen dazu übergegangen, eigene Kontingente mit eigenen Flaggen aus Angehörigen von Nationalitäten zu bilden, die man bei der späteren Friedensregelung aus den Staatsverbänden der Mittelmächte lösen wollte und gelöst hat, vor allem polnische und tschechoslowakische Kontingente. Gleichzeitig hat man den Mitgliedern des polnischen und des tschechoslowakischen Nationalkomitees in den alliierten Ländern gewisse diplomatische Vorrechte gewährt. Im Zusammenhang mit diesen Akten wurde von „Anerkennung der offiziellen polnischen Organisation" (britische Erklärung vom 15. 10. 1917), von der Anerkennung der Tschechoslowakei „als einer Alliierten Nation" und von dem tschechoslowakischen Nationalkomitee als dem „gegenwärtigen Treuhänder der künftigen tschechoslowakischen Regierung" gesprochen (britische Erklärung vom 9. 8. 1918). Dieser sogenannten Anerkennung konnte keinerlei Rechtswirkung gegenüber Dritten, insbesondere nicht gegenüber den Mittelmächten, zukommen.[56] Anzilotti[57] stellt dazu mit Recht fest: „Diese durch die alliierten und assoziierten Mächte vollzogene Anerkennung war von keinerlei völkerrechtlichem Belang; sie bestätigte eine moralische Verpflichtung, die Bildung unabhängiger Staaten im Falle eines günstigen Kriegsausgangs zu ermöglichen und zu begünstigen, und führte logischerweise dazu, die den anerkannten Nationalitäten angehörenden Untertanen von den übrigen deutschen und österreichisch-ungarischen abzusondern."[58] Ähnlich ist die zu Beginn des zweiten Weltkriegs, am 17. 11. 1939, erfolgte neuerliche Bildung eines tschechoslowakischen Nationalkomitees zu beurteilen, das aber schon 1941 durch eine von Großbritannien, der Sowjetunion und den USA anerkannte tschechoslowakische Exilregierung abgelöst wurde.

---

[54] Siehe Fenwick aaO S. 176.
[55] Siehe Verdross aaO S. 207.
[56] Siehe Rousseau aaO S. 302ff.
[57] aaO S. 136.
[58] Siehe dazu auch das Urteil A 7 des Ständigen Internationalen Gerichtshofs über gewisse deutsche Interessen in Polnisch-Oberschlesien, S. 28: „... that these facts cannot be relied on as against Germany, which had no share in the transaction".

V. Anerkennung eines neuen Titels[59]

Früher hatten *Staaten* Titel, heute werden sie nur noch von (monarchischen) *Staatshäuptern* geführt. Kein fremder Staat ist verpflichtet, einen neuen Titel anzuerkennen. So wurde der Titel „Kaiser von ganz Rußland", den Peter der Große 1721 annahm, zwar von Schweden und Preußen sogleich, von Frankreich aber erst 1745, von Spanien 1759, von Polen erst 1764 anerkannt. Der Titel „König von Preußen", der 1701 proklamiert wurde, wurde vom Papst erst 1786 anerkannt. Der Königstitel der Herrscher von Bayern, Württemberg und Sachsen, den diese 1806 annahmen, wurde von vielen Staaten erst 1814 stillschweigend durch die Unterzeichnung des Pariser Friedens anerkannt. Ein Monarch, dessen neuer Titel von einem fremden Staat nicht anerkannt ist, kann von diesem nicht diejenigen Privilegien beanspruchen, die mit diesem Titel verbunden sind.[60]

VI. Anerkennung eines neuen territorialen Erwerbs

An sich ist für einen neuen territorialen Erwerb eines Staates, sei es, daß er derivativ, sei es, daß er originär erfolgte, die Anerkennung durch fremde Staaten keine Voraussetzung seiner Gültigkeit. Da aber die Rechtslage vor allem im Falle des originären Erwerbs oft unklar ist, so erweist sich auch hier vielfach die Prozedur der Anerkennung als zweckmäßig, um eine rechtlich unklare Situation in für den Erklärenden bindender Weise in einem gewissen Sinn rechtlich zu fixieren. So hat z. B. Großbritannien 1920 die Souveränität Norwegens über Spitzbergen, 1930 über die Insel Jan Mayen anerkannt. Wenn die Anerkennung nicht gerade von seiten des Völkerrechtssubjektes erfolgt, zu dessen Lasten die Besitzveränderung erfolgte – in solchem Fall steht die Anerkennung einem vertraglichen Einverständnis gleich, hat also u. U. konstitutiven Charakter – so ändert die Anerkennung eines neuen territorialen Erwerbs nichts an dem wahren Rechtszustand: durch die Anerkennung wird ein völkerrechtswidriger Erwerb nicht völkerrechtsgemäß, und durch die Nichtanerkennung wird ein völkerrechtsgemäßer Erwerb nicht völkerrechtswidrig.

Die sog. Stimson-Doktrin der USA vom 7. 1. 1932, von den USA nach dem japanischen Einfall 1931 in der Mandschurei erklärt, stellte fest, daß die USA „nicht beabsichtigen, eine Situation, einen Vertrag oder ein Abkommen anzuerkennen, die durch Mittel herbeigeführt werden, die im Widerspruch stehen zu den Abmachungen und Verpflichtungen des Pariser Vertrages vom 27. August 1928".[61] Dies war eine einseitige Erklärung über die künftige amerikanische Politik, die keine völkerrechtliche Bindung darstellte. Eine völkerrechtliche Verpflichtung für die Vertragsstaaten zur Nichtanerkennung im gegebenen Fall

[59] Über das Problem der Anerkennung fremder Hoheitsakte siehe oben § 23 V.
[60] Siehe Oppenheim aaO S. 281 Fußnote 1.
[61] Abgedruckt in AJIL 1932 S. 342.

wurde dagegen hergestellt durch eine ähnlich lautende Erklärung der Völkerbundsversammlung vom 11. 3. 1932,[62] die sich auf Artikel 10 der Völkerbundssatzung stützte, ebenso durch Artikel 17 Satz 2 der Charter der Amerikanischen Staaten von 1948,[63] der besagt: ,,Keine territorialen Erwerbungen oder speziellen Vorteile, die durch Gewalt oder durch andere Zwangsmittel erlangt sind, sollen anerkannt werden.“ Die UN-Deklaration von 1970 über freundschaftliche Beziehungen sagt: ,,Kein durch Androhung oder Anwendung von Gewalt herbeigeführter Gebietserwerb darf als rechtmäßig anerkannt werden.“

Wenn keine völkerrechtlich bindenden Abmachungen zur Anerkennung oder Nichtanerkennung eines neuen territorialen Erwerbs vorliegen, ist jeder Staat frei, die Anerkennung zu gewähren oder zu versagen.

§ 31. Der Untergang von Völkerrechtssubjekten

Trotz des vom Völkerrecht anerkannten Rechtsgrundsatzes der Selbsterhaltung verschwinden immer wieder Völkerrechtssubjekte: sie gehen unter. So sind auf europäischem Boden in den letzten Jahrhunderten u. a. folgende Völkerrechtssubjekte untergegangen: Schottland, Polen, Das Heilige Römische Reich, Venedig, der Kirchenstaat, das Königreich beider Sizilien, Genua, Mailand, Toscana, Parma, Modena, Lucca, Montenegro, das Großherzogtum Würzburg, das Königreich Westfalen; Hannover, Kurhessen, Nassau, Frankfurt 1866, Österreich-Ungarn 1918, Österreich 1938,[64] die Tschechoslowakei 1939, die baltischen Staaten 1940. Der Untergang eines Völkerrechtssubjekts kann endgültig sein, es kann aber auch wiedererstehen, sei es nach langer Zeit (Polen 1919, nachdem es 1795 bzw. 1814 untergegangen war), sei es nach kurzer Zeit (Österreich 1945, nachdem es 1938 als Völkerrechtssubjekt verschwunden war). Ein als volles Völkerrechtssubjekt untergegangenes Gebilde kann als (nicht voll souveräner) Staat weiterbestehen, so etwa Bayern, Württemberg usw. nach 1871 bzw. nach 1918; es kann sein spezifisches Recht beibehalten (das schottische Recht ist vom englischen deutlich unterschieden), seine besondere kirchliche Organisation behalten (britisches Unionsgesetz von 1707: ,,And that the said presbyterian government shall be the only government of the Church within the kingdom of Scotland“), es kann seinen Titel behalten (s. ,,Kingdom of Scotland“, ,,Empress of India“), die Nation, die durch das untergegangene Völkerrechtssubjekt repräsentiert worden war, kann erhalten bleiben, es kann, trotz Verschwindens der Völkerrechtssubjektivität, der

---

[62] Siehe Off. J., Spec. Suppl. Nr. 101, S. 8.

[63] Abgedruckt in AJIL 1952, Suppl. S. 47.

[64] Bestritten, siehe Verosta, Die internationale Stellung Österreichs, 1947; siehe dagegen Kelsen, Principles of International Law, 1952, S. 260ff.; Chen, The International Law of Recognition, 1951, S. 762ff.; s. auch Clute, The International Legal Status of Austria, 1962.

Wunsch nach „Unabhängigkeit", nach „Wiedervereinigung" erhalten bleiben. Alle diese Momente können daher nicht entscheidend für die Beantwortung der Frage sein, ob ein Völkerrechtssubjekt noch besteht oder ob es untergegangen ist. Eine Zwischenfigur zwischen Existenz als Völkerrechtssubjekt und Untergang stellt ein Gebilde dar, das zwar nicht mehr den Regelfall des unabhängigen Völkerrechtssubjekts erfüllt, aber doch in begrenztem Umfang am Völkerrechtsverkehr teilnimmt.[65] Es kann im Einzelfall zwar manchmal schwierig sein, die exakte rechtliche Situation festzustellen, man darf sich auch nicht durch Deklarationen irgendwelcher Art, etwa durch solche über Souveränität, von der exakten rechtlichen Prüfung abhalten lassen. Es läßt sich aber die Regel aufstellen: ein Völkerrechtssubjekt besteht solange, als es, sei es unbeschränkt, sei es in beschränktem Umfang, völkerrechtliche Rechte und Pflichten besitzt, auch wenn die Wahrnehmung dieser Rechte und Pflichten, sei es vorübergehend, sei es dauernd, sei es total, sei es partiell, nicht durch Organe dieses Völkerrechtssubjekts selbst erfolgt, sondern durch Organe anderer Völkerrechtssubjekte, die individuell oder kollektiv handeln mögen, oder durch Organe der Völkerrechtsgemeinschaft selbst. Ein Beispiel für ein Völkerrechtssubjekt, dessen Rechte und Pflichten durch andere Völkerrechtssubjekte wahrgenommen werden, ist das Treuhandgebiet der UN, das als Völkerrechtssubjekt eigener Art anerkannt ist;[66] Artikel 81 der Charter der UN sieht übrigens ausdrücklich vor, daß auch die UN selbst, also eine internationale Organisation, als Treuhänder fungieren können.

Diese Rechtssituation wird häufig dadurch verdunkelt, daß politische, patriotische, feindselige Gesichtspunkte die Klarheit des juristischen Blickes trüben, oder daß staatsrechtliche Argumente zur Beantwortung eines völkerrechtlichen Problems verwendet werden. Das hat vor allem die Frage der rechtlichen Situation Deutschlands nach 1945 kompliziert und verdunkelt.[67]

---

[65] Siehe oben § 19 über „abhängige" Staaten.

[66] Siehe schon die Definition des Institut de Droit International 1931 für die Mandate des Völkerbundes: „Les collectivités sous mandat sont des sujets de droit international. Elles ont un patrimoine distinct de celui de l' Etat mandataire, et peuvent acquérir des droits ou être tenues d'obligations propres; leurs membres jouissent d'un statut international distinct de celui de l'Etat mandataire".

[67] Aus der Fülle der einschlägigen Literatur sei nur auf die folgende Auswahl verwiesen: *Armstrong,* Unconditional Surrender, 1961; *Arndt,* Der deutsche Staat als Rechtsproblem, 1960; *Blumenwitz,* Die Grundlagen eines Friedensvertrags mit Deutschland, 1966; *Faust,* Das Potsdamer Abkommen, 3. Aufl. 1964; *Hacker,* Der Rechtsstatus Deutschlands aus der Sicht der DDR, 1974; *Hoffmann,* Die deutsche Teilung, 1969; *Kaufmann,* Erich, Deutschlands Rechtslage unter der Besatzung, 1948; *Kimminich,* Die Souveränität der Bundesrepublik Deutschland, 1970; *Marek,* Identity and Continuity of States in Public International Law, 2. Aufl. 1968; *Marschall von Bieberstein,* Zum Problem der völkerrechtlichen Anerkennung der beiden deutschen Regierungen, 1959; *Oppermann,* Deutschland als Ganzes, in Festschrift für Friedrich Berber, 1973; *Rumpf,* Land ohne Souveränität, 2. Aufl. 1973; *Scheuner,* Die staatsrechtliche Kontinuität in Deutschland, in: Deutsches Verwaltungsblatt 1950; *Schuster,* Deutschlands staatliche Existenz im Widerstreit politischer und rechtlicher Gesichtspunkte 1945–1963, 1963; *Simma,* Der Grundvertrag und das Recht der völkerrechtlichen Verträge, in Archiv des Öffentlichen Rechts 1975; *Stödter,* Deutschlands Rechtslage, 1948; *Weber,* Werner, Die Frage der gesamtdeutschen Verfassung, 1950.

Bis zum Abschluß des Grundvertrags von 1972 zwischen Bundesrepublik und DDR standen sich im wesentlichen zwei Gruppen von Theorien gegenüber: die Diskontinuitätstheorien, die den Untergang des Deutschen Reichs als Völkerrechtssubjekt annahmen, und die Kontinuitätstheorien, die den Fortbestand zwar nicht der Handlungsfähigkeit, wohl aber den der Rechtsfähigkeit des Völkerrechtssubjekts „Deutsches Reich", wenn auch mit veränderter Bezeichnung („Deutschland als Ganzes") annahmen.

Die Theorien, die annahmen, daß das Deutsche Reich untergegangen sei, nahmen z. T. an, daß Deutschland 1945 untergegangen sei entweder durch Debellation oder durch Wegfall der Staatsgewalt,[68] z. T. aber auch, daß Deutschland 1948/1949 untergegangen sei, und zwar durch die Gründung zweier neuer Staaten (Dismembrationstheorie).

Die Kontinuitätstheorien gingen entweder davon aus, daß Bundesrepublik und DDR, beide 1949 entstanden, als Teilordnungen unter einem weiterbestehenden „Reichsdach" anzusehen seien,[69] oder daß einer der beiden deutschen Staaten, wenn auch vielleicht in territorialer Begrenzung, mit dem Völkerrechtssubjekt „Deutschland als Ganzes" identisch sei. Die Bundesrepublik und die Westmächte standen zweifelsfrei bis zum Abschluß des Grundvertrags auf dem Boden der Kontinuitätstheorien; so sagte das Bundesverfassungsgericht im Konkordatsurteil vom 26. 3. 1957: „Das Deutsche Reich, welches nach dem Zusammenbruch nicht zu existieren aufgehört hat, bestand auch nach 1945 weiter; wenn auch die durch das Grundgesetz geschaffene Organisation vorläufig in ihrer Geltung auf einen Teil des Reichsgebiets beschränkt ist, so ist die Bundesrepublik Deutschland identisch mit dem Deutschen Reich". Und in Abschnitt V der Schlußakte der Londoner Konferenz vom Oktober 1954 erklären die Regierungen von USA, Großbritannien und Frankreich, daß „sie die Regierung der Bundesrepublik als die einzige deutsche Regierung betrachten, die frei und rechtmäßig gebildet und daher berechtigt ist, für Deutschland als Vertreterin des deutschen Volkes in internationalen Angelegenheiten zu sprechen". Der Standpunkt der DDR wandelte sich von 1949 bis 1973 in der von Jens Hacker in seinem in Fußnote 67 zitierten Buch mit überzeugenden Materialunterlagen dargestellten Weise von wechselnden Kontinuitätstheorien zu einer klaren Diskontinuitätshaltung.

Durch den Abschluß des Grundvertrags von 1972 wurde auch in der Bundesrepublik die Diskussion über Kontinuität oder Diskontinuität neu entfacht, ohne

[68] So insbesondere Kelsen, Nawiasky, Abendroth, Apelt, Kunz, Rousseau.

[69] Siehe Mangoldt-Klein aaO S. 35, 38: „Die Theorie von den eigenständigen ‚Teilordnungen im fortbestehenden Reich', den ‚Teilordnungen im Reichsrahmen', den ‚Teilordnungen im gesamtdeutschen Rahmen' oder kurz ‚Dachtheorie' ... geht ... davon aus, daß die Bundesrepublik Deutschland, die Deutsche Demokratische Republik ..., die beiden ersteren als staatliche Teilordnungen, innerhalb des vorerst organisatorisch nicht ausgefüllten Rahmens des deutschen Gesamtstaates (Reichsverbandes), unter dem Dach des fortbestehenden Deutschen Reiches stehen. ... Als staatliche Teilordnungen Gesamtdeutschlands können die Bundesrepublik Deutschland und die Deutsche Demokratische Republik für den deutschen Gesamtstaat als dessen Repräsentanten völkerrechtlich handelnd auftreten. ..."

daß hier auf Einzelheiten eingegangen werden könnte. Das Bundesverfassungsgericht hat sich mit seiner für die Verfassungsorgane wie für alle Gerichte und Behörden des Bundes und der Länder bindenden Entscheidung vom 31. 7. 1973 eindeutig für den Fortbestand Deutschlands ausgesprochen: „Das Deutsche Reich existiert fort... besitzt nach wie vor Rechtsfähigkeit, ist allerdings als Gesamtstaat mangels Organisation, insbesondere mangels institutionalisierter Organe selbst nicht handlungsfähig.... Die Bundesrepublik ist... nicht ‚Rechtsnachfolger' des Deutschen Reiches, sondern als Staat identisch mit dem Staat ‚Deutsches Reich', inbezug auf seine räumliche Ausdehnung allerdings ‚teilidentisch', so daß insoweit die Identität keine Ausschließlichkeit beansprucht". Das Urteil ist sowohl in der DDR wie in der Sowjetunion auf schärfste Ablehnung gestoßen. Das Zentralorgan der SED „Neues Deutschland" veröffentlichte am 16. 8. 1973 „Anmerkungen zu Träumereien einiger Karlsruher Richter", und in einer Sendung des Moskauer Rundfunks hieß es: „... das ‚Deutsche Reich' ist seit 1945 tot, und trotz allen Jonglierens mit Worten, wie man es in Karlsruhe betreibt, gibt es keine Rückkehr zu ihm".

Die 1. Auflage dieses Buches hat im Jahre 1960 die Situation des Weiterbestands Deutschlands folgendermaßen umschrieben: „Es ist also daran festzuhalten, daß Deutschland „als Ganzes" weiterhin ein Völkerrechtssubjekt mit Staatsgebiet und Staatsvolk ist, dem aber die volle Unabhängigkeit mangelt, so daß seine völkerrechtliche Vertretung teilweise in der Hand fremder Staaten liegt, teilweise in deutscher Hand, und zwar dies letztere je nach den verschiedenen, überwiegend politisch bestimmten Standpunkten, entweder in der Hand der Bundesrepublik allein, oder in der Hand der DDR allein (heute kaum noch vertreten), oder teilweise in der Hand der BRD, teilweise in der Hand der DDR, oder gemeinsam in der Hand der BRD und der DDR (Konföderationstheorie). Das ist zweifellos eine komplizierte völkerrechtliche Lage, aber sie spiegelt nur getreu die faktische komplizierte politische Lage wieder, wie sie durch den totalen Zusammenbruch des nationalsozialistischen Regimes, die Fehler von 1945 und die Spaltung zwischen den drei westlichen und dem einen östlichen Fremdverwalter Deutschlands sich entwickelt hat."

Man wird heute kaum mehr den Mut zu solchen apodiktischen Feststellungen aufbringen. Jede Konzession der Kontinuitätsvertreter an die Nichtkontinuitätsvertreter (z. B. die Ersetzung des Begriffs „Staat" durch den Begriff „Nation", oder die Bestimmung des Art. 6 des Grundvertrags: „gehen von dem Grundsatz aus, daß die Hoheitsgewalt jedes der beiden Staaten sich auf sein Staatsgebiet beschränkt. Sie respektieren die Unabhängigkeit und Selbständigkeit jedes der beiden Staaten in seinen inneren und äußeren Angelegenheiten.") – Konzessionen in umgekehrter Richtung sind nicht ersichtlich – läßt die Tatsächlichkeit der Kontinuität weiter zusammenschrumpfen. Zusammenfassend wird man wohl Menzel recht geben müssen, wenn er sagt (zitiert nach Blumenwitz aaO S. 84

Fußn. 47): „Das Völkerrecht ist bereit, frühere Zustände als kontinuierend anzuerkennen, solange eine reale Chance der tatsächlichen Wiederherstellung besteht. Wenn diese aber entschwindet und die mit ihr verbundene Fiktion unglaubhaft wird, so wirkt sich der Effektivitätsgrundsatz aus und verlangt eine rechtliche Deutung, die mit der tatsächlichen Lage übereinstimmt." Die Feststellung der Existenz oder Nichtexistenz sowie des Grades einer solchen „realen Chance" gehört aber nicht mehr zur Zuständigkeit juristischer Interpretation, sondern politischer Diagnose und Prognose.

Eine internationale Organisation, die als Völkerrechtssubjekt anerkannt ist, kann auf dieselbe Weise untergehen, auf die sie geschaffen wurde, durch actus contrarius, also, da sie der Regel nach durch einen Vertrag mehrerer Staaten geschaffen wurde, durch einen vertraglichen Auflösungsbeschluß. Dies war z. B. der Fall mit dem Völkerbund, der durch einen Beschluß seiner letzten Versammlung im April 1946 aufgelöst wurde.[70] Es ist aber auch denkbar, daß ein solches Völkerrechtssubjekt durch einen Austritt oder durch Untergang aller Mitglieder bis auf eines – das allein eine völkerrechtliche Staatenverbindung nicht fortsetzen kann – verschwindet.

Der Untergang eines Völkerrechtssubjektes, das ein Staat ist, erfolgt entweder durch Debellation, d. h. durch einseitige Annexion des völlig besiegten und politisch unterworfenen Gegners[71] – die im Falle Deutschlands 1945 von den Alliierten ausdrücklich abgelehnt wurde[72] – oder durch Auseinanderfall (Dismembration), durch physischen Untergang von Staatsgebiet und Staatsvolk (was in kleineren Verhältnissen auch bisher schon durch Naturkatastrophen denkbar war, bei weiterer Entwicklung der nuklearen Waffen aber auch durch bewußten verbrecherischen militärischen Willen möglich sein dürfte), oder durch Vertrag. Der Vertrag (z. B. ein Friedensvertrag) kann die Einverleibung in einen oder mehrere andere Staaten herbeiführen, aber auch den Zusammenschluß mehrerer, auf diese Weise untergehender, Staaten zu einem neuen Staat. Dies war z. B. der Fall beim Zusammenschluß der norddeutschen Staaten zum Norddeutschen Bund 1867, der süddeutschen Staaten mit dem Norddeutschen Bund zum Deutschen Reich 1871, Ägyptens und Syriens zur Vereinigten Arabischen Republik (UAR) 1958.

---

[70] Siehe Oppenheim aaO I S. 401, Fußnote 1.

[71] Siehe dazu Stödter aaO S. 52ff.

[72] Siehe Potsdamer Erklärung vom 5. 6. 1945: „The assumption, for the purposes stated above, of the said authority and powers does not effect the annexation of Germany".

Siebentes Kapitel

Die Staatensukzession

Literatur: *Beisswingert,* Die Einwirkung bundesstaatlicher Kompetenzverschiebungen auf völkerrechtliche Verträge, Münchner Diss. 1960; *Bokor-Szegö,* New States and International Law, 1970; *Castrén,* Kansainvälinen oikeusseuraanto, 1950; *Cavaglieri,* La Dottrina della successione di stato a stato e il suo valore giuridico, 1910; *Feilchenfeld,* Public Debts and State Succession, 1931; *Ferid,* Der Neubürger im internationalen Privatrecht, 1949; *Gidel,* Des Effets de l'annexion sur les concessions, 1904; *Gördeler,* Die Staatensukzession in multilaterale Verträge, 1970; *Guggenheim,* Beiträge zur völkerrechtlichen Lehre vom Staatenwechsel (Staatensukzession), 1925; *Herbst,* Staatensukzession und Staatsservituten, 1962; *Huber,* Max, Die Staatensuccession, 1898; *Jèze,* Le Partage des dettes publiques au cas de démembrement du territoire, 1921; *Kaja,* Die Funktionsnachfolge, 1963; *Keith,* The Theory of State Succession with special reference to English and Colonial Law, 1907; *Kirsten,* Einige Probleme der Staatennachfolge, 1962; *Kunz,* Die völkerrechtliche Option, 1925; *Marek,* Identity and Continuity of States in Public International Law, 1954; *Muralt,* The Problem of State Succession with regard to Treaties, 1954; *Mosler,* Wirtschaftskonzessionen bei Änderungen der Staatshoheit, 1948; *O'Connell,* The Law of State Succession, 1956 (im folgenden wird hieraus zitiert); *O'Connell,* State Succession in Municipal Law and International Law, 2 Bde., 1967; *Paenson,* Les conséquences financières de la succession des Etats, 1954; *Sack,* Les effets des transformations des Etats sur leurs dettes publiques et autres obligations financières, 1927; *Schönborn,* Staatensukzessionen, 1913; *Udina,* La succession des états quant aux obligations internationales autres que les dettes publiques, in: Hague Recueil, Bd. XLIV, 1933; *Wilkinson,* The American Doctrine of State Succession, 1934.

§ 32. Das Problem

Die internationale Wirklichkeit ist voll von Veränderungen, die den Status von Völkerrechtsssubjekten wie den Umfang ihrer völkerrechtlichen Kompetenzen betreffen. Hierher gehören Veränderungen des Titels, des Staatshaupts, der Regierung, der Staatsform, der Art der Staatsverbindung, des Gebietsumfangs, des internationalen Status der Abhängigkeit bzw. Unabhängigkeit, schließlich so radikale Veränderungen wie Entstehung oder Untergang von Völkerrechtssubjekten. Es erübrigt sich, historische Beispiele für alle diese Veränderungen anzuführen; sie sind nichts anderes als die Erscheinungsformen der Dynamik der politischen Weltgeschichte. Während aber für die rein historische Betrachtung diese ständigen Veränderungen nichts als das Kommen und Gehen von Wellen in einem wechselnden Strom, während sie für die philosophische Betrachtung eine eigentümliche Dialektik von Identität und Wechsel darstellen,[1] versucht die juristische Betrachtung nicht nur, Ordnung in den Wechsel der Erscheinungen zu

[1] Siehe Heraklit, zitiert nach Kranz, Vorsokratische Denker, 1949, S. 71: „Die Weltzeit ist ein Knabe, der spielt, Brettsteine setzt: eines Knaben Königsspiel! – Alles schreitet, nichts bleibt. – Fest auf dem Boden steht nichts. – Den in dieselben Flüsse Steigenden andere und wieder andere Wasserfluten zuströmen. – In dieselben Flüsse steigen wir und steigen wir nicht, wir sind und wir sind nicht."

bringen, sondern darüber hinaus trotz des unleugbaren faktischen Wechsels der Erscheinungen die Kontinuität der Rechtsverhältnisse soweit wie möglich aufrechtzuerhalten. Dabei wird schon früh zu mannigfachen Konstruktionen gegriffen, um den faktischen Bruch weitgehendst in eine rechtliche Kontinuität umzuwandeln. So gab es schon in der Frühzeit der Geschichte eine Reihe von Möglichkeiten, trotz des faktischen Todes des Königs die Kontinuität des Regimes zu bewahren,[2] sei es durch Konservierung der Mumie und die Behauptung, er lebe noch, sei es durch die Behauptung, er sei ein unsterblicher Gott geworden und daher trotz seiner physischen Abwesenheit immer noch präsent, sei es durch die Theorie, er habe sich in seinem Nachfolger reinkarniert, der dieselbe Person sei, obwohl mit einem jüngeren Körper. Es gibt bis in die neueste Zeit Konstruktionen im Staats- und Völkerrecht, etwa hinsichtlich des Rechtsstatus Deutschlands seit 1945, die lebhaft an diese frühgeschichtlichen Versuche erinnern, trotz faktischen Wechsels die Kontinuität, ja die Identität zu bewahren. In der modernen Staatsrechtslehre ist es[3] gelungen, diese Kontinuität, ja Identität durch die Personifikation[4] des Staates als juristische Person sicherzustellen. Auf dieser Konstruktion beruht die heute allerdings nicht mehr allgemein anerkannte These des Völkerrechts, wonach innerstaatliche Änderungen ohne Einfluß sind auf die Gültigkeit völkerrechtlicher Verhältnisse.[5] So bestimmt Artikel 11 S. 1 der von der VI. Internationalen Konferenz der Amerikanischen Staaten in Habana 1928 angenommenen Konvention über Verträge: ,,Verträge sollen gültig weiterbestehen, selbst wenn die innere Verfassung der vertragschließenden Staaten geändert worden ist''. Die Berücksichtigung einer radikal und revolutionär gewandelten internen Situation kann nach dieser Auffassung nicht auf dem Wege des Rechts der Staatensukzession, sondern gegebenenfalls durch Anwendung der clausula rebus sic stantibus oder durch einverständliche Vertragsabänderung erfolgen.[6] Die soziali-

[2] Siehe Parkinson, The Evolution of Political Thought, 1958, S. 33; Frazer, The Golden Bough, 1922, S. 264; Frankfort, Kingship and the Gods, 1945, S. 35.

[3] Seit Hobbes, Locke, Pufendorf, Albrecht, Bär.

[4] Siehe Kelsen, Allgemeine Staatslehre, 1925, S. 67: ,,Diese ist ein der Veranschaulichung dienender Einheitsausdruck, eine Hilfsvorstellung. ...''

[5] Siehe z. B. die Entscheidung des Obersten Gerichtshofs von Palästina 1947, zit. nach Briggs aaO S. 919: ,,... it is a well-recognized principle of international law that changes in the Government or in the constitution of a State have as such no effect upon the continued validity of the State's international obligations''; s. Note des US-Staatssekretärs Adams vom 10. 8. 1818, zitiert nach O'Connell aaO S. 7 n. l: ,,no principle of international law can be more clearly established than this, that the rights and the obligations of a nation in regard to other States are independent of its internal revolutions of government''; siehe aber die Entscheidung des Staatsgerichtshofs für das Deutsche Reich vom 16. 10. 1926 (RGZ 114, Anhang S. 1): ,,Soweit eine Revolution sich nur auf die inneren Verhältnisse eines Staates bezieht, bleiben seine Verpflichtungen gegenüber anderen Staaten unberührt. Richtet sich jedoch die revolutionäre Bewegung gerade gegen rechtliche Verpflichtungen und Bindungen, die in völkerrechtlichen Verträgen festgelegt sind, so kann zugegeben werden, daß die Revolution, wenn sie die Macht zur Aufhebung dieser Bindungen besessen und sich mit Duldung oder auch gegen den Willen der anderen Staaten behauptet hat, den dadurch geschaffenen Zustand legalisiert hat.''

[6] Siehe z. B. Art. 1, 2 des Freundschaftsvertrags zwischen Persien und Rußland vom 26. 2. 1921; s. Taracouzio, The Sovjet Union and International Law, S. 19.

stische Völkerrechtslehre vertritt demgegenüber die These, daß durch den Prozeß der sozialistischen Revolution die Kontinuität unterbrochen wird und ein neuer Staat entsteht: „Diese grundlegende Tatsache des Fehlens jeglicher Kontinuität zwischen allen Arten des Ausbeuterstaates und den verschiedenen Formen und Entwicklungsphasen des sozialistischen Staates verkennen die bürgerlichen Völkerrechtsauffassungen, die die revolutionäre Ersetzung eines bürgerlich-kapitalistischen Staates durch einen sozialistischen in einen einfachen Regierungswechsel umfälschen wollen, der die Identität des Staates und damit des Völkerrechtssubjekts nicht berührt."[7]

Der Versuch, *internationale* Vorgänge, die faktisch die Kontinuität unterbrechen, rechtlich zu überbrücken, wird durch die Lehre von der Staatensukzession unternommen.[8] Dieser Begriff der Sukzession wird von der Völkerrechtslehre aus dem innerstaatlichen Erbrecht entlehnt, wo er zur Aufrechterhaltung der Kontinuität einer Rechtslage unter Veränderung des Rechtsträgers dient, also gerade ein dem internationalen Problem analoges Problem zu lösen bestimmt ist. Da aber der physische Tod von Menschen etwas Grundverschiedenes vom Untergang eines Staates oder von sonstigen internationalen Rechtsveränderungen ist, ist das Rechtsprinzip der Gesamtnachfolge[9] denkbar ungeeignet für die Lösung der hier gestellten Probleme und wird auch übereinstimmend von der Staatenpraxis wie von der Doktrin abgelehnt. Unter „Staatennachfolge" oder „Staatensukzession" wird also nicht die Anwendung des Prinzips der Gesamtnachfolge auf das Völkerrecht verstanden, sondern die Rechtsfolgen von Veränderungen des völkerrechtlichen Status und der völkerrechtlichen Kompetenz von Völkerrechtssubjekten auf ihre völkerrechtlichen Rechte und Pflichten.[10] Es wird also, wegen einer anfänglichen irrtümlichen Entlehnung, ein Wort für die Gesamtheit dieser Rechtsfolgen verwendet, das im Völkerrecht einen völlig anderen Inhalt hat als im Privatrecht, und es wird gut sein, von vorneherein jede Analogie des Erbrechts aus dem Völkerrecht zu verweisen. Dies wurde freilich nicht immer und überall anerkannt, und man kann vier große Gruppen von Theorien über unser Problem unterscheiden:

a) Die früher weitverbreitete, vor allem naturrechtlich begründete Theorie der Gesamtnachfolge und des Erwerbes kraft Gesetzes, so schon Grotius aaO Lib. II Cap. IX Paragraph XII: „Heredis personam, quoad dominii tam publici quam privati continuationem, pro eadem censeri cum defuncti persona, certi est iuris;" ebenso Pufendorf, Vattel, Wheaton, Kent usw.

[7] Siehe DDR-Lehrbuch I S. 297.

[8] Siehe O'Connell aaO S. 3: „... has for its object the minimizing of the effects of this change"; ebda S. 272: „... the preservation of stability is the object of a law of State succession. ..."

[9] Siehe z. B. BGB § 1922 Abs. 1: „Mit dem Tode einer Person (Erbfall) geht deren Vermögen (Erbschaft) als Ganzes auf eine oder mehrere Personen (Erben) über".

[10] Vergleiche damit die doch wohl zu enge Definition der Staatensukzession durch den Entwurf 1972 der ILC als „the replacement of one State by another in the responsibility for the international relations of territory".

b) Die heute von einzelnen Autoren, die auch sonst die Unterscheidung von lex lata und lex ferenda zu verwischen bestrebt sind, vertretene abgemilderte These der Gesamtnachfolge, die diese im allgemeinen zugrundelegt, aber Ausnahmen zuläßt, so z. B. Lauterpacht, Bustamante, Udina.

c) Die völlige Ablehnung irgendeiner Sukzession kraft Rechtes; der Nachfolgestaat übernimmt nach dieser Theorie kraft freien Willens von den Rechten und Pflichten des Vorgängers das, was ihm beliebt, so daß nur ein Bericht über die – wechselnde – Staatenpraxis, aber keine Darstellung genereller Regeln möglich ist; so Max Huber, A. B. Keith, Nys u. a.

d) Eine Gruppe von auf die Staatenpraxis aufgebauter, aber nicht auf ihre Wiedergabe beschränkter Theorien, die zwar die Theorie der Gesamtnachfolge ablehnen, aber doch aus der Staatenpraxis allgemeine Regeln ableiten, freilich je nach der methodischen Verwertung der Staatenpraxis[11] zu vielfach von einander abweichenden Deutungen gelangen; diese Gruppe kann heute als die herrschende bezeichnet werden, ihr gehören insbesondere einige führende Spezialforscher der Materie an, wie Muralt, Mosler, Castrén, O'Connell, sowie die überwiegende Zahl der modernen Lehrbuchautoren.

Aber nicht nur die Theorie ist widerspruchsvoll, ja häufig unzulänglich und auf Wunschdenken abgestellt, sondern auch die Praxis gibt häufig nur widersprechende Aufschlüsse.[12] Es ist daher insbesondere in der zusammengefaßten Darstellung eines Lehrbuchs nur möglich, die Grundprobleme aufzuzeigen und die einleuchtendsten Lösungsversuche für diese schwierige und komplizierte Rechtsmaterie vorzutragen.

Zunächst aber müssen noch zwei Vorfragen geklärt werden. Es handelt sich einmal darum, festzustellen, welche *Arten von Veränderungen* der Staaten zu den unter dem Begriff der Staatennachfolge zusammengefaßten Rechtsfolgen führen, sodann diejenigen *Rechtsmaterien* zu umreißen, die der völkerrechtlichen Staatennachfolge unterfallen.

Wir haben oben dargelegt, daß nach überwiegender Ansicht noch so weitreichende *interne* Vorgänge an der Identität der beteiligten Völkerrechtssubjekte und an der Kontinuität der völkerrechtlichen Rechte und Pflichten nichts ändern, diese Vorgänge also für die völkerrechtliche Staatensukzession irrelevant sind. Es kommen für die völkerrechtliche Sukzession also nur solche Vorgänge in Frage, die den *völkerrechtlichen* Status und die *völkerrechtliche* Zuständigkeit verändern. Diese Vorgänge lassen sich in folgende Gruppen zusammenfassen:

[11] Siehe über Ableitung von internationalem Gewohnheitsrecht aus internationalen Verträgen das oben § 5 Nr. IX Dargelegte.

[12] Siehe Rousseau aaO 1. Aufl. S. 283: „Cette pratique est d'abord obscure; elle ne permet de dégager que des tendances, des orientations, non des solutions certaines"; Smith, Great Britain and the Law of Nations, 1932, I, S. 334: „... the complexity and variety of the problems which arise in practice are such as to preclude accurate and complete analysis within narrow limits"; Hyde aaO I S. 395: „... there is lack of evidence of general agreement indicative of the nature and scope of duties to be regarded as possessing the character of law."

A. Die Grenzen der Gebiete von zwei Völkerrechtssubjekten werden verändert; das Gebiet des einen Staates wird vergrößert, das Gebiet des anderen Staates wird entsprechend verkleinert; ein Gebietsteil wechselt den Gebietsherrn. Dieser Gebietsteil kann vor dem Wechsel ganz unselbständig gewesen sein, er kann aber auch (als abhängiger Staat, als Protektorat, als Gliedteil eines Bundesstaats) eine begrenzte völkerrechtliche Zuständigkeit oder einen völkerrechtlichen Sonderstatus besessen haben; er kann durch den Wechsel seinen bisherigen (unselbständigen oder begrenzt selbständigen) Status beibehalten oder verändern, also begrenzt selbständig oder ganz unselbständig werden.

B. Ein Gebietsteil (ganz unselbständig oder begrenzt selbständig) wird von einem Staat gänzlich abgetrennt, ohne an einen anderen Staat (wie unter A) als ganz unselbständiger oder relativ selbständiger Gebietsteil überzugehen, sondern indem er selbst ein Völkerrechtssubjekt wird (häufigste Form der Dekolonisation) oder auch gleichzeitig mit der Selbständigkeit in mehrere selbständige Teile zerfällt (Situation des 1947 in zwei freie Dominions, Indien und Pakistan, umgewandelten bisher beschränkt selbständigen Britisch-Indien); für den Staat, von dem die Abtrennung erfolgt, bedeutet das gleichzeitig eine Verkleinerung seines Gebiets.

C. Ein bisher unbeschränkt oder beschränkt unabhängiger Staat verliert seine Unabhängigkeit vollständig, er verschwindet, indem er entweder Gebietsteil eines oder mehrerer anderer Völkerrechtssubjekte wird (Polen 1795), oder in mehrere neue (ganz oder beschränkt selbständige) Staaten zerfällt (das wird von der Dismembrationstheorie für die deutsche Situation nach 1945 oder später behauptet) oder sowohl Gebietsteil anderer Staaten als auch Grundlage neuer Staatenbildungen wird (Situation der 1918 zerfallenden Donaumonarchie Österreich-Ungarn).

D. Ein bisher unabhängiger Staat verliert seine Unabhängigkeit teilweise, er behält eine begrenzte völkerrechtliche Zuständigkeit (Bayern 1870/71 durch den Eintritt ins Deutsche Reich; Marokko 1912 durch Errichtung des französischen Protektorats).

E. Ein bisher ganz unselbständiger Gebietsteil erhält eine begrenzte völkerrechtliche Zuständigkeit (die Entwicklung Canadas vor dem ersten Weltkrieg in bezug auf die Beteiligung am Abschluß von Handelsverträgen,[13] die Stellung Weißrußlands und der Ukraine als Mitglieder der UN 1945).

F. Eine völkerrechtliche Staatenverbindung wird zwischen bisher selbständigen Staaten gebildet (Ägypten-Syrien 1958, aufgelöst 1961) oder löst sich in ihre Bestandteile auf (Schweden-Norwegen 1905).

Diese sechs Hauptgruppen enthalten in der Wirklichkeit der internationalen Beziehungen oft die mannigfachsten Variationen und Abstufungen; häufig ist auch nicht ganz klar, als welcher *rechtliche* Vorgang ein bestimmter *historischer* Vorgang zu bewerten ist. So ist die rechtliche Bedeutung des Zerfalls der Habsbur-

[13] Siehe Berber, Die Rechtsbeziehungen der britischen Dominions zum Mutterland, 1929, S. 46.

ger Monarchie 1918[14] ebenso umstritten wie die des Auseinanderfallens der schwedisch-norwegischen Union 1905, der Bildung Jugoslawiens 1918, der Erweiterung Sardiniens zu Italien 1860/1861, des Auseinanderfallens der Vereinigten Niederlande 1830 usw.

Schließlich ist noch die zweite Vorfrage zu beantworten, welche *Rechtsmaterien* der völkerrechtlichen Staatennachfolge unterfallen. Diese Frage ist im Prinzip überaus einfach zu beantworten: es ist selbstverständlich, daß Gegenstand einer völkerrechtlichen Sukzession nur Rechtsverhältnisse sein können, die als völkerrechtliche Rechtsverhältnisse im Augenblick der Sukzession bestanden. Die Sukzession ist kein Zauberstab, mit dessen Hilfe bisher gar nicht oder nur landesrechtlich bestehende Rechtsverhältnisse in völkerrechtliche Rechtsverhältnisse umgewandelt werden könnten, sondern eine Rechtskonstruktion, kraft deren völkerrechtliche Rechtsverhältnisse, die im Augenblick des Eintritts einer Veränderung des internationalen Status oder der internationalen Kompetenz als völkerrechtliche Rechtsverhältnisse bestanden, unter Umständen trotz der Veränderung weiterhin als völkerrechtliche Rechtsverhältnisse bestehen bleiben. Diese These, an sich selbstverständlich, ist von größter Wichtigkeit, da ohne sie alle Rechtsprobleme der Staatensukzession verwirrt und verdunkelt werden. Dies ist von Kelsen schon 1932 mit eindeutiger Klarheit hervorgehoben worden.[15]

Diese These von der logisch notwendigen Beschränkung der völkerrechtlichen Sukzession auf im Augenblick des Eintritts der Sukzession gültig bestehende völkerrechtliche Rechtsverhältnisse hat zur Folge, daß im Falle des Auseinanderfallens eines Staates in zwei oder mehr neue Staaten, da völkerrechtliche Rechtsverhältnisse unmittelbar vor dem Auseinanderfallen zwischen ihnen gar nicht bestanden haben können, ihre völkerrechtlichen Beziehungen *inter se,* abgesehen von der für neue Staaten automatisch eintretenden Geltung des allgemeinen Völkerrechts und abgesehen von dem Abschluß konkreter Verträge zur Regelung dieser Beziehungen inter se, eine tabula rasa darstellen und nicht etwa ihr bisher bestehendes gemeinsames Landesrecht oder ihre etwa bisher bestehenden inner-

[14] Siehe Udina, L'Estinzione dell'Imperio Austro-Ungarico nel diritto internazionale, 1933.

[15] Hague Recueil, Bd. IV, 1932, S. 327ff.: „On ne saurait envisager comme une succession d'Etats relevant du droit international, c'est-à-dire comme une succession déterminée par le droit international, d'un Etat à des droits et obligations d'un autre Etat, qu'une succession portant sur les droits et obligations découlant du droit international, et non pas sur des droits et obligations dont le contenu aurait été fixé par l'ordre interne de l'Etat, en dehors des normes du droit international. Il convient précisément d'établir une distinction très nette entre ces deux groupes de droits et obligations de l'Etat et de limiter au premier seulement la théorie de la succession des Etats, si l'on veut éviter de tomber, dans ce domaine, dans une confusion néfaste. La question de savoir quelles sont les obligations qu'un Etat peut avoir, s'il en a, en vertu de son ordre juridique interne, n'intéresse évidemment pas le droit international, pour autant qu'il ne s'agisse pas de droits et obligations que l'ordre interne aurait institués en application d'une norme du droit international général ou particulier. Cela s'applique indifféremment aux droits et obligations d'ordre privé comme à ceux d'ordre public. Le droit international général ne saurait rien décider concernant la succession à des droits et obligations ne relevant pas du droit international".

staatlich-bundesstaatlichen Beziehungen kraft der Magie der Sukzession in völkerrechtliche Rechtsbeziehungen umgewandelt werden. Das Recht der Staatensukzession kann nicht Nichtvölkerrecht in Völkerrecht verwandeln, sondern höchstens schon bestehendes Völkerrecht vor dem durch die Veränderung eventuell eintretenden Untergang retten.

Die These von der logisch notwendigen Beschränkung der völkerrechtlichen Sukzession auf im Augenblick des Eintritts der Sukzession gültig bestehende völkerrechtliche Rechtsverhältnisse hat weiter zur Folge, daß die Fragen der Behandlung innerstaatlichen Rechts und innerstaatlicher Rechtsverhältnisse, die in dieser Materie so viel Kopfzerbrechen verursacht haben, eine eindeutige und klare Lösung erfahren.

Als eine mit unserer These vereinbare Einteilung, die naturgemäß nur völkerrechtliche Rechtsverhältnisse betreffen kann, wird hier die folgende zugrunde gelegt werden:

a) Die völkerrechtliche Sukzession in bezug auf völkerrechtliches Gewohnheitsrecht.

b) Die völkerrechtliche Sukzession in bezug auf gewöhnliche völkerrechtliche Verträge.

c) Die völkerrechtliche Sukzession in bezug auf völkerrechtliche Verträge mit territorialer Beziehung (Realverträge).

d) Die völkerrechtliche Sukzession in bezug auf die völkerrechtliche Gebietshoheit.

e) Die völkerrechtliche Sukzession in bezug auf die Zugehörigkeit zu internationalen Organisationen.

Die unter diesen fünf Überschriften zu behandelnden Rechtsprobleme betreffen die Frage, inwieweit sich in bezug auf diese Materien allgemein gültige völkerrechtliche Regeln herausgebildet haben. Es ist immer möglich – und wünschenswert – daß die bei den fraglichen internationalen Rechtsveränderungen sich ergebenden völkerrechtlichen Probleme durch konkreten Vertrag der Beteiligten – wozu bei Verträgen mit dritten Staaten naturgemäß auch diese gehören – geregelt werden, wie dies häufig bei einvernehmlichem Eintritt der Rechtsänderung geschieht. Insbesondere Friedensverträge und Friedensfolgeverträge pflegen zahlreiche Bestimmungen über Fragen der Sukzession zu enthalten, so z. B. Artikel 309, 310, 319 des Friedensvertrages von St. Germain von 1919, Artikel 292, 293, 302 des Friedensvertrags von Trianon von 1919, Artikel 106, 109, 110 des Friedensvertrags von Lausanne von 1923, die Artikel 51 ff. des Friedensvertrags von Versailles betreffend Elsaß-Lothringen, die Artikel 89 ff. des gleichen Vertrags betreffend Polen, die Oberschlesienkonvention von 1922, Artikel 9, 13 des Friedensvertrags mit Italien 1947 usw. Wieweit aus solchen Verträgen Regeln des Gewohnheitsrechts abgeleitet werden können, bestimmt sich nach den oben § 5 IX angegebenen Regeln über die gewohnheitsrechtsbildende Kraft von Verträgen.

§ 33. Die völkerrechtliche Sukzession in bezug auf völkerrechtliches Gewohnheitsrecht

Die Geltung universalen völkerrechtlichen Gewohnheitsrechts wird durch die eine Staatensukzession veranlassenden Veränderungen nicht betroffen. Wie es sich früher im Rahmen des abtretenden Staates A auf das an B abzutretende Teilgebiet erstreckte, so erstreckt es sich nunmehr im Staate B auf dieses vom Staat A abgetretene Gebiet. Neu entstandene Staaten sind automatisch an das allgemein geltende völkerrechtliche Gewohnheitsrecht gebunden, wenn sie nicht bei ihrer Aufnahme in die Völkerrechtsgemeinschaft ausdrücklich spezifizierte Vorbehalte machen und diese sich nicht auf zwingendes Völkerrecht beziehen.[16] Dagegen kann die Geltung regionalen Gewohnheitsrechts im Falle der Staatensukzession Probleme hervorrufen. Kein Problem entsteht bei Gebietsabtretungen, wenn Vorgänger und Nachfolger in der fraglichen Rechtsmaterie dem gleichen regionalen Gewohnheitsrecht (z. B. südamerikanischem Asylrecht) angehören. Ist das nicht der Fall, so wird der abgetretene Gebietsteil der Regel nach der Gewohnheits-Region des Erwerbers folgen. Es kann auch sein, daß ein durch Sezession neugebildeter Staat aus dem regionalen Gewohnheitsrecht seines bisherigen Gebietsherrn ausscheidet und einem ihm entsprechenderen Regionalrecht beitritt (so wird etwa eine zum selbständigen Staat gewordene britische Kolonie in den Tropen sich nach dem für trockene Gebiete sich entwickelnden internationalen Wassernutzungsrecht richten, auch wenn bisher ihre Wasser-Außenbeziehungen nach europäischem Flußrecht geregelt waren).

Die ganzen hiermit zusammenhängenden Rechtsprobleme sind noch wenig erforscht, so daß diese kurzen Hinweise hier genügen müssen.

§ 34. Die völkerrechtliche Sukzession in bezug auf völkerrechtliche Verträge

In diesem Abschnitt sollen nur Verträge behandelt werden, die nicht eine radizierte, eine territoriale Beziehung haben (Realverträge, „dispositive treaties“, „traités de caractère réel“); diese letzteren werden im nächsten, die Realverträge behandelnden Abschnitt dargestellt werden.

Für die normalen Verträge hat sich ziemlich weitgehend eine gewisse Übereinstimmung der Ansichten herausgebildet.

A. Für den Sukzessionsfall (A)[17] gehen Theorie und Praxis weitgehend vom Grundsatz der beweglichen Vertragsgrenzen aus: die bisherigen Verträge des sich ausdehnenden Staates erstrecken sich auf das neuerworbene Teilgebiet, die bishe-

[16] Siehe oben § 5 Nr. VII.

[17] Fall der Gebietserweiterung.

rigen Verträge des sich verkleinernden Staates schrumpfen in ihrer räumlichen Geltung auf sein verkleinertes Gebiet zusammen.[18] Von diesem Prinzip der beweglichen Vertragsgrenzen gibt es aber einige Ausnahmen:

A 1. Es kann sich aus der Auslegung des Vertrags die Absicht der Parteien ergeben, daß eine solche Erstreckung des alten Vertrags auf den neuen Gebietsteil nicht gewollt war, z. B. weil der Vertrag sich streng auf das Gebiet z. Z. des Vertragsschlusses beschränken wollte oder weil das neuerworbene Gebiet weit entfernt ist.

A 2. Die Erstreckung des Vertrags auf das neue Gebiet wird zu verneinen sein, wenn dieses nicht der vollen Souveränität des Erwerberstaats untersteht.[19]

A 3. Der Neuerwerber kann mit dem Vorbesitzer unter Zustimmung der übrigen Vertragsbeteiligten ausdrücklich oder stillschweigend vereinbaren, daß ein bestimmter Vertrag, der vor der Grenzveränderung im abgetretenen Gebietsteil galt, auch nach der Abtretung in diesem Gebiet weitergelten soll.[20]

Die Veränderung der Grenze kann sowohl für die bisherigen Verträge des Erwerberstaates wie für die bisherigen Verträge des Verliererstaats eine Anpassung an die veränderten Umstände nötig machen, die eine Berufung auf die clausula rebus sic stantibus rechtfertigt.

B. Für den Sukzessionsfall (B)[21] wird im allgemeinen angenommen, daß der neue Staat durch die Verträge seines früheren Gebietsherrn nicht gebunden bleibt,[22] während diese Verträge für das dem bisherigen Gebietsherrn verbleibende Restgebiet bestehen bleiben, falls nicht Anlaß zur Anwendung der clausula rebus sic stantibus für sie besteht. Zerfällt das gesamte Gebiet des bisherigen Staates restlos, so verschwinden auch seine Verträge völlig. Es ist aber möglich, daß bestimmte Verträge des Gebietsvorgängers vom Gebietsnachfolger stillschweigend aufrechterhalten werden.[23] Falls der zum neuen Staat gewordene Gebietsteil schon vor der Sezession eine begrenzte völkerrechtliche Vertragsfähigkeit besaß, so bleiben Verträge, die er selbst vor der Sezession im Rahmen dieser Zuständigkeit abgeschlossen hatte, auch nach der Sezession bestehen. Die allgemeine Regel

---

[18] Siehe z. B. Gastaldi v. Lepage Hémery, Annual Digest 1929/30, Nr. 43: „It is unanimously admitted that an international convention with one State has full effect in regard to the new territories which it adds to its former territory and which combine to constitute the new national territory."

[19] Siehe z. B. den Bericht der Ständigen Mandatskommission von 1923, zitiert nach O'Connell aaO S. 74: „. . . the special international conventions entered into by a State do not apply de jure to territories in regard to which the State in question had been entrusted with a mandate . . ."

[20] Siehe Wagnon, Concordats et droit international, 1935, S. 395, über die Weitergeltung des französischen Konkordats in Elsaß-Lothringen nach der Abtretung an Deutschland 1871 wie auch nach der Rückgliederung an Frankreich 1919, obwohl inzwischen das Konkordat im übrigen Frankreich nicht mehr galt.

[21] Fall der Sezession.

[22] Siehe Art. 11 des Entwurfs 1972 des ILC; a. M. z. B. K. I. Keith, Succession to Bilateral Treaties by Seceding States, AJIL 1967 S. 521.

[23] Siehe RGSt. 57 S. 62 über die stillschweigende Fortsetzung einer Bestimmung des deutsch-österreichischen Handelsvertrags von 1891/1905 durch die Tschechoslowakei nach 1919.

der Nichtbindung tritt aber wieder ein, wenn der durch die Sezession entstandene neue Staat vor der Abtrennung keine begrenzte Völkerrechtsfähigkeit, sondern nur eine innerstaatliche Autonomie besaß oder gar nur eine gesonderte innerstaatliche Verwaltungseinheit darstellte, für die der Gebietsherr Verträge mit lokaler Beschränkung auf diesen Gebietsteil abgeschlossen hat. Solche Verträge können für den neuen Staat nur mit seiner (ausdrücklichen oder stillschweigenden) Zustimmung Geltung behalten.[24]

Die Frage, wie es mit der Weitergeltung multilateraler rechtsetzender Verträge steht, ist umstritten. Während die überwiegende Meinung dahingeht, daß auch für multilaterale Verträge die Regel gelte, daß der neue Staat durch die Verträge seines früheren Gebietsherrn nicht gebunden bleibt, machen sich neuerdings Bestrebungen geltend, multilaterale rechtsetzende Verträge des Vorgängers als auf den Neustaat automatisch übergehend anzusehen, in analoger Anwendung der für die Übernahme von Gewohnheitsrecht geltenden Regeln.[25] Die Analogie zum Gewohnheitsrecht wäre freilich nur schlüssig, wenn es sich um quasi-universelles multilaterales rechtsetzendes Vertragsrecht handeln würde.[26] Der Entwurf der ILC von 1972 schließt sich aber diesen neuen Bestrebungen nicht an, auch nicht unter Beschränkung auf gewisse Kategorien von Verträgen, etwa solchen humanitärer Art, sondern geht in Artikel 12 davon aus, daß der Nachfolgerstaat nicht verpflichtet ist, in einen multilateralen Vertrag, der vor dem Eintritt der Unabhängigkeit auch auf sein Gebiet Anwendung gefunden hatte, einzutreten, gibt ihm aber das *Recht* zum Eintritt in einen solchen Vertrag durch eine „Notifikation der Sukzession", es sei denn, seine Teilnahme würde unvereinbar sein mit dem Gegenstand und Zweck des Vertrags oder der Vertrag wäre nur „beschränkt multilateral". Man vergleiche zu diesem Problemkreis auch das vom Generalsekretariat der UN ausgearbeitete Memorandum vom 22. 1. 1963, A/CN 4/150/Corr. 1: „Succession of States in Relation to General Multilateral Treaties of which the Secretary-General is the Depositary"; ebenso die Studie A/CN 4/157 vom 18. 4. 1963: „Digest of Decisions of National Courts Relating to Succession of States and Governments".

C. Für den Sukzessionsfall (C)[27] besteht allgemeines Einverständnis, daß bilaterale Verträge durch das – wie immer zustandegekommene – völlige Verschwinden

[24] In dieser Weise muß die ausdrückliche Regelung des Art. 4 des als Annex der britischen „Indian Independance (International Arrangements) Order, 1947" beigefügten „Agreement as to the devolution of international rights and obligations upon the Dominions of India and Pakistan", das kraft der Zustimmung Indiens und Pakistans völkerrechtliche Gültigkeit besaß, verstanden werden: „... rights and obligations under all international agreements to which India is a party immediately before the appointed day will devolve both upon the Dominion of India and upon the Dominion of Pakistan, and will, if necessary, be apportioned between the two Dominions."

[25] So insbesondere Jenks, State Succession in respect of Law-making Treaties, in: BYBIL 1952 S. 105ff., für die Analogie zum Gewohnheitsrecht insbesondere S. 142.

[26] Siehe auch die kritischen Bemerkungen von O'Connell aaO S. 64f.

[27] Fall des Staatsuntergangs.

eines Völkerrechtssubjekts erlöschen.[28] Hyde[29] weist darauf hin, daß die USA in keinem ihrer Verträge mit den nach dem ersten Weltkrieg neuentstandenen Staaten eine rechtliche Verpflichtung zur Übernahme früherer US-Verträge mit dem Gebietsvorgänger annahmen.[30] Es ist überaus umstritten, ob die Umwandlung eines Bundesstaats, dessen Glieder eine beschränkte Völkerrechtspersönlichkeit besaßen, in einen Einheitsstaat (Deutsches Reich 1934) einen Fall dieser Art der Staatensukzession (Untergang der Länder als wenn auch beschränkte Völkerrechtssubjekte) oder eine völkerrechtlich irrelevante interne Kompetenzverschiebung, die am Weiterbestand der Verträge nichts ändert, darstellt.[31] Das deutsche Reichsgericht hat in einer vielbeachteten Entscheidung[32] festgestellt: „Die Auslieferungsverträge Frankreichs mit den Ländern sind seit dem Gesetz über den Neuaufbau des Reiches vom 30. 1. 1934 (RGBl. I S. 75) hinfällig geworden, da auf Grund dieses Gesetzes Deutschland zum Einheitsstaat zusammengeschlossen worden ist und die Länder als völkerrechtliche Rechtsträger zu bestehen aufgehört haben, so daß auch die Auslieferungsverträge, die sie geschlossen haben, erloschen sind."[33] Eine abweichende Meinung vertritt Scheuner,[34] der die Auffassung des Reichsgerichts als „verfehlt" bezeichnet, da er Zuständigkeitsverschiebungen zwischen Bund und Ländern als interne Umgestaltung der Verfassungsordnung betrachtet, die die völkerrechtlichen Verpflichtungen des Staates nicht berühren; dies trifft aber nur zu, wenn keine völkerrechtliche Kompetenzverschiebung vorliegt, also z. B. bei Bundesstaaten, bei denen den Gliedern keinerlei völkerrechtliche Kompetenz verblieben ist, und bei Verschiebungen der Zuständigkeit, die nicht etwa den Gliedern eine ihnen bisher fehlende völkerrechtliche Kompetenz geben.[35] Es kann aber bei allen Arten des Sukzessionsfalles (C) nach ausdrück-

[28] Siehe die Nachweise bei O'Connell aaO S. 16, der ebda feststellt: „There is almost unanimous agreement that personal treaties of a totally extinguished State expire with it."

[29] aaO II S. 1541.

[30] Siehe auch seine allgemeine Feststellung S. 1529f.: „When a State relinquishes its life as such through incorporation into or absorption by another State, the treaties of the former are believed to be automatically terminated."

[31] Siehe dazu insbesondere Beisswingert, Die Einwirkung bundesstaatlicher Kompetenzverschiebungen auf völkerrechtliche Verträge unter besonderer Berücksichtigung der deutschen Entwicklung, Münchner Diss. 1960: D. P. O'Connell, State Succession and the Effect upon Treaties of Entry into a Composite Relationship, Part III (Transformation of a Federal into a Unitary State), in BYIL 1963 S. 106ff.

[32] RGSt. 70 S. 287.

[33] Ähnlich die indische Praxis; s. die Entscheidung des Indischen Supreme Court in Babu Ram Saksena v. State vom 5. 5. 1950, International Law Reports 1950, S. 11ff., s. insbesondere S. 16 ebda: „It is not possible for the Tonk State, which is one of the contracting parties, to act in accordance with the terms of the treaty, for it has no longer any independent authority of sovereign rights over the Tonk territory and can neither make nor demand extradition. When as a result of amalgamation or merger, a State loses its full and independent power of action over the subject-matter of a treaty previously concluded, the treaty must necessarily lapse."

[34] In Festschrift für Nawiasky 1956 S. 35.

[35] Siehe auch Scheuner in „Konkordatsprozeß", herausgegeben von Giese und v. d. Heydte, S. 703f., Krüger ebda S. 1056ff.; Mosler in Festgabe f. Thoma 1950, S. 171.

licher oder stillschweigender Vereinbarung des Nachfolgestaates mit dem anderen Vertragspartner eine Fortgeltung bestimmter Verträge des untergegangenen Staates mit Beschränkung auf sein früheres Gebiet stattfinden;[36] das wird bei bundesstaatlicher Kompetenzverschiebung häufig zu vermuten sein.[37]

Bei multilateralen Verträgen bewirkt der Untergang eines Vertragspartners naturgemäß nicht das Erlöschen des Vertrags, sondern nur das Ausscheiden des untergegangenen Staates aus dem Vertragsverhältnis, ohne daß der Nachfolgestaat in es eintritt; es kann jedoch durch dieses Ausscheiden die Anwendung der clausula rebus sic stantibus wegen veränderter Umstände gerechtfertigt sein, besonders bei multilateralen Verträgen mit verhältnismäßig wenig Partnern und entsprechend größerem Gewicht des untergegangenen Staats.

D. Für den Sukzessionsfall D[38] wird im allgemeinen angenommen, daß die Verträge des nun nicht mehr unbeschränkte, aber doch noch beschränkte völkerrechtliche Zuständigkeit besitzenden Staates weiterhin für ihn verbindlich bleiben, soweit er für die betreffende Materie völkerrechtlich zuständig bleibt;[39] gegebenenfalls sind die Voraussetzungen für die Anwendung der Klausel der veränderten Umstände gegeben. Verträge, für deren Sachbereich der in seiner Kompetenz beschnittene Staat keine Zuständigkeit mehr besitzt, erlöschen. Ein automatischer Übergang der Verträge auf den Staat, zu dessen Gunsten die Reduzierung der Zuständigkeit erfolgt, tritt also nicht ein,[40] der Übergang kann aber durch ausdrückliche oder stillschweigende Einigung herbeigeführt werden.[41]

E. Für den Sukzessionsfall E[42] gilt mit der Begrenzung auf seine beschränkte Zuständigkeit das oben (B) über einen neuentstandenen Staat Gesagte, es tritt also für ihn grundsätzlich eine tabula rasa ein, während die Verträge des Staates, der durch die Erwerbung einer beschränkten Völkerrechtspersönlichkeit durch den ihm bisher gänzlich eingegliederten Staat einen Teil seiner völkerrechtlichen Zuständigkeit eingebüßt hat, in diesem reduzierten Rahmen wohl zunächst weiterhin bestehen bleiben, ihnen gegenüber aber u. U. die clausula rebus sic stantibus geltend gemacht werden kann. Es ist bestritten, inwieweit diese Regel auf den Fall der Kompetenzverschiebung zugunsten einer beschränkten völkerrechtlichen Zu-

[36] Siehe die Erklärung des US-Staatssekretärs 1870 über die Weitergeltung eines vor Schaffung des Königreichs Italien mit dem König von Sardinien abgeschlossenen Vertrags von 1838, aber mit Beschränkung auf „inhabitants of the former Kingdom of Sardinia", Moore aaO Bd. V S. 344, auch S. 346, Erklärung von 1876; s. auch: Cotran, Some legal Aspects of the Formation of the United Arab Republic and the United Arab States, in: International and Comparative Law Quarterly, 1959, S. 346ff.

[37] Siehe die Entscheidung des Schweizer Bundesgerichts Bd. 81 S. 319ff.

[38] Reduzierung der völligen Unabhängigkeit auf eine beschränkt weiterbestehende.

[39] Nachweise s. bei Hyde aaO II. S. 1535; bei Hackworth aaO V S. 368, 376; bei O'Connell aaO S. 27f.

[40] Siehe eine Entscheidung des Reichsfinanzhofs in: Annual Digest 1927/28, Nr. 56.

[41] Siehe die Erstreckung eines zwischen USA und Preußen 1828 abgeschlossenen Vertrags auf das Deutsche Reich, Hackworth aaO V S. 376.

[42] Fall der Erwerbung einer beschränkten Völkerrechtspersönlichkeit.

ständigkeit des Gliedstaats im Bundesstaat anzuwenden ist;[43] die Beantwortung dieser Frage, die hier nicht weiter verfolgt werden kann, hängt letztlich von der Deutung der Rechtsnatur des Bundesstaats ab[44] und kann auch für konkrete Arten von Bundesstaaten verschieden lauten. Das hier behandelte Problem ist aber natürlich nicht auf den Fall des Bundesstaats beschränkt.[45]

F. Im Sukzessionsfall F[46] kann kein Zweifel sein, daß die von den vorher unverbundenen einzelnen Mitgliedern abgeschlossenen Verträge auch nach Eintritt der Verbindung bestehen bleiben, ebenso wie die nach Eintritt der Verbindung von den einzelnen Mitgliedern je für sich abgeschlossenen Verträge durch die Aufhebung der Verbindung nicht berührt werden; im Grenzfall (etwa bei vor der Verbindung eingegangenen Bündnisverträgen) kann allenfalls Anlaß zur Anwendung der clausula rebus sic stantibus gegeben sein. Für die Rechtsfolgen der Auflösung einer solchen Verbindung ist besonders die Auflösung der Union zwischen Schweden und Norwegen 1905 instruktiv. Für Verträge, die zwar ausdrücklich mit der Union abgeschlossen waren, aber nur eines der Mitglieder speziell betrafen, wurde festgestellt, daß nur dieses spezifisch betroffene Land weiter gebunden bleibe. Alle übrigen von der Union abgeschlossenen Verträge wurden für die Zeit nach Auflösung der Verbindung als für jeden Staat gesondert gültig betrachtet; „es sei denn, die Auflösung der Union ... verändere in irgendeiner Weise die Bestimmungen, die bisher diese Beziehungen geregelt haben".[47] Der Vertragspartner, der nicht der Union angehört oder angehörte, kann sich wegen der Eingehung bzw. der Auflösung der Union gegebenenfalls auf die clausula rebus sic stantibus berufen.

---

[43] Siehe dazu Entscheidung des BVG vom 26. 3. 1957, Bd. 6, S. 338, Nr. 6, mit allzukurzer Begründung; s. Krüger, „Konkordatsprozeß", S. 1069; s. Thieme, Reichskonkordat und Länder, 1956; s. Wagnon, Concordats et droit international, 1935, S. 356: „Se transformant en Etat fédéral, l'état unitaire cesse d'être la même personne morale internationale; son concordat devra donc, en principe, cesser d'exister"; a. M. Kaiser in ZaöRVR Bd. 18, S. 537f., unter Berufung auf die These, daß kein Staat sich auf seine Verfassung berufen kann, um sich von den Bindungen eines geltenden völkerrechtlichen Vertrages zu befreien; siehe O'Connell in BYIL 1963 S. 109ff. (IV. Transformation of a Unitary into a Federal State).

[44] Siehe dazu insbesondere Nawiasky, Der Bundesstaat als Rechtsbegriff, 1920, und Allgem. Staatslehre, III. Teil, 1956, S. 155, für eine Auffassung, nach der völkerrechtliche Konsequenzen im Sinne Krügers – s. die vorangegangene Fußnote – zu ziehen sind.

[45] Siehe oben § 32 E.

[46] Bildung und Auflösung einer völkerrechtlichen Staatenverbindung, insbesondere Staatenbund und Realunion. Siehe Art. 26, 27 des Entwurfs der ILC von 1972; O'Connell in BYIL 1963 S. 97 (II. Union) u. S. 116 (V).

[47] Siehe Hyde aaO I S. 1540; Cotran, Some Legal Aspects of the Formation of the United Arab Republic and the United Arab States, in: International and Comparative Law Quarterly 1959, S. 357.

§ 35. Die völkerrechtliche Sukzession in bezug auf völkerrechtliche Verträge mit territorialer Beziehung

Unter Verträgen mit territorialer Beziehung (auch radizierte oder Realverträge genannt) versteht man Verträge, bei denen die örtliche Beziehung wesentlich ist, wichtiger als die Persönlichkeit der am Abschluß beteiligten Staaten.[48] Insbesondere werden als solche Verträge Abmachungen angesehen, durch die eine sog. internationale Servitut begründet wird. Der Begriff der internationalen Servitut ist überaus umstritten.[49] Es wird aber überwiegend angenommen, daß solche Verträge mit territorialer Beziehung und insbesondere Servituten auch bei Vorliegen der für die Staatensukzession relevanten internationalen Veränderungen weiter bestehen bleiben.[50] Ist also ein automatisches Erlöschen nicht anzunehmen, so muß doch gerade hier von Fall zu Fall eine Prüfung angestellt werden, ob nicht Anlaß besteht, die clausula rebus sic stantibus anzuwenden, zumal bei so stark vom Politischen her beeinflußten Verhältnissen, wie sie z. B. bei Entmilitarisierungen vorliegen.

§ 36. Die völkerrechtliche Sukzession in bezug auf die völkerrechtliche Gebietshoheit

Wenn es ein Wesensmerkmal der völkerrechtlichen Sukzession ist, daß ein Staat in einem Gebiet zu herrschen aufhört, während ein anderer dort seinen Platz einnimmt, [51] so ist deutlich, daß bei den für sie relevanten internationalen Vorgängen vor allem ein Wechsel der Gebietshoheit stattfindet: sie geht in dem durch den Vorgang bestimmten räumlichen und sachlichen, evtl. auch zeitlichen Umfang vom Vorgänger auf den Nachfolger über; hier kann man wirklich von einer echten Sukzession sprechen, hier ist der juristische Kern dieser für die Sukzession relevanten Vorgänge.

Die Gebietshoheit des Vorgängers, die auf den Nachfolger übergeht, ist eine souveräne Verfügungsgewalt über alle auf dem Gebiet befindlichen Personen und Sachen. Die Gebietshoheit des Nachfolgers ist beschränkt, aber nicht durch die bei Eintritt der Nachfolge für den Vorgänger auf seinem Gebiet bestehenden *innerstaatlichen* Bindungen, die für den Nachfolger res inter alios acta und daher irrelevant sind. Die Beschränkungen, denen die Gebietshoheit des Nachfolgestaats auf dem neuerworbenen Gebiet unterliegt, können nur *völkerrechtliche* sein. Die völkerrechtlichen Beschränkungen der Gebietshoheit des Nachfolgerstaats können vierfacher Art sein:

---

[48] Siehe Dahm aaO S. 108.

[49] Siehe dazu unten § 44 IX.

[50] Dies gilt insbesondere auch für Grenzverträge und bestimmte wasserrechtliche Verträge, siehe Art. 29, 30 des Entwurfs der ILC von 1972.

[51] Siehe die Definition der ILC im Entwurf 1972.

1) Beschränkungen durch das allgemeine Völkerrecht, insbesondere das Völkergewohnheitsrecht; es ist selbstverständlich, daß dieses den Nachfolgerstaat im ganzen Umfang seiner staatlichen Tätigkeit bindet, nicht nur auf seinem alten, sondern auch auf seinem neuen Gebiet.

2) Beschränkungen durch solche vom Nachfolgerstaat vor der Nachfolge abgeschlossenen Verträge, die sich nach den oben[52] angegebenen Regeln automatisch auf das neuerworbene Gebiet erstrecken.

3) Beschränkungen durch solche vom Vorgängerstaat vor Eintritt der Nachfolge eingegangenen Verträge, die nach den oben[53] angegebenen Regeln auch für den Nachfolgerstaat bindend erhalten bleiben.

4) Beschränkungen durch Spezialverträge, die anläßlich der Nachfolge und zur Regelung der mit ihr verbundenen Probleme abgeschlossen werden. Solche Spezialverträge sind überaus häufig; insbesondere enthalten Friedensverträge, die Gebietsabtretungen vorsehen, häufig solche Spezialregelungen; aber auch bei der Erlangung der Unabhängigkeit durch einen bisher unselbständigen Gebietsteil sind solche Regelungen nicht selten.[54] Wieweit aus solchen Verträgen allgemeine gewohnheitsrechtliche Regeln abgeleitet werden können, darüber ist oben § 5 IX Näheres ausgeführt.

Das ist der Rahmen, in dem bestimmt wird, ob bestehende innerstaatliche Rechtsvorgänge, die auf dem fraglichen Gebiet unter der Herrschaft des Vorgängerstaates eintraten, die Nachfolge überleben oder nicht. Das sind insbesondere die Probleme, die betreffen:

a) Das bisherige öffentliche und private Landesrecht.

b) Die bisher bestehenden rechtlichen, vor allem privatrechtlichen, aber auch verwaltungsrechtlichen Bindungen des Vorgängers mit Ausnahme der Schulden, insbesondere aus Kontrakten und Konzessionen, die sog. wohlerworbenen Rechte (auch Pensionen usw.).

c) Das im erworbenen Gebiet gelegene Eigentum des Vorgängers und die mit diesem Eigentum zusammenhängenden Schulden des Vorgängers.

d) Deliktische Ansprüche gegen den Vorgänger.

e) Die Staatsangehörigkeitsverhältnisse der Staatsangehörigen des Vorgängers im neuerworbenen Gebiet.

Alle diese Probleme können einer völkerrechtlichen Lösung nur zugeführt werden im Rahmen einer von rein völkerrechtlichen Gesichtspunkten geleiteten

---

[52] § 34.

[53] §§ 34, 35.

[54] Siehe z. B. die im Beschluß des Völkerbundrats von 1925 – J. O. 1925, S. 1363 – niedergelegte Regelung für den Fall der Beendigung des Mandats, die u. a. vorsieht: „2) ... a): Que la cessation ou le transfert d'un mandat ne pourra avoir lieu sans que le Conseil se soit assuré au préalable que les obligations financières régulièrement assumées par l'ancienne Puissance mandataire seront exécutées et que tous les droits régulièrement acquis sous l'administration de cette Puissance seront respectées." Über Devolutionsabkommen siehe Sørensen, Manual S. 300ff.

Untersuchung, deren Prinzipien hier aufgezeigt werden, ohne daß es im Rahmen eines Lehrbuchs möglich wäre, in Einzelheiten der damit aufgeworfenen überaus weitschichtigen und komplizierten Probleme einzutreten. Es ist im folgenden nur möglich, einige Hauptgesichtspunkte zur Klärung dieser Fragen herauszustellen.

Zu a): Was zunächst die Frage der Weitergeltung des bisherigen Landesrechts betrifft, so ist festzustellen, daß der Nachfolger an keinen Teil dieses Landesrechts außerhalb des oben angegebenen völkerrechtlichen Rahmens gebunden ist. Im Prinzip steht dieses gesamte Landesrecht zu seiner Verfügung; er kann seine Fortdauer stillschweigend dulden oder ausdrücklich gestatten oder ausdrücklich untersagen.[55] Solange er keine ausdrückliche Erklärung abgegeben hat, ist stillschweigende Duldung anzunehmen, mit Ausnahme freilich jener Bestimmungen des bisherigen Landesrechts, die mit seiner eigenen Verfassung, seinem „ordre public", seinen im neuerworbenen Gebiet neu für dieses erlassenen Gesetzen und den ausgesprochenen Zwecken des Gebietserwerbs schlechthin unvereinbar sind: für sie spricht keine Vermutung der Duldung, sie sind als automatisch außer Kraft getreten anzusehen, so insbesondere die Verfassung des Vorgängers. Bei dem durch Duldung vorläufig weiterbestehenden Recht aber macht es keinen Unterschied, ob es sich um privates oder öffentliches Recht handelt; ein sozialistischer Staat z. B., der ein bisher kapitalistisches Land erwirbt, wird wenig geneigt sein, die Fortdauer großer Teile des bisherigen Privatrechts zu dulden.[56] Dies ist das Prinzip; doch ist die Freiheit des neuen Gebietsherrn in der Ausübung seiner Gebietshoheit in der oben unter 1–4 angegebenen Weise durch das Völkerrecht beschränkt, er kann z. B. nicht neue Gesetze erlassen, die gegen zwingendes Völkerrecht oder gegen die Regelung von ihm abgeschlossener Spezialverträge verstoßen.

Zu b): Was nun das Schicksal der sog. wohlerworbenen Rechte im Völkerrecht betrifft, so wird überwiegend festgestellt, es gebe eine Regel des Völkerrechts, wonach solche Rechte im Falle der Sukzession respektiert werden müssen.[57] Es besteht aber kein Anlaß, eine besondere Gruppe solcher Rechtsbindungen „als

---

[55] Übereinstimmend s. Kelsen, Principles, aaO S. 297 n. 66: „In . . ., the court stated: ‚The general rule of international law in regard to all conquered or ceded territory is that the old laws continue until repealed by the proper authorities'. There is no such rule of international law. If the old law continues it is only because the successor state by virtue of its legislative power – tacitly or expressly – allows the old law to continue as its own law, i. e. the law of the succeeding state." Siehe RG vom 29. 10. 1938, RGZ 159_{33}: „Die Bestimmung, welches Recht in den früher deutschen, aufgrund des Versailler Vertrags an Polen abgetretenen oberschlesischen Gebietsteilen gilt, gehört ausschließlich zur Kompetenz des polnischen Gesetzgebers".

[56] Bayern dagegen, das 1814 die Pfalz von Frankreich zurückerwarb, ließ dort bis 31. 12. 1899 französisches Zivilrecht bestehen, französisches Verwaltungsrecht, z. B. Forstrecht, sogar teilweise bis tief ins 20. Jahrhundert.

[57] Siehe Memorandum des Generalsekretärs der UN vom 5. 11. 1948, A/CN. 4/1-: „That principle has never been seriously challenged. It has been given frequent and authoritative judicial recognition". Siehe StIG Ser. B, No. 6 (1923) und Ser. A, No. 7 (1926).

wohlerworbene" zu privilegieren.[58] Eine solche Annahme des Fortbestands ist aber nur gerechtfertigt, wenn ein dahingehender Satz des allgemeinen völkerrechtlichen Gewohnheitsrechts nachweisbar ist, zu vermuten ist ein solcher Satz als eine Einschränkung der Gebietshoheit keineswegs, und über den Umfang des behaupteten Satzes bestehen überaus große Divergenzen zwischen den verschiedenen Theorien, auch die Praxis ist keineswegs einhellig.[59] So wird manchmal angenommen, daß nur die Rechte von Ausländern völkerrechtlich geschützt seien, oder daß Eingriffe nur erlaubt seien im Interesse der öffentlichen Ordnung, der polizeilichen Überwachung oder der gesellschaftlichen Entwicklung, daß sie vernünftig sein müßten, daß sie nicht willkürlich sein dürften. Selbst O'Connell, der seine recht weitgehenden Folgerungen mit einer (unzulässigen) Fusion rechtlicher und moralischer Prinzipien begründet,[60] muß doch weitgehende Begrenzungen des von ihm angenommenen Prinzips der Fortdauer sog. wohlerworbener Rechte zugeben, wenn er feststellt:[61] „Der völkerrechtliche Grundsatz der Achtung wohlerworbener Rechte ist nicht mehr als ein Prinzip, daß ein Souveränitätswechsel die Interessen der Individuen nicht mehr als notwendig berühren sollte."[62] Eine wirksame Abhilfe kann hier nur die detaillierte spezialvertragliche Regelung beim einverständlichen Gebietsübergang geben, während der Schutz wohlerworbener Rechte beim nichteinverständlichen Gebietsübergang immer prekär sein wird.

In Eingriffen des Nachfolgerstaats in diese sog. wohlerworbenen Rechte wird regelmäßig eine Enteignung zu erblicken sein; es finden dann die allgemeinen völkerrechtlichen Regelungen über Enteignung Anwendung.[63]

Zu c): Kraft der Gebietshoheit hat der Nachfolgerstaat nach Völkerrecht die Möglichkeit, über das Eigentum seines Vorgängers zu verfügen, nicht dagegen tritt automatisch der Übergang des Vermögens an ihn ein, er ist auch nicht gezwungen, das Vermögen zu übernehmen. Es ist sehr wohl denkbar, daß der Nachfolgerstaat an der Übernahme gar nicht interessiert ist, z. B. bei dem Übergang eines Gebietsteils eines Staates mit verstaatlichten Produktionsmitteln an einen Staat mit privater Wirtschaft, oder bei Überschuldung dieses Vermögens oder absonderbarer Teile desselben.

Es ist ein allgemeines Rechtsprinzip im Sinne des Artikel 38 Absatz 1 (c) des

---

[58] Siehe Käckenbeeck in: BYIL 1936 S. 12ff.: „The rights it maintains are in principle all the private rights in existence at the moment of the cession and then enforceable at law, not exclusively such vested rights as the classical non-retroactivity theory will protect."

[59] Siehe Nachweise bei Whiteman aaO II (1963) S. 812ff.

[60] Siehe aaO S. 273: „It is at times admittedly difficult to decide whether diplomatic documentation or propositions of doctrine are invoking rules of law or principles of fair conduct, but the distinction is substantially immaterial since the one is merely a consolidation of the other."

[61] aaO S. 101.

[62] Siehe in diesem Zusammenhang auch die Feststellung von Käckenbeeck aaO S. 14: „And we must not forget that almost every social change, almost all so-called progress, plays havoc with some vested rights."

[63] Siehe darüber unten § 61.

Statuts des Internationalen Gerichtshofs, daß Vermögen die Summe der Aktiva und Passiva darstellt: „res transit cum onere suo".[64] Wenn also der Erwerberstaat das Vermögen übernehmen will, so kann er es im allgemeinen nur in diesem Umfang tun. Lehnt er die Übernahme der Schulden ab, übernimmt aber die Aktiva, so wird das regelmäßig einer Enteignung gleichkommen. Für die Zulässigkeit oder Unzulässigkeit einer solchen Enteignung sind die Regeln des allgemeinen Völkerrechts hierüber anwendbar, ohne daß bei der Staatennachfolge rechtliche Besonderheiten bestehen würden, mit einer sehr wichtigen Ausnahme. Es besteht nämlich ein allgemein anerkannter Satz des allgemeinen Gewohnheitsrechts, daß die Übernahme von sog. „dettes odieuses" vom Nachfolgerstaat abgelehnt werden kann, ohne daß dies als eine Enteignung anzusehen ist.[65] Dieser Begriff der „dettes odieuses" beruht auf der insbesondere von der französischen Theorie entwickelten Unterscheidung von Schulden des Staats (dettes d'Etat) und Schulden des Regimes (dettes de régime). Die ersteren umfassen die im öffentlichen Interesse der staatlichen Gemeinschaft, das die wechselnden politischen Interessen der sich ablösenden Regime überdauert, eingegangenen Schulden, die letzteren die im besonderen Interesse nur eines Regimes eingegangenen Schulden, so insbesondere solche, die zur Niederhaltung eines innenpolitischen Gegners, zum Widerstand, zur Rüstung, zum Krieg gegen den Gebietsnachfolger eingegangen wurden.[66]

Ein besonders deutlicher Anwendungsfall der – nicht zu übernehmenden – „dettes odieuses" sind die Schulden einer Rebellenregierung im Falle eines Bürgerkriegs, also einer Situation, für die teilweise völkerrechtliche Regeln zur Anwendung kommen.[67]

Im Falle des Übergangs nur eines Gebietsteils kann der Begriff der „lokalisierten" Schuld von Wichtigkeit werden.[68]

Im Falle des Übergangs an mehrere Gebietsnachfolger hat eine Verteilung von Vermögen und Schulden unter diesen stattzufinden.

---

[64] Siehe Dahm aaO S. 118.

[65] Nachweise s. bei Dahm aaO S. 119 und bei Rousseau aaO 1. Aufl. S. 278f.

[66] Siehe dazu insbesondere die deutsche Stellungnahme zu den österreichischen Schulden 1938, s. Brandt, Die Regelung der österreichischen Bundesschulden, in ZaöRVR Bd. IX S. 127ff.; s. aus der Rede des Reichswirtschaftsministers vom 16. 6. 1938, Monatshefte für Auswärtige Politik S. 635ff.: „Die Behauptung, daß die Bundesanleihen zum österreichischen Aufbau beigetragen haben, muß aber von Deutschland mit allem Nachdruck als unzutreffend zurückgewiesen werden. Diese Anleihen sind nicht nur unter wirtschaftlichen Gesichtspunkten gegeben worden. Sie haben vielmehr dem politischen Ziel gedient, den Anschluß Österreichs an das Reich zu verhindern;" s. auch Hyde aaO I S. 418f., Cahn in AJIL 1950 S. 477ff.

[67] Siehe z. B. die Erklärung der unter dem Washingtoner Abkommen vom 8. 5. 1871 errichteten Kommission, daß die USA für die Schulden der Konföderation völkerrechtlich ebensowenig haftbar seien wie für die Akte der Konföderierten Truppen, Moore aaO I S. 60; s. auch Oppenheim aaO I S. 163f.

[68] Siehe Hyde aaO I S. 409 und Nachweise in Fußnote 1 ebda; O'Connell aaO S. 174ff.; siehe auch RGZ 141_{290}.

Zu d): Es wird fast völlig übereinstimmend angenommen, daß der Gebietsnachfolger nicht verpflichtet ist, gegen seinen Vorgänger bestehende deliktische Ansprüche zu übernehmen. Haben diese Ansprüche *vor* dem Gebietsübergang eine vertragliche Regelung erfahren, so gilt das unter (b) Gesagte in entsprechender Anwendung.[69]

Zu e): Kraft der auf ihn übergegangenen Gebietshoheit kann der Nachfolgerstaat den auf dem übergegangenen Gebiet ansässigen Staatsangehörigen des früheren Gebietsherrn seine Staatsangehörigkeit verleihen, sie geht aber nicht automatisch mit dem Gebietserwerb auf sie über.[70] Die Einzelheiten werden häufig in den den Gebietsübergang herbeiführenden Verträgen geregelt; in diesen Verträgen kann auch ein Optionsrecht zugunsten des bisherigen Gebietsherrn für die Bewohner des abgetretenen Gebietsteils vereinbart sein, womit häufig ihre Pflicht zum Verlassen des Gebietsteils verbunden ist, doch ist dies nicht allgemein der Fall.

§ 37. Die völkerrechtliche Sukzession in bezug auf die Zugehörigkeit zu internationalen Organisationen

Die Zugehörigkeit eines Staates zu einer internationalen Organisation ist eine höchstpersönliche Angelegenheit, die nicht automatisch, z. B. im Falle des Auseinanderfallens eines Mitgliedstaats in mehrere Staaten oder im Falle der Sezession eines Staates von einem Mitgliedstaat, auf den neuen Gebietsherrn übergeht. Dies ist vom Sekretariat der UN ausdrücklich anläßlich der Erlangung der Unabhängigkeit durch Indien und Pakistan 1947 festgestellt worden, in dem angenommen wurde, daß Indien identisch sei mit dem bisherigen UN-Mitglied Britisch-Indien, also keiner Aufnahme bedürfe, während Pakistan sich von Indien abgetrennt habe und daher, da es nicht automatisch Mitglied der UN werde, seine Aufnahme betreiben müsse.[71]

---

[69] Siehe Whiteman aaO II (1963) S. 873ff.

[70] Siehe Graupner, Nationality and State Succession, in: The Grotius-Society, Transactions for the Year 1946 (1947), S. 87ff.

[71] Übereinstimmend Art. 2 des schon erwähnten ,,Agreement as to the Devolution of International Rights and Obligations upon the Dominions of India and Pakistan", vom 14. 8. 1947; s. darüber O'Connell aaO S. 5f., S. 64ff.; s. über ähnliche Fragen im Zusammenhang mit der Europäischen Donaukommission Muralt aaO S. 50; siehe auch UN-Doc. A/C. 1/212 (1947) und A/C. N. 4/149 (1962).

Achtes Kapitel

Die staatlichen Organe des internationalen Verkehrs

§ 38. Allgemeines

Literatur: *Bleiber,* Handwörterbuch der Diplomatie und Außenpolitik, 1959; *Buck-Travis,* Control of Foreign Relations in Modern Nations, 1957; *Carlston,* Law and Organization in World Society, 1962; *Dischler,* Der auswärtige Dienst Frankreichs, 2 Bde., 1953; *Graham,* The Department of State, 1949; *Jess,* Politische Handlungen Privater gegen das Ausland und das Völkerrecht, 1923; *Outrey,* L'Administration Francaise des Affaires Etrangères, 1954; *Price,* The Secretary of State, 1960.

Damit Staaten, die hauptsächlichsten Völkerrechtssubjekte, am Völkerrechtsverkehr teilnehmen können, bedürfen sie der Organe, die sie vertreten und die für sie Rechtshandlungen vornehmen können. Unter den Begriff des völkerrechtlichen Verkehrs fällt regelmäßig nur der Verkehr zwischen Staaten sowie solchen internationalen Institutionen, die als Subjekte des Völkerrechts betrachtet werden.[1] Der Verkehr zwischen einzelnen Privatpersonen oder irgendwelchen, unorganisierten oder organisierten, Gruppen von ihnen untereinander, mögen sie noch so hochgestellt sein (Kirchenführer, Industriemagnaten, Parteiführer, Parteien, Religionsgesellschaften, Universitäten, Kartelle, Banken, nichtregierende Fürsten usw.), wie auch der Verkehr zwischen solchen Personen einerseits, Völkerrechtssubjekten andererseits ist kein völkerrechtlicher Verkehr,[2] obwohl er indirekt völkerrechtlich relevant werden kann, vor allem auf dem Wege der Haftung.[3]

Im folgenden sollen nur die Organe des völkerrechtlichen Verkehrs im Frieden behandelt werden.[4]

Der normale Friedensverkehr zwischen Völkerrechtssubjekten ist der diplomatische Verkehr, d. h. der Verkehr durch die ordnungsmäßig für diesen Verkehr bestellten Organe, der sich auf dem Wege der unmittelbaren persönlichen Aussprache, in Briefen, in Noten, auf Konferenzen usw. abwickelt. Sind die diplomatischen Beziehungen zwischen zwei Staaten abgebrochen – was nicht den Kriegs-

[1] Siehe oben Kap. IV.

[2] Siehe z. B. über den nicht-völkerrechtlichen Charakter des Vertrags zwischen der Regierung von Iran und der Anglo-Iranischen Ölgesellschaft das Urteil des IG vom 22. 7. 1952, Reports 1952, S. 112.

[3] Siehe Triepel in: Die auswärtige Politik der Privatpersonen, in ZaöRVR Bd. IX S. 1; s. die dissenting opinion des Richters Carneiro im Urteil des IG vom 22. 7. 1952, Reports 1952, S. 152f.; siehe § 100d des deutschen StGB wie den USA Logan Act von 1799, dazu Vagts, The Logan Act: Paper Tiger or Sleeping Giant, AJIL 1966 S. 268, Bates, Unauthorized Diplomatic Intercourse by American Citizens with Foreign Powers, 1915.

[4] Über den völkerrechtlichen Verkehr im Krieg s. unten Bd. II, § 17.

zustand nach sich zieht, aber durch den Kriegszustand notwendig eintritt – so wird regelmäßig ein dritter Staat, die sog. Schutzmacht,[5] mit Zustimmung des Empfangstaates mit der Wahrnehmung der Interessen des Staates beauftragt. Es kann aber auch an direkten diplomatischen Beziehungen zwischen zwei Staaten fehlen, weil der geringe Verkehr zwischen ihnen ihre Aufrechterhaltung überflüssig macht, weil einer oder beide finanzschwach sind, nicht volle Unabhängigkeit oder nicht genügend ausgebildetes Personal besitzen, so daß sie ebenfalls durch einen dritten Staat sich mitvertreten lassen. In allen diesen Fällen fehlt es also wohl an diplomatischen, nicht aber an völkerrechtlichen Beziehungen zwischen diesen Staaten, die ja in gewissem Umfang sogar nach Kriegsausbruch, der heute weitgehendsten Form internationaler Isolierung, weiterbestehen.

Aber der normale diplomatische Verkehr besitzt keine Monopolstellung für den zwischenstaatlichen Verkehr. Da das Staatshaupt zur generellen Vertretung des Staates berufen ist,[6] findet je nach der innerstaatlichen Verfassung wie nach dem Temperament des Staatshaupts ein mehr oder weniger ausgedehnter Verkehr von Staatshaupt zu Staatshaupt statt, auch soweit es sich nicht um Monarchen handelt. Das Staatshaupt kann auch unter Umgehung des normalen diplomatischen Verkehrs „spezielle", „persönliche" oder „geheime" Agenten zu Zwecken des völkerrechtlichen Verkehrs verwenden.[7] Ebenso ist, soweit dies in konkreten Vereinbarungen vorgesehen ist, ein unmittelbarer Verkehr zwischen den sachlich zuständigen Behörden verschiedener Staaten möglich, sei es zwischen den Zentralbehörden, sei es zwischen den Lokalbehörden, letzteres vor allem an der Grenze.[8] In totalitären Staaten mit einer einzigen herrschenden Partei greift diese oft neben der normalen völkerrechtlichen Vertretung des Staates oder über ihren Kopf hinweg in den normalen völkerrechtlichen Verkehr ein.[9] Doch wird jeder Staat, der nicht das Opfer eines anarchischen außenpolitischen Pluralismus werden will, streng darauf achten, daß es sich dabei nur um staatlich kontrollierte Fühlungnahmen oder nur um die technische Ausführung von Verwaltungsdetails auf dem Gebiet der internationalen Zusammenarbeit handelt, daß aber der eigentliche völkerrechtliche Verkehr in der Hand der hierzu staatlich bestellten und kontrollierten Institution liegt, soweit nicht der Staats- oder Regierungschef ihn sich unmittelbar vorbehalten hat. Ausdrücklich wird nunmehr in Artikel 41 II des Wiener Überein-

---

[5] Siehe unten § 56 VI.

[6] Siehe unten § 39.

[7] Siehe diese Praxis bei einer Reihe von Präsidenten der USA, um die Mitwirkung des Senats bei der Ernennung der normalen Vertreter nach Art. 2 Sec. 2 Cl. 2 der Verfassung zu umgehen, s. insbes. die Verwendung von Commodore Perry 1852, von J. H. Blount 1893, von Colonel House unter Wilson, von Harry Hopkins unter Roosevelt, von Prof. Jessup und Averell Harriman unter Truman, volkstümlich manchmal „ambassadors at large" genannt; s. Wriston, The Special Envoy, Foreign Affairs, vol. 38, S. 219ff.

[8] Über den Verkehr zwischen militärischen Befehlshabern im Kriege, insbes. im Kriegsgebiet, s. Band II, § 17.

[9] Siehe etwa die Rolle der Auslandsorganisation der NSDAP, der bolschewistischen Komintern.

kommens über diplomatische Beziehungen von 1961 bestimmt: ,,Alle Amtsgeschäfte mit dem Empfangsstaat, mit deren Wahrnehmung der Entsendestaat die Mission beauftragt, sind mit dem Ministerium für Auswärtige Angelegenheiten oder dem anderen in gegenseitigem Einvernehmen bestimmten Ministerium des Empfangsstaats zu führen oder über diese zu leiten.“

Bei dem gegenwärtigen Stand der Organisierung der internationalen Gemeinschaft überwiegt noch immer die Wahrnehmung des internationalen Verkehrs durch *staatliche* Organe. Die Wahrnehmung des internationalen Verkehrs durch zwischenstaatliche Organe ist zwar nicht mehr als Ausnahme anzusprechen, bleibt aber an Umfang wie an Intensität weit hinter der ersteren zurück.[10] In diesem Kapitel wird nur von den *staatlichen* Organen des internationalen Verkehrs gehandelt werden.

Die konkrete einzelstaatliche Verfassung bestimmt die staatlichen Organe, die zur völkerrechtlichen Vertretung des Staates berufen sind. Daher sind die Teile des einzelstaatlichen Verfassungsrechts, die die sog. ,,auswärtige Gewalt“ betreffen, auch völkerrechtlich relevant, und ihre Kenntnis ist eine Voraussetzung für die praktische Beherrschung des Völkerrechts.[11]

Der Verkehr zwischen Staaten ist naturgemäß nur möglich als Verkehr zwischen Menschen: bestimmte Handlungen gewisser von den einzelstaatlichen Verfassungen bestimmter Organe, die aus einzelnen oder mehreren Menschen bestehen, werden nach näherer Maßgabe der einzelstaatlichen Rechtsordnung dem Staate zugerechnet, diese Handlungen gelten als Handlungen des Staates, soweit kompetenzmäßig gehandelt wird. Die Handlungen dieser Menschen werden also rechtlich verschieden behandelt, je nachdem, ob es um amtliches oder privates Handeln geht.

Wenn infolge innerer Auseinandersetzungen in einem Staat mehrere Regierungen die Vertretungsbefugnis für den gleichen Staat für sich in Anspruch nehmen, so bemißt sich die Frage, wer im Sinne des Völkerrechts die legale Regierung ist, nach den oben § 29 über die Anerkennung von Regierungen dargelegten Regeln.

[10] Alle Einzelheiten über die Pflege des internationalen Verkehrs durch zwischenstaatliche Organe s. unten Bd. III, Kapitel 13–15; s. dazu Miele, Privilèges et Immunités des Fonctionnaires Internationaux, 1958, Übersetzung aus dem Italienischen.

[11] Siehe Berber, Zu den föderalistischen Aspekten der ,,Auswärtigen Gewalt“, in Festschrift für Nawiasky 1956 S. 245; Cavaglieri, Gli organi esterni dello Stato e la loro posizione giuridica, 1912; Maunz, Grundgesetz, Kommentar zu Art. 59; Mosler, Die auswärtige Gewalt im Verfassungssystem der Bundesrepublik Deutschland, Völkerrechtl. und staatsrechtliche Abhandlungen. H. 29, 1954; Rüegger, Die auswärtige Verwaltung als Magistratur des völkerrechtlichen Verkehrs, Festg. f. Max Huber, 1934, S. 167; VVDStRL, H. 12, 1954; Quincy Wright, Control of American Foreign Relations, 1922.

§ 39. Das Staatshaupt

Das Organ, das in einem Staat die repräsentative Spitze darstellt, wird Staatshaupt genannt. Wer das Staatshaupt ist, bestimmt die innerstaatliche Verfassung. Das Staatshaupt kann monarchisch oder republikanisch sein, aus einer oder mehreren Personen bestehen, wie etwa das Doppelkönigtum der spartanischen Verfassung, der Schweizer Bundesrat nach Artikel 95, 102_8 der Verfassung, der Consejo Nacional de Gobierno von Uruguay nach dem Verfassungsgesetz vom 26. 10. 1951,[12] das Präsidium des Obersten Sowjets der UdSSR nach Artikel 48 der Sowjetverfassung. Die Frage nach dem Staatshaupt ist nicht identisch mit der Frage nach dem Träger der Souveränität; es ist eine formelle, nicht eine substantielle Frage. Das Staatshaupt ist das generelle Organ der Vertretung des Staates, insbesondere auch nach außen, gegenüber anderen Staaten, seine Vertretungsmacht wird präsumiert, das Staatshaupt bedarf keiner Vollmacht zur Vertretung, die Vollmacht aller übrigen Vertretungsorgane muß von ihm erteilt oder auf ihn rückführbar sein. Diese generelle Vertretungsmacht wird in den einzelstaatlichen Verfassungen häufig ausdrücklich formuliert.[13]

Die völkerrechtliche Vertretungsmacht des Staatshaupts umfaßt regelmäßig:
a) den Empfang und die Entsendung von Gesandten, (im weitesten Sinn)
b) den Abschluß von Verträgen,
c) die Erklärung des Krieges,
d) den Abschluß des Friedens.

Wieweit das Staatshaupt bei diesen Akten der Mitwirkung einer oder mehrerer innerstaatlicher Stellen bedarf, bestimmt sich nach innerstaatlichem Verfassungsrecht; das Vorliegen einer solchen Zustimmung ist gegebenenfalls zur völkerrechtlichen Gültigkeit des vorgenommenen Aktes erforderlich.[14]

Die monarchischen Staatshäupter unterscheiden sich heute völkerrechtlich von den republikanischen Staatshäuptern höchstens noch durch erhöhte Ehrenrechte, die aber vielleicht eher dem Zeremoniell, der Courtoisie, als dem strengen Recht angehören. Zum Zeremoniell gehört insbesondere auch der Austausch von Familiennachrichten, Hoftrauer, Glückwünschen; dieses Zeremoniell wird regelmäßig nicht im Außenministerium bearbeitet, sondern durch ein eigenes Kabinett des Staatshaupts.

Titel werden heute nur noch für monarchische, nicht mehr für republikanische Staatshäupter verwendet.[15] Der Titel Majestät, ursprünglich nur für den Kaiser des

---

[12] Siehe ZaöRVR XV S. 259.

[13] Siehe Art. 11 der Reichsverfassung von 1871: „Der Kaiser hat das Reich völkerrechtlich zu vertreten;" Art. 45 der Reichsverfassung von 1919: „Der Reichspräsident vertritt das Reich völkerrechtlich"; Art. 59 GG: „Der Bundespräsident vertritt den Bund völkerrechtlich."

[14] Siehe darüber unten § 68 I.

[15] Siehe z. B. den früheren Titel „Hautes Puissances" für die Generalstaaten der Vereinigten Provinzen der Niederlande; heute werden Präsidenten von Republiken von anderen Staatshäuptern

Reichs zugelassen, wird heute für alle Könige (und evtl. Kaiser) verwendet. Der Titel des Monarchen bestimmt sich zwar nach innerstaatlichem Verfassungsrecht, fremde Staaten brauchen ihn aber nicht anzuerkennen, wenn er unangemessen oder willkürlich gewählt ist oder in fremde Rechte eingreift.[16]

Trotz der im Völkerrecht prinzipiell anerkannten Staatengleichheit ist der Rang der Staatshäupter und ihrer Vertreter auch heute noch von Bedeutung, die damit verbundenen Probleme gehören aber wohl überwiegend der Courtoisie an;[17] es ist aber zu bemerken, daß es sich dabei nicht, wie manchmal kritisch angenommen wird, um die Befriedigung menschlicher Eitelkeiten handelt, sondern daß der Rang eines Staates in enger Verbindung mit der nationalen Ehre steht.[18]

Abgesehen von den Ehrenrechten, den Rechten auf Titel und auf Rang gewährt das Völkerrecht den Staatshäuptern, gleich ob monarchischen oder republikanischen, die gleichen Rechte, insbesondere die gleichen Privilegien; bei kollegialen Staatshäuptern kommen sie jedem Mitglied des Kollegiums zu. Diese Rechte kommen aber nur den Staatshäuptern zu, die an der Spitze echter Völkerrechtssubjekte stehen.[19]

Die besonderen Rechte, die das Staatshaupt eines fremden Staates kraft Völkerrechts in einem anderen Staate genießt, sind die Rechte auf Achtung und Schutz, die häufig durch innerstaatliche Strafvorschriften sanktioniert sind[20] und deren schuldhafte Verletzung zur völkerrechtlichen Deliktshaftung führt. Vor allem aber ist das Staatshaupt, gleich ob es sich im Inland oder Ausland befindet, von der Zwangsgewalt und Gerichtsbarkeit jedes fremden Staates exemt, also in diesem Sinne exterritorial. Da die Regeln über diese Immunität der Staatshäupter weitgehendst mit denen über die Immunität der Diplomaten übereinstimmen, sei hier auf diese unten ausführlich wiedergegebenen diplomatischen Regeln verwiesen, da diese eine viel häufigere Anwendung in der Praxis finden; sie sind analog auf die Immunität der Staatshäupter anzuwenden und erstrecken sich bei Besuchen im Ausland auch auf begleitende Familie und amtliches Gefolge.

Die völkerrechtlichen Vorrechte für das Staatshaupt gelten nur, solange dieses

---

häufig mit „Good Friend" oder „Great and Good Friend" angesprochen, s. Satow, A Guide to Diplomatic Practice, 4. Aufl. 1957, S. 35.

[16] Beispiele s. bei Oppenheim aaO I S. 281 n. 1.

[17] Siehe darüber Satow aaO S. 39–44.

[18] Siehe z. B. eine „päpstliche" Rangliste aus dem Jahre 1504, aus der sich folgende Reihenfolge der Könige ergab: Kaiser, Römischer König, König von Frankreich, König von Spanien, König von Aragon, König von Portugal, König von England (im Rangstreit mit den 3 vorausgegangenen), König von Sizilien (im Streit mit Portugal), König von Schottland und König von Ungarn (miteinander im Streit), König von Navarra, König von Cypern, König von Böhmen, König von Polen, König von Dänemark (s. Genet, Traité de Diplomatie et de Droit Diplomatique, 1931, I, S. 308f.).

[19] Daß englische Gerichte, z. B. in Mighell v. Sultan of Johore, 1894, 1 Q. B. 149, diese Vorrechte, insbes. das der Immunität, auch den Häuptern von England abhängiger Gebilde, die sicher keine Völkerrechtssubjekte sind, gewähren, bedeutet keine Abwandlung dieser völkerrechtlichen Regel, sondern ist eine Entlehnung einer völkerrechtlichen Regel für das britische Reichsrecht.

[20] Siehe z. B. §§ 102, 103 StGB.

seine Stellung rechtmäßig innehat; sie enden, sobald das Amt endet oder das Staatshaupt infolge innerer Auseinandersetzungen, die zur Einsetzung einer Gegenregierung führen, oder infolge äußerer, insbesondere kriegerischer Ereignisse von dem Staate, von dem die Anerkennung dieser Rechte begehrt wird, nicht mehr als Staatshaupt anerkannt wird. Nach Beendigung der Immunität kann das Staatshaupt für die während seiner Amtszeit vollzogenen privaten, nicht aber für die damaligen amtlichen Akte privat- und strafrechtlich zur Verantwortung gezogen werden. Eine nachträgliche Verantwortlichmachung des Staatshaupts auch für amtliche Akte ist aber zulässig, wenn der Staat, dessen Rechte an sich durch ein solches Verantwortlichmachen verletzt werden, entweder sich damit einverstanden erklärt[21] oder als Völkerrechtssubjekt überhaupt verschwindet.

§ 40. Die Regierung, insbesondere der Außenminister

Der Regierungschef kann ein mit dem Staatshaupt zusammenfallendes Staatsorgan sein, so etwa in den USA. In diesem Falle gilt all das, was in § 2 über das Staatshaupt gesagt wurde, für dieses Organ auch in seiner Eigenschaft als Regierungschef. In dem häufigeren Falle jedoch, daß Staatshaupt und Regierungschef zwei getrennte Organe sind, genießt der Regierungschef, auch wenn er sich dienstlich im Ausland befindet, zwar nicht alle Vorrechte des Staatshauptes, zumindestens nicht nach allgemeinem Völkerrecht, obwohl heutzutage in fast allen Staaten der Regierungschef praktisch einen wesentlich größeren Einfluß auf die internationalen Beziehungen, insbesondere die Außenpolitik seines Staates, hat als das Staatshaupt. Wenn dem Regierungschef bei seinem Aufenthalt im Ausland die Vorrechte des Staatshaupts oder der Diplomaten ganz oder teilweise gewährt werden, so geschieht dies entweder aus Courtoisie oder kraft Verwendung in besonderer diplomatischer Mission, auf die die diplomatischen Vorrechte anwendbar sind, oder kraft besonderer Vereinbarung, die auch stillschweigend erfolgen kann; eine solche stillschweigende Vereinbarung, die sich heute wohl bereits zu Gewohnheitsrecht verdichtet hat,[22] wird in der Regel anzunehmen sein, wenn der Regierungschef sich in amtlicher Tätigkeit in einem ausländischen Staat befindet, sei es, daß es sich um Verhandlungen mit dem Aufenthaltsstaat, um eine internationale Konferenz im Aufenthaltsstaat oder um amtliche Tätigkeit bei einer internationalen Organisation mit Sitz im Aufenthaltsstaat handelt; dies wird zum mindesten gelten, soweit es sich um seine Immunität von der ausländischen Gerichtsgewalt und um seinen amtlichen Verkehr mit seinem Heimatstaat handelt, der nicht behindert werden darf. Eine erhöhte, der der Diplomaten angeglichene Rechtsstellung genießen häufig die sog. Exilregierungen, die infolge Kriegs

[21] Siehe z. B. Art. 227 des Versailler Friedensvertrags von 1919 hinsichtlich des früheren Kaisers.
[22] Siehe AJIL 1964 S. 186.

oder Bürgerkriegs ihre Heimat verlassen mußten und ihre Tätigkeit auf dem Gebiet eines fremden Staates mit dessen Zustimmung fortsetzen.[23] Was für den Regierungschef gilt, gilt auch für die übrigen Mitglieder der Regierung.

Das für die internationalen Beziehungen wichtigste Regierungsmitglied ist der Außenminister. Der Außenminister ist das generelle Organ der Staatsregierung für ihre internationalen Beziehungen.[24] Seine innerstaatliche Stellung bestimmt sich nach innerstaatlichem Recht.

Die Funktionen des Außenministers sind im wesentlichen die folgenden:

a) Er ist der Chef des auswärtigen Ministeriums (in England Foreign Office, in Deutschland Auswärtiges Amt, in USA State Department, in der Schweiz Politisches Departement genannt) und damit der Dienstvorgesetzte sowohl der inländischen Beamten des auswärtigen Dienstes wie der im Ausland tätigen Diplomaten, die beide seinen formellen wie seinen inhaltlichen Weisungen unterliegen;[25] er leitet damit praktisch die nationale Außenpolitik. Seine wachsende Bedeutung erhellt aus der personellen Vergrößerung des Außenamts in fast allen Staaten.[26] Die Organisation des Außenamtes und die Zulassungsbedingungen für den diplomatischen Nachwuchs sind in jedem Staate verschieden.[27]

b) Er ist der generelle Vertreter seines Landes für dessen außenpolitische Beziehungen. Er ist das Organ, an das die fremden Staaten sich regelmäßig in allen völkerrechtlichen und außenpolitischen Angelegenheiten zunächst wenden (nur ausnahmsweise an das Staatshaupt). Die fremde Regierung verkehrt mit dem Außenminister entweder durch den bei ihr beglaubigten Gesandten jenes Landes oder durch ihren eigenen bei jenem Lande beglaubigten Gesandten. Ob das eine oder das andere stattfindet, bestimmt sich nach der Art des Geschäftes; es ist z. B. nicht üblich, daß ein Gesandter Beschwerden der fremden Regierung, bei der er beglaubigt ist, über das Verhalten seiner eigenen Regierung entgegennimmt; eine solche Beschwerde muß vielmehr durch den Gesandten der beschwerdeführenden Regierung beim Außenminister des Landes, bei dem er beglaubigt ist, vorgetragen werden. Erklärungen, die ein Außenminister in dieser Eigenschaft im Rahmen seiner Zuständigkeit gegenüber den Vertretern fremder Staaten abgibt, binden

---

[23] Siehe Flory, Le statut international des gouvernements réfugiés usw., 1952; Mattern, Die Exilregierung, 1953.

[24] Siehe den oben zitierten Art. 41 II der Wiener Konvention von 1961.

[25] Die Gehorsamspflicht gegenüber diesen Weisungen ist z. B. in Deutschland strafrechtlich durch § 353a StGB, den sog. Arnimparagraph, gesichert; s. auch § 5 des Reichsgesetzes über die Haftung des Reichs für seine Beamten vom 22. 5. 1910, RGBl. S. 798: ,,Die Vorschriften dieses Gesetzes finden keine Anwendung: 1. ... 2. soweit es sich um das Verhalten eines mit Angelegenheiten des auswärtigen Dienstes befaßten Beamten handelt und dieses Verhalten nach einer amtlichen Erklärung des Reichskanzlers politischen oder internationalen Rücksichten entsprochen hat".

[26] So hat das Personal des USA-State Department von 1939 bis 1949 von 963 auf 5632, das des brit. Foreign Office von 1939 bis 1951 von 3444 auf über 12000 zugenommen.

[27] Siehe Sallet, Der diplomatische Dienst, 1953; für Deutschland s. Kraske-Nöldeke, Handbuch des auswärtigen Dienstes, 1957.

seinen Staat und können auf jeden Fall eine Estoppel-Wirkung für seine Erklärungen und Akte herbeiführen.[28]

c) Der Außenminister hat durch Vertragsverhandlungen, Formulierung und Unterzeichnung von Verträgen einen wichtigen Einfluß auf die Entwicklung des konventionellen Völkerrechts, ebenso durch die Auslegung von Verträgen, die in einer Reihe von Staaten den Gerichten entzogen und dem Außenminister übertragen ist.

d) Der Außenminister vertritt sein Land auf internationalen Konferenzen; manchmal ist er Mitglied institutionalisierter zwischenstaatlicher Organe, die aus mehreren Außenministern bestehen. Beispiele sind das ,,Konsultationstreffen der Außenminister" nach Artikel 39ff. der Charter der Organisation der Amerikanischen Staaten; das ,,Ministerkomitee" der Artikel 135ff. der Satzung des Europarats als ,,das Organ, das dafür zuständig ist, im Namen des Europarates gemäß Artikel 15 und 16 zu handeln", ,,Vertreter im Komitee sind die Außenminister"; der ,,Vereinigte Verteidigungsrat" der Arabischen Liga nach Artikel 6 des Vertrags von Cairo vom 13. 4. 1950, der aus den Außen- und Verteidigungsministern der Mitgliedstaaten besteht.[29]

§ 41. Die Diplomaten

Literatur: *Adair,* The Exterritoriality of Ambassadors in the 16th and 17th Centuries, 1929; *Blischtschenko-Durdenewski,* Das Diplomaten- und Konsularrecht, Berlin 1966; *Blix,* The Right of Diplomatic Missions and Consulates to Communicate with Authorities of the Host Country, 1964; *Bolesta-Koziebrodski,* Le Droit d'Asile, 1962; *Bynkershoek,* De foro legatorum, 1721; *Cahier,* Le Droit Diplomatique Contemporain, 1962; *Callières,* de la manière de négocier avec les souverains, 1716; *Cambon,* The diplomatist, 1931; *Feller* and *Hudson,* A collection of the diplomatic and consular laws and regulations of various countries, 2 Bde., 1933; *v. Frisch,* Der völkerrechtliche Begriff der Exterritorialität, 1917; *Genet,* Traité de diplomatie et de droit diplomatique, 3 Bde., 1931/33; *Gentilis,* De legationibus libri tres, 1594; *Harvard Law School,* Diplomatic Privileges and Immunities, in AJIL 1932, Suppl., S. 15ff.; *Hill,* A History of Diplomacy in the International Development of Europe, 3 Bde., 1924; *Martens,* Manuel diplomatique, 1822; *de Mello,* tratado de derecho diplomatico, 1953; *Moussa,* Diplomatie Contemporaine: Guide Bibliographique, 1964; *Nava,* Sistema della diplomazia, 1950; *Nicolson,* Diplomacy, 1950; *Ogdon,* Juridical Basis of Diplomatic Immunity, 1936; *Panikkar,* The Principles and Practice of Diplomacy, Bombay 1956; *Pearson,* Diplomacy in the Nuclear Age, 1959; *Ronning,* Diplomatic Asylum, 1965; *Satow,* A Guide to Diplomatic Practice, 4. Aufl., 1957; *Stuart,* American Diplomatic and Consular Practice, 2. Aufl., 1952; *Vidal y Saura,* Tratado de derecho diplomatico, 1925;

[28] Siehe Urteil A/B 53 des StIG im dänisch-norwegischen Streit über den Rechtsstatus Ostgrönlands vom 5. 4. 1933: ,,Nach Ansicht des Gerichtshofs ist unbestreitbar, daß eine Antwort dieser Art, die der Minister der Auswärtigen Angelegenheiten für seine Regierung in Erwiderung auf ein Ersuchen des diplomatischen Vertreters einer fremden Macht hinsichtlich einer unter seine Zuständigkeit fallenden Frage gibt, das Land bindet, dem der Minister angehört".

[29] Über die Ausdehnung diplomatischer Privilegien auf zu den UN delegierte Regierungsvertreter s. Art. 105 II der Charter der UN; über solche Ausdehnung auf Delegierte zu in Großbritannien stattfindenden internat. Konferenzen s. die verschiedenen British Diplomatic Privileges (Extension) Acts. Das sind Ansätze zu einer gewohnheitsrechtlichen Ausdehnung der diplomatischen Privilegien auf Regierungsmitglieder, die sich in amtlicher Mission im Ausland befinden.

Waters, The Ad Hoc Diplomat, 1963; *Wildner,* Die Technik der Diplomatie, 1959; *Zorn,* Deutsches Gesandtschafts- und Konsularrecht, 1920.

I. Geschichtlicher Überblick

Die Entsendung und der Empfang von Gesandten zwischen Nationen ist uralt; die diese Institution betreffenden Rechtsregeln gehören zu den ältesten des Völkerrechts wie des Rechts überhaupt.[30] Aber es handelt sich dabei zunächst fast überall um ad-hoc-Aufträge, nicht um die Einrichtung dauernder Missionen. Erst seit dem späteren Mittelalter kommt es, vor allem in Venedig, zur Einrichtung ständiger Missionen, und erst von da ab entwickeln sich die Einzelheiten jener Regelung, die im wesentlichen noch heute gilt.

Seit dem Ende des 19. Jahrhunderts hat dann die Intensivierung des völkerrechtlichen Verkehrs zur immer verstärkten diplomatischen Begegnung auf internationalen Konferenzen geführt, seit dem Ende des ersten Weltkriegs zur Schaffung zwischenstaatlicher Organisationen, die nicht mehr bloße Verwaltungsunionen waren, sondern auch vielfach Aufgaben übernahmen, die bisher zur ausschließlichen Domäne der Diplomatie gehört hatten. Dies hat zu einer gewissen Abwertung der Bedeutung der ständigen diplomatischen Vertretungen von Staat zu Staat geführt. Auf der anderen Seite hat sich ein gewisser Funktionswandel vollzogen; statt einer bloß politischen Zentrale des Sendestaates, die oft genug ein Ausgangspunkt von gegen den Empfangsstaat gerichteten Intrigen und Spionage war, ist die Gesandtschaft mehr und mehr zu einem mit wissenschaftlicher Akribie und Objektivität arbeitenden Informations- und Kontaktzentrum nicht nur für politische, sondern für wirtschaftliche, finanzielle, technische, kulturelle Probleme geworden, wie auch der Missionschef selbst aus seiner früheren aristokratischen Isolierung zum Mittelpunkt der Kolonie seiner Landsleute im Gastland geworden ist, dessen Kontakte auch mit Angehörigen des Gastlandes nicht mehr nur eine kleine Schicht von Standes- und Berufsgenossen umfaßt, sondern sich bemüht, über den Verkehr mit Industriellen, Gewerkschaftlern, Künstlern, Gelehrten ein umfassenderes Bild des Lebens seines Gastlandes zu erhalten. Diese Entwicklung wird, wenigstens teilweise, wiedergespiegelt in Artikel 3 der Wiener Konvention über diplomatische Beziehungen von 1961 (im folgenden in § 41 zitiert als „Wiener Konvention"; die in § 41 zitierten Artikel sind Artikel dieser Konvention), der die Aufgaben einer diplomatischen Mission, freilich nur als „unter anderem", folgendermaßen aufzählt: „a) den Entsendestaat im Empfangs-

[30] Siehe z. B. Herodot, Buch VII Kap. 131ff. über die Verletzung der Rechte der persischen Gesandten durch Athen und Sparta, den Entschluß Spartas, hochgestellte Mitbürger zur Sühne für diese Völkerrechtsverletzung zur Tötung an Persien zu übersenden, und die Weigerung des pers. Herrschers, nun seinerseits durch Tötung dieser Gesandten das Recht zu verletzen: „denn sie hätten die Gewohnheiten aller Völker durch die Erschlagung der Gesandten in Unordnung gebracht, aber er würde nicht seinerseits das tun, was er ihnen vorwerfe, noch die Spartaner von ihrer Verfehlung freisprechen, indem er diese Männer zur Vergeltung erschlage".

staat zu vertreten, b) die Interessen des Entsendestaats und seiner Angehörigen im Empfangsstaat innerhalb der völkerrechtlich zulässigen Grenzen zu schützen, c) mit der Regierung des Empfangsstaats zu verhandeln, d) sich mit allen rechtmäßigen Mitteln über Verhältnisse und Entwicklungen im Empfangsstaat zu unterrichten und darüber an die Regierung des Entsendestaats zu berichten, e) freundschaftliche Beziehungen zwischen Entsendestaat und Empfangsstaat zu fördern und ihre wirtschaftlichen, kulturellen und wissenschaftlichen Beziehungen auszubauen."

Unter dem Einfluß der durchgängigen Demokratisierung und damit Publizität des gesamten öffentlichen Lebens hat man auch versucht, die sog. „Geheimdiplomatie" abzuschaffen.[31] Es gehört aber zum Wesen aller wichtigeren menschlichen Kontaktnahmen, daß sie nicht vorzeitig in die Welt hinausposaunt werden, um ihren Erfolg nicht zu gefährden. Darüber hinaus liegt bei Publizität immer die Gefahr des Abgleitens ins Propagandistische vor, das die sachliche und objektive Behandlung von Problemen gefährdet.[32] Der geheime Charakter diplomatischer Verhandlungen wird immer eines ihrer Hauptmerkmale bleiben müssen. Die Geheimhaltung der wichtigsten außenpolitischen Vorgänge wird darum auch in allen Gesetzgebungen zum Gegenstand strengster Strafsanktionen gemacht.[33] Dagegen haben heute zweifellos Probleme des internationalen Zeremoniells an Bedeutung verloren; ebenso ist die Bedeutung der diplomatischen Vorrechte, die aus einer Zeit stammen, in der eigene Untertanen wie Ausländer vielfach keine sehr gesicherte Rechtsstellung besaßen, heute, im Zeichen eines entwickelten Fremdenrechts und der sich mehr und mehr durchsetzenden Menschenrechte, in gewissem Umfang fragwürdig geworden.

II. Die Rechtsquellen

Das die Rechtsstellung der Diplomaten regelnde Völkerrecht war lange Zeit überwiegend Gewohnheitsrecht. Es existierten[34] zahlreiche innerstaatliche Regelungen und bilaterale Verträge über diese Materie, auch einige multilaterale Abkommen, so insbesondere das Wiener Reglement vom 19. 3. 1815, das Aachener Protokoll vom 21. 11. 1818 und das panamerikanische Havana-Abkommen vom 20. 2. 1928. Nach jahrelangen Vorarbeiten der International Law Commission der

---

[31] Siehe Punkt 1 der 14 Punkte Wilsons vom 8. 1. 1918: „Offene Friedensverträge, die offen zustandegekommen sind, und danach sollen keine geheimen internationalen Vereinbarungen irgendwelcher Art mehr getroffen werden, sondern die Diplomatie soll immer offen und vor aller Welt arbeiten."

[32] Siehe aus einer Rede des früheren engl. Ministerpräsidenten Attlee in Delhi 1953: „I venture to suggest that our talks at Britisch Commonwealth meetings are more fruitful than those at the UN. I think one reason ist that we do not talk for effect, there is no one listening in"; s. Statesman, Delhi, Febr. 1953.

[33] Siehe z. B. StGB §§ 99ff., 353b, c.

[34] Siehe UN Legislative Series, vol. 7, 1958, St./Leg./Ser. B/7: Laws and Regulations Regarding Diplomatic and Consular Privileges and Immunities.

UN gelang eine umfassende Kodifizierung des Diplomatenrechts in der Wiener Konvention über diplomatische Beziehungen vom 18. 4. 1961, in Kraft getreten am 24. 4. 1964 (UNTS Bd. 500 S. 95, BGBl. 1964 II 958). Sie sieht allerdings vor (Präambel), ,,daß die Regeln des Völkergewohnheitsrechts auch weiterhin für alle Fragen gelten sollen, die nicht ausdrücklich in diesem Übereinkommen geregelt sind", und selbstverständlich gilt das Gewohnheitsrecht weiterhin für die Staaten, die der Konvention nicht beigetreten sind. Im Jahre 1969 nahm die UN-Generalversammlung eine weitere die Diplomatie betreffende Konvention an, die Konvention über Sondermissionen. Die ILC hat weiterhin Entwürfe über die Vertretung von Staaten in ihren Beziehungen zu internationalen Organisationen und über den besonderen Schutz von Diplomaten gegen insbesondere Mord und Entführung ausgearbeitet.

III. Das sogenannte Gesandtschaftsrecht

Unter dem ,,Gesandtschaftsrecht" versteht man das Recht eines Staates, diplomatische Vertreter zu entsenden und zu empfangen; das erstere nennt man das aktive, das letztere das passive Gesandtschaftsrecht. Streng genommen gibt es aber kein juristisches Recht dieser Art, sondern nur eine Fähigkeit oder Möglichkeit zu solcher Kontaktaufnahme, die auf Gegenseitigkeit beruht (Art. 2). Kein Staat kann rechtlich gezwungen werden, Gesandte zu einem bestimmten Staat zu entsenden oder von ihm zu empfangen. Allerdings würde sich ein Staat, der sich systematisch jeder diplomatischen Kontaktnahme entziehen würde, damit außerhalb der Völkerrechtsgemeinschaft stellen. Auf Grund konkreten Vertrags allerdings können Staaten zur Ausübung des aktiven und zur Gestattung des passiven Gesandtschaftsrechts verpflichtet sein.[35]

Ob nicht-voll-unabhängige Staaten das Gesandtschaftsrecht im Sinne der Legationsfähigkeit besitzen, bemißt sich nach ihrem konkreten Status und kann nicht allgemein beantwortet werden. So hatten die deutschen Gliedstaaten unter der Reichsverfassung von 1871 neben dem Reich diese Legationsfähigkeit, aber nicht mehr seit der Weimarer Verfassung.[36]

IV. Die verschiedenen Klassen von Diplomaten

Die Einteilung der Diplomaten in verschiedene Kategorien und Rangstufen hat mit dem Abbau des Zeremoniells, der Etikette und der Probleme des Vortrittsrechts viel von ihrer Bedeutung verloren. Die Konvention 1961 (Art. 14) geht von

[35] Siehe z. B. Art. 1 des Havanna-Abkommens von 1928.

[36] Siehe auch Art. 18a der Verfassung der UdSSR: ,,Jede Unionsrepublik hat das Recht, unmittelbare Beziehungen zu auswärtigen Staaten aufzunehmen, mit ihnen Abkommen zu schließen und diplomatische sowie konsularische Vertreter auszutauschen." Diese Bestimmung hat aber bisher keine praktische Folge gehabt, s. Maurach, Handbuch der Sowjetverfassung, 1955, S. 110.

drei Klassen aus, die den Rang zwischen den bei dem gleichen Staat beglaubigten Diplomaten feststellen; innerhalb jeder Klasse entscheidet die Anziennität, d. h. das Datum der Übergabe des Beglaubigungsschreibens (Art. 16):

1. Die Botschafter oder Nuntien (letztere haben in einigen Ländern, unabhängig von der Anziennität, den Vortritt vor den ersteren: Art. 16 III).
2. Die Gesandten (envoyés extraordinaires et ministres plénipotentiaires), die „Minister" und die päpstlichen Internuntien.
3. Die Geschäftsträger (chargés d'affaires).

Die Diplomaten der zwei ersten Klassen sind beim Staatshaupt beglaubigt, die der dritten Klasse lediglich beim Außenminister, sofern sie nicht bloß ad interim bei Vakanz der normalen Führung der Mission tätig sind.[37]

Die gesamten bei einem Staat beglaubigten Missionschefs bilden das diplomatische Korps, das bei Verletzung der Interessen aller oder bestimmter Diplomaten durch den Empfangsstaat in corpore zu handeln berechtigt ist; an seiner Spitze steht der Doyen, der rangälteste Diplomat bzw. der päpstliche Vertreter.

Die zwischen den beiden Weltkriegen von den kleinen Staaten ausgehenden Versuche, diese Klassifizierung zu reformieren, führten nicht zum Ziel.[38] Inzwischen hat aber in praxi der Gleichheitsgedanke auch auf diesem Gebiet dem hierarchischen Prinzip weitgehend Abbruch getan. Während Botschafter früher nur zwischen Großmächten ausgetauscht wurden, verkehren heute auch vielfach Kleinstaaten mit Großstaaten oder unter sich durch Botschafter. Nach dem interamerikanischen Havana-Abkommen von 1928 gibt es nur noch zwei Klassen von diplomatischen Agenten, ordentliche (ständige) und außerordentliche (Sondermissionen und Vertreter zu Konferenzen).

Da nur anerkannte Staaten und Regierungen das „Gesandtschaftsrecht" haben, genießen die ins Ausland entsandten Agenten von Aufständischen, selbst wenn diese als Kriegführende anerkannt sind, keinen diplomatischen Charakter.[39] Ebenso haben keinen diplomatischen Status sog. Geheimagenten, auch wenn sie mit diplomatischen Geschäften betraut sind, da ihre Tätigkeit ja nicht in der Öffentlichkeit, sondern im Geheimen vor sich gehen soll.[40]

Der Personalstand der Mission muß auf Verlangen des Empfangsstaats in bestimmten Grenzen gehalten werden (Art. 11).

---

[37] Die Rangfolge der Mitglieder des diplomatischen Personals bestimmt sich nach Art. 17.

[38] Siehe L. of N. Doc. A. 15. 1928. V, S. 6: „... the Committee has found the contrary opinion to be so strongly represented that, for the moment, it does not feel it can declare an international regulation for this subject matter to be realisable."

[39] Siehe Hackworth aaO I S. 143f.

[40] Darunter fällt z. B. nicht, entgegen einem weitverbreiteten Irrtum, die Regensburger Mission der „éminence grise" des Kardinals Richelieu, des Père Joseph, der von Richelieu selbst in seiner Korrespondenz als undurchsichtig, „tenebroso, cavernoso" bezeichnet wird, aber formell bei Kaiser Ferdinand II. beglaubigt war, allerdings nicht als Missionschef, sondern als Gelehrter, der nur beobachtende und beratende Funktionen habe, s. Carl J. Burckhardt, Richelieu, I, 1937, S. 476ff.

V. Die Voraussetzungen für die Aufnahme der diplomatischen Tätigkeit

Die Ernennung eines Diplomaten ist die Angelegenheit des Heimatstaates, die sich ausschließlich nach dessen Gesetzen bestimmt.[41] Da aber der Diplomat auf dem Gebiet des Empfangsstaats eine öffentlich-rechtliche Tätigkeit für seinen Heimatstaat ausübt und der Empfangsstaat ihm für deren Durchführung eine Reihe von Vorrechten gewährt, kann dem Empfangsstaat nicht zugemutet werden, eine ihm nicht geeignet erscheinende Persönlichkeit hierfür zu akzeptieren. Es ist daher seit langem üblich geworden, die Ernennung eines *Missionschefs* von seiten des Heimatstaates nicht zu vollziehen, bevor er nicht beim Empfangsstaat über die Annehmbarkeit der in Aussicht genommenen Persönlichkeit (informell) nachgefragt und bevor nicht der Empfangsstaat sein Einverständnis mit dieser Ernennung durch (förmliches) „agrément", d. h. Zustimmung, mitgeteilt hat. Eine Angabe von Gründen für die Verweigerung des agrément ist nicht erforderlich.

In bezug auf anderes diplomatisches Personal außer dem Missionschef ist das formelle Agreationsverfahren nicht erforderlich, wohl aber das stillschweigende Einverständnis des Empfangsstaats, das natürlich nicht präsumiert werden kann, wenn er Einspruch erhebt. Durch entsprechende Mitteilung muß der Heimatstaat dem Empfangsstaat zu solchem evtl. Einspruch Gelegenheit geben (Art. 10). Da die Ernennung von Staatsangehörigen des Empfangsstaats zu diplomatischen Vertretern des Sendestaats ungewöhnlich ist und leicht zu rechtlichen Komplikationen führen kann, ist in ihrem Falle die ausdrückliche Zustimmung des Empfangsstaates zu ihrer Entsendung erforderlich (Art. 8 II). Das Gleiche gilt auf Verlangen des Empfangsstaats für andere Nichtangehörige des Entsendestaates (Art. 8 III), sowie für Militär-, Marine- und Luftwaffenattachés (Art. 7 Satz 2).

Die formelle Aufnahme der Tätigkeit des Missionschefs beginnt erst mit der Übergabe des vom Heimatstaat ausgestellten Beglaubigungsschreibens (lettre de créance) beim Staatshaupt (des permanenten Geschäftsträgers beim Außenminister), das den Empfangsstaat über seine Person und Funktion informiert und ihn zugleich nach außen bevollmächtigt (Art. 13); es ist nicht zu verwechseln mit den – vertraulichen – Instruktionen, die rechtlich nur sein Verhältnis zu seinem Heimatstaat betreffen. Die diplomatischen Vorrechte treten jedoch schon mit dem Betreten des Gebiets des Empfangsstaats diesem gegenüber in Kraft (Art. 39 I).

VI. Das Ende der diplomatischen Tätigkeit

Der normale Fall der Beendigung der Tätigkeit eines Diplomaten erfolgt bei zeitlich befristeten Missionen durch Zeitablauf, der die Wirksamkeit des Beglaubigungsschreibens automatisch beendet, bei zeitlich nicht befristeten (regelmäßigen)

[41] Auch die Zulassungsbedingungen für den diplomatischen Nachwuchs werden durch die innerstaatliche Rechtsordnung bestimmt und variieren daher von Staat zu Staat.

Missionen durch Abberufung von seiten des Absendestaates, die vom Diplomaten beim Heimatstaat beantragt sein kann (freiwillige Demission) oder ex officio vom Heimatstaat beschlossen wird, etwa wegen Versetzung in ein anderes Amt oder in den Ruhestand, zwecks disziplinarischer Verfolgung oder aus allgemeinen politischen Gründen. Diese Abberufung wird beim Missionschef durch eine Notifikation (Art. 43a) realisiert, die entweder vom Missionschef selbst oder von seinem Nachfolger dem Staatsoberhaupt des Empfangsstaats übergeben wird; die Regierung des Empfangsstaates antwortet durch ein ,,Rekreditiv", das auf die Art der Wirksamkeit des Gesandten Bezug nimmt. Die Abberufung durch den Heimatstaat kann auch vom Empfangsstaat veranlaßt sein, wenn er den Diplomaten nicht mehr als persona grata betrachtet, ohne daß die Angabe konkreter Gründe erforderlich wäre (Art. 43b, 9). Gibt der Heimatstaat ausnahmsweise einer solchen Anregung nicht statt – wozu er völkerrechtlich berechtigt ist – so kann der Empfangsstaat die Tätigkeit des Diplomaten durch eigenes Vorgehen faktisch beenden, indem er ihm ,,die Pässe zustellt" und ihn auffordert, das Land zu verlassen. In diesem Falle ist also eine Ausweisung wegen ihres hochpolitischen Charakters in Verbindung mit der privilegierten Stellung des Diplomaten ohne Grundangabe möglich.

In einer Reihe weiterer Fälle endet die Mission des Diplomaten automatisch, weil ihr die Grundlage entzogen ist. Neben dem Tod des Diplomaten wird sie vor allem beendet, wenn die diplomatischen Beziehungen abgebrochen werden (sei es ohne, sei es mit Krieg), wenn ohne solchen Abbruch die Mission als ganzes eingestellt wird oder ihren Status verändert, wenn der Sendestaat oder der Empfangsstaat untergeht oder die Ausübung der Staatsgewalt während einer kriegerischen Besetzung suspendiert wird. Im Falle des Ausbruchs eines bewaffneten Konflikts oder des sonstigen Abbruchs der diplomatischen Beziehungen muß der Empfangsstaat den privilegierten Personen das Verlassen seines Hoheitsgebiets so bald wie möglich ermöglichen, die Räumlichkeiten, das Vermögen und die Archive der Mission achten und schützen, eine Schutzmacht für den Schutz der Interessen des Entsendestaats und die Obhut der Räumlichkeiten usw. zulassen (Art. 44, 45). Dagegen tritt keine echte Beendigung der Tätigkeit des Diplomaten dann ein, wenn das Staatshaupt des Sende- oder des Empfangsstaats wechselt, sei es kraft Beendigung der Amtszeit und Neubestellung, oder wenn eine neue Regierung im Sende- und Empfangsstaat auf irreguläre Weise an die Macht gelangt, also der Anerkennung bedarf. Hier werden die Beglaubigungsschreiben erneuert, ohne daß damit eine Änderung des Status des Diplomaten eintritt, insbesondere wird auch die Anziennität nicht verändert.

Die diplomatischen Vorrechte erlöschen nicht sofort mit der Beendigung der diplomatischen Mission, sondern sie dauern noch einige Zeit fort, bis der Diplomat seine Geschäfte ordnungsmäßig abgewickelt hat (Art. 39 II). Auf jeden Fall muß ihm bei Beendigung seiner Tätigkeit die unbehelligte Rückkehr in die Heimat gestattet, evtl. im Kriegsfall, falls die Rückkehr vom neutralen oder bisher neutralen Staat nur durch feindliche Länder möglich ist, freies Geleit verschafft oder Asyl gewährt werden. Bei absichtlicher oder sonst ungebührlicher Verzögerung der Heimreise erlöschen die Vorrechte mit Ablauf der normalen Wartefrist.

Früher war es üblich, daß die Regierung des Empfangsstaates dem Diplomaten beim Abschied Geschenke überreichte,[42] heute erhält der scheidende Diplomat einen Orden, falls der Abschied nicht unfreundlich ist (und falls der Empfangsstaat überhaupt Orden verleiht).

VII. Die diplomatischen Vorrechte

Der Diplomat genießt zunächst im Empfangsstaat alle die Rechte, die gewöhnlichen Ausländern zukommen.[43] Mit Rücksicht darauf, daß der Diplomat im fremden Land hoheitliche Funktionen für seinen Heimatstaat vorzunehmen imstande sein muß, genügt dies aber nicht. Es hat sich daher gewohnheitsrechtlich eine Reihe von Regeln ausgebildet, die dem Diplomaten gegenüber dem gewöhnlichen Ausländer eine privilegierte Rechtsstellung gewähren, wie sie für die Ausübung seiner Tätigkeit teils unentbehrlich, teils wünschenswert ist. Daneben stehen dem Diplomaten auch Privilegien zu, die zur Erfüllung seines Berufs nicht notwendig sind, sondern dazu bestimmt sind, ihm den Aufenthalt im Empfangsstaat möglichst angenehm und reibungslos zu gestalten; sie beruhen teilweise nicht auf Völkerrecht, sondern auf Courtoisie (Art. 25). Allerdings hat die Konvention einige bisher nur auf Courtoisie beruhende Erleichterungen in echte Rechtsansprüche verwandelt.

Die diplomatischen Vorrechte umfassen im wesentlichen die folgenden:

a) Der Diplomat hat Anspruch auf einen erhöhten Schutz im Gastland; die gegenüber jedem Ausländer bestehende normale Schutzpflicht intensiviert sich im Falle eines Diplomaten[44] (Art. 29 Satz 2). So gewähren die Bestimmungen der §§ 102, 103 StGB dem Missionschef einen erhöhten strafrechtlichen Schutz bei Angriffen auf Leib, Leben oder Ehre. Aber nicht nur repressive, sondern auch präventive Maßnahmen sind zur Erfüllung dieser erhöhten Schutzpflicht des Gastlandes angezeigt, etwa eine polizeiliche Bewachung seiner Wohnung und seines Dienstgebäudes, besonderer polizeilicher Schutz bei Reisen des Diplomaten in unsichere Regionen des Staatsgebiets. Dies gilt aber nur, soweit der Diplomat diesen Schutz nicht durch eigenes Verhalten illusorisch macht (z. B. indem er incognito in ein gefährliches Gebiet reist) oder verwirkt (z. B. indem er eine

[42] Z. B. erhielt 1787 der englische Gesandte von der französischen Regierung ein Geschenk von 300 £.

[43] Siehe unten § 58.

[44] Siehe die Feststellung des Expertenausschusses des Völkerbunds, L. of N., J. O. 1924, S. 524: „The recognized public character of a foreigner and the circumstances in which he ist present in its territory entail upon the State a corresponding duty of special vigilance on his behalf."

Privatperson widerrechtlich angreift, so daß diese ihm gegenüber vom Notwehrrecht Gebrauch machen darf).[45] Schwierigkeiten ergeben sich für den Schutz der Ehre des Diplomaten gegen Presseangriffe in Ländern, in denen die Freiheit der Presse, die Interessen der Öffentlichkeit durch wahrheitsgemäße Berichterstattung wahrzunehmen, vom Gesetz selbst verwechselt wird mit der schrankenlosen Ermächtigung, Halbwahrheiten oder getarnte Unwahrheiten in sensationeller Weise aufzutischen oder Infamitäten als Werturteile sachlicher Art zu verkleiden. In solchen Fällen bleibt die völkerrechtliche Haftung des Staates trotz seines unzulänglichen Presserechtes bestehen.

b) Der Diplomat hat Anspruch auf die Diplomaten seines Ranges im Gastlande üblicherweise gewährten Ehren.[46]

c) Der Diplomat hat Anspruch auf Freiheit seines amtlichen Verkehrs, d. h. des dienstlichen Verkehrs mit seiner Heimatregierung, mit den ihm unterstellten Dienststellen im Empfangsstaat, mit den für seine Regierung im Empfangsstaat tätigen Beratern und Experten, gleich ob sie die Staatsangehörigkeit des Empfangsstaates besitzen oder nicht, falls deren Tätigkeit nicht gegen gesetzliche Verbote des Empfangsstaates verstößt, mit anderen im Empfangsstaat beglaubigten Missionen dritter Staaten oder mit internationalen Organisationen, mit den im Empfangsstaat wohnenden eigenen Staatsangehörigen, sowie mit den eigenen Missionen und mit internationalen Organisationen in dritten Staaten. Diese Freiheit erstreckt sich auf alle üblichen Kommunikationsmittel unter Beachtung der gesetzlichen Vorschriften des Empfangsstaates (Frankierung, Geschwindigkeitsbegrenzungen, Flugrouten, Sperrzonen), also insbesondere auf brieflichen, telegrafischen, telefonischen und drahtlosen sowie den persönlichen Verkehr zu Fuß, zu Pferde, mit Wagen, Eisenbahn, Flugzeug, Schiff usw. Hierunter fallende Briefe dürfen nicht geöffnet werden, chiffrierte Telegramme müssen zur Beförderung angenommen, der Verkehr durch Kuriere darf nicht behindert werden (ausführliche Einzelheiten in Art. 27). Die Mission ihrerseits ist dafür verantwortlich, daß dieses Privileg nicht mißbraucht wird, also z. B. unter dem diplomatischen Siegel sich Schmuggelware oder aufrührerisches Propagandamaterial verbirgt. Bei flagrantem Mißbrauch, der das Selbsterhaltungsrecht des Empfangsstaates verletzt, kann dieser aus dringlichen Sicherheitsgründen in diese Verkehrsfreiheit eingreifen, z. B. Sendungen eröffnen, Reisebeschränkungen auferlegen usw., bei weniger flagrantem Mißbrauch die Abberufung des schuldigen Diplomaten verlangen; aus Gründen der Selbsterhaltung, vor allem im Kriege, kann er auch präventiv

---

[45] Siehe U. S. v. Liddle, 1808, Fed. Cas. No. 15, 598: „A prior assault by a foreign minister deprives him of his privilege, and will excuse a battery committed on him in self-defence, but will not justify an arrest on ‚process'."

[46] Siehe z. B. die englischen Queen's Regulations and Admiralty Instructions, Satow aaO S. 46ff., 50: Marinesalut von 19 Kanonen für Botschafter, 17 für Gesandten, (15 für Ministerresident), 13 für Geschäftsträger, 13 für Generalkonsul, 7 für Konsul.

gewisse generelle Beschränkungen zum mindesten vorübergehend auferlegen.[47] Auch gewisse Teile seines Gebiets kann der Empfangsstaat für Ausländer einschließlich der Diplomaten sperren, darf dabei aber nicht zu weit gehen[48] (Art. 26).

d) Der Diplomat hat Anspruch auf Befreiung von der Gerichtsbarkeit des Empfangsstaates (Immunität, auch Exterritorialität genannt, Art. 31). Der Diplomat kann nicht vor die Zivilgerichte, Strafgerichte, Verwaltungsgerichte, Verfassungsgerichte und sonstigen Gerichte des Empfangsstaates gezogen werden, und zwar weder als Partei noch als Zeuge oder Sachverständiger. Der Diplomat ist zwar den allgemeinen Gesetzen des Empfangsstaates wie jeder andere Ausländer unterworfen. Im Falle der Verletzung eines Strafgesetzes kann er aber nicht strafrechtlich verfolgt und bestraft werden, ja es können nicht einmal strafrechtliche Ermittlungen gegen ihn eingeleitet werden, und zwar gleich, um welche Straftat es sich handelt (auch etwa eine politische Straftat gegen den Empfangsstaat) und gleich, ob die Straftat in dienstlicher oder privater Eigenschaft begangen wurde. Der einzige Schutz des Empfangsstaates besteht in seinem Recht, die Abberufung des inkriminierten Diplomaten durch seinen Sendestaat zu verlangen, evtl. den Sendestaat für das Verhalten seines Diplomaten haftbar zu machen. Ebenso untersteht der Diplomat während der Dauer seiner Mission auch nicht der Zivilgerichtsbarkeit des Empfangsstaates. Er kann nicht mit Zwang zur Einlassung verklagt werden, es kann kein Urteil gegen ihn ergehen, es kann nicht, falls das Urteil vor dem Inkrafttreten seines diplomatischen Status gegen ihn ergangen ist, aus diesem Urteil gegen ihn zwangsvollstreckt werden; es darf keine einstweilige Verfügung gegen ihn ergehen. Das wird in den nationalen Rechtsordnungen häufig ausdrücklich gesagt.[49] Der Anspruchsberechtigte ist also einem Diplomaten gegenüber darauf angewiesen, ihn vor den Gerichten seines Heimatstaats zu verklagen, auch wenn diese nach den Regeln des in concreto anwendbaren internationalen Privatrechts gar nicht zuständig wären; der Heimatstaat muß durch seine Gesetzgebung für solche Fälle eine Zuständigkeit schaffen.[50] Hinsichtlich dinglicher Klagen in bezug auf privates, im Hoheitsgebiet des Empfangsstaats gelegenes unbewegliches Vermögen, Klagen in Nachlaßsachen, an denen der Diplomat als Testamentsvollstrecker, Verwalter, Erbe oder Vermächtnisnehmer in privater Eigenschaft beteiligt ist, sowie Klagen im Zusammenhang mit einem freien Beruf oder einer gewerblichen Tätigkeit, die der Diplomat im Empfangsstaat neben seiner amtlichen Tätigkeit ausübt (nach Art. 42 darf ein Diplomat allerdings im

---

[47] Siehe z. B. die brit. Maßnahmen gegen die Vertreter neutraler Staaten und kleinerer Verbündeter vor der Landung in Frankreich 1944, Oppenheim aaO I S. 790 Fußn. 3.

[48] Siehe die Kontroverse über die russischen Sperrgebiete und die dagegen ergriffenen Maßnahmen anderer Staaten, vor allem der USA, s. die US-Note vom 10. 3. 1952 in: American Foreign Policy 1950–1955, Dept. of State Publ. 6446. S. 1955.

[49] Siehe z. B. §§ 18, 19 GVG.

[50] Siehe z. B. ZPO § 15, wonach heimische Diplomaten „hinsichtlich des Gerichtsstandes den Wohnsitz, den sie im Inland hatten", behalten.

Empfangsstaat keinen freien Beruf und keine gewerbliche Tätigkeit ausüben, die auf persönlichen Gewinn gerichtet sind), besteht aber diese Exemtion von der inländischen Gerichtsbarkeit nicht.[51]

Diese Immunität besteht, gleich ob es sich um eine Angelegenheit handelt, die den amtlichen oder den privaten Lebensbereich des Diplomaten betrifft.[52] Trotz mancher Vorstöße der Theorie und gewisser nationaler Gerichte[53] gegen dieses Prinzip der umfassenden Immunität ist dieses auch heute noch unerschüttert gültig; mit Recht, denn ein Eingriff jeder Art von seiten des Empfangsstaats in die Lebenssphäre des Diplomaten beeinträchtigt die für seine Funktion unentbehrliche Freiheit.

Nur der Entsendestaat, nicht der Diplomat kann auf diese Immunität verzichten; dieser Verzicht muß immer ausdrücklich erklärt werden. Die Konvention hat darauf verzichtet, in gewissen Fällen einen solchen Verzicht vorzuschreiben, der also im Ermessen des Entsendestaats liegt; die Wiener Konferenz 1961 hat aber eine Empfehlung (Resolution II, „Consideration of Civil Claims", 14. 4. 1961) angenommen, durch die dem Entsendestaat ein solcher Verzicht nahegelegt wird „when this can be done without impeding the performance of the functions of the mission". Wenn Diplomaten selbst ein Gerichtsverfahren anstrengen, so können sie sich in bezug auf eine mit der Hauptklage in unmittelbarem Zusammenhang stehende Widerklage nicht auf ihre Immunität berufen.

Nach Beendigung der diplomatischen Mission beim Empfangsstaat und nach Ablauf der Schonfrist des Artikels 39 II setzt sich die Gerichtsbarkeit des bisherigen Empfangsstaats gegenüber dem Diplomaten für dessen nichtamtliche Handlungen durch, auch soweit diese in seine Amtszeit fallen, falls er sich dann noch in diesem Staate aufhält oder auch nur durch ihn reist, selbst wenn er nunmehr nicht ein reiner Privatmann geworden ist, sondern bei einem anderen Staat als Diplomat akkrediert ist, zum mindesten, wenn seine Durchreise keinen dienstlichen Charakter trägt[54] (Art. 39 II, 40). Dies ergibt sich daraus, daß der Diplomat während seiner diplomatischen Tätigkeit nur nicht der Gerichtsbarkeit, wohl aber den Gesetzen des Empfangsstaates unterlag (Art. 41 I).

e) Der Diplomat hat gegenüber dem Empfangsstaat Anspruch auf persönliche Unantastbarkeit (auch mißverständlich „Recht auf Unverletzlichkeit" genannt) (Art. 29). Es darf keine Zwangsmaßnahme von seiten des Empfangsstaates gegen ihn vorgenommen werden. Das ergibt sich hinsichtlich gerichtlicher Zwangsmaßnahmen schon aus oben (d). Aber auch keine anderen öffentlichen Organe im

---

[51] Siehe z. B. § 20 GVG.

[52] Mit den eben genannten Ausnahmen aus Art. 31 Satz 2, a–c.

[53] Vor allem der italienischen, die aber seit der Kollektivdémarche des diplomatischen Korps in Rom gegen ein so unterscheidendes Urteil des ital. Kassationshofs vom 31. 1. 1922 im allgemeinen zum international akzeptierten Prinzip der umfassenden Immunität zurückgekehrt sind, s. Anzilotti in Rivista di diritto internazionale 1924 S. 173ff.

[54] Nachweise bei Dahm aaO I S. 345.

Empfangsstaat, insbesondere nicht Verwaltungsbehörden und Polizeiorgane, dürfen in irgendeiner Weise seine persönliche Freiheit beeinträchtigen oder seiner Person Zwang antun.[55] Da jedoch auch der Diplomat der Rechtsordnung des Empfangsstaats untersteht, wenngleich ihre Einhaltung normalerweise ihm gegenüber nicht unmittelbar durch Zwang durchgesetzt werden kann, kann im Falle der Verletzung der Rechtsordnung durch ihn gegenüber seinem Heimatstaat seine Abberufung verlangt werden. Darüber hinaus kann ausnahmsweise bei erheblicher Störung oder Gefährdung der öffentlichen Ordnung oder der Staatssicherheit durch illegales Verhalten des Diplomaten, wenn die Gefahr unmittelbar und groß ist und durch kein anderes Mittel abgewendet werden kann, auch unmittelbarer Zwang gegen den Diplomaten angewendet werden; es müssen die Voraussetzungen des Notstandes gegeben sein, wie sie im Caroline-Fall 1842[56] in klassischer Weise formuliert wurden: „a necessity of self-defence, instant, overwhelming, leaving no choice of means, and no moment for deliberation."[57] Auch bei solchen Ausnahmesituationen aber darf der Diplomat niemals bestraft werden, sondern es dürfen nur auf kürzestmögliche Zeit beschränkte Sicherungsmaßnahmen eingeleitet werden, auch sie mit aller Rücksichtnahme auf Person und Amt des Diplomaten.

Zu der Befreiung des Diplomaten von jedem Zwang gehört auch seine Befreiung von allen öffentlichen Dienstleistungen, nicht nur, wie bei normalen Ausländern, von Wehrdienst und politischen Pflichten, sondern auch von gemeinnützigen Dienstleistungen, wie Feuerwehr- und Luftschutzdienst, Einquartierungen usw. (Art. 35).

f) Die diplomatischen Dienstgebäude und Diensträume ebenso wie die privaten Wohnungen der Diplomaten sind unverletzlich. Der Empfangsstaat hat sie gegen Störungen von dritter Seite zu schützen und darf sie selbst nicht antasten, ja nicht einmal gegen den Willen des für sie verantwortlichen Diplomaten betreten; sie dürfen nicht Gegenstand von Zwangsmaßnahmen, Zwangsleistungen, Einquartierungen, Wohnungsbeschlagnahmen oder -rationierungen sein. Diese Unverletzlichkeit erstreckt sich auch auf die diplomatischen Archive sowie auf die Korrespondenz der Diplomaten (Art. 22, 30).

Die Unverletzlichkeit der diplomatischen Gebäude hat nicht zur Folge, daß diese als außerhalb des Staatsgebiets des Empfangsstaats belegen anzusehen sind.[58]

---

[55] Siehe z. B. die Disziplinarmaßnahmen gegen amerikanische Polizisten, die am 27. 11. 1935 in Elkton den iranischen Gesandten wegen zu schnellen Fahrens verhaftet hatten, AJIL 1936 S. 95.

[56] Siehe oben § 24 I B.

[57] Beispiele für solche ausnahmsweise Anwendung von Zwang gegen Diplomaten s. bei Oppenheim aaO I S. 791; Dahm aaO I S. 332f., letzterer wohl in Einzelheiten zu weitgehend.

[58] Mißverständliche Deutung des Wortes „Exterritorialität"; siehe RGSt. 69_{54}: „Geschäftsräume und Wohnung eines ausländischen diplomatischen Vertreters sind nicht ausländisches Gebiet. Die völkerrechtlich anerkannte ‚Exterritorialität' dieser Räumlichkeiten bedeutet nur Freistellung von der inländischen Gerichtsbarkeit und das Verbot für die inländischen Behörden, gewisse Amtshandlungen in diesen Räumen vorzunehmen; sie geht nur soweit, als es erforderlich ist, die Unverletzlichkeit des

Auch diese Gebäude sind Inland, ein in ihnen begangenes Verbrechen ist im Gebiet des Empfangsstaates begangen.[59] „Der Begriff Exterritorialität enthält eine Fiktion, die nicht wörtlich zu nehmen ist. Vermöge der Exterritorialität werden die Rechte genießenden Grundstücke in manchen Beziehungen rechtlich so behandelt, als wenn sie im Heimatstaate ihres Inhabers lägen; ihre Zugehörigkeit zum Gebiete des Staates, in welchem sie liegen, wird dadurch nicht beseitigt."[60] So ist es allgemein anerkannt, daß ein im Empfangsstaat während der Dauer der diplomatischen Tätigkeit des Vaters (oder der Mutter) geborenes Kind, falls dort jus soli gilt, nicht durch diese Geburt auf dem Staatsgebiet für sich allein die Staatsangehörigkeit des Empfangsstaates erwirbt; aber diese Regelung gilt nicht nur bei Geburt eines Diplomatenkindes in einem diplomatischen Gebäude, sondern bei seiner Geburt irgendwo im Gebiet des Empfangsstaats.

Auch die Unverletzlichkeit der diplomatischen Gebäude wird begrenzt durch das ausnahmsweise Notrecht des Empfangsstaates in den oben (e) angegebenen Grenzen.[61]

In diesen Zusammenhang gehört auch die Frage des sog. diplomatischen Asyls. Ursprünglich strahlte der Schutz des Gesandtschaftsgebäudes auf das ganze benachbarte Stadtviertel aus, das als Asyl gegen den Zugriff des Empfangsstaates diente (franchise du quartier).[62] Die Konvention hat es unterlassen, die Probleme des Asylrechts zu regeln; nur indirekt kann man die Bestimmung des Art. 41 III („Die Räumlichkeiten der Mission dürfen nicht in einer Weise benutzt werden, die unvereinbar ist mit den Aufgaben der Mission") und die des Art. 41 I Satz 2 (Verpflichtung der Diplomaten, „sich nicht in dessen innere Angelegenheiten einzumischen") hierfür in Anspruch nehmen. Es bleibt also hier beim Gewohnheitsrecht; es besteht im allgemeinen selbst für das diplomatische Gebäude kein Asylrecht mehr, d. h. das Recht, Personen, die der Zwangs- und Gerichtsgewalt des Empfangsstaates sich zu entziehen suchen, aufzunehmen und gegenüber dem Zugriff des Empfangsstaates zu schützen. Der Diplomat hat vielmehr zu ihm geflüchtete (nicht-diplomatische) Personen ohne Rücksicht auf ihre Staatsangehörigkeit dem Empfangsstaat auf Verlangen zu übergeben oder ihm das Betreten des diplomatischen Gebäudes zwecks Festnahme zu gestatten. Lediglich in Lateinamerika haben sich noch Reste des ehemaligen diplomatischen Asyls gehalten, deren Geltung aber nur regional ist und deren Umfang in concreto sorgfältig zu prüfen

---

Gesandten und seiner Begleiter zu gewährleisten, und befreit sonstige Personen, die sich in den Räumen der diplomatischen Vertretung aufhalten, nicht von der deutschen Gerichtsbarkeit"; siehe auch Romberg in BYIL 1959 S. 235.

[59] RGSt. 3 S. 71.

[60] Kammergericht 1902 in: Zeitschr. f. internat. Recht 1903 S. 464.

[61] Siehe das engl. Eingreifen gegen die Festhaltung des chines. Revolutionärs Sunyatsen in der chines. Gesandtschaft in London, McNair, International Law Opinions, I, S. 85.

[62] Siehe Oppenheim aaO I S. 794.

ist.[63] Dagegen haben Diplomaten überall das Recht, in Notfällen, bei inneren Unruhen, bei denen der normale Rechtsschutz des Staates für Leib und Leben seiner Bewohner versagt, gefährdeten Personen vorübergehend Asyl zu gewähren.[64] Dies ist ein Ausfluß des humanitären Interventionsrechts, das kein Monopol der Diplomaten darstellt, sondern z. B. auch von den Kommandanten der in einem Hafen liegenden fremden Kriegsschiffe geübt werden darf. In umfänglicher Weise wurde hiervon während des spanischen Bürgerkriegs 1936/39 Gebrauch gemacht.[65] Andere bekannte Asylfälle dieser Art sind: das dem Mufti von Jerusalem im September 1941 von der japanischen Gesandtschaft in Teheran, das dem ungarischen Ex-Ministerpräsidenten Kallay im April 1944 von der türkischen Gesandtschaft in Budapest, das dem rumänischen Ex-Ministerpräsidenten Radesco im März 1945 von der britischen Gesandtschaft in Bukarest, das dem Kardinal Mindszenty im November 1956 von der amerikanischen Gesandtschaft in Budapest gewährte Asyl.

g) Der Diplomat ist in gewissem Umfang von der Besteuerung seines Einkommens und Vermögens durch den Empfangsstaat befreit (Art. 34). Dies gilt uneingeschränkt für das Diensteinkommen des Diplomaten. Für anderes, privates Einkommen des Diplomaten besteht keine allgemeine Befreiung kraft Völkerrechts, sondern die nicht selten in der Praxis erfolgende Freihaltung solchen Einkommens von Besteuerung beruht auf Courtoisie. Erst recht besteht keine allgemeine Regel des Völkerrechts, die die Exemtion des Diplomaten von indirekten Steuern oder von Abgaben für öffentliche Dienstleistungen oder Lieferungen (Gas, Elektrizität, Telefon) vorschreiben würde. Im Empfangsstaat gelegene Grundstücke des Diplomaten (mit Ausnahme der diplomatischen Dienstgebäude) unterliegen der normalen Besteuerung. Die in gewissem Umfang erfolgende Befreiung der Diplomaten von den Zollvorschriften des Gastlandes wie die immer erfolgenden Erleichterungen bei der Durchführung der Zollkontrolle beruhen nicht mehr, wie bisher, auf Courtoisie, sondern auf Art. 36, der aber gewisse Einschränkungen und Kontrollrechte vorsieht.

---

[63] Siehe Tobar y Borgono, L'asile interne devant le droit international, 1912; s. insbes. auch den Asylstreitfall zwischen Kolumbia und Peru, Urteil des IG vom 20. 11. 1950, Reports 1950 S. 265; s. auch die panamerikanischen Asylkonventionen von 1928 und von 1933, die für politische Delinquenten ein begrenztes Asylrecht vorsehen, sowie die Konvention von Caracas über das diplomatische Asyl vom 28. 3. 1954, abgedruckt in Revue Générale de Droit Inernational 1959, S. 175, die ein gegenüber dem Urteil des IG wesentlich erweitertes Asylrecht gewährt; siehe Villagran Kramer, L' Asile Diplomatique d'après la Pratique des Etats Latino-Américains, 1958; ferner Torres Gigena, Asilo Diplomatico, 1960.

[64] Siehe Art. 3 II des Beschlusses des Institut des Droit International von 1950, Annuaire 43 II S. 377, wonach ,,Asyl jedem Individuum gewährt werden darf, dessen Leben, Person oder Freiheit durch Gewalt bedroht ist, welche von den örtlichen Behörden ausgeht oder gegen welche die örtlichen Behörden offensichtlich nicht zur Schutzgewährung imstande sind, welche sie dulden oder hervorrufen"; siehe Koziebrodzki, LeDroit d'Asile, 1962.

[65] Siehe Bestieu, Droit d'asile dans les ambassades et légations au cours de la guerre d'Espagne (1936–1939), 1942.

h) Von großer Bedeutung war in den Jahrhunderten religiöser Intoleranz in christlichen Ländern das sog. Kapellenrecht, d. h. das Recht des Missionschefs, eine Kapelle und einen Geistlichen seiner Konfession zu unterhalten, dort Gottesdienste abzuhalten und dazu die Angehörigen seines Heimatstaates zuzulassen; der Regel nach war damit aber nicht das Recht, mit Kirchenglocken zu läuten, verbunden, und in Spanien z. B. durfte der kirchliche Zweck der Kapelle (des andersgläubigen Diplomaten) von außen nicht erkennbar sein; als Kaiser Joseph II. den Protestanten in Wien eine beschränkte Religionsübung gestattete, verlangte er gleichzeitig die Schließung der Kapellen der protestantischen Diplomaten. Das ,,Kapellenrecht", das in der heutigen Zeit zunehmender weltanschaulicher Intoleranz wieder aktuell werden könnte, muß wohl als auf Courtoisie beruhend angesehen werden.

i) Dagegen ist das Recht, auf dem diplomatischen Dienstgebäude, wie auch am diplomatischen Dienstwagen, die Flagge des Heimatstaates zu zeigen, ein auf Art. 20 beruhendes echtes Recht, das vor allem in Staaten von Bedeutung ist, in denen den Einwohnern das freie Hissen beliebiger Flaggen nicht gestattet ist.

k) Es ist in der Vergangenheit oft versucht worden, die oben genannten diplomatischen Vorrechte oder doch die wichtigeren von ihnen aus einem Gesamtbegriff der ,,Exterritorialität" abzuleiten und unter diesem Begriff die juristische Hilfsvorstellung (Fiktion) zu verstehen, der Diplomat werde so behandelt, als ob er sich außerhalb des Staatsgebiets befinde.[66] Diese Theorie ist unhaltbar; die praktische Behandlung der mit diesem Problem verbundenen Fragen zeigt dies eindeutig. So wird ein in ein diplomatisches Gebäude geflüchteter Verbrecher nicht nach den Vorschriften des Auslieferungsrechts ausgeliefert, sondern einfach übergeben oder mit Zustimmung des Missionschefs im diplomatischen Gebäude verhaftet. Wird in einem diplomatischen Gebäude eine Straftat begangen, so sind zuständig zur Aburteilung – soweit nicht die persönliche Immunität einer diplomatischen Person im Wege steht – die Gerichte des Empfangsstaats, nicht die des Sendestaats. Die im diplomatischen Gebäude vorgenommenen zivilen Rechtsakte unterstehen dem Recht des Empfangsstaats, nicht des Sendestaats.[67] In Wirklichkeit bedarf es zur Erklärung der diplomatischen Vorrechte weder eines allgemeinen Oberbegriffs überhaupt noch des mißverstandenen Begriffs der Exterritorialität. Es handelt sich um ein gewohnheitsrechtlich entwickeltes und nunmehr vertraglich festgelegtes Bündel von Sonderrechten für Diplomaten, die geeignet sind, ihre spezifische Tätigkeit, die sich von der aller anderen Staatsorgane wesenhaft unterscheidet, zu ermöglichen, gegen Störungen sicherzustellen, reibungslos und angenehm zu gestalten[68] (Funktionstheorie).

[66] Siehe Grotius aaO Lib. II Cap. XVIII § 4, 5: ,,ita etiam fictione simili constituerentur quasi extra territorium."

[67] Siehe die Nachweise bei Rousseau aaO 1. Aufl. S. 347f.

[68] Siehe Beling, Die strafrechtliche Bedeutung der Exterritorialität, 1896.

VIII. Der Kreis der bevorrechtigten Personen

Die Gesamtheit der unter VII dargestellten diplomatischen Vorrechte kommt vor allem dem Missionschef zu. Soweit diese Rechte aber nicht ihrem Wesen nach nur dem Haupt der Mission zukommen können (z. B. Kapellenrecht), stehen sie auch allen übrigen bei der Mission mit diplomatischen Aufgaben beschäftigten Personen zu, den sog. Diplomaten im engeren Sinn (Art. 1 e). Die mit bloßen untergeordneten Verwaltungsaufgaben und Dienstleistungen betrauten Beamten und Angestellten der Mission genießen die obengenannten Vorrechte in gewissem Umfang; insbesondere sind sie von der Zivil- und Verwaltungsgerichtsbarkeit des Empfangsstaats nur für in Ausübung ihrer dienstlichen Tätigkeit vorgenommene Handlungen freigestellt (Art. 37 II). Dagegen genießen kraft Völkerrechts die Familienmitglieder der Diplomaten im eigentlichen Sinn, soweit sie mit ihnen in häuslicher Gemeinschaft leben, die obengenannten Vorrechte (Art. 37 I), während die Gewährung beschränkter Vorrechte an das dienstliche Hauspersonal in Art. 37 III, die Gewährung sehr viel stärker beschränkter Rechte für das private Hauspersonal in Art. 37 IV geregelt ist; die nationale Gesetzgebung kann darüber hinausgehen,[69] aber nicht dahinter zurückbleiben. Ein Staat ist völkerrechtlich nur verpflichtet, den bei einer ausländischen Mission diplomatisch tätigen eigenen Staatsangehörigen diplomatische Vorrechte für ihre in Ausübung ihrer dienstlichen Tätigkeit vorgenommenen Amtshandlungen zu gewähren (Art. 38 I); sie können nur mit seiner – jederzeit widerruflichen – Zustimmung ernannt werden (Art. 8 II). Für unteres Personal eigener Staatsangehörigkeit (Art. 38 II) gilt nur die Schranke, daß der Empfangsstaat den geordneten Arbeitsgang der diplomatischen Mission, soweit er mit der Tätigkeit solcher Personen zusammenhängt, nicht stören und diese Personen selbst nicht wegen dieser Tätigkeit für die fremde Mission zur Verantwortung ziehen darf; es sei denn, daß sie sich dabei gegen seine Rechtsordnung oder gegen seine Sicherheit vergehen.

IX. Die Rechtsstellung der Diplomaten in dritten Staaten

Obwohl die Regelung der diplomatischen Vorrechte zunächst nur das Verhältnis zwischen Sendestaat und Empfangsstaat betrifft, beruht sie doch auf universalem Völkerrecht und läßt sich auch angesichts der internationalen Verflechtung nur umfassend verwirklichen. Infolgedessen genießt gewohnheitsrechtlich wie jetzt nach Art. 40 der Diplomat, der, sei es auf der dienstlichen Durchreise zu oder von seinem Bestimmungsort, sei es sonst für dienstliche Zwecke, sich in einem dritten Staat aufhält, dort ebenfalls gewisse für die Erfüllung seiner Funktion unentbehrliche Vorrechte, so insbesondere das Recht auf Schutz, das Recht auf

[69] Siehe z. B. § 19 GVG, wonach Familienmitglieder, Geschäftspersonal und Bedienstete, soweit nicht Deutsche, die vollen diplomatischen Vorrechte genießen.

persönliche Unverletzbarkeit, das Recht auf Befreiung von der inländischen Gerichtsbarkeit und das Recht auf Verkehrsfreiheit. Aber auch ohne solche Anwesenheit im dritten Staat genießt der diplomatische Verkehr durch das dritte Land, sei er brieflich, telefonisch, telegraphisch, drahtlos oder durch Kurier, Schutz gegen jede Beeinträchtigung. Dies alles gilt freilich nur zwischen Staaten, die sich im Friedenszustand miteinander befinden und deren Regierungen sich gegenseitig anerkennen; dagegen ist es nicht notwendig, daß mit dem dritten Staat selbst diplomatische Beziehungen unterhalten werden.

X. Die Pflichten der Diplomaten

Der Diplomat genießt im Empfangsstaat nicht nur Rechte, sondern er hat dort auch Pflichten. Insbesondere ist er der Rechtsordnung des Gastlandes unterworfen (Art. 41), wenngleich ihre Einhaltung ihm gegenüber weder durch gerichtliches Vorgehen noch durch unmittelbaren Zwang durchgesetzt werden kann, so daß es sich also um „unvollkommene" Rechtspflichten handelt, die erst nach Beendigung der diplomatischen Mission und nach Ablauf der Schonfrist des Art. 39 II zu vollkommenen Rechtspflichten werden. Die Gewährung der unbehelligten Amtsausübung für einen fremden Staat auf dem Staatsgebiet des Empfangsstaats zieht für den Diplomaten die Pflicht nach sich, diese Vertrauensstellung nicht zu mißbrauchen, also z. B. das Kuriergepäck nicht für Schmuggelzwecke, die Chiffrierfreiheit nicht für Zwecke der Spionage, seine Bewegungsfreiheit nicht für gegen das im Empfangsstaat herrschende Regime gerichtete Propaganda zu mißbrauchen und alles zu unterlassen, was gegen die Sicherheit, Existenz und gute Ordnung des Empfangsstaates gerichtet ist (siehe das schon erwähnte Interventionsverbot des Art. 41 I Satz 2). Bei Verletzung dieser Pflichten kann der Diplomat aber niemals vom Empfangsstaat unmittelbar zur Verantwortung gezogen werden, sondern nur seine Abberufung durch den Sendestaat verlangt werden, gegebenenfalls können ihm seine Pässe zugestellt werden; im Rahmen des oben dargestellten Notrechts können auch seine Vorrechte und Freiheiten vorübergehend durch unmittelbare Aktion des Empfangsstaates eingeschränkt werden.

Wie sich die dem Diplomaten durch das Völkerrecht gewährten Rechte mit den von der Courtoisie gewährten berühren und unmerklich in sie übergehen, so berühren sich auch die dem Diplomaten durch das Völkerrecht auferlegten Pflichten aufs engste mit den Pflichten, die sich für ihn aus Courtoisie, Takt, Anstand gegenüber dem Gastland ergeben. So sollte der Diplomat es vermeiden, sich an wirtschaftlichen Unternehmungen des Gastlandes zu beteiligen, sein Kapital auf dessen Grundstücksmarkt zu investieren oder an dessen Börsen zu spekulieren; er sollte Publikationen oder öffentliche Reden über das Gastland, die kritischer Natur sind, während der Dauer seiner Mission unterlassen, von der Subventionierung der Presse des Gastlandes, wo sie zur unsachlichen Bestechung würde, absehen, in bezug auf ihm von Organen des Empfangsstaats anvertraute vertrauliche Informationen Diskretion und Verschwiegenheit in der Öffentlichkeit üben, seine Lebensführung so einrichten, daß sie nicht mit den Sitten des Gastlandes kollidiert oder gegen den Anstand oder die guten Sitten verstößt; dabei ist bei der privilegierten Stellung des Diplomaten ein strenger und hoher Maßstab anzulegen. Eine Verletzung dieser Pflichten ist keine Verletzung von Rechtspflichten; sie kann aber eben so ernste Folgen für seine Stellung haben, insbesondere zu seiner Erklärung als „persona non grata" und damit zu seiner Abberufung führen.

XI. Die diplomatischen Formen

Es ist klar, daß bei einer aus höfischer Repräsentanz hervorgegangenen, auf diplomatischer Delikatesse und Finesse beruhenden Tätigkeit die Einhaltung der Formen eine besonders wichtige Rolle spielt. Dabei ist die Einhaltung der Form oft nicht eine bloße Formsache, sondern von erheblicher sachlicher Bedeutung. Auch hier ist im Einzelfall oft schwer zu sagen, ob die Einhaltung der Form eine Pflicht des Völkerrechts oder der Courtoisie ist, da die Folgen einer Verletzung in beiden Fällen gleich schwer sind.

Man unterscheidet drei Arten des internationalen Zeremoniells: das Zeremoniell der Höfe, das Zeremoniell der Botschaften und Gesandtschaften, das Zeremoniell der Kanzleien. Die Audienz des Diplomaten beim Staatshaupt ist entweder öffentlich oder privat; der Besucher erhält herkömmlich nach seinem Rang abgestufte Ehrenerweisungen durch Wache, Trommelwirbel usw. Der Gegenbesuch beim neu akkreditierten Missionschef erfolgt nicht durch das Staatshaupt in Person, sondern in seiner Vertretung durch den Außenminister. Über das Land- und Seezeremoniell gibt es kein internationales Abkommen, obwohl der Abschluß eines solchen im Aachener Protokoll von 1818 vorgesehen war, sondern nur nationale Regelungen; die einzige zwingende Vorschrift des Völkerrechts auf diesem Gebiet ist wohl das Verbot jeder odiosen, unsachlichen Diskriminierung (Art. 47).

Eine rechtlich oder durch Courtoisie vorgeschriebene diplomatische Sprache gibt es heute nicht. Jahrhundertelang wurde in Europa die lateinische Sprache mit derselben Selbstverständlichkeit, mit der sie als Gelehrtensprache gebraucht wurde, auch als Diplomatensprache verwendet; so wurden z. B. der Westfälische Friedensvertrag von 1648, aber auch alle Verträge zwischen Frankreich und dem Deutschen Reich bis zur französischen Revolution auf lateinisch abgeschlossen. Seitdem überwog für eine Reihe von Jahrzehnten praktisch, aber ohne rechtliche Verpflichtung, der Gebrauch der französischen Sprache. In der Generalversammlung der UN sind Chinesisch, Englisch, Französisch, Russisch und Spanisch die Amtssprachen, Englisch, Französisch und Spanisch die Arbeitssprachen.[70] Im

[70] Siehe Nr. 51 der Verfahrensregeln der Gen.-Vers.

formellen Diplomatenverkehr spricht jeder seine eigene Sprache und bedient sich eines Übersetzers.

Auch für den Briefaustausch gibt es feste Formen und Formeln; doch ist das Briefzeremoniell heute durch die Möglichkeit des Austausches von Telegrammen stark vereinfacht. Hier sollen nur die wichtigsten Bezeichnungen für diplomatische Schriftstücke kurz erläutert werden.

Eine *Note* ist jede schriftliche Mitteilung, die zwischen einer Regierung und ihren eigenen oder fremden diplomatischen Agenten oder zwischen Regierungen untereinander ausgetauscht wird. Die Note ist die feierliche und kühlere, auf jeden Fall die offizielle Form der Mitteilung, im Gegensatz zum Brief; sie unterscheidet sich von ihm also mehr durch die Form als durch den Inhalt. Aber auch gewisse Inhalte werden meist durch Noten, nicht durch Brief mitgeteilt, so insbesondere, wenn es sich um Rechte und ihre Anerkennung, um die Mitteilung rechtserheblicher Tatsachen usw. handelt. Man unterscheidet zwischen unterzeichneten Noten (notes signées) und Verbalnoten; letztere tragen keine Unterschrift, dienen häufig zur Aufklärung technischer Details, stellen die schriftliche Fixierung einer mündlichen Mitteilung, eine Art aide-mémoire dar. Vertrauliche Noten sind nur für den Empfänger oder für einen bestimmten begrenzten Kreis von Personen bestimmt, z. B. Noten einer Regierung an ihre diplomatischen Vertreter. Häufig erfolgt ein Notenaustausch zwischen Regierungen zur Vorbereitung eines Abkommens.

Eine *Kollektivnote* ist eine von mehreren Regierungen gemeinsam abgesandte Note. Eine Abart der Kollektivnote ist die identische Note, die gesondert von mehreren Regierungen abgesandt wird, die aber gemäß vorheriger Absprache inhaltlich übereinstimmt.

Ein *Protokoll* ist an sich nur die Wiedergabe einer Verhandlung, kann aber dadurch bis zur Fixierung eines Vertragsinhalts werden.

Ein *Memorandum* ist ein diplomatisches Schriftstück von einer gewissen Länge, um das Verhalten einer Regierung zu erklären und zu rechtfertigen oder um getroffene oder geplante Maßnahmen zu begründen. Ist ein Memorandum an mehrere Empfänger gerichtet, so wird es pro-memoria genannt.

Ein *Manifest* hat den gleichen Inhalt wie ein Memorandum, ist aber an die internationale Öffentlichkeit gerichtet.

Im Gegensatz dazu ist die *Proklamation* an das eigene Volk gerichtet; sie kann aber sehr wohl ein diplomatisches Mittel sein, um indirekt die internationale Öffentlichkeit anzusprechen.[71]

Ein *Ultimatum* ist der kategorische, befristete Vorschlag einer Regierung an eine andere Regierung mit der Androhung bestimmter Maßnahmen (früher häufig der Kriegseröffnung) von seiten des das Ultimatum erlassenden Staates für den Fall der Nichtannahme. Das Ultimatum stellt das letzte Wort einer Regierung dar,

[71] Siehe etwa die Proklamation der Breite der Küstengewässer, des Continental Shelf, von Fischerei-Konservierungszonen usw.

dem gegenüber keine Möglichkeit neuer Verhandlungen und Diskussionen mehr besteht, nur die Möglichkeit der Annahme oder Nichtannahme.[72]

Ein *conclusum* ist die Zusammenfassung des gegenwärtigen Standes von Verhandlungen durch eine Regierung, das selbstverständlich weitere Verhandlungen offen läßt.

Der Schritt oder die *Démarche* ist das feierliche Unternehmen eines Diplomaten, um etwas förmlich mitzuteilen.

XII. Internationale Konferenzen und Spezialmissionen[73]

Internationale Kongresse im völkerrechtlichen Sinn[74] sind keine selbständigen Organe des internationalen Verkehrs, sondern organisierte Zusammenkünfte von Vertretern der Völkerrechtssubjekte, meist Diplomaten, in wachsendem Maße aber auch anderen Regierungsvertretern, insbesondere Sachverständigen, um über Fragen von internationaler Bedeutung zu beraten und, wenn möglich, zu übereinstimmenden Beschlüssen, insbesondere zu Vertragsentwürfen, zu gelangen. Alle Einzelheiten über die Organisation solcher Kongresse hängen von der konkreten Vereinbarung der auf ihnen vertretenen Staaten ab, so insbesondere Zeit, Ort, Geschäftsordnung, Programm, Vertretung, Vollmacht, Stimmrecht, Beschlußfassung (siehe dazu Sohn in AJIL 1975 S. 310ff.). Auch der Status der Delegierten zu internationalen Konferenzen hing bis vor wenigen Jahren von solchen konkreten Vereinbarungen ab, ist aber seit der von der ILC der UN ausgearbeiteten und am 16. 12. 1969 von der Generalversammlung der UN verabschiedeten Konvention über Sondermissionen generell geregelt. Die Konvention betrifft nicht nur die Staatenvertreter zu internationalen Konferenzen, sondern alle im Ausland tätigen Spezialmissionen, die, im Gegensatz zu den bisher behandelten, zur dauernden und umfassenden Vertretung der Interessen des Entsendestaats beim Empfangsstaat bestimmten permanenten diplomatischen Missionen, vorübergehenden speziellen, manchmal hochpolitischen, manchmal fachlichen Zwecken in allen möglichen Bereichen der internationalen Beziehungen dienen und die im Zeichen immer intensiver werdender internationaler Verflechtung eine wachsende Bedeutung gewonnen haben. Die Stellung dieser Sondermis-

---

[72] Siehe Asbeck, Das Ultimatum im modernen Völkerrecht, 1933; Heribert, Begriff und Bedeutung des Ultimatums im Völkerrecht, 1967.

[73] Siehe Dunn, The Practice and Procedure of International Conferences, 1929; Gruber, Internationale Staatenkongresse und Konferenzen, 1919; Hill, The Public International Conference, 1929; Johnson, The Conclusions of International Conferences, in BYIL 1959 S. 1; Kaufmann, John, Conference Diplomacy, 1968; Pastuhov, A Guide to the Practice of International Conferences, 1945; Rönnefarth, Konferenzen und Verträge, 1959; Steppuhn, Der Beobachter bei internationalen Gremien, in Archiv des Völkerrechts 1960 S. 257.

[74] Mit dem gleichen Namen werden oft Zusammenkünfte von Privatpersonen verschiedener Nationalität zu allen möglichen Zwecken bezeichnet, die natürlich keinen völkerrechtlichen Status besitzen.

sionen ist der der permanenten diplomatischen Vertretungen weitgehend angeglichen, mit einer Reihe Abweichungen, die sich aus der speziellen und begrenzten Natur dieser Sondermissionen ergeben; so müssen ihre Funktionen zwischen Entsende- und Empfangsstaat speziell vereinbart werden, an die Stelle des Agrément tritt überall die Notifikation usw.

Mit der wachsenden Integrierung der völkerrechtlichen Zusammenarbeit hängt die Institutionalisierung gewisser Konferenzen zusammen, die zu Dauereinrichtungen und damit zu echten internationalen Organen werden, wie dies insbesondere bei der Bundesversammlung des Völkerbunds wie bei der Generalversammlung der Vereinten Nationen der Fall war.[75] Während bisher die Stellung der permanenten Staatenvertretungen bei internationalen Organisationen von Fall zu Fall durch Abmachungen zwischen der internationalen Organisation und dem Gaststaat ihres Sitzes geregelt war, unternimmt die im März 1975 in Wien verabschiedete Konvention über die Staatenvertretungen bei internationalen Organisationen eine generelle Regelung mit weitgehender Angleichung der Privilegien an die der normalen diplomatischen Vertretungen. Während aber diese letzteren auf dem Prinzip der Reziprozität zwischen Entsende- und Empfangsstaat aufgebaut sind, entfällt diese Reziprozität hier, da diese Staatenvertretungen nicht beim Gaststaat, der die Privilegien zu gewähren hat, sondern bei der internationalen Organisation akkreditiert sind, weshalb vor allem die Staaten, die Gaststaaten solcher Organisationen sind, erhebliche Einwendungen erhoben haben, die auch einer Ratifizierung durch diese Gaststaaten und damit einer Verwirklichung der Konvention im Wege stehen könnten.

§ 42. Die Konsuln

Literatur: *Bodin,* Les immunités consulaires, 1899; *Bouffanais,* Les consuls en temps de guerre et de troubles, 1933; *Feller* and *Hudson,* A collection of the diplomatic and consular laws and regulations usw., 1933; *Ferrara,* Manuele di diritto consolare, 1936; *Gachet,* Memento à l'usage des chancelleries diplomatiques et consulaires, 1933; *Harvard Law School,* The Legal Position and Functions of Consuls, AJIL 1932, Suppl., S. 189–449; *Heyking,* Les privilèges et la pratique des services consulaires, 1928; *Hinckley,* American Consular Jurisdiction in the Orient, 1906; *Hoffmann,* Konsularrecht; *Lee,* Consular Law and Practice, 1961; *Lippmann,* Die Konsularjurisdiktion im Orient, 1908; *Ludwig,* Consular Treaty Rights, 1914; *Ohlendorf-Lottig,* Konsularrecht, 1960; *Pillaut,* Manuel de Droit Consulaire, 2 Bde., 1910/12; *Puente,* Traité sur les fonctions internationales des consuls, 1937; *Stewart,* Consular Privileges and Immunities, 1926; *Stowell,* Consular Cases and Opinions usw., 1909; *Tarring,* British Consular Jurisdiction in the East, 1887; *Torroba,* Derecho Consular, 1927; *Vergé,* Des consuls dans les pays d'occident, 1903; *Warden,* A treatise on the origin etc. of the consular establishment, 1814; *Westphal,* Die Konsulargesetzgebung im deutschen und ausländischen Recht, 1957; *Zorn,* Deutsches Gesandtschafts- und Konsularrecht, 1920; *Zourek,* Consular Intercourse and Immunities, U. N. Doc. A/CN. 4/108, 15. 4. 1957.

---

[75] Einzelheiten über den Status siehe Bd. III § 29 VI, über Privilegien und Immunitäten die Konvention vom 13. 2. 1946 (UNTS vol. I S. 15); Art. 105 Satzung der UN.

I. Geschichtliche Entwicklung

Die Konsuln stellen eine ältere völkerrechtliche Institution dar als die ständigen diplomatischen Missionen. Schon das altindische Völkerrecht kennt Spezialrichter für im Inland ansässige Ausländer, die von diesen Ausländern gewählt wurden. Herodot berichtet uns, daß der ägyptische König Amasis die Bestellung griechischer, von griechischen Städten bestellter Hafenbeamter für den ägyptischen Hafen Naucratis gestattete.[76] In einer Reihe von griechischen Städten gab es einen von den fremden Kaufleuten zur Entscheidung ihrer Streitigkeiten bestellten Richter, den Prostates. Ebenso ist eine konsularähnliche Einrichtung die althellenische Institution der Proxenie: ein Bürger der Stadt A. repräsentiert in der Stadt A. die Stadt B., um die in A. lebenden Bürger von B. zu schützen. Eine ähnliche Einrichtung stellte in Rom das Patronat dar, ebenso die Schaffung des praetor peregrinus, der zur Entscheidung von Streitigkeiten zwischen Fremden unter sich oder zwischen Fremden und Römern nach ,,jus gentium" berufen war.[77]

Die ,,Konsuln" genannten inländischen Handelsrichter mittelalterlicher europäischer Handelsstädte blieben bei der Errichtung von Niederlassungen fremder Kaufleute in Byzanz wie in mohammedanischen Staaten (vor allem Marokko und Ägypten) als die Richter dieser ausländischen Kaufleute erhalten, und diese richterliche Tätigkeit der Konsuln für Ausländer breitete sich bald auch im gegenseitigen Verkehr der Länder des Abendlandes aus, vor allem für Fragen des Seerechts. Diese Entwicklung führte zu einer Reihe von Kodifizierungen des von den Konsuln angewandten Rechtes, von denen die berühmtesten die Amalfi-Tafeln aus dem 11., die Charte d'Oléron aus dem 12., das Consolato del Mare und die Gesetze von Wisby aus dem 14. Jahrhundert sind. Mit Beginn der Neuzeit verschwand infolge der Stärkung der Territorialgewalt des absoluten Staates in Europa diese richterliche Tätigkeit der Konsuln fast völlig, sie blieb aber auf Grund von sog. Kapitulationen, d. h. Verträgen mit den mohammedanischen Staaten des Nahen Ostens, bis tief ins 19., ja 20. Jahrhundert erhalten und wurde als Konsulargerichtsbarkeit auch auf weite Teile Asiens und Afrikas übertragen; sie wurde für die Türkei erst 1914/1923, für Ägypten 1937, für China 1919/1946 beseitigt und ist heute praktisch obsolet. Im Abendland wurden die Konsuln die Vertreter der Handelsinteressen ihrer Heimatstaaten und ihrer Landsleute; in der neuesten Entwicklung sind diese Angelegenheiten vielfach auf die diplomatischen Missionen übergegangen (Handelsattachés), so daß den Konsuln heute im wesentlichen die Wahrnehmung der Interessen ihrer Landsleute, Aufgaben der Verwaltung und der freiwilligen Gerichtsbarkeit verblieben sind.

---

[76] II 178/179.

[77] Siehe Candioti, Historia de la institución consular en la antiguiedad y en la edad media, 1925.

II. Rechtsquellen

Anders als auf dem Gebiet des Rechts der Diplomaten spielt im Konsularrecht das völkerrechtliche Gewohnheitsrecht eine bescheidene Rolle. Das völkerrechtliche Konsularrecht war bisher meist in bilateralen Verträgen enthalten, seien es spezielle Konsularabkommen, seien es allgemeine Handelsverträge.[78] Die Konsularabkommen bestimmen den sachlichen und räumlichen Aufgabenkreis der Konsuln und nehmen dabei häufig auf die gewohnheitsrechtliche Übung Bezug oder gewähren die Behandlung der Meistbegünstigung, der Nichtdiskriminierung oder der Reziprozität.[79] Im panamerikanischen Bereich ist schon früh eine multilaterale Kodifizierung geglückt, zunächst im Vertrag von Caracas 1911, dann im Havana-Abkommen über Konsularagenten vom 20. 2. 1928. Eine universelle Regelung wurde mit der Wiener Konvention über konsularische Beziehungen vom 24. 4. 1963 erreicht (Text siehe bei Berber, Völkerrecht-Dokumente I S. 884ff.; die im folgenden zitierten Artikel beziehen sich auf diese Konvention); sie läßt aber „andere in Kraft befindliche internationale Übereinkünfte hinsichtlich der Beziehungen zwischen den Vertragsstaaten unberührt" (Art. 73). Daneben haben viele Staaten Konsulargesetze erlassen, in denen ihr eigener Konsulardienst geregelt, vielfach aber auch die Rechtsstellung der bei ihnen zugelassenen fremden Konsuln umschrieben ist.[80] Völkerrechtlich relevant sind naturgemäß nur die völkerrechtlichen, nicht die einzelstaatlichen Regelungen, was diese letzteren auch häufig ausdrücklich erklären.[81]

III. Begriff und Funktionen der Konsuln

Die Konsuln sind im Gegensatz zu den Diplomaten nicht generelle und nicht politische Vertreter ihres Heimatstaats beim Empfangsstaat, sondern sie sind ständige Agenten des Absendestaats mit einem begrenzten Auftrag vor allem für die wirtschaftlichen und handelspolitischen Beziehungen und für die Interessenwahrnehmung der im Empfangsstaat wohnhaften Angehörigen des Absendestaats, sowie für eigens übertragene obrigkeitliche Befugnisse vor allem auf dem Gebiet der freiwilligen Gerichtsbarkeit. Art. 5 gibt in 13 Abschnitten eine detaillierte Aufzählung der konsularischen Aufgaben, von denen nur die zwei ersten

---

[78] Siehe Collection of Bilateral Consular Treaties, UNDoc. A/Conf. 25/4, 12. 11. 1962.

[79] Siehe auch die schiedsgerichtliche Entscheidung vom 2. 4. 1901 über die türkisch-griechische Konsularkonvention, Harvard Law School aaO S. 383ff.

[80] Siehe das deutsche Konsulargesetz vom 8. 11. 1867, BGBl. S. 137, jetzt Konsulargesetz vom 11. 9. 1974, BGBl. I S. 2317, abgedruckt bei Sartorius I Nr. 570; in Frankreich s. die Verordnung über die Marine von 1681, die Verordnungen von 1833, die Dekrete von 1946; s. die sowjetruss. Konsularregelung vom 14. 1. 1927; die US-Konsularregelung von 1932 usw.

[81] Siehe z. B. Sec. 77 der US-Regelung von 1932: „The fundamental rights and privileges of consular officers depend upon the principles of international law and the customs and usages of nations. Certain rights and privileges are also specifically guaranteed to them by treaties ...".

zitiert seien: ,,a) die Interessen des Entsendestaats sowie seiner Angehörigen, und zwar sowohl natürlicher als auch juristischer Personen, im Empfangsstaat innerhalb der völkerrechtlich zulässigen Grenzen zu schützen; b) die Entwicklung kommerzieller, wirtschaftlicher, kultureller und wissenschaftlicher Beziehungen zwischen dem Entsendestaat und dem Empfangsstaat zu fördern und zwischen ihnen auch sonst nach Maßgabe dieses Übereinkommens freundschaftliche Beziehungen zu pflegen".[82]

Bei Nichtbestehen oder bei Abbruch der diplomatischen Beziehungen kann den Konsulaten, die gegebenenfalls unabhängig von solchen diplomatischen Beziehungen unterhalten werden können, eine erhöhte Bedeutung zukommen, sie können dann, mit Genehmigung des Empfangsstaats, u. U. sogar gewisse diplomatische Funktionen wahrnehmen.[83]

IV. Klassifizierung der Konsuln

a) Man unterscheidet zunächst zwischen Berufskonsuln und Wahlkonsuln (auch Handels- oder Honorarkonsuln genannt). Die ersteren sind hauptberufliche und auf Dauer angestellte Agenten des Absendestaates, die regelmäßig seine eigenen Staatsangehörigen sind und eine fachberufliche Ausbildung genossen haben. Die letzteren dagegen sind nebenberuflich tätige Personen, die häufig die Staatsangehörigkeit des Empfangsstaates besitzen und überwiegend dem Kaufmannsstand entstammen. Welche Art von Konsul der Absendestaat im Einzelfall wählt, bleibt seiner Entscheidung überlassen.

b) Die Konsuln sind aber auch nach verschiedenen Rangklassen unterschieden. Man unterscheidet Generalkonsuln, Konsuln, Vizekonsuln und Konsularagenten. Innerhalb der einzelnen Klassen bestimmt sich der Rang nach dem Zeitpunkt der Zulassung durch den Empfangsstaat.

Die Konsuln sind regelmäßig nicht für das ganze Gebiet des Empfangsstaats, sondern nur für eine bestimmte Region zugelassen, den Konsularbezirk, dessen Umfang sich gewöhnlich mit einem regionalen Verwaltungsbezirk des Emp-

---

[82] Der Entwurf der Harvard Law School, aaO S. 195, sieht in Art. 11 detaillierte, ausdrücklich als nicht erschöpfend bezeichnete Funktionen eines Konsuls vor, deren erster Absatz lautet:,,... (a) To authenticate copies and translations of official documents of the sending State; to authenticate copies and translations of official documents of the receiving State in so far as they concern the interests of the sending State, of its national, or of its vessel; to receive, authenticate the signatures of, keep in custody and authenticate copies of acts of nationals of the sending State, and acts of other persons concerning the interests of the sending State, of its national or of its vessel or concerning the interests of other persons in so far as their interests lie within the territory of the sending State; to serve legal documents, issued by authority of the sending State, relating to civil or commercial matters, upon nationals of that State; and to take and authenticate copies of protests, depositions and declarations made in the presencer of the consul by a national of the sending State".

[83] Art. 17 I; ohne dadurch in den Genuß der diplomatischen Vorrechte und Immunitäten zu gelangen.

fangsstaates deckt. Die in einer bestimmten Region zugelassenen Konsuln, nicht die Konsuln im gesamten Staatsgebiet des Empfangsstaats, sind zum konsularischen Korps zusammengeschlossen, das gemeinsame Interessen der Konsuln gegenüber den (regionalen) Behörden des Empfangsstaats wahrzunehmen pflegt.

V. Der Beginn der konsularischen Tätigkeit

Die Voraussetzungen für die Aufnahme der Tätigkeit des Konsuls im Empfangsstaat sind dreifach:

a) Es müssen im Wege gegenseitiger Zustimmung (Art. 2) generell konsularische Beziehungen zwischen Absendestaat und Empfangsstaat bestehen. Kein Staat ist verpflichtet, konsularische Beziehungen mit einem anderen Staat zu unterhalten; dagegen müßte die generelle Ablehnung jeder Zulassung konsularischer Beziehungen durch einen Staat als eine Verletzung der ihm durch seine Zugehörigkeit zur Völkerrechtsgemeinschaft obliegenden Verpflichtung zur internationalen Zusammenarbeit angesehen werden. Zur Aufnahme konsularischer Beziehungen ist das vorherige Bestehen diplomatischer Beziehungen nicht erforderlich. Das Bestehen diplomatischer Beziehungen hat auch nicht umgekehrt die Verpflichtung zur Aufnahme konsularischer Beziehungen zur Folge. Dagegen kann sich eine solche Verpflichtung aus internationalen Verträgen ergeben, und zwar nicht nur aus speziellen Konsularverträgen, sondern auch aus Verträgen allgemeiner Art.[84] Die Aufnahme formeller konsularischer Beziehungen zwischen zwei Staaten oder zwei Regierungen muß als Ausdruck ihrer gegenseitigen Anerkennung angesehen werden, insbesondere die Erteilung des exequatur oder das Nachsuchen um das exequatur. Dagegen ist in der Weiterführung schon bisher ausgeübter konsularischer Tätigkeit durch den Absendestaat oder in der Duldung solcher Weiterführung durch den Empfangsstaat im Falle eines revolutionären Regierungswechsels keine indirekte Anerkennung zu erblicken. Auch die Entsendung einer Person mit quasi-konsularischen Aufgaben in einen anderen Staat ohne Nachsuchung des exequatur wie die Duldung einer solchen Entsendung ohne Erteilung des exequatur stellt keine Anerkennung dar, der betreffende Agent kann allerdings auch nicht, gleich, welches seine Bezeichnung sein mag, als ,,Konsul" im spezifisch völkerrechtlichen Sinn angesehen werden.[85]

b) Der Konsul muß ordnungsmäßig gemäß der Rechtsordnung des Absendestaats zu seiner Tätigkeit berufen werden (Art. 10).

c) Der Empfangsstaat muß der Entsendung des Konsuls zustimmen. Dies kann stillschweigend erfolgen, erfolgt aber regelmäßig durch diplomatischen Notenaustausch, nämlich durch Ersuchen seitens des Absendestaats und durch Zulassung

---

[84] Siehe z. B. Art. 279 S. 1 des Versailler Friedensvertrags von 1919, der allerdings als ,,ungleicher Vertrag" hier einseitige Rechte der Sieger statuiert: ,,Die all. und assoz. Mächte dürfen in den Städten und Häfen Deutschlands Generalkonsuln, Konsuln, Vizekonsuln und Konsularagenten ernennen."

[85] Übereinstimmend Oppenheim aaO I S. 836f.; weitergehend Harvard Law School aaO Art. 6.

seitens des Empfangsstaats. Für den Leiter einer konsularischen Vertretung (Art. 12), eventuell auch für andere konsularische Beamte (Art. 19 III, IV) ist die Zulassung in der Weise formalisiert, daß sie förmlich durch Erteilung des „exequatur“ erfolgt; für die letzteren genügt aber im allgemeinen die Notifizierung des Art. 19 II.

Der Empfangsstaat kann die Zulassung einer bestimmten Person als Konsul verweigern oder sie zurücknehmen (Art. 23), ohne dafür Gründe angeben zu müssen, es sei denn, daß vertraglich etwas anderes vereinbart ist.

VI. Die Beendigung der konsularischen Tätigkeit

Die konsularische Tätigkeit endet zunächst durch den Tod des Konsuls, seine freiwillige Demission, seine Abberufung von seiten des Absendestaats, den Widerruf seiner Zulassung durch den Empfangsstaat (wozu dieser jederzeit ohne Grundangabe berechtigt ist, soweit nicht Verträge anders bestimmen, Art. 25). Sie endet weiter durch die generelle Beendigung der konsularischen Beziehungen oder durch die administrative Schließung eines bestimmten Konsulats. Sie endet regelmäßig durch den Ausbruch des Krieges zwischen Absendestaat und Empfangsstaat, nicht dagegen notwendigerweise durch den Abbruch der diplomatischen Beziehungen zwischen ihnen. Sie endet schließlich durch den Untergang des Absendestaats oder des Empfangsstaats oder den Übergang des Ortes, an dem der Sitz des Konsulats ist, an einen anderen Staat; das Vorliegen dieser Voraussetzung kann aber im Einzelfall unklar oder streitig sein.[86] Die militärische Besetzung eines Teils des Staatsgebiets im Krieg durch feindliche Truppen führt zwar nicht das Ende der konsularischen Tätigkeit herbei, kann aber zu ihrer Suspension führen.[87] Ein revolutionärer Regierungswechsel beendet nicht die bereits in Ausübung begriffene konsularische Tätigkeit.[88] Die (legale) Änderung des Staatshaupts im Absende- oder Empfangsstaat führt keine Beendigung der konsularischen Tätigkeit herbei.

VII. Die Rechtsstellung des Konsuls

Soweit ein Konsul die Staatsangehörigkeit des Empfangsstaats besitzt, unterliegt er ohne weiteres den Gesetzen dieses Staates; sonst unterliegt er wie andere

[86] Siehe den Konflikt zwischen Deutschland und den USA anläßlich des Nachsuchens eines exequatur für den amerikanischen Generalkonsul in Prag 1939 nach der Errichtung des Protektorats Böhmen und Mähren durch das Deutsche Reich, Hackworth aaO IV S. 689f.

[87] Siehe die deutschen Maßnahmen 1914 in Belgien, Oppenheim aaO I S. 844 n. 1; s. auch in re Zalewski's Estate, Annual Digest 1941/42 No. 118.

[88] Siehe den Streit um den amerikanischen Generalkonsul Angus Ward in Mukden zwischen USA und der von ihnen nicht anerkannten chinesischen Regierung in Peking, s. Palmer and Perkins, International Relations, 1954, S. 169f.

Ausländer dem Fremdenrecht. Mit Rücksicht darauf, daß er auf dem Staatsgebiet eine amtliche Tätigkeit für einen fremden Staat ausübt, genießt er jedoch in gewissem Umfang eine bevorrechtigte Rechtsstellung, die allerdings hinter der der Diplomaten in wesentlichen Stücken zurückbleibt. Der Berufskonsul hat Anspruch auf erhöhten Schutz und erhöhte Achtung sowie dienstliche Verkehrsfreiheit, wenn auch nicht im gleichen Maße wie Diplomaten, aber er ist von der Gerichts- und Zwangsgewalt des Empfangsstaates nur hinsichtlich seiner dienstlichen Tätigkeit befreit, so daß ihm insbesondere auch die umfassende persönliche Unantastbarkeit des Diplomaten nur beschränkt zur Seite steht; so bestimmt Art. 41 I: „Konsuln unterliegen keiner Festnahme oder Untersuchungshaft, es sei denn wegen eines schweren Verbrechens und auf Grund einer Entscheidung der zuständigen Gerichtsbehörde." Die dienstlichen Räume und die ausschließlich dienstlichen Archive und Briefschaften des Konsulats sind unverletzlich. In allen übrigen Beziehungen dagegen, also vor allem in seinen persönlichen Rechtsbeziehungen, wird der Konsul wie ein sonstiger Ausländer bzw. Inländer behandelt, wenigstens nach allgemeinem Völkerrecht; in diesem Umfang kann er also verklagt werden, kann gegen ihn vollstreckt werden, kann Strafverfolgung und Strafvollstreckung gegen ihn eingeleitet werden, insbesondere auch, „wenn es sich um eine von einem Dritten angestrengte Schadensersatzklage wegen eines Unfalls im Empfangsstaat handelt, der durch ein Land-, Wasser- oder Luftfahrzeug verursacht wurde" (Art. 43 II b), in diesem Umfang muß er als Zeuge aussagen – natürlich niemals, auch nicht nach Beendigung seines Amtes, über dienstliche Angelegenheiten. Doch wurde dieser nach allgemeinem Völkerrecht bestehende enge Rechtsstatus nach bilateralen Verträgen wie nach Courtoisie schon bisher in mancher Weise gelockert, jetzt auch ausdrücklich durch die Wiener Konvention. So wird vielfach von Strafverfolgung bei kleineren Delikten abgesehen, Verhaftung nur bei schweren Straftaten vorgenommen, Befreiung von öffentlichen Diensten aller Art gewährt (Art. 52) ebenso Steuerfreiheit zum mindestens für das Diensteinkommen (Art. 49) und Zollfreiheit auch für den persönlichen Bedarf des Konsuls und seiner Familie (Art. 50). Die Privilegien und Immunitäten der Wahlkonsuln sind noch stärker eingeschränkt (Einzelheiten in Art. 58–67); insbesondere gelten sie nicht für seine Familienangehörigen (Art. 58 III). Das selbst Diplomaten gegenüber in äußersten Fällen bestehende Notrecht des Empfangsstaates zum Eingriff in die Vorrechte besteht naturgemäß als ähnliches Ausnahmerecht auch gegenüber den wesentlich beschränkteren konsularischen Vorrechten.[89]

In dem – heute gar nicht seltenen – Fall, daß ein Staat einen Diplomaten mit konsularischen Aufgaben betraut oder gar seinen gesamten diplomatischen und

---

[89] Siehe den Konflikt zwischen USA und UdSSR 1948/1949 im Kosenkina-Fall, in dem New-Yorker Polizei in die Räume des russischen Generalkonsulats eindrang, um die russische Lehrerin K. auf ihren Wunsch der Einwirkung der russischen Behörden zu entziehen, s. Preuss in AJIL 1949 S. 37f.

konsularischen Dienst generell zusammenlegt, genießen die mit konsularischen Aufgaben betrauten Beamten natürlich die vollen diplomatischen Rechte.[90]

Personen, die zwar konsularähnliche Aufgaben verrichten, aber nicht auf normale Weise als Konsuln bestellt sind, wie dies insbesondere in Übergangszuständen bei inneren Umwälzungen vorzukommen pflegt, solange nur de-facto-Situationen bestehen, genießen nicht die konsularischen Vorrechte, sondern werden nach den besonderen Regelungen des konkreten Falles behandelt.[91]

[90] Siehe die Entscheidung des House of Lords in Engelke v. Musmann, 1929, A. C. 438.
[91] Siehe Dahm aaO I S. 375ff.

Neuntes Kapitel

Die Kompetenzabgrenzung der Staaten hinsichtlich des Raumes

§ 43. Der Begriff der räumlichen Kompetenzabgrenzung

Literatur: *Andrassy,* Les relations internationales de voisinage, in Rec. 1951 S. 76; *Bastid,* Le territoire dans le droit international contemporain, 1954; *Berber,* Die Rechtsquellen des internationalen Wassernutzungsrechts, 1955; *Bothe,* Umweltschutz als Aufgabe der Rechtswissenschaft, in ZaöRVr. 1972 S. 483; *Donati,* Stato e territorio, 1924; *Fricker,* Gebiet und Gebietshoheit, 1901; *Giese,* Gebiet und Gebietshoheit, in: Handbuch des deutschen Staatsrechts, 1930, I, S. 225; *Hamel,* Das Wesen des Staatsgebiets, 1933; *Handl,* Territorial Sovereignty and the Problem of Transnational Pollution, in AJIL 1975 S. 50; *Hargrove,* Law, Institutions and the Global Environment, 1972; *von der Heydte,* Das Prinzip der guten Nachbarschaft im Völkerrecht, in Festschrift für Verdross, 1960, S. 133; *Kiss* (Herausg.), The Protection of the Environment and International Law, 1975; *Krenz,* International Enclaves and Rights of Passage, 1961; *Randelzhofer-Simma,* Das Kernkraftwerk an der Grenze, in Festschrift für Berber, 1973, S. 389; *Rüster-Simma* (Herausg.), International Protection of the Environment, 1975; *Schade,* Wesen und Umfang des Staatsgebiets, 1934; *Schnitzer,* Staat und Gebietshoheit, 1945; *Schönborn,* La nature juridique du territoire, Rec. 1929, S. 85; *Thalmann,* Grundprinzipien des modernen zwischenstaatlichen Nachbarrechts, 1951; *Thomas,* Right of Passage over Indian Territory, 1959; *Weitnauer,* Das Atomhaftungsrecht in nationaler und internationaler Sicht, 1964.

Das Recht, und daher auch das Völkerrecht, ist seinem Wesen nach eine Kompetenzabgrenzung zwischen den beteiligten Rechtssubjekten. So werden etwa die Kompetenzen der völkerrechtlichen Vertretungsmacht zwischen Protektorstaat und Protektorat im Recht der abhängigen Staaten, die Kompetenzen zwischen der früher und der heute auf einem Gebiet tätigen Staatsgewalt im Recht der Staatennachfolge abgegrenzt. In derselben Weise werden die Kompetenzen der Staaten in bezug auf den Raum voneinander abgegrenzt. Das Völkerrecht hat also nicht eine Lehre vom Staatsgebiet als solchem zu geben,[1] sondern eine Lehre von der Kompetenzabgrenzung der Staaten in räumlicher Beziehung.

Unter „Raum" in einem allgemeinen Sinn ist zu verstehen „die Bedingung des Auseinander- und gleichzeitigen Nebeneinanderseins einer Vielheit von ausgedehnten Dingen".[2] Da das Völkerrecht, wie oben dargelegt, nur möglich ist, wenn mindestens zwei unabhängige Staaten gleichzeitig nebeneinander existieren, sind also die Probleme der räumlichen Kompetenzabgrenzung wesensnotwendige

[1] Siehe Ross aaO S. 136: „Even if the territory and the population should be natural parts of the state it cannot be the task of the International Law of persons to describe these any more than it is the task of the municipal law of persons to describe the anatomy of man".

[2] Hoffmeister, Wörterbuch der philosophischen Begriffe, 2. Aufl. 1955, S. 508.

Probleme des Völkerrechts, die erst verschwinden würden, wenn die ganze Erde zu einem einzigen Weltstaat zusammengefaßt wäre, womit freilich auch das Völkerrecht selbst verschwinden würde; es sei denn, daß diese Probleme dann in neuer Form durch Abgrenzung gegenüber anderen Machtgebilden im Weltraum außerhalb der Erde gegeben würden.

Das Staatsgebiet als der räumliche Herrschaftsbereich der Staaten ist ein wesentliches Element des heutigen Staates; ein bloßer Personenverband ohne Gebiet ist kein Staat, sondern höchstens ein Verein. Infolgedessen sind heute auch Nomadenvölker, die auf wechselnden Territorien zwecks wirtschaftlicher Ausbeutung umherziehen, ohne auf deren Benutzung ein Monopol zu haben (haben sie dies, so ist die Tatsache des mangelnden festen Wohnsitzes der Stammeszugehörigen nicht entscheidend), mangels eines ihnen zustehenden Gebiets keine Staaten. Jeder Staat übt über einen Teil der Erdoberfläche Herrschaft aus.

Man kann vier große theoretische Richtungen über das Wesen des Staatsgebietes unterscheiden:

a) Das Gebiet wird als konstitutives Element des Staates betrachtet, so etwa bei Ratzel, Haushofer, Jellinek.

b) Das Gebiet wird als Objekt der staatlichen Herrschaft betrachtet, so etwa bei Laband; hier liegt nahe die früher, vor allem in der Objekts- oder Eigentumstheorie, weit verbreitete Verwechslung von Eigentum und Herrschaft, die schon von Seneca abgelehnt wurde: „Omnia rex imperio possidet, singuli dominio", aber sich heute noch manchmal in Lehrbüchern und Gerichtsurteilen findet.

c) Das Gebiet wird als der Raum verstanden, in dem die staatliche Herrschaft ausgeübt wird, so etwa bei Fricker und bei Duguit.

d) Das Gebiet gilt als räumlicher Zuständigkeitsbereich des Staates, so etwa bei Schönborn, Kelsen und Verdross.

Unter *Staatsgebiet* soll verstanden werden *der durch dreidimensionale Grenzen gegen die Gebiete anderer Staaten wie gegen staatsfreie Gebiete abgegrenzte Raum der Erde, innerhalb dessen ein Staat die prinzipiell andere Staaten ausschließende Zuständigkeit zur Ausübung von Staatsgewalt besitzt.*

Diese ausschließliche Zuständigkeit innerhalb eines abgegrenzten Raumes nennt man Gebietshoheit.

Max Huber hat in seinem 1928 abgegebenen Schiedsspruch betr. die Insel Palmas[3] die Gebietshoheit in klassischer Weise definiert. Er sagt dort u. a.: „Souveränität in bezug auf einen Teil der Erdoberfläche ist die notwendige rechtliche Bedingung für einen Einschluß eines solchen Teils in das Gebiet irgendeines konkreten Staates.... Die Entwicklung der nationalen Organisation der Staaten während der letzten paar Jahrhunderte und als Gegenstück dazu die Entwicklung des Völkerrechts haben dieses Prinzip der ausschließlichen Kompetenz des Staates

---

[3] Report of International Arbitral Awards, II, S. 829.

in bezug auf sein eigenes Gebiet in einer solchen Weise konstituiert, daß es der Ausgangspunkt für die Regelung der meisten Fragen wurde, die die internationalen Beziehungen betreffen."

Ähnlich hat sich der amerikanische Richter J. B. Moore in seinem abweichenden Votum im Lotusfall[4] ausgedrückt: „Es ist ein anerkanntes Prinzip des Völkerrechts, daß ein Staat innerhalb seines eigenen Gebietes eine absolute und ausschließliche Zuständigkeit besitzt und ausübt und daß jede Ausnahme von diesem Recht auf die ausdrückliche oder stillschweigende Zustimmung des Staates zurückführbar sein muß".

Das Recht der ausschließlichen Gebietshoheit in seinem eigenen Staatsgebiet bedeutet nicht nur, daß der Staat in seinem eigenen Gebiet alle Hoheitsakte nach Belieben, freilich unter Beachtung der völkerrechtlichen Schranken, vornehmen darf, sondern auch, daß er, um jedem anderen Staat den Genuß des gleichen Rechts in dessen Gebiet zu gewährleisten, nicht störend auf ein fremdes Staatsgebiet übergreifen darf.[5] Das gilt zunächst für jeden gewaltsamen Eingriff: die Mitglieder der UN – aber heute gewohnheitsrechtlich auch die wenigen außerhalb der UN stehenden Staaten – müssen sich gemäß Artikel 2 Nr. 4 der Charter in ihren internationalen Beziehungen der Androhung oder der Anwendung von Gewalt gegenüber der „territorialen Integrität" irgendeines Staates enthalten. Damit werden selbst an sich bisher legale Repressalienmaßnahmen und Interventionen, soweit sie in das Gebiet des mit Repressalien oder Interventionen zu belegenden Staates hineinreichen, nunmehr als rechtswidrig zu betrachten sein. Aber auch nicht gewaltsame Maßnahmen, die von einem Staatsgebiet auf ein anderes hinüberwirken und eine Verletzung der fremden Gebietshoheit darstellen, hat ein Staat, soweit sie von ihm selbst ausgehen, zu unterlassen und, soweit sie von den seiner Gebietshoheit unterstehenden Privatpersonen ausgehen, zu unterbinden. So hat das schweizerische Bundesgericht[6] die Vornahme von Schießübungen, die über die Grenze eines Kantons hinauswirken, als Mißbrauch der „Herrschaft über Land und Leute" bezeichnet; auch im Völkerrecht gelte, „daß die Ausübung des eigenen Rechts nicht dasjenige des Nachbarn beeinträchtigen darf". So hat ein kanadisch-amerikanisches Schiedsgericht im Trail-Smelter-Fall[7] festgestellt, „daß nach den Prinzipien des Völkerrechts wie des Rechts der USA kein Staat das Recht hat, sein Gebiet in einer solchen Weise zu benutzen oder benutzen zu lassen, daß durch Rauch dem Staatsgebiet oder auf dem Staatsgebiet eines anderen oder den dort befindlichen Gütern oder Personen Schaden verursacht wird, wenn der Fall ernste Folgen hat und der Schaden klar und überzeugend nachgewiesen ist". Erst recht ist es also verboten, durch Atombombenexperimente im eigenen Gebiet den

---

[4] StIG A 10, S. 68.
[5] Siehe Quincy Wright, Legal Aspects of the U-2 Incident, in AJIL 1960 S. 836.
[6] BGE 26, I, 444.
[7] Abgedruckt in Reports of International Arbitral Awards, III, S. 1965.

Luftraum über fremden Staatsgebieten zu vergiften.[8] Max Huber hat schon 1907 folgende Prinzipien internationalen Nachbarrechts aufgestellt.[9]

„1. Jeder Staat verfügt grundsätzlich frei über sein Staatsgebiet und übt ausschließlich in diesem die Staatsgewalt aus; er hat weder ein Recht, auf anderes Gebiet einzuwirken, noch die Pflicht, solche Wirkungen zu dulden.

2. Als unerlaubte Wirkungen über das Staatsgebiet hinaus können nur solche gelten, welche den natürlichen oder künstlich gemachten Zustand der Dinge und damit der Rechte im andern Staatsgebiet beeinflussen.

3. Kein Staat ist verpflichtet, einem andern einen Vorteil zuzuwenden; er hat nur die Pflicht, nicht zu schaden.

4. Unwesentliche Einwirkungen über die Grenze hinaus müssen, wenn sie Folge rechtmäßiger Eigentumsausnützung sind und keine erheblichen Interessen des Nachbarn berühren, geduldet werden.

5. Außerordentliche Beschränkungen der rechtmäßigen Eigentumsausnützung bedürfen, weil der allgemeinen Norm derogierend, eines besonderen Titels, wie Vertrags oder Gesetzes oder spezieller Übung.

6. Objekte, die realiter geteilt sind, aber wie Bäche, Teiche, Flüsse, Seen ihrer Natur nach eine gemeinschaftliche, nicht an die räumliche Teilung gebundene Benutzung finden, dürfen von jedem Teilhaber so weit genutzt werden, als dadurch die bereits vorhandene oder mögliche, rechtmäßige Nutzung der anderen Teilhaber nicht gemindert oder verunmöglicht wird. Übrigens ist diese Nutzung fremden Gebiets abhängig wie der usage innocent von dem Ermessen des Territorialherrn, daß die Rechte auf Benutzung einer Sache bzw. eines Gebietes in einem fremden Staate – mangels vertraglicher Garantierung – als prekär erscheinen".

Über diese allgemeinen und vagen Prinzipien hinaus, die auch durch die „Proklamationen" und die „Prinzipien" der Stockholmer UN-Konferenz über die menschliche Umwelt von 1972 (siehe ILA-Report New York 1972 S. 489) rechtlich nicht stärker präzisiert wurden, werden wohl nur vertragliche Regelungen eine Konkretisierung nachbarrechtlicher Regeln vornehmen können,[10] obwohl inzwischen die Probleme der Wasser- und Luftverschmutzung wie des Umweltschutzes überhaupt immer dringlicher und umfassende regionale Regelungen immer unvermeidlicher geworden sind.

Als eine rechtliche Folge der Verpflichtung, eine fremde Gebietshoheit nicht zu verletzen, ist auch die Verpflichtung des Staates anzusehen, nicht zu dulden, daß auf seinem Gebiet Vorbereitungen für einen revolutionären Anschlag auf das Gebiet eines anderen Staates getroffen werden.[11]

---

[8] So ausdrücklich Art. I (1 b) des Moskauer Atomteststopabkommens vom 5. 8. 1963 (BGBl. 1964 II S. 906): „in jedem anderen Bereich, wenn eine solche Explosion das Vorhandensein radioaktiven Schuttes außerhalb der Hoheitsgrenzen des Staates verursacht, unter dessen Hoheitsgewalt oder Kontrolle die Explosion durchgeführt wird." Siehe auch die Klagen Australiens und Neuseelands gegen Frankreich (Nuclear Test Case), IC Reports 1973 S. 320.

[9] „Ein Beitrag zur Lehre von der Gebietshoheit an Grenzflüssen", in Zeitschrift für Völkerrecht und Bundesstaatsrecht 1907, S. 163; s. jetzt Teclaff-Utton, International Environmental Law, 1974.

[10] Siehe übereinstimmend Thalmann, Grundprinzipien des modernen zwischenstaatlichen Nachbarrechts, 1951; Berber, Die Rechtsquellen des internationalen Wassernutzungsrechts, 1955; s. auch Andrassy, Les relations internationales de voisinage, in Recueil des Cours 1951/11, S. 77ff.; „... Nous sommes probablement loin du moment où l'on pourra procéder à une codification de ces règles".

[11] Siehe Art. 4 des UN-Deklationsentwurfs über die Rechte und Pflichten der Staaten vom 9. 6. 1949, GAOR, IV, Supp. 10 (A/925), S. 7ff.: „Every State has the duty to refrain from fomenting civil

Die Rechtsordnung eines Staates macht grundsätzlich an seinen Grenzen halt. Wenn ein Staat in einem vor seinen Gerichten schwebenden Rechtsfall mit ausländischem Bezug ausländisches Recht anwendet, dann nicht, weil das Völkerrecht ihm das gebietet, sondern kraft Anordnung seines innerstaatlichen Konfliktsrechts, also völkerrechtlich freiwillig. Dieser Sachverhalt wird von angelsächsischen Gerichten häufig dahingehend erklärt, daß die einheimischen Gerichte das ausländische Recht auf Grund von Völkercourtoisie anwenden.[12]

Wie sich die Gesetze eines Staates nicht auf fremdes Staatsgebiet erstrecken dürfen, so haben auch seine Urteile keine automatische Wirkung auf einem fremden Staatsgebiet; sie müssen, um im fremden Staat rechtswirksam zu sein, durch einen Staatsakt des fremden Staates für anwendbar erklärt werden.[13] Erst recht sind natürlich unmittelbare Justiz- und Polizeiakte eines Staates auf fremdem Staatsgebiet unzulässig, z. B. Verhaftungen,[14] Entführungen[15] oder gewaltsame Haftbefreiungen.[16]

Die Kehrseite der Gebietshoheit ist die völkerrechtliche Verantwortlichkeit des Staates für alles, was auf seinem Gebiet geschieht.[17] Soweit seine Gebietshoheit eingeschränkt ist, ist allerdings auch seine Haftung eingeschränkt.

Eine abgeschwächte Form der Gebietshoheit (mit entsprechender Abschwächung der Haftung) tritt ein bei losen Herrschaftsformen wie dem ,,Hinterland" oder der ,,Einflußsphäre".

---

strife in the territory of another State, and to prevent the organization within its territory of activities calculated to foment such civil strife"; siehe jetzt die fast gleichlautende Bestimmung in der UN-Deklaration vom 24. 10. 1970 über freundschaftliche Beziehungen usw. (siehe oben S. 23 V). Über die Möglichkeit des ausnahmsweisen Rechts zum Handeln auf einem fremden Staatsgebiet im Falle des Notstands s. Caroline-Fall und das oben § 24 I B dazu Gesagte. Siehe auch Corfu Channel Case, Merits, ICJ 1949, S. 4, 22, wo der Internationale Gerichtshof von ,,every State's obligation not to allow knowingly its territory to be used for acts contrary to the rights of other States" als von einem anerkannten Prinzip sprach.

[12] Siehe z. B. Olivier v. Townes, 2 Mart. (N. S.) 93: ,,The municipal laws of a country have no force beyond its territorial limits, and when another goverment permits these to be carried into effect within her jurisdiction, she does so upon a principle of comity".

[13] Siehe z. B. § 722 der deutschen Zivilprozeßordnung, wonach die Zwangsvollstreckung aus dem Urteil eines ausländischen Gerichts in Deutschland nur möglich ist, wenn ihre Zulässigkeit durch ein deutsches Vollstreckungsurteil ausgesprochen wurde.

[14] Siehe den Nogales-Fall 1893, Moore, Digest, II, S. 380.

[15] Siehe den Fall Jacob-Salomon, Preuss in AJIL 1935, S. 502ff.; 1936 S. 123; die widerrechtliche Entführung gibt aber wahrscheinlich dem Entführten selbst kein Recht, die Unzuständigkeit des Gerichts des Entführerstaats nur aus diesem Grunde mit Erfolg geltend zu machen, siehe Lauterpacht, Annual Digest 1946 S. 68 Note. Man vergleiche auch den Fall Eichmann, siehe unten S. 393 Fußn. 3; siehe auch US v. Toscanino, AJIL 1975 S. 406.

[16] Siehe den Nogales-Fall 1887, Moore, Digest, II, S. 376.

[17] Siehe unten Bd. III, Kap. 1 über völkerrechtliche Haftung.

§ 44. Ausnahmen von der Ausschließlichkeit der Gebietshoheit

Es gibt eine ganze Reihe von Fällen, in denen ein Staat die Gebietshoheit nicht ausschließlich auszuüben berechtigt ist, sondern ihre Ausübung mit einem oder mehreren anderen Staaten oder einer internationalen Organisation teilen muß.

I. Kondominium[18]

Der klarste Fall einer solchen Ausnahme ist das *Kondominium,* das dadurch gekennzeichnet ist, daß die Gebietshoheit über ein Gebiet, das nicht zum ausschließlichen Staatsgebiet der Kondominiumsherren gehört, zwei oder mehr Staaten in der Weise zusteht, daß sie mangels abweichender vertraglicher Regelung nur gemeinsam verfügen können. Der Rechtsbegriff des Kondominiums hat nur die Rechtsverhältnisse der Gebietsherren unter sich im Auge und besagt nichts über das gemeinsam beherrschte Gebiet, das Kolonie, Protektorat, Treuhandgebiet u. a. mehr, vielleicht sogar besetztes Gebiet (Deutschland nach 1945?) sein kann. Historische Beispiele sind: Neutral-Moresnet, das bis 1919 unter dem Kondominium Preußens und Belgiens stand; Samoa, das von 1889 bis 1899 unter dem Kondominium der USA, Großbritanniens und Deutschlands stand; die Neuen Hebriden, die unter dem Kondominium Großbritanniens und Frankreichs stehen; der Sudan, der von 1899 bis 1953 unter dem Kondominium Großbritanniens und Ägyptens stand (wobei das letztere bis 1936 ein britisches Protektorat war); Schleswig-Holstein, das von 1864 bis 1866 unter dem Kondominium Preußens und Österreichs stand; die Fasaneninsel in der Bidassoa, die unter dem Kondominium Frankreichs und Spaniens steht; auch Andorra dürfte unter spanisch-französischem Kondominium stehen.[19]

II. Faktische Ausübung der Gebietshoheit mit Zustimmung des juristischen Gebietsherrn

In diesen Fällen verbleibt die Gebietshoheit juristisch bei einem Staat, wird aber faktisch mit seiner Zustimmung von einem anderen Staat ausgeübt. So hat die Türkei im Vertrag vom 4. 6. 1878 mit Großbritannien vereinbart „to assign the Island of Cyprus to be occupied and administered by England". In gleicher Weise wurden durch einen Vertrag zwischen Österreich-Ungarn und der Türkei vom 21. 4. 1879 die türkischen Gebietsteile Bosnien und Herzegowina der österreichischen Besetzung und Verwaltung überlassen, obwohl sie nominell türkisches Staatsgebiet blieben. Solche Regelungen grenzen an das Gebiet der reinen Fiktion

[18] Siehe Coret, Le Condominium, 1960.
[19] Siehe Französ. Conseil d'Etat vom 1. 12. 1933, Annual Digest 1933/34, S. 56f.

und sind nicht von Dauer. Bosnien und die Herzegowina wurden von Österreich-Ungarn 1908, Zypern von Großbritannien 1914 annektiert. Hierher gehört wohl auch die Überlassung eines 10 Meilen breiten Streifens von Meer zu Meer 1903 im Hay-Varilla-Vertrag von Panama an die USA zur Errichtung, Verwaltung und Verteidigung des Panamakanals.[20]

III. Die Verpachtung

Gewisse Gebietsteile werden auf Zeit an einen fremden Staat verpachtet, der dort faktisch die Gebietshoheit auszuüben berechtigt ist, während sie de jure beim verpachtenden Staat verbleibt. Beispiele sind: die Verpachtung von Kiautschou an Deutschland, von Weihaiwei an Großbritannien, von Kuang-chou Wan an Frankreich und von Port Arthur an Rußland durch China 1898, die Verpachtung von Wismar durch Schweden an Mecklenburg-Schwerin 1803, die Verpachtung Korsikas an Frankreich durch Genua 1768, die Verpachtung Pondicherrys an die Holländisch-Ostindische Kompagnie durch den indischen Gebietsherrn 1672. Dagegen fällt nicht unter den Begriff dieser die Gebietshoheit aufteilenden Verpachtung die pachtweise Überlassung von Flugstützpunkten in einer Reihe englischer Besitzungen auf der westlichen Hemisphäre 1940 durch Großbritannien an USA, da es sich um die Überlassung sehr viel begrenzterer Rechte handelte.[21]

IV. Der Bundesstaat

Auch hier teilen sich mehrere Staaten in die Gebietshoheit, doch fallen hierunter nur solche Bundesstaaten, nach deren Verfassung den Gliedstaaten eine beschränkte Völkerrechtspersönlichkeit verblieben ist, da sonst ihre Gebietshoheit für das Völkerrecht gar nicht in Betracht kommt.

V. Mandat und Treuhandgebiet

Hier übt der Mandatar bzw. der Treuhänder die Gebietshoheit über ein Gebiet aus, das nicht zu seinem Staatsgebiet gehört.[22]

---

[20] Man vergleiche Art. III des Vertrags von 1903: ,,The Republic of Panama grants to the US all the rights, power and authority ... which the US would possess and exercise if it were the sovereign of the territory... to the entire exclusion of the exercise by the Republic of Panama of any such sovereign rights, power or authority" (Text bei Berber, Dokumente S. 1452). Doch steht vielleicht der Abschluß eines neuen Vertrags unmittelbar bevor, der den USA eine viel beschränktere Stellung zuweist; siehe das ,,Joint Statement" vom 7. 2. 1974 (AJIL 1974 S. 516), in dessen Nr. 4 es heißt: ,,The Panamanian territory in which the canal is situated shall be returned to the jurisdiction of the Republic of Panama. The Republic of Panama, in its capacity as territorial sovereign, shall grant to the United States of America, for the duration of the new interoceanic canal treaty and in accordance with what that treaty states, the right to use the lands, waters and airspace which may be necessary for the operation, maintenance, protection and defense of the canal and the transit of ships."

[21] Siehe Berber, Die amerikanische Neutralität im Kriege 1939–1941, 1943, S. 95ff.

[22] Siehe oben § 20.

VI. Küstenmeer

Im Küstenmeer[23] wird die Gebietshoheit teils vom Küstenstaat, teils vom Schiffshoheitsstaat ausgeübt, ebenso in für den ersteren begrenzterem Umfang in der „contiguous sea“[24] oder in den – noch umstrittenen – „Wirtschaftszonen“.

VII. Insurgenten

Die als Insurgenten, als Kriegführende oder als lokale de-facto-Regierung anerkannten (vor allem sezessionistischen) Aufständischen üben in beschränktem Umfang Gebietshoheitsrechte aus, obwohl gleichzeitig die de-jure-Regierung die Gebietshoheit über das gesamte Staatsgebiet besitzt.[25]

VIII. Immunitäten

Die verschiedenen Kategorien von Personen, die kraft Völkerrechts der inländischen Gerichtsbarkeit nicht unterworfen sind, stellen ebenfalls eine Durchbrechung der Ausschließlichkeit der Gebietshoheit dar. Darunter fallen insbesondere: fremde Staatsoberhäupter, Diplomaten und ihre Dienstgebäude und Wohnungen, Konsuln, feindliche, während des Kriegs auf das Staatsgebiet eingedrungene Streitkräfte, Besatzungsstreitkräfte, befreundete Streitkräfte kraft vertraglicher Abmachung, sowie die – heute obsoleten – Kapitulationen zugunsten der abendländischen Ausländer in nichtchristlichen Ländern.[26]

IX. Internationalisierungen

Die Internationalisierung eines Raumes bedeutet seine völlige oder teilweise Herausnahme aus der Gebietshoheit eines Staates und seine mehr oder weniger weitgehende Unterstellung unter internationale Regierung oder Verwaltung, häufig unter Errichtung einer internationalen Kommission oder eines anderen internationalen Organs. Sie beruht immer auf einem Vertrag zwischen den an der Internationalisierung interessierten Staaten und dem von der Internationalisierung betroffenen Staat; regelmäßig werden die Einzelheiten des Rechtszustands in einem vereinbarten Statut festgelegt. Historische Beispiele für eine umfassende Internationalisierung sind das Regime des Saargebiets von 1919–1935 (Art. 45–50 des Versailler Friedensvertrags von 1919), der Freien Stadt Danzig (Art. 100 bis 108 des Versailler Friedensvertrags von 1919), vorübergehend (von 1920 bis 1924) des Memelgebiets, der Internationalen Zone von Tanger von 1924 bis 1956 (Konvention von 1923). Die Internationalisierung von Triest (Art. 21–22 des Friedens-

[23] Siehe unten § 51.
[24] Siehe unten § 51 letzt. Abs.
[25] Siehe oben § 30.
[26] Siehe unten § 62 Nr. 5.

vertrags mit Italien von 1947) und Jerusalem (UN-Resolution vom 29. 2. 1947) wurde nicht verwirklicht. Eine begrenzte Form der Internationalisierung ist die Internationalisierung von Flüssen (siehe unten § 46), von Kanälen (siehe unten § 47) und eventuell die Errichtung einer internationalen Meeresbodenbehörde für die Kontrolle der Ausbeutung der submarinen Bodenschätze unter der Hohen See (siehe unten § 52 VI).

X. Servituten

Eine besonders wichtige Einschränkung der Gebietshoheit eines Staates sind die sog. Servituten, ein aus dem Zivilrecht entlehnter, nicht ganz glücklicher Begriff, da er eine Verwechslung von Eigentum und Souveränität nahelegt.[27] Man versteht unter internationalen Servituten Einschränkungen der an sich ausschließlichen Gebietshoheit eines Staates zugunsten eines oder mehrerer fremder Staaten, die regelmäßig auf Vertrag beruhen,[28] ausnahmsweise aber auch gewohnheitsrechtlich begründet sein können, und durch die das Staatsgebiet ganz oder zum Teil auf die Dauer in bestimmter Richtung den Interessen eines fremden Staats oder fremder Staaten dienstbar gemacht wird. Die Verpflichtung des Gebietsherrn geht entweder auf das Unterlassen der eigenen Ausübung von an sich aus der Gebietshoheit fließenden Rechten zugunsten des oder der Servitutsberechtigten oder auf Dulden der Vornahme auf seinem Gebiet von an sich mit seiner Gebietshoheit nicht vereinbaren Akten von seiten des oder der Servitutsberechtigten. Diese Servituten dürfen nicht verwechselt werden mit den oben § 43 angegebenen Einschränkungen kraft Nachbarrechts oder Mißbrauchsverbots, die jeder Gebietshoheit innewohnen.[29]

Eine besondere Wirkung der echten internationalen Staatsservitut ist, daß sie auch bei Wechsel des Gebietsherrn, falls dadurch nicht eine grundlegend neue Lage entsteht, die die Servitut sinnlos macht, bestehenbleibt. So überdauerte die zugunsten der Schweiz bestehende Entmilitarisierung Hüningens den mehrmaligen Wechsel des Gebietsherrn über das Elsaß. So überdauerte ein durch Artikel 92 der Wiener Kongreßakte von 1815 zugunsten der Schweiz geschaffenes Truppenstationierungsrecht im Kriegsfall in gewissen an Genf grenzenden savoyischen Gebieten die Ersetzung Sardiniens durch Frankreich als Gebietsherrn 1860.

---

[27] Siehe die Kritik des Begriffs in dem Schiedsspruch des Ständigen Internationalen Schiedshofs über die Nordatlantischen Küstenfischereien 1910 (UN-Reports of International Arbitral Awards, Bd. XI, S. 181f.) und bei Hyde aaO I S. 513; Rousseau aaO 1. Aufl. S. 233; s. positiv Helen Dwight Reid, International Servitudes in Law and Practice, 1932, mit umfassender Bibliographie S. 213–238; s. F. Münch, Ist an dem Begriff der völkerrechtlichen Servitut festzuhalten? 1931; Vali, Servitudes of International Law, 1933, 2. Aufl. 1958.

[28] Siehe Nordatlantik-Fischereistreit: „It could ... be affirmed by this tribunal only on the express evidence of an international contract".

[29] Manchmal mißverständlich „servitutes juris gentium naturales" genannt, im Gegensatz zu den Servituten im eigentlichen Sinn, den „servitutes juris gentium voluntariae".

Es gibt zahlreiche historische Beispiele für Servituten, vor allem solche militärischer oder wirtschaftlicher Art. Die Entmilitarisierung von Gebietsteilen[30] (s. z. B. Rheinland 1919–1936, Ålandinseln 1856, 1921, 1947) stellt einen besonders wichtigen Anwendungsfall von militärischen Servituten dar. Ein interessanter Anwendungsfall einer wirtschaftlichen Servitut ist in Art. III des Indusvertrags von 1960 (abgedruckt bei Berber, Dokumente S. 1612) enthalten, durch den Indien die normale Benutzung der durch sein Staatsgebiet fließenden sog. westlichen Flüsse (Indus, Jhelum, Chenab) zugunsten Pakistans, des unteren Flußanliegers, untersagt wird: ,,India shall be under an obligation to let flow all the waters of the Western Rivers, and shall not permit any interference with these waters, except" (folgen streng umschriebene Ausnahmen). Es muß aber immer streng darauf geachtet werden, daß diese Rechte auf das Gebiet als Objekt gerichtet sind und daß nur Staaten Servitutenberechtigte sein können. Von einem Staat an private Korporationen gewährte Konzessionen können niemals internationale Servituten sein.[31]

Die Beendigung der Servituten tritt entweder durch Vertrag ein, sie können aber auch durch langen Nichtgebrauch auf dem Weg der desuetudo obsolet werden oder kraft der Anwendbarkeit der clausula rebus sic stantibus außer Kraft treten oder modifiziert werden.

Die Servituten, obwohl eine alte Rechtseinrichtung, erfüllen auch heute noch wichtige Zwecke, gerade auf dem Gebiet der internationalen Zusammenarbeit, da sie ohne die Notwendigkeit einer Gebietsabtretung Rechte auf fremdem Staatsgebiet gewähren, die im Interesse der wirtschaftlichen Entwicklung, des Verkehrs, der Erschließung von Naturschätzen oder der Ausbeutung von Naturkräften von Bedeutung sind.

§ 45. Grenzen und Umfang des Staatsgebiets

Literatur: *Boggs,* International Boundaries, 1940; *Cukwuhra,* Settlement of Boundary Disputes, 1967; *Hall,* The International Frontier, in AJIL 1948 S. 42; *Holt,* Claims to Territory in International Law and Relations, 1945; *Martinstetter,* Die Staatsgrenzen, 2. Aufl. 1952; *Jones,* Boundary Making, 1945; *Yakemtchouk,* Frontières Africaines, RDIP 1970 S. 27.

I. Die Grenzen des Staatsgebiets

Das Staatsgebiet als der räumliche Herrschaftsbereich der Staaten ist, zunächst flächenhaft gesehen, derjenige von Grenzen gegenüber anderen Staatsgebieten wie gegenüber staatsfreien Gebieten umschlossene Teil der Erdoberfläche, auf dem dem Staat prinzipiell eine alle anderen Staaten ausschließende Herrschaftsgewalt

[30] Siehe Krauel, Neutralität, Neutralisation und Befriedigung im Völkerrecht, 1915; Strupp, Neutralisation, Befriedung und Entmilitarisierung, 1933.

[31] Siehe etwa die Anglo-Iranian Oil Company, oder die Suez-Kanal-Gesellschaft bis 1956.

zusteht, soweit nicht die oben § 44 beschriebenen Ausnahmen vorliegen. Da aber auch der Erdraum unter der Erde wie der Luftraum über der Erde zum Staatsgebiet gehört, ist dieses in Wirklichkeit nicht flächenhaft, sondern dreidimensional, so daß die Grenzen eines Staates nach präziser Ausdrucksweise gedachte Flächen eines Kegels sind, der mit seiner Spitze am Erdmittelpunkt, mit seiner Basis in der oberen Weite des Luftraums verläuft; diese Flächen schneiden die Erdoberfläche an der üblicherweise ,,Grenze" genannten Linie. Doch wenn von Grenzen nicht nur im Alltag des internationalen Lebens, sondern auch im Völkerrecht gesprochen wird, so wird man vielfach noch von der alten zweidimensionalen Vorstellung beherrscht. Grenzen in diesem engeren Sinn sind entweder natürliche Grenzen, wie das Meer, ein Fluß, der Kamm eines Gebirges, oder künstliche Grenzen, d. h. durch von Menschenhand errichtete Abmarkungen oder durch geographische Beschreibungen (z. B. Längengrade, Breitengrade) erkennbare gedachte Linien. Da die Grenzen den räumlichen Beginn und das räumliche Ende der mit dem Gebiet verbundenen völkerrechtlichen Rechte und Pflichten der Völkerrechtssubjekte bezeichnen, so beruht ihre Festlegung wie die aller völkerrechtlichen Rechte und Pflichten auf Vertrag oder auf Gewohnheitsrecht. Als die spanischen Kolonien Süd- und Mittelamerikas in den ersten Dezennien des 19. Jahrhunderts ihre Unabhängigkeit gewannen, machten sie zur Grundlage ihrer – angesichts großer leerer Räume oft recht vagen – Abgrenzungen die früheren Grenzen spanischer Verwaltungsbezirke, oft verbunden mit dem faktischen Besitzstand, der unter der Formel ,,uti possidetis" als Prinzip der Abgrenzung eingeführt wurde.[32] Dieselbe Praxis wurde von den früheren afrikanischen Kolonien befolgt, als sie seit der Mitte des 20. Jahrhunderts ihre Unabhängigkeit erlangten (siehe Beschluß der OAU, Doc, AHG/Res. 16/1).

Für den Nachweis von Grenzen sind geographische Karten nur mit Vorsicht zu benutzen.[33] Von besonderer Bedeutung sind in diesem Zusammenhang die Ausführungen von Max Huber im Schiedsspruch des Ständigen Schiedshofs vom 4. 4. 1928 über die Insel Palmas.[34]

---

[32] Siehe Hyde aaO I S. 498ff.

[33] Siehe StIG, B 8, Gutachten über die polnisch-tschechoslowakische Grenze: ,,Allerdings können Karten und ihre Tafeln erklärender Zeichen, unabhängig vom Text der Verträge und Entscheidungen, nicht als schlüssiger Beweis betrachtet werden"; siehe auch das Urteil des IG vom 15. 6. 1962 im Streit zwischen Kambodscha und Thailand über den Tempel von Preah Vihear, IG Reports 1962 S. 6; Weissberg, Maps as Evidence in International Boundary Disputes: A Reappraisal, in AJIL 1963 S. 781.

[34] ,,Any maps which do not precisely indicate the political subdivisions of territories, and in particular the Island of Palmas (or Miangas) clearly marked as such, must be rejected forthwith, unless they contribute – supposing that they are accurate – to the location of geographical names. Moreover, indications of such a nature are only of value when there is reason to think that the cartographer has not merely referred to already existing maps . . . but that he has based his decision on information carefully collected for the purpose. Above all, then, official or semiofficial maps seem capable of fulfilling these conditions, and they would be of special interest in cases where they do not assert the sovereignty of the country of which the Government has caused them to be issued. If the Arbitrator is satisfied as to the existence of legally relevant facts which contradict the statements of cartographers

Die in neuester Zeit nicht seltenen Versuche von Kartographen, völkerrechtliche Nuancen der Gebietshoheit oder der Unabhängigkeit kartenmäßig darzustellen, sind mangels systematischer Zusammenarbeit mit geschulten Völkerrechtlern oft nur als malerische Versuche anzusprechen; aber auch in der tatsächlichen Darstellung der Grenzen wird oft vielfach ohne Rücksicht auf die wahre völkerrechtliche Lage vorgegangen, so etwa bei der Darstellung der deutschen Ostgrenze oder der Grenze zwischen Indien und Pakistan hinsichtlich Kaschmirs.

Mangels abweichender vertraglicher Regelung haben sich eine Reihe gewohnheitsrechtlicher Regeln über den normalen Verlauf natürlicher Grenzen herausgebildet. So verläuft die Grenzlinie bei nichtschiffbaren Flüssen in der Mitte des Flusses, bei schiffbaren Flüssen entlang dem „Thalweg", d. h. der Mitte der Schiffahrtsrinne. Auf Grund von Gewohnheitsrecht (oder Vertrag) kann eine Grenze natürlich auch nicht im Fluß, sondern am Ufer verlaufen, so daß das ganze Flußbett nur einem der Anlieger gehört. Wenn ein Fluß langsam und unmerklich, durch Anschwemmung usw., seinen Lauf ändert, so bildet er trotz dieser allmählichen Verschiebungen weiterhin die Grenze; wenn der Fluß aber plötzlich und katastrophal sein altes Flußbett verläßt und sich einen ganz neuen Lauf schafft, so bleibt das alte, nunmehr verlassene und trockene Flußbett die Grenze.[35] Wenn Brücken über einen Fluß führen, so ist die Grenze normalerweise auf der Mitte der Brücke, soweit nicht durch Gewohnheitsrecht oder Vertrag eine andere Regelung erfolgt ist.[36]

Bei Grenzseen verläuft die Grenze in der Mitte des Sees, soweit nicht eine andere Regelung erfolgt ist. Diese Binnenseen, die mehr als einen Staat als Anlieger haben, sind nach herrschender Meinung nicht staatenfrei wie das hohe Meer noch auch als Kondominium zu behandeln, sondern real geteilt, so etwa der Genfersee, der Lago Maggiore, der Neusiedler See, eine Reihe kleinerer norwegisch-schwedischer Grenzseen, der Tschad-See, der Rudolf-See, der Tanganjika- und der Njassa-See, die Seistan-Seen zwischen Afghanistan und Iran, das Kaspische Meer, der Hsinkai-See zwischen China und Rußland, vier der fünf großen Seen zwischen Kanada und USA, der Titicaca-See zwischen Peru und Bolivien; die Grenzsituation im Bodensee ist umstritten.[37]

---

whose sources of information are not known, he can attach no weight to the maps, however numerous and generally appreciated they may be. The first condition required of maps that are to serve as evidence on points of law is their geographical accuracy. It must here be pointed out that not only maps of ancient date, but also modern, even official or semi-official maps seem wanting in accuracy."

[35] Das ist nicht selten der Fall an der Grenze zwischen Indien und Pakistan, wo Ströme während des Monsuns ihren Lauf manchmal bis zu weitem Abstand vom alten Flußbett verändern; s. auch den Vertrag vom 1. 2. 1933 zwischen USA und Mexiko über den Rio Grande, Hackworth aaO I S. 782.

[36] So z. B. Art. 66 des Versailler Friedensvertrags von 1919, durch den alle von Elsaß-Lothringen über den Rhein führenden Brücken „in allen ihren Teilen und in ihrer ganzen Länge Eigentum des französischen Staates" geworden sind.

[37] Siehe von Bayer-Ehrenberg, Zur Frage der Hoheitsgrenzen am Bodensee, in: Öffentliche Verwaltung 1957 S. 38; Brintzinger in Jahrbuch für Internationales Recht 1971 S. 448; Doka, Der Bodensee im internationalen Recht, 1927; Niederhauser, Die Hoheitsrechte am Bodensee, 1941; Schuster, Die

Bei Berggrenzen befindet sich die Grenze mangels anderweitiger Regelung auf der Wasserscheide.

Die Grenze gegenüber dem offenen Meer wird durch die äußere Grenze des Küstenmeers gebildet, eventuell, infolge neuer seerechtlicher Entwicklungen, insbesondere betr. den Kontinentalschelf und die sog. Wirtschaftszone, darüber hinaus.[38]

Es gibt eine große Zahl internationaler Grenzverträge; ebenso sind Grenzstreitigkeiten häufig; eine Reihe von ihnen sind durch die Entscheidungen internationaler Schiedsgerichte oder Gerichte beigelegt worden. Bekanntere Fälle von Grenzstreitigkeiten sind der Oregon-Grenzstreit zwischen USA und Großbritannien, beigelegt durch den Vertrag vom 15. 6. 1846,[39] der Grenzstreit zwischen Großbritannien und Venezuela, beigelegt durch Schiedsspruch vom 3. 10. 1899, der Grenzstreit zwischen USA und Großbritannien wegen der Grenze Alaskas, beigelegt durch Schiedsspruch vom 20. 10. 1903, der Letitia-Grenzstreit zwischen Kolumbien und Peru, beigelegt durch Schiedsspruch und Protokoll vom 24. 5. 1934, der Gran-Chaco-Grenzstreit zwischen Bolivien und Paraguay, der zum Kriegsausbruch führte und schließlich beigelegt wurde durch den Friedensvertrag vom 21. 7. 1938 und den Schiedsspruch vom 10. 10. 1938, der Grenzstreit zwischen Ecuador und Peru, beigelegt durch den Vertrag vom 29. 1. 1942, der durch Urteil des IG vom 15. 6. 1962 entschiedene Grenzstreit zwischen Thailand und Kambodscha, und andere mehr.

II. Der Umfang des Staatsgebiets

Das Staatsgebiet braucht nicht räumlich zusammenhängend zu sein, es kann durch ein anderes Staatsgebiet getrennt sein (z. B. Ostpreußen vom Rest des Reiches zwischen 1919 und 1939, West- und Ostpakistan von 1947 bis 1971), oder über verschiedene Teile der Erde verstreut sein (z. B. die französischen „Départements d'outre-mer"). Dagegen gehören nicht zum Staatsgebiet Treuhandgebiete, völkerrechtliche Protektorate, Interessensphären, Gebiete fremder Staaten, auf denen kraft besonderer Regelungen (s. oben § 44) einzelne Hoheitsrechte ausgeübt werden dürfen. Hinsichtlich Enklaven, d. h. Gebietsteilen eines Staates, die auf allen Seiten vom Gebiet eines oder mehrerer anderer Staaten umschlossen sind (z. B. das deutsche Gebiet Büsingen in der Nordschweiz), besteht ein Transit- oder gar militärisches Durchmarschrecht nur kraft völkerrechtlichen Vertrags oder gewohnheitsrechtlich.[40]

Entwicklung der Hoheitsverhältnisse am Bodensee, 1951; siehe auch das Übereinkommen vom 30. 4. 1966 über die Regelung von Wasserentnahmen aus dem Bodensee, UNTS 620 S. 199, Berber Dok. S. 1637.

[38] Siehe darüber unten §§ 51, 52.

[39] Siehe Moore, Digest, V, S. 720.

[40] Vgl. das Urteil des Internationalen Gerichtshof vom 12. 4. 1960 im Streit zwischen Indien und

Zum Staatsgebiet gehören:

a) Das feste Land innerhalb der oben beschriebenen flächenhaften Grenzen.

b) Die Inlandsgewässer, umfassend die Binnenseen, die Binnenflüsse,[41] die Kanäle,[42] das Wassergebiet der Häfen[43] und gewisse Seebuchten.[44]

c) Die Küstengewässer.[45]

d) Der Erdraum unter der Erdoberfläche.

e) Der Meeresgrund in der Nähe der Küste, der sog. Continental Shelf (umstritten).[46]

f) Der Luftraum über der Erdoberfläche.[47]

g) Nicht zum Staatsgebiet gehören, aber in vielen Beziehungen dem Staatsgebiet analog behandelt werden: Schiffe auf hoher See, Staatsschiffe auch in fremden Küstengewässern und Häfen, Flugzeuge im freien Luftraum und im Weltraum, nicht aber im zu einem anderen Staatsgebiet gehörenden Luftraum.

Die Küstengewässer, der Raum unter der Erdoberfläche, der Luftraum über der Erdoberfläche und der Continental Shelf sind Akzessorien des Landstaatsgebiets in dem Sinne, daß sie nicht selbständig erworben werden oder verlorengehen können, sondern das rechtliche Schicksal der Landstaatsgebiete in bezug auf die Innehabung der Gebietshoheit teilen. Dagegen können sehr wohl vom Gebietsherrn nur sie betreffende Rechte (z. B. Servituten, Konzessionen) bestellt werden.

§ 46. Die Flüsse

Literatur: *Berber,* Rivers in International Law, 1959; *Berber,* Die Rechtsquellen des internationalen Wassernutzungsrechts, 1955; *van Eysinga,* Evolution du droit fluvial international, 1920; *Garretson-Olmstead-Hayton,* The Law of International Drainage Basins, 1967; *Gönnewein,* Die Freiheit der Flußschiffahrt, 1940; *Kaeckenbeeck,* International Rivers, 1918; *Lester,* River Pollution in International Law, AJIL 1963 S. 828; *Schulthess,* Das internationale Wasserrecht, 1915; *Smith,* The economic uses of international rivers, 1931; *Teclaff,* The River Basin in History and Law, 1967; *Triepel,* Internationale Wasserläufe, 1931; UN Legislative Texts and Treaty Provisions concerning the Utilization of International Rivers for Other Purposes than Navigation, 1963; USA Department of the Interior, Documents on the Use and Control of the Waters of Interstate and International Streams, 1956; *Wolfrom,* L'utilisation à des fins autres que la navigation des eaux des fleuves, lacs et canaux internationaux, 1964; siehe auch die 1960 von der New York University School of Law herausgegebene, mehrere hundert Titel umfassende ,,Bibliography on the Law and Uses of International Rivers" sowie die UN-Publikation St/Esa/5: Management of International Water Resources, 1975.

Portugal über das Passagerecht Portugals von Küsten-Daman über indisches Gebiet nach den portugiesischen Enklaven Dadra und Nagar-Aveli, IG-Reports S. 6.

[41] Siehe unten § 46.

[42] Siehe unten § 47.

[43] Siehe unten § 48.

[44] Siehe unten § 49.

[45] Siehe unten § 51.

[46] Siehe unten § 52 V.

[47] Siehe unten § 53.

Die Flüsse sind integrierender Teil des Staatsgebiets, durch das sie fließen und über das der Gebietsstaat die Gebietshoheit ausübt. Die Benützung der Flüsse wird von den Staaten in ihren nationalen Wassergesetzen geregelt. Eine Beschränkung der Staaten in der Benutzung und der Regelung der Benutzung der Flüsse oder Flußteile, die durch ihr Gebiet fließen, kennt das allgemeine Völkerrecht nicht, etwa als eine grundsätzliche Beschränkung der Gebietshoheit der Staaten über Flüsse; alle dahingehenden Theorien sind Naturrecht, also Vorschläge de lege ferenda. Wohl werden heute in wachsendem Maße einige auf das Prinzip der guten Nachbarschaft, auf das Verbot des Rechtsmißbrauchs, auf den angeblichen Satz des römischen Rechts: „sic utere tuo, ut alienum non laedas“, der aber so dem römischen Recht nicht bekannt ist, auf die Interessengemeinschaft der Staaten gestützte Grundsätze als rechtliche Beschränkungen der staatlichen Gebietshoheit über ihre Binnengewässer in Anspruch genommen; sie bleiben aber für praktische Anwendung allzu vage und müssen immer in concreto als Beschränkungen durch internationalen Vertrag oder Gewohnheitsrecht nachgewiesen werden.[48] Aus diesem Grunde ist die übliche Klassifizierung der Flüsse in:

a) nationale Flüsse, die in ihrem ganzen Verlauf von der Quelle bis zur Mündung im Gebiet eines einzigen Staates verbleiben;

b) pluriterritoriale, die sukzessive durch zwei oder mehr Staaten fließen (quergeteilte Flüsse) oder an deren Ufern sich verschiedene Staaten gegenüberliegen (Grenzflüsse, längsgeteilte Flüsse);

c) konventionelle Flüsse, die einem durch Vertrag geschaffenen internationalen Regime unterliegen,

völkerrechtlich nicht entscheidend, ja kann irreführend sein, da sie zur Deduzierung abstrakter Regeln für die verschiedenen doch nur logisch, nicht im positiven Recht vorhandenen Kategorien führt, während es für die praktische Rechtsgestaltung immer auf die konkrete, vorwiegend vertragliche Regelung ankommt: „Der Vertrag allein kann die Verschiedenheit jeder konkreten Situation praktisch berücksichtigen, er allein ist die geeignete Konkretisierungsform jener vagen allgemeinen Rechtsgrundsätze, die allein für sich nimmermehr genügen, die ein Ansatz, aber keine Lösung sind.“ (Berber, Rechtsquellen S. 195).

Die verbreitetsten Nutzungsarten sind:

a) die Schiffahrt und Flößerei,

---

[48] Siehe etwa für das Fluß*schiffahrts*recht: Hyde aaO I S. 563ff.: „... the difficulty in establishing that there are rules universally applicable to what may be called the international navigable rivers of every continent“; Dahm aaO S. 627: „Angesichts dieser Mannigfaltigkeit wäre die Behauptung eines internationalen Gewohnheitsrechts nicht zu halten“; s. für alle Benutzungsarten: Briggs aaO S. 274: „In the absence of such a regime of internationalization accepted by a riparian State, national rivers and those portions of international rivers which are within the national territory are subject to the exclusive control of the territorial sovereign. No general principle of international law prevents a riparian State from excluding foreign ships from the navigation of such a river or from diverting or polluting its waters“.

b) die Fischerei und die Entnahme von totem Material, wie Kies etc.,

c) die Errichtung von Anlagen an dem Wasser, insbes. Mühlen, Kraftwerken etc.; dieser Gebrauch ist häufig mit einer Stauung des Wassers verbunden,

d) die Entnahme und Ableitung von Wasser, z. B. für Bewässerung; auch dieser Gebrauch kann mit Stauung verbunden sein.

Die Nutzungsarten unter a) und b) werden häufig als ,,unschädlicher Gebrauch" bezeichnet, da sie Wasserquantum und Flußlauf nicht beeinträchtigen, während der Gebrauch unter d) zugleich einen Verbrauch darstellt, der Gebrauch unter c) zum mindesten einen Eingriff in den natürlichen Ablaufrhythmus des Wassers darstellen kann.

Was nun zunächst die historisch lange Zeit dominierende, heute aber hinter anderen Wassernutzungen an wirtschaftlicher Bedeutung zurücktretende Nutzungsart der Schiffahrt anlangt, so ist entgegen naturrechtlichen Vorstellungen, die vor allem in der französischen Revolution wie auf dem Wiener Kongreß von 1814 vertreten wurden, darauf hinzuweisen, daß von einem universell anerkannten Prinzip der Freiheit der Flußschiffahrt für alle Nationen nicht die Rede sein kann. Selbst die im Zeitalter der Revolution von Frankreich mit Holland (16. 5. 1795) und mit Baden (22. 8. 1796) abgeschlossenen Verträge sehen Schiffahrtsfreiheit nur für die Staatsangehörigen der je beiden Kontraktstaaten vor. Der Vertrag vom 30. Mai 1814 zwischen den Alliierten und Frankreich sah in Art. V zwar die Freiheit der Schiffahrt auf dem Rhein für jedermann vor, machte sie aber von einer künftigen vertraglichen Regelung der Einzelheiten abhängig und sah nur eine künftige Prüfung der Frage vor, ob und wie eine Ausdehnung dieses Prinzips auf andere pluriterritoriale Flüsse möglich sei. In der Tat ist das Prinzip der Schiffahrtsfreiheit nur in einigen europäischen Verträgen verwirklicht; die nordamerikanischen Flüsse Columbia, St. Lawrence, Colorado und Rio Grande stehen nur den Schiffen der Anliegerstaaten offen,[49] und auch das nur aufgrund konkreter vertraglicher Regelungen, während in Südamerika überwiegend nur einseitige nationale gesetzgeberische Akte Schiffahrtsfreiheit gewähren. Auch das 1921 in Barcelona abgeschlossene, von nur wenigen Staaten ratifizierte Übereinkommen und Statut über das Regime der Schiffahrtswege von internationaler Bedeutung (LNTS 7 S. 37, abgedruckt bei Berber Dokumente S. 1515) sieht Schiffahrtsfreiheit nur in den Vertragsstaaten (viele von ihnen besitzen gar keine unter die Konvention fallenden Flüsse) und nur für die Angehörigen der Vertragstaaten vor. Von die Flußschiffahrt betreffenden Verträgen sind u. a. zu nennen:

1. Die Mannheimer revidierte Schiffahrtsakte vom 17. 10. 1868 zwischen den

---

[49] Siehe Johnson, Freedom of Navigation for International Rivers, in Michigan Law Review Bd. 62 S. 466/67: ,,The tendency in the Americas has been *not* to enunciate navigational freedom as the guiding principle of law, but rather to regard the right to use a river as a privilege to be granted or denied at the will of the territorial sovereign."

deutschen Uferstaaten, Frankreich und den Niederlanden,[50] durch die der Rhein von Basel bis zur Mündung der Schiffahrt aller Staaten geöffnet und die Schiffahrt unter die Kontrolle der Internationalen Zentralkommission für die Rheinschiffahrt gestellt wurde.

2. Der Vertrag zwischen der Bundesrepublik Deutschland, Frankreich und Luxemburg vom 27. 10. 1956, der die Schiffahrt auf der Mosel in ähnlicher Weise regelt und der Moselkommission unterstellt.[51]

3. Durch den Pariser Frieden von 1856 wurde die Schiffahrt auf der unteren Donau für die Schiffe aller Nationen geöffnet und der Europäischen Donaukommission, die weitgehende Kompetenzen auch rechtsetzender und gerichtlicher Art hatte, unterstellt. Durch die Friedensverträge von 1919 wurde diese Schiffahrtsfreiheit bis Ulm ausgedehnt und für diesen neu geöffneten Teil der Donau der „Internationalen Donaukommission" unterstellt, die Gesamtregelung für die Donau in der Donauakte von 1921 festgelegt. 1948 wurde in Belgrad eine neue Donaukonvention[52] zwischen den kommunistischen Anliegerstaaten vereinbart, die zwar am Grundsatz der Schiffahrtsfreiheit festhielt, deren Kommission aber nur noch Vertreter der Unterzeichnerstaaten umfaßt und die von den Westmächten zunächst abgelehnt wurde (siehe Whiteman aaO Bd. 9 S. 1137). 1959 trat Österreich der Donaukonvention bei.

4. Durch die Friedensverträge von 1919 wurden weitere zentraleuropäische Flüsse einem ähnlichen Regime unterstellt, nämlich die Elbe (im einzelnen geregelt durch das Elbestatut von 1922), die Moldau, die Oder,[53] die einer internationalen Kommission unterstellt wurde, die Memel, die March, die Theiß, die Weichsel und der Pruth; sie sind zum größten Teil obsolet. Ähnliche Regelungen waren schon früher für Schelde und Po getroffen worden.

5. Der Nigervertrag vom 26. 10. 1963 (abgedruckt bei Berber, Dokumente S. 1634) gewährt volle Schiffahrtsfreiheit für Schiffe aller Nationen und erklärt die den Niger betreffenden Bestimmungen der Berliner Generalakte von 1885 und des Vertrags von St. Germain von 1919 für ungültig.

Ebenso wie für die Flußschiffahrt gibt es auch für die übrigen immer wichtiger werdenden Wassernutzungen keine allgemeine völkerrechtliche Regelung, die über recht vage Prinzipien hinausgeht. Es gibt auch keinen Satz des allgemeinen Völkerrechts, der eine Rangfolge zwischen den verschiedenen Nutzungsarten aufstellen würde; dies folgt schon aus der Individualität jedes Flußsystems, der Verschiedenheit der geographischen Lage, des Klimas, der technischen und wirtschaftlichen Entwicklung. Natürlich können aber auch hinsichtlich der Priorität

---

[50] Martens NR XX 355, abgedruckt bei Berber, Dokumente S. 1501; s. Kraus-Scheuner, Rechtsfragen der Rheinschiffahrt, 1956.

[51] BGBl. II, 1956, S. 1838, abgedruckt bei Berber, Dokumente S. 1567.

[52] UNTS. 33, 181, abgedruckt bei Berber, Dokumente S. 1553; siehe Wegener, Die internationale Donau, 1951; Bokor-Szegö in Annuaire Français 1962 S. 192.

[53] Siehe Urteil Nr. 16 des StIG vom 10. 9. 1929.

der Nutzungsarten vertragliche oder gewohnheitsrechtliche Regelungen für ein Flußsystem bestehen.[54]

Es ist mit nachbarrechtlichen Rechtsprinzipien nicht vereinbar, daß ein Staat solche Einwirkungen auf einen Fluß vornimmt, daß dadurch erhebliche Einwirkungen auf die Integrität eines anderen Staatsgebiets eintreten, etwa Veränderungen des Flußlaufs, Verursachung von Überschwemmungen (Rückstau), exzessive Wasserableitung. Obwohl also die Flüsse zum Staatsgebiet gehören, bringt doch die Tatsache, daß Wasser nicht ein unbewegliches, sondern ein bewegliches Element ist, das sich heute im Gebiet des einen, morgen im Gebiet eines anderen Staates befindet, internationale Probleme hervor, die nicht der Willkür eines einzelnen Staates überlassen bleiben können. Fünf Theorien sind im wesentlichen für die Lösung des Problems der Wassernutzungen an Flüssen aufgestellt worden:[55]

1. das Prinzip der absoluten territorialen Souveränität;

2. das Prinzip der absoluten Integrität des Staatsgebiets gegen Einwirkungen von außen;

3. das Prinzip der beschränkten territorialen Souveränität, beschränkt durch Rücksichtnahme auf eine (ebenfalls beschränkte) Integrität des anderen Staatsgebiets gegen Einwirkungen von außen;

4. das Prinzip der beschränkten Integrität des Staatsgebiets gegen Einwirkungen von außen, beschränkt durch Rücksichtnahme auf die (beschränkte) territoriale Souveränität des anderen Staates;

5. das Prinzip der Gemeinschaft an solchen Gewässern, sei es Gesamthandsberechtigung oder irgendeine andere absolute Beschränkung in dem freien Gebrauch der Gewässer für alle Anlieger in der Weise, daß keiner ohne die positive Mitwirkung der anderen verfügen kann.

Das Prinzip 3 und das Prinzip 4 sind logisch und praktisch komplementär und daher identisch, indem der Teil der territorialen Souveränität, welcher nicht durch Rücksichtnahme auf die territoriale Souveränität der anderen Seite beschränkt ist, regelmäßig identisch ist mit den der territorialen Souveränität der anderen Seite auferlegten Beschränkungen.

---

[54] Siehe z. B. Art. 3 des Vertrags von 1944 zwischen USA und Mexico, wo es heißt: „... the following order of preference shall serve as a guide:

(1) Domestic and municipal uses;
(2) Agriculture and stock-raising;
(3) Electric power;
(4) Other industrial uses;
(5) Navigation;
(6) Fishing and Hunting;
(7) Any other beneficial uses which may be determined by the Commission."

[55] Siehe die Nachweise bei Berber, Wassernutzungsrecht S. 14ff.; siehe ebenso Berber, Rivers in International Law, London 1959, S. 12ff.

Wir haben deshalb im Grunde nur vier alternative Prinzipien, die die Nutzung von durch mehrere Staaten fließenden Gewässern bestimmten:

1. das Prinzip der absoluten territorialen Souveränität, kraft dessen ein Staat über die tatsächlich durch sein Gebiet fließenden Gewässer frei verfügen kann, aber kein Recht hat, den fortgesetzten freien Zufluß von anderen Ländern zu verlangen;[56]

2. das Prinzip der absoluten territorialen Integrität, kraft dessen ein Staat das Recht hat, die Fortsetzung des natürlichen Abflusses der Gewässer von anderen Ländern zu verlangen, seinerseits aber nicht den natürlichen Abfluß der durch sein Gebiet fließenden Gewässer nach anderen Ländern beschränken darf;

3. das Prinzip der Gemeinschaft an den Gewässern, kraft dessen entweder eine Berechtigung zur gesamten Hand, eine Gemeinschaft nach Bruchteilen oder irgendeine andere absolute Beschränkung in dem freien Gebrauch der Gewässer durch die Anlieger in solcher Weise besteht, daß keiner ohne die positive Mitwirkung der anderen über die Gewässer verfügen kann;

4. eine Beschränkung des freien Gebrauchs der Gewässer, die zwar nicht so weit geht wie das Prinzip der Gemeinschaft an den Gewässern, die aber in verschiedenen Abstufungen das Prinzip der absoluten territorialen Souveränität ebenso beschränkt wie das Prinzip der absoluten territorialen Integrität.

Das erste Prinzip, das der absoluten territorialen Souveränität, wirkt praktisch nur zugunsten der oberen Flußanlieger, im Grenzfall nur zugunsten des oberen Flußanliegers. Es sind deshalb praktisch nur obere Flußanlieger, die sich auf dieses Prinzip berufen.

Das zweite Prinzip, das der absoluten territorialen Integrität, wirkt praktisch nur zugunsten der unteren Flußanlieger, im Grenzfall nur zugunsten des untersten Flußanliegers, der sich im Besitz der Flußmündung befindet. Es sind deshalb praktisch nur untere Flußanlieger, die sich auf dieses Prinzip berufen, oft freilich nur in der begrenzten Form des Verlangens nach Schutz bereits bestehender Nutzungsrechte, wohlerworbener Rechte und dergleichen.

Weder das erste noch das zweite Prinzip bietet eine Lösung, da sie auf eine individualistische, anarchische Auffassung des Völkerrechts gegründet sind, in der ausschließlich die eigenen egoistischen Interessen zur Richtschnur erhoben werden und keine Lösung für die widersprechenden Interessen von oberen und unteren Anliegern angeboten wird.

Das dritte Prinzip, das der Gemeinschaft an den Gewässern, ist ein dem innerstaatlichen Wasserrecht wohlbekanntes Prinzip, da es das einer vollkommenen Rechtsgemeinschaft am ehesten angemessene Rechtsprinzip ist. Aber das Problem ist: Ist die Völkerrechtsgemeinschaft schon in einem solchen Maße entwickelt, daß eine solche Analogie zum innerstaatlichen Recht tragbar ist?

---

[56] Vertreten in der sog. Harmon-Doktrin; siehe Krakau, Die Harmon-Doktrin, 1966.

Das vierte Prinzip, das einer bloßen Beschränkung des Prinzips der absoluten territorialen Integrität, das aber nicht bis zu einer Gemeinschaft an den Gewässern reicht, ist eine Qualifikation des dritten Prinzips, die sich für eine weniger fortgeschrittene Stufe internationaler Integration eignet, wie sie die heutige internationale Wirklichkeit des Wasserrechts, abgesehen von einigen stärker integrierten Regionen, wie etwa Zentraleuropa oder Skandinavien, darstellt. Die aus diesem Prinzip folgende Rechtsregel läßt sich folgendermaßen formulieren: ,,Jeder Anliegerstaat muß in allen Handlungen, die auf die Wassernutzung der anderen Staaten von Einfluß sein könnten, die Interessen der anderen Anliegerstaaten gebührend berücksichtigen."

Aus dem 4. Prinzip kann gefolgert werden, daß ein Anliegerstaat die Verpflichtung zur Information und Konsultation hat, wenn er eine Anlage plant, die erhebliche Einwirkungen auf die Benutzung durch andere Flußanlieger wahrscheinlich macht (siehe Art. XXIX der von der ILA erarbeiteten sog. Helsinki-Rules, ILA Report 1966 S. 477); dagegen ist eine vorherige Zustimmung der anderen Flußanlieger mangels einer anderslautenden konkreten vertraglichen Regelung nicht erforderlich (siehe zu diesem umstrittenen Problem insbesondere Bourne, The Suspension of Disputed Works or Utilizations of the Waters of International Drainage Basins, in Festschrift für Berber, Herausg. Blumenwitz-Randelzhofer, 1973, S. 109; Florio, Sur l'utilisation des eaux non maritimes en droit international, ebda. S. 151; von der Heydte, Der Paraná-Fall: Probleme der gemeinsamen Nutzung der Wasserkraft eines internationalen Stroms, ebda. S. 207; Manner, Some Legal Problems Relating to the Sharing of Boundary Waters, ebda. S. 321). Nach Art. IV der Helsinki-Rules hat jeder Flußanliegerstaat ,,einen vernünftigen und gerechten Anteil" an den Wassernutzungen eines pluriterritorialen Flußsystems; dabei zu berücksichtigende Faktoren sind in Art. V aufgezählt. Obwohl die Helsinki-Rules als private Expertenarbeit keine Rechtsverbindlichkeit besitzen, haben sie doch eine starke Einwirkung auf die Rechtsentwicklung in diesem weithin unerforschten, aber immer wichtiger werdenden Rechtsgebiet ausgeübt, dessen Bearbeitung sich jetzt auch die ILC der UN zugewandt hat. Die Helsinki-Rules wurden weitergebildet durch den Bericht Berber (Konventionsentwurf mit Kommentar) über Flood Control (Schutz gegen Überschwemmungen, ILA Report 1972 S. 43), den Bericht Cuperus über Seeverschmutzung kontinentalen Ursprungs (ebda. S. 87), den Bericht Zurbrügg über Erhaltung und Verbesserung von Schiffahrtswegen (ILA Report 1974) und den Bericht Berber über den Schutz von Wasser und Wasseranlagen in Zeiten bewaffneten Konflikts (ILA Report 1974). Das Problem der Wasserverschmutzung an pluriterritorialen Flüssen ist trotz seiner großen Wichtigkeit über Anfangslösungsversuche noch nicht hinausgekommen (siehe z. B. ein europäisches Abkommen von 1968 über die Beschränkung des Gebrauchs gewisser Wasch- und Reinigungsmittel, das Great Lakes Water Quality Agreement von 1972 zwischen USA und Canada, siehe auch

Handl, Territorial Sovereignty and the Problem of Transnational Pollution, AJIL 1975 S. 50; Manner, Water Pollution in International Law, World Health Organization, Public Health Papers, No. 13, S. 53ff.).

Auf dem Gebiet der *Wassernutzung durch Errichtung von Anlagen und durch Wasserableitung* sind wie auf dem der Flußschiffahrt eine große Zahl internationaler Verträge abgeschlossen worden.[57] Besonders wichtig sind die folgenden:

1. Der Vertrag zwischen Belgien und den Niederlanden von 1863, der den Gegenstand eines Urteils (AB 70) des StIG 1937 gebildet hat.

2. Der Vertrag von 1866 zwischen Frankreich und Spanien, der den Gegenstand eines Urteils (Fall Lac Lanoux) eines internationalen Schiedsgerichts 1957 gebildet hat.

3. Der Vertrag von 1905 zwischen Norwegen und Schweden, der in Artikel II bestimmt:

„In Übereinstimmung mit den allgemeinen Prinzipien des Völkerrechts wird festgestellt, daß die in Artikel I genannten Werke in jedem der beiden Staaten nicht errichtet werden dürfen, es sei denn mit Zustimmung des anderen Teils, falls solche Werke durch ihre Einwirkung auf die Gewässer im anderen Staat zu einer wesentlichen Veränderung der Gewässer in einem erheblichen Gebiet führen könnten."

4. Der Vertrag von 1909 zwischen USA und Canada, der eine bilaterale „International Joint Commission" mit umfassender Entscheidungspraxis vorsieht.[58]

5. Der Vertrag von 1922 zwischen Deutschland und Dänemark.

6. Der Vertrag von 1925 zwischen Deutschland und Frankreich.

7. Der Vertrag von 1927 zwischen Spanien und Portugal.

8. Der Vertrag von 1944 zwischen USA und Mexiko über Colorado, Tijuana und Rio Grande.

9. Der Vertrag von 1960 zwischen Indien und Pakistan über den Indus (s. Berber, Dokumente, S. 1612).

10. Der Vertrag von 1950 zwischen Bayern und Österreich, der den gemeinsamen Betrieb einer Aktiengesellschaft vorsieht, sowie der Vertrag von 1959 über die Saalach.

11. Der Vertrag über den unteren Mekong von 1957.

12. Der Vertrag von 1959 zwischen UAR und Sudan über den Nil.

13. Der Vertrag von 1961 zwischen Canada und USA über den Columbia-River.

14. Der Nigervertrag von 1963 (s. Berber, Dokumente S. 1634).

15. Der Vertrag von 1964 über das Tschad-Wasserbassin (s. Sand in ZaöRVR 1974 S. 52).

---

[57] Eine Übersicht s. bei Berber, Wassernutzungsrecht S. 39ff.; UN Legislative Series St./Leg./Ser. B/12.

[58] Siehe darüber Bloomfield-Fitzgerald, Boundary Waters Problems of Canada and the United States, 1958.

§ 47. Die Kanäle[59]

Kanäle sind von Menschenhand errichtete Anlagen für die Durchleitung von Wasser, die ebensowohl der Schiffahrt wie der Bewässerung in Trockenregionen dienen können. Sie sind integrierender Teil des Staatsgebiets, durch das sie führen, und unterstehen, soweit nicht Verträge oder gewohnheitsrechtliche Regelungen anders bestimmen, der ausschließlichen Gebietshoheit dieses Staates. Bei pluriterritorialen Kanälen sind die Regeln über Flüsse (siehe oben § 46) analog anzuwenden. Dies ist auch nicht anders für interozeanische Kanäle, die zwei offene Meere verbinden, falls sie in einem einzigen Staatsgebiet liegen, doch sind einige von ihnen durch internationale Verträge geregelt. Die wichtigsten interozeanischen Kanäle sind:

I. Der Kanal von Korinth, 1893 eröffnet, verbindet das Adriatische mit dem Ägäischen Meer. Er liegt in seinem ganzen Verlauf auf griechischem Gebiet und ist durch keinen internationalen Vertrag geregelt, so daß die eben angegebene allgemeine Regel der Gebietshoheit des Gebietsstaats uneingeschränkt für ihn gilt. Die Gewährung der freien Durchfahrt für Schiffe aller Nationen beruht auf griechischem Landesrecht, nicht auf Völkerrecht.

II. Der Kieler Kanal, 1895 eröffnet, verbindet die Nordsee mit der Ostsee. Er liegt in seinem ganzen Verlauf auf deutschem Gebiet und war bis 1919 durch keinen internationalen Vertrag geregelt, so daß die oben angegebene allgemeine Regel der Gebietshoheit des Gebietsstaats uneingeschränkt für ihn galt; die Gewährung der freien Durchfahrt für Schiffe aller Nationen beruhte bis dahin auf deutschem Landesrecht, nicht auf Völkerrecht. Artikel 380 des Versailler Vertrags von 1919 bestimmte, daß der Kieler Kanal den Schiffen aller mit Deutschland im Frieden lebenden Nationen auf dem Fuße völliger Gleichberechtigung dauernd frei und offen stehe; durch Artikel 195 des Versailler Vertrags wurde die Kanalzone entmilitarisiert. Von nun an beruhte also das Recht der freien Durchfahrt auf Völkerrecht; dagegen unterblieb die Errichtung einer von Frankreich und England gewünschten internationalen Kanalkommission wegen des Widerstandes der USA, die offenbar einen Präzedenzfall für den Panamakanal befürchteten.[60] Das durch Versailles errichtete Regime war Gegenstand des Urteils des StIG A 1 von 1923, Fall Wimbledon. Durch einseitigen Akt vom 14. 11. 1936 erklärte die deutsche Regierung, daß sie die Versailler Bestimmungen über die auf deutschem Gebiet befindlichen Wasserstraßen als nicht mehr für sich verbindlich betrachte. Diese Erklärung wurde durch die stillschweigende Zustimmung der anderen Kontrahenten (acquiescence) rechtsgültig.[61] Es ist also wohl anzunehmen, daß die

[59] Siehe Baxter, The Law of International Waterways, with Particular Regard to Interoceanic Canals, 1964.

[60] Siehe Rousseau aaO 1. Aufl. S. 412.

[61] Siehe Dahm aaO I S. 696.

Freiheit der Schiffahrt durch den Kieler Kanal nunmehr wieder auf deutschem Recht, nicht auf Völkerrecht beruht.[62]

III. Der Suez-Kanal, 1869 eröffnet, verbindet das Mittelmeer mit dem Roten Meer. Er liegt in seinem ganzen Verlauf auf dem Gebiet Ägyptens, das 1869 ein türkischer Vasallenstaat, seit 1914 ein britisches Protektorat, seit 1922 bzw. 1936 ein unabhängiger Staat war. Bau und Betrieb des Kanals erfolgte nicht durch den Gebietsherrn, sondern auf Grund einer ägyptischen Konzession durch eine Aktiengesellschaft ägyptischen Rechts, deren Aktionäre aber bald überwiegend ausländische Kapitalisten waren; schließlich kontrollierten Frankreich und England 56 bzw. 44% der Aktien.[63] Die Gesellschaft wurde 1956 von Ägypten verstaatlicht, was zu einem militärischen Vorgehen Frankreichs und Großbritanniens führte, das gegen die Charter der UN verstieß und auf Verlangen der UN abgebrochen werden mußte. Am 14. 7. 1958 hat die Suezkanalgesellschaft ein Abkommen mit der ägyptischen Regierung abgeschlossen, durch das die durch die Verstaatlichung der Gesellschaft aufgeworfenen Probleme, insbesondere auch die der Entschädigung, ihre Erledigung fanden (siehe AJIL 1960 S. 498).

Durch die Konvention von Konstantinopel vom 29. 10. 1888, die zwischen der Türkei, den sechs europäischen Großmächten, Spanien und den Niederlanden abgeschlossen wurde und die, abgesehen von britischen Vorbehalten,[64] von denen die meisten 1904 fallengelassen wurden, bis heute gilt,[65] wurde die Freiheit der Schiffahrt durch den Suezkanal für Kriegs- und Handelsschiffe aller Nationen im Frieden wie im Krieg garantiert und zugleich der Kanal gegenüber Kriegshandlungen neutralisiert. Dagegen ist, abgesehen von der von England teilweise abgelehnten Bestimmung des Artikels 8, keine internationale Kontrolle des Kanals vorgesehen, und es verbleibt bei der Gebietshoheit des Gebietsherrn über den Kanal.

IV. Der Panamakanal, 1914 eröffnet, verbindet den Atlantischen mit dem Pazifischen Ozean. Er liegt in seinem ganzen Verlauf auf einem zwar nominell zu Panama gehörigen Gebiet, in dem aber durch den Hay-Varilla-Vertrag von 1903 Verwaltung und Verteidigung den USA übertragen sind.[66] Die Regelung der Benutzung des Panamakanals beruht nicht, wie beim Suezkanal, auf einem multilateralen völkerrechtlichen Vertrag, sondern auf einem bilateralen Vertrag zwischen Großbritannien und den USA, dem Hay-Pauncefote-Vertrag vom 18. 11.

---

[62] Siehe V. Böhmert, Zur völkerrechtlichen Lage des Kieler Kanals, in Internationales Recht und Diplomatie, 1958, S. 182; s. auch Scelle, Manuel S. 349, der vom „caractère discriminatoire“ des Art. 380 des Versailler Vertrags spricht; BGHSt. 8 S. 59.

[63] Siehe Rousseau aaO 1. Aufl. S. 408.

[64] Großbritannien unterhielt von 1882–1954 Truppen in der Kanalzone.

[65] Eine umfassende Bibliographie s. bei Rauschning, Der Streit um den Suezkanal, 1956, S. 176–187; siehe auch Obieta, The International Status of the Suez Canal, 1960.

[66] Wegen der im Gang befindlichen Verhandlungen zwischen USA und Panama zur Veränderung des Rechtsstatus siehe oben § 44 II.

1901, durch den die Schiffahrt durch den Kanal für Schiffe aller Nationen geöffnet wird, auch eine Neutralisierung nach dem Muster des Suezkanals vorgesehen ist.[67]

§ 48. Die Seehäfen

Die Seehäfen einschließlich der Gewässer, die diesseits der am weitesten in das Meer hinausgeschobenen Hafenanlagen liegen, gehören zum Staatsgebiet des Uferstaats. Eine Pflicht zur Zulassung fremder Handels- oder Kriegsschiffe in nationalen Seehäfen besteht nach Völkerrecht nur, soweit sie vertraglich eingegangen ist, wie etwa im Genfer Übereinkommen und Statut über die internationale Rechtsordnung der Seehäfen vom 9. 12. 1923.[68] Infolgedessen unterfallen fremde Handelsschiffe in Seehäfen der Gebietshoheit des Gebietsstaates; eine Immunität besteht für sie nicht; es ist lediglich Courtoisie, nicht Rechtsverpflichtung, wenn der Gebietsstaat an Bord von Handelsschiffen begangene Delikte nur dann verfolgt, wenn die Tat von oder gegen Personen begangen wird, die nicht zur Mannschaft gehören, wenn sie die Ruhe und Ordnung des Hafens berühren, oder wenn der Kapitän oder der Konsul des Flaggenstaates die nationalen Behörden um ihr Einschreiten bittet.[69]

§ 49. Die Buchten

Literatur: *Bouchez,* The Regime of Bays in International Law, 1964; *Strohl,* The International Law of Bays, 1963.

Eine Bucht, je nach Größe auch Bay, Meerbusen, Golf, Fjord genannt, ist eine Einbiegung des Meeres in das Land, die durch das Verhältnis von Breite der Öffnung gegen das Meer und Tiefe von dieser Öffnung bis zur tiefsten Einbiegung des Meeres im Land eine ziemlich weitgehende Umschließung eines Meeresteiles durch das Land bildet und nicht eine bloße Kurve der Küstenführung darstellt. Wenn das eine solche Bucht umschließende Land Gebiet eines einzigen Staates ist, so gelten die Gewässer der Bucht unter gewissen Voraussetzungen als Binnengewässer.

[67] Über den Rhein-Main-Donau-Kanal siehe Jänicke, Die neue Großschiffahrtsstraße Rhein-Main-Donau: Eine völkerrechtliche Untersuchung über den rechtlichen Status der künftigen Rhein-Main-Donau-Großschiffahrtsstraße, 1973.

[68] RGBl. 1928 II 22; siehe ferner z. B. Art. 29 I Satz 1 des Verkehrsvertrags vom 26. 5. 1972 zwischen der Bundesrepublik und der DDR (BGBl. II S. 1450), der bestimmt: „Die Vertragsstaaten kommen überein, sich gegenseitig die Benutzung von Seehäfen und anderen Einrichtungen des Seeverkehrs für den Transport und Umschlag von Gütern zu ermöglichen."

[69] Siehe Dahm aaO S. 639, ebenda, über die sich teilweise widersprechenden englisch-amerikanischen und kontinentalen Theorien.

Diese Voraussetzungen sind entweder die Eigenschaft der Bucht als historischer Bucht, d. h. als einer Bucht, die herkömmlich als Teil eines bestimmten Staates angesehen wird,[70] oder geographische Voraussetzungen, über deren Vorliegen aber keine Einigkeit besteht und gewohnheitsrechtliche Regeln sich kaum nachweisen lassen.[71] Es wird im allgemeinen angenommen, daß die Breite des Eingangs eine bestimmte Höchstgrenze nicht überschreiten darf; das Genfer Abkommen vom 29. 4. 1958 über das Küstenmeer sieht in Art. 7 eine Höchstbreite von 24 Seemeilen vor, doch ist diese ziffernmäßige Begrenzung wie alle derartigen Begrenzungen im Seerecht durch die neuesten Tendenzen zu hybrider Ausweitung einzelstaatlicher Jurisdiktion über die lange Zeit traditionell geltenden Grenzen hinaus in Frage gestellt.

Stehen die Ufer einer Bucht dieser Art nicht unter der Gebietshoheit eines einzigen Staates, so gelten die allgemeinen Regeln über Küstenmeer und hohe See, es sei denn, daß gewohnheitsrechtlich etwas anderes gilt.[72]

§ 50. Die Meerengen

Literatur: *Brüel,* International Straits, 1947; *Lapidoth,* Les détroits en droit international, 1972; *Laun,* Die Internationalisierung der Meerengen und Kanäle, 1918; *Rudolf,* Die Malakka-Straße, ein neues Völkerrechtsproblem, in Festschrift Berber, 1973, S. 433ff.; *Scholz,* Die Rechtsverhältnisse der Meerengen und Internationalen Kanäle im Kriege, 1936.

Unter Meerengen versteht man Verengungen des Meeres (eventuell auch nur des wegen der Beschaffenheit des an sich breiteren Meeres gefahrlos befahrbaren Meeresteils, bestritten), die zwei Teile des offenen Meeres oder einen Teil des offenen Meeres und das Küstenmeer eines fremden Staates miteinander verbinden. Wenn die Fahrrinne in einer Meerenge außerhalb der Küstengewässer der Uferstaaten liegt, gilt Freiheit der Durchfahrt wie sonst auf hoher See, zu der diese Fahrrinne ja gehört. Öffnet sich eine solche Meerenge in ein Binnenmeer oder eine Bucht, die Inlandsgewässer sind (z. B. die Straße von Kertsch in das Asowsche Meer), so ist die Meerenge selbst, falls nicht zu breit, Inlandsgewässer (unechte Meerengen).

Wenn die Breite der Meerenge nicht mehr als die doppelte Breite der Küstengewässer[73] beträgt und beide Küsten dem Gebiet desselben Staates angehören, dann sind die Meerengen als Küstengewässer zu betrachten und sind daher Teil des

[70] Z. B. Delaware-Bucht zu USA, Golf von Riga zu UdSSR, Hudson-Bay zu Kanada (?); über Voraussetzungen siehe AJIL 1974 S. 729.

[71] So übereinstimmend IG im Fischereistreit zwischen Norwegen und Großbritannien 1951; siehe auch die Entscheidung des deutschen Staatsgerichtshofs vom 6./7. 7. 1928, RGZ 122 Anh. S. 1.

[72] So etwa die Bucht von Fonseca, über die eine gemeinsame Gebietshoheit von Nicaragua, Honduras und San Salvador beansprucht wird.

[73] Siehe unten § 51.

Staatsgebiets des Uferstaats. Wenn die gegenüberliegenden Küsten zwei verschiedenen Staaten gehören, so ist die geographische Mitte der Meerenge bzw. der „Thalweg" die Grenze zwischen den beiden Staatsgebieten. Ist die Meerenge breiter als die beiderseitigen Küstengewässer, so gehört der mittlere Raum zur hohen See.

Die Besonderheit der Meerengen, die Küstengewässer sind und dem internationalen Seeverkehr dienen, liegt darin, daß der Küstenstaat hier die friedliche Durchfahrt von Handels- und Kriegsschiffen ausnahmslos gestatten muß, seine Gebietshoheit also stärker eingeschränkt ist als bei gewöhnlichen Küstengewässern; im übrigen aber gelten die Regeln über die Durchfahrt durch das Küstenmeer, so daß z. B. Unterseeboote aufgetaucht fahren müssen und Flugzeuge diese nicht zur hohen See gehörenden Meerengen nicht ohne Erlaubnis überfliegen dürfen. Dies schuf keine besonderen Probleme, solange die Breite des Küstenmeers nicht mehr als drei Seemeilen betrug, die wichtigeren Meerengen also nicht unter die – wenn auch gelockerten – Bestimmungen des Küstenmeers fielen. Mit dem überaus weit verbreiteten Anspruch auf eine Breite der Küstengewässer von 12 Seemeilen aber würden eine große Zahl von Meerengen, die bisher eine zum hohen Meer gehörende Fahrrinne besaßen, zu Küstengewässern der Uferstaaten, darunter so wichtige wie die Straße von Dover, die Straße von Gibraltar, die Straße von Malakka. Auch durch diese Meerengen müßten daher in Zukunft U-Boote aufgetaucht fahren, die Überfliegung dieser Meerengen wäre verboten, der Küstenstaat hätte unter dem Prinzip der „innocent passage" Kontrollmöglichkeiten, die bei dem „free transit" des hohen Meeres nicht existieren. Dadurch ergeben sich bei der Gestattung der Zwölfmeilengrenze auch für Meerengen große Gegensätze zwischen den hauptseefahrenden Staaten, vor allem den zwei Supermächten, und den Uferstaaten der Meerengen, die zu überbrücken bisher nicht geglückt ist (für alle Einzelheiten siehe Platzöder, Zur Neuordnung des Meeresvölkerrechts auf der Dritten Seerechtskonferenz der Vereinten Nationen, 1974, S. 75ff., und Platzöder, Die Dritte Seerechtskonferenz der Vereinten Nationen, 1975, S. 72ff.).

Es kann allerdings gewohnheitsrechtlich oder vertraglich eine andere Regelung bestehen. So besteht heute für die das Mittelmeer und das Schwarze Meer verbindenden türkischen Meerengen der Dardanellen und des Bosporus[74] die Regelung des Vertrags von Montreux vom 20. 7. 1936, durch die die Regelung des Lausanner Vertrags von 1923, unter der die Meerengen entmilitarisiert und einer internationalen Meerengenkommission unterstellt waren, aufgehoben wurde. Nach dem Vertrag von Montreux sind die Meerengen im Krieg und Frieden den Handelsschiffen aller Nationen geöffnet, die Durchfahrt von Kriegsschiffen ist schon im

---

[74] Solange die Türkei einziger Uferstaat des Schwarzen Meeres war, also bis in das 18. Jahrhundert, waren das Schwarze Meer und daher auch die Meerengen Teil der türkischen Binnengewässer, und die Türkei konnte jede Durchfahrt verbieten.

Frieden, erst recht im Krieg beschränkt. Ist die Türkei selbst an einem Krieg beteiligt, so kann sie die Durchfahrt allgemein sperren.

Die Magellan-Straße, die an der Südspitze des amerikanischen Kontinents Atlantik und Pazifik verbindet, ist durch einen Vertrag zwischen Argentinien und Chile von 1881 neutralisiert und demilitarisiert worden; die Schiffahrt ist für die Schiffe aller Nationen im Krieg und Frieden frei.[75]

Der Zugang zum Golf von Aquaba an der Ostseite der Sinaihalbinsel hat in den letzten Jahren rechtliche Probleme zwischen Ägypten und Israel geschaffen. Der Golf ist zwischen 12 und 17 Meilen breit und etwa 100 Meilen lang, der Eingang zum Golf ist durch eine Reihe von Inseln verengt. Die Küsten des Eingangs gehören zum Gebiet von Saud Arabien und der Vereinigten Arabischen Republik; zum inneren Teil der Bucht haben aber auch die Landgebiete von Israel und Jordan Zugang. Der Eingang zu deren Küstenmeer ist daher in der Länge des Golfs, soweit er aus arabischen bzw. v.-arabischen Küstengewässern besteht, als echte Meerenge zu betrachten, durch die die Durchfahrt in Übereinstimmung mit der allgemeinen Regel nicht gesperrt werden darf.[76]

Dies wird jetzt ausdrücklich anerkannt in Art. 16 Nr. 4 der Genfer Konvention über das Küstenmeer von 1958, wo es heißt: ,,Unzulässig ist die Sperrung der friedlichen Durchfahrt ausländischer Schiffe durch Meerengen, die für die internationale Schiffahrt zwischen einem Teil des hohen Meeres und einem anderen Teil des hohen Meeres oder dem Küstenmeer eines fremden Staates benutzt werden."

§ 51. Das Küstenmeer

Literatur: *Bustamante y Sirven,* La mer territoriale, 1930; *Jessup,* The Law of Territorial Waters and Maritime Jurisdiction, 1927; *Münch,* Die technischen Fragen des Küstenmeers, 1934; *O'Connell,* The Equivalence of the Nautical League and the Cannon-Shot in the Law of Nations, in Festschrift für Berber, 1973, S. 367ff.; *Rörig,* Zur Rechtsgeschichte der Territorialgewässer, 1949; *Schücking,* Das Küstenmeer im internationalen Rechte, 1897; UN Legislative Series St/Leg/Ser. B/6, Laws and Regulations on the Regime of the Territorial Sea, 1957.

Es würde gegen die (vor allem Sicherheits-)Interessen des Küstenstaats verstoßen, wenn das staatsfreie hohe Meer unmittelbar an das Landgebiet des Küstenstaats stoßen würde. Infolgedessen wird seit alters zum mindesten eine beschränkte Erstreckung der Gebietshoheit des Küstenstaats über einen an die Küste stoßenden Meeresstreifen, das sog. Küstenmeer, anerkannt.

[75] Für die Straße von Gibraltar siehe die französisch-britische Erklärung von 1904, für den dänischen Sund den Vertrag vom 14. 3. 1857, für die Straße von Malakka siehe Rudolf in Berber-Festschrift 1973 S. 433ff.; siehe auch das Urteil des IG im Korfu-Kanal-Fall, IG Reports 1949 S. 3ff.

[76] Siehe auch Bloomfield, L. M., Egypt, Israel and the Gulf of Aquaba in International Law, Toronto, 1957; Charles B. Selak, A Consideration of the Legal Status of the Gulf of Aquaba, in AJIL 1958 S. 660; Döll im JIR 1969 S. 225ff.

Über die Natur dieser Gebietshoheit besteht Streit. Nach der Servitutentheorie (vertreten z. B. von Liszt-Fleischmann und von Fauchille) gehört das Küstenmeer zum hohen Meer, der Küstenstaat kann aber in ihm gewisse Rechte ausüben. Nach der Souveränitätstheorie gehört das Küstenmeer zum Staatsgebiet des Küstenstaats, dessen Gebietshoheit allerdings generell durch die Pflicht zur Duldung der freien Durchfahrt fremder Schiffe eingeschränkt ist. Heute wird ganz überwiegend die zweite Theorie zugrunde gelegt; so sagt die International Law Commission der UN 1956 im Kommentar zu ihrem Entwurf: „Die Rechte des Küstenstaats über das Küstenmeer unterscheiden sich ihrem Wesen nach nicht von den Souveränitätsrechten, die der Staat über andere Teile seines Gebiets ausübt."[77] Wegen dieser seiner Gebietshoheit kann der Küstenstaat die Ausbeutung des Küstenmeeres, insbesondere die Fischerei, seinen Staatsangehörigen vorbehalten.[78] Ebenso kann der Küstenstaat das Recht der Küstenfrachtfahrt (Cabotage) seinen eigenen Staatsangehörigen vorbehalten.[79] Als Folge der Gebietshoheit im Küstenmeer haftet der Küstenstaat für Vorgänge in seinem Küstenmeer nach den sonst für seine Haftung geltenden Grundsätzen.[80] Ist der Küstenstaat während eines Krieges neutral, so steht auch sein Küstenmeer unter dem Schutz dieser Neutralität, so daß in ihm jede Kriegshandlung verboten ist.[81]

Die wesentlichste Einschränkung der Gebietshoheit des Küstenstaats im Küstenmeer besteht in der Pflicht zur Duldung der friedlichen Durchfahrt („innocent passage") von fremden Handels- und Kriegsschiffen, nicht dagegen des Überfliegens durch fremde Flugzeuge. Unterseeboote allerdings müssen aufgetaucht fahren (Art. 14 Nr. 6 der Genfer Konvention von 1958). Eine Durchfahrt ist „friedlich", wenn sie sich den bestehenden völker- und landesrechtlichen Regelungen fügt, die Sicherheit und gute Ordnung des Küstenstaats nicht gefährdet und ohne ungebührlichen Aufenthalt vollzogen wird. Obwohl das Schiff während der Durchfahrt sich auf dem Staatsgebiet des Küstenstaats befindet und auf ihm vorgenommene rechtlich erhebliche Akte im Inland des Küstenstaats vorgenommen sind,[82] ist doch die Vornahme zivil- und strafgerichtlicher Akte von seiten des Küstenstaats gegenüber dem durchfahrenden Schiff und seinen Insassen weitge-

---

[77] Siehe ebenso Art. 1 der Genfer Konvention über das Küstenmeer von 1958.

[78] Durch Verträge oder kraft Gewohnheitsrechts können freilich auch die Staatsangehörigen fremder Staaten Fischereirechte im Küstenmeer besitzen; s. etwa die amerikanischen Ansprüche aus den Verträgen von 1783, 1818 und später auf Rechte an der (damals britischen) Küste von Kanada und Neufundland, die Gegenstand der Entscheidung des Ständigen Internationalen Schiedshofs im Nordatlantischen Fischereistreit 1910 waren.

[79] Siehe z. B. das deutsche Gesetz über die Küstenschiffahrt vom 26. 7. 1957, BGBl. 1957 II 738.

[80] Siehe das Urteil des IG im Korfu-Kanal-Fall 1949, wonach Albanien für in seinem Küstengebiet gelegte Minen, auch wenn nicht von ihm gelegt, für haftbar erklärt wurde.

[81] Siehe Art. 1 der XIII. Haager Konvention von 1907; s. auch den Fall der Altmark 1940 (hiezu Bd. II § 23 Fußn. 3); Oppenheim aaO II S. 693ff.

[82] Soweit nicht anerkannte Immunitäten vorliegen, wie etwa für Kriegsschiffe und andere nicht Handelszwecken dienende Staatsschiffe.

hend beschränkt. Der Küstenstaat soll ein durchfahrendes Schiff nicht anhalten, um Zivilgerichtsbarkeit gegen eine an Bord befindliche Person durchzuführen. An Bord von Handelsschiffen während der Durchfahrt begangene Straftaten sollen der Ahndung durch den Küstenstaat nur dann unterfallen, wenn

a) die Folgen der Straftat sich auf den Küstenstaat erstrecken,

b) die Straftat derart ist, daß sie den Frieden des Küstenstaates oder die gute Ordnung des Küstenmeers stört,

c) der Schiffskapitän oder der Konsul des Flaggenstaates um Einschreiten des Küstenstaates bittet,

d) es zur Unterdrückung unerlaubten Handelns in Rauschgiften erforderlich ist.[83]

Dagegen hat der Küstenstaat im übrigen eine unbeschränkte Polizei- und Kontrollgewalt im Küstenmeer, die freilich sachgemäß ausgeübt werden muß und nicht zur generellen Behinderung der freien Durchfahrt führen darf (Art. 16, 17 der Konvention von 1958).

Bei der (recht umstrittenen) Frage der Ausdehnung des Küstenmeeres sind drei Probleme zu unterscheiden:

a) Der Beginn des Küstenmeeres gegenüber dem Ufer: das ist nach überwiegender Meinung die Linie des niedrigsten Wasserstandes bei normaler Ebbe.

b) Die Breite des Küstenmeeres: das ist nach herkömmlicher, nie universell geltender, heute aber weitgehend überholter Auffassung eine Breite von 3 Seemeilen, die Reichweite eines Kanonenschusses im 18. Jahrhundert.[84] Die verschiedensten Breiten wurden bis in die neueste Zeit (Stand von 1969)[85] von verschiedenen Staaten beansprucht, 3 Seemeilen u. a. von Großbritannien, den USA, Frankreich, Belgien, den Niederlanden und Canada, 6 Seemeilen u. a. von Spanien, Griechenland, Ceylon, Südafrika, Israel, Italien, 12 Seemeilen u. a. von der UdSSR, der Vereinigten Arabischen Republik, Saud Arabien, Rumänien, Iran, Gabun, Kambodscha, Bulgarien, Brasilien, Algerien, 200 Seemeilen von El Salvador, Argentinien, Ecuador, Panama. Es war infolgedessen auch auf den Seerechtskonferenzen von 1958, 1960, 1974 und 1975 nicht möglich, zu einer Einigung zu gelangen. Einigkeit besteht nur darüber, daß das Küstenmeer mindestens 3 Seemeilen beträgt, und im allgemeinen werden Ansprüche über mehr als 12 Seemeilen als exzessiv angesehen.[86]

c) Die Berechnung des Verlaufs der äußeren Linie des Küstenmeeres. Die normale Berechnungsart, die bei einigermaßen gerader Küstenführung einleuch-

---

[83] Art. 20, 19 Genfer Konvention von 1958.

[84] Siehe Bynkershoek, De Dominio Maris, 1702; O'Connell in Festschrift für Berber, 1973, S. 367ff.

[85] Siehe FAO, Limits and Status of the Territorial See, 1969.

[86] Ross aaO S. 58f. weist darauf hin, daß mit Rücksicht auf die großen individuellen Unterschiede zwischen den konkreten Bedingungen und Interessen eine generelle Regelung hier nicht möglich sei und die ideale Lösung wohl in einer individuellen Abmarkung des Küstenmeeres jedes Staates bestehe; siehe Art. 3 des Entwurfs der ILC von 1956, AJIL 1957 S. 161.

tet, ist die Methode der Parallellinien, d. h. der Festsetzung der äußeren Grenzlinie des Küstenmeeres in genauer Parallelität zur Linie der Küste. Bei starken Einbuchtungen der Küstenlinie oder bei dem Vorhandensein einer nahe vorgelagerten Inselkette dagegen verwendet man die Methode der geraden Linie, wonach als innere Grenze des Küstenmeers nicht die Küste selbst, sondern eine zwischen den Küstenvorsprüngen quer durch das Wasser gezogene gerade Linie gilt.[87]

Umstritten ist die Frage, ob dann, wenn eine Gruppe mehrerer Inseln, die sich zwar naheliegen, aber doch durch breitere Seestraßen als die doppelte Breite der Küstengewässer voneinander getrennt sind, der Gebietshoheit desselben Staates untersteht, die Küstengewässer rund um den Archipel als Einheit durch Bildung gerader Linien von den Spitzen der am meisten vorgeschobenen Inseln aus berechnet oder gar als Binnengewässer, in denen bestimmte Fahrwege vorgeschrieben werden dürfen, beansprucht werden dürfen. Als Indonesien durch eine Proklamation vom 13. 12. 1957 alle Gewässer zwischen den etwa 3000 Inseln des Landes und das Meer rings um die Inseln in einer Ausdehnung von 12 Seemeilen, gerechnet von einer Basislinie, die die äußersten Punkte der einzelnen Randinseln verbindet, als seiner Souveränität unterstehende Territorialgewässer erklärte, protestierten die Seemächte hiegegen als gegen eine Verletzung des Völkerrechts. Auch die Philippinen, Fidschi und Mauritius nehmen einen ähnlichen Standpunkt wie Indonesien ein.

Nach geltendem Gewohnheitsrecht kann der Küstenstaat in einer an das Küstenmeer sich anschließenden Zone, die sich bis zu 12 Seemeilen von der Küste entfernt erstreckt,[88] der sog. „contiguous zone" (Anschlußzone), zwar nicht Gebietshoheit ausüben, da diese Zone zur hohen See gehört, wohl aber gewisse polizeiliche Rechte zur Verhinderung und Bestrafung von in seinem Gebiet begangenen oder zu begehenden Verletzungen seiner Zoll-, Steuer-, Einwanderungs- und Gesundheitsgesetzgebung. Diese Rechte wurden seit Jahrhunderten vor allem gegen Schmuggel ausgeübt (s. die englischen „Hovering Acts"); der amerikanische Anti-Smuggling Act von 1935 macht amerikanische Polizeirechte sogar noch in einem weiteren Gebiet der hohen See geltend. Zu zahlreichen Zusammenstößen kam es auch durch die Praxis der amerikanischen Polizeibehörden gegenüber fremden Schmuggelschiffen zur Zeit der amerikanischen Prohibitionsgesetzgebung von 1920 bis 1933, von denen das Recht der Nacheile auf die hohe See gegen fremde Schiffe auch über die Voraussetzungen des „hot pursuit"[89] hinaus in

---

[87] Diese Methode, die jetzt beim Vorliegen der obengenannten geographischen Voraussetzungen durch Art. 4 der Genfer Konvention von 1958 sanktioniert ist, war teilweise schon vom IG bei der Entscheidung des norwegisch-britischen Fischereistreits 1951 zugrunde gelegt worden.

[88] Die also, da das Küstenmeer mindestens 3 Seemeilen breit ist, höchstens 9 Seemeilen breit sein kann; in der neuesten Entwicklung werden größere Distanzen gefordert, so etwa von Honduras 18 Seemeilen.

[89] Darüber s. unten § 52 III b (2).

Anspruch genommen wurde.[90] Dagegen gibt es noch keine anerkannten Regeln über die Ausübung von Polizeigewalt des Küstenstaates in der „contiguous zone" zum Zweck der Erzwingung von Fischereiregelungen, auch nicht zum Zwecke der „nationalen Sicherheit", da eine solche Generalklausel den Unterschied zwischen Küstenmeer und „contiguous Zone" verwischen müßte. In Fällen der Bedrohung der nationalen Sicherheit vom Meere her gelten die allgemeinen Regeln über das Recht der Selbsterhaltung.[91]

Unter dem Eindruck der USA-Proklamationen vom 28. 9. 1945 über Fischereizonen und über den Kontinentalschelf wurden in den lateinamerikanischen Staaten in den folgenden Jahren weitgehende Ansprüche auf die Ausbeutung der Meeresschätze sowohl in wie unter dem Wasser geltend gemacht, die zwar in den meisten Fällen (Ausnahmen siehe oben bei der Beschreibung der Breite der Küstengewässer) nicht bis zur Beanspruchung dieser Zonen jenseits des Küstenmeers als Territorialgewässer führten, aber doch eine weitgehende Einschränkung der traditionellen Freiheit der Meere in bezug auf die Nutzung der Meeres- und Meeresbodenschätze durch jedermann zugunsten ihrer „Nationalisierung" durch den Küstenstaat mit sich führten (über diese lateinamerikanische Entwicklung siehe García-Amador, The Latin-American Contribution to the Development of the Law of the Sea, in AJIL 1974 S. 33ff.). Diese Ansprüche auf Fischkonservierungszonen, „maritime Zonen", „Epikontinentalmeer", Umweltschutzzonen breiteten sich weit über Lateinamerika aus und gipfelten schließlich in der fast universellen Forderung nach umfassenden „Wirtschaftszonen", die in einer Erstreckung von 200 Seemeilen (in denen das eigentliche Küstenmeer enthalten ist) dem Küstenstaat die ausschließliche oder doch die bevorrechtigte Nutzung aller Meeresschätze sowie Umweltschutz, Seeforschung, Errichtung von Anlagen garantieren sollten. Ihre Anerkennung durch eine neue Konvention ist noch nicht zustandegekommen, aber durchaus aussichtsvoll (siehe Platzöder aaO I S. 111ff., II S. 95ff.). Obwohl die Freiheit der Schiffahrt wie der Überflug in diesen neuen Wirtschaftszonen im Prinzip nicht beeinträchtigt werden sollen, stellen diese Zonen, die bei universeller Gestattung etwa ein Drittel des bisher freien Meeres umfassen würden, doch eine schwere Bedrohung der traditionellen Freiheit der Meere dar.

§ 52. Das Hohe Meer

Literatur: *Alexander,* The Law of the Sea, 1967; *Colombos,* International Law of the Sea, 4. Aufl. 1959, deutsch 1960; *Dupuy,* The Law of the Sea, Current Problems, 1974; *Ehmer,* Der Grundsatz der Freiheit der Meere und das Verbot der Meeresverschmutzung, 1974; *Ferron,* Le droit international de la mer, 2 Bde., 1958/60; *Florio,* Diritto Marittimo, 1969; *Garcia-Amador,* La utilizacion y conservacion de

[90] Siehe dazu auch den Fall des von einem US-Küstenboot 1929 auf hoher See versenkten kanadischen Schiffes „I'm alone", Briggs aaO S. 385.

[91] Siehe oben § 24.

las riquezas del mar, 1956; *Gidel,* Droit international public de la mer, 3 Bde., 1932/34; *Kehden,* Die Inanspruchnahme von Meereszonen und Meeresbodenzonen durch Küstenstaaten, 1971; *Kolodkin,* Seefriedensrecht, 1974; Lay u. a., New Directions in the Law of the Sea, 4 Bde., 1973/75; *McDougal-Burke,* The Public Order of the Oceans, 1963; *Oda,* International Control of the Sea Resources, 1963; *Oda,* The International Law of the Ocean Development, 2 Bde., 1972/75; *Platzöder-Vitzthum,* Zur Neuordnung des Meeresvölkerrechts, 1974; *Platzöder,* Die Dritte Seerechtskonferenz der Vereinten Nationen, 1975; *Smith,* H. A., The Law and Custom of the Sea, 1950; *Young-Johnson,* The Law of the Sea, 1973.

I. Begriff und Umfang

Der Begriff „Hohes Meer" umfaßt die zusammenhängende Fläche von Salzwasser, die weder zum Küstenmeer noch zu den staatlichen Binnengewässern gehört. Er umfaßt also heute auch das Schwarze Meer,[92] nicht aber z. B. das Asowsche Meer[93] oder die Delaware-Bucht.[94] Die Versuche der Sowjetunion, die Ostsee und das Schwarze Meer (nicht das Mittelmeer) als halbgeschlossene Meere (Randmeere, enclosed seas) einem Sonderregime unter weitgehendem Ausschluß der Nichtküstenstaaten zu unterstellen, haben bisher zu keinem Erfolg geführt (siehe Platzöder aaO 1975 S. 107ff.).

II. Die Freiheit der Meere

Das Prinzip der Freiheit der Meere ist eine Errungenschaft des modernen Völkerrechts.[95] Zu Beginn der Neuzeit nahmen die seemächtigen Nationen in weitem Umfang Souveränitätsrechte über das hohe Meer für sich in Anspruch, so Venedig über das Adriatische Meer, Genua über das Ligurische Meer, Portugal über den Indischen Ozean und den Südatlantik, Spanien über den Stillen Ozean und den Golf von Mexiko,[96] Schweden und Dänemark über die Ostsee, England über den Ärmelkanal, die Irische See, die Nordsee und die Biscaya.[97]

Auf Grund dieser behaupteten Souveränität erhoben diese Staaten u. a. den Anspruch, daß fremde Schiffe in „ihren" Gewässern die Flagge des Souveräns zu grüßen hätten, sie verboten fremden Schiffen die Fischerei in diesen Gewässern, sie sperrten die Schiffahrt für fremde Schiffe oder gestatteten sie nur gegen die Bezahlung besonderer Gebühren. Gegen diese Monopolisierung des Meeres

---

[92] Im Gegensatz zu der Zeit vor dem 18. Jahrhundert, wo es ein türkisches Binnenmeer darstellte, s. oben § 50.

[93] Siehe oben § 50.

[94] Siehe oben § 49.

[95] Es ist wohl abwegig, Sätze des – innerstaatlichen – römischen Rechts, etwa den Satz Ulpians (L. 13, pr. D. VIII 4): „Mare quod natura omnibus patet", als Beweis für eine völkerrechtliche Regel der Freiheit der Meere in der Antike anzusehen, wie dies Oppenheim aaO I S. 582, tut.

[96] Siehe den Schiedsspruch des Papstes 1493 und den Vertrag von Tordesillas 1494.

[97] Butler-Maccoby, The Development of International Law, 1928; Cauchy, Le Droit Maritime international considéré dans ses origines, 1862; Nys, Les origines du droit international, 1894; Piggott, The Freedom of the Seas, historically treated, 1919; Potter, The Freedom of the Seas in History, Law & Politics, 1924; C. Schmitt, Der Nomos der Erde, 1950.

wandten sich die neu aufkommenden Seemächte, vor allem Holland; der Holländer Hugo Grotius ist der erste prominente literarische Vertreter des Prinzips von der Freiheit der Meere,[98] gegen das eine Reihe von Autoren der Monopolnationen auftraten.[99] Erst zu Beginn des 19. Jahrhunderts hat sich das Prinzip der Freiheit der Meere allgemein durchgesetzt, freilich nur für Friedenszeiten.[100] Als Wilsons 14 Punkte, von denen Punkt 11 die „vollkommene Freiheit der Schiffahrt auf den Meeren, außerhalb der Küstengewässer, sowohl im Frieden als auch im Kriege" stipulierte, im November 1918 als Präliminarbasis der künftigen Friedensregelung mit Deutschland erklärt werden sollten, machte England den Vorbehalt, daß es sich hinsichtlich Punkt 11 volle Freiheit vorbehalte.[101] In neuester Zeit sind verbreitete rückläufige Tendenzen gegen dieses Prinzip selbst im Frieden festzustellen,[102] die zwar noch nicht ihren Niederschlag in neuen seerechtlichen Konventionen gefunden haben, aber doch vielfach kurz vor ihrer Verwirklichung stehen und eine schwere Bedrohung, zum mindesten eine weitgehende Reduzierung des traditionellen Prinzips der Freiheit der Meere darstellen (siehe oben § 51 am Ende). Die im Jahre 1958 im Genfer Übereinkommen über die Hohe See erfolgte Kodifizierung des Seerechts wird daher zum mindesten in wesentlichen Teilen Gegenstand erneuter Überprüfung, ohne daß es der Seerechtskonferenz von Caracas 1974 oder der Genfer Seerechtskonferenz von 1975 geglückt wäre, eine Einigung über die als notwendig erkannten Änderungen zu erreichen, sodaß eine Darstellung des endgültigen Zustands des Seerechts heute noch nicht möglich ist, ja die Gefahr besteht, daß bei einem Scheitern der Einigungsbemühungen – die nächste Seerechtskonferenz soll 1976 in New York zusammentreten – eine Ära der Anarchie und der nationalen Selbstdurchsetzung auf diesem Gebiet beginnt.

Die Freiheit der Meere ist das völkerrechtliche Prinzip, kraft dessen das hohe Meer unter der Souveränität keines Staates steht noch in Zukunft stehen kann. Das hohe Meer ist also nicht eine der Okkupation offenstehende res nullius, sondern eine res communis omnium, mit der Folge, daß ein Staat auf dem hohen Meer seine Gesetzgebungs-, Verwaltungs- oder Rechtsprechungshoheit grundsätzlich überhaupt nicht, ausnahmsweise nur dann ausüben darf, wenn eine gewohnheitsrechtliche oder vertragliche Ermächtigung dazu besteht.

---

[98] „Mare Liberum", 1608; s. Reibstein, Völkerrecht I, S. 402ff.

[99] So etwa 1636 das „Mare Clausum" des Engländers John Selden, s. Reibstein aaO I S. 413.

[100] Über das See*kriegs*recht siehe Bd. II § 33.

[101] Siehe amerikanische Note vom 5. 11. 1918 an Deutschland, abgedruckt bei Berber, Versailles, I, S. 15f.; s. auch die Erklärung Lloyd George's, „he could not give up control of a means which had enabled the Allies to win the war", s. Hackworth aaO II S. 656.

[102] Siehe das unten § 54 X d über die Rechtslage in der Arktis Gesagte; s. die Versuche zur Ausweitung des Küstenmeeres, oben § 51; s. Einschränkungen der Hochseefischerei, unten Nr. IV; s. die Beanspruchung des Continental Shelf, unten Nr. V; siehe die Beanspruchung von Fischereizonen, von Umweltschutzzonen, von Wirtschaftszonen bis zu 200 Seemeilen Breite durch die Küstenstaaten; siehe die schon weitgediehenen Tendenzen zur Internationalisierung des Meeresgrunds der Hohen See (unten V).

Die Freiheit der Meere umfaßt u. a.:[103]
a) die Freiheit der Schiffahrt,
b) die Freiheit der Fischerei,
c) die Freiheit, unterirdische Kabel und Rohrleitungen zu legen,[104]
d) die Freiheit, über das Meer zu fliegen,
e) nach Art. 2 Abs. II des Genfer Übereinkommens über die Hohe See vom 20. 4. 1958 (UNTS Bd. 450 S. 82, deutsch bei Berber Dokumente S. 1344): ,,die anderen nach den allgemeinen Grundsätzen des Völkerrechts anerkannten Freiheiten".

Diese Freiheiten bestehen nicht nur für Staaten, deren Gebiet an das Meer grenzt, sondern auch für Binnenstaaten ohne Zugang zum Meer.[105] Aufgrund von Art. 3 der Konvention besteht ein Zugangsrecht zur See durch Küstenstaaten hindurch für Binnenstaaten, das aber immer der Konkretisierung durch Vereinbarungen mit den Durchgangsländern bedarf.

Um eine Anarchie oder eine faktische Beeinträchtigung der Freiheit der Meere zu verhindern, darf kein Staat diese Freiheit mißbrauchen, sondern darf von ihr nur unter gebührender Berücksichtigung der Interessen anderer Staaten Gebrauch machen.[106]

Unvereinbar hiermit ist die Beeinträchtigung des freien Gebrauchs des Meeres durch seine Beanspruchung für die Atom- und Wasserstoffbombenversuche einiger weniger Staaten.[107] Nicht zu vereinbaren mit der Freiheit der Meere ist die rückständige Situation des Seekriegsrechts, die durch die Praxis von zwei Weltkriegen noch verschlechtert wurde; danach ist es gestattet, Kriegsakte überall auf dem hohen Meer vorzunehmen, nicht nur gegen Feinde, sondern auch gegen Neutrale. Die Beschlüsse der interamerikanischen Konferenz von Panama vom 3. 10. 1939 weisen in die richtige Richtung, indem sie versuchen, auf weiten Teilen des Ozeans, einer sog. Sicherheitszone, jeden feindlichen Akt der Kriegführenden für illegal zu erklären.[108]

Ein Mißbrauch der Benutzung des hohen Meeres ist in der Verschmutzung durch Öl und andere schädliche Stoffe zu erblicken, doch ist ihre Unterbindung

---

[103] Siehe Art. 2 Genfer Konvention über die Hohe See 1958 (BGBl. 1972 II S. 1091).

[104] Siehe Art. 26–29 der Konvention über die Hohe See von 1958.

[105] Beispiele: Schweiz, Österreich, Tschechoslowakei, Ungarn, Luxemburg, Liechtenstein, San Marino, Bolivien, Paraguay, Afghanistan, Nepal, Laos, Mongolei, Mali, Niger, Tschad, Uganda, Ruanda, Burundi, Zambia, Malawi, Obervolta, Zentralafrikanische Republik, Rhodesien, Botswana, Lesotho.

[106] Siehe Art. 2 Abs. 2 der Genfer Meereskonvention.

[107] Siehe Gidel, Explosions Nucléaires Expérimentales et Liberté de la Haute Mer, in: Festschrift für Jean Spiropoulos, 1957, S. 173ff.; Schwarzenberger, The Legality of Nuclear Weapons, 1958; a. M. Mc Dougal and Schlei, The Hydrogen Bomb Tests in Perspective: Lawful Measures for Security, in: Yale Law Journal, Bd. 64, S. 629ff.; siehe jetzt ausdrücklich Art. I (1 b) des Moskauer Atomteststopabkommens vom 5. 8. 1963 (BGBl. 1964 II S. 906).

[108] Siehe Monatshefte für Auswärtige Politik, 1939, S. 996f.; siehe unten Bd. II § 33.

bisher nur ganz unvollkommen erreicht. Art. 24 der Konvention von 1958 sieht einzelstaatliche Bestimmungen vor, ,,um die Verschmutzung der Meere infolge des Ablassens von Öl aus Schiffen oder Rohrleitungen oder infolge der Ausbeutung und Erforschung des Meeresgrundes und Meeresuntergrundes zu verhüten", Art. 25 einzelstaatliche Maßnahmen, ,,um die Verseuchung des Meeres durch die Versenkung radioaktiver Abfälle zu verhüten". Einschlägige internationale Verträge sind das Übereinkommen zur Verhütung der Verschmutzung der See durch Öl vom 12. 5. 1954 (BGBl. 1956 II S. 381), das Atomteststopabkommen von 1963 (BGBl. 1964 II S. 906), das Übereinkommen zur Zusammenarbeit bei der Bekämpfung von Ölverschmutzungen der Nordsee von 1969 (BGBl. 1969 II S. 2066, 1971 II S. 970), das Brüsseler Übereinkommen vom 29. 11. 1969 über Intervention auf der Hohen See in Fällen von Ölverschmutzungsunfällen (AJIL 1970 S. 471), die Konvention vom 13. 11. 1972 über die Verhütung von Seeverschmutzung durch Abladen von Abfällen (AJIL 1973 S. 626), das Protokoll von 1973 über Seeverschmutzung durch andere Substanzen als Öl (AJIL 1974 S. 577).[109]

III. Die Hochseeschiffahrt

Die Freiheit der Meere bedeutet für die Schiffahrt, daß die Schiffe aller Nationen frei und ohne jede Behinderung die hohe See befahren dürfen. Dieses Prinzip ist aber in dreifacher Weise qualifiziert:

a) Nur Schiffe, die einem bestimmten Staat angehören und dessen Flagge führen, können das Recht der Hochseeschiffahrt in Anspruch nehmen, unterstehen aber dafür auch der Kontrolle des Flaggenstaates.

b) Ausnahmsweise können Staaten auch Schiffe kontrollieren, die nicht ihre Flagge führen.

c) Eine Reihe von zwischenstaatlichen Vereinbarungen regeln die Ordnung der Hochseeschiffahrt.

Zu a: Jeder Staat, der eine Handelsflagge führt, auch ein Binnenstaat,[110] muß die Voraussetzungen zur Führung der Flagge und zum Nachweis des Rechts zu solcher Führung rechtlich festlegen, ist darin aber im allgemeinen frei. Diese Freiheit ist von einigen Staaten, vor allem von Liberia und Panama, in denen Steuern und Sozialgesetzgebung geringe Anforderungen stellen, dazu benutzt worden, Schiffen, deren Eigentümer gar keinen Zusammenhang mit diesen Ländern haben, das Recht zur Führung ihrer Flagge zu verleihen, so daß diese beiden Länder führende Plätze unter den seefahrenden Nationen einnehmen.[111]

[109] Siehe Ehmer, Der Grundsatz der Freiheit der Meere und das Verbot der Meeresverschmutzung, 1974; Florio, Some Reflections on Marine Pollution and the General Principles of International Law, in: Water, Air and Soil Pollution 1 (1972), S. 303ff.; Teclaff, International Law and the Protection of the Oceans from Pollution, in: Fordham Law Review 1972 S. 529ff.

[110] Siehe Deklaration von Barcelona vom 21. 4. 1921, LNTS 7 S. 74.

[111] Siehe Boczek, Flags of Convenience, 1962; Schulte, Die ,,billigen Flaggen" im Völkerrecht, 1962.

Um daraus entstehende Mißbräuche zu verhindern, sieht Artikel 5 der Genfer Meereskonvention von 1958 vor, daß eine echte Verbindung („a genuine link") zwischen Staat und Schiff bestehen muß, eine Bestimmung, gegen die außer Liberia und Panama auch die USA Widerstand leisteten.[112] Als „echte Verbindung" sollen, ohne daß dies in der Konvention zum Ausdruck kommt, Wohn- oder Geschäftssitz des Schiffseigentümers, seine Staatsangehörigkeit oder die der Besatzung usw. angesehen werden.

Ein Schiff, das die Flagge eines Staates führt, unterfällt auf dem hohen Meer im Prinzip der ausschließlichen Zuständigkeit des Flaggenstaates. Ein Schiff, das unter keiner staatlichen Flagge[113] oder unter der Flagge von mehr als einem Staat segelt, genießt keinen Schutz auf hoher See. Ein Schiff, das die Flagge eines Staates widerrechtlich führt, kann vom verletzten Staat bestraft und konfisziert werden.

Jeder Staat muß die notwendigen Vorkehrungen treffen, damit bei Schiffen seiner Flagge der internationale Standard in bezug auf technische, personelle, sozialpolitische, konstruktive usw. (s. z. B. Seetüchtigkeit) Verhältnisse eingehalten wird.

Alle Schiffe, die die Flagge eines Staates rechtmäßig führen, müssen die folgenden Schiffspapiere führen: Schiffszertifikat, Musterrolle, Logbuch, Manifest (Ladebuch), Konnossement (bills of lading), Charterpartie.

Handelsschiffe auf hoher See, Kriegsschiffe und andere Staatsschiffe überall, werden in gewissen Beziehungen wie schwimmende Bestandteile des Heimatstaates behandelt; das ist wichtig nicht nur für die auf dem auf hoher See segelnden Schiff geltende Ordnung, sondern auch für das internationale Straf-, Zivil-, Verwaltungsrecht, für das Staatsrecht (Wahlen!), für das Neutralitätsrecht; doch sind sie kein Teil des heimatlichen Staatsgebiets, sodaß ihre Überfliegung ohne Genehmigung zulässig ist.

Kriegsschiffe sind gegen Eingriffe fremder Staaten immun, wo immer sie sich befinden, nichtkommerzielle Staatsschiffe wenigstens auf hoher See, während kommerzielle Staatsschiffe den Handelsschiffen assimiliert sind.[114]

Eine von der Frage der Ausübung von Hoheitsgewalt auf hoher See – die prinzipiell nur dem Flaggenstaat zusteht – verschiedene Frage ist die der Zulässigkeit von Gerichtsbarkeit im Inland im Hinblick auf bestimmte Vorgänge auf hoher See. Dies ist von Bedeutung vor allem für die Frage der Zuständigkeit der Zivil- oder Strafgerichte im Falle eines Schiffszusammenstoßes auf hoher See. In solchen Fällen beanspruchen eine Reihe von Staaten die Gerichtsbarkeit auch in bezug auf ausländische Schiffe unter gewissen Voraussetzungen: so Frankreich, wenn das

[112] Über 80% der in solchen „liberalen" Staaten registrierten Schiffe gehören entweder dem USA-Kapital oder gemischtem USA-griechischem Kapital.

[113] Anders für Schiffe internationaler Organisationen, etwa der UN: Art. 7 der Konvention.

[114] Siehe Brüsseler Konvention vom 10. 4. 1926 für die Vereinheitlichung gewisser Regeln in bezug auf die Immunität von Schiffen im Staatseigentum, LNTS 176 S. 199, RGBl. 1927 II S. 484; abgedruckt bei Berber, Dokumente, S. 1436 (passim).

beschädigte Schiff die französische Flagge führte, Italien, wenn die Kollision in der Nähe eines italienischen Hafens stattfand, Großbritannien und die USA, falls das beklagte Schiff zur Zeit der Klageerhebung sich in einem englischen oder amerikanischen Hafen befindet, auch wenn alle beteiligten Schiffe ausländisch sind.[115] Art. 11 der Genfer Meereskonvention erklärt für straf- oder disziplinarrechtlich zuständig nur den Flaggenstaat oder den Staatsangehörigkeitsstaat.

Zu b: Ausnahmsweise können Staaten auch Schiffe kontrollieren, die nicht ihre Flagge führen, und zwar in folgenden Fällen:

1. Gemäß den völkerrechtlichen Vorschriften über Blockade und Prisenrecht können Kriegsschiffe der einen kriegführenden Seite im Krieg, evtl. nach Anerkennung der Insurgenten als Kriegführende im Bürgerkrieg, Handelsschiffe der anderen kriegführenden Seite oder Neutraler anhalten, durchsuchen und gegebenenfalls wegnehmen.[116]

2. Gewohnheitsrechtlich[117] kann ein Kriegsschiff oder militärisches Flugzeug des Küstenstaats ein fremdes Schiff auf hoher See unter den Voraussetzungen des „hot pursuit", der sofortigen Verfolgung, anhalten. Diese Voraussetzungen liegen vor, wenn

aa) hinreichender Verdacht vorliegt, daß das Schiff Rechtsvorschriften des Küstenstaats verletzt hat,

bb) die Verfolgung (nicht notwendig auf frischer Tat) im Küstenmeer oder, bei Verletzung der dort geschützten Interessen, in der Anschlußzone begonnen hat und ununterbrochen fortgesetzt wird.

Die Verfolgung darf nicht fortgesetzt werden, wenn das verfolgte Schiff die hohe See verläßt und in das Küstenmeer des Flaggenstaats oder eines dritten Staats eintritt. Bei unberechtigter Anhaltung auf hoher See ist Schadensersatz zu leisten.

3. Ein Kriegsschiff oder militärisches Flugzeug kann ein Handelsschiff, das eine fremde Flagge führt oder sich weigert, seine Flagge zu zeigen,[118] dann auf hoher See anhalten und durchsuchen, wenn hinreichender Verdacht besteht, daß das Schiff in Wirklichkeit die Nationalität des anhaltenden Kriegsschiffs besitzt (Art. 22 I c). Erweist sich der Verdacht als unbegründet, so ist Schadensersatz zu leisten.

4. Auf universellem Gewohnheitsrecht (ursprünglich nur kraft vertraglicher Bindung zwischen den Kontrahenten, so etwa im Londoner Vertrag von 1841) beruht heute das Recht der Kriegsschiffe jedes Staates, Schiffe, die des Sklavenhandels verdächtig sind, ohne Rücksicht auf die von ihnen geführte Flagge anzuhalten und zu durchsuchen (Art. 22 I b).

---

[115] Siehe die Brüsseler Abkommen vom 10. 5. 1952 über Zivil- bzw. Strafgerichtsbarkeit in bezug auf Zusammenstöße, abgedruckt in Knauth's Benedict on Admiralty, 7. Aufl., 6. Bd., 1958, S. 34 bzw. S. 43.

[116] Siehe unten Bd. II, § 33.

[117] Siehe jetzt auch Art. 23 der Genfer Konvention von 1958; siehe Poulantzas, The right of hot pursuit in international law, 1969.

[118] Schiffe, die die eigene Flagge führen, auch etwa widerrechtlich, können immer angehalten werden, ebenso Schiffe, die mehr als eine Flagge führen.

5. Nach konkretem Vertragsrecht können Staaten sich gegenseitig das Recht zuerkennen, alle Schiffe der Kontrahenten auf bestimmte Verfehlungen hin zu kontrollieren, so etwa nach der am 6. 5. 1882 zwischen England, Belgien, Dänemark, Frankreich, Deutschland und Holland abgeschlossenen Konvention über Fischerei in der Nordsee oder nach der am 16. 11. 1887 zwischen den gleichen Staaten abgeschlossenen Konvention über das Verbot des Alkoholhandels unter den Nordseefischern.[119]

6. Nach völkerrechtlichem Gewohnheitsrecht (siehe jetzt die übereinstimmende Kodifikation durch Art. 14ff. der Konvention) können die Kriegsschiffe und Militärflugzeuge jedes Staates gegen Schiffe auf hoher See vorgehen, die der Piraterie verdächtig sind. Unter Piraterie in diesem Sinn ist zu verstehen jeder widerrechtliche Akt der Gewalttat, Festhaltung oder Beraubung, der für persönliche Zwecke von der Mannschaft oder den Passagieren eines privaten Schiffs oder privaten Flugzeugs entweder, auf hoher See, gegen ein anderes Schiff oder Flugzeug oder gegen Personen oder Eigentum auf dem Schiff oder Flugzeug selbst, oder, in staatenlosen Gebieten, gegen ein Schiff, Flugzeug, Personen oder Eigentum begangen wird. Auch Kriegsschiffe, andere Staatsschiffe und staatliche Flugzeuge können zu Piratenschiffen oder Piratenflugzeugen werden, wenn ihre Mannschaft gemeutert und die Kontrolle des Schiffs erlangt hat, wohl auch, wenn die Kontrolle über ein solches Schiff durch einen von außerhalb des Schiffes kommenden Piraterieakt erlangt wurde. Auch Teilnahme, Anstiftung und Versuch fallen unter den Begriff der Piraterie. Die Auffassung, wonach zum Begriff der Piraterie der animus furandi, der Seeraub, gehöre, ist heute veraltet.

Jeder Staat kann auf der hohen See oder in staatenlosem Gebiet ein Piratenschiff oder -flugzeug beschlagnahmen, die Personen an Bord verhaften, das Eigentum an Bord beschlagnahmen; die endgültige Verfügung erfolgt gemäß der Entscheidung der Gerichte des Ergreifungsstaats. Diese Ermächtigung für jeden Staat hat sich durchgesetzt, da die hohe See keinem einzelnen Staat untersteht, keiner regelmäßigen internationalen Kontrolle untersteht und Gewalttaten auf ihr infolgedessen besonders gemeingefährlich sind, so daß Piraten seit alters als „communes hostes omnium" (Cicero) betrachtet werden und den Schutz ihres Heimatbzw. Flaggenstaates verlieren.

Der völkerrechtliche Begriff der Piraterie deckt sich nicht notwendig mit dem innerstaatlichen Begriff

Wenn ein Staatsschiff unberechtigte Gewaltakte auf hoher See im Namen seines Staates begeht, so ist das niemals Piraterie, sondern gegebenenfalls eine Völkerrechtsverletzung, für die der betreffende Staat haftet.[120] Insurgenten sind, auch

[119] Über gewisse Einschränkungen für Deutschland s. Art. 272 des Versailler Friedensvertrags.

[120] Es war daher unberechtigt, wenn britische Zeitungen die Aufbringung von Schiffen der Onassis-Flotte durch peruanische Schiffe außerhalb des üblicherweise als Küstenmeer angesehenen Meeresteils als Piraterie bezeichneten, oder wenn amerikanische Zeitungen anläßlich der Aufbringung des „Mayaguez" durch kambodschanische Kriegsschiffe im Mai 1975 von einem „Akt der Piraterie" sprachen.

wenn sie Gewaltakte zur See begehen, zweifellos dann keine Piraten, wenn sie als Kriegführende anerkannt sind. Aber auch ohne solche Anerkennung sind sie wohl nicht als Piraten anzusehen, da sie ihre Gewaltakte nicht für private, sondern für politische Zwecke vornehmen; dies gilt uneingeschränkt allerdings nur, wenn sich die Gewaltakte der Insurgenten auf dem hohen Meer nur gegen Objekte ihres Mutterstaats richten.[121] Die Tatsache, daß die legitime Regierung solche nichtanerkannten Insurgenten hinsichtlich ihrer Akte zur See als „Piraten" behandelt, hat für dritte Staaten keine verbindliche Wirkung.

Versuche, den Begriff der Piraterie auf alle rechtlosen Gewaltakte auf hoher See auszudehnen, haben sich nicht durchgesetzt. Artikel 3 des – nicht in Kraft getretenen – Vertrags von Washington 1922 sah die Bestrafung als „Piraten" von für die völkerrechtswidrige Versenkung von Handelsschiffen direkt verantwortlichen Personen vor.[122] Die Vereinbarung von Nyon vom 14. 9. 1937, abgeschlossen zwischen einer Reihe von Völkerbundsmitgliedern zur Abwehr von während des spanischen Bürgerkriegs von U-Booten „unbekannter Herkunft" verübten Angriffen auf nichtspanische Handelsschiffe, erklärte in der Präambel, daß diese Angriffe als „Akte der Piraterie" angesehen werden müßten. Aber Art. 15 der Genfer Konvention über das hohe Meer von 1958 stellt für den Begriff der Piraterie im völkerrechtlichen Sinn ausdrücklich das Erfordernis der privaten Zweckrichtung auf, das in den beiden obengenannten Fällen zweifellos nicht erfüllt war.

Zu c: Es sind eine große Zahl von zwischenstaatlichen Vereinbarungen abgeschlossen worden, die die Ordnung der Hochseeschiffahrt regeln. Zu ihnen gehören insbesondere,[123] neben vielen anderen: das Übereinkommen über die zwischenstaatliche beratende Seeschiffahrts-Organisation (IMCO) von 1948 (abgedruckt bei Berber, Dokumente, S. 1365); die Neufassung des Internationalen Signalcode, 1927; die Bojenvereinbarung von 1936; die Leuchtschiffvereinbarung von 1921; die Konvention für die Sicherheit des Lebens zur See von 1948; das Übereinkommen zum Schutz des menschlichen Lebens von 1960 (BGBl. 1965 II S. 480); die Simla-Regeln von 1931 (für Pilgerschiffe); die schon oben genannten Konventionen über Zusammenstöße von 1952, sowie die Regeln zur Verhütung von Zusammenstößen auf See von 1960 (BGBl. 1965 II S. 742); die York-Antwerpen-Regeln von 1950 über Haverei; die Brüsseler Konvention von 1920 über Hilfeleistung und Bergung.[124]

---

[121] Im wesentlichen übereinstimmend Art. 2 der Internationalen Konvention von 1928 über die Pflichten und Rechte der Staaten im Falle des Bürgerkriegs.

[122] Siehe auch die Feststellung des Urteils des Interalliierten Nürnberger Militärgerichtshofs vom 1. 10. 1946, wonach „die Verurteilung von Dönitz nicht auf seine Verstöße gegen die internationalen Bestimmungen für den U-Boot-Krieg gestützt" ist, da England und USA die gleiche Praxis befolgt hatten.

[123] Siehe zahlreiche Konventionen dieser Art bei Knauth aaO, Bd. 1 und 2.

[124] Siehe auch Art. 12 der Genfer Konvention von 1958.

IV. Die Hochseefischerei

Aus dem Prinzip der Freiheit der Meere folgt, daß die Fischerei auf der hohen See für Schiffe aller Nationen frei ist,[125] während die Fischerei im Küstenmeer – und erst recht in den Binnengewässern – den eigenen Staatsangehörigen vorbehalten werden kann. Da jeder Staat die rechtliche Möglichkeit hat, das Verhalten seiner Schiffe auf hoher See bei Einhaltung der völkerrechtlichen Grenzen nach Belieben zu regeln, so kann er die Fischerei in bestimmten Meeresteilen seinen Schiffen ganz untersagen oder in bestimmter Weise beschränken;[126] auf dieser Basis sind dann vertragliche Regelungen zwischen mehreren Staaten möglich, durch die die anderen Staaten zugunsten eines bestimmten Staates auf die Fischerei in bestimmten Meeresteilen verzichten oder durch die sie gemeinsam bestimmte Schranken für die Ausübung der Fischerei durch ihre Schiffe vereinbaren. Diese Verträge können insbesondere auch den Schutz der Fische vor Ausrottung zum Gegenstand haben.[127]

Auf dieser Basis sind eine große Reihe von Verträgen zustandegekommen. Von ihnen sind insbesondere zu nennen:[128]

a) Der schon oben genannte Vertrag vom 6. 5. 1882 über die polizeiliche Regelung der Fischerei in der Nordsee.

b) Das Abkommen zwischen Großbritannien und Dänemark vom 4. 6. 1901 zur Regelung der Fischerei um die Faröerinseln und Island (von Island 1949 gekündigt).

c) Das Abkommen vom 5. 4. 1946 über die Fischereipolizei usw.[129]

d) Mehrere Verträge über Pelztierfang im Nordpazifik, der letzte von 1952.[130]

e) Der Vertrag vom 2. 3. 1953 zwischen USA und Kanada über Heilbuttfischerei.

f) Der Vertrag vom 2. 12. 1946 über die Regelung des Walfischfangs, von den wichtigsten Staaten ratifiziert.

g) Der Vertrag vom 8. 2. 1949 über die Nordwestatlantischen Fischereien.

h) Der Vertrag vom 9. 5. 1952 über die Fischerei im Nordpazifik.

i) Der Vertrag vom 26. 2. 1948, revidiert 31. 10. 1955, über den Indo-Pazifischen Fischereirat.

k) Das Genfer Übereinkommen über die Fischerei und die Erhaltung der lebenden Schätze der Hohen See (abgedruckt bei Berber, Dokumente, S. 1354).

l) Das (westeuropäische) Fischereiabkommen vom 9. 3. 1964 (BGBl. 1969 II S. 1897).

---

[125] So Art. 1 des Genfer Übereinkommens über die Fischerei und die Erhaltung der lebenden Schätze der Hohen See vom 29. 4. 1958 (abgedruckt bei Berber, Dokumente S. 1354), UN TS 559 S. 285.

[126] Siehe Art. 3 der Fischereikonvention von 1958.

[127] Siehe Art. 2 der Fischereikonvention von 1958.

[128] Siehe Laws and Regulations on the Regime of the High Seas, UN Publ. 1951.

[129] Siehe BGBl. 1954 I 470; 1959 II 1511.

[130] Siehe Knauth aaO 1 (vol. 6) S. 213.

Gewohnheitsrechtlich kann ein Staat – durch Ersitzung – das Recht erworben haben, außerhalb seiner Küstengewässer auf der hohen See unter Ausschluß der Schiffe aller anderen Nationen in bestimmten Regionen oder für bestimmte Meereserzeugnisse die Ausbeutung ausschließlich seinen eigenen Staatsangehörigen vorbehalten zu können. Dies ist insbesondere der Fall für die sog. stationäre Fischerei, vor allem die Perlen- und Korallenfischerei bei Ceylon und im Persischen Golf. Neuerdings könnte solche Fischerei in einzelnen Fällen durch die Regelung über den Kontinentalschelf gedeckt sein.[131]

In wachsendem Maß ist die Konservierung der Fischbestände auf dem hohen Meer, die nicht unerschöpflich sind und deren Ausbeutung mit der wachsenden Erdbevölkerung und der fortgeschrittenen Technik des Fischfangs immer mehr zugenommen hat, zu einem Hauptproblem der Hochseefischerei geworden. Eine Reihe von Staaten haben begonnen, durch einseitige Maßnahmen auf dieses Problem einzuwirken, wobei aber nicht nur sachliche Konservierungstendenzen, sondern vielfach auch Monopolisierungsbestrebungen zugunsten der eigenen Staatsangehörigen am Werk waren. Grundlegend hierfür ist die Proklamation des US-Präsidenten Truman vom 28. 9. 1945, nach der die USA die Regelung der Fischerei in solchen Meeresregionen, die den USA benachbart sind und in denen zur Zeit oder in Zukunft Fischerei nur von US-Bürgern ausgeübt wird, als ausschließliches Recht für sich in Anspruch nehmen, während bei Beteiligung von Staatsangehörigen auch anderer Staaten vertragliche Regelung angestrebt werden soll. Die Proklamation stellt ausdrücklich fest, daß am Charakter solcher Regionen als hohes Meer und an der Schiffahrtsfreiheit in solchen Regionen festgehalten werde; gleichwohl stellt diese einseitige und daher für andere Staaten völkerrechtlich nicht bindende Erklärung einen Einbruch in das Prinzip der Freiheit der Meere, wie es bisher verstanden wurde, dar. In die gleiche Richtung weisen die Verordnung Perus vom 1. 8. 1947,[132] die gemeinsame Deklaration von Peru, Chile und Ecuador vom 18. 8. 1952, die einseitigen Maßnahmen Islands, Australiens, Koreas und einer Reihe anderer Staaten. Die Genfer Seerechts-Konferenz von 1958 hat versucht, durch die Konvention über die Fischerei und die Erhaltung der lebendigen Hilfsquellen des hohen Meeres dieses Problem einer Lösung näherzuführen; die Regelungen dieser Konvention können aber auch bei Ratifizierung durch eine Reihe von Staaten nicht als geltendes allgemeines Völkerrecht angesehen werden, da die Freiheit der Meere ein universell geltender Satz des Völkerrechts ist, der weder durch eine Minderheit noch auch durch eine Mehrheit von Staaten einseitig, ohne Zustimmung der übrigen Staaten, außer Kraft gesetzt

[131] Siehe unten Nr. V.

[132] In der bestimmt wird, daß die peruanische Souveränität und Gerichtsbarkeit sich auf das der Küste des Staatsgebiets benachbarte Meer erstreckt ohne Rücksicht auf die Meerestiefe und in der Ausdehnung, die erforderlich ist, um natürliche Schätze und Reichtümer irgendwelcher Art, die in oder unter diesen Gewässern gefunden werden können, zu bewahren, zu schützen, aufrechtzuerhalten und nutzbar zu machen; s. AJIL 1955 S. 575.

werden kann. Die Grundgedanken der Genfer Regelung von 1958 sind eine Einschränkung der Freiheit der Hochseefischerei zugunsten der Küstenstaaten, die, vorbehaltlich der Anrufung einer internationalen, vom Generalsekretär der UN ernannten Fünfmänner-Expertenkommission, einseitig rechtsverbindliche Maßnahmen zur Bestandserhaltung in jedem an ihr Küstenmeer stoßenden Teil der hohen See vornehmen dürfen, falls binnen 6 Monaten keine vertragliche Vereinbarung mit den anderen interessierten Staaten zustandegekommen ist.

In der Zwischenzeit seit den beiden Seerechtskonferenzen von 1958 und 1960 hat sich eine immer stärker werdende Tendenz zahlreicher Küstenstaaten herausgebildet, eine breite Fischereizone, ja eine umfassende Wirtschaftszone bis zu 200 Seemeilen (abzüglich des Küstenmeers zwischen 3 und 12 Seemeilen) als „ein Mehrzweckregime zur ausschließlichen oder bevorrechtigten küstenstaatlichen Nutzung und Verwaltung sämtlicher Meeresschätze“ (so Platzöder aaO 1975 S. 95) zu beanspruchen; nicht weniger als 99 Staaten haben sich zu diesem Programm bekannt, doch bestehen unter ihnen erhebliche Differenzen über den Rechtsstatus einer solchen Zone, da einige diesen weitgehend dem Rechtsstatus des Küstenmeers angleichen wollen, während andere sich auf eine bevorrechtigte Nutzung der Meeresschätze bei Nichtbeeinträchtigung der Freiheit der Schiffahrt und des Überflugs beschränken wollen; auch zahlreiche andere Einzelheiten, wie etwa traditionelle Fischereirechte, Beteiligung von Binnenstaaten und geographisch benachteiligten Küstenstaaten, sind offen. Auf jeden Fall ist noch keine Einigung über die Zulassung so weitgehender Wirtschaftszonen zustandegekommen, die sich zwar sicher in absehbarer Zeit in irgendeiner, vielleicht regional differenzierten, Form durchsetzen werden, wegen der starken Einschränkung der Meeres- und insbesondere Fischereifreiheit aber einer detaillierten Regelung bedürfen. Bis zu einer solchen konventionellen Regelung verbleibt ein Zwischenstadium mit dem Risiko von Interessenzusammenstößen, aber kein rechtloser Zustand. Das hat der IG in seinem Urteil im isländischen Fischereistreit vom 25. 7. 1974 (Reports 1974 S. 3) klar ausgesprochen: „The concept of preferential rights is not compatible with the exclusion of all fishing activities of other States. A coastal State entitled to preferential rights is not free, unilaterally and according to its own uncontrolled discretion, to determine the extent of those rights. . . . It is implicit in the concept of preferential rights that negotiations are required in order to define or delimit the extent of those rights. . . . The task before them will be to conduct their negotiations on the basis that each must in good faith pay reasonable regard to the legal rights of the other in the waters around Iceland outside the 12-mile limit, thus bringing about an equitable apportionment of the fishing resources based on the facts of the particular situation, and having regard to the interests of other States which have established fishing rights in the area.“

Auf jeden Fall steht eines fest: Die Konservierung der Fischbestände der Weltmeere kann nur durch eine echte internationale Ordnung des Hochseefischereirechts erreicht werden, nicht auf der Grundlage der bevorzugten Behandlung der Interessen einzelner Staaten, wenn das Meer wirklich res communis omnium bleiben soll.[133]

V. Meeresgrund und Meeresuntergrund

Literatur: *Ceccatto,* L'évolution juridique de la doctrine du plateau continental, 1955; *Henkin,* Law for the Sea's Mineral Resources, 1967; *Kausch,* Meeresbergbau, 1970; *Kehden,* Inanspruchnahme von Meereszonen durch Küstenstaaten, 1971; *Menzel* (Her.), Die Nutzung des Meeresgrundes außerhalb des Festlandsockels, 1970; *Mouton,* The Continental Shelf, 1952; *Piquemal,* Le fond des mers, patrimoine commun de l'humanité, 1973; *Rüster,* Verträge und Deklarationen über den Festlandsockel, 1974; *Vitzthum,* Der Rechtsstatus des Meeresbodens, 1972.

Nach traditionellem Völkerrecht konnte die Oberfläche des Meeresbettes für begrenzte Zwecke, etwa Austernfischerei, ausgebeutet werden, ebenso wie der Meeresgrund für solche begrenzten Zwecke, etwa für Tunnels oder Bergwerke, als herrenlos von jedem Staat benutzt werden konnte, soweit nicht Rechte anderer entgegenstanden und sofern die Schiffahrt nicht beeinträchtigt wurde. Ebenso hatte jeder Staat das Recht, auf dem Meeresgrund unterseeische Kabel und Rohrleitungen zu legen; die Einzelheiten dieses Rechts sind jetzt in Art. 26–29 des Übereinkommens über die Hohe See von 1958 geregelt.

Eine Reihe von Momenten haben zusammengewirkt, um in dieser Hinsicht eine ganz neue Rechtsentwicklung, nämlich die Lehre vom Continental Shelf, einzuleiten: die Entdeckung wichtiger Naturschätze, z. B. von Erdöl, auf dem Meeresboden; die technische Entwicklung, die die Ausbeutung solcher Schätze auf dem Meeresboden möglich macht; strategische Erwägungen und Befürchtungen; die allgemeine Tendenz, die herkömmliche Freiheit der Meere durch eine Ausweitung der territorialen Souveränität einzuengen. Auch hier wurde wie auf dem Gebiet der Fischerei die weitere Entwicklung eingeleitet durch eine Proklamation des Präsidenten Truman vom 28. 9. 1945,[134] in der festgestellt wurde, daß die USA die natürlichen Reichtümer des Untergrunds und des Meeresbodens des Kontinentalschelfs unter dem hohen Meer, aber anstoßend an die Küsten der USA als den USA gehörig und ihrer Jurisdiktion und Kontrolle unterworfen betrachten. Zahlreiche Staaten folgten diesem Beispiel, einige, vor allem einige lateinamerikanische Staaten, gingen weit darüber hinaus, indem sie in gewisser Weise auch die Gewässer oberhalb des Kontinentalschelfs für sich beanspruchten. Die Regierung der Bundesrepublik Deutschland hat in der Proklamation vom 22. 1. 1964 (BGBl.

---

[133] Siehe dazu auch den Aufsatz von Shigeru Oda, New Trends in the Regime of the Seas, ZaöRVR Bd. 18, S. 261 ff.; Garcia Amador, The Exploitation and Conservation of the Resources of the Sea, 1963; Friedmann, The Future of the Oceans, 1971; Rojahn, Die Ansprüche der lateinamerikanischen Staaten auf Fischereivorrechte jenseits der Zwölfmeilengrenze, 1972; Rüster, Überlegungen zum isländischen Fischereistreit, in Festschrift Berber, 1973, S. 449 ff.

[134] Abgedruckt bei Briggs aaO S. 378.

II S. 104) die Erforschung und Ausbeutung des der deutschen Küste vorgelagerten Festlandsockels als ein ausschließliches Hoheitsrecht der Bundesrepublik in Anspruch genommen (siehe Menzel, Der deutsche Festlandsockel in der Nordsee und seine rechtliche Ordnung, in Archiv des öffentlichen Rechts 1965 S. 1). Eine Regelung von Einzelheiten erfolgte im Gesetz zur vorläufigen Regelung der Rechte am Festlandsockel vom 24. 7. 1964/26. 6. 1969 (BGBl. 1964 I S. 497, 1969 I S. 581).

Die Genfer Seerechtskonferenz hat 1958 eine eigene Konvention über den Kontinentalschelf beschlossen.[135] Die Hauptregelungen der Konvention sind die folgenden:

Als Kontinentalschelf wird bezeichnet: der Meeresgrund und der Meeresuntergrund der Unterwasserzonen, die an die Küste, aber außerhalb der Küstengewässer, bis zu einer Meerestiefe von 200 Meter anstoßen; ohne Beschränkung auf diese Tiefe überall da, wo die Tiefe des darüberliegenden Gewässers die Ausbeutung der natürlichen Reichtümer dieser Regionen gestattet. Je nach dem Fortschreiten der technischen Entwicklung wird also der Kontinentalschelf gar nicht mehr begrenzt durch die geographische Fortsetzung des festen Landes ins Meer hinaus bis zum Beginn des Steilabfalls, sondern ist geographisch unbegrenzt und wird erst begrenzt durch den geographischen Schelf der gegenüberliegenden Küste, gegebenenfalls des gegenüberliegenden Kontinents.[136] Für die seitliche Abgrenzung geht Art. 6 II von dem Äquidistanzprinzip aus, soweit nicht besondere Umstände eine andere Abgrenzung rechtfertigen. Diese Bestimmung ist aber nach dem Urteil des IG vom 20. 2. 1969 in den Nordsee-Kontinentalschelf-Streitfällen zwischen der Bundesrepublik und Dänemark bzw. den Niederlanden (IG Reports 1969 S. 1 ff.) kein Bestandteil eines universellen Gewohnheitsrechts (im Gegensatz etwa zu dem Institut des Kontinentalschelfs-Festlandsockels selbst, das wohl schon vor der Konvention Teil des völkerrechtlichen Gewohnheitsrechts war) und daher für Nichtvertragsstaaten, wie die Bundesrepublik, nicht bindend. Der IG verwies die Vertragstaaten daher auf eine vertragliche Einigung, die in den Vereinbarungen vom 28. 1. 1971 erfolgte (BGBl. 1972 II S. 881, 889). Über diesen so abgegrenzten Kontinentalschelf besitzt der Küstenstaat ,,souveräne Rechte" zum Zwecke der Erforschung und Ausbeutung seiner natürlichen Reichtümer; selbst wenn er davon keinen Gebrauch macht, ist doch jeder andere Staat ohne Zustimmung des Küstenstaats vom Kontinentalschelf ausgeschlossen.[137] Die Anerkennung des Kontinentalschelfs soll aber nichts an dem Charakter der über ihm liegenden Gewässer als ,,hohes Meer", nichts an dem Recht zur Kabellegung und Röhrenleitung für jeden Staat, nichts auch an der Freiheit der Hochseeschiffahrt und der

[135] Siehe statt vieler: Meyer-Lindenberg, Das Genfer Übereinkommen über den Festlandsockel vom 29. April 1958, in: ZaöR VR Bd. 20 S. 5 ff.; Gutteridge in BYIL 1959 S. 102 ff.

[136] Art. 1, 6 I der Konvention.

[137] Art. 2. Siehe den ähnlichen Rechtsgedanken beim ,,Hinterland" bzw. der ,,Einflußsphäre" des kolonialen Zeitalters.

Hochseefischerei über dem Kontinentalschelf ändern; doch sind gerade hinsichtlich der beiden letzteren Interessenzusammenstöße naheliegend, deren Verminderung und Milderung die Bestimmungen des Artikels 5 der Konvention zum Zwecke haben.

Seit der Verabschiedung der Konvention von 1958 hat eine immer stürmischere Tendenz zu viel weiterreichenden Appropriierungen des Meeresgrundes wie des Meeresuntergrundes eingesetzt. Einmal haben, wie schon oben dargestellt, zahlreiche Küstenstaaten eine Wirtschaftszone bis zu 200 Seemeilen in Anspruch genommen, in der sie präferentielle oder ausschließliche Rechte zur Nutzung ebensowohl der Reichtümer im Wasser wie im Meeresgrund und Meeresuntergrund verlangen, ohne daß damit auf die Rechte aus der Ausbeutung des Festlandsockels verzichtet würde, der ja u. U. sich weit über die 200-Seemeilen-Grenze erstreckt. Zum anderen hat die Entdeckung großer Bodenschätze im Meeresgrund der Hohen See, vor allem von Öl, Manganknollen, Nickel und Kupfer, zu der Forderung geführt, ihre Ausbeutung nicht dem freien Spiel der Kräfte, d. h. aber der Ausbeutung durch die fortgeschrittensten Nationen, die derzeit allein technisch hierzu imstande sind, zu überlassen, sondern sie in irgendeiner Form zu „internationalisieren“. Ein erster Schritt dazu war die einstimmig (mit 14 Enthaltungen, darunter der Sowjetblock) angenommene Entschließung der Generalversammlung der UN vom 17. 12. 1970 über den Meeresboden (UN Doc. A/ReS/2749 (XXV), siehe dazu Friedmann in AJIL 1971 S. 757), die den Meeresgrund und Meeresuntergrund jenseits der Grenzen einzelstaatlicher Gebietshoheit und die Vorkommen dieses Gebiets zum „gemeinsamen Erbe der Menschheit“ erklärte und ihre irgendwie geartete Aneignung durch Staaten oder Privatpersonen wie die Ausübung souveräner Rechte über sie untersagte. Zur Kontrolle der Ausbeutung dieser Vorkommen soll eine internationale Behörde errichtet werden, über deren Zusammensetzung aber bisher ebensowenig eine Einigung erzielt werden konnte wie über ihre Zuständigkeiten. Nach Auffassung der Industriestaaten sollte die Behörde im wesentlichen auf Erteilung von Lizenzen nach statutenmäßig festgesetzten Regeln beschränkt sein, während die Staaten der „Dritten Welt“ der Behörde selbst die ausschließliche Unternehmerfunktion zukommen lassen wollen, mit bei freiem Wettbewerb abgeschlossenen Kontrakten über die einzelnen Stadien der Ausbeutung und Vermarktung und bei starker Bevorzugung der Entwicklungsländer, insbesondere auch hinsichtlich der finanziellen Ergebnisse (Einzelheiten siehe bei Platzöder aaO 1974 S. 27 ff., 1975 S. 58 ff.).

Dagegen ist auf militärischem Gebiet eine den Meeresgrund betreffende Einigung erfolgt in dem Vertrag vom 11. 2. 1971 über das Verbot der Anbringung von Kernwaffen und anderen Massenvernichtungswaffen auf dem Meeresboden und im Meeresuntergrund (BGBl. 1972/II S. 325).

§ 53. Luftraum und Weltraum

Literatur: *Cheng,* The Law of International Air Transport, 1962; *Fawcett,* International Law and Outer Space, 1968; *Fixel,* The Law of Aviation, 1967; *Gál,* Space Law, 1969; *Hailbronner,* Schutz der Luftgrenzen, 1972; *Heere,* International Bibliography of Air Law, 1973 (enthält ca. 10000 Titel von Publikationen); *Jenks,* Space Law, 1965; *Jessup-Taubenfeld,* Controls for Outer Space and Antarctic Analogy, 1959; *Joyner,* Aerial Hijacking as an International Crime, 1974; *Kish,* The Law of International Spaces, 1973; *Lachs,* The Law of Outer Space, 1972; *Lay-Taubenfeld,* The Law Relating to Activities of Man in Space, 1970; *Le Goff,* Manuel de droit aérien. 1954; *Leive,* International Telecommunication and International Law, 1970; *Marcoff,* Traité du droit de l'espace, 1973; *Matte,* Deux frontières invisibles, De la mer territoriale à l'air territorial, 1965; *Mc Dougal-Lasswell-Vlasic,* Law and Public Order in Space, 1963; *McWhinney-Bradley,* Freedom of the Air, 1969; *McWhinney* (Her.), Aerial Piracy and International Law, 1971; *McWhinney* (Her.), The International Law of Communications, 1971; *Meyer* (Her.), Internationale Luftfahrtabkommen, 1953ff.; *Sontag,* Der Weltraum in der Raumordnung des Völkerrechts, 1966; *Verplaetse,* International Law in Vertical Space, 1960; *Wötzel,* Die internationale Kontrolle der höheren Luftschichten und des Weltraums, 1960.

Das Problem der völkerrechtlichen Verhältnisse des Luftraums ist einer systematischen Erörterung erst unterzogen worden, nachdem die technische Entwicklung zur Möglichkeit der Luftfahrt führte und damit Kompetenzabgrenzungsfragen aufwarf, die vorher völlig unbekannt waren und auch nicht vorausgesehen werden konnten.[138] Vorher wurden verschiedene Theorien über die rechtliche Natur des Luftraumes vertreten,[139] die aber praktisch wenig bedeutsam waren.[140] Doch sind die völkerrechtlichen Probleme der Luft nicht nur solche der Luftfahrt, sondern auch solche des Eindringens von Hertzschen Wellen (hier herrscht ,,Ätherfreiheit") wie der Verseuchung der Luft durch schädliche Immissionen.[141]

Über die völkerrechtliche Situation des Luftraums werden heute im wesentlichen drei Theorien vertreten:

a) Die Gebietshoheit des Staates soll sich auf den Luftraum über Landgebiet und Küstenmeer bis in die Unendlichkeit erstrecken.

b) Der Luftraum soll nach Analogie des hohen Meeres frei sein.

---

[138] So drückte noch 1908 Professor Simon Newcomb den Zweifel aus, ,,whether the time would ever arrive when passengers could be conducted through the air in safety and comfort upon a machine that can be available at will", Proceedings Am. Society of International Law 1958 S. 235.

[139] Siehe z. B. Ullmann, Völkerrecht, 1898, S. 180: ,,Zum Staatsgebiet gehört auch der Luftraum, .. dessen Höhe bis dahin reicht, wohin man mit menschlichen Mitteln dringen kann". Fauchille dagegen erklärte, daß der Luftraum grundsätzlich frei sei, s. sein ,,Le Domaine Aérien er le Régime Juridique des Aérostats", 1907.

[140] Siehe z. B. die Androhung von Antispionagemaßnahmen durch die norddeutsche Note vom 19. 10. 1870 gegenüber die deutsche Linie überfliegenden französischen Freiballonen; s. auch das durch Luftzwischenfälle an der schwer befestigten deutsch-französischen Grenze veranlaßte erste Luftabkommen dieser Art zwischen Deutschland und Frankreich vom 26. 7. 1913, RGBl. 1913 S. 601.

[141] Siehe das oben § 43 über den Trail-Smelter-Streit zwischen USA und Canada wie über Luftverschmutzung und Umweltschutz und das oben § 52 II über Atom- und Wasserstoffbombenversuche Gesagte; s. auch den Vertrag vom 6. 5. 1935 zwischen der Sowjetunion und Afghanistan zur chemischen und mechanischen Bekämpfung von Heuschreckenschwärmen, Martens, N. R. G., 3e Sér. Bd. XXXIV S. 788.

c) Der Luftraum soll der staatlichen Gebietshoheit unterstehen, aber nur bis zu der Grenze, bis zu der nach der heutigen technischen Entwicklung Flugverkehr möglich ist,[142] oder von wo ab ,,unpowered artificial satellites" in Umlauf bleiben können, ca. 70–100 engl. Meilen über der Erde.

Die letztere Theorie ist heute die vorherrschende; dabei besteht aber bisher keine Einigkeit darüber, wo die Grenze zwischen Luftraum und Weltraum verläuft, da die technische Entwicklung ständig weiterschreitet. Dagegen besteht im wesentlichen Einigkeit darüber, daß in vorsichtiger Analogie zu den für das hohe Meer geltenden Rechtsregeln die Staaten auch bei Betätigung im Weltraum gegenseitig gewissen Pflichten der Rücksichtnahme wie der Haftung unterliegen. Die Generalversammlung der UN hat im Dezember 1963 eine Entschließung (abgedruckt in AJIL 1964 S. 477) gefaßt, in der festgestellt wird, daß die Erforschung und die Nutzung des Weltraums zum Nutzen und im Interesse der gesamten Menschheit durchgeführt werden soll und daß Weltraum und Himmelskörper weder durch Ersitzung noch durch Okkupation noch durch irgendein anderes Mittel der nationalen Souveränität unterstellt werden dürfen. Der Weltraumvertrag vom 27. 1. 1967[143] macht diese Prinzipien zu verbindlichen Rechtspflichten der Vertragstaaten.

Die bedeutsamste Benutzungsart des Luftraumes, die auch bisher am stärksten zu völkerrechtlicher Regelung geführt hat, ist heute die Luftfahrt. Die erste systematische Regelung des Luftfahrtrechtes war die Pariser Konvention von 1919, die auf diskriminierenden Kriegsvorstellungen beruhte, die erst 1929 (in Kraft seit 1933) revidiert wurden. Daneben gab es regionale und zahlreiche bilaterale Verträge. Grundlage der gegenwärtigen Rechtssituation des Luftverkehrsrechts ist das Vertragswerk von Chicago von 1944, das aus fünf Konventionen besteht, von denen zwei von besonderer Wichtigkeit sind: das Abkommen über die internationale Zivilluftfahrt,[144] durch das das Pariser Abkommen von 1919 ersetzt wurde, und die Vereinbarung über den Durchflug im internationalen Fluglinienverkehr.[145] Außerdem gelten zahlreiche bilaterale Luftfahrtverträge und insbesondere das multilaterale Warschauer Abkommen von 1929 zur Vereinheitlichung von Regeln über die Beförderung im internationalen Luftverkehr[146] sowie das Abkommen von Rom von 1952 über Schädigung dritter Personen auf der Erdoberfläche. Da alle diese Verträge von dem heute als universales Völkerge-

---

[142] Manche, z. B. Cooper, nehmen zwischen Luftraum und Weltraum noch eine 3., die sog. ,,anschließende" (contiguous) Zone an, die sich bis zu einer Höhe von 300 bzw. 600 Meilen über der Erdoberfläche als Teil des Staatsgebiets erstrecken soll, in der aber alle nichtmilitärischen ,,Instrumentalitäten" frei auf- und absteigen dürften.

[143] BGBl. 1969 II S. 1969, UNTS Bd. 610 S. 205.

[144] Siehe BGBl. 1956 II 412.

[145] BGBl. 1956 II 442.

[146] BGBl. 1958 II S. 312.

wohnheitsrecht zu betrachtenden Prinzip der Lufthoheit des Staates über den Luftraum über seinem Land- und Küstenmeergebiet ausgehen, kann jeder Staat den Luftverkehr in seinem Luftraum nach Belieben regeln,[147] soweit er nicht vertraglich einer Einschränkung seiner Lufthoheit zugestimmt hat; fremde Flugzeuge können den nationalen Luftraum anderer Staaten nur nach Maßgabe konkreter vertraglicher Abmachungen benutzen.

Das Abkommen von 1944 über die Zivilluftfahrt geht im Kern nicht über die revidierte Regelung von 1919 hinaus. Fremde Staatsluftfahrzeuge sowie unbemannte Flugzeuge bedürfen nach ihm stets einer konkreten Genehmigung des Bodenstaats zum Einflug und zur Landung; ebenso bedarf der Einflug und die Landung fremder Flugzeuge im internationalen planmäßigen Luftlinienverkehr besonderer Ermächtigung durch den Bodenstaat; lediglich Privatflugzeuge, die nicht dem internationalen Fluglinienverkehr angehören, dürfen ohne Erlaubnis einfliegen, durchfliegen oder zu nichtgewerblichen Zwecken landen. Der Bodenstaat kann fremden Luftfahrzeugen immer die sog. Cabotage, d. h. die Beförderung zwischen verschiedenen Orten seines Staatsgebiets, verweigern; er kann auch bestimmte Teile seines Staatsgebiets zu Sperrgebieten erklären, deren Überfliegen generell verboten ist. Die Rechtslage des planmäßigen internationalen Luftlinienverkehrs beruht also heute zum großen Teil auf bilateralen Abkommen zwischen den einzelnen Staaten, in denen häufig die sog. 5. Freiheit, nämlich das Recht zur Aufnahme von Passagieren, Fracht und Post von einem Ort des Bodenstaats zwecks Beförderung nicht in den Heimatstaat des Flugzeugs, sondern in einen anderen auf seiner Route liegenden Staat sowie das Absetzen an einem solchen Ort auf dem Wege nach einem anderen Staat, nicht gewährt wird, was für die Fluggäste zu peinlichen Beschränkungen im internationalen Fahrplan führt.

Die immer wachsende Intensivierung des Luftverkehrs hat auch zu einem Anwachsen der gegen Flugzeuge und ihre Insassen gerichteteten Kriminalität geführt, die angesichts der gegenüber Terrorakten im Luftraum besonders hohen Gefährdung von Flugzeugen und Passagieren zu einer Reihe von konventionellen Abwehrmaßnahmen führte. So hat schon Art. 15 der Genfer Konvention von 1958 über die Hohe See die Seeräubereivorschriften auch auf Flugzeuge ausgedehnt. Die Konvention von Tokio vom 14. September 1963 über strafbare und sicherheitsgefährdende Handlungen an Bord von Luftfahrzeugen (BGBl. 1969 II S. 121) bestimmt zunächst, welcher Staat Gerichtsbarkeit zur Bestrafung solcher Akte besitzt (der Registrierungstaat, ausnahmsweise nach Art. 4 auch andere Staaten), regelt die unmittelbaren zur Sicherheit nötigen Maßnahmen des Flugzeugkapitäns und verpflichtet alle Kontraktstaaten zur Zusammenarbeit gegen Flugzeugentführungen. Der Haager Vertrag vom 12. 12. 1970 (BGBl. 1972 II S. 1505) sieht vor allem Maßnahmen der Kontraktstaaten zur Bekämpfung der widerrechtlichen Inbesitznahme von Luftfahrzeugen vor, während der Vertrag von Montreal vom

[147] Siehe deutsches Luftverkehrsgesetz vom 1. 8. 1922 i. d. F. vom 18. 1. 1959 (BGBl. 1959 I 9).

23. 9. 1971 vor allem gegen Sabotageakte an Flugzeugen gerichtet ist (abgedruckt in AJIL 1972 S. 455).

Am internationalen Luftverkehr teilnehmende Flugzeuge müssen bestimmten Mindesterfordernissen entsprechen. Ihre Staatsangehörigkeit bestimmt sich nach dem Eintragungsort; die Voraussetzungen für die Eintragung bestimmen sich nach innerstaatlichem Recht. Jedes Flugzeug hat ein Staatsangehörigkeits- und Eintragungszeichen zu zeigen und die nach Artikel 29 des Abkommens von Chicago erforderlichen Papiere bei sich zu führen.

Staatsflugzeuge unterstehen der Gerichtsbarkeit ihrer Staaten, wo immer sie sich befinden, und sind in fremden Staaten immun. Ebenso unterstehen Zivilflugzeuge über dem eigenen Staatsgebiet, dem hohen Meer oder staatenlosem Gebiet der Gerichtsbarkeit ihres Heimatstaates, über fremdem Staatsgebiet dagegen der Gerichtsbarkeit des Staates, in dessen Gebiet das Flugzeug erstmalig nach Begehung einer Straftat landet.

Für die Zivilluftfahrt besteht eine internationale Organisation mit allerdings recht geringen, meist auf technische Fragen beschränkten Zuständigkeiten, die Internationale Zivilluftfahrtorganisation (ICAO), mit den vier Organen der Versammlung, des Rats, der Luftfahrtkommission und des Generalsekretärs.[148]

Zur internationalen Zusammenarbeit gehören alle den internationalen Fernmeldeverkehr betreffenden völkerrechtlichen Regelungen, die zunächst im Fernmeldevertrag von Buenos Aires vom 22. 12. 1952,[149] jetzt im Vertrag von Montreux von 1965 zusammengefaßt sind. Es gilt, in Übereinstimmung mit den allgemeinen Prinzipien des Völkerrechts, der Grundsatz, daß jeder Staat das Recht hat, sein Fernmeldewesen nach seinem Ermessen zu regeln. Einschränkungen dieser Ermessensfreiheit bedürfen der ausdrücklichen vertraglichen Festsetzung. Für die internationale Zusammenarbeit auf dem Gebiet des Fernmeldewesens wurde der Internationale Fernmeldeverein (ITU, International Telecommunication Union) errichtet,[150] der sich bemüht, durch Zuweisung bestimmter Funkfrequenzen an die einzelnen Staaten das durch die weit übersetzte Zahl von Sendestationen drohende Chaos zu vermeiden oder doch zu mildern.

§ 54. Der Erwerb und der Verlust von Staatsgebiet

Literatur: *Bentivoglio,* Debellatio nel diritto internazionale, 1948; *Bleiber,* Die Entdeckung im Völkerrecht, 1933; *v. d. Heydte,* Discovery, Symbolic Annexation and Virtual Effectiveness in International Law. in: AJIL 1935 S. 448ff.; *Hill,* Claims to Territory in International Law and Relations, 1945; *Jennings,* The Acquisition of Territory in International Law, 1962; *Jerusalem,* Über völkerrechtliche Erwerbsgründe, 1911; *Kaeckenbeeck,* Le règlement conventionnel des conséquences de remaniements

[148] Siehe BGBl. 1956 II S. 411.

[149] Siehe BGBl. 1955 II 10.

[150] Siehe jetzt BGBl. 1968 II S. 931.

territoriaux, 1940; *Keller, Lissitzyn* and *Mann,* Creation of Rights of Sovereignty through Symbolic Acts, 1400–1800, 1938; *Kraus, H.,* Der völkerrechtliche Status der deutschen Ostgebiete, 1962; *Krülle,* Die völkerrechtlichen Aspekte des Oder-Neisse-Problems, 1970; *Langer,* Seizure of Territory, 1947; *Mc Mahon,* Conquest and Modern International Law, 1940; *Miele,* L'aggiudicazione di territori nel diritto internazionale, 1940; *Schätzel,* Die Annexion im Völkerrecht, 1920; *Schätzel,* Das Recht des völkerrechtlichen Gebietserwerbs, 1959; *Spengler,* Zur Frage des völkerrechtlich gültigen Zustandekommens der deutsch-tschechoslowakischen Grenzneuregelung von 1938, 1967; *Steinberger,* Völkerrechtliche Aspekte des deutsch-sowjetischen Vertragswerks vom 12. 8. 1970, in ZaöRVR 1971 S. 63ff.; *Verykios,* La prescription en droit international public, 1934; *Wambaugh,* A monograph on Plebiscites, 1920; *Wambaugh,* Plebiscites since the World War, 2 Bde., 1933; *Wehberg,* Krieg und Eroberung im Wandel des Völkerrechts, 1953; *Zimmer,* Gewaltsame territoriale Veränderungen und ihre völkerrechtliche Legitimation, 1971.

A. Der Erwerb von Staatsgebiet

Bei den rechtlichen Problemen des Erwerbs und des Verlustes von Staatsgebiet zeigt sich in besonders deutlicher Weise die enge Verbindung von Völkerrecht und Außenpolitik, einmal in dem Erfordernis faktischer, politischer Bedingungen für den Rechtserwerb, sodann in dem Hereinbrechen der außenpolitischen Wirklichkeit, deren Wesen Dynamik, Veränderung ist, in das Gehege des Rechts, dem es auf Dauer, auf Kontinuität, auf Erhaltung des Status quo ankommt.

Man unterscheidet, in Anlehnung an Begriffe des römischen Rechts, originäre und derivative Erwerbsarten, je nachdem, ob sich der Erwerb auf den Willen des bisherigen Gebietsherrn zurückführen läßt oder nicht. Die Theorie ist sich aber nicht einig in bezug auf die Unterstellung der verschiedenen Erwerbsarten unter den einen oder anderen Begriff. So bezeichnet Rousseau[151] Okkupation und Akzession als originäre, Sukzession, Konvention, Verjährung, Eroberung, Tradition usw. als derivative Erwerbsarten, während Dahm[152] lediglich die Abtretung und die Adjudikation als derivativ anerkannt, andere Autoren den Unterschied überhaupt fallen lassen.[153] In der Tat ist diese zivilrechtliche Unterscheidung für den Erwerb von Eigentum, das ja wesensmäßig verschieden ist von Gebietshoheit,[154] im Völkerrecht ohne Nutzen und kann deshalb ohne Schaden fallen gelassen werden.

Wir unterscheiden die folgenden Arten des Erwerbs von Staatsgebiet:

1. Die Bildung eines neuen Staats,

2. die einverständliche Vereinigung eines Staates mit einem anderen Staat (Fusion),

3. die einverständliche Abtretung eines Gebietsteils an einen anderen Staat (Zession),

4. die nicht-einverständliche Vereinigung eines Staates mit einem anderen Staat (Eroberung, Unterwerfung),

---

[151] aaO 1. Aufl. S. 242.
[152] aaO S. 582.
[153] So Kelsen, Guggenheim, Schwarzenberger.
[154] Siehe Rousseau aaO 1. Aufl. S. 245; Berber, Rechtsquellen S. 158f.

5. die nicht-einverständliche Abtrennung eines Gebietsteils zugunsten eines anderen Staats (Annexion),
6. die Ersitzung (Präskription),
7. den Gebietszuwachs durch natürliche Vorgänge (Anwachsung, Akkretion),
8. den Gebietszuwachs kraft technischer Vorgänge (Kontinentalschelf bei größerer Meerestiefe als 200 m),
9. die Gebietszuteilung kraft völkerrechtlicher Entscheidung (Adjudikation)
10. die Inbesitznahme herrenlosen Gebietes durch einen bestehenden Staat (Okkupation).

Die Erwerbsarten (4) und (5) sind heute zwar weitgehend illegalisiert, aber doch nicht nur von historischer Bedeutung, da ihre Regelungen unter Umständen auch heute noch für den Nachweis einstigen legalen Erwerbs herangezogen werden müssen.

Diese einzelnen Erwerbsarten sollen im folgenden näher ausgeführt werden.

I. Die Bildung eines neuen Staats

Ein Staat entsteht immer zusammen mit seinem Gebiet. Diese Entstehung erfolgt entweder auf bisher herrenlosem Gebiet, durch Sezession von einem bestehenden Staat oder durch freiwilligen Zusammenschluß bestehender Staaten. Die Entstehung eines neuen Staates auf herrenlosem Gebiet könnte als Okkupation aufgefaßt werden; doch wäre dies begrifflich unscharf, da nur ein Staat rechtswirksam eine Okkupation vornehmen kann, vor Erlangung von Staatsgebiet aber von einem Staat nicht die Rede sein kann. Obwohl die Bildung eines neuen Staates auf herrenlosem Gebiet heute angesichts der Verteilung der Erde unter die bestehenden Staaten selten sein wird, ist sie doch nicht unmöglich, wie das Beispiel der Entstehung Israels auf dem durch die Aufgabe des Mandats über Palästina durch Großbritannien vorübergehend herrenlos gewordenen Gebiet 1948 und die Durchsetzung des neuen Staats gegenüber den einmarschierenden Truppen von Ägypten, Transjordanien, Irak, Syrien und Libanon zeigt.[155] Handelt es sich bei den Menschen, die den neuen Staat bilden, um Angehörige eines bestehenden Staates, so würden sie an sich das Gebiet für ihren Heimatstaat erwerben; wollen sie das nicht, sondern streben sie gegen den Willen ihres Heimatstaates eine Staatsgründung an, so liegt evtl. Insurrektion, im Falle des Gelingens Sezession vor. Die weitaus häufigere Form der Neubildung eines Staates ist nicht die Errichtung des neuen Staates auf herrenlosem Gebiet, sondern die Losreißung von einem bestehenden Staat, die Sezession, die entweder im Einverständnis mit dem bisherigen Gebietsherrn (Beispiel: Indien 1947) oder gegen seinen Willen (Beispiel: USA 1776) erfolgen kann. Das Einverständnis kann in verschiedener Weise erfolgen, etwa durch Vertrag (s. den Vertrag vom 4. 7. 1946 zwischen USA

---

[155] Vgl. Rosenne in: British Yearbook of International Law, 1950, S. 267ff.

und den Philippinen), durch Gesetz (s. die britische Indian Independence Act von 1947 betr. die Unabhängigkeit Indiens und Pakistans), durch konkludente Handlungen usw.

Durch den Zusammenschluß von zwei oder mehreren bisher unabhängigen Staaten entsteht ebenfalls ein neuer Staat, der gleichzeitig die Gebiete der sich zusammenschließenden Staaten erwirbt (Beispiele: der Zusammenschluß von 22 norddeutschen Staaten zum Norddeutschen Bund 1867, der Zusammenschluß von Ägypten und Syrien zur Vereinigten Arabischen Republik 1958). Auch hier sind die Formen vielfältig; so erfolgte die Bildung der Norddeutschen Bundes durch die in den 22 Staaten übereinstimmend erfolgende Annahme der Verfassung des neuen Bundes,[156] die Bildung der Vereinigten Arabischen Republik durch einstimmige übereinstimmende Entschließung der ägyptischen Nationalversammlung und des syrischen Repräsentantenhauses.

II. Die einverständliche Vereinigung eines Staates mit einem anderen Staat

Durch die Fusion eines Staates mit einem anderen Staat erwirbt der letztere zugleich das Gebiet des ersteren. Es ist dies keine Annexion oder Eroberung, da es einverständlich erfolgt; es ist auch keine Zession, da der Staat nicht einen Gebietsteil abtritt, sondern sich selbst aufgibt. Beispiele für eine solche Vereinigung (manchmal auch Wiedervereinigung genannt) sind die Union zwischen den vorher nur durch eine Personalunion verbundenen Königreichen England und Schottland im Jahre 1707, die Fusion Hohenzollerns mit Preußen 1849, die „Wiedervereinigung" Österreichs mit dem Deutschen Reich 1938 (bestritten, siehe oben § 31). Eine solche Vereinigung kann durch Vertrag erfolgen (s. z. B. hinsichtlich Hohenzollerns den Vertrag vom 7. 12. 1849), nicht selten erfolgt sie durch übereinstimmende Landesgesetze (s. englisches Gesetz vom 16. 1. 1707 und schottisches Gesetz vom 16. 3. 1707, österreichisches und deutsches Gesetz vom 13. 3. 1938), durch Beitrittserklärung (so 1947 Kaschmir mit Indien) u. a. m. Auch der Beitritt der vier süddeutschen Staaten zum Norddeutschen Bund durch die Novemberverträge 1870 stellt eine solche Vereinigung dar, nicht, trotz des neuen Namens „Deutsches Reich", eine neue Staatsgründung.[157] Völkerrechtlich muß es in allen diesen Fällen genügen, wenn die staatsrechtlich zur völkerrechtlichen Vertretung zuständigen Organe der beteiligten Staaten in bindender Weise ihr Einverständnis erklären; ein Plebiszit, gemeinsame Wahlen und dgl. ist an sich nach Völkergewohnheitsrecht nicht erforderlich. Die Bestimmung der Ziff. V Nr. 4 der „Völkerrechtsprinzipien über freundschaftliche Beziehungen usw." vom 24. 10. 1970 (... the free association or integration with an independent State .... freely determined by a people constitute modes of implementing the right of self-determination by that people) könnte auf einen Rechtswandel hinweisen.

[156] Siehe Anschütz-Thoma, Handbuch des Deutschen Staatsrechts, 1930, I, S. 66.

[157] Siehe Anschütz-Thoma aaO I S. 68.

III. Die Abtretung (Zession)

Die Abtretung ist ein durch den bisherigen Gebietsherrn in völkerrechtlich bindender Form erfolgender Verfügungsakt, durch den ein Teil seines Gebiets einem anderen Staat rechtswirksam übertragen wird. Sie bedarf des Einverständnisses des Staates, zu dessen Gunsten sie erfolgt; ohne solches Einverständnis kann sie nur zu einer Dereliktion führen, falls sie nicht überhaupt rechtsunwirksam ist. Die Abtretung muß also nicht notwendig in einem formellen Vertrag erfolgen, obwohl dies meist der Fall ist, insbesondere in Friedensverträgen (s. z. B. die zahlreichen im Vertrag von Versailles von 1919 festgesetzten Abtretungen durch das Deutsche Reich), aber auch in Kaufverträgen (s. z. B. den Verkauf von Louisiana durch Frankreich an USA 1803 für 60 Millionen Franken, den Verkauf von Alaska durch Rußland an USA 1867 für 7200000 Dollars, den Verkauf einiger Antillen durch Dänemark an USA 1916 für 25 Millionen Dollars) oder Tauschverträgen, wobei nicht nur Gebietshoheit gegen Gebietshoheit, sondern auch Gebietshoheit gegen Interessensphäre, gegen Nichteinmischung, gegen Protektorat eingetauscht werden kann (s. z. B. den Vertrag vom 1. 7. 1890 zwischen Großbritannien und dem Deutschen Reich über die Abtretung Helgolands durch Großbritannien gegen eine Reihe deutscher Zugeständnisse in Ost-, Südwest- und Mittelafrika; s. auch den Vertrag vom 4. 11. 1911 zwischen Frankreich und dem Deutschen Reich über die Abtretung französischer Gebiete am Kongo gegen die Abtretung deutscher Gebiete am Schari und gegen deutsche Konzessionen in Marokko).

Niemals kann ein anderer Staat als der Gebietsherr eine Abtretung vornehmen; infolgedessen hat auch die Konferenz von Potsdam 1945, auf der Deutschland nicht vertreten war, die rechtsgültige Zuteilung deutscher Gebiete an Rußland und Polen „der endgültigen Regelung der Gebietsfragen beim Friedensschluß", also der formellen Zustimmung Deutschlands, vorbehalten; eine Abtretung zu Lasten Dritter gibt es nicht.[158] Dagegen ist eine Abtretung *zugunsten* Dritter rechtlich durchaus möglich.[159] Ebenso ist es möglich, daß ein Staat einen Gebietsteil einem oder mehreren anderen Staaten nicht als nunmehr ihrer Gebietshoheit unterfallend abtritt, sondern nur zu freier oder bestimmter Verfügung.[160]

---

[158] Doch kamen ihr sehr nahe die Vorgänge bei der Abtretung des Sudetenlandes durch die Tschechoslowakei an das Deutsche Reich 1938; s. dazu aus dem Bericht des Kabinettschefs im Prager Außenministerium Dr. H. Masaryk vom 30. 9. 1938 über das Münchner Abkommen, abgedruckt in: Europäische Politik 1933–1938 im Spiegel der Prager Akten, hrsg. von Berber, 1942, S. 136f.: „Um halb 2 Uhr früh wurden wir in den Saal geführt, in dem die Konferenz stattfand. ... M. Léger hingegen antwortete mit dem Hinweis, daß die vier Staatsmänner nicht viel Zeit hätten. Er fügte ausdrücklich hinzu, daß keine Antwort mehr von unserer Seite erwartet werde, daß sie den Plan als angenommen ansehen. ....".

[159] Siehe z. B. Art. 2 und 3 des Vorfriedensvertrags von Villafranca von 1859 zwischen Österreich und Frankreich, in denen Österreich sich verpflichtete, „seine Rechte auf die Lombardei" an den Kaiser der Franzosen abzutreten, dieser dagegen, diese abgetretenen Gebiete an den König von Sardinien zu übergeben.

[160] Siehe z. B. Art. 119 des Versailler Vertrags, in dem Deutschland zugunsten der alliierten und assoziierten Hauptmächte auf alle seine Rechte und Ansprüche bezüglich seiner überseeischen Besit-

Über die Anwendung des Satzes: „Res transit cum onere suo", im Falle der Gebietsabtretung s. oben § 36 zu c.

Jeder Staat kann nur diejenigen Gebietshoheitsrechte abtreten, die er besitzt: „nemo plus juris transferre potest quam ipse habet".[161] Es kann auch in der Verfassung eines Staates bestimmt sein, daß eine Gebietsabtretung nur mit Zustimmung der betroffenen Bevölkerung zulässig sein soll.[162]

Eine Abtretung durch den bisherigen Gebietsherrn ist auch notwendig, wenn der Erwerber sich bereits vor der Abtretung im Besitz des abzutretenden Gebietsteils befindet und dies einer spontanen Bewegung der Gebietsbevölkerung verdankt, es sei denn, es lägen die Voraussetzungen einer erfolgreichen und auch vom bisherigen Gebietsherrn nicht mehr bestrittenen Sezession vor.[163]

Zwischen Abtretungsvertrag und effektiver Übergabe kann noch eine gewisse Zwischenzeit liegen. Häufig enthält der Abtretungsvertrag Bestimmungen für das Verhalten des Zedenten während dieser Zeit.[164] Sind keine besonderen Bestimmungen hierüber im Abtretungsvertrag niedergelegt, so ist dem abtretenden Staat lediglich der Mißbrauch der ihm in der Zwischenzeit faktisch verbleibenden Ausübung der Gebietshoheit untersagt;[165] doch wird an die Voraussetzung des Mißbrauchs angesichts der Tatsache, daß seine Gebietshoheit demnächst ganz zu weichen hat, ein strenger Maßstab anzulegen sein;[166] keinesfalls ist er zuständig, über die Gebietshoheit entgegen dem Abtretungsvertrag erneut zu verfügen.

Eine Abtretung und nicht eine Annexion lag bisher auch dann vor, wenn sie in einem Friedensvertrag erfolgte, bei dessen Abschluß die bei Friedensverträgen

zungen verzichtete, nach Art. 22 des gleichen Vertrags aber Völkerbundsmandate über diese Gebiete errichtet werden sollten; siehe Art. 2 (b) des Friedensvertrags von San Francisco mit Japan vom 8. 9. 1951 (AJIL 1952, Supplement of Documents S. 71 ff.), in dem Japan auf Formosa und die Pescadoren verzichtet, ohne daß gesagt wird, an wen die Gebietshoheit übergehen soll, siehe Langen, Gebietsverluste Japans nach dem Zweiten Weltkrieg, 1971.

[161] So trat Holland im Frieden von Ryswyk 1697 seine indische Besitzung Pondicherry an Frankreich ab; da Holland aber nur Pachtbesitz hatte, erwarb auch Frankreich – zunächst – nur Pachtbesitz.

[162] Siehe z. B. die französische Verfassung von 1946, die für die Abtretung der indischen Besitzungen Frankreichs maßgebend war.

[163] Siehe den Schiedsspruch vom 3. 9. 1924 über die Auslegung des Art. 260 des Versailler Friedensvertrags, abgedruckt in „Reports of International Arbitral Awards", U. N., I, S. 431 ff., wo es S. 443 heißt: „ ‚Cession' d' un territoire veut dire renonciation faite par un Etat en faveur d'un autre Etat aux droits et titres que pourrait avoir au territoire en question le premier de ces Etats. Que l'Etat en faveur duquel la renonciation est faite est déjà en possession des territoires en question sans contestation de la part de l'Etat renonçant et que cette possession est le résultat d'un mouvement spontané de la population n'empêche pas que la renonciation ne constitue une cession".

[164] Siehe z. B. Ziffer 2 des Münchner Abkommens von 1938: „. . . daß die Räumung des Gebietes bis zum 10. Oktober vollzogen wird, und zwar ohne Zerstörung irgendwelcher bestehender Einrichtungen. . .".

[165] Siehe Urteil A 7 des StIG über die deutschen Interessen in Oberschlesien S. 30: „Germany undoubtedly retained until the actual transfer of sovereignty the right to dispose of her property and only a misuse of this right could endow an act of alienation with the character of a breach of the treaty. . ".

[166] Siehe Dahm aaO S. 601, wonach die Hoheitsgewalt des Zedenten für die Zwischenzeit auf die laufende Verwaltung und die Aufrechterhaltung der Ordnung beschränkt ist.

nicht selten für den Besiegten bestehende Zwangslage vom Sieger bewußt ausgenützt wurde, da die Abtretung zum mindesten mit dem formellen Willen des Abtretenden erfolgte (coactus voluit). Dies ist jetzt anders durch Art. 52 der Wiener Vertragskonvention von 1969[167], die den Zwang gegenüber dem Staat selbst, wie er herkömmlich bei Friedensverträgen ausgeübt wurde, als Nichtigkeitsgrund einführt, freilich dieser Bestimmung, die sich auf das Gewaltverbot der UN-Satzung stützt, Geltungskraft deshalb erst vom Inkrafttreten der Satzung ab zubilligt (Kommentar der ILC). Eine Gebietsabtretung bei Beendigung des Krieges, selbst durch den besiegten Angreifer, wollte das – nie geltendes Völkerrecht gewordene – Genfer Protokoll vom 2. 10. 1924 überhaupt untersagen.[168]

Eine von der Frage der Freiwilligkeit der Abtretung völlig verschiedene Frage ist die Frage, ob die von der Abtretung betroffene Bevölkerung vor der Abtretung befragt werden bzw. ihr zustimmen muß. Da die Abtretung, die in demokratischen Staaten von einer Regierung vorgenommen wird, die dem Volk verantwortlich ist, wesensmäßig immer nur einen Teil des Gebiets betrifft, wird die Zustimmung des von der Abtretung betroffenen Bevölkerungsteils, der regelmäßig eine Minderheit des Gesamtstaatsvolks darstellen wird, von den Prinzipien der nach Majorität entscheidenden Demokratie nicht gefordert. Aber auch nach der völkerrechtlichen Staatenpraxis besteht ein solches Zustimmungsrecht der betroffenen Bevölkerung trotz der Verkündigung des Selbstbestimmungsrechts der Völker[169] nicht, da dieses Selbstbestimmungsrecht nur das Recht des ganzen Volkes, nicht das einer beliebigen regionalen Gruppe eines Gesamtvolkes beinhalten kann. Infolgedessen wird in der Staatenpraxis das Plebiszit bei vertraglichen Gebietsabtretungen teils mitvereinbart, teils nicht. So haben die Friedensschlüsse am Ende des ersten Weltkriegs trotz der Erklärung des Präsidenten Wilson vom 11. 2. 1918, ,,daß Völker und Provinzen nicht von einer Souveränität zur andern verschachert werden dürfen, gerade als ob sie bloße Gegenstände oder Steine in einem Spiele wären", in einer Reihe von Fällen Gebietsteile von Deutschland, Österreich, Ungarn, Bulgarien und der Türkei abgetrennt, ohne die betroffene Bevölkerung zu befragen, mit verhängnisvollen Folgen für den internationalen Frieden der Folgezeit, aber doch wohl in Übereinstimmung mit den damals geltenden völkerrechtlichen Regeln. Auch die Friedensregelungen am Ende des Zweiten Weltkriegs sind trotz der Erklärung der Atlantic Charta vom 14. 8. 1941, daß Gebietsveränderungen, die nicht dem frei geäußerten Wunsche der Bevölkerung entsprächen, nicht gewünscht werden, wiederum zu zahlreichen Gebietsabtretungen ohne Befragung der betroffenen Bevölkerung gelangt. Aber selbst für den Bundesstaat, dessen innere Beziehungen in einem viel geringeren Maße als die

[167] Siehe unten § 68 II.

[168] Siehe Art. 15 II: ,,Toutefois, vu l'article 10 du Pacte, il ne pourra, comme suite à l'application des sanctions visées au présent Protocole, être porté atteinte en aucun cas à l'intégrité territoriale ou à l'indépendance politique de l'Etat agresseur".

[169] Darüber s. oben § 21 VII.

der internationalen Staatengemeinschaft vom Machtprinzip durchsetzt sind, hat das deutsche Bundesverfassungsgericht die Existenz des Zustimmungsprinzips verneint.[170] Wenn gemäß einem Abtretungsvertrag die Zustimmung der betroffenen Bevölkerung nicht erforderlich ist, so kann sie doch insofern berücksichtigt werden, als den Bewohnern des abgetretenen Gebiets ein Recht der Option für ihren alten *Staat* gewährt wird, das freilich regelmäßig mit der Pflicht zum Verlassen der alten *Heimat* im Falle der Ausübung der Option verbunden zu sein pflegt.[171]

IV. Die Unterwerfung

Die Unterwerfung betrifft nicht die Annexion nur eines Gebietsteils, die wegen der bei ihr entstehenden besonderen Probleme zweckmäßigerweise gesondert zu behandeln ist (s. unter Nr. V), sondern nur die gegen den Willen oder ohne das Einverständnis des zu vernichtenden Staates erfolgende Einverleibung seines gesamten Staatsgebiets durch einen oder mehrere schon bestehende Staaten. Historische Beispiele aus neuerer Zeit sind die Aufteilung Restpolens 1795 zwischen Rußland, Österreich und Preußen (die vorangegangenenen Teilungen waren bloße Annexionen von Teilgebieten), die Einverleibung von Hannover, Kurhessen, Nassau, Homburg, Frankfurt in Preußen 1866, die Einverleibung der Burenstaaten durch Großbritannien 1900/1902, die Eroberung Abessiniens durch Italien 1936, die Unterwerfung der Resttschechoslowakei 1939 durch das Deutsche Reich. Für die Unterwerfung sind die folgenden Merkmale erforderlich:

a) Es muß sich um eine effektive Inbesitznahme des fraglichen Staatsgebiets handeln.

Diese braucht nicht notwendig durch militärische Gewalt zu erfolgen, sie kann auch seitens eines mächtigen Nachbarn durch politischen Druck erfolgen, sie kann auch vollzogen werden, nachdem das Gebiet aus anderen Gründen bereits sich in seinem Besitz befindet.

b) Es muß sich um eine endgültige Verdrängung der bisherigen Staatsgewalt handeln.

Aus diesem Grunde werden in der Regel Einverleibungen, die während des Fortgangs eines Krieges proklamiert werden, selbst wenn keine Truppen des eroberten Landes mehr vorhanden sind, sondern nur noch solche seines oder seiner Verbündeten, keine endgültige Verdrängung der bisherigen Staatsgewalt und deshalb auch keinen rechtswirksamen Gebietserwerb darstellen.[172] Es genügt also

---

[170] Siehe BVG I 48: „die Neugliederung kann sogar entgegen dem Willen der Bevölkerung des betroffenen Landes durchgeführt werden. .... daß es dem Grundsatz nicht widerspricht, wenn ein Land gegen den Willen seiner Bevölkerung im Zuge einer Neugliederung seine Existenz verliert", s. auch BVG V S. 34ff.

[171] Siehe darüber oben § 36 zu e.

[172] Siehe z. B. die Einverleibung der Burenstaaten 1900 durch Großbritannien, während die Buren erst am 3. 5. 1902 kapitulierten.

im Falle eines Krieges keineswegs die militärische Eroberung und Besetzung des gesamten Staatsgebiets, sondern es muß Debellation vorliegen, d. h. die Unfähigkeit der bisherigen Staatsgewalt, auf den Besitzstand des Siegers weiterhin einzuwirken, und der Verzicht der bisherigen Verbündeten auf solche Einwirkung. Dieser Verzicht braucht nicht ausdrücklich, etwa durch formelle Anerkennung des neuen Besitzstandes, zu erfolgen, er kann auch stillschweigend durch konkludente Handlungen, etwa durch faktische Einstellung der Feindseligkeiten, erfolgen; immer aber muß der Verzicht unzweideutig ausgedrückt sein.

c) Die Inbesitznahme des fraglichen Gebiets muß als Einverleibung von dem in Besitz nehmenden Staate gewollt sein.

Zu den zwei eine faktische Voraussetzung der Einverleibung darstellenden Momenten der Effektivität der Inbesitznahme und der Endgültigkeit der Verdrängung der bisherigen Staatsgewalt muß also noch ein intentionales Moment treten: der in Besitz nehmende Staat muß die Einverleibung *wollen* und diesen Willen unzweideutig, sei es auch durch konkludente Handlungen, kundgeben. Der in Besitz nehmende Staat kann aber auch ausdrücklich die Abwesenheit eines solchen Einverleibungswillens erklären, so daß es zweifelsfrei ist, daß keine Einverleibung vorliegt.[173]

So haben die Sieger des zweiten Weltkriegs ausdrücklich[174] erklärt, daß keine Annexion Deutschlands beabsichtigt sei.

d) Die Einverleibung muß gegen den Willen des betroffenen Staates oder doch ohne seine Zustimmung erfolgen, ist also ein einseitiger Akt des einverleibenden Staates.

Nicht hierher gehört also die Fusion kraft Willenserklärung des einzuverleibenden Staates, selbst wenn diese Willenserklärung durch mehr oder weniger unlautere Mittel der Willensbeeinflussung, die aber noch völkerrechtsmäßig waren, herbeigeführt wurde. So erfolgte die Einverleibung der baltischen Staaten 1940 durch die Sowjetunion unter dem Anschein der Fusion und nicht dem der Unterwerfung.

Über die Frage, ob zu der Rechtsgültigkeit des Besitzerwerbs durch Unterwerfung die Anerkennung des neuen Besitzstandes seitens dritter Staaten gehört, s. unten zu Nr. V. Dagegen ist es zweifellos, daß eine Anerkennung seitens der verdrängten Staatsgewalt nicht in Frage kommt, da sie ja infolge der Einverleibung gar keinen völkerrechtlichen Status mehr besitzt.

Falls die Verdrängung der bisherigen Staatsgewalt vom gesamten Staatsgebiet und die Übernahme der Staatsgewalt im gesamten bisherigen Staatsgebiet durch

---

[173] Womit freilich noch nichts über das Weiterbestehen des Staates ausgemacht ist, dessen Gebiet in Besitz genommen wurde; er kann also u. U. sehr wohl aus anderen Gründen als denen der „Unterwerfung", die ja hier nicht vorliegt, untergehen.

[174] Sowohl in der Erklärung vom 5. 6. 1945 wie im Potsdamer Abkommen vom 2. 8. 1945 (abgedruckt bei Berber, Dokumente, S. 2283, S. 2290).

,,gegen die territoriale Unversehrtheit oder die politische Unabhängigkeit eines Staates gerichtete oder sonst mit den Zielen der Vereinten Nationen unvereinbare Androhung oder Anwendung von Gewalt"[175] erfolgt, ist sie rechtswidrig und darf von der Völkerrechtsgemeinschaft nicht anerkannt werden. Das wird jetzt ausdrücklich in der Deklaration über Völkerrechtsprinzipien (I 10) vom 24. 10. 1970 gesagt, die überdies bestimmt: ,,The territory of a State shall not be the object of acquisition by another State resulting from the threat or use of force."

V. Die Annexion

Unter Annexion soll hier im Gegensatz zur Unterwerfung, die das ganze Gebiet umfaßt, die nicht-einverständliche Abtrennung nur eines Teiles des Gebiets durch einen anderen Staat verstanden werden. Diese Art des Gebietserwerbs hat zwar manche Gemeinsamkeiten mit der Unterwerfung, unterscheidet sich aber in anderen Beziehungen so stark von ihr, daß ihre gesonderte Behandlung gerechtfertigt ist.

Die Voraussetzungen des Gebietserwerbs kraft Annexion sind die folgenden:

a) Es muß sich um eine effektive Inbesitzmahme des fraglichen Staatsgebietsteils handeln.

Hier gilt das oben zu Nr. IV (a) Gesagte uneingeschränkt.

b) Die Inbesitznahme des fraglichen Gebietsteils muß als Annexion von dem in Besitz nehmenden Staat gewollt sein.

Die bloße Inbesitznahme eines fremden Gebietsteils genügt hier so wenig wie bei (IV) oben. Während aber bei der Unterwerfung eines ganzen Staatsgebiets der Einverleibungswille u. U. auch durch bloß konkludente Handlungen erklärt werden kann, ist hier angesichts der Weiterexistenz des Staates, dem dieses Gebiet bisher zugehörte, in der Regel eine ausdrückliche Erklärung dieses Annexionswillens zu verlangen.

c) Die Annexion muß gegen den Willen des betroffenen Staates oder doch ohne seine Zustimmung erfolgen, ist also ein einseitiger Akt des annektierenden Staates.

Dadurch unterscheidet sich die Annexion von der Abtretung; selbst wenn diese letztere nur unter starkem, aber nicht nach Art. 52 der Wiener Vertragskonvention illegalem, Druck erfolgt, leitet sich doch der Gebietserwerb vom Willen des Zedierenden ab.

d) Die Verdrängung der bisherigen Staatsgewalt aus dem zu annektierenden Gebietsteil muß in solcher Weise erfolgen, daß ihre Wiedereinsetzung aussichtslos erscheint.

Hier liegt der eigentliche Grund, warum die Annexion von der Unterwerfung gesondert zu behandeln ist. Denn während bei der Unterwerfung die vollständige Beseitigung der bisherigen Staatsgewalt erforderlich, aber (bei Fehlen einsatzkräf-

[175] Art. II 4 der UN-Satzung.

tiger Verbündeter) auch regelmäßig genügend ist, fehlt es bei der Annexion nur eines Gebiets*teils* wesensmäßig gerade an dieser vollständigen Beseitigung (Eliminierung) der bisherigen Staatsgewalt, so daß die Frage der Aussichtslosigkeit der Wiedereinsetzung der bisherigen Staatsgewalt vielschichtiger, komplizierter, häufig zweifelhafter erscheint. Hier kommt daher sehr vieles auf den Willen des bisherigen Gebietsherrn und die Haltung dritter Staaten an. Angesichts der Weigerung eines Staates, die zu seinen Ungunsten vorgenommene Annexion eines Gebietsteils durch einen anderen Staat hinzunehmen, zu dulden, sich dabei zu beruhigen, einer Weigerung, die von einem Großteil dritter Staaten unterstützt wird, wird sich eine Annexion kaum mit Aussicht auf Erfolg durchsetzen können. Eine einseitige Annexion wird also nur Aussicht auf rechtlichen Erfolg haben, wenn sie gegenüber einem Staat erfolgt, der ihr zwar nicht in Form einer Zession zustimmt, der aber auch nicht die vor allem innere Kraft besitzt, sich ihr auf die Dauer entgegenzustellen. Ein historisches Beispiel hierfür dürfte die Annexion des türkischen Gebietsteils Tripolis durch italienisches Dekret vom 5. 11. 1911 sein; der Krieg wurde durch den Friedensvertrag von Lausanne vom 18. 10. 1912 beendet, in dem die Türkei aber Tripolis nicht an Italien abtrat, sondern sich nur zur Rückberufung der türkischen Truppen und Beamten aus Tripolis verpflichtete. Abgesehen von einem solchen Ausnahmefall aber muß man von der 1914 allgemein anerkannten Regel ausgehen, daß, solange ein Staat noch besteht, ein Teil seines Gebiets nur mit seiner Zustimmung von einem anderen Staat erworben werden kann. Von dieser Haltung geht auch das Potsdamer Abkommen von 1945 aus, das sowohl für die geplanten Gebietserwerbungen Rußlands wie Polens in Ostdeutschland die „endgültige Regelung der Gebietsfragen beim Friedensschluß" vorbehält.

Die Regel des klassischen Völkerrechts, daß ein Gebietserwerb regelmäßig nur mit Zustimmung des betroffenen Staats stattfinden kann, es sei denn, das gesamte Staatsgebiet werde einverleibt (Fall der Unterwerfung, siehe oben Nr. IV), hat noch eine Intensivierung erfahren durch die Organisierung der kollektiven Sicherheit seit Ende des Ersten Weltkrieges. Zwar finden wir bis tief ins 19. Jahrhundert hinein sogar die Vorstellung, daß auch die Unterwerfung einen Rechtstitel zum Gebietserwerb nur gibt im Falle des Sieges in einem gerechten Krieg;[176] aber diese Auffassung hatte sich schließlich fast völlig verloren. Nach Art. 10 VBS waren die Völkerbundsmitglieder verpflichtet, die territoriale Unversehrtheit und die politische Unabhängigkeit aller Völkerbundsmitglieder zu achten und gegen jeden äußeren Angriff aufrechtzuerhalten; dies galt also nur zugunsten von Mitgliedern des Völkerbunds. Im Kelloggpakt verzichteten die Staaten (praktisch fast alle) auf den Krieg als Mittel nationaler Politik, also auch als Mittel des Gebietserwerbs. Nach Art. 2 Nr. 4 der Charter der UN müssen die Mitglieder sich in ihren internationalen Beziehungen der Androhung oder der Anwendung von Gewalt

[176] Siehe die Nachweise bei Dahm aaO, I, S. 604 Fußnote 1.

gegen die territoriale Integrität oder politische Unabhängigkeit irgendeines Staates enthalten. Daraus ist zu folgern: Ein Gebietserwerb auf grund des militärischen Sieges in einem völkerrechtlich unerlaubten Kriege gegen den Willen des Besiegten, sei es im Wege der Unterwerfung (Gesamtgebiet) oder der Annexion (Gebietsteil) ist rechtlich unzulässig. Dagegen scheint die vereinbarte Abtretung auch in einem solchen Falle rechtlich zulässig, falls nicht Art. 52 der Wiener Vertragskonvention zutrifft, da die weitergehende Regelung des Artikels 15 Abs. 2 des Genfer Protokolls von 1924 nie geltendes Recht geworden ist.[177] Ob Unterwerfung und Annexion weiterhin möglich sind, wenn der Krieg auf seiten des die Unterwerfung oder die Annexion vornehmenden siegreichen Staates rechtlich zulässig war, etwa als Verteidigung gegen einen widerrechtlichen Angriff,[178] ist zum mindesten umstritten. Im Anschluß an die sog. Stimson-Doktrin von 1932, die natürlich kein neues Völkerrecht schaffen konnte, sondern nur ein Prinzip der US-Außenpolitik proklamierte, erging eine Entschließung der Völkerbundsversammlung vom 11. 3. 1932,[179] wonach die Völkerbundsmitglieder verpflichtet sind, ,,keine Situation, keinen Vertrag und keine Abmachung anzuerkennen, die durch der Völkerbundssatzung widersprechende Mittel erlangt sein könnten". Artikel 17 Satz 2 der Charter der Organisation der Amerikanischen Staaten bestimmt: ,,Es sollen keine Gebietserwerbungen oder Sondervorteile, die durch Gewalt oder durch andere Zwangsmittel erlangt wurden, anerkannt werden". Die – bisher Entwurf gebliebene – UN-Erklärung über die Rechte und Pflichten der Staaten[180] erklärte es in Artikel 11 als die Pflicht jedes Staates, durch Angriffskrieg usw. erlangten Gebietserwerb nicht anzuerkennen. In der neuesten Feststellung der Rechtslage dagegen wird nicht mehr zwischen Angreifer und Verteidiger unterschieden, zumal ja trotz der neuen Angreiferdefinition der UN-Entschließung Nr. 3314 (XXIX) vom 14. Dezember 1974 ein Sieger niemals zugeben wird, der Angreifer gewesen zu sein: die UN-Deklaration über Völkerrechtsprinzipien vom 24. 10. 1970 verbietet, wie schon dargelegt, *jede* durch Gewalt oder durch Drohung mit Gewalt herbeigeführte Erwerbung fremden Staatsgebiets oder ihre Anerkennung, damit implicite an Art. 15/II des Genfer Protokolls anschließend.

Eine universelle Bindung zur Nichtanerkennung illegal erlangten Gebietserwerbs hat sich also wohl heute durchgesetzt oder ist zum mindesten im Begriff, sich durchzusetzen. Ein sonst rechtsgültiger Gebietserwerb bedarf freilich zu seiner vollen Rechtsgültigkeit nicht auch noch der Anerkennung durch dritte Staaten, wie umgekehrt ein rechtsungültiger Gebietserwerb durch die Anerken-

[177] Siehe oben Nr. III.

[178] Siehe Oppenheim aaO, I, S. 574f.; a. M. BGHZ 13 265, 293, der ganz allgemein die Unterwerfung des besiegten Staates, selbst wenn der Sieger keine Völkerrechtsverletzung begangen hat, als unzulässig erklärt, also auch die Unterwerfung eines Angreiferstaats, und dies für einen ,,zwingenden Satz des übergesetzlichen Rechts"(?) erklärt.

[179] J. O., Suppl. Spéc. No. 101, S. 87.

[180] Abgedruckt bei Sohn, Basic Documents of the U. N., 1956, S. 26ff.

nung von seiten dritter Staaten nicht legalisiert werden kann. Im übrigen läßt sich die „normative Kraft des Faktischen", die vom Völkerrecht in so vielfältiger Weise anerkannt wird – s. z. B. die gebietsverändernde Kraft einer geglückten sezessionistischen Insurrektion – nicht in das Prokrustesbett der im Völkerrecht höchst umstrittenen Formel: „ex iniuria ius non oritur" pressen.[181] Die neue Nichtanerkennungsdoktrin ist ein Ausdruck des Schutzes des territorialen Status quo; sie schafft eine moralisch undurchsichtige Gesamtatmosphäre, in der Unterwerfung zur Fusion,[182] Annexion zur Zession[183] heuchlerisch umgedeutet wird. Es wird für die von verschleierten Annexionen bedrohten Völkerrechtssubjekte in dieser undurchsichtigen neuen Situation einer großen moralischen Konsistenz bedürfen, um an dem Grundsatz des klassischen Völkerrechts festzuhalten, daß Gebietserwerbungen gegen den Willen des – nicht durch Unterwerfung verschwindenden – bisherigen Gebietsherrn illegal sind.

VI. Die Ersitzung

Die Ersitzung bildet einen Titel zum Erwerb von Staatsgebiet in zwei an sich ganz verschiedenen Fällen:

a) es läßt sich im einzelnen Fall nicht nachweisen, welches der Titel zum Erwerb eines Gebiets war, das sich seit einiger Zeit im Besitz eines Staates befindet;

b) es ist bekannt, daß ein Gebiet widerrechtlich in Besitz genommen wurde, aber inzwischen ist Gras über die Sache gewachsen und der frühere Besitzer bemüht sich nicht mehr um die Wiedererlangung.

Es ist also guter Glaube des Ersitzenden nicht erforderlich, so daß eine ursprünglich widerrechtliche Annexion späterhin durch Ersitzung geheilt werden kann. Die Ersitzung ist also ein Anwendungsfall der weitverbreiteten Regel von der normativen Kraft des Faktischen, kraft deren unter bestimmten Voraussetzungen gilt: ex facto ius oritur.[184]

Zum Gebietserwerb kraft Ersitzung müssen folgende Voraussetzungen erfüllt sein:

a) Ein Staat muß sich im effektiven[185] Besitz eines Gebiets befinden.

b) Dieser Besitz muß eine beachtliche Zeit hindurch ohne Unterbrechung bestanden haben.

c) Der Staat muß seinen Besitz unangefochten ausgeübt haben.

Eine präzise Zeit kann das Völkerrecht nicht vorschreiben; es kommt alles auf

---

[181] Siehe Kelsen, Principles, S. 216.

[182] Siehe die baltischen Staaten 1940.

[183] Siehe die schwachen Vorbehalte der „Regelung durch den Friedensvertrag" für den gleichzeitig als „endgültig" erklärten Gebietserwerb der Sowjetunion in Ostpreußen 1945.

[184] Diese Regel steht im Widerspruch zu dem Satz: ex iniuria ius non oritur, der in dieser Fassung sicherlich zu weitgehend ist; s. Bilfinger, Vollendete Tatsache und Völkerrecht, in ZaöRVR 15 S. 453ff.

[185] Darüber s. oben Nr. IV.

die Umstände des konkreten Falles an, insbesondere darauf, ob dritte Staaten die faktische Situation nunmehr als endgültig betrachten. Dies wiederum hängt von der Haltung des unmittelbar betroffenen Staates ab. Wenn er von Beginn seines Besitzverlustes an unmißverständlich gegen diese Besitzveränderung protestiert, alle möglichen Rechts- und politischen Mittel gebraucht, um seinen Rechtsanspruch geltend zu machen, und auch durch sein gesamtes sonstiges Verhalten zeigt, daß er diese Besitzänderung nicht hinzunehmen gewillt ist, so kann von unangefochtenem Besitz nicht die Rede sein, und die Ersitzung findet nicht statt. Dagegen kommt es nicht darauf an, ob die Wiedererlangung des Besitzes durch den früheren Besitzer machtpolitisch aussichtsvoll ist oder nicht; denn das wäre nichts anderes als die Anerkennung des sog. „Rechts des Stärkeren". Aber auch bloße Proteste genügen nicht; es muß sich um einen intensiven Einsatz der gesamten nationalen Bemühungen handeln.[186] Es kann also auch ein Verhalten, das nicht als stillschweigende Zustimmung gedeutet werden kann, sondern hinter ihr zurückbleibt, u. U. den Erfolg der Ersitzung nicht hindern.

Auch die Staatenpraxis anerkennt die Ersitzung. So sagt Max Huber im Palmas-Schiedsspruch 1928:[187] „... that the continuous and peaceful display of territorial sovereignty (peaceful in relation to other States) ist as good as a title."[188]

VII. Der Gebietserwerb kraft natürlicher Zuwachsung

Die Zuwachsung durch natürliche Vorgänge vergrößert das Staatsgebiet automatisch, ohne einen physischen oder psychischen Akt des gewinnenden Staates.

Sie findet hauptsächlich statt:

a) durch Zurückweichen des Meers, sei es durch Anschwemmung von Land vor der Küste oder vor der Mündung eines Flusses, sei es durch langsames Zurückweichen des Meeres von der Küste, wie es z. Z. in der Ostsee stattfindet.

b) durch natürliche Neubildung von Inseln innerhalb der Küstengewässer, sei es vulkanisch, sei es durch verstärkte Sandbildung, sei es durch Drift. Hier tritt eine Erweiterung des Staatsgebiets ein sowohl dann, wenn ein Teil des neugebildeten Landes über das Küstenmeer in das bisher offene Meer hinausreicht, wie auch dann, wenn das nunmehr vom Rande der Insel aus zu messende Küstenmeer dadurch weiter in das bisher offene Meer vorgeschoben wird.

[186] So würden Proteste gegen den Besitzerwerb als solchen sicher nicht genügen, wenn der frühere Gebietsinhaber z. B. in befreundeten Ländern oder gar im eigenen Land erscheinende Karten und Atlanten, in denen die neuen Grenzen als selbstverständlich eingetragen wären, hinnehmen würde, oder wenn seine Gerichte Urteile sprechen würden, die mit seinem außenpolitischen Standpunkt hinsichtlich dieses Gebietes unvereinbar wären, oder wenn er entgegengesetzte Erklärungen seiner nächsten Verbündeten widerspruchslos hinnehmen würde.

[187] Abgedruckt in UN, Reports of International Arbitral Awards, Bd. II, S. 831, 839.

[188] Siehe auch die Rechtsprechung des Schiedsgerichts im Grenzstreit zwischen Guatemala und Honduras 1933, des StIG im Falle Ostgrönlands – AB 53 –, des IG im französisch-britischen Streit über den Besitz der Minquiers- und Ecrehos-Inselgruppe – Reports 1953 S. 47.

c) durch langsame und unmerkliche Änderung des Laufes eines Grenzflusses, insbesondere Anschwemmung (alluvio); nicht tritt dagegen eine Grenzverschiebung ein, wenn der Grenzfluß plötzlich, kraft einer Überschwemmung oder sonstigen Naturkatastrophe, sein altes Flußbett verändert oder gänzlich verläßt (avulsio); im letzteren Fall bleibt das alte, wenn auch trocken gewordene, Flußbett die Grenze.[189]

VIII. Der Gebietszuwachs kraft technischer Vorgänge

Wenn das Meer nicht infolge natürlicher Vorgänge zurückweicht, sondern durch künstliche Anlagen, wie Deiche, Molen usw. zurückgedrängt wird, so entsteht neues Land, und das Küstenmeer wird entsprechend weiter hinausgeschoben.

Einen neuen Titel für Gebietserwerb kraft technischen Fortschritts hat Artikel 1 der Genfer Konvention von 1958 über den Kontinentalschelf geschaffen. Danach unterliegt der Gebietshoheit des benachbarten Uferstaates auch Meeresbett und Untergrund der unter dem hohen Meer liegenden Gebiete jenseits der Zone von 200 m Wassertiefe, soweit die Höhe der darüberliegenden Wassersäule die Ausbeutung der natürlichen Reichtümer dieser Gebiete zuläßt; hier verschiebt sich also die Gebietshoheit je nach der jeweiligen technischen Entwicklung. Neue Probleme schaffen die Ansprüche zahlreicher Küstenstaaten auf eine sog. „Wirtschaftszone" (siehe oben § 52), die sich bis zu 200 Seemeilen erstrecken soll, da die Natur der über sie auszuübenden Rechte noch nicht feststeht. Dagegen soll nach der Entschließung der Generalversammlung der UN vom 17. 12. 1970 der Meeresgrund und -untergrund jenseits der Grenzen einzelstaatlicher Gebietshoheit auch bei intensiver technischer Erschließung jeder Ausübung souveräner Rechte über sie entzogen bleiben.

IX. Die Gebietszuteilung kraft völkerrechtlicher Entscheidung

Eine solche völkerrechtliche Entscheidung kann entweder die eines Schiedsgerichts oder Gerichts (Adjudikation) oder die einer anderen völkerrechtlichen Instanz sein.[190] Die Zuständigkeit zu solcher Gebietszuteilung beruht im Völkerrecht

---

[189] Dies ist z. B. nicht selten der Fall bei den aus dem Himalaya kommenden Strömen des Indussystems, die während des Monsuns ihren Lauf manchmal meilenweit verändern. Siehe auch den Vertrag zwischen USA und Mexico über den Rio Grande vom 12. 11. 1884, der bestimmt, daß die Grenze durch die Mitte des normalen Kanals gebildet werde, trotz Änderungen des Laufs, „provided that such alterations be effected by natural causes through the slow and gradual erosion and deposit of alluvium and not by the abandonment of an existing river bed and the opening of a new one"; s. oben § 45 I.

[190] Beispiele aus der Staatenpraxis s. bei Hackworth aaO Bd. I, S. 726ff.; s. auch die Grenzziehungen auf Grund von Volksabstimmungen nach Friedensverträgen.

immer auf Vertrag, so daß ihre Rechtsgrundlage auf eine bedingte Zession zurückgeführt werden kann.

X. Die Okkupation

Die Okkupation ist die einseitige Aneignung von herrenlosem Gebiet durch einen Staat. Sie war als Titel zum Gebietserwerb von überaus großer Wichtigkeit im Zeitalter der Entdeckungen und der sich ausbreitenden europäischen Kolonisation. Obwohl sie heute bei der weitgehenden Aufteilung der Herrschaft über die Erde von viel geringerer Wichtigkeit ist, ist sie doch nicht ganz ohne Bedeutung, vor allem als Rechtsmittel für den Gebietserwerb noch staatsfreier polarer Gebiete, aber auch als Beweismittel für den seinerzeitigen Erwerb heutiger Besitzungen; im Falle einer weiteren Entwicklung der Raumfahrt, z. B. in bezug auf Herrschaftsfragen über den Mond, könnte diese Erwerbsart dank dem Verbot des Erwerbs territorialer Souveränität über Weltraum und Himmelskörper durch den Vertrag vom 27. 1. 1967 (siehe oben § 53) aber keine neue Bedeutung gewinnen.

Nur herrenloses Gebiet ist der Aneignung durch Okkupation fähig. Herrenlos ist Gebiet, das von keinem Völkerrechtssubjekt beherrscht wird und auch keine Einwohner hat. Aber als herrenlos wurden im Kolonialzeitalter auch Gebiete betrachtet, die von sog. „unzivilisierten" Völkern bewohnt wurden, wobei als „unzivilisiert" auch z. B. die aztekischen und peruanischen Kulturen betrachtet wurden. In diesen Fällen, ebenso wie in Ostindien und Insulinde, ist aber wahrscheinlich nicht Okkupation, sondern Eroberung und Unterwerfung als Rechtstitel anzunehmen, während Okkupation eher bei den Gebieten anzunehmen ist, die von primitiveren Stammeskulturen eingenommen waren. Soweit dabei von Verträgen mit den Eingeborenen Gebrauch gemacht wurde, sind diese, wenn überhaupt als völkerrechtliche Verträge, als Unterwerfungsverträge zu betrachten.[191]

Zur rechtswirksamen Okkupation als Erwerbsgrund von Staatsgebiet ist erforderlich:

a) Die Inbesitznahme des zu erwerbenden Gebiets durch ein Völkerrechtssubjekt.

Die bloße Entdeckung, Flaggenhissung, andere symbolische Akte, Erklärung zur Interessensphäre usw. genügen nicht,[192] sondern es muß sich um eine effektive Herrschaftsausübung handeln. Art und Maß der Effektivität allerdings richten sich nach den geographischen, demographischen, klimatischen, kulturellen, wirt-

---

[191] Siehe dazu insbesondere Vitoria, Relectio de Indis, 1538/1539; C. Schmitt, Der Nomos der Erde, 1950; F. Berber, Indien und das Völkerrecht, in: Indien und Deutschland, herausg. von H. O. Günther, 1956, S. 232ff.

[192] Siehe von der Heydte, Discovery, Symbolic Annexation and Virtual Effectiveness in International Law, AJIL 1935, S. 448ff.

schaftlichen Verhältnissen und können infolgedessen im Einzelfall recht verschieden sein.[193]

b) Der die Inbesitznahme begleitende Wille zur Erwerbung der Gebietshoheit.

Dieser Wille fehlt z. B., wenn nur ein Protektorat oder eine Interessensphäre errichtet werden soll.

c) Die Inbesitznahme durch Organe eines Völkerrechtssubjekts.

Als solche Organe können auch Privatpersonen oder Gesellschaften handeln, wenn sie vor oder nach Besitzergreifung entsprechend autorisiert werden.

d) Die Inbesitznahme von Gebiet, das ,,herrenlos" im Sinne der oben gegebenen Erläuterungen ist.

Für die polaren Gebiete ist im einzelnen folgendes festzustellen:

Das Gebiet um den Nordpol ist nicht Land, sondern Meer. Es besteht aus Wasser und Eis, das zwar zu einem großen Teil vom asiatischen und amerikanischen Kontinent mit vorgelagerten Inseln umgeben ist, aber doch schiffbare Ausgänge zum Atlantik wie zum Pazifik besitzt. Das Eis des arktischen Meeres ist aber nicht konstant, sondern in Drift, so daß es dauernd seinen Standort verändert. Das Arktische Meer selbst dürfte also der Unterstellung unter die Gebietshoheit irgendeines Staates nicht zugänglich sein, wohl aber die arktischen Inseln. Für diese wird vielfach die Sektorentheorie in Anspruch genommen, wie sie etwa in einem sowjetrussischen Erlaß vom 15. 4. 1926 enthalten ist, in dem als sowjetrussisches Gebiet alles Land und alle Inseln in Anspruch genommen werden, die ,,zwischen der Nordküste der Sowjetunion und dem Nordpol in dem Gebiet liegen, das durch den Meridian 32° 4′ 35″ östlich von Greenwich ... und durch den Meridian 168° 49′ 30″ westlich von Greenwich ... begrenzt ist". Von sowjetrussischen Autoren sind darüber hinaus territoriale Ansprüche auch auf Wasser und Eis dieses Gebiets erhoben worden, eine interessante Wiederaufnahme älterer Tendenzen des abendländischen Völkerrechts zur Appropriation von Meeresteilen und eine offensichtliche Parallele zur Lehre vom ,Continental Shelf'.[194]

e) Die Antarktis besteht im Gegensatz zur Arktis aus Landmassen, die zwar einer Besiedelung, nicht aber einer Errichtung und Unterhaltung von Stationen und damit einer, wenn auch primitiven, Okkupation[195] unzugänglich sind. Zur Zeit erheben Argentinien, Australien, Chile, Frankreich, Großbritannien, Neu-

---

[193] Siehe Schiedsurteil im Palmasfall, Reports of International Arbitral Awards II, S. 840: ,,The intermittence and discontinuity compatible with the maintenance of the right necessarily differ according as inhabited or uninhabited regions are involved ..."; s. auch Urteil des StIG im Ostgrönlandfall, A/B 53 S. 46: ,,... that in many cases the tribunal has been satisfied with very little in the way of the actual exercise of sovereign right, provided that the other State could not make out a superior claim."

[194] Siehe Lakhtine in AJIL 1930 S. 703; Smedal, Acquisition of Sovereignty over Polar Areas, 1931; Taracouzio, Sovjets in the Arctic, 1938.

[195] Siehe StIG im Ostgrönlandfall 1933: ,,... that in many cases the tribunal has been satisfied with very little in the way of actual exercise of sovereign rights, provided that the other state could not make out a superior claim. This is particularly true in the case of claims to sovereignty over areas in thinly populated or unsettled countries."

seeland und Norwegen sich oft überschneidende territoriale Ansprüche in der Antarktis, die meist auf dem Sektorenprinzip beruhen, während USA und UdSSR sich abwartend verhalten.[196] Zwischen den genannten 7 Gebietsprätendenten sowie den USA, der UdSSR, Japan, Belgien und Südafrika wurde am 1. 12. 1959 in Washington ein Vertrag geschlossen, dessen Artikel I bestimmt, daß die Antarktis ausschließlich für friedliche Zwecke genutzt werden soll, während nach Art. IV alle Souveränitätsansprüche für die Dauer des Vertrags eingefroren werden (abgedruckt bei Berber, Dokumente I, 1967, S. 857).

B. Der Verlust von Staatsgebiet

Fast jedem Erwerbsgrund von Staatsgebiet entspricht auch ein Verlustgrund, zwar nicht immer im konkreten Fall, aber doch nach der Klassifizierung.

Der Bildung eines neuen Staats, soweit sie nicht auf herrenlosem Gebiet, sondern durch Losreißung von einem bestehenden Staatsgebiet erfolgt, entspricht der Verlust von Staatsgebiet durch Sezession eines Gebietsteils.

Der Fusion eines Staates mit einem anderen entspricht der Untergang des im anderen Staat aufgehenden bisherigen Staates; mit dem Untergang des Staates verschwindet zugleich sein Gebiet.

Durch die Zession erwirbt der Zessionar Gebiet, während der Zedent das gleiche Gebiet verliert.

Durch die Unterwerfung geht der unterworfene Staat unter, mit ihm verschwindet sein Staatsgebiet.

Durch die Annexion verliert ein Staat das von einem anderen Staat annektierte Gebiet.

Dem Erwerbsgrund der Ersitzung entspricht der Verlustgrund der Verjährung des Gebietsanspruchs.

Dem Gebietszuwachs durch natürliche Vorgänge entspricht der Gebietsverlust durch natürliche Vorgänge (etwa der Untergang einer Insel durch ein Erdbeben, die langsame Wegschwemmung von Ufer an einem Grenzfluß, die dauernde Überschwemmung von Land durch Meer, etwa in Nordfriesland im Mittelalter).

Dem Gebietszuwachs kraft technischer Vorgänge entspricht der Gebietsverlust kraft technischer Vorgänge (etwa die Zerstörung einer ins Meer hinausgebauten Mole durch Menschenhand).

Das Gebiet, das durch eine völkerrechtliche Entscheidung einem Staat zugesprochen wird, geht dadurch einem anderen Staate verloren.

---

[196] Siehe I. v. Münch, Völkerrechtsfragen der Antarktis, Archiv des Völkerrechts 1958 S. 225; Lissitzyn, The American Position on Outer Space and Antarctica, in AJIL 1959 S. 126ff.; Hayton, The Antarctic Settlement of 1959, in AJIL 1960 S. 349ff.; Hambro, Some notes on the future of the Antarctic Treaty Collaboration, in AJIL 1974 S. 217ff.

Wie herrenloses Gebiet okkupiert werden kann, so kann Staatsgebiet herrenlos gemacht werden, sei es durch Dereliktion von seiten des bisherigen Inhabers, sei es durch Untergang der bisherigen Staatsgewalt, ohne daß eine neue Staatsgewalt überhaupt oder in vollem Umfang an ihre Stelle tritt.[197]

[197] Ein Fall zwar nicht der Dereliktion von souveräner Gebietshoheit, aber von Mandatsgebietshoheit lag vor, als Großbritannien 1948 das Palästina-Mandat niederlegte, ohne die Regelung einer Rechtsnachfolge abzuwarten, s. oben Nr. I.

Zehntes Kapitel

Die Kompetenzabgrenzung der Staaten hinsichtlich der Personen

§ 55. Das Problem

Die Lehre von der Staatsangehörigkeit als solcher ist ebensowenig wie die Lehre vom Staatsgebiet legitimer Gegenstand völkerrechtlicher Betrachtung; sie gehört vielmehr dem öffentlichen Recht der einzelnen Staaten an. Gegenstand der völkerrechtlichen Betrachtung dagegen ist z. B. die Lösung von Konflikten, die aus positiven Überschneidungen oder aus negativen Lücken mehrerer solcher einzelstaatlicher Staatsangehörigkeitsregelungen entstehen. Dies ist aber durchaus nicht die einzige Erscheinungsform der vom Völkerrecht vorzunehmenden Kompetenzabgrenzung der Staaten hinsichtlich der Personen. Von besonderer Wichtigkeit ist die Kompetenzabgrenzung, die vom Völkerrecht hinsichtlich solcher Staatsangehöriger getroffen wird, die sich nicht auf dem Gebiet ihres eigenen Staates befinden, sondern im Ausland, und die dort Gegenstand des sog. Fremdenrechts sind. Privilegierte Kategorien solcher „Fremder" sind vor allem, aber nicht nur, die Exterritorialen, deren besonderer Status bereits in anderem Zusammenhang behandelt wurde (s. oben Kap. VIII). Sonderprobleme der Fremden sind das Asyl-Recht, das Flüchtlingsrecht, das Recht der Ausweisung und meist auch – mit Ausnahme der Länder, die auch ihre eigenen Staatsangehörigen ausliefern, so daß bei ihnen hier nicht bloß ein fremdenrechtliches Problem vorliegt – das Recht der Auslieferung, deren völkerrechtliche Aspekte ebenfalls in unseren Zusammenhang gehören. Schließlich gehören auch die – bisher geringen – völkerrechtlichen Einschränkungen der prinzipiellen Freiheit der einzelnen Staaten, ihre eigenen Staatsangehörigen ausschließlich gemäß ihrer eigenen Rechtsordnung behandeln zu können, hierher, also insbesondere das Minderheitenrecht und die Entwicklung der sog. Menschenrechte. Alle diese Probleme sind in den folgenden Abschnitten im einzelnen zu behandeln.

§ 56. Die völkerrechtlichen Probleme der Staatsangehörigkeit

Literatur: *Borchard,* The Diplomatic Protection of Citizens Abroad, 1915; *Bourbousson,* Traité Général de la Nationalité, 1931; *Dubois,* Die Frage der völkerrechtlichen Schranken landesrechtlicher Regelung der Staatsangehörigkeit, 1955; *Dunn,* The Protection of Nationals, 1932; *Harvard Law School,*

The Law of Nationality, AJIL 1929 Suppl. 1; *Jones,* British Nationality Law, 1956; *Isay,* Die Staatsangehörigkeit juristischer Personen, 1907; *Jellinek,* Der automatische Erwerb und Verlust der Staatsangehörigkeit durch völkerrechtliche Vorgänge, 1951; *Lessing,* Das Recht der Staatsangehörigkeit und die Aberkennung der Staatsangehörigkeit, 1937; *Lichter,* Die Staatsangehörigkeit, 1955; *Lipovano,* L'apatridie, 1935; *Makarov,* Allgemeine Lehren des Staatsangehörigkeitsrechts, 2. Aufl. 1962; *Maßfeller,* Deutsches Staatsangehörigkeitsrecht von 1870 bis zur Gegenwart, 1955; *Panhuis. H. F. van,* The Role of Nationality in International Law, 1959; *Quadri,* La Sudditanza nel diritto internazionale, 1936; *Schindler,* Gleichberechtigung von Individuen als Problem des Völkerrechts, 1957; *UN-Legislative Series,* Laws Concerning Nationality, 1954, 1959; *Vernant,* The Refugee in the Postwar World, 1953; *Vishniac,* Legal Status of Stateless Persons, 1945; *Weis,* Nationality and Statelessnes in International Law, 1956; *Zeballos,* La nationalité au point de vue de la législation comparée etc., 5 Bde, 1914–1919.

I. Der Begriff der Staatsangehörigkeit

Trotz aller Versuche, den Einzelmenschen oder doch zum mindesten *auch* den Einzelmenschen zum Völkerrechtssubjekt zu machen, muß für das geltende Recht auch heute noch im allgemeinen davon ausgegangen werden, daß generelle regelmäßige Subjekte des Völkerrechts nur die Staaten sind.[1] Das Völkerrecht in seinem gegenwärtigen Zustand ist also wesensmäßig ,,indirektes" Recht;[2] der einzelne wird durch seinen Staat mediatisiert, nur durch ihn hindurch, indirekt, nimmt er an den Rechten und Verpflichtungen des Völkerrechts teil;[3] sein Staat haftet bei Vorliegen gewisser Voraussetzungen für ihn. Es ist also von größter Wichtigkeit für den Einzelmenschen, daß er einem bestimmten Staate überhaupt angehört, und welchem bestimmten Staat er in concreto angehört. Hier liegt die Wurzel der völkerrechtlichen Bedeutsamkeit der Staatsangehörigkeit. Die staatsrechtliche Bedeutsamkeit der Staatsangehörigkeit berührt sich damit aufs engste: der Staat muß wissen, wer die ihn tragenden staatsbürgerlichen Rechte besitzt, über wen er herrschen darf, über wen er Personalhoheit besitzt, gleich wo der betreffende Einzelmensch sich befindet, für wen er evtl. haftet; die politischen Rechte und Pflichten des einzelnen als Staatsbürgers bestimmen sich nach seiner Staatsangehörigkeit.

Diesem Sachverhalt entsprechen die geläufigen Definitionen der Staatsangehörigkeit.

Dahm[4] definiert Staatsangehörigkeit als eine Rechtsbeziehung zwischen dem Staat und den ihm enger verbundenen Personen, aber auch als eine rechtliche Eigenschaft, aus der sich für die Mitglieder des sozialen Verbandes bestimmte Rechte und Pflichten ergeben. Von der Heydte[5] versteht unter Staatsangehörigkeit das Rechtsverhältnis, kraft dessen menschliche Personen oder Personenverbände der Personalhoheit eines Staates voll unterworfen sind. Verdross[6] unterscheidet

[1] Siehe oben § 13.
[2] Ross aaO S. 19.
[3] Bishop aaO S. 302.
[4] aaO I S. 444.
[5] aaO I S. 256.
[6] aaO S. 305.

zwischen dem staatsrechtlichen Begriff der Staatsbürgerschaft und dem völkerrechtlichen Begriff der Staatsangehörigkeit, der die passive, dauernde Zugehörigkeit eines Menschen zu einem bestimmten Staate beinhaltet. Nach Kelsen[7] ist Staatsangehörigkeit der Status eines Individuums, das rechtlich einem bestimmten Staate angehört. Scelle[8] versteht unter Staatsangehörigkeit das Hauptelement des internationalen Status der Individuen. Rousseau[9] bezeichnet als Staatsangehörigkeit „la sujétion politique". Oppenheim[10] bezeichnet als Staatsangehörigkeit eines Individuums die Eigenschaft, ein Untertan eines bestimmten Staates und daher sein Bürger zu sein. Nach Hyde[11] ist Staatsangehörigkeit eine solche Beziehung zwischen einem Staat und einem Individuum, daß der erstere das letztere begründetermaßen als ihm „allegiance" schuldend betrachten kann; allegiance kann wohl am besten mit „Treue und Gehorsam" übersetzt werden.[12]

Die Staatsangehörigkeit läßt sich definieren als eine öffentlich-rechtliche Rechtsbeziehung, kraft deren ein Mensch als mit einem bestimmten Staat in effektiver, dauernder und regelmäßig ausschließlicher Weise verbunden angesehen wird, und zwar sowohl von seinem eigenen Staat wie von dritten Staaten. Die Staatsangehörigkeit wirkt also sowohl nach innen als nach außen. Nach innen bedeutet sie vor allem: den Staat personell zu konstituieren – die Gesamtheit der Staatsangehörigen ist das Staatsvolk – an seiner Willensbildung teilzunehmen – soweit der Staatsangehörige dazu berechtigt ist, wird er als Staatsbürger bezeichnet – und dem Staate zur Verfügung zu stehen, insbesondere auch seiner Rechtsordnung unterworfen zu sein – in dieser Eigenschaft heißt der Staatsangehörige Untertan. Nach außen bedeutet die Staatsangehörigkeit vor allem: von der Personalhoheit jedes anderen als des eigenen Staates frei zu sein, von dem eigenen Staat gegenüber anderen Staaten geschützt zu werden, für den eigenen Staat eine Haftung gegenüber anderen Staaten bei Vorliegen gewisser Voraussetzungen herbeizuführen.

II. Entstehung und Beendigung der Staatsangehörigkeit

Jeder Staat bestimmt grundsätzlich selbst, wer seine Staatsangehörigen sind, wodurch seine Staatsangehörigkeit erworben wird, wodurch sie verlorengeht. Es gibt keine Regel des Völkerrechts, die den Staaten die Verwendung einer bestimmten Erwerbs- oder Verlustart oder die Beschränkung auf bestimmte Erwerbs- oder Verlustarten vorschreiben würde. Es ist allgemein anerkannt, daß es prinzipiell eine „innere Angelegenheit" jedes Staates ist, die Voraussetzungen für

---

[7] Principles S. 248.
[8] Précis II, S. 136.
[9] Droit International Public Approfondi, 1958, S. 108.
[10] aaO I S. 642.
[11] aaO II S. 1064.
[12] Siehe Black's Law Dictionary S. 99.

den Erwerb und den Verlust seiner Staatsangehörigkeit nach seinem Ermessen zu bestimmen.[13] Zu dieser Ermessensfreiheit bedarf der Staat keiner völkerrechtlichen Ermächtigung, sondern sie folgt notwendig und selbstverständlich aus dem Prinzip der Unabhängigkeit der Staaten. Es ist nicht richtig, wenn Triepel[14] behauptet, jeder Staat sei durch Rechtsgrundsätze allgemeiner Art auf die Wahl zwischen bestimmten, nicht sehr zahlreichen Erwerbs- und Verlusttatsachen angewiesen. Die regelmäßigen Erwerbsgründe nach nationalem Recht sind vor allem: Zuerkennung der Staatsangehörigkeit nach derjenigen der Eltern (jus sanguinis) oder nach Geburt auf dem Staatsgebiet (jus soli) oder einer Kombination dieser beiden Prinzipien, Einbürgerung auf Ersuchen des Einzubürgernden, Erwerb einer fremden Staatsangehörigkeit wegen Gebietsübergangs;[15] die regelmäßigen Verlustgründe nach nationalem Recht sind vor allem: Verlust durch freiwilligen Erwerb einer fremden Staatsangehörigkeit, durch langen Auslandaufenthalt, durch Gebietsübergang, durch Ausbürgerung (die in der Bundesrepublik nach Art. 16 Abs. 1 Satz 1 verboten, in einer Reihe von Staaten aber zulässig ist, so etwa nach dem US-Gesetz von 1952). Der früher häufig vorgesehene automatische Erwerb der Staatsangehörigkeit durch die Verehelichung einer ausländischen Frau mit einem Inländer, der automatische Verlust durch die Verehelichung einer inländischen Frau mit einem Ausländer ist im Zuge der Gleichberechtigung der Frau seltener geworden; die New Yorker Konvention vom 20. 2. 1957 über die Staatsangehörigkeit verheirateter Frauen sieht in Art. 1 vor, daß weder die Eingehung noch die Auflösung einer Ehe noch auch der Staatsangehörigkeitswechsel des Ehemanns während der Ehe die Staatsangehörigkeit der Frau automatisch beeinflussen soll. Es steht aber nichts im Wege, daß ein Staat andere Erwerbs- und Verlustgründe als die vorgenannten schafft. Dennoch ist offensichtlich, daß ein Staat nicht völlig frei ist in seinem Ermessen, welche Erwerbs- und Verlustgründe sein nationales Recht feststellt; würde diese Freiheit ohne jede völkerrechtliche Schranke bestehen, so würden völliges Chaos und völlige Anarchie die Folge sein und die gegenseitige Abgrenzung der Staatsangehörigkeit der einzelnen Staaten völlig illusorisch werden, also die Institution der Staatsangehörigkeit selbst ihren Sinn verlieren. In diesem Sinne hat man darauf hingewiesen, daß es z. B. nicht zulässig sei, wenn ein Staat alle Menschen als seine Staatsangehörigen in Anspruch nehmen wollte, die zwar auf fremdem Staatsgebiet, aber nicht weiter als 500 Meilen von seinen Grenzen entfernt wohnen, oder die zwar auf fremdem Staatsge-

---

[13] Siehe Haager Abkommen vom 12. 4. 1930, Art. 1 S. 1: „It is for each State to determine under its own law who are its nationals"; s. JG im Nottebohm-Fall, 1955, S. 20: „nationality is within the domestic jurisdiction of the State"; s. BVG 1 S. 328f.: „Auszugehen ist von dem völkerrechtlichen Grundsatz, daß jeder Staat grundsätzlich allein berufen ist, nach seinem Ermessen zu bestimmen, wie seine Staatsangehörigkeit erworben und verloren wird."

[14] In ZaöRVR I 1 (1929), S. 195ff.; ähnlich E. Kaufmann in: Règles Générales du Droit de la Paix, S. 66.

[15] Siehe oben § 36e.

biet wohnen, aber einer bestimmten politischen oder religiösen Überzeugung oder einer bestimmten Sprache oder Rasse angehören.[16] Daß es völkerrechtliche Schranken des freien einzelstaatlichen Ermessens in dieser Materie gibt, wird allgemein anerkannt. So sagt Artikel 1 S. 2 der Haager Konvention vom 12. 4. 1930: ,,Dieses Recht soll von anderen Staaten insoweit anerkannt werden, als es mit internationalen Verträgen, internationalem Gewohnheitsrecht und den in bezug auf die Staatsangehörigkeit allgemein anerkannten Rechtsgrundsätzen vereinbar ist".[17] Was sind im einzelnen die völkerrechtlichen Beschränkungen des freien Ermessens der Staaten, die Voraussetzungen des Erwerbs und des Verlusts ihrer Staatsangehörigkeit durch nationale Regelungen festzusetzen?

a) Es ist zweifellos, daß jeder Staat durch für ihn bindende bilaterale und multilaterale Verträge kraft seiner eigenen Zustimmung zu diesen Verträgen völkerrechtlich beschränkt sein kann. Solche Verträge sind zahlreich.[18] Hierzu gehören z. B. die sog. Bancroft-Verträge von 1868 zwischen den USA und dem Norddeutschen Bund, den USA und Bayern, den USA und Baden, den USA und Württemberg, den USA und Hessen, die die Staatsangehörigkeit der Personen regeln, ,,die aus dem Gebiete des einen Teils in dasjenige des anderen Teils einwandern",[19] ferner die Bestimmungen zahlreicher Friedensverträge, die Staatsangehörigkeitsfragen bei Gebietsabtretungen regeln, die multilaterale Haager Konvention von 1930,[20] die panamerikanischen Konventionen von 1906 (Rio de Janeiro), von 1928 (Havana), von 1933 (Montevideo, über die Staatsangehörigkeit der Frauen), von 1933 (Montevideo), die UN-Konvention vom 20. 2. 1957 über die Staatsangehörigkeit der Ehefrauen,[21] die New Yorker Konvention vom 29. 8. 1961 über die Verminderung der Staatenlosigkeit (A/Conf. 9/15, teilweise abgedruckt bei Whiteman aaO Bd. 8 S. 91), die Europäische Konvention über die Verminderung von Fällen mehrfacher Staatsangehörigkeit usw. vom 6. 5. 1963 (BGBl. 1969 II S. 1953, Berber, Dokumente I S. 1067). Alle diese Abkommen regeln nur Einzelfragen; eine *allgemeine* Festlegung der völkerrechtlichen Einschränkung der innerstaatlichen Ermessensfreiheit auf diesem Gebiet enthalten sie nicht.

b) Aus dem Grundsatz, daß jeder Staat berechtigt ist, die Voraussetzungen für den Erwerb und den Verlust seiner eigenen Staatsangehörigkeit autonom zu regeln, folgt mit logischer Notwendigkeit die völkerrechtliche Beschränkung,

[16] Siehe Kommentar zum Entwurf der Harvard Law School in: AJIL, April 1929, Suppl. S. 13.

[17] Siehe auch BVG 1 S. 329: ,,Das Ermessen des Staates, diese Angelegenheiten zu regeln, wird durch das allgemeine Völkerrecht begrenzt."

[18] Siehe eine Zusammenstellung bei Makarov, Allgemeine Lehren des Staatsangehörigkeitsrechts, 1947, S. 371 ff.; s. ebenso die Zusammenstellung in: Laws concerning Nationality, UN Legislative Series, St/Leg/Ser. B/4, 1954, S. 567–594; Suppl. 1959.

[19] Siehe Bendix, Fahnenflucht und Verletzung der Wehrpflicht durch Auswanderung, 1906.

[20] LNTS 179, S. 89; s. die Liste der gebundenen Staaten bei Makarov aaO S. 147 Fußnote 356.

[21] Abgedruckt in UNYB 1956 S. 241; siehe Whiteman aaO Bd. 8 S. 156, Archiv des Völkerrechts Bd. 8 S. 441.

daß kein Staat die Regelung der Staatsangehörigkeit eines fremden Staates unternehmen kann; hieraus folgt zugleich die kollisionsrechtliche Regel, nach der die Staatsangehörigkeit gemäß der Rechtsordnung des Staates zu beurteilen ist, um dessen Staatsangehörigkeit es sich handelt.[22]

c) Die am 10. 12. 1948 von der Generalversammlung der UN angenommene „Allgemeine Erklärung der Menschenrechte", die freilich keine juristisch bindende Wirkung besitzt, bestimmt in Art. 15: „Niemand darf seine Staatsangehörigkeit willkürlich entzogen noch ihm das Recht versagt werden, seine Staatsangehörigkeit zu wechseln". Nach Art. 16 Abs. 1 Satz 1 GG darf die deutsche Staatsangehörigkeit nicht entzogen werden; in vielen Staaten besteht aber keine ähnliche Regelung. Die freiwillige Aufgabe der bisherigen Staatsangehörigkeit wird vielfach durch mehr oder weniger strenge Voraussetzungen eingeengt; so bestimmt das deutsche Recht in § 22 des Reichs- und Staatsangehörigkeitsgesetzes vom 22. 7. 1913, daß die Entlassung im allgemeinen Personen, die in einem öffentlich-rechtlichen Dienst- oder Amtsverhältnis stehen, sowie Wehrpflichtigen zu versagen ist; nach § 24 gilt sie als nicht erfolgt, wenn der Entlassene beim Ablauf eines Jahres nach der Entlassung seinen Wohnsitz oder dauernden Aufenthalt im Inland hat. Nach sowjetrussischem Recht ist generell staatliche Genehmigung zur Entlassung vorgeschrieben (siehe Art. 4 des Gesetzes Nr. 198 vom 19. 8. 1938).

d) Wir haben oben gesehen, daß die in der Literatur des öfteren vertretene These nicht haltbar ist, wonach der Erwerb und der Verlust der Staatsangehörigkeit nur nach einer begrenzten Zahl von Prinzipien erfolgen dürfe, „daß die Völkerrechtsordnung den Staaten nur gestattet, ihre Staatsangehörigkeit zu verleihen auf Grund allgemein üblicher und anerkannter Anknüpfungsmomente, als welche etwa das jus soli und das jus sanguinis anzusehen wären". Ebenso ist als zu vage abzulehnen die These, der allgemeine Grundsatz des Verbots des Rechtsmißbrauchs sei eine völkerrechtliche Schranke für die Staaten bei der Ausgestaltung ihres Staatsangehörigkeitsrechts.[23] Ziemlich weit verbreitet ist dagegen die These, daß ein Staat seine Staatsangehörigkeit nicht gegen den Willen der Betroffenen aufzwingen oder verleihen darf, falls diese keine genügende Anknüpfung an seine Rechtsordnung aufweisen;[24] aber auch diese These ist noch recht vage und infolgedessen praktisch nur als ein äußerstes Minimum anzusehen. Dagegen läßt sich ohne weiteres der Grundsatz aufstellen, daß ein Staat den Erwerb und den Verlust seiner Staatsangehörigkeit nicht so regeln darf, daß er dadurch in die Rechte eines anderen Staates eingreift oder das allgemeine Völkerrecht verletzt. So konnte die

---

[22] Siehe Makarov aaO S. 59ff.; s. Art. 2 der Haager Konvention von 1930.

[23] Siehe dazu Berber, Wassernutzungsrecht S. 138ff.; Makarov aaO S. 95.

[24] Siehe Makarov aaO S. 100; siehe aus der Entscheidung des Nottebohm-Falles durch den IG (Reports 1955 S. 23): „... nationality is a legal bond having as its basis a social fact of attachment, a genuine connection of existence, interests and sentiments, together with the existence of reciprocal rights and duties."

deutsche Verordnung über die Staatsangehörigkeit im Elsaß, in Lothringen und in Luxemburg vom 23. 8. 1942,[25] nach der diejenigen deutschstämmigen Elsässer, Lothringer und Luxemburger, die zur Wehrmacht oder zur Waffen-SS einberufen oder als ,,bewährte Deutsche" anerkannt wurden, die deutsche Staatsangehörigkeit ,,von Rechts wegen" erwarben, keine völkerrechtliche Gültigkeit besitzen, da sie die gewohnheitsrechtliche, auch in Art. 43 und 45 der Haager Landkriegsordnung teilweise kodifizierte völkerrechtliche Regel verletzte, wonach ein fremder Staat auf besetztem feindlichem Gebiet keine Eingriffe in den rechtlichen Bestand vornehmen darf, die nicht durch die Besatzungszwecke erfordert sind.[26] In Übereinstimmung mit dieser völkerrechtlichen Situation und unter ausdrücklicher Berufung auf die durch diese Verordnung vorgenommene ,,Verletzung der Grundsätze des Völkerrechts" hat denn auch der Rat der Alliierten Hohen Kommission durch Gesetz Nr. 12 vom 17. 11. 1949[27] festgestellt, daß diese Verordnung, soweit sie die zwangsweise Übertragung der deutschen Staatsangehörigkeit auf französische und luxemburgische Staatsangehörige zum Gegenstand hat, ,,von Anfang an nichtig und rechtsunwirksam gewesen" ist. Dagegen kann es nach geltendem Völkerrecht wohl kaum als ein Eingriff in die Rechte eines anderen Staates angesehen werden, wenn ein Staat einem Angehörigen eines anderen Staates, der sich bei ihm niedergelassen hat oder der sonst in nähere Beziehungen zu ihm getreten, ist, auf sein Ansuchen seine Staatsangehörigkeit verleiht, ohne daß seine Angehörigkeit zu dem anderen Staat schon beendigt wäre. Denn nach geltendem Völkerrecht besteht kein Verbot einer mehrfachen Staatsangehörigkeit im Einzelfall, so daß die Ausschließlichkeit der als Staatsangehörigkeit bezeichneten Rechtsbeziehungen in der obigen Definition nur als regelmäßig, nicht als ausnahmslos bezeichnet werden konnte.[28] Auf völkerrechtlichem Gewohnheitsrecht beruht auch die Regel, wonach die Kinder eines Exterritorialen in einem Staat, in dem jus soli gilt, nicht durch ihre Geburt in diesem Staat dessen

---

[25] RGBl. I S. 533.

[26] Siehe Mann, Zwangseinbürgerungen im Völkerrecht, Friedenswarte 1956 S. 101.

[27] Amtsblatt der Hohen Alliierten Kommission in Deutschland 1949 S. 36.

[28] Über die Problematik der evtl. Fortdauer einer gesamtdeutschen Staatsangehörigkeit siehe u. a. Löwisch, Eine praktische Frage der Neuregelung der Staatsangehörigkeit im geteilten Deutschland, in Juristenzeitung 1973 S. 117; Meessen, Das Problem der deutschen Staatsangehörigkeit nach dem Grundvertrag, in Europa-Archiv 1973 S. 515; Riege, Alleinvertretungsanmaßung im Staatsangehörigkeitsrecht, in Neue Justiz 1969 S. 21; Zieger, Die Staatsangehörigkeit im geteilten Deutschland, 1971. Unter Berufung auf Art. 116 I GG (,,Deutscher im Sinne dieses GG ist vorbehaltlich anderweitiger gesetzlicher Regelung, wer die deutsche Staatsangehörigkeit besitzt oder als Flüchtling oder Vertriebener deutscher Volkszugehörigkeit oder als dessen Ehegatte oder Abkömmling in dem Gebiete des Deutschen Reiches nach dem Stande vom 31. Dezember 1937 Aufnahme gefunden hat.") stellte das Bundesverfassungsgericht in seinem Urteil vom 31. 7. 1973 u. a. fest: ,,Der Vertrag bedarf weiter der Auslegung, daß – unbeschadet jeder Regelung des Staatsangehörigkeitsrechts in der Deutschen Demokratischen Republik – die Bundesrepublik Deutschland jeden Bürger der Deutschen Demokratischen Republik, der in den Schutzbereich der Bundesrepublik und ihrer Verfassung gerät, gemäß Art. 116 Abs. 1 und 16 GG als Deutschen wie jeden Bürger der Bundesrepublik behandelt."

Staatsangehörigkeit erwerben; diese Regel ist auch in Art. 12 Abs. 1 der Haager Konvention von 1930 sowie in Art. II des Wiener Protokolls über den Erwerb der Staatsangehörigkeit vom 18. 4. 1961 (UN Doc. A/Conf. 20/11) niedergelegt. Dagegen müssen alle anderen in der Literatur vertretenen Thesen, die weitere völkerrechtliche Einschränkungen des freien Ermessens der Staaten auf diesem Gebiet behaupten, lediglich als Vorschläge de lege ferenda betrachtet werden. Dies gilt insbesondere von dem angeblichen Erfordernis, daß ein Staat einen fremden Staatsangehörigen erst nach Entlassung aus seiner bisherigen Staatsangehörigkeit naturalisieren könne.[29] Die völkerrechtlichen Schranken des freien Ermessens der Staaten sind also recht weit und recht elastisch gezogen, mit der Folge, daß Überschneidungen ohne weiteres möglich sind, daß ein und dasselbe Individuum von mehreren Staaten als ihr Staatsangehöriger in Anspruch genommen werden kann (mehrfache Staatsangehörigkeit), wie es auch möglich ist, daß es Individuen gibt, die von keinem Staat als Staatsangehörige anerkannt sind (Staatenlosigkeit).

III. Die mehrfache Staatsangehörigkeit

Die geringen völkerrechtlichen Einschränkungen des freien Ermessens der Staaten bei der Aufstellung von Regeln über den Erwerb und den Verlust ihrer Staatsangehörigkeit können es nicht verhindern, daß Überschneidungen stattfinden, in deren Folge eine Person die Staatsangehörigkeit mehrerer Staaten besitzt. Ein besonders häufiger, wenn auch nicht der einzige Grund für die Entstehung der mehrfachen Staatsangehörigkeit ist die Verschiedenheit der nationalen Vorschriften über den Erwerb und Verlust der Staatsangehörigkeit; so tritt sie z. B. ein bei Vorliegen von jus sanguinis in dem Staat, dem die Eltern angehören, und jus soli in dem Staat, auf dessen Gebiet die Geburt stattfindet. Zur Verminderung der dadurch auftretenden Unzuträglichkeiten hat das völkerrechtliche Gewohnheitsrecht und übereinstimmend die schon erwähnte Haager Konvention (H. K.) vom 12. 4. 1930 (siehe Whiteman aaO Bd. 8 S. 81) drei Rechtsregeln entwickelt:

a) Jeder Staat kann seinen Staatsangehörigen, auch wenn er noch weitere Staatsangehörigkeiten besitzt, so behandeln, als ob er nur seine eigene Staatsangehörigkeit besäße (Art. 3 H. K.). Der Mehrstaater (sujet mixte) kann also in große Schwierigkeiten geraten, wenn er von den zwei oder mehreren Staaten, denen er angehört, widersprechende Weisungen erhält, etwa eine Aufforderung, seiner Kriegsdienstpflicht zu genügen. Befinden sich diese Staaten während eines Krieges auf entgegengesetzter Seite, so kann der Mehrstaater durch die Erfüllung der Kriegsdienstpflicht in einem Staat, der er sich nicht entziehen kann, sich einem anderen Staat gegenüber des Hoch- oder Landesverrats schuldig machen. Das Haager Protokoll von 1930 über die Militärpflicht in gewissen Fällen der doppel-

[29] Siehe Sektion V Abs. 2 der Schlußakte der Haager Konferenz von 1930, wo dies als „wünschenswert" bezeichnet wird.

ten Staatsangehörigkeit,[30] das in solchen Fällen eine Militärpflicht nur in demjenigen der mehreren in Frage kommenden Staaten vorsieht, mit dem er am engsten verbunden ist, gilt nur für die wenigen (12) Vertragsstaaten und ist keine Regelung des allgemeinen Völkerrechts; das Gleiche gilt für die hier weithin gleiche Regelung der Art. 5ff. der Europ. Konvention über die Verminderung von Fällen mehrfacher Staatsangehörigkeit und militärische Verpflichtungen in Fällen mehrfacher Staatsangehörigkeit vom 6. 5. 1963 (BGBl. 1969 II S. 1953, Berber, Dokumente I S. 1067).

b) Im Verhältnis zwischen den mehreren Staaten, denen ein Mehrstaater angehört, kann keiner gegenüber dem anderen in bezug auf die Person des Mehrstaaters Rechte, z. B. das diplomatische Schutzrecht, geltend machen; hier gibt es kein Vorrecht des Staates, mit dem er besonders enge verbunden ist, sondern er wird als jedem dieser Staaten gleich nahestehend angesehen (Art. 4 H. K.).

c) Im Verhältnis zu dritten Staaten muß dagegen eine Entscheidung zugunsten einer einzigen Staatsangehörigkeit getroffen werden können, wenn mit den verschiedenen Staatsangehörigkeiten verschiedene Rechte und Pflichten verbunden sind (in einem dritten Staat erfolgt z. B. die Beschlagnahme der Vermögen der Angehörigen des einen, nicht aber des anderen Staates). Hier geht nach völkerrechtlichem Gewohnheitsrecht wie nach Art. 5 H. K. die Angehörigkeit zu dem Staate vor, in dem er seinen faktischen Wohnsitz hat oder mit der er in sonstiger Weise enger als mit dem anderen verbunden ist (aktive Staatsangehörigkeit).[31] Dasselbe gilt für die Ausübung des diplomatischen Schutzrechts: Dritte Staaten brauchen die Ausübung des Schutzrechts für Mehrstaater nur durch denjenigen der mehreren Staaten, denen der Mehrstaater angehört, zu dulden, dessen aktive Staatsangehörigkeit er besitzt. Diese allgemeine völkerrechtliche Regel wurde z. B. der Entscheidung des Ständigen Internationalen Schiedshofs im Canvaro-Fall 1912[32] zugrunde gelegt und ist für die Vertragsstaaten der Haager Konvention von 1930 in deren Artikel 5 niedergelegt.

Es hat nicht an Versuchen gefehlt, das Entstehen der – aus vielen Gründen unerwünschten – mehrfachen Staatsangehörigkeit zu reduzieren; so enthält z. B. Sektion III der Haager Schlußakte von 1930 den einstimmigen Beschluß, der es als wünschenswert erklärt, ,,daß die Staaten in der Ausübung ihres Rechts, Fragen der Staatsangehörigkeit zu regeln, jede Bemühung unternehmen sollten, so weit als möglich Fälle der doppelten Staatsangehörigkeit zu reduzieren". Es fehlt aber bisher an einer *allgemeinen* völkerrechtlichen Regelung hierüber,[33] ebenso gibt es

[30] LNTS 178, S. 227.

[31] Der hierfür auch verwendete Ausdruck ,,effektive Staatsangehörigkeit" sollte vermieden werden, da die Effektivität der Staatsangehörigkeit etwas ganz anderes bedeutet, s. unten Nr. V letzter Absatz.

[32] Abgedruckt bei Scott, Hague Court Reports, 1916, S. 284.

[33] Beispiele von partiellen Regelungen bieten die schon erwähnten Bancroft-Verträge von 1868, das Haager Protokoll über die Militärpflicht in Fällen doppelter Staatsangehörigkeit von 1930, das panamerikanische Abkommen von Montevideo von 1933, die europ. Konvention vom 6. 5. 1963.

bisher weder ein *allgemeines* Recht noch gar eine *allgemeine* Pflicht des Mehrstaaters, zugunsten einer einzigen seiner mehreren Staatsangehörigkeiten unter Verzicht auf die übrigen zu optieren.

IV. Die Staatenlosigkeit

Ebenso wie die Verschiedenheit der einzelstaatlichen Regelungen über den Erwerb und Verlust der Staatsangehörigkeit, die auf dem Fehlen ausreichender völkerrechtlicher Einschränkungen des freien Ermessens der Staaten bei dieser Regelung beruht, zur Folge haben kann, daß eine Person mehrere Staatsangehörigkeiten besitzt (Fall der positiven Kollision), kann sie auch zur Folge haben, daß eine Person gar keine Staatsangehörigkeit besitzt (Fall der negativen Kollision). Auch die Staatenlosigkeit kann, wie die doppelte Staatsangehörigkeit, gleich mit der Geburt eintreten oder durch später eintretende Akte oder Ereignisse bewirkt werden; zu letzteren gehört insbesondere die seit dem ersten Weltkrieg häufiger gewordene Ausbürgerung ganzer Kategorien von Betroffenen aus ihrem bisherigen Staat, ohne daß sie gleichzeitig eine neue Staatsangehörigkeit erwerben. Die Versuche, die Fälle des Eintretens der Staatenlosigkeit zu reduzieren, haben bisher zu keiner generellen völkerrechtlichen Regelung geführt. Sektion I der Schlußakte der Haager Konferenz von 1930 erklärt es einstimmig als wünschenswert, ,,daß die Staaten in der Ausübung ihres Rechts, Fragen der Staatsangehörigkeit zu regeln, jede Bemühung unternehmen sollten, soweit als möglich Fälle der Staatenlosigkeit zu reduzieren". Nach Artikel 15 Abs. I der UN-Menschenrechtsdeklaration von 1948, die aber keine völkerrechtlichen Verbindlichkeiten erzeugt, hat jedermann das Recht auf eine Staatsangehörigkeit. Das Haager Protokoll von 1930 über einen bestimmten Fall der Staatenlosigkeit[34] gilt bisher nur für 11 Staaten. Die die Staatenlosigkeit reduzierenden Bestimmungen der Haager Konvention von 1930 (Artikel 7, 8, 13, 14, 16, 17) gelten nur für die 13 Vertragsstaaten. Die von der International Law Commission 1954[35] vorgelegten Entwürfe über die Beseitigung und die Reduktion zukünftiger Staatenlosigkeit haben zu der UN-Konvention vom 30. 8. 1961 über die Verminderung der Staatenlosigkeit geführt, die in einer Reihe von Fällen die Vertragsstaaten zur Verleihung ihrer Staatsangehörigkeit an Personen verpflichtet, die sonst staatenlos wären, in einer Reihe von Fällen sie zur Belassung ihrer Staatsangehörigkeit verpflichtet, wenn sie sonst durch gewisse Akte staatenlos würden.

Die rechtliche Folge der Staatenlosigkeit ist, daß der Staatenlose keinem Staat angehört. Er unterfällt also der Personalhoheit keines Staates, lediglich der Gebietshoheit des Aufenthaltsstaates. Er steht unter dem diplomatischen Schutz keines Staates, ist also international schutzlos. Er kann eine Haftung seines Aufent-

[34] LNTS 179, S. 115; Whiteman aaO Bd. 8 S. 86.
[35] Un Doc. A/2693.

haltsstaats für ihn lediglich wie andere Ausländer auf dem Gebiet des Aufenthaltsstaates herbeiführen. Der Aufenthaltsstaat kann ihn prinzipiell nach seinem Ermessen behandeln; er kann ihn z. B. in bezug auf Pflichten als Inländer, in bezug auf Rechte als Ausländer behandeln.[36] So gibt es auch kein allgemeines völkerrechtliches Verbot, Staatenlose aus dem Lande zu weisen. Das Haager Protokoll über die Staatenlosigkeit von 1930,[37] das eine beschränkte Aufnahmepflicht für Staatenlose durch den Staat der letzten Staatsangehörigkeit vor Eintritt der Staatenlosigkeit vorsah, ist mangels genügender Ratifikationen nie in Kraft getreten.[38] Das Washingtoner Abkommen vom 28. 9. 1954 über die Rechtsstellung staatenloser Personen[39] steht in engem Zusammenhang mit dem Genfer Abkommen vom 28. 7. 1951 über die Rechtsstellung der Flüchtlinge;[40] beide Abkommen sehen für die unter sie fallenden Personenkreise einen Minimalstatus an Rechten in den Vertragsstaaten ohne Rücksicht auf Rasse, Religion oder nationale Herkunft vor; zwei Abkommen waren notwendig, da sich beide Personenkreise nur teilweise decken und insbesondere Flüchtlinge häufig zunächst nicht staatenlos zu sein brauchen. Die Konvention von 1951 im Zusammenhang mit dem Protokoll vom 31. 1. 1967 (BGBl. 1969 II S. 1293), das die zeitliche Befristung der Konvention von 1951 beseitigte, definiert als Flüchtlinge neben schon durch frühere Abkommen als Flüchtlinge anerkannten Menschen solche Personen, die sich infolge wohlbegründeter Furcht, aus Gründen der Rasse, der Religion, der Nationalität, der Mitgliedschaft in einer besonderen sozialen Gruppe oder der politischen Überzeugung verfolgt zu werden, außerhalb des Landes ihrer Staatsangehörigkeit befinden und vom Schutz dieses Landes keinen Gebrauch machen können oder wegen solcher Furcht nicht machen wollen; oder Staatenlose, die sich außerhalb des Landes ihres früheren gewöhnlichen Aufenthalts befinden und dorthin nicht zurückkehren können oder wegen solcher begründeter Furcht nicht zurückkehren wollen.

Seit dem Ende des ersten Weltkriegs ist das Flüchtlingsproblem in wachsendem Maße zu einem internationalen Problem geworden. Zunächst waren es vor allem Russen, Armenier und Griechen, später Juden und Spanier; mit dem Ende des zweiten Weltkriegs setzte die Massenvertreibung von Deutschen aus ihrer Heimat ein, die zahlenmäßig alle früheren Flüchtlingsvorgänge übertraf; dazu kamen die arabischen Flüchtlinge aus Palästina, die Hindu-Flüchtlinge aus Pakistan und die muhammedanischen Flüchtlinge aus Indien, chinesische, japanische, koreanische,

[36] Siehe z. B. die Behandlung der Juden in Rumänien vor 1919: Stambler, l'Histoire des Israélites Roumains er le Droit d'Intervention, 1913.

[37] L. N. Doc. C. 227 M. 114, 1930 V.

[38] In der Bundesrepublik gilt, über die allgemeine völkerrechtliche Verpflichtung hinausgehend, das Gesetz über die Rechtsstellung heimatloser Ausländer im Bundesgebiet vom 25. 4. 1951 (BGBl. 1951 I 269), das allerdings nicht die Rechtsstellung Staatenloser als solcher, sondern bestimmter Kategorien von Flüchtlingen regelt.

[39] Siehe Berber, Dokumente I S. 1050.

[40] BGBl. 1953 II S. 559, Berber, Dokumente I S. 1075.

indonesische, vietnamesische, ungarische Flüchtlinge; 1950 wurde die Zahl der Flüchtlinge in der ganzen Welt vom Internationalen Roten Kreuz auf 60 Millionen geschätzt. Durch ein unter den Auspizien des Völkerbunds zustandegekommenes Abkommen vom 5. 7. 1922 wurde, zunächst für die russischen Flüchtlinge, der sog. Nansen-Paß als amtliches Ausweispapier geschaffen, erweitert durch Abkommen von 1924, 1926, 1928, ebenso die Institution eines Hohen Völkerbundskommissars für Flüchtlinge, 1933 ein Völkerbundskommissariat für Flüchtlinge aus Deutschland geschaffen. 1943 wurde die UNRRA,[41] 1946 die IRO,[42] 1949 ein Hohes Kommissariat der UN für das Flüchtlingswesen geschaffen, das mit den zahlreichen anderen internationalen Organisationen, die dem Flüchtlingsproblem gewidmet sind, zusammenarbeitet. Obwohl dadurch an der grundsätzlichen Rechtslage der Staatenlosigkeit nach allgemeinem Völkerrecht nichts geändert ist, gibt es hier doch interessante Ansätze zu einem von der Angehörigkeit zu einem konkreten Staat unabhängigen internationalen Rechtsstatus, einer Art embryonalen Weltbürgerrechts.[43]

V. Verschiedene Arten der Staatsangehörigkeit

Zwar gibt es keine Staatsangehörigkeit nach Staatsrecht, die von der Staatsangehörigkeit nach Völkerrecht verschieden wäre,[44] sondern nur staatsrechtliche und völkerrechtliche Wirkungen der Staatsangehörigkeit. Staatsrechtliche Diskriminierungen zwischen verschiedenen Gruppen von Staatsangehörigen[45] sind völkerrechtlich irrelevant,[46] d. h. die staatsrechtlich unterschiedenen Kategorien werden völkerrechtlich gleichbehandelt.

Personen mit mehr als einer Staatsangehörigkeit werden von jedem Staat, dem sie angehören, wie jeder andere Staatsangehörige behandelt, mit Ausnahme der Nichtgewährung diplomatischen Schutzes gegenüber Staaten, deren Angehörigkeit sie ebenfalls besitzen.

Nicht zu verwechseln mit der echten mehrfachen Staatsangehörigkeit, die eine Angehörigkeit bei mehreren Völkerrechtssubjekten voraussetzt, ist die Situation in Bundesstaaten, in denen häufig eine Angehörigkeit sowohl beim Zentralstaat

---

[41] United Nations Relief and Rehabilitation Administration.

[42] International Refugee Organization.

[43] Siehe Grahl-Madsen, The Status of Refugees in International Law, 3 Bde., 1966ff.; Kimminich, Der internationale Rechtsstatus des Flüchtlings, 1962; Schätzel-Veiter, Handbuch des internationalen Flüchtlingsrechts, 1960; Schechtmann, The Refugee in the World, 1963.

[44] So etwa Dahm aaO S. 449.

[45] Etwa die Unterscheidung des deutschen Reichsbürgergesetzes vom 15. 9. 1935 zwischen Reichsbürgern und Staatsangehörigen; die Unterscheidung zwischen geborenen und naturalisierten Staatsangehörigen: nach Art. 2 der Verfassung der USA kann nur ein geborener (natural-born) Staatsangehöriger Präsident der USA werden; naturalisierten, nicht aber geborenen britischen Staatsangehörigen kann die Staatsangehörigkeit entzogen werden, Oppenheim aaO I S. 658 n. 2.

[46] Siehe die Nachweise bei Verdross aaO S. 305.

wie bei einem oder mehreren Gliedstaaten besteht, sei es, daß die Zugehörigkeit zum Zentralstaat durch die Zugehörigkeit zum Gliedstaat vermittelt wird (z. B. Schweiz), sei es umgekehrt (z. B. USA); hier ist von völkerrechtlicher Bedeutung nur die einheitliche Staatsangehörigkeit beim Zentralstaat.

Im Staatenbund gibt es nur eine Staatsangehörigkeit bei den einzelnen Mitgliedstaaten des Bundes, nicht beim Bund als solchem. Das gilt auch für das Commonwealth; die sog. Commonwealth Citizenship, die im britischen Gesetz über die Staatsangehörigkeit von 1948 vorgesehen ist, ist völkerrechtlich irrelevant, gibt nur den Angehörigen anderer Commonwealthländer in Großbritannien eine inländerähnliche Stellung.[47] Der „British Subject" im Sinne des britischen Staatsangehörigkeitsgesetzes ist also eine ähnliche Institution wie der „Deutsche" im Sinne des Grundgesetzes, der nach Artikel 116 GG nicht nur deutsche Staatsangehörige umfaßt, sondern unter gewissen Voraussetzungen auch Volksdeutsche etc. nichtdeutscher Staatsangehörigkeit oder staatenlose Volksdeutsche.

Eigene Staatsangehörige, die einem anderen Volkstum, einer anderen Sprache, einer anderen Religion angehören als die Mehrheit des Staatsvolks, können kraft vertraglicher Abmachung einen speziellen Status besitzen, kraft dessen ein Teil der staatlichen Personalhoheit zugunsten internationaler Regelungen und Instanzen zurückgedrängt ist.[48]

Der Internationale Gerichtshof hat in seinem Urteil vom 6. 4. 1955 im Nottebohm-Fall eine Unterscheidung zwischen zwei Arten von Staatsangehörigen gemacht, solchen, denen der Staat, dem sie angehören, diplomatischen Schutz gewähren darf, und solchen, bei denen er dazu nicht berechtigt ist. Die erste Art der Staatsangehörigkeit nennt der Gerichtshof real und effektiv; sie liege nur vor, wenn bei einer durch Naturalisierung erworbenen Staatsangehörigkeit die tatsächliche Beziehung zwischen Staat und Neubürger vor, während und nach seiner Naturalisierung genügend enge sei, so überwiegend im Verhältnis zu der Beziehung, die er zu irgendeinem anderen Staate gehabt haben könnte, daß es möglich sei, die ihm verliehene Staatsangehörigkeit als den exakten juristischen Ausdruck des sozialen Faktums einer Verbindung anzusehen, die vorher existierte oder nachher zur Existenz kam. Diese Unterscheidung solcher zwei Arten von Staatsangehörigkeit durch den Gerichtshof kann nicht als in Übereinstimmung mit völkerrechtlicher Praxis und Lehre befindlich betrachtet werden. Entweder befindet sich die Verleihung der Staatsangehörigkeit in Übereinstimmung mit dem öffentlichen Recht des einbürgernden Staates, wie dieses sich innerhalb der oben dargestellten völkerrechtlichen Schranken ergibt; dann ist die Staatsangehörigkeit gültig, und der diplomatische Schutz kann zugunsten des Neubürgers ausgeübt werden; oder die Einbürgerung entspricht nicht den staats- und völkerrechtlichen Bestimmungen, dann ist keine rechtsgültige Verleihung der Staatsangehörigkeit

[47] Siehe Wilson-Clute, Commonwealth Citizenship and Common Status, in AJIL 1963 S. 566.
[48] Näheres unten § 57 über Minderheitenrecht.

erfolgt. Diplomatischer Schutz und Staatsangehörigkeit befinden sich nur in gewissen Fällen der mehrfachen Staatsangehörigkeit[49] nicht in Deckung.[50]

VI. Der diplomatische Schutz der Staatsangehörigen[51]

Eine der wichtigsten völkerrechtlichen Auswirkungen der Staatsangehörigkeit ist das Recht des Heimatstaates, seinen Staatsangehörigen gegenüber fremden Staaten zu schützen, d. h. seine rechtlichen Interessen auf einem fremden Staatsgebiet oder gegenüber einem fremden Staat wahrzunehmen, der Begehung rechtswidriger Akte gegen ihn von seiten eines fremden Staates vorzubeugen und im Falle einer ausländischen Rechtsverletzung gegen ihn, falls der Staatsangehörige selbst keine Rechtsmittel zur Beseitigung des Unrechts besitzt (local remedies rule), für Wiedergutmachung an ihn tätig zu sein. Das völkerrechtliche Schutzrecht ist ein Anspruch des Staates gegen einen anderen Staat, nicht ein Anspruch des Staatsangehörigen gegen seinen eigenen Staat; ob ein solcher Anspruch des Bürgers gegen seinen eigenen Staat besteht, bestimmt sich ausschließlich nach dem innerstaatlichen Recht des betreffenden Staates.[52]

Alle Einzelheiten über die Geltendmachung des diplomatischen Schutzrechts für Staatsangehörige gehören in den Zusammenhang der Staatenhaftung.[53]

Der diplomatische Schutz kann, wie wir bereits gesehen haben, nicht in allen Fällen für alle Staatsangehörigen geltend gemacht werden, nämlich nicht zugunsten von Mehrstaatern gegenüber solchen Staaten, deren Staatsangehörigkeit sie ebenfalls besitzen. Umgekehrt kann aber kraft besonderer Rechtssituationen der diplomatische Schutz dritten Staaten gegenüber von einem Staat auch zugunsten gewisser Personenkategorien ausgeübt werden, die nicht seine Staatsangehörigkeit besitzen. Dies sind insbesondere die folgenden:

a) Ein Staat kann durch Vereinbarung mit einem anderen Staat den Schutz von dessen Staatsangehörigen gegenüber dritten Staaten übernehmen, sei es auf die Dauer, wie dies insbesondere bei kleinen Staaten der Fall zu sein pflegt (z. B. Schweiz im Verhältnis zu Liechtenstein), sei es auf Zeit, wie dies beim Abbruch der diplomatischen Beziehungen oder beim Kriegseintritt durch einen Staat der Fall zu sein pflegt, für dessen Angehörige dann jener Staat den Schutz übernimmt (Schutzmacht).

---

[49] Siehe oben Nr. III.

[50] Übereinstimmend Makarov in ZaöRVR Bd. 16, S. 414; ebenso die dissenting opinion des Richters Read, Reports IG 1955 S. 46; siehe auch Kunz in AJIL 1960 S. 536ff.

[51] Döhring, Die Pflicht des Staates zur Gewährung diplomatischen Schutzes, 1959; Franklin, Protection of Foreign Interests, 1946; Geck in Strupp-Schlochauer, Wörterbuch Bd. 1, S. 379ff., mit umfassender Literaturangabe; Perrin, Réflexions sur la Protection Diplomatique, in Mélanges Marcel Bridel S. 379ff.

[52] Die Reichsverfassung von 1871 wie die von 1919 gewährten dem Staatsangehörigen ausdrücklich einen solchen Anspruch; s. Geck in ZaöRVR Bd. 17, S. 476ff.

[53] Siehe Bd. III Kapitel 1.

b) Ein Staat kann einen anderen Staat in der Weise von sich abhängig halten, daß der letztere keinen völkerrechtlichen Verkehr mit fremden Staaten pflegen darf, wie dies insbesondere beim Protektorat der Fall zu sein pflegt. Heute ist diese Situation weitgehend veraltet (siehe oben § 18). In solchen Fällen besitzen die Angehörigen des Protektorats usw. zwar nicht die Staatsangehörigkeit des Oberstaates, sie genießen aber seinen Schutz dritten Staaten gegenüber. Eine ähnliche Situation trat 1945 für eine Übergangszeit für die deutschen Staatsangehörigen ein, nachdem die siegreichen Alliierten „die oberste Gewalt in bezug auf Deutschland" übernommen hatten. Ebenso gehört hierher das Schutzrecht des Mandatars bzw. Treuhänders für die Angehörigen des Mandats bzw. Treuhandgebiets und ganz allgemein eines Staates für die Angehörigen von Gebieten, die nicht zu seinem Staatsgebiet gehören, für die er aber die völkerrechtliche Verantwortung trägt.

c) In unterentwickelten Staaten hatten früher die westlichen Staaten meist das Recht, den Schutz von bei ihnen angestellten einheimischen Staatsangehörigen auch gegenüber deren eigenem Staat zu beanspruchen (sog. de-facto-Untertanen oder protégés).

d) Ein Staat, in dessen Diensten sich Ausländer befinden, hat zu ihren Gunsten ein gewisses Schutzrecht gegenüber dritten Staaten (nicht gegenüber seinem Heimatstaat), nämlich insoweit, als dies erforderlich ist, um die ungestörte Durchführung der solchen Personen von ihm übertragenen Aufgaben sicherzustellen. Dies gilt natürlich nur, soweit diese Aufgaben nicht gegen das Völkerrecht oder das Recht des Staates verstoßen, demgegenüber das Schutzrecht geltend gemacht wird.

VII. Ausländer im Inland

Die Angehörigen fremder Staaten, die sich im Inland befinden, haben niemals die Rechtsstellung eines eigenen Staatsangehörigen, auch wenn sie sich dauernd im Inland aufhalten, ja, auch wenn sie um Einbürgerung bei ihm nachgesucht haben, solange diese nicht vollzogen ist. Sie können allerdings u. U. seine völkerrechtliche Haftung für sie gegenüber dritten Staaten hervorrufen, und sie können seinen (begrenzten) diplomatischen Schutz genießen, wenn sie sich in seinem Dienst befinden.[54] Alles Nähere über ihre Rechtsstellung wird im Abschnitt über das Fremdenrecht[55] zur Darstellung kommen.

VIII. Inländer im Ausland

Hier soll nicht die Stellung der im Ausland befindlichen Inländer gegenüber dem fremden Aufenthaltsstaat dargestellt werden,[56] sondern ihre Stellung gegenüber

[54] Siehe oben Nr. VId.
[55] Unten § 58.
[56] Darüber s. Fremdenrecht, unten § 58.

ihrem Heimatstaat. Solange sie seine Staatsangehörigen bleiben,[57] genießen sie auch, ja gerade im Ausland seinen diplomatischen Schutz und können auch während ihres Aufenthalts im Ausland seine Haftung herbeiführen; werden sie aus dem Ausland ausgewiesen, so muß der Heimatstaat sie auf seinem Staatsgebiet aufnehmen, u. U. sogar dann, wenn sie inzwischen seine Staatsangehörigkeit verloren haben, ohne eine neue erworben zu haben.[58] Der Inländer bleibt auch im Ausland seinem Heimatstaat zu Treue und Gehorsam verpflichtet; diese Pflicht kann zwar nicht unmittelbar erzwungen werden, wohl aber gibt es Sanktionen gegen ihre Verletzung, wie etwa die Versagung des diplomatischen Schutzes, den Zugriff auf sein inländisches Vermögen, die Aberkennung der Staatsangehörigkeit, die Einleitung eines Strafverfahrens gegen ihn im Inland als Abwesenden,[59] das Verlangen seiner Auslieferung an den Aufenthaltsstaat, falls die Voraussetzungen dafür vorliegen.[60] Ein Staat kann seine im Ausland befindlichen Staatsangehörigen in die Heimat zurückrufen (jus avocandi), insbesondere seine Wehrpflichtigen; ein ausländischer Staat braucht ihm dabei nur Beistand zu leisten, wenn entsprechende Verträge bestehen, wie etwa zwischen Alliierten im Kriegsfall. Da jeder Staat Zwangsgewalt regelmäßig nur in seinem eigenen Hoheitsgebiet ausüben kann, kann er keinen unmittelbaren Zwang gegen seine im Ausland befindlichen Staatsangehörigen ausüben, sie also auch nicht etwa entführen (siehe oben § 43 am Ende). Ausnahmen sind, abgesehen von der Okkupationsgewalt im Kriege, nur kraft Vertrags oder konkreter Billigung seitens des Aufenthaltsstaats zulässig. Die früher vor allem im Nahen und Fernen Osten kraft sog. Kapitulationsverträge von den abendländischen Staaten in bezug auf ihre eigenen Staatsangehörigen geübte Konsulargerichtsbarkeit in Zivil- und Strafsachen ist heute obsolet.[61] Obwohl aber der Staat seine Strafrechtspflege nicht auf fremdem Gebiet ausüben darf, kann er von seinen Staatsangehörigen im Ausland begangene Straftaten im Inland verfolgen. So bestimmt z. B. § 7 II 1 des deutschen Strafgesetzbuchs, daß das deutsche Strafrecht für die Tat eines deutschen Staatsangehörigen gilt, auch wenn er sie im Ausland begeht, und ähnliches gilt für die meisten Staaten,[62] mit gewissen Ausnahmen für common-law-Länder, die zu dem unerfreulichen Ergebnis der Straflosigkeit von im Ausland begangenen Straftaten der eigenen Staatsangehörigen führen, wenn zugleich die Auslieferung an den Staat des Begehungsorts verweigert wird.

---

[57] Nach manchen Landesrechten geht die Staatsangehörigkeit durch langen Auslandsaufenthalt verloren.

[58] Siehe z. B. Art. 1 des – nicht in Kraft getretenen – Haager Spezialprotokolls über Staatenlosigkeit von 1930.

[59] Siehe z. B. StPO §§ 276ff.

[60] Siehe darüber unten § 60.

[61] Siehe darüber Dahm aaO I S. 253; s. oben § 42 I; siehe Sasse in Wörterbuch II S. 278ff.

[62] Siehe Harvard Research Draft Convention on Jurisdiction with Respect to Crime, AJIL 1935 Suppl. 520: „an examination of the legislation adopted in various countries reveals that practically all States exercise some penal jurisdiction on the principle of nationality."

IX. Der Staatsangehörigkeit angeglichene Rechtssituationen

a) Die Staatsangehörigkeit juristischer Personen

Es wird häufig von der Staatsangehörigkeit juristischer Personen gesprochen, obwohl selbstverständlich ist, daß die für Menschen bestimmten, häufig an natürlich-faktische Vorgänge anknüpfenden Erwerbs- und Verlustarten wie der an menschlichem Verhalten ausgerichtete Inhalt der mit der Staatsangehörigkeit verbundenen Pflichten nicht unmittelbar auf juristische Personen übertragen werden kann. Es ist aber offensichtlich, daß, da der Begriff der juristischen Person an sich einer Angleichung an die natürliche Person entspringt, auch die juristische Person der Anknüpfung an einen konkreten Staat bedarf, in erster Linie für Zwecke des internationalen Privatrechts, aber auch in rein völkerrechtlicher Beziehung, etwa im Hinblick auf das diplomatische Schutzrecht, das Fremdenrecht, die Staatenhaftung, das Recht des Wirtschaftskriegs, das Neutralitätsrecht usw. Es ist also eine im wesentlichen terminologische Frage, ob man dieses Rechtsverhältnis der Anknüpfung und evtl. Haftung als Staatsangehörigkeit bezeichnen will, so lange man sich der übertragenen Bedeutung des Begriffs bewußt bleibt.

Es ist das nationale Recht und nicht das Völkerrecht, das die Staatsangehörigkeit juristischer Personen regelt. Als Anknüpfungspunkt kommen vor allem in Frage die Gründung nach dem Recht eines bestimmten Staates sowie der Sitz der juristischen Person. So hat der IG in seinem Urteil betreffend die Barcelona Traction, Light and Power Company Limited (Reports 1970 S. 3ff.) ausgesprochen: „In allocating corporate entities to States for purposes of diplomatic protection, international law is based, but only to a limited extent, on an analogy with the rules governing the nationality of individuals. The traditional rule attributes the right of diplomatic protection of a corporate entity to the State under the laws of which it is incorporated and in whose territory it has its registered office. These two criteria have been confirmed by long practice and by numerous international instruments." Es gelten die allgemeinen völkerrechtlichen Regeln, die eine willkürliche Ausübung des nationalen Ermessens bei der Zuerkennung der Staatsangehörigkeit, ein Handeln in fraudem legis oder eine Verletzung der Rechte fremder Staaten verbieten. Diese geringfügigen Schranken können aber auch hier Kollisionen nicht verhindern, zumal die häufige Verknüpfung mit dem Sitz der juristischen Person als ihrem Verwaltungsmittelpunkt nicht überall und nicht in allen Beziehungen anerkannt wird, sondern – vor allem mit Bezug auf Verhältnisse des Wirtschaftskriegs – auf die Staatsangehörigkeit der die juristische Person „kontrollierenden" natürlichen Personen abgestellt wird (sog. „control test").[63] Es kann bei juristischen Personen wohl im einzelnen Fall bestritten sein, welchem Staat sie zuzurechnen sind, nicht aber kann es für sie eine anerkannte mehrfache Staatsangehörigkeit oder Staatenlosigkeit geben.

[63] Näheres s. in Bd. II § 35 Nr. 2, sowie bei Oppenheim aaO II S. 275ff.

b) Die Staatsangehörigkeit der Schiffe[64]

Schiffe auf hoher See und in fremden Küstengewässern müssen nach Völkerrecht die Flagge eines bestimmten Staates führen, um nicht schutzlos zu sein.[65] Jeder Staat bestimmt selbst die Voraussetzungen, unter denen ein Schiff zur Führung seiner Flagge berechtigt ist.[66] Das lange Zeit völlig freie Ermessen der Staaten bei der Bestimmung dieser Voraussetzungen, das z. B. zum Mißbrauch der „billigen" Flaggen führte, wird neuestens von der Tendenz des Völkerrechts zurückgedrängt, eine echte Beziehung zwischen dem Schiff und dem Heimatstaat zu verlangen, die z. B. in Artikel 5 der Genfer Konvention von 1958 Ausdruck gefunden hat.[67] Das Schiff, das berechtigterweise die Flagge eines bestimmten Staates führt, unterliegt der Hoheitsgewalt dieses Staates, seinen Gesetzen, seiner Kontrolle in verwaltungsmäßiger, technischer und sozialer Beziehung, und genießt zugleich seinen Schutz gegenüber dritten Staaten. Diese Rechtsbeziehung, die durch das Recht zur Führung der Flagge eines bestimmten Staates hergestellt wird, bezeichnet man herkömmlich als die Staatsangehörigkeit des Schiffs, ohne daß damit die Regeln über die Staatsangehörigkeit natürlicher Personen, sei es auch nur subsidiär, für Schiffe anwendbar würden, so daß der Begriff „Staatsangehörigkeit" hier nur in einem gänzlich unspezifischen Sinn zur Anwendung gelangt.

c) Die Staatsangehörigkeit der Flugzeuge

Diese Uneigentlichkeit des Begriffs gilt in derselben Weise wie für die Staatsangehörigkeit der Schiffe auch für die der Flugzeuge. Nach Artikel 17 des internationalen Abkommens über die Zivilluftfahrt von 1944 haben Luftfahrzeuge die Staatsangehörigkeit des Staates, in dem sie eingetragen sind; sie müssen bei einem bestimmten Staate eingetragen sein, sie dürfen bei nicht mehr als *einem* Staate eingetragen sein, so daß sowohl „Staatenlosigkeit" als auch „mehrfache Staatsangehörigkeit" bei Flugzeugen in derselben Weise wie bei Schiffen ausgeschlossen ist. Die Staaten bestimmen auch bei den Flugzeugen, wie bei den Schiffen, über die Voraussetzungen für die Eintragung nach ihrem Ermessen. Auch die Rechtsfolgen dieser sog. „Staatsangehörigkeit" sind im wesentlichen dieselben wie bei Schiffen.[68]

---

[64] Siehe Meyers, The Nationality of Ships, 1967.
[65] Siehe oben § 52 III zu a.
[66] Siehe z. B. für die Bundesrepublik das Flaggenrechtsgesetz vom 8. 2. 1951, BGBl. I S. 79, II S. 6.
[67] „There must exist a genuine link between the State and the ship."
[68] Siehe oben b.

§ 57. Völkerrechtliche Schranken der Gewalt des Staates über seine eigenen Staatsangehörigen; Menschenrechte

Literatur: *P. de Azcarate,* League of Nations and National Minorities, 1945; *Balogh,* Der internationale Schutz der Minderheiten, 1928; *Böhm,* Das eigenständige Volk, 1932; *Brunet,* La garantie des droits de l'homme d'après la Charte de San Francisco, 1947; *C. H. Bruns,* Grundlagen und Entwicklung des internationalen Minderheitenrechts, 1929; *Chakravarti,* Human Rights and the UN, 1958; *Claude,* National Minorities, 1955; *Drost,* Human Rights as Legal Rights, 1951; *Erler,* Das Recht der nationalen Minderheiten, 1931; *Ermacora,* Der Minderheitenschutz in der Arbeit der Vereinten Nationen, 1964; *Flachbarth,* System des internationalen Minderheitenrechtes, 1937; *Golsong,* Das Rechtsschutzsystem der Europäischen Menschenrechtskonvention, 1958; *Graefrath,* Die Vereinten Nationen und die Menschenrechte, 1956; *Guradze,* Der Stand der Menschenrechte im Völkerrecht, 1956; *Guradze,* Die Europäische Menschenrechtskonvention, 1968; *Höxter,* Bevölkerungsaustausch als Institut des Völkerrechts, 1932; *Janovsky,* Nationalities and National Minorities, 1945; *Jenks,* The International Protection of Trade Union Freedom, 1957; *Ladas,* The Exchange of Minorities, 1932; *Lador-Lederer,* International Group Protection, 1968; *Laponce,* The Protection of Minorities, 1960; *Laun,* Die Menschenrechte, 1948; *Lauterpacht,* International Law and Human Rights, 1950; *Macartney,* National States and National Minorities, 1933; *Mandelstam,* La protection des minorités, 1931; *Moskowitz,* Human Rights and World Order, 1958; *Ostrowski,* Die Vereinten Nationen und die Menschenrechte (in russ. Sprache), Moskau 1968; *Partsch,* Die Rechte und Freiheiten der Europäischen Menschenrechtskonvention, in: Bettermann-Neumann-Nipperdey, Die Grundrechte, Bd. I, 1. Halbband, S. 235ff.; *Raschhofer,* Hauptprobleme des Nationalitätenrechts, 1931; *Robinson,* Human Rights and Fundamental Freedoms in the Charter of the UN, 1946; *Robinson,* The Universal Declaration of Human Rights etc., 1958; *Schechtmann,* European Population Transfers 1939–1945, 1946; *Schechtmann,* Population Transfers in Asia, 1949; *Schwelb,* Human Rights and the International Community, 1964; *Sohn-Bürgenthal,* International Protection of Human Rights, 1973; *Stone,* International Guarantees of Minority Rights, 1932; *v. Turegg,* Minderheitenrecht, 1950; *Walter,* Die Europäische Menschenrechtsordnung, 1970; *Weil,* The European Convention on Human Rights, 1963; *Wintgens,* Der völkerrechtliche Schutz der nationalen, sprachlichen und religiösen Minderheiten, 1930; *Wolzendorff,* Grundgedanken des Rechts der nationalen Minderheiten, 1921; *Ermacora,* Menschenrechte in der sich wandelnden Welt, I 1974.

Rechtliche Schranken der Gewalt des Staates über seine eigenen Staatsangehörigen waren bis in unser Jahrhundert fast allgemein innerstaatlicher Natur, so etwa die berühmte englische Magna Charta von 1215, deren Privilegien allerdings Jahrhunderte lang nur dem Stand der Barone zustanden, ähnlich die ungarische Goldene Bulle von 1222, die Regelung der Cortes von Leon von 1188, das Lehnsgesetz des deutschen Kaisers Konrad II. von 1037. Auch als diese Rechtsschranken auf alle Bürger ausgedehnt wurden, wie im Tübinger Vertrag von 1514 für Württemberg, in den Errungenschaften der englischen Revolution des 17., der französischen Revolution des 18. Jahrhunderts, den Zusätzen zur amerikanischen Verfassung (der Bill of Rights) von 1787, verblieb es bei diesem streng staatsrechtlichen Charakter. Lediglich auf deutschem Boden kam es zu einer übergeordneten Kontrolle der Landesregierung durch die Zuständigkeit des 1495 geschaffenen Reichskammergerichts für Klagen der Untertanen gegen ihre Landesregierung wegen Verletzung von Privatrechten, eine seit 1648 völkerrechtliche Zuständigkeit: Schlözer, in seinem Allgemeinen Staatsrecht von 1793, preist Deutschland glücklich als das einzige Land in der Welt, in dem man eine ordentliche Klage gegen den eigenen Landesherrn nicht vor dessen Gericht, sondern vor ein „auswärtiges Gericht" bringen könne.[69] Aber dies war eine Ausnahme, erklärlich aus dem langsamen Übergang des Heiligen Römischen Reiches Deutscher Nation aus einem staatsrechtlichen in einen völkerrechtlichen Verband. Sonst war es ganz allgemein eine aus dem Grundsatz der Unabhängigkeit der Staaten folgende Völkerrechtsregel, daß ein Staat, soweit nicht von ihm eingegangene völkerrechtliche Verträge ihn in dieser Freiheit beschränkten, seine Untertanen nach Belieben, d. h. lediglich im Rahmen seiner innerstaatlichen Gesetze und ohne Einschränkung durch das allgemeine Völkerrecht, behandeln könne; ein Eingreifen fremder Staaten zugunsten der Angehörigen eines anderen Staates, das sich gegen diesen anderen Staat richten würde, könnte sich nicht auf Völkerrecht berufen, sondern wäre eine unzulässige Intervention.[70] Noch der Pariser Vertrag von 1856 (Artikel IX), in dem die Türkei einen innertürkischen Firman vorlegt, wonach keine Unterscheidung von Religion und Rasse bei den türkischen Untertanen stattfinden solle, bestimmt ausdrücklich, daß diese türkische Mitteilung den Großmächten kein Recht gibt ,,de s'immiscer soit collectivement, soit séparément, dans les rapports de Sa Majesté le Sultan avec Ses sujets, ni dans l'administration intérieure de Son Empire". Erst im letzten Viertel des 19. Jahrhunderts werden häufiger Verträge abgeschlossen, durch die einzelnen Staaten Beschränkungen ihrer Freiheit in der Behandlung ihrer Untertanen auferlegt werden, und zwar vor allem hinsichtlich solcher Untertanen, deren Religion von der der Mehrheit des Staatsvolks abwich, so vor allem im Berliner Vertrag von 1878 zugunsten der religiösen Minderheiten in Bulgarien, Montenegro, Serbien, Rumänien und der Türkei.

Am Ende des ersten Weltkriegs wurden zwar das Nationalitätsprinzip und das Selbstbestimmungsrecht der Völker proklamiert und teilweise verwirklicht, die Grenzziehung durch die Friedensverträge von 1919ff. führte aber eine solche Vermischung von Volksgruppen und eine solche Zerschneidung geschlossener Siedlungsräume von Völkern herbei, daß es für unumgänglich erachtet wurde, den neugeschaffenen oder vergrößerten Staaten Verträge aufzuerlegen, die ihre Personalhoheit gegenüber denjenigen ihrer Untertanen einschränkten, die einer nationalen, rassischen, sprachlichen oder religiösen Minderheit angehörten. Solche Bestimmungen sind insbesondere enthalten in den Verträgen der Alliierten und Assoziierten Hauptmächte mit Polen, der Tschechoslowakei, Jugoslawien, Rumänien, Griechenland und Litauen, in den dem Völkerbund gegenüber anläß-

[69] Siehe Berber in Larson-Jenks (Herausg.), Sovereignty within the Law, 1965, S. 79ff.

[70] Dies wird mit Deutlichkeit illustriert durch eine Erklärung des amerikanischen Präsidenten Buchanan von 1859 in Sachen des Knaben Mortara, abgedruckt bei Moore aaO VI S. 350: ,,I have long been convinced that it is neither the right nor the duty of this government to exercise a moral censorship over the conduct of other independent governments and to rebuke them for acts which we may deem arbitrary and unjust towards their own citizens or subjects. Such a practice would tend to embroil us with all nations. We ourselves would not permit any foreign power thus to interfere with our domestic concerns and enter protests against the legislation or the action of our government towards our own citizens. If such an attempt were made we should promptly advise such a government in return to confine themselves to their own affaris and not intermeddle with our concerns."

lich ihrer Aufnahme abgegebenen und von diesem angenommenen Erklärungen der baltischen Staaten, Albaniens und des Irak, in den Friedensverträgen von St. Germain, Trianon, Neuilly und Lausanne, sowie in einigen bilateralen Verträgen, so vor allem dem deutsch-polnischen Oberschlesienabkommen von 1922, nach seinem Ablauf ersetzt durch das deutsch-polnische Minderheitenabkommen von 1937. Dagegen kam es in der Ära des Völkerbunds zu keiner Regelung eines allgemeinen Minderheitenschutzes, so daß insbesondere Frankreich, Deutschland, Italien, Belgien, Dänemark, die ebenfalls starke Minderheiten in ihren Grenzen umfaßten, keiner allgemeinen beschränkenden Regelung unterfielen. Das hatte naturgemäß zur Folge, daß die solchen Minderheitenverträgen unterworfenen Staaten diese als einen Verstoß gegen das Prinzip der Gleichheit der Staaten empfanden.[71] Durch die Minderheitenverträge wurden nicht die Minderheiten als autonome Einheiten, sondern nur die einzelnen Angehörigen der Minderheiten als Individuen geschützt. Ihr Schutz umfaßte insbesondere die Garantierung der herkömmlichen Freiheitsrechte, das Verbot der Diskriminierung in bürgerlicher und staatsbürgerlicher Beziehung und die Gewährung von Schulen usw. mit eigener Muttersprache.

Die Garantien dieses Minderheitenrechts waren teils verfassungsrechtlicher, teils völkerrechtlicher Art. Die völkerrechtlichen Garantien wurden durch den Völkerbund ausgeübt. Jedes Mitglied des Völkerbundsrates hatte das Recht, im Falle der drohenden oder aktuellen Verletzung der Minderheitenrechte den Völkerbundsrat anzurufen, der eine Entscheidung zu fällen hatte; auch war der Ständige Internationale Gerichtshof in völkerrechtliche Streitigkeiten mit einem Minderheitsstaat eingeschaltet. Die Mitglieder der Minderheit und Minderheitsorganisationen waren zwar an diesem Verfahren in keiner Weise beteiligt, doch konnten sie sich durch Petitionen an den Völkerbund wenden und eine gewisse Vorprüfung, aber nicht – ohne den Antrag eines Ratsmitglieds – die Einleitung dieses Verfahrens veranlassen.

Die Minderheitenverträge sind, ebenso wie große Teile der Minderheiten in Zentraleuropa, Opfer des zweiten Weltkriegs geworden, und an seinem Ende ist man im allgemeinen nicht zu dem Minderheitenschutzsystem zurückgekehrt.[72] Schon die interamerikanische Konferenz von Lima 1938 hatte festgestellt, daß der

---

[71] Siehe den polnischen Antrag auf Verallgemeinerung des Minderheitenschutzes vom 10. 4. 1934, abgedruckt bei Berber, Versailles I S. 724ff.

[72] Siehe aber als Beispiele vereinzelter vertraglicher Minderheitenregelungen seit dem Ende des 2. Weltkriegs:

a) das Pariser Abkommen vom 5. 9. 1946 zwischen Österreich und Italien zum Schutze der deutschsprachigen Bevölkerung in Südtirol
b) das Nehru-Liaquat Ali Khan-Abkommen vom 8. 4. 1950 zwischen Indien und Pakistan
c) Anhang 2 des Londoner Memorandums vom 5. 10. 1954 zwischen USA, UK, Italien und Jugoslawien über Triest
d) Art. 7 des österreichischen Staatsvertrags vom 15. 5. 1955 (zugunsten der österr. Staatsangehörigen slovenischen und kroatischen Volkstums in Kärnten, Steiermark und Burgenland).

Minderheitenschutz in Amerika wegen der dort völlig andersgearteten Lage keine Anwendung finden könne;[73] und in der Tat werden Einwanderungsländer regelmäßig eine Assimilationspolitik treiben und keinen Wert auf die Konservierung von nationalen oder sprachlichen Sondergruppen legen.

Eine radikale Lösung der durch das Vorhandensein einer Minderheit gestellten Probleme stellt die im Gegensatz zu dem zur Konservierung der Minderheit bestimmten Minderheitenrecht stehende Eliminierung der Minderheit dar. Dies kann historisch in den verschiedensten Formen erfolgen, die von völkerrechtlich zulässigen Methoden der Assimilierung oder freiwilliger Aufgabe der bisherigen Heimat bis zu dem völkerrechtlich verbotenen Verbrechen der physischen Eliminierung der Minderheit reichen.

Eine rechtlich zweifellos zulässige Form der Auflösung einer Minderheit ist die systematische Ermöglichung der freiwilligen Auswanderung der Mitglieder einer Minderheit, sei es in ein drittes Land, sei es in das Land, in dem die Hauptmasse der Volks-, Sprach- oder Glaubensgenossen der Minderheit als Mehrheitsvolk beheimatet ist. Beispiele für solche freiwillige Umsiedlung sind das griechisch-bulgarische Protokoll von Konstantinopel vom 16./29. 9. 1913, der griechisch-bulgarische Vertrag vom 27. 11. 1919, die Abkommen zwischen der Sowjetunion und der Tschechoslowakei von 1945/46, die alle auf dem Prinzip der Gegenseitigkeit beruhten, sowie die von Deutschland 1939–1941 mit Lettland, Estland, Litauen, Ungarn, Jugoslawien, Italien, Rumänien, der Sowjetunion und Kroatien abgeschlossenen Verträge, durch die nur die in diesen Ländern befindlichen Angehörigen deutscher Minderheiten einseitig, aber freiwillig umgesiedelt werden konnten.

Völkerrechtlich schon recht bedenklich sind die auf völkerrechtlichen Verträgen der beteiligten Staaten beruhenden Zwangsumsiedlungen von Minderheiten, wie sie insbesondere der griechisch-türkische Vertrag vom 30. 1. 1923, der rumänisch-bulgarische Vertrag vom 7. 9. 1940 und der tschechoslowakisch-ungarische Vertrag vom 27. 2. 1946 (der letztere ist zwangsweise hinsichtlich der Ungarn) vorsehen.

Dagegen sind schlechthin völkerrechtswidrig die einseitigen Massenaustreibungen von Angehörigen einer nationalen, sprachlichen oder religiösen Minderheit. Während der protestantisch-katholischen Glaubenskämpfe in Europa vom 16. bis zum 18. Jahrhundert häufig praktiziert, hatten sie eine gewisse Grundlage in dem Grundsatz: cuius regio, eius religio, ja sie bedeuteten eine gewisse Milderung gegenüber dem in diesem Prinzip an sich enthaltenen staatlichen Recht auf Zwangsbekehrung, also zwangsweise Assimilierung der Minderheit an die Mehr-

[73] Siehe auch die Erklärung des französischen Außenministers in der Algeriendebatte der Generalversammlung der UN am 30. 9. 1955: „What would happen if it were henceforth established that the UN has the right to intervene, whenever there exists within the frontiers of a State a racial, linguistic or religious minority?“

heit (jus reprobandi). In ihrer modernen Form als Zwangsaustreibung nationaler Minderheiten verstoßen sie gegen grundlegende Sätze des Völkerrechts,[74] ohne daß doch das Völkerrecht bisher zur ausdrücklichen Formulierung eines umfassenden ,,Rechts auf Heimat" gelangt wäre.[75] Beispiele für solche Massenvertreibungen sind die Zwangsaussiedlungen von Polen aus dem sog. Warthegau durch die Deutschen nach 1939[76] und von Deutschen aus Polen, der Tschechoslowakei, Ungarn, Jugoslawien und Ostdeutschland[77] unter ausdrücklicher Billigung durch die Regierungen der USA, des UK und der UdSSR.[78] Die Bestimmung, daß diese Austreibung in ,,ordnungsgemäßer und humaner Weise" vor sich gehen solle, machte sie nicht rechtmäßig und konnte nicht hindern, daß dabei schätzungsweise 2 Millionen Menschen umgekommen sind.[79] Vollends völkerrechtswidrig ist die Eliminierung einer Minderheit durch ihre physische Vernichtung, wofür das moderne Hauptbeispiel die in der Planung wie in der Durchführung gleich unmenschliche ,,Endlösung der Judenfrage" durch die Gestapo in Deutschland und in den von Deutschland während des zweiten Weltkriegs besetzten Gebieten war, durch die Millionen von Juden in diesen Ländern vernichtet wurden.

Die Illegalisierung solcher Akte ist in formeller Weise durch den Vertrag vom 9. 12. 1948 über die Verhinderung und Bestrafung des Völkermords erfolgt.[80] Durch ihn werden insbesondere verboten:

a) Handlungen, die mit der Absicht begangen werden, ganz oder teilweise eine nationale, ethnische, rassische oder religiöse Gruppe zu vernichten, wie die Tötung oder die Zufügung von ernstem körperlichem oder geistigem Schaden;

b) die bewußte Aufzwingung von Lebensbedingungen, die darauf berechnet sind, die gänzliche oder teilweise Vernichtung der Gruppe herbeizuführen;

c) die Auferlegung von Maßnahmen, die beabsichtigen, Geburten innerhalb der Gruppe zu verhindern;

d) die zwangsweise Überführung von Kindern von einer Gruppe in eine andere.

---

[74] Siehe Scelle aaO II S. 186: ,,Il constitue la négation flagrante de la liberté individuelle, et notamment du libre établissement, de l'attachement au sol natal."

[75] Siehe dazu Laun, Das Recht auf die Heimat, 1951, und die ,,Charta" der Heimatvertriebenen vom 5. 8. 1950, abgedruckt im Jahrb. f. internat. Recht 1954 S. 181; siehe aber einen begrenzten völkerrechtlichen Ansatzpunkt in Art. 12 der International Labor Convention 107 von 1957, in Kraft seit 2. 6. 1959: ,,The populations concerned shall not be removed without their free consent from their habitual territories except in accordance with national laws and regulations for reasons relating to national security, or in the interest of national economic development or of the health of the said populations."

[76] ca. 1 Million, s. Dahm aaO I S. 408.

[77] ca. 15 Millionen.

[78] Siehe Ziff. XIII des Potsdamer Abkommens vom 2. 8. 1945.

[79] Siehe Bülck in Jahrbuch f. internat. Recht, 3. Bd. S. 71 f.; s. Expellees and Refugees of German Ethnic Origin, Report of a special subcommittee of the Committee on the Judiciary, House of Representatives pursuant to H. Res. 238, 81st, 2d Sess., Report No. 1841, Washington 1950.

[80] UNTS 78 S. 278, BGBl. 1954 II S. 729, Berber, Dokumente I S. 924; siehe Aroneanu, Le crime contre l'humanité, 1961; Drost, The Crime of State, 2 Bde., 1959.

Die vorgesehenen Sanktionen sind allerdings weitgehend nicht völkerrechtliche, sondern innerstaatliche, und die in gewissem Umfang erfolgte Einschaltung des Internationalen Gerichtshofs wird durch Vorbehalte einer Reihe von Ostblockstaaten weitgehend illusorisch gemacht.

In den Vereinten Nationen wurde kein systematischer Versuch zum Minderheitenschutz unternommen, sondern das Schwergewicht auf die Entwicklung der Menschenrechte gelegt; nur am Rande werden die Minderheitenrechte noch erwähnt.[81] Und in der Tat hat die Entwicklung der letzten Jahrzehnte gezeigt, daß die Zugehörigkeit zu einer nationalen etc. *Majorität* durchaus nicht vor Beeinträchtigungen durch die eigene – innerstaatliche Grundrechte unterliegen, wenn auch häufig unter Bedingungen erschwerter Abänderbarkeit, dem Zugriff des innerstaatlichen Gesetzgebers oder des innerstaatlichen Ausnahmezustands – oder eine fremde Staatsgewalt schützt; es ist der Vorzug der Menschenrechte, daß sie jeden Menschen schützen, gleich ob er einer Minderheit oder einer Mehrheit angehört, gleich ob seine Grundrechte vom eigenen oder von einem fremden Staate beeinträchtigt werden. Obwohl also die völkerrechtlichen Regelungen der Menschenrechte im Prinzip nicht nur eine Einschränkung der Gewalt des Staates über seine eigenen Staatsangehörigen, sondern auch über Fremde bedeuten, sollen sie doch des Zusammenhangs wegen hier ungeteilt zur Darstellung gelangen.

Bis zur Schaffung der UN war die Verletzung der Menschenrechte durch einen Staat, ohne daß die Verletzung einer vertraglichen Verpflichtung vorlag, nur gelegentlich und mit Vorsicht von fremden Staaten zum Anlaß diplomatischer Vorstellungen und Demarchen gemacht worden. Die Satzung der UN dagegen nennt unter den Zielen der UN ausdrücklich die Zusammenarbeit zur Beförderung und Ermutigung der Achtung vor den Menschenrechten und vor den Grundfreiheiten für alle ohne Unterschied der Rasse, des Geschlechts, der Sprache oder der Religion.[82] Auch an einer Reihe anderer Stellen bringt die Satzung denselben oder ähnliche Gedanken zum Ausdruck, so in Artikel 13 (1) b, in Artikel 55 (c), in Artikel 56, in Artikel 62 II, in Artikel 68, in Artikel 76c. Juristisch bedeutsam ist insbesondere die Bestimmung des Artikels 56, wonach die UN-Mitglieder sich verpflichten, gemeinsam und einzeln in Zusammenarbeit mit den UN für die Erfüllung dieser Ziele tätig zu werden. Es ist umstritten, ob es sich dabei nur um Programmsätze für künftig zu verwirklichendes Recht[83] oder um unmittelbar

---

[81] Siehe Art. 27 der Menschenrechtskonvention II von 1966: „In denjenigen Staaten, in denen ethnische, religiöse oder sprachliche Minderheiten bestehen, soll Personen, die zu solchen Minderheiten gehören, nicht das Recht versagt werden, in Gemeinschaft mit den anderen Mitgliedern ihrer Gruppe sich ihrer eigenen Kultur zu erfreuen, ihre eigene Religion zu bekennen und zu praktizieren oder ihre eigene Sprache zu gebrauchen“; s. auch Art. 14 der Europäischen Menschenrechtskonvention von 1952, in dem das Verbot der Diskriminierung auch zugunsten der Angehörigen einer nationalen Minderheit stipuliert ist.

[82] Art. 1 Nr. 3.

[83] So Kelsen, The Law of the UN, 1951, S. 29ff.; Ch. de Visscher aaO S. 157f.

verpflichtendes Recht handelt.[84] Gegen die rechtsverpflichtende Natur dieser Bestimmungen der Satzung könnte geltend gemacht werden, daß der Begriff der Menschenrechte nach der Satzung der Präzisierung, ja der Definierung ermangelt, und daß es an einem Verfahren zur spezifischen Durchsetzung dieser Verpflichtungen fehlt.[85] Trotz dieser mangelnden Präzisierung, die auch sonst im allgemeinen Recht wie im Völkerrecht – s. z. B. die allgemeinen Rechtsgrundsätze – nicht selten ist, handelt es sich aber nach Wortlaut wie Willen der Vertragsschließenden um eine echte Rechtsverpflichtung, der freilich ein spezifisches völkerrechtliches Erzwingungsverfahren gegenüber allen UN-Mitgliedern bislang fehlt. Diese Rechtsverpflichtung umfaßt die Achtung vor einem Minimum von Menschenrechten, die das Gemeingut der ganzen Menschheit trotz ihrer Spaltung in antagonistische Ideologien bilden. Daß dem so ist, erhellt insbesondere aus den Friedensverträgen von 1947,[86] unter deren Kontrahenten sich sowohl die USA als auch die UdSSR befinden und die eine gewisse Präzisierung dieses Minimums enthalten.[87] Was die mangelnden Verfahrensbestimmungen anlangt, so ist zum mindesten in Artikel 56 der Satzung eine Art pactum de contrahendo enthalten; es gelten darüber hinaus bei schweren Konflikten über Menschenrechte die Bestimmungen des Artikels 33 der Satzung, und aus dem Charakter der Achtung der Menschenrechte als internationaler Rechtsverpflichtung folgt, daß eine Intervention der UN in eine innerstaatliche die Menschenrechte verletzende Tätigkeit – diese Intervention kann die Form von Aussprachen und Empfehlungen in der Generalversammlung, die Einsetzung einer Untersuchungskommission usw. annehmen – keine Verletzung des in Artikel 2 VII der Satzung ausgesprochenen Verbots der Einmischung in innere Angelegenheiten darstellt.

Es war aber nie die Absicht der Begründer der UN, es bei diesem unpräzisen Minimum zu belassen. Der Ausschuß für die Menschenrechte des Wirtschafts- und Sozialrats der UN wurde bald nach Gründung der UN beauftragt, ein internationales Statut der Menschenrechte aufzustellen. Zunächst wurde eine allgemeine Erklärung über die Menschenrechte (vom 10. 12. 1948)[88] verabschiedet. Sie ist eine Erklärung grundsätzlichen und programmatischen Charakters im Stile der großen abendländischen Erklärungen des 18. Jahrhunderts; wie bei ihnen,

[84] So insbes. Jessup, A modern Law of Nations, S. 87ff.; Lauterpacht, International Law and Human Rights, S. 145ff.; Dahm aaO S. 423ff.

[85] Auch die Entscheidungen innerstaatlicher Gerichte, die mit dieser Frage befaßt waren, widersprechen sich; s. z. B. die positiven Entscheidungen des Kanadischen High Court Ontario in re Drummond Wren, 4 Ontario Reports, 778, und, mit einzelnen Voten, des Supreme Court der USA in Oyama v. California (1948) 332 US 633; s. z. B. die negative Entscheidung des Obersten Gerichtshofs von Californien in Fujii v. California (1952), abgedruckt in AJIL 1952, S. 559ff.

[86] Mit Italien: Art. 15, 19, IV; mit Finnland: Art. 6; mit Ungarn: Art. 2; mit Rumänien: Art. 3; mit Bulgarien: Art. 2.

[87] Siehe auch Art. 6 des Staatsvertrags mit Österreich vom 15. 5. 1955 sowie Art. 14 des im Winter 1958/1959 von der Sowjetunion vorgelegten Entwurfs eines Friedensvertrags mit Deutschland.

[88] Abgedruckt in Berber, Dokumente I S. 917.

steht auch hier die Trias Freiheit, Gleichheit, Brüderlichkeit an der Spitze; sie hat aber nicht nur moralische, sondern wohl auch juristische Bedeutung, ja es besteht eine Tendenz, sie als Formulierung der Prinzipien eines universalen Völkergewohnheitsrechts anzusehen, die aber nicht unbestritten ist.

Bei der Ausarbeitung der Menschenrechtskonvention, die diese Grundsätze in die rechtliche Wirklichkeit übertragen sollte, zeigte sich als Haupthindernis das Vorhandensein von zwei unvereinbaren Ideologien, der westlichen freiheitlich-individualistischen Tradition und der sozialistischen Forderung nach wirtschaftlicher Gleichheit und sozialer Gerechtigkeit. Nach langen Vorarbeiten nahm die Generalversammlung der UN am 16. 12. 1966 zwei Konventionen an – die noch nicht in Kraft sind und natürlich auch dann nur die ratifizierenden Staaten binden – eine über wirtschaftliche, soziale und kulturelle Rechte (Recht auf Arbeit, auf gerechte Arbeitsbedingungen, auf freie Bildung von Gewerkschaften, auf soziale Sicherheit, auf Schutz der Familie, auf angemessenen Lebensstandard, auf Gesundheit, auf Erziehung, auf Teilnahme am kulturellen Leben), eine zweite Konvention über bürgerliche und politische Rechte (Recht auf Leben, Verbot von Folterung und unmenschlicher Bestrafung, Verbot von Sklaverei, Sklavenhandel und Zwangsarbeit, Freiheit der Person, Recht auf Bewegungs- und Auswanderungsfreiheit, Ausweisung nur auf rechtsstaatlicher Basis, Gleichheit und Minimum-Garantien vor Gericht, nulla poena sine lege, Schutz der Intimsphäre, Gedanken-, Gewissens- und Religionsfreiheit, Recht der freien Meinungsäußerung, Verbot der Propaganda für Krieg, nationalen, Rassen- oder Religionshaß – also kein Verbot der Propaganda für Klassenhaß! – Versammlungsfreiheit, Vereinigungsfreiheit, Schutz der Familie und des Kindes, freie Teilnahme an der politischen Gestaltung für jeden Bürger, Gleichheit vor dem Gesetz, Minderheitenschutz). Das in den beiden Konventionen enthaltene Programm stellt eine Wiederholung der freiheitlichen Errungenschaften der Menschheit in den letzten 200 Jahren dar, die aber in den totalitären Staaten weitgehend negiert werden, ohne daß die Konventionen wirksame Einwirkungsmöglichkeiten der Völkerrechtsgemeinschaft zur Durchsetzung dieser Freiheitsrechte vorsehen. Immerhin bewirkt die bloße Tatsache der Verabschiedung dieser Konventionen, erst recht ihr hoffentlich baldiges Inkrafttreten, daß Fragen der Menschenrechte zweifelsfrei nicht mehr zu der internen Zuständigkeit der Staaten im Sinne des Art. 2 Nr. 7 der Satzung der UN gehören, wenn auch die Einwirkungsmöglichkeiten der UN nach wie vor gering bleiben: nach der ersten Konvention im wesentlichen Pflicht zur Einreichung periodischer Berichte, nach der zweiten Konvention die Errichtung eines Ausschusses für Menschenrechte, der Berichte entgegennimmt, aber auch durch konkrete, auf Gegenseitigkeit beruhende Unterwerfung zur Vermittlung über von einem Vertragspartner mitgeteilte Beschwerden über Vertragsverletzung durch einen anderen Vertragsstaat ermächtigt werden kann (Art. 41, 42). Schließlich ist der II. Konvention noch ein gesondertes „Optional Protocol" angefügt, durch das ein Staat sich der Prüfung von Beschwerden von Einzelpersonen durch den Menschenrechtsausschuß unterwerfen kann: wie weit die einzelnen Staaten, abgesehen von bloß verbaler Anerkennung der 2. Konvention, es mit ihrer Durchführung wirklich ernst meinen, wird sich daran ablesen lassen, ob sie dieses „Optional Protocol" annehmen.

Bereits ein Jahr vorher, am 21. 12. 1965, verabschiedete die Generalversammlung der UN eine Konvention über die Beseitigung aller Formen rassischer Diskriminierung, in der nicht nur die Verpflichtung der Staaten ausgesprochen ist, alle rassische Diskriminierung zu beseitigen, sondern auch alle entsprechende Propaganda zu verbieten, und in der die Errichtung eines Ausschusses über die Beseitigung der rassischen Diskriminierung vorgesehen ist, dem die Prüfung der von den Vertragsstaaten an den Generalsekretär der UN zu erstattenden Berichte obliegen soll (siehe AJIL 1966 S. 650).

Die Resolution einer 1968 in Tehran zusammengetretenen UN-Konferenz für Menschenrechte bestätigt diese Abmachungen und vertritt die Auffassung, daß sie neue Maßstäbe und Verpflichtungen geschaffen haben, denen die Staaten sich anpassen sollten.

Die in Teil III des Versailler Friedensvertrags von 1919 geschaffene Internationale Arbeitsorganisation (ILO) hat sich die konkrete Verwirklichung der sozialen Gerechtigkeit in den Mitgliedsländern zum Ziele gesetzt und in den 45 Jahren ihres Bestehens weit über 100 Konventionen zur Verbesserung der Arbeitsbedingungen verabschiedet. Die Deklaration von Philadelphia von 1944, die 1946 der Verfassung der ILO als Annex hinzugefügt wurde, bestätigt u. a., daß „alle Menschen, ohne Rücksicht auf Rasse, Glauben oder Geschlecht, das Recht haben, ihr materielles Wohlbefinden wie ihre geistige Entwicklung unter Bedingungen der Freiheit und Würde, der wirtschaftlichen Sicherheit und der Chancengleichheit zu verfolgen". Das Statut der ILO vom 9. 10. 1946 (BGBl. 1957 II 318, 1964 II 101, UNTS 15 S. 40, 191 S. 143, abgedruckt in Berber, Dokumente S. 212 ff.) sieht in den Art. 22 ff. wirksame Maßnahmen zur Durchsetzung der Konventionen vor, die durchaus als Vorbild bei der prozeduralen Ausgestaltung der Menschenrechtskonventionen von 1966 hätten dienen können.

In diesen Zusammenhang gehören auch eine Reihe von Konventionen zur Unterdrückung des Frauen- und Kinderhandels, so die von 1904, 1910, 1921 (siehe RGBl. 1924 II 181, abgedruckt in Berber, Dokumente I S. 1012), 1933 (LNTS 150 S. 431), 1950 (UNTS 96 S. 272, abgedruckt in Berber, Dokumente I S. 1040), ebenso der Bericht der Untersuchungskommission des Völkerbunds von 1933 über den Frauen- und Kinderhandel im Orient (Nr. C. 849.M.393. 1932. IV).

Ebenso gehören in diesen Zusammenhang auch die völkerrechtlichen Bemühungen um die Abschaffung der Sklaverei. Unter englischem Einfluß wurde durch die Wiener Deklaration von 1815 der Sklavenhandel grundsätzlich verurteilt und eine Reihe von bilateralen Verträgen abgeschlossen, in denen die Kontrolle von des Sklavenhandels verdächtigen Schiffen auch durch Kriegsschiffe des anderen Vertragsstaats zugestanden wurde. Ebenso richteten sich gegen den Sklavenhandel eine Reihe von multilateralen Verträgen, so insbesondere die Berliner Kongoakte von 1885, die Brüsseler Antisklavereiakte von 1890 und die Verträge von St. Germain von 1919.[89] Das Genfer Übereinkommen von 1926 betr. die Sklaverei[90] ging dann über das Verbot des Sklavenhandels hinaus zu einem weitgehenden Verbot der Institution der Sklaverei selbst wie auch der Zwangsarbeit über. Das letzte Abkommen dieser Art ist die Genfer Konvention vom 7. 9. 1956 über die Abschaffung der Sklaverei, des Sklavenhandels, sowie sklavereiähnlicher Einrichtungen und Praktiken.[91]

Die universal intendierten Menschenrechtskonventionen der UN sind vor allem wegen der ideologischen Gespaltenheit der UN-Mitglieder in den für die praktische Verwirklichung entscheidenden prozeduralen Vorschriften unbefriedigend geblieben. Effektive Durchsetzungsmöglichkeiten können also wohl zunächst nur im Rahmen ideologisch homogener Regionen erwartet werden. Eine solche Region ist heute weitgehend Westeuropa; das Abkommen von 1950 spricht in seiner Präambel ausdrücklich von dem gemeinsamen ,,Erbe an geistigen Gütern, politischen Überlieferungen, Achtung der Freiheit und Vorherrschaft des Gesetzes". In diesem regionalen Rahmen ist das Abkommen von Rom vom 4. 11. 1950 (gefolgt von mehreren Zusatzprotokollen) zum Schutze der Menschenrechte und Grundfreiheiten von einer Reihe europäischer Staaten abgeschlossen worden, zu denen insbesondere auch die Bundesrepublik gehört;[92] auch Frankreich und die Schweiz, die lange zögerten, haben 1974 ratifiziert. Das Abkommen ist in seinem Inhalt bescheidener und realistischer als frühere Entwürfe, es handelt sich bei ihm aber um wirklich geltendes Recht, es sind wirksame institutionelle Rechtsdurchsetzungsmöglichkeiten völkerrechtlicher Art geschaffen worden. Die durch die Konvention gewährten Rechte sind im wesentlichen übereinstimmend mit den in den einzelstaatlichen Verfassungen Westeuropas herkömmlich aufgeführten Grund- und Freiheitsrechten. So sind insbesondere genannt: Recht auf Leben, Freiheit und Sicherheit, rechtliches Gehör, Privat- und Familienleben, Wohnung und Briefverkehr, Gedanken-, Gewissens- und Religionsfreiheit, freie Meinungsäußerung, Versammlungs- und Vereinsfreiheit, Ehe. Einige Artikel nehmen Bestimmungen auf, die seit 150 Jahren in Europa als überflüssig galten, die aber durch den in einigen europäischen Staaten stattgehabten Rückfall in vor dieser Zeit üblich gewesene Methoden als notwendig erschienen, so insbesondere das in Artikel 3 ausgesprochene Verbot der Folter und unmenschlicher oder erniedrigen-

---

[89] LNTS 7 S. 331.

[90] Berber, Dokumente I S. 1016, RGBl. 1929 II S. 64.

[91] Berber, Dokumente I S. 1021, BGBl. 1958 II S. 205.

[92] Siehe BGBl. 1952, II, 686; 1954 II 14; 1956, II, 1880; 1968 II 1116; 1120; 1970 II 1315; 1972 II 105; abgedruckt in: Völkerrechtl. Verträge (Hrsg.: Berber), dtv 1973.

der Strafe oder Behandlung[93] und das in Artikel 4 enthaltene Verbot von Sklaverei, Leibeigenschaft, Zwangs- oder Pflichtarbeit (letztere nur teilweise). Ebenso ist von Bedeutung das Diskriminierungsverbot des Artikels 14, wonach der Genuß dieser Rechte „ohne Unterschied des Geschlechts, der Rasse, Hautfarbe, Sprache, Religion, politischen oder sonstigen Anschauungen, nationaler oder sozialer Herkunft, Zugehörigkeit zu einer nationalen Minderheit, des Vermögens, der Geburt oder des sonstigen Status" garantiert ist. Im Falle von Verletzungen hat der Verletzte das Recht, sich der zulässigen nationalen Rechtsmittel zu bedienen, nach Erschöpfung der innerstaatlichen Rechtsmittelverfahren aber eine Petition an die „Europäische Kommission für Menschenrechte" zu richten, vor der er nicht Prozeßpartei ist, und deren Verfahren evtl. an den „Ministerausschuß" bzw. an den „Europäischen Gerichtshof für Menschenrechte" übergeht, im Verfahren vor welch letzterem nur die Vertragsstaaten und die Kommission als Parteien auftreten können. Bis 1974 wurden bei der Kommission 6402 Beschwerden eingereicht, von denen 5204 ohne Eingehen auf die Sache als unzulässig, 228 als unbegründet abgewiesen wurden, während 121 Beschwerden positiv entschieden wurden; 15 Fälle wurden seit seiner Errichtung im Jahre 1959 vor den Gerichtshof gebracht (darunter insbesondere die belgischen Sprachenfälle); 7 Staatsfälle und 34 Individualbeschwerden wurden vor das Ministerkomitee gebracht (siehe die offizielle Bestandaufnahme der Kommission vom 1. 10. 1974).

Eine weitere Integration der westeuropäischen Staaten auf diesem Gebiete stellen dar die Europäische Sozialcharta vom 8. 10. 1961 (BGBl. 1964 II S. 1262), das Europäische Fürsorgeabkommen vom 11. 12. 1953 (BGBl. 1956 II S. 564, 1972 II S. 175, 209), sowie das Europäische Niederlassungsabkommen vom 13. 12. 1955 (BGBl. 1959 II S. 998).

Auch im Rahmen der Organisation der Amerikanischen Staaten sind Deklarationen über Menschen-, Sozial- und kulturelle Rechte erfolgt, so in der Resolution XXX der Konferenz von Bogota von 1948, dem Ergänzungsprotokoll von Buenos Aires vom 27. 2. 1967 (AJIL 1970 S. 996) und der Amerikanischen Menschenrechtskonvention vom 22. 11. 1969 (AJIL 1971 S. 679), deren sachliche Gewährleistungen und verfahrensmäßige Garantien weitgehend mit denen der Europäischen Menschenrechtskonvention übereinstimmen.

§ 58. Die völkerrechtliche Stellung der Fremden

Literatur: *Bolesta-Koziebrodski,* Le Droit d'Asile, 1962; *Borchard,* The diplomatic protection of citizens abroad, 1915; *Delessert,* L'établissement et le séjour des étrangers, 1924; *Döhring,* Die allgemei-

[93] Die Folter wurde in Schottland 1708, in Schweden, wo sie nie als System durchgedrungen war, 1734 ausdrücklich verboten, in Preußen 1740 faktisch abgeschafft, in England 1771 (12 Geo. III. c. 20), in Frankreich 1789, in Rußland 1801 verboten, in manchen deutschen Ländern erst später, z. B. in einem Fall 1831.

nen Regeln des völkerrechtlichen Fremdenrechts und das deutsche Verfassungsrecht, 1963; *Döhring*, Die Teilung Deutschlands als Problem des völker- und staatsrechtlichen Fremdenrechts, 1968; *Döhring*, Neuregelungen des deutschen Fremdenrechts durch das Ausländergesetz von 1965, in ZaöRVR 1965 S. 478; *Dunn*, The protection of nationals, 1932; *v. Frisch*, Fremdenrecht, 1910; *Isay*, Das deutsche Fremdenrecht, 1923; *Isensee*, Die staatsrechtliche Stellung der Ausländer in der Bundesrepublik Deutschland, in VVDStRL Heft 32 S. 49; *Kirchheimer*, Gegenwartsprobleme der Asylgewährung, 1959; *Lieber*, Die neuere Entwicklung des Asylrechts im Völkerrecht und Staatsrecht, 1973; *Mora*, International Law and Asylum as a Human Right, 1956; *Plender*, International Migration Law, 1972; *Rondepierre*, Statut des Etrangers, 1953; *Steinbach*, Untersuchungen zum internationalen Fremdenrecht, 1931.

I. Das Problem

Grundsätzlich besitzen die Staaten volle Herrschaftsgewalt nur über ihre eigenen Staatsangehörigen, und zwar nur über diejenigen ihrer eigenen Staatsangehörigen, die sich auf ihrem Staatsgebiet befinden, obwohl in der neuesten Entwicklung des Völkerrechts selbst diese Herrschaftsgewalt in gewissem Umfang eingeschränkt ist, nämlich durch Minderheitenrecht und Menschenrechte. Dagegen besitzen die Staaten prinzipiell keine Herrschaftsgewalt über Personen, die nicht ihre Staatsangehörigen sind, die sog. Fremden oder Ausländer. In einer Reihe von Fällen gewährt aber das Völkerrecht den Staaten in gewissem Umfang Rechte und Pflichten auch gegenüber Fremden, insbesondere gegenüber:

a) Fremden, die sich auf dem eigenen Staatsgebiet dieser Staaten befinden,

b) Fremden, die die Staatsangehörigkeit eines Staates besitzen oder einem Territorium zugehören, für das dieser Staat völkerrechtlich vertretungsberechtigt ist, wie Protektorate, Mandate, diplomatische Schutzmachtverhältnisse etc.,[94]

c) Fremden, die seine sog. Protégés oder de-facto-Untertanen sind,[95]

d) Fremden in Teilen des Meeres, in denen der Küstenstaat Hoheitsrechte auszuüben berechtigt ist,[96]

e) gewissen Fremden auf hoher See und im Luftraum, wie Piraten und Sklavenhändlern,[97]

f) Fremden, die gegenüber ihrem eigenen Staat einen völkerrechtlichen Schutz durch Minderheitenrecht oder durch Menschenrechte genießen, soweit ein anderer Staat dadurch ein völkerrechtliches Einwirkungsrecht zu ihren Gunsten gegenüber ihrem eigenen Staat erworben hat,[98]

g) Fremden im Kriegsfall, sei es gegenüber Angehörigen eines feindlichen oder neutralen Staats auf hoher See (Blockaderecht, Prisenrecht), sei es gegenüber Angehörigen eines feindlichen Staats auf dessen Staatsgebiet (kriegerische Besetzung) oder im eigenen Gewahrsam (Kriegsgefangene).[99]

---

[94] Siehe oben § 56 Nr. VIb.

[95] Siehe oben § 56 Nr. VIc.

[96] Siehe oben § 51 Schlußabsatz.

[97] Siehe oben § 52 Nr. III zu b 6.

[98] Siehe oben § 57.

[99] Siehe Bd. II.

Als wichtigster dieser Fälle ist hier die Rechtslage der Ausländer im Inland zu untersuchen; vom Standpunkt ihres eigenen Staates sind sie Inländer im Ausland.[100]

II. Kategorien von Fremden im Inland

Man kann folgende (nicht erschöpfende) Kategorien von Fremden unterscheiden:

a) Fremde, die die Angehörigen eines anderen Staates sind, und Fremde, die keinem anderen Staat angehören (Staatenlose). Die – selbst heute noch nicht seltene – Diskriminierung zuungunsten der Letzteren wird nach geläuterter Auffassung mehr und mehr als unmoralisch, als ungerecht empfunden und daher in wachsendem Maße durch ihre Gleichstellung mit denjenigen Fremden ersetzt, die die Staatsangehörigkeit eines anderen Staates besitzen.[101] Dagegen ist heute schon keine Diskriminierung erlaubt gegenüber fremden Staatsangehörigen, deren Staat vorübergehend an der Ausübung seines Schutzrechtes faktisch verhindert ist, ohne daß sich Aufenthaltsstaat und Angehörigkeitsstaat im Kriegszustand miteinander befinden.[102] Die von einigen neutralen Staaten nach dem 8. 5. 1945 gegenüber den auf ihrem Gebiet befindlichen – vorübergehend durch die Beseitigung der deutschen Regierung durch Kriegseinwirkung faktisch schutzlos gewordenen – deutschen Staatsangehörigen geübte Diskriminierung war daher völkerrechtswidrig, insbesondere auch neutralitätswidrig und stellte einen Mißbrauch einer Machtkonjunktur dar.

b) Fremde, die sich auf einem Staatsgebiet dauernd niedergelassen haben, und Fremde, die das Land nur vorübergehend besuchen (Reisende, Touristen). Die Rechtsstellung der dauernd niedergelassenen Fremden ist schwerer zu erlangen als die eines bloßen Besuchers – Einwanderervisen sind schwieriger zu beschaffen als Besuchsvisen. Der dauernd niedergelassene Fremde genießt der Regel nach mehr Rechte als der bloße Besucher, ja er ist häufig in vielen Beziehungen dem Inländer gleichgestellt, hat dafür aber auch mehr Pflichten zu erfüllen, etwa Steuerpflichten und Pflicht zu öffentlichen Dienstleistungen, vielleicht auch[103] eine gewisse Treuepflicht.

c) Einfache Fremde und privilegierte Fremde. Privilegierte Fremde sind insbesondere die sog. Exterritorialen,[104] in Ländern mit Konsulargerichtsbarkeit waren es alle Fremden, zugunsten deren Staaten die Konsulargerichtsbarkeit bestand.[105]

---

[100] Siehe darüber oben § 56 Nr. VIII.
[101] Siehe oben § 56 Nr. IV.
[102] Über letzteres s. unten Nr. (d).
[103] Siehe darüber unten Nr. IV.
[104] Siehe darüber oben § 41.
[105] Siehe darüber § 42 Nr. I.

Zu den bevorrechtigten Personen gehören aber u. U. auch Flüchtlinge (siehe oben § 56 IV), Angehörige von EG-Staaten (siehe das Europäische Niederlassungsabkommen vom 13. 12. 1955 – BGBl. 1959 II S. 998 – und das deutsche Gesetz über Einreise und Aufenthalt von Staatsangehörigen der Mitgliedstaaten der Europäischen Wirtschaftsgemeinschaft vom 22. 7. 1969 – BGBl. I S. 927, und BGBl. 1974 I S. 948) sowie Asylberechtigte (darüber siehe unten III).

d) Feindliche Ausländer und befreundete Ausländer. Diese Unterscheidung, die im Kriegsfall von großer Bedeutung ist, allerdings nur im Verhältnis zwischen kriegführenden Staaten unter sich, nie im Verhältnis von kriegführenden zu neutralen Staaten, wird im Kriegsrecht[106] dargestellt.

III. Die Zulassung von Fremden

Kraft seiner Gebietshoheit kann ein Staat im allgemeinen nach seinem Ermessen darüber bestimmen, wem er den Zugang in sein Staatsgebiet eröffnen will, sei es auf Zeit, sei es für dauernd, sei es unter Bedingungen und Auflagen, sei es unbeschränkt. Insbesondere die Zulassung von Einwanderern, ihre Art und ihr Maß ist nach heute noch geltendem Völkerrecht in das Belieben der einzelnen Staaten gestellt und als eine „wesentlich innere Angelegenheit" anzusehen. Es gibt nach allgemeinem Völkerrecht keine internationale Freizügigkeit, obwohl es überbevölkerte und unterbevölkerte Staaten gibt;[107] es ist geradezu ein Charakteristikum für das gegenwärtige Stadium des Völkerrechts, das mit Zähigkeit an dem Prinzip der Souveränität der Einzelstaaten festhält, daß den Staaten das Recht, über die Zusammensetzung ihrer Bevölkerung „souverän" zu bestimmen, vorbehalten bleibt. Denn dieses Recht, über die Zusammensetzung ihrer Bevölkerung frei zu bestimmen, bedeutet zugleich die Macht der Staaten, ihre Homogenität wie ihre staatlich-historische Identität aufrechtzuerhalten, die bei Gewährung internationaler Freizügigkeit aufs äußerste gefährdet wären; man bedenke nur etwa die Zukunft Australiens bei freier Gewährung der Einwanderung aus China, Japan und Indien. Viele Staaten haben noch heute schwierige innerstaatliche Probleme durch früher tolerierte oder begünstigte Wanderbewegungen, so etwa das indische Problem in Ceylon und Südafrika, das Negerproblem in USA. Auf der anderen Seite ist die Auswanderung für überbevölkerte Staaten manchmal die einzige Möglichkeit, eines überstarken Bevölkerungsdrucks Herr zu werden; wird die Einwanderung in Länder mit starker Aufnahmekapazität durch restriktive Einwanderungs-

---

[106] Siehe Bd. II, § 35.

[107] Die UN-Konvention von 1966 über bürgerliche und politische Rechte gewährt „jedermann" Freizügigkeit nur innerhalb des Staatsgebiets und nur, wenn er sich „rechtmäßig" innerhalb des Staatsgebiets befindet; ein Recht auf Zulassung eines Fremden in ein Staatsgebiet wird nicht gewährt; nur der Zugang in das eigene Staatsgebiet darf nicht willkürlich entzogen werden (Art. 12).

gesetze gesperrt, so sind schwere internationale Krisen fast unvermeidlich.[108] Es ist daher de lege ferenda als wünschenswert zu bezeichnen, daß das Problem der internationalen Wanderbewegungen aus der ausschließlichen Zuständigkeit der einzelnen Staaten in internationale Verantwortung übergehen sollte.[109]

Dieses aus der Souveränität fließende Recht jedes Staates, Fremde von seinem Staatsgebiet nach Belieben fernzuhalten, wird nicht durch das sog. völkerrechtliche Grundrecht auf Verkehr eingeschränkt (nur eine völlige Abschließung von der Außenwelt wäre völkerrechtswidrig), sondern nur durch – meist bilaterale – Verträge, insbes. Handels- und Niederlassungsverträge. Durch sie wird zwar das Recht des einen Kontraktstaates, Angehörige des anderen Kontraktstaates generell auszuschließen, eingeschränkt, nicht aber sein Recht, Angehörige des anderen Kontraktstaates im Einzelfall aus besonderen Gründen, so insbesondere aus Gründen der öffentlichen Ordnung, der Sicherheit, der Gesundheit oder aus finanziellen Gründen trotz des Vertrags abzuweisen. Dies ist so selbst nach dem auf einer besonders engen regionalen Verflechtung beruhenden Europäischen Niederlassungsabkommen vom 13. 12. 1955 (BGBl. 1959 II S. 998), das in Art. 1 bestimmt: „Jeder Vertragstaat wird den Staatsangehörigen der anderen Vertragstaaten die Einreise in sein Gebiet zu vorübergehendem Aufenthalt erleichtern und ihnen in seinem Gebiet Freizügigkeit gewähren, sofern nicht Gründe der öffentlichen Ordnung, der Sicherheit, der Volksgesundheit oder der Sittlichkeit entgegenstehen." Das deutsche Ausländergesetz vom 28. 4. 1965 (BGBl. I S. 353, Änderungen siehe bei Sartorius 565) erfordert für die Einreise von Ausländern eine Aufenthaltserlaubnis, die nicht erteilt werden darf, wenn die Anwesenheit des Ausländers Belange der Bundesrepublik Deutschland beeinträchtigt (§ 2). Selbst das deutsche Gesetz über Einreise und Aufenthalt von Staatsangehörigen der Mitgliedstaaten der EWG vom 22. 7. 1969 (BGBl. 1969 I S. 927, 1974 I S. 948), das diesem beschränkteren Personenkreis Einreise ohne die Notwendigkeit der Aufenthaltserlaubnis gewährt, erlaubt die Versagung der Einreise „aus Gründen der öffentlichen Sicherheit oder Ordnung oder dann ... wenn ihre Anwesenheit sonstige erhebliche Belange der Bundesrepublik Deutschland beeinträchtigt" (§ 12).

Ein Staat hat zwar keine auf allgemeinen Rechtsregeln beruhende völkerrechtliche Pflicht zur Zulassung von Fremden, wohl aber gewährt ihm das Völkerrecht ein *Recht* zur Zulassung von Fremden auf seinem Gebiet, das nur durch Auslieferungsverträge und sonstige Abmachungen, nicht aber durch den einseitigen Ein-

---

[108] So war in Japan im Jahre 1933 die Bevölkerung unter 20 Jahren um 10 Millionen zahlreicher als die Bevölkerung zwischen 20 und 40 Jahren; es mußten also im Laufe von 20 Jahren 10 Millionen neue Arbeitsplätze gefunden werden; dabei war die Auswanderung nach USA, Kanada, Australien, Neuseeland versperrt. Diese schwierige Lage Japans wird heute noch verstärkt durch die neueste Entwicklung des Hochseefischereirechts, durch die weite Teile des hohen Meeres von einzelnen Staaten als sog. „Konservierungszonen" oder „Wirtschaftszonen" monopolisiert werden.

[109] Siehe u. a. den Bericht von Cromie in: Peaceful Change, International Institute of Intellectual Cooperation, 1938, S. 127ff.

spruch des Staats, dessen Staatsangehörigkeit der Aufzunehmende besitzt, eingeschränkt werden kann. Insbesondere kann der Staat Fremden auf seinem Gebiet Asyl gewähren, und zwar nicht nur politisch Verfolgten, sondern auch anderen Personen, denen gegenüber er dazu geneigt ist. Das völkerrechtliche Asylrecht ist aber nicht ein Recht des einzelnen auf Asyl kraft Völkerrechts, sondern ein Recht des Staates, Asyl zu gewähren, das aber nicht mit dem sog. diplomatischen Asylrecht[110] verwechselt werden darf. Die in Art. 14 der Allgemeinen Erklärung der Menschenrechte von 1948 enthaltene Bestimmung, wonach jeder Mensch das Recht hat, in anderen Ländern vor Verfolgungen Asyl zu suchen und zu genießen, ist nicht in die Menschenrechtskonvention von 1966 aufgenommen worden; die Resolution der Generalversammlung der UN vom 14. 12. 1967 (AJIL 1968 S. 822), die keine vertragliche Bindung darstellt, möchte zwar durch Art. 3 die Rückweisung eines Verfolgten an der Grenze verhindern, hat aber zum Hauptinhalt die Bestimmung, daß das von einem Staat gewährte Asyl von allen anderen Staaten respektiert werden soll. Dagegen kann sehr wohl innerstaatlich ein Asylrecht für Verfolgte oder Flüchtlinge als echtes Recht gewährt werden, so insbesondere von seiten der Bundesrepublik Deutschland durch Art. 16 II des Grundgesetzes und die §§ 28ff. des Ausländergesetzes vom 28. 4. 1965, die ins einzelne gehende Vorschriften über die Anerkennung als Asylberechtigte enthalten.[111] Ein solches Asylrecht besitzt ein Staat mangels entgegengesetzter Abmachungen insbesondere auch gegenüber den in seiner Hand befindlichen Kriegsgefangenen, die nicht in ihr Heimatland zurückzukehren wünschen, ohne daß er nach politischen oder unpolitischen Motiven völkerrechtlich unterscheiden müßte. Diese Kriegsgefangenen begehen wohl ihrem Heimatstaat gegenüber durch ein solches Begehren nach Asyl regelmäßig eine strafbare Handlung, etwa Desertion; doch ist der Verwahrungsstaat kraft allgemeiner Regeln[112] weder zur Rückgabe noch zur fortdauernden Verwahrung verpflichtet; die Gefangennahme eines gegnerischen Soldaten gibt ihm das Recht, auferlegt ihm aber nicht die Pflicht zur Verwahrung.[113] Wie der Staat nicht gehindert ist, Fremden, die von ihrem Heimatstaat als dessen Soldaten zurückverlangt werden, mangels abweichender Vereinbarungen das Asyl zu gewähren, gleich, unter welcher Bezeichnung sie ihm abverlangt werden, so ist der Staat auch mangels entgegenstehender Vereinbarungen nicht zur Verweigerung des Asyls gegenüber solchen Personen verpflichtet, deren Nichtzulassung bzw. Rücklieferung von ihrem Heimatstaat oder von dritten Staaten mit der Begründung begehrt wird, es handle sich um „Kriegsverbrecher", da dieser schillernde

---

[110] Darüber s. § 41 Nr. VIIf Schlußabsatz.

[111] Siehe Döhring in ZaöRVR 1966 S. 33ff.; s. auch ILA, Report Conference New York 1972 S. 207ff.

[112] Anders etwa im Falle eines einschlägigen und trotz Kriegszustands noch gültigen Auslieferungsvertrags.

[113] Siehe Näheres im Kriegsrecht, Bd. II, § 27 V.

Begriff u. U. nichts anderes bedeutet als ,,Mitglieder eines besiegten oder gestürzten Regimes".[114]

IV. Die allgemeine rechtliche Stellung der Fremden im Aufenthaltsstaat

Obwohl der Staat, wenn keine dieses Recht einschränkenden vertraglichen Verpflichtungen vorliegen, Fremde nach Belieben von seinem Gebiet fernhalten kann, ihre Heimatstaaten ihm gegenüber also kein Recht auf Zulassung ihrer Staatsangehörigen haben, erhalten die Fremden durch die Zulassung einen ganz bestimmten völkerrechtlichen Status, der vom Aufenthaltsstaat nicht ohne Verletzung des Völkerrechts beeinträchtigt werden kann. Das innerstaatliche Fremdenrecht kann faktisch diesem Status gerecht werden, über ihn hinausgehen oder hinter ihm zurückbleiben; ob die Behandlung des Fremden rechtmäßig (im Sinne des Völkerrechts) ist, wird ausschließlich vom Völkerrecht bestimmt, das das interne Recht auf seine Rechtmäßigkeit kontrolliert und dem gegenüber das interne Recht lediglich die Rolle einer rechtlich zu beurteilenden Tatsache spielt.[115] Die – vor allem in Südamerika vertretene[116] – These, ein Staat erfülle seine völkerrechtliche Pflicht gegenüber einem Fremden, wenn er ihm die gleiche Behandlung wie seinen eigenen Staatsangehörigen gewähre – Theorie der Inländerbehandlung – ist völkerrechtlich nicht haltbar. Die Inländerbehandlung kann dem international vorgeschriebenen Standard gleichkommen, sie kann ihn übertreffen, sie kann hinter ihm zurückbleiben. Da es sich bei dem internationalen Standard naturgemäß um einen Minimumstandard handelt, ist eine ihn übertreffende Inländerbehandlung völkerrechtlich immer zulässig, wenngleich außerhalb einschlägiger vertraglicher Vereinbarungen kein völkerrechtlicher Anspruch auf sie besteht, während die hinter ihm zurückbleibende ,,Inländerbehandlung" der Fremden völkerrechtlich unzulässig ist; kein Staat kann sich damit exkulpieren, daß er seine Inländer auch nicht anders behandelt. Dabei ist zu beachten, daß in einem bestimmten Lande auf einem Sachgebiet eine den internationalen Standard übertreffende, auf einem anderen eine hinter ihm zurückbleibende Inländerregelung bestehen kann; man muß sich also vor – manchmal sogar traditionell oder

[114] Siehe z. B. die aufschlußreiche Verwendung des Begriffs ,,Kriegsverbrecher" durch die kubanischen Sondergerichte Fidel Castros gegenüber Mitgliedern, Anhängern und Angestellten des gestürzten Regimes.

[115] Übereinstimmend Briggs aaO S. 567: ,,national legislation and practice, supplemented by treaties, establish the status of the alien in any particular country; the sufficiency of national legislation and practice on the point of international law is always subject to the test of the international minimum standard of treatment as determined by diplomatic practice and the jurisprudence of international tribunals."

[116] Siehe z. B. Art. 9 II des Montevideo-Abkommens vom 26. 12. 1933 über die Rechte und Pflichten der Staaten, Art. 12 der Charter der Organisation der Amerikanischen Staaten vom 30. 4. 1948: ,,The jurisdiction of States within the limits of their national territory is exercised equally over all the inhabitants, whether nationals or aliens."

gefühlsmäßig begründeten – Generalisierungen hüten und jeden einzelnen Fall in concreto nach allen Aspekten prüfen. Ein Staat wird aber im allgemeinen auch bei der Gewährung einer über den Minimumstandard hinausgehenden Inländerbehandlung zwischen den Angehörigen verschiedener Staaten nicht differenzieren dürfen, da er damit das Prinzip der Gleichbehandlung der Staaten verletzen würde,[117] es sei denn, daß er kraft konkreter Verträge mit bestimmten Staaten zu solcher Besserbehandlung verpflichtet oder kraft Repressalienrechts zu solcher Diskriminierung berechtigt ist; erst recht gilt das natürlich für einen neutralen Staat im Kriegsfall.[118] Ausländer im Inland sind nämlich, im Gegensatz etwa zu Kriegsgefangenen, denen gegenüber Repressalien verboten sind,[119] legitimer Gegenstand von Repressalien, ja sogar, wegen ihrer leichten Erreichbarkeit, ein besonders beliebter Gegenstand von Repressalien, die sehr wohl in den den Minimumstandard übertreffenden Status der Fremden eingreifen können, vielleicht sogar in einzelne Rechte des Minimumstandards, eine sichere Grenze aber an denjenigen Rechten des Minimumstandards finden, die zugleich durch dasjenige Minimum an Menschenrechten gedeckt sind, das nach den völkerrechtlichen Regelungen Inländern wie Ausländern gleichermaßen zusteht.[120] So bestimmt Art. 2 der Konvention über bürgerliche und politische Rechte von 1966 und ebenso Art. 1 der Amerikanischen Menschenrechtskonvention von 1969, daß jeder Vertragsstaat unterschiedslos allen Individuen, die sich auf seinem Gebiet befinden und die seiner Hoheitsgewalt unterliegen, die in der Konvention enthaltenen Rechte gewähren muß. Nach Art. 1 der Europäischen Menschenrechtskonvention von 1950 sichern alle Vertragsstaaten „allen ihrer Herrschaftsgewalt unterstehenden Personen" die Rechte der Konvention zu; nach Art. 16 kann die politische Tätigkeit von Ausländern Beschränkungen unterworfen werden. Nach § 6 I des deutschen Ausländergesetzes vom 28. 4. 1965 genießen Ausländer „alle Grundrechte, soweit sie nicht nach dem Grundgesetz für die Bundesrepublik Deutschland Deutschen vorbehalten sind"; darüber hinaus kann unter den Voraussetzungen des § 6 Abs. II und III die politische Betätigung von Ausländern eingeschränkt oder untersagt werden.

Die These des internationalen Minimumstandards ist heute die in Theorie wie Praxis überwiegend angenommene Regel.[121] Es ist nicht möglich, für Staaten, die

---

[117] a. M. Dahm aaO I S. 505.

[118] Siehe Verdross aaO S. 493: „Dieser Grundsatz der Unparteilichkeit durchzieht wie ein roter Faden das ganze Neutralitätsrecht."

[119] Art. 13 der Genfer Kriegsgefangenenkonvention von 1949.

[120] Für Deckung der beiden Begriffe s. Survey of International Law, U. N. Doc. A/Cn. 4/1, 5. 11. 1948.

[121] Siehe Borchard aaO S. 39; Verdross, Les règles internationales concernant le traitement des étrangers, Recueil 37, S. 327ff.; Kelsen, Principles 243f.; Leibholz in ZaöRVR I 1 S. 98; Guggenheim aaO I S. 310; Roth, The Minimum Standard of International Law applied to Aliens, 1949; StIG im Urteil A 7, S. 33; weitere Beispiele aus der Rechtsprechung s. bei Schwarzenberger aaO I S. 93ff.; auch die Vertragspraxis der Staaten geht häufig von dieser Regel aus, s. z. B. Art. 5 des US-Ital. Freund-

durch keine Menschenrechtskonvention gebunden sind, den internationalen Minimumstandard genau zu präzisieren;[122] er umfaßt aber gewohnheitsrechtlich mindestens, im Rahmen der für alle geltenden Gesetze und des inländischen „ordre public", soweit diese nicht selbst dem Minimumstandard widersprechen, den Schutz von Leben, Freiheit, Eigentum,[123] Gewissensfreiheit, das Recht auf Gewährung des inländischen Justizgangs, sei es als Kläger, sei es als Beklagter, sei es als Angeklagter.[124] Dagegen ist mangels besonderer vertraglicher Regelung[125] der Aufenthaltsstaat nicht verpflichtet, Ausländern die freie berufliche oder gewerbliche Betätigung zu gestatten; er ist berechtigt, im Falle der Erlaubnis diese von Bedingungen abhängig zu machen; doch gibt es hierüber eine große Zahl bilateraler und multilateraler Abmachungen, die bis zur Anerkennung der Gleichbehandlung der Angehörigen der Kontraktstaaten gehen. Keinesfalls ist der Aufenthaltsstaat verpflichtet, Fremden spezifisch politische Rechte zu gewähren, insbes. aktives und passives Wahlrecht, Zulassung zu öffentlichen Ämtern und dgl.; ja, er kann ihre politische Betätigung auf seinem Gebiet einschränken, ist also nicht verpflichtet, ihnen das Recht der freien Meinungsäußerung, das Versammlungsrecht, Vereinsrecht und ähnliche Rechte uneingeschränkt zu gewähren;[126] u. U. ist er *verpflichtet,* ihnen solche politische Betätigung zu untersagen, insbesondere wenn es sich um politische Flüchtlinge handelt, die vom Boden des Aufenthaltsstaats subversive Propaganda gegen ihren Heimatstaat treiben.[127]

Prinzipiell sind Fremde der Rechtsordnung des Aufenthaltsstaats unterworfen.[128] Diese Gehorsamspflicht gilt aber nur, so lange der Fremde der Gebietshoheit des Staates unterworfen ist; die Personalhoheit des Staates, kraft deren dem Staat Treue und Gehorsam auch außerhalb des Bereichs der Gebietshoheit zu

---

schafts-, Handels- und Schiffahrtsvertrags vom 2. 2. 1948, Art. 2 und 17 des Lausanner Niederlassungsvertrags vom 24. 7. 1923 zwischen der Türkei und einer Reihe anderer Staaten, u. a.

[122] Borchard aaO S. 39 spricht von „a somewhat indefinite standard".

[123] Hierüber s. Näheres unten § 61.

[124] Die Verletzung dieses Rechts stellt Rechtsverweigerung, déni de justice dar, worüber Näheres bei der Behandlung der völkerrechtlichen Haftung, Bd. III, § 3 III.

[125] Solche liberalen Regelungen bestehen z. B. in den EG-Staaten auf der Grundlage von Art. 7, Art. 48 des EWG-Vertrags vom 25. 3. 1957 (BGBl. 1957 II S. 766); beschränkter in Art. 10 des Europ. Niederlassungsabkommens von 1955.

[126] Siehe z. B. die in Art. 19, 21 und 22 der UN-Menschenrechtskonvention vorgesehenen Einschränkungen, ebenso die in § 6 des deutschen Ausländergesetzes von 1965 vorgesehenen Maßnahmen, die unter bestimmten Voraussetzungen bis zur Untersagung der politischen Betätigung von Ausländern gehen können.

[127] Der sog. „Kalte Krieg" berechtigt nicht zur Anwendung hiervon abweichender Regeln.

[128] Siehe Moore, Digest, IV, S. 13: „Every person who voluntarily brings himself within the jurisdiction of the country, whether permanently or temporarily, is subject to the operation of its laws, whether he be a citizen or a mere resident, so long as, in the case of the alien resident, no treaty stipulation or principle of international law is contravened"; s. auch Rosa Gelbtrunk Claim 1902, Schwarzenberger aaO I S. 98: „A citizen or subject of one nation who, in the pursuit of commercial enterprise, carries on trade within the territory and under the protection of the sovereignty of a nation other than his own is to be considered as having cast in his lot with the subjects or citizens of the State in which he resides and carries on business."

leisten ist, erstreckt sich nur auf die eigenen Staatsangehörigen. Aus diesem Grunde sind Folgerungen abzulehnen, die angelsächsische Gerichte in einer Reihe von Fällen aus einer dem Lehensrecht entstammenden ,,duty of allegiance" für die Treuepflicht von Ausländern gezogen haben, die der Gebietshoheit des Staates gar nicht mehr unterfallen, z. B., weil sie das Staatsgebiet längst verlassen haben.[129] Wegen dieser mangelnden engeren Verbundenheit mit dem Aufenthaltsstaat hat der Ausländer keinerlei Anspruch auf Gewährung politischer Rechte, aber auch keine Verpflichtung zur Leistung von aus der Treuepflicht fließenden Diensten, die ihn ja in Konflikt mit der fortbestehenden Treuepflicht gegen seinen Heimatstaat bringen würden. So kann insbesondere kein Staat von dem auf seinem Gebiet befindlichen Ausländer die Erfüllung der seinen eigenen Staatsangehörigen obliegenden Wehrpflicht verlangen, ebensowenig andere Kriegsleistungen wie nationalen Hilfsdienst, Kriegsarbeitspflicht und ähnliches.[130] Ebenso kann dem Ausländer nicht die Erfüllung anderer spezifisch politischer Pflichten zugemutet werden, wie Wahlpflicht, Schöffen- und Geschworenenpflicht, öffentlicher Arbeitsdienst und dgl.[131] Dagegen kann bei öffentlichen Notfällen, auch solchen, die durch Kriegseinwirkung hervorgerufen sind, eine Heranziehung der ansässigen Ausländer zur Hilfeleistung erfolgen, etwa zu Aufräumungs-, Luftschutz-, Feuerwehrdiensten; ebenso kann der im besetzten Gebiet ansässige Ausländer, insbesondere auch der neutrale Ausländer, zur Beteiligung an den der Bevölkerung auferlegten Besatzungslasten, insbesondere Requisitionen und Kontributionen, herangezogen werden.[132] Diese Leistungen hängen eng mit der Steuerpflicht zusammen, der die niedergelassenen Fremden in gleicher Weise wie die eigenen Staatsangehörigen unterworfen sind. Zur Vermeidung der Doppelbesteuerung sind zahlreiche bilaterale Abkommen abgeschlossen worden.[133] Die Fremdenpolizei eines Staates ist völkerrechtlich nicht gehindert, zugelassenen Ausländern Sonderverpflichtungen aufzuerlegen, die mit Rücksicht auf die äußere und innere Sicherheit des Staates sowie auf seine öffentliche Ordnung geboten erscheinen, wie polizeiliche Melde-

---

[129] Beispiele für diese – hier abgelehnte – englische Gerichtspraxis sind die Entscheidung des Privy Council 1907 – A. C. 326 – in Sachen de Jager v. the Attorney General of Natal (Verurteilung eines in Brit. Natal ansässigen Staatsangehörigen von Transvaal, der nach Besetzung seines Wohnortes durch die Truppen von Transvaal in diese eintrat), und die Entscheidung des House of Lords 1946 – A. C. 347 – in Sachen Joyce v. Director of Public Prosecutions (Todesurteil gegen Joyce, der die britische Staatsangehörigkeit nicht besaß, aber früher längere Zeit in England gelebt hatte, wegen Hochverrats gegen Großbritannien, begangen durch in Deutschland geübte Kriegspropaganda); siehe dazu Taswell-Langmead's English Constitutional History, 11. Aufl. 1960, S. 512, 520ff.

[130] Die entgegengesetzte Praxis einiger Staaten ist völkerrechtlich nicht einwandfrei und hat auch laufend zu Protesten von seiten der Staaten geführt, deren Angehörige von solchen Anforderungen betroffen wurden; s. den eingehenden Überblick bei Jänicke und Döhring, Die Wehrpflicht von Ausländern, in ZaöRVR 16, S. 523–566.

[131] Für Deutschland s. z. B. § 31 GVG.

[132] Siehe Oppenheim aaO II S. 412.

[133] Siehe dazu Bühler in ZaöRVR 19, S. 685ff.; Koch, Double Taxation Conventions, 1950; Udina, Il diritto internazionale tributario, 1949; Bühler, Prinzipien des Internationalen Steuerrechts, 1964.

pflichten, Vorlage eines Reisepasses bei Registrierung in Hotels, Verbot des Erwerbs von Grundstücken in strategisch wichtigen Gegenden oder von Grundstücken überhaupt sowie von Schiffen, Anweisung eines Zwangsaufenthalts (résidence surveillée), ja im äußersten Notfall sogar Internierung. Das dabei angewendete Ermessen darf aber nicht mißbraucht und es dürfen keine willkürlichen Diskriminierungen zwischen einzelnen Kategorien von Ausländern gemacht werden.

Das Ausländern gegenüber anwendbare Privatrecht wird durch das innerstaatliche Konfliktsrecht (mißverständlich auch ,,internationales" Privatrecht genannt) bestimmt.

§ 59. Die Ausweisung von Ausländern

Literatur: *Borchard,* The diplomatic protection of citizens abroad, 1915; *Cugnin,* L'expulsion des étrangers, 1912; *de Faria,* Sobre o Direito de Expulsao, 1929; *Féraud-Giraud,* Droit d'expulsion des étrangers, 1889; *Kobarg,* Ausweisung und Abweisung von Ausländern, 1930; *Martini,* L'expulsion des étrangers, 1909; *Overbeck,* Niederlassungsfreiheit und Ausweisungsrecht, 1906; Art. Expulsion in Lapradelle-Niboyet, Répertoire de Droit International, 1930, VIII, S. 105–162; Annuaire de l'Institut de Droit International, XII, S. 185ff., S. 218ff.; *Trautvetter,* Die Ausweisung von Ausländern durch den Richter im schweizerischen Recht, 1957.

Es steht einem Ausländer im allgemeinen jederzeit frei, das Gebiet eines fremden Staates, auf dem er sich vorübergehend oder dauernd befindet, wieder zu verlassen, es sei denn, daß seine Freiheit zur Bewegung in diesem Lande selbst eingeschränkt ist, sei es durch eine kriminelle Strafe, sei es durch eine polizeiliche Festhaltung aus Gründen der Sicherheit des Staates. Von solcher Festhaltung wird vor allem im Kriegsfall durch die Internierung wehrpflichtiger feindlicher Ausländer häufig Gebrauch gemacht, aber auch sonst gibt es keine *allgemeine* Regel des Völkerrechts, die vorschreibt, daß Ausländer ihrer Freiheit nur kraft Richterspruchs beraubt werden können.[134] Doch darf eine solche beschränkt zulässige zwangsweise Zurückhaltung von Ausländern nicht zu einer Verletzung des internationalen Minimumstandards führen und nicht willkürlich erfolgen.[135] Dagegen erscheint es als eine gegen den internationalen Minimumstandard verstoßende Völkerrechtsverletzung, wenn eine Zurückhaltung der Person des Ausländers nur

---

[134] Die – sehr viel rechtsstaatlichere – Auffassung der westeuropäischen Kulturstaaten, die ihren Niederschlag in Art. 5 der Europ. Menschenrechtskonvention gefunden hat, gilt nur für die Kontraktstaaten und entspricht nicht einer Regel des *allgemeinen* Völkerrechts. Art. 9 der UN-Konvention von 1966 geht weniger weit und gilt ebenfalls nur für die Vertragsstaaten.

[135] Siehe die Erklärung des US-State Department vom 21. 5. 1951, Briggs aaO S. 538: ,,Arbitrary refusal to permit aliens to depart from a country is of course a violation of the elementary principles of international law and practice."

wegen Zahlungsanforderungen des Staates[136] erfolgen würde, da dies ein der unter Kulturnationen verpönten Schuldhaft[137] ähnliches Verfahren wäre.

Dagegen erhebt sich die Frage, ob ein Ausländer gegen seinen Willen gezwungen werden kann, das Gebiet des Staates, in dem er sich aufhält, zu verlassen. Dieses Recht des Staates, einem Ausländer das Verlassen seines Staatsgebiets zu gebieten und das erneute Betreten seines Staatsgebiets in der Zukunft, sei es für immer, sei es auf Zeit, zu verbieten, das sog. Ausweisungs-Recht, wird in Theorie und Praxis als ein auf dem Völkerrecht selbst beruhendes, aus dem Grundrecht der Selbsterhaltung folgendes Recht der unabhängigen Staaten anerkannt; einige wollen sogar, im Falle subversiver Tätigkeit von Ausländern, die gegen einen dritten Staat gerichtet ist, eine völkerrechtliche Pflicht zur Ausweisung beim Vorliegen dieser Voraussetzungen annehmen.[138] Das innerstaatliche Recht vor allem von Staaten mit polizeistaatlichen Restbeständen gibt häufig der zuständigen Staatsbehörde das Recht, nach freiem Ermessen eine Ausweisung auszusprechen;[139] aber die Ausweisung kann, auch wenn sie den innerstaatlichen Erfordernissen entspricht, trotzdem völkerrechtswidrig sein, da das Völkerrecht dem staatlichen Ausweisungsrecht bestimmte Schranken in doppelter Richtung auferlegt, nämlich sowohl hinsichtlich der Voraussetzungen wie hinsichtlich der Art der Durchführung der Ausweisung. Der Staat ist zwar völkerrechtlich frei, ob er einen Ausländer auf seinem Staatsgebiet aufnehmen will; hat er dies aber einmal getan, so hat der Ausländer damit einen bestimmten Status erlangt, den der Aufenthaltsstaat nicht ohne weiteres einseitig beseitigen kann. Dies ist heute in Theorie und Staatenpraxis fast allgemein anerkannt und auch Gegenstand zahlreicher Entscheidungen internationaler Gerichte.

Da das Ausweisungsrecht ein Ausfluß des staatlichen Grundrechts der Selbsterhaltung ist, kann es nur ausgeübt werden, wenn der Ausländer eine aktuelle (gegenwärtige) oder potentielle (künftige) Gefahr für die äußere oder innere Sicherheit oder die öffentliche Ordnung (ordre public) des Aufenthaltsstaates darstellt.[140] Auch eine Reihe von Entscheidungen internationaler Schiedsgerichte

---

[136] Es sei denn, daß diese Zurückhaltung im Wege einer Freiheitsstrafe im Zusammenhang mit solchen Zahlungsanforderungen, etwa wegen Steuerhinterziehung oder Devisenvergehens, erfolgt.

[137] Siehe z. B. Art. 7 Abs. 7 der Amerikan. Menschenrechtskonvention von 1969: „No one shall be detained for debt."

[138] Siehe Strupp, Eléments du Droit international public universel européen et américain, 1927, S. 87; a. M. Fleischmann in Strupp, Wörterbuch, I, S. 335.

[139] Anders etwa die auf rechtsstaatlicher Tradition beruhende englische Praxis, wo vor dem Aliens Act von 1905 Ausweisung nur auf Grund eines Spezialgesetzes erfolgen konnte, da auch der Ausländer der Vorteile von habeas corpus teilhaftig war, die nur durch ein Spezialgesetz entzogen werden konnten; auch seither ist die Exekutive nicht frei, sondern von der Mitwirkung der Gerichte abhängig.

[140] Siehe Despagnet – de Boeck, Cours de droit international public, no. 336; Fauchille aaO I 1, no. 444; Pasquale Fiore, Droit intern. cod., nos. 252ff.; Martini aaO S. 3; Mérignhac, Traité de droit public intern., I, S. 251; Pillet, Principes de droit intern. privé, S. 188; Rivier, Principes du droit des gens I, S. 311; André Weiss, Traité théorique et pratique de droit international privé, 2. Aufl., S. 189; Lauterpacht, The Function of Law etc., S. 289; Verdross, Völkerrecht S. 372: „Es müssen somit Tat-

haben zu diesen Fragen Stellung genommen.[141] Da es sich bei der Ausweisung nicht um eine Strafe, sondern um eine sicherheitspolizeiliche Maßnahme handelt, darf der Ausländer nicht ausgewiesen (aber evtl., bei Vorliegen der Voraussetzungen, bestraft) werden, wenn sein Verbleiben auf dem Staatsgebiet keine gegenwärtige oder künftige Gefahr darstellt, vielleicht aber in der Vergangenheit eine Gefahr dargestellt hat, ohne daß damals zur Ausweisung gegen ihn geschritten worden wäre.[142] Da die Ausweisung eine extreme und ganz ausnahmsweise[143] Maßregel ist, müssen ihre Voraussetzungen gewissenhaft geprüft und die naheliegende Möglichkeit, die Wahrscheinlichkeit der Gefährdung feststehen.[144] Infolgedessen dürfen sich die Behörden des ausweisenden Staates auch da, wo kein gerichtlicher Schutz des Ausländers gegeben ist, nicht auf dunkle Quellen, Gerüchte, Agentenberichte, Aussagen politischer oder persönlicher Feinde stützen, sondern müssen sich um eine objektive Klärung der Tatsachen bemühen und dem von der Ausweisung bedrohten Ausländer die Möglichkeit rechtlichen Gehörs geben.[145] Dieser Schutz ist in den verschiedenen Konventionen unterschiedlich, aber meist nicht recht befriedigend ausgebaut. Nach Art. 13 der UN-Konvention von 1966 soll dem Auszuweisenden, wenn nicht zwingende Gründe der nationalen Sicherheit entgegenstehen, erlaubt werden, Gründe gegen seine Ausweisung vorzutragen und seinen Fall durch die zuständige Behörde überprüfen zu lassen. Nach Art. 3 II des Europäischen Niederlassungsabkommens von 1955 dürfen Staatsangehörige der Vertragsstaaten, die seit mehr als zwei Jahren ihren ordnungsmäßi-

---

sachen vorliegen, aus denen sich ergibt, daß das Verhalten oder der Zustand des Ausländers eine ernste Störung oder Gefährdung des Aufenthaltsstaats bildet"; Dahm aaO S. 528; v. d. Heydte aaO S. 285; Scelle, Précis II, S. 105ff.: „Personne ne prétend plus que les gouvernements puissent arbitrairement expulser les étrangers"; Oppenheim aaO S. 692.

[141] Siehe insbesondere den Schiedsspruch der Königin Viktoria vom 1. 4. 1844 betr. die Ausweisung von Franzosen aus Mexiko 1838; den Schiedsspruch des Hamburger Senats vom 13. 4. 1844 in Sachen White (Groß-Brit. und Peru); Schiedsspruch 1868 in Sachen Lacoste (USA und Mexiko); Schiedsspruch vom 26. 12. 1898 in Sachen BenTillet (Großbritannien und Belgien); s. ferner Moore, International Arbitrations, S. 3348 (Fall Zerman), S. 3348 (Fall Costa), S. 3347 (Fall Lacoste); s. Ralston, Venezuelian Arbitrations of 1903, S. 287 (Fall Boffolo), S. 289 (Fall Paquet).

[142] So können z. B. die Parteigänger eines ausländischen Regimes, das dem Staat als expansionistisch gefährlich erscheint, wohl während des Bestehens dieser Gefahr, nicht aber nach ihrer Beseitigung durch endgültige und radikale Beseitigung des Regimes ausgewiesen werden, da nunmehr keine Gefahr mehr besteht und die Ausweisung nicht zu Zwecken der Rache oder der Strafe mißbraucht werden darf.

[143] Siehe Scelle aaO II S. 106: „L'expulsion menaçant la liberté d'établissement est une mesure d'exception. Elle ne peut intervenir que pour des motifs graves mettant en péril les intérêts ou la sécurité de la collectivité étatique".

[144] Siehe die Erklärung des US-Staatssekretärs Root vom 28. 2. 1907, Hackworth aaO III S. 690: „It can not be overlooked, however, that such a right is of a very high nature and that the justification must be great and convincing. Otherwise residence in a foreign country would be neither safe nor profitable ..."

[145] Siehe die Erklärung des US-State Department vom 27. 4. 1925, Hackworth aaO III S. 695: „... that he should be given an opportunity to defend himself respecting charges brought against him and that a failure of the authorities to accord him a hearing constitutes an arbitrary exercise of the right of expulsion."

gen Aufenthalt im Gebiet eines anderen Vertragsstaates haben, nur ausgewiesen werden, wenn ihnen Gelegenheit zu Gegenvorstellungen und zur Einlegung eines Rechtsmittels geboten wurde. Die die Ausweisung begründenden Vorwürfe müssen nicht nur dem Ausländer selbst mitgeteilt werden, da er sie sonst gar nicht entkräften kann,[146] sondern auf ihr Verlangen auch der Regierung des Heimatstaates des Auszuweisenden.[147] Aus diesem Grunde genügt keinesfalls die Angabe des allgemeinen abstrakten gesetzlichen Grundes, wie etwa „Gefährdung der Sicherheit des Staates", sondern es müssen die konkreten Tatsachen angegeben werden, die diese Gefährdung konstituieren; durch diese Konkretisierungspflicht wird die ausweisende Regierung selbst vor willkürlichen Entscheidungen, vor Ermessensmißbrauch, vor „détournement de pouvoir" geschützt, die auch im Völkerrecht verboten sind.[148] Insbesondere darf die Ausweisung nicht dazu benützt werden, um ein Auslieferungsverfahren zu umgehen, um also etwa die Übergabe eines wegen seiner politischen Gesinnung von seinem Heimatstaat oder von einem dritten Staat herausverlangten Ausländers, die wegen des Verbots der Auslieferung wegen politischer Delikte nicht möglich wäre, unter dem Deckmantel der Ausweisung zu erreichen.[149] Infolgedessen durften 1945 neutrale Länder von den Militärgerichten der siegreichen Mächte gesuchte Personen, bei denen die oben angegebenen Voraussetzungen für eine Ausweisung nicht vorlagen, nicht mittels einer Ausweisung in die Hand ihrer Gegner spielen, sondern mußten sie nach den geltenden Auslieferungsbestimmungen behandeln.[150]

---

[146] Siehe Erklärung des US-Staatssekretärs Root vom 28. 2. 1907, Hackworth aaO III S. 690: „It is not too much to insist that the person to be expelled be given an opportunity to explain the misconduct whereof he is accused. ..."

[147] Siehe Erklärung Roots vom 28. 2. 1907, Hackworth aaO III S. 690: „It is not too much to require that a government exercising the sovereign right of expulsion should state the reasons of such expulsion to the government of the country whereof the expelled is a subject or citizen, because a nation is injured by an injury to a citizen and an unprovoked assault upon him or insult to him necessarily affects the home government."

[148] Siehe Scelle, Précis II S. 107: „L'expulsion ayant un but déterminé de sécurité collective, ne saurait être légitimement employée à d'autres fins. Nous retrouvons ici la notion du détournement de pouvoir ou de l'abus de droit."

[149] Siehe Buschbeck, Verschleierte Auslieferung durch Ausweisung, 1973; siehe ferner Lapradelle-Niboyet aaO VIII S. 110: „L'extradition déguisée est d'autant plus incorrecte qu'elle intervient pour un crime ou un délit qui ne permet pas l'extradition, par exemple pour crimes ou délits politiques, pour désertion. C'est ainsi qu'en 1914, pour éviter ce genre d'extradition déguisée, six déserteurs français étant passés en Allemagne, ceux-ci furent expulsés et reconduits à la frontière d'un pays tiers, en l'espèce le Luxembourg (Clunet, 1914, p. 1453)"; s. die Erklärung des US-Handelsministers vom 4. 1. 1908, Hackworth aaO III S. 719: „The decision (sc. nicht auszuweisen) was based upon the further ground that to ‚hold otherwise would have the effect of making use of the immigration laws, for the purpose of extradition', which was declared to be contrary to the settled policy of that Department"; s. ebda. Rundschreiben vom 19. 3. 1907: „Exclusion or deportation under the immigration laws is to be conducted wholly without regard to the procedure for extradition, and entirely without reference to the end which extradition is intended to secure".

[150] Siehe Dahm aaO S. 531 über die Ausweisung Lavals aus Spanien nach Frankreich 1945; s. insbesondere auch Robert G. Neumann, Neutral States and the Extradition of War Criminals, AJIL 1951, S. 495ff.

Es ist nicht möglich, die Fälle erschöpfend zu definieren, die unter den Begriff der gegenwärtigen oder künftigen Gefährdung der Sicherheit oder der öffentlichen Ordnung des Aufenthaltsstaates als Voraussetzung der Ausweisung fallen. § 10 des deutschen Ausländergesetzes von 1965 gibt eine lange Liste von Ausweisungsgründen manchmal recht detaillierter Art (z. B. wenn „er bettelt, der Erwerbsunzucht nachgeht oder als Landstreicher oder Landfahrer umherzieht", oder wenn er den Lebensunterhalt für sich und seine Angehörigen nicht ohne Inanspruchnahme der Sozialhilfe bestreiten kann), kann aber trotzdem nicht auf weitgespannte Generalklauseln, wie etwa die Gefährdung der Sicherheit der Bundesrepublik oder die Beeinträchtigung erheblicher Belange der Bundesrepublik „aus anderen Gründen" verzichten. § 3 des Europäischen Niederlassungsabkommens von 1955 läßt die Ausweisung von Staatsangehörigen eines Vertragsstaats nur zu, „wenn sie die Sicherheit des Staates gefährden oder gegen die öffentliche Ordnung oder die Sittlichkeit verstoßen". Art. 13 der UN-Konvention von 1966 dagegen ebenso wie die Amerikanische Konvention von 1966 begnügen sich als Ausweisungsgrund mit einer Entscheidung, die sich in Übereinstimmung mit dem Recht befindet.

Die Ausweisung richtet sich nur gegen Ausländer, allerdings gegen alle Arten von Ausländern, sowohl die Angehörigen fremder Staaten als die Staatenlosen als die Exterritorialen. Keinesfalls kann sie sich gegen Inländer richten;[151] werden sie zwangsweise zum Verlassen des Staatsgebiets genötigt, so handelt es sich um eine Verbannung, die heute meist obsolet ist, aber in der Praxis einiger Staaten, bestimmten Kategorien ihrer Untertanen die Staatsangehörigkeit zu entziehen und sie aus ihrer Heimat zu vertreiben, eine böse Wiedererstehung erlebt hat.

Eine Ausweisung kann nicht nur um deswillen völkerrechtswidrig sein, weil die Voraussetzungen für sie nicht gegeben sind, sondern auch deshalb, weil die Art ihrer Durchführung das Völkerrecht verletzt. Hierher gehört insbesondere unnötige Härte, mit der sie durchgeführt wird.[152] Die Ausweisung ist an sich nichts als der Befehl, binnen der bestimmten Frist das Land zu verlassen; ihre Erzwingung durch Polizeieskorte, Verhaftung usw. ist nur als zulässig anzusehen, wenn dieser Befehl nicht fristgemäß befolgt wird. Die Art und Weise der Durchführung der Ausweisung betrifft auch die Frage, an die Grenze welches Landes der Auszuweisende sich zu begeben hat. Der Auszuweisende hat kein allgemeines Recht, das Land auszuwählen, in das er deportiert werden will; hat er sich aber die Einreiseer-

[151] Art. 22 Abs. 5 der amerikan. Menschenrechtskonvention von 1969 verbietet die Ausweisung der eigenen Staatsangehörigen ausdrücklich.

[152] Siehe Hackworth aaO III S. 690: „The act is sufficiently harsh in itself. The manner and method of expulsion should not be humiliating, for it is not the purpose to humiliate and inconvenience the resident expelled, but to save the State from dangers resulting from the residence of the undesirable alien"; s. den Schiedsspruch in Sachen des Holländers Maal, Ralston aaO S. 914, wo eine Schadensersatzpflicht wegen demütigender und beleidigender Behandlung des Ausgewiesenen ausgesprochen wurde.

laubnis für ein bestimmtes Land verschafft, so besteht im allgemeinen kein Anlaß, ihm die Ausreise dorthin zu verweigern, da ja für die Ausweisung nur die Entfernung aus dem Staatsgebiet, nicht die Überstellung an einen bestimmten Staat eine Rolle spielen darf. Am einfachsten wird die Ausweisung nach dem Heimatstaat des Auszuweisenden sein, da dieser verpflichtet ist, ihn aufzunehmen. Diese Art der Ausweisung ist aber dann völkerrechtswidrig, ja ein Verstoß gegen die Menschenrechte, wenn sie sich gegen Personen richtet, die in ihrem Heimatstaat eine Verfolgung aus politischen Gründen, als Deserteure usw. zu gewärtigen haben.[153] So bestimmt Art. 33 der Flüchtlingskonvention von 1951, daß kein Flüchtling über die Grenzen von Gebieten ausgewiesen werden darf, „in denen sein Leben oder seine Freiheit wegen seiner Rasse, Religion, Staatsangehörigkeit, seiner Zugehörigkeit zu einer bestimmten sozialen Gruppe oder wegen seiner politischen Überzeugung bedroht sein würde". Ähnliche Bestimmungen enthalten u. a. Art. 22/VIII der amerikan. Menschenrechtskonvention von 1969 oder § 14 des deutschen Ausländergesetzes von 1965. Aus diesem Grunde war 1945 die Ausweisung von Angehörigen der besiegten Staaten aus neutralen Staaten in ihr vom siegreichen Gegner besetzes Heimatland völkerrechtswidrig, wenn sie zu Kategorien gehörten, die nicht wegen begangener Taten, sondern auf Grund des „automatic arrest" wegen der Innehabung bestimmter Kategorien von staatlichen Ämtern oder der Zugehörigkeit zu bestimmten politischen Organisationen der Überweisung in Internierungslager der Besatzungsmacht ohne gerichtliches Verfahren ausgesetzt waren; diese Ausweisung kam also zugleich einer verkleideten Auslieferung gleich.[154]

Die Kollektivausweisung wird zwar überwiegend noch für zulässig gehalten, sie wird aber mit der neuen Entwicklung der Menschenrechte kaum mehr generell vereinbar sein, da eine individuelle Prüfung bei ihr nicht mehr möglich ist; sie wird infolgedessen nur bei ganz ausnahmsweisen nationalen Notfällen zulässig sein, die auch sonst eine zeitweise Außerkraftsetzung einer Reihe von Menschenrechten gestatten, wie dies etwa nach Art. 15 der Europäischen Menschenrechtskonvention „im Falle eines Krieges oder eines anderen öffentlichen Notstandes, der das Leben der Nation bedroht", erlaubt ist. Nach Art. 22/IX der amerikanischen Menschenrechtskonvention ist die Kollektivausweisung ausdrücklich verboten.

---

[153] Siehe die oben S. 387 Fußnote 1 erwähnte völkerrechtsgemäße Haltung Deutschlands im Fall der französischen Deserteure 1914; s. Fauchille aaO I 1 S. 983; s. Art. 30 des vorbildlichen Gesetzes Venezuelas vom 19. 7. 1928: „Der Ausgewiesene ist nicht verpflichtet, das Land auf einer Route zu verlassen, die ihn in ein Gebiet führen würde, das der Herrschaft des Staates unterliegt, der ihn verfolgt"; s. die Entscheidung eines US-Circuit Court of Appeals, US ex rel. Weinberg v. Schotfeld, Annual Dig. 1938–1940, Nr. 134, wo die Ausweisung eines Polen in das vom siegreichen Gegner besetzte Heimatland als „inhuman and shocking to the senses" bezeichnet wurde.

[154] Siehe Lapradelle-Niboyet aaO VIII S. 110: „on aboutit alors à une extradition déguisée pour des crimes ou des délits qui ne le permettent pas". Zugleich konnte darin eine Neutralitätsverletzung liegen, da die Beendigung der Feindseligkeiten durch die bedingungslose Kapitulation nicht den Krieg beendete, s. darüber unten Bd. II.

Eine Kollektivausweisung ist auch anzunehmen, wenn zwar lauter einzelne Ausweisungsbefehle ergehen, diese aber ganze Kategorien umfassen.

Eine Reihe von Konventionen und innerstaatlichen Regelungen erschweren die Ausweisung von besonders schutzwürdigen Personenkategorien. Nach dem Genfer Abkommen über die Rechtsstellung der Flüchtlinge vom 28. 7. 1951[155] und dem Washingtoner Abkommen über die Rechtsstellung staatenloser Personen vom 28. 9. 1954[156] werden die unter diese Abkommen fallenden Personen, da sie aus besonderen Gründen den diplomatischen Schutz ihres Heimatstaates nicht genießen, in besonders garantierter Weise gegen Ausweisung geschützt; diesen Abkommen liegt der allgemeine Rechtsgedanke zugrunde, daß Personen, denen der normale Schutz ihres Heimatstaates nicht zugute kommen kann,[157] aus diesem Grunde nicht rechtlos werden, sondern einen erhöhten internationalen Schutz genießen.[158] § 11 des deutschen Ausländergesetzes von 1965 schränkt die Ausweisungsbefugnis im Falle von Ausländern, die eine Aufenthaltsberechtigung besitzen oder die als politisch Verfolgte Asylrecht genießen, sowie von heimatlosen Ausländern und ausländischen Flüchtlingen in besonderer Weise ein. Das europäische Niederlassungsabkommen von 1955 schränkt die Ausweisungsbefugnis gegenüber Staatsangehörigen eines Vertragsstaates, ,,die seit mehr als 10 Jahren ihren ordnungsgemäßen Aufenthalt im Gebiet eines anderen Vertragsstaates haben,“ ebenfalls weitgehend ein.

Alle obengenannten Regelungen sind der Ausdruck der heute bei allen Kulturnationen herrschenden Rechtsüberzeugung, daß die Ausweisung von Ausländern nicht mehr die Domäne eines polizeistaatlich freien Ermessens der Behörden des Aufenthaltsstaats ist, sondern unter den Schranken des Völkerrechts steht, das ebensowohl dem internationalen Verkehr und der internationalen Integration wie der Garantierung des Minimumstandards an Menschenrechten zu dienen hat.

Im Falle der Verletzung der dem Ausweisungsrecht gesetzten Schranken durch den Aufenthaltsstaat treten zunächst die innerstaatlichen Rechtsbehelfe ein, die allerdings in vielen Staaten auch Europas noch nicht dem rechtsstaatlichen Minimum entsprechen. Nach ihrer Erschöpfung, evtl. schon vorher, kommt das

---

[155] BGBl. 1953 II S. 559.

[156] Abgedruckt im Archiv des Völkerrechts 1955 S. 174ff.

[157] So z. B. auch die Deutschen 1945 in neutralen Ländern nach dem Wegfall der deutschen Regierung und der deutschen Auslandsvertretungen, ohne daß eine Schutzmacht an ihre Stelle getreten wäre.

[158] Aufschlußreich ist, daß nach Art. 1 Abs. II des Vertrages vom 28. 7. 1951 auch derjenige als Flüchtling gilt, der ,,aus der begründeten Furcht vor Verfolgung wegen seiner Rasse, Religion, Nationalität, Zugehörigkeit zu einer bestimmten sozialen Gruppe oder wegen seiner politischen Überzeugung sich außerhalb des Landes befindet, dessen Staatsangehörigkeit er besitzt, und den Schutz dieses Landes nicht in Anspruch nehmen kann oder wegen dieser Befürchtungen nicht in Anspruch nehmen will“. Es ist nicht notwendig, daß er sich aus diesen Gründen ins Ausland begeben hat, es genügt, daß er das Ausland nicht verlassen, daß er in sein Heimatland nicht zurückkehren will (z. B. der Diplomat eines fremden Staates, der im Gastland ,,abspringt“).

diplomatische Schutzrecht des Heimatstaates zum Zuge, der gegebenenfalls den Aufenthaltsstaat im schiedsgerichtlichen oder gerichtlichen Verfahren zur Einhaltung des Rechts veranlassen kann. Ein wahrer völkerrechtlicher Schutz durch notfalls vom Verletzten unmittelbar anrufbare völkerrechtliche Organe ist de lege ferenda dringend erforderlich.

Es ist allgemein anerkannt, daß der Aufenthaltsstaat dem Ausgewiesenen gegenüber im Falle einer völkerrechtswidrigen Ausweisung zum Schadensersatz verpflichtet ist; die umfangreiche Tätigkeit der Schiedsgerichte auf diesem Gebiet führt sogar dazu, schon dann einen Schadensersatz zuzusprechen, wenn der Aufenthaltsstaat eine genügende Begründung ablehnt, oder wenn eine an sich berechtigte Ausweisung in inkorrekter Weise vorgenommen wurde.[159]

§ 60. Das Recht der Auslieferung

Literatur: *Bassiouni,* International extradition and world public order, 1974; *Bernard,* Traité théorique et pratique de l'extradition, 2 Bde., 2. Aufl. 1890; *Clarke,* The Law of Extradition, 4. Aufl., 1903; *Harvard Law School,* Extradition, AJIL 1935, Suppl. S. 15–434 mit umfassender Bibliographie S. 51ff.; *van der Heijden,* De Uithevering als volkenrechtelijk Probleem, 1954; *Herbold,* Das politische Asyl im Auslieferungsrecht, 1933; *Lammasch,* Auslieferungspflicht und Asylrecht, 1887; *v. Martiz,* Internationale Rechtshilfe in Strafsachen, 1888/1897; *H. Meyer,* Die Einlieferung, 1953; *Moore,* Treatise on Extradition and Interstate Rendition, 1891; *Papathanasion,* L'Extradition en Matière Politique, 1954; *Piggott,* Extradition, 1910; *Saint-Aubin,* L'extradition, 2 Bde., 1913; *Shearer,* Extradition in International Law, 1971.

Die Auslieferung unterscheidet sich von der Ausweisung von vorneherein dadurch, daß die letztere im speziellen Interesse des ausweisenden Staates, die erstere dagegen nicht im speziellen Interesse des ausliefernden Staates, sondern des die Auslieferung begehrenden dritten Staates erfolgt. Sie ist eine Sonderform der Rechtshilfe; man versteht unter ihr die förmliche Übergabe eines von der Strafjustiz eines anderen Staates begehrten Individuums durch den Aufenthaltsstaat an den begehrenden Staat zum Zwecke der Strafverfolgung oder der Strafvollstreckung.[160]

Obwohl die internationale Rechtshilfe wie insbesondere die Zusammenarbeit der Staaten zur Verbrechensbekämpfung ein dringendes Erfordernis der modernen, durch die Dichte der internationalen Verflechtung und durch das Bedürfnis nach Sicherheit vor krimineller Störung in ihrem ganzen Bereich charakterisierten Zivilisation ist, gibt es doch bisher keine Regel des allgemeinen Völkerrechts, die die Auslieferung flüchtiger Verbrecher vorschreibt; das strafrechtliche Universalitätsprinzip, das die völkerrechtliche Verpflichtung enthält, Verbrechen

[159] Siehe die Nachweise bei Lapradelle-Niboyet aaO VIII S. 160ff. und bei Hackworth aaO III S. 690ff.

[160] Siehe RGSt 65 S. 374.

ohne Rücksicht auf Tatort und Staatsangehörigkeit in jedem Staat, der des Täters habhaft wird, zu verfolgen, besteht bisher nur ganz vereinzelt (etwa bei der Abschaffung der Sklaverei, bei Münzdelikten, bei gewissen Rauschgiftdelikten, bei der Unterdrückung des Frauen- und Kinderhandels, bei der Unterdrückung der illegalen Inbesitznahme von Flugzeugen durch die Haager Konvention vom 16. 12. 1970 – AJIL 1971 S. 440 –, bei der Unterdrückung illegaler Akte gegen die Sicherheit der Zivilluftfahrt durch die Konvention von Montreal vom 23. 9. 1971 [AJIL 1972 S. 455]; die Genfer Konvention für die Verhütung und Unterdrückung des Terrorismus von 1937 – J. O. 1938 S. 30 – ist nie in Kraft getreten); in diesen Zusammenhang gehört auch die UN-Konvention vom 14. 12. 1973 über die Verhütung und Bestrafung von Verbrechen gegen international geschützte Personen einschließlich diplomatischer Beamten (AJIL 1974 S. 383ff.), die ebenfalls auf dem Prinzip: „aut dedere aut judicare“ beruht.[161] Mangels einer generellen völkerrechtlichen Regelung beruht die gegenseitige Hilfe bei der Ergreifung und Zuführung flüchtiger Verbrecher auf konkreten internationalen Verträgen; nur in ihrem Rahmen besteht eine Pflicht zur Auslieferung, nicht aber haben diese zahlreichen Verträge zur Entstehung eines allgemeinen Gewohnheitsrechtssatzes geführt, kraft dessen die Auslieferung generell-völkerrechtlich geboten wäre.[162]

Wie alle internationale Rechtshilfe ist auch ein geregeltes Auslieferungsrecht verhältnismäßig neuen Datums. Grotius[163] stützt ein von ihm behauptetes, aber doch wohl nur naturrechtlich bestehendes Wahlrecht des Aufenthaltsstaats zwischen Auslieferung und eigener Durchführung der Bestrafung auf die Vermeidung der sonst drohenden interventionistischen Selbsthilfe des am flüchtigen Verbrecher interessierten Staates.[164] In der Wirklichkeit der internationalen Beziehungen hielten die Staaten, wenn sie sich stark genug dazu fühlten und ein konkretes Interesse an seiner Gewährung hatten, an ihrem souveränen Recht auf Erteilung von Asyl[165] fest, ohne aber sich daran als an eine Rechtspflicht gebunden zu erachten, so daß sie nach Belieben aus Opportunitätsgründen auch davon abwichen und in concreto auslieferten, ja auch Auslieferungsverträge untereinander abschlossen.[166] Unter dieser Praxis wurde die Auslieferung gemeiner wie

[161] Siehe BVerfG IV, 299.

[162] Siehe Oppenheim aaO I S. 696: „There is, therefore, no universal rule of customary International Law in existence which imposes the duty of extradition“.

[163] aaO Liber II, cap. XXI, § IV 1.

[164] „Cum vero non soleant civitates permittere ut civitas altera armata intra fines suos poenae expetendae nomine veniat, neque id expediat, sequitur ut civitas apud quam degit qui culpae est compertus, alterum facere debeat, aut ut ipsa interpellata pro merito puniat nocentem, aut ut eum permittat arbitrio interpellantis“.

[165] Siehe oben § 58 Nr. III.

[166] Siehe z. B. die Auslieferungsverträge Frankreichs mit Savoyen 1376, mit Österreich und Spanien 1612, mit den Niederlanden 1746, mit Württemberg 1759, mit Spanien 1765, mit der Schweiz 1777, mit Portugal 1783; s. auch den Fall des Franzosen Serdan 1681, der sich nach Holland geflüchtet hatte und zu dessen Ergreifung Frankreich 1 Offizier und 10 Dragoner nach Holland schickte, die dort verhaftet und vor Gericht gestellt wurden, weil sie die öffentliche Sicherheit gestört hätten, obwohl Holland sich nie

politischer und religiöser „Delinquenten" getätigt; abgesehen von spärlichen Verträgen waren die Staaten in der Gewährung oder Versagung der Auslieferung frei, sie bestimmten darüber nach der jeweiligen „Staatsräson". Das berühmte belgische Auslieferungsgesetz von 1833, dessen Regeln in der Folge von so vielen anderen Staaten in ihrer Gesetzgebung wie in der dieser Gesetzgebung entsprechenden bilateralen Vertragspraxis nachgeahmt wurden, ändert nicht diese grundsätzliche völkerrechtliche Lage, sondern die innerstaatliche Situation, indem an die Stelle des freien Ermessens der Staatsräson das rechtsstaatliche Gesetz trat, das mit innerstaatlicher Wirkung Voraussetzungen und Verfahren der Auslieferung regelte, ohne daß hierdurch für fremde Staaten ein völkerrechtlicher Anspruch auf Auslieferung, für den eigenen Staat eine völkerrechtliche Pflicht zur Auslieferung geschaffen worden wäre. Eben seit jener Zeit bildete sich in den immer zahlreicher werdenden bilateralen und selbst multilateralen[167] Verträgen eine inhaltlich weithin übereinstimmende Vertragspraxis aus, auf Grund deren aber durchaus nicht die in diesen Verträgen häufig angewendeten Prinzipien zum völkerrechtlichen Gewohnheitsrecht geworden wären; es kommt vielmehr für jeden konkreten Auslieferungsfall auf die konkrete Vertragslage an, und bei Abwesenheit eines Auslieferungsvertrags besteht *völkerrechtlich* Freiheit des Staates, die Auslieferung zu gewähren oder zu versagen. Selbst das sog. Prinzip der Nichtauslieferung politischer Verbrecher ist kein allgemeines völkerrechtliches Prinzip. Seit seiner Proklamation in der französischen Revolution ist es in zahlreiche innerstaatliche Gesetze und bilaterale Verträge übergegangen, aber sein Inhalt ist so labil, daß es im wesentlichen nicht dem Täter aus politischer Gesinnung überhaupt, sondern dem politischen Gesinnungsfreund des im Aufenthaltsstaat herrschenden politischen Regimes zugutekommt, also von einer innerpolitisch gefärbten Staatsräson bestimmt bleibt. So schlossen 1833 Österreich, Preußen und Rußland Verträge, die die gegenseitige Auslieferung gerade politischer Verbrecher zu befördern bestimmt waren. So wurden um die Jahrhundertwende von einer Reihe von Staaten Sonderbestimmungen gegen „Anarchisten" erlassen.[168] So wurden durch eine – nicht in Kraft getretene – Genfer Konvention vom 16. 11. 1937 „terroristische" Akte aus politischem Motiv den gemeinen Verbrechen gleichgestellt. So wurde in den mit den besiegten Staaten nach dem zweiten Weltkrieg abgeschlossenen Friedensverträgen diesen Staaten die Pflicht zur Auslieferung auch von solchen Staatsangehörigen der Siegermächte auferlegt, die typisch politische Verbre-

---

geweigert habe „à faire justice aux réclamations de la France": Martens, Causes célèbres du droit des gens, 2. Aufl. 1858, II, S. 122.

[167] Siehe z. B. die amerikanische Auslieferungskonvention von Montevideo von 1933 (LNTS 165 S. 46), das arabische Auslieferungsabkommen von 1952, das europäische Auslieferungsübereinkommen vom 13. 12. 1957 (UNTS 359 S. 273, BGBl. II S. 1369).

[168] Siehe z. B. Art. 2 des multilateralen Auslieferungsvertrags von Mexiko vom 28. 1. 1902: „... There shall not be considered as political offences acts which may be classified as pertaining to anarchism".

chen begangen hatten.[169] Oppenheim[170] nennt diese Bestimmung rückschrittlich; in Wirklichkeit enthüllt sie nur den seit Anfang zwielichtigen Charakter der Bevorzugung des politischen Verbrechers, die nicht der politischen Betätigung als solcher galt, also etwa dem Prinzip der Meinungsfreiheit und Toleranz entsprungen wäre, sondern nur der dem Aufenthaltsstaat genehmen politischen Betätigung, die also im wesentlichen doch nur die Betätigung der uralten Staatsräson war.

Dagegen hat sich in neuester Zeit eine andere Ausnahme von der nach Völkerrecht bestehenden Auslieferungsfreiheit der Staaten mehr und mehr durchgesetzt und kann wohl in ihrem Minimum bereits als eine gewohnheitsrechtliche völkerrechtliche Schranke der einzelstaatlichen Auslieferungsfreiheit bezeichnet werden, nämlich die Nichtauslieferung in solchen Fällen, in denen dem Auszuliefernden im Empfangsstaat eine unmenschliche Behandlung droht. Da hier häufig im Auslieferungsverlangen nicht das in Wahrheit maßgebende politische Motiv genannt, sondern ein gewöhnliches Verbrechen vorgeschoben wird, zeigt sich die Tendenz, die Nichtauslieferung wegen drohender unmenschlicher Behandlung ganz allgemein zu gewähren, nicht nur im Falle behaupteter politischer Delikte, da sich sonst der Ausliefernde gegebenenfalls der Teilnahme an einem Verbrechen gegen die Menschlichkeit schuldig machen würde.[171] Soweit dieser Satz bereits als eine allgemeine Regel des Völkerrechts angesehen werden kann, geht er speziellen vertraglichen Regelungen vor, in Deutschland gemäß Artikel 25 GG auch innerstaatlichen Regelungen. Hier liegt also eine allgemeine völkerrechtliche Beschränkung der einzelstaatlichen Auslieferungsfreiheit vor.[172]

Ob ein Staat innerstaatlich zur Auslieferung *berechtigt* ist, bestimmt sich nach seinem innerstaatlichen Recht, ohne Rücksicht auf die völkerrechtliche Berechtigung (siehe z. B. die §§ 1–7 des deutschen Auslieferungsgesetzes vom 23. 12. 1929 – BGBl. III 314–1).

Verschieden von der Auslieferung zum Zwecke der Bestrafung ist die Heraus-

[169] Siehe z. B. Art. 45 (1) b des Friedensvertrags mit Italien: „accused of having violated their national law by treason or collaboration with the enemy during the war".

[170] aaO I S. 711 Fußnote.

[171] Siehe dazu insbesondere Dahm aaO S. 288f.; Lange, Zeitschrift für die Gesamte Strafrechtswissenschaft 65, S. 351f.; Entscheidung des schweiz. Bundesgerichts 78 I, S. 39; Entscheidung des deutschen Bundesgerichtshofs vom 21. 1. 1953, BGHSt. 3 S. 393, in dem festgestellt wird, daß das deutsche Auslieferungsverbot nach Art. 16 II 2 GG auch die wegen nicht politischer Straftaten Verfolgten umfaßt, wenn diese im Falle ihrer Auslieferung in ihrem Heimatstaat aus politischen Gründen Verfolgungsmaßnahmen mit Gefahr für Leib und Leben oder Beschränkungen ihrer persönlichen Freiheit ausgesetzt wären; siehe auch Art. 3 I der UN-Resolution vom 14. 12. 1967 über territoriales Asyl (AJIL 1968 S. 822).

[172] In der Regel wird beim Vorliegen eines Auslieferungsvertrags eine sinngemäße Auslegung des Begriffs des auslieferungsfreien politischen Verbrechens genügen, wie dies etwa in Art. 5a des Harvard-Entwurfs geschieht, wo es heißt: „A requested State may decline to extradite a person claimed if the extradition is sought for an act which constitutes a political offense, or if it appears to the requested State that the extradition is sought in order that the person claimed may be prosecuted or punished for a political offense".

gabe einer sich unrechtmäßig in der Hand des Staates befindlichen Person an einen anderen Staat; sie bemißt sich nicht nach Auslieferungsregeln, sondern nach der Rechtslage des konkreten Falles.[173]

Die rechtlichen Prinzipien, die den meisten Auslieferungsverträgen zugrundeliegen – sie sind aber dadurch nicht Völkergewohnheitsrecht geworden, das unabhängig von diesen Verträgen gelten würde, und für die Kontrahenten sind nicht diese Prinzipien, sondern ihre konkrete Ausprägung in den konkreten Verträgen maßgebend – sind im wesentlichen folgende:

a) Das *Antragsprinzip:* Auslieferung erfolgt regelmäßig nicht aus eigener Initiative des ausliefernden Staates, sondern auf Antrag des die Auslieferung begehrenden Staates.

b) Das *Prüfungsprinzip:* Auslieferung erfolgt regelmäßig erst nach – häufig gerichtlicher – Prüfung des ausliefernden Staates, ob ein Auslieferungsfall vorliegt; diese Prüfung nimmt nicht das Beweisverfahren des gegen den Ausgelieferten im begehrenden Lande durchzuführenden Strafprozesses vorweg, sondern stellt nur fest, ob prima facie die vom begehrenden Staat vorgelegten Beweismittel den Antrag rechtfertigen.[174] Eine Reihe von Staaten, darunter auch Deutschland, nehmen allerdings nur eine formale Prüfung daraufhin vor, ob die Tat die Auslieferung rechtfertigt, wobei die Begehung der Tat unterstellt wird.[175]

c) Das Prinzip der *Spezialität:* Die Aburteilung oder Vollstreckung darf im begehrenden Staat nur wegen der Tat oder der Taten erfolgen, wegen der die Auslieferung erfolgt ist (§ 6 des deutschen Gesetzes, BGHSt. 15, 125).

d) Das Prinzip der *Gegenseitigkeit.*

e) Das Prinzip der *identischen Norm:* Die Tat muß nach dem Recht beider oder – bei multilateralen Verträgen – aller Vertragsstaaten strafbar sein (auch ,,Prinzip der Doppelbestrafung" genannt); dieses Prinzip wird manchmal auch auf die Voraussetzungen der Verfolgbarkeit und sonstige Bedingungen der Strafbarkeit erstreckt.

---

[173] Siehe z. B. die Entscheidung des Ständigen Schiedshofs im Haag 1911 im Streit Frankreichs gegen Großbritannien um den Inder Savarkar, Nachweise bei Oppenheim aaO, I, S. 703 n. 1; s. auch den Streit zwischen der Schweiz und Deutschland 1935 um den von der Gestapo aus der Schweiz entführten Jacob Salomon, s. Preuss in AJIL 1935, S. 502ff.; zu der Entführung und Aburteilung von Eichmann siehe das Urteil des Distriktsgerichts von Jerusalem vom 11. 12. 1961, AJIL 1962 S. 805ff.; siehe Harvard Draft Convention on Jurisdiction with Respect to Crime, with Comment, AJIL 1935, Supplement, S. 623f.: ,,It is everywhere agreed . . . that recourse to measures in violation of international law or international convention in obtaining custody of a person charged with crime entails an international responsibility which must be discharged by the release or restoration of the person taken, indemnification of the injured State, or otherwise. It is not everywhere agreed that there may be no prosecution or punishment in reliance upon custody thus obtained ,without first obtaining the consent of the State or States whose rights have been violated by such measures.'"

[174] Siehe z. B. Art. 365 des Bustamante Code vom 20. 2. 1928: ,, . . . such parts of the record in the case as furnish proof or at least some reasonable evidence of the guilt of the person in question".

[175] Siehe Dahm aaO S. 293.

f) Das Prinzip der *Subsidiarität* (Prinzip des „ne bis in idem“): Der Staat, der eine eigene – konkurrierende – Strafzuständigkeit wegen der zur Auslieferung begehrten Tat oder auch nur – dies letztere führt allerdings meist nur zum Aufschub der Auslieferung – hinsichtlich der zur Auslieferung begehrten Person wegen einer anderen Tat besitzt, pflegt die Auslieferung abzulehnen; erst recht tut er das, wenn wegen dieser Tat bei seinen Gerichten bereits ein Verfahren schwebt (Grundsatz der Rechtshängigkeit) oder seine Gerichte bereits endgültig über die Tat entschieden haben (Grundsatz der Rechtskraft).

g) Die Anwendung des Prinzips „Minima non curat praetor“ auf das Auslieferungsrecht besagt, daß wegen kleinerer Delikte keine Auslieferung erfolgt (nach Auslieferungsgesetz § 2 II keine Auslieferung, „wenn die Tat nach deutschem Recht nur nach den Militärgesetzen strafbar ist oder nur mit einer Vermögensstrafe geahndet wird, die nicht in eine Freiheitsstrafe umgewandelt werden kann“; nach DDR-Recht nur bei Taten, die mit einer Freiheitsstrafe von mehr als einem Jahr bedroht sind).

h) Das Prinzip der *Nichtauslieferung der eigenen Staatsangehörigen:* Dieses ist ein dem Nationalstaatsgedanken des 19. Jahrhunderts entsprungenes Prinzip, das sich vor allem auf dem europäischen Kontinent durchgesetzt hat (s. z. B. GG Art. 16 II 1); ihm entspricht die heute in den kontinentalen Rechtssystemen übliche Bestrafung der eigenen Staatsangehörigen auch für im Ausland begangene Straftaten (s. z. B. § 7/II 1 deutsches StGB). Die Staaten des angelsächsischen Rechtskreises dagegen kennen diese Ausnahme von der Auslieferung nicht, sondern liefern beim Vorliegen der Voraussetzungen auch ihre eigenen Staatsangehörigen aus; dafür kennt ihr Strafrecht in vielen Fällen keine Möglichkeit, die eigenen Staatsangehörigen wegen im Ausland begangener Straftaten zu bestrafen (strafrechtliches Territorialitätsprinzip). Diese Staaten sind aber teilweise dazu übergegangen, in Fällen, in denen die Gegenseite die eigenen Staatsangehörigen nicht ausliefert, auch selbst sie nicht auszuliefern (sei es auf Grund einer Vertragsklausel, die die Nichtauslieferung der eigenen Staatsangehörigen generell vorsieht – mandatorische Klausel – sei es auf Grund einer Vertragsklausel, die die Nichtauslieferung der eigenen Staatsangehörigen lediglich nach ihrem Ermessen gestattet – permissive Klausel), mit der Folge, daß u. U. Auslandstaten ihrer Staatsangehörigen infolge des strafrechtlichen Territorialitätsprinzips ungesühnt bleiben.

i) Das Prinzip der Nichtauslieferung bei *politischen Straftaten:* Auch dieses Prinzip gilt nur im Rahmen konkreter Verträge. Ein allgemeines völkerrechtliches Verbot der Auslieferung politischer Täter besteht wohl nicht.[176] Die UN-Menschenrechtserklärung von 1948, die in Artikel 14 II das in Artikel 14 I gewährte Asylrecht für Verfolgte nur dann ausschließt, wenn es sich um nichtpolitische Verbrechen oder um Handlungen handelt, die gegen die Ziele und Grundsätze der

---

[176] Siehe z. B. RGSt 60, 205/206.

UN verstoßen, die also die Nichtauslieferung wegen politischer Verbrechen (mit Ausnahme der Anti-UN-Taten) impliziert, ist wohl ebensowenig im strengen Sinne völkerrechtlich bindend wie Art. 3 der Resolution der UN-Generalversammlung über territoriales Asyl vom 14. 12. 1967, der für die in Art. 14 der Menschenrechtsdeklaration bestimmte Personengruppe „die zwangsweise Rückkehr in einen Staat, in dem er der Verfolgung unterworfen sein könnte", verbietet und Ausnahmen von diesem Verbot nur erlaubt „aus vordringlichen Gründen der nationalen Sicherheit oder zum Schutz der Bevölkerung, wie im Fall des Masseneinströmens von Personen" (man denke an das Einströmen kambodschanischer Flüchtlinge nach Thailand im Frühjahr 1975).[177] Es besteht keine Einhelligkeit darüber, was unter politischen Verbrechen zu verstehen ist, so daß immer auf die Interpretation des konkreten Vertrags abgestellt werden muß. Die subjektiven Deutungen wollen den politischen Charakter einer Tat aus dem Motiv, andere aus dem Zweck, wieder andere aus Zweck *und* Motiv erkennen. Die objektiven Deutungen stellen ab auf die Art des Rechtsguts, gegen das sich das Verbrechen richtet, so z. B. das deutsche Auslieferungsgesetz vom 23. 12. 1929,[178] das in § 3 II definiert: „Politische Taten sind die strafbaren Angriffe, die sich unmittelbar gegen den Bestand oder die Sicherheit des Staates, gegen das Oberhaupt oder gegen ein Mitglied der Regierung des Staates als solches, gegen eine verfassungsmäßige Körperschaft, gegen die staatsbürgerlichen Rechte bei Wahlen oder Abstimmungen oder gegen die guten Beziehungen zum Ausland richten." Eine besondere Schwierigkeit bei der Feststellung des Vorliegens eines politischen Verbrechens, das von der vertraglich bestehenden Auslieferungspflicht nach besonderer Vorschrift des Vertrags befreien würde, bietet die Tatsache, daß ein politisches Verbrechen häufig gleichzeitig den Tatbestand eines gemeinen Verbrechens erfüllt (gemischtes Verbrechen, crime complexe). Es sind verschiedene Versuche gemacht worden, hier ein politisches Verbrechen, das trotz gleichzeitiger Verletzung anderer Rechtsgüter schutzwürdig ist, von einem nicht schutzwürdigen gemeinen Verbrechen, auch wenn politische Momente in es eingestreut sind, zu unterscheiden. Ein früher Ansatz ist die zunächst in Belgien 1856 eingeführte Attentatsklausel, wonach Attentate auf ein fremdes Staatsoberhaupt oder seine Familienmitglieder nicht als schutzwürdige politische Verbrechen gelten sollen.[179] Da diese personelle Beschränkung wenig einleuchtend ist, läßt eine andere Methode die Auslieferung immer dann zu, wenn ein Verbrechen gegen das Leben begangen wurde, ohne Rücksicht auf politisches Motiv oder politischen Zweck.[180] Wieder eine andere Methode versucht festzustellen, welches Element

---

[177] Siehe oben § 57.

[178] RGBl. 1929 I S. 239; 1933 I S. 618, BGBl. III 314 – 1.

[179] Siehe Mettgenberg, Die Attentatsklausel im deutschen Auslieferungsrecht, 1906.

[180] Siehe z. B. § 3 III des deutschen Auslieferungsgesetzes: „Die Auslieferung ist zulässig, wenn sich die Tat als ein vorsätzliches Verbrechen gegen das Leben darstellt, es sei denn, daß sie im offenen Kampfe begangen ist".

des Verbrechens, das politische oder das gemeine, überwiegt,[181] ein Gesichtspunkt, der das Problem eher formuliert als löst. Eine neuere Methode versucht darauf abzustellen, ob die Gesetze der Menschlichkeit bei Begehung eines politischen Verbrechens verletzt worden sind. Das ist in gewissem Maße für ein Teilproblem schon der Fall in Artikel 14b der Beschlüsse des Institut de Droit International in Oxford vom 9. 9. 1880,[182] wo es heißt: ,,In passing upon acts committed during a political rebellion, an insurrection, or a civil war, it is necessary to inquire wether they are excused by the customs of war." Ebenso gehört hierher Artikel 5 II des französischen Auslieferungsgesetzes von 1927, wo für einen Bürgerkrieg ein schutzwürdiges politisches Verbrechen nicht anerkannt wird bei ,,des actes de barbarie odieuse et de vandalisme suivant les lois de la guerre". Artikel 7 des Völkermordabkommens von 1948[183] bestimmt, daß die in ihm verbotenen Verbrechen nicht als politische Verbrechen im Sinn der Auslieferungsverträge anzusehen sind. Übereinstimmung besteht darüber, daß ein Verbrechen, das zwar nicht selbst ein politisches Verbrechen darstellt, aber doch mit einem solchen in unlösbarem Zusammenhang steht (Zusammenhangstat, crime connexe), wie ein politisches Verbrechen zu behandeln ist.[184]

Es ist herrschende Meinung, daß Rechte und Pflichten aus einem Auslieferungsvertrag nur für die Kontraktstaaten erwachsen, nicht für die betroffenen Individuen.[185]

§ 61. Die rechtliche Behandlung ausländischen Vermögens

Literatur: *Bindschedler,* Verstaatlichungsmaßnahmen und Entschädigungspflicht nach Völkerrecht, 1950; *Birke,* Die Konfiskation ausländischen Privatvermögens im Hoheitsbereich des konfiszierenden Staates nach Friedensvölkerrecht, 1960; *Böckstiegel,* Die allgemeinen Grundsätze des Völkerrechts über Eigentumsentziehung, 1963; *Fatouros,* Government Guarantees to Foreign Investors, 1962; *Foighel,* Nationalization and Compensation, 1964; *Fouilloux,* La nationalisation et le droit international public, 1962; *Friedmann,* Expropriation in International Law, 1953; *Gaither,* Expropriation in Mexico, 1940; *Katzarov,* Théorie de la nationalisation, 1960; *Preiswerk,* La protection des investissements privés dans les traités bilatéraux, 1963; *Re,* Foreign Confiscations in Anglo-American Law, 1951; *Seidl-Hohenveldern,* Internationales Konfiskations- und Enteignungsrecht, 1952; *Seidl-Hohenveldern,* Investitionen in Entwicklungsländern, 1963; *Vannod,* Fragen des internationalen Enteignungs- und Konfiskationsrechts, 1959; *Veith-Böckstiegel,* Der Schutz von ausländischem Vermögen im Völkerrecht, 1962; *White,* Nationalization of Foreign Property, 1961; *Whiteman,* Damages in International Law, 3 Bde, 1937–1943; *Wortley,* Expropriation in Public International Law, 1959.

---

[181] Siehe z. B. Art. 10 des schweiz. Gesetzes von 1892.

[182] Annuaire V S. 127.

[183] UNTS 78 S. 278, BGBl. 1954 II S. 729.

[184] Siehe z. B. § 3 I des deutschen Auslieferungsgesetzes: ,,Die Auslieferung ist nicht zulässig, wenn die Tat, welche die Auslieferung veranlassen soll, eine politische ist oder mit einer politischen Tat derart im Zusammenhange steht, daß sie diese vorbereiten, sichern, decken oder abwehren sollte"; s. RGSt 67 S. 150.

[185] Nachweise bei Dahm aaO S. 280.

Wie der Ausländer im allgemeinen das rechtliche Schicksal der Angehörigen des Landes teilt, in dem er sich niedergelassen hat, so wird auch das Vermögen des Ausländers regelmäßig ebenso behandelt wie das Vermögen des Inländers, selbst wenn der Ausländer selbst sich nicht in diesem Lande niedergelassen, sondern nur sein Vermögen dort angelegt hat. Es unterliegt also regelmäßig den gleichen Steuern und öffentlichen Abgaben wie das Vermögen von Inländern, obwohl der Ausländer auch in demokratischen Ländern keinen Einfluß auf die Steuergesetzgebung nehmen kann; ja, es ist sogar möglich, daß Steuern auf ausländisches Vermögen höher sind als auf inländisches, solange nur nicht zwischen verschiedenen Gruppen von Ausländern ohne Rechtsgrund diskriminiert wird, und soweit nicht Verträge entgegenstehen, die z. B. Inländerbehandlung vereinbaren. Auch sonstige das Vermögen mindernde Ereignisse, selbst wenn sie auf staatlichen Maßnahmen beruhen, geben im allgemeinen keinen Anspruch auf Schadloshaltung gegen den Staat, in dem sich das ausländische Vermögen befindet. Dies gilt z. B. von Devisenmaßnahmen, Einführung von Zwangskursen, Geldabwertung, inflationären Entwicklungen, allgemeinen Maßnahmen der Wirtschafts- und Sozialpolitik, der Verkehrs- und Gesundheitspolitik. So entstand z. B. in den USA kein Anspruch auf Entschädigung für Ausländer, deren Vermögen durch die Sklavenemanzipation oder durch die Prohibitionsgesetzgebung in Mitleidenschaft gezogen wurde.[186]

Doch gilt auch in bezug auf Vermögen von Ausländern die allgemeine Regel des völkerrechtlichen Fremdenrechts, wonach ein Staat seine in bezug auf die Behandlung von Ausländern bestehenden völkerrechtlichen Pflichten nicht ohne weiteres durch Gewährung der Inländerbehandlung erfüllt, sondern gegebenenfalls zur Einhaltung eines darüber hinausgehenden internationalen Minimumstandards verpflichtet ist. Was dieser Standard im einzelnen ist, ist nicht nur hinsichtlich der Behandlung von Personen, sondern auch hinsichtlich der Behandlung von Vermögen weitgehend umstritten. Insbesondere gilt dies für den in der Staatenpraxis wichtigsten Fall der Vermögensbeeinträchtigung, nämlich die Enteignung. Unter Enteignung ist die durch hoheitlichen Eingriff, nicht im kommerziellen Verkehr, erfolgende Entziehung von Vermögen zu verstehen. Zur Enteignung im engeren und eigentlichen Sinn werden regelmäßig nicht gerechnet die im Strafprozeß straf- und sicherungsweise erfolgende Einziehung von Vermögensgegenständen und der im Rahmen einer öffentlichen Zwangsbewirtschaftung erfolgende Ablieferungszwang, kraft dessen nicht im freien Handelsverkehr verkauft werden kann, sondern an eine obrigkeitlich bestimmte Stelle verkauft werden muß.[187] Die

[186] Siehe Bishop aaO S. 487; s. aber die innerstaatliche Regelung von Ansprüchen Angehöriger der Vereinten Nationen gem. § (Art.) 15 des Umstellungsgesetzes vom 26. 6. 1948, J. O. du Commandement en Chef Français en Allemagne 1948 S. 1537.

[187] Siehe über verschiedene innerstaatliche Begriffe von Eigentumseingriffen: Huber, E. R., Wirtschaftsverwaltungsrecht, 2 Bde, 2. Aufl. 1953/54, Bd. II, S. 15ff.

Nationalisierung (Sozialisierung, Verstaatlichung, Vergesellschaftung, Überführung in Gemeineigentum usw.) ist ein Sonderfall der Enteignung, die sich von dieser in mehreren Beziehungen unterscheidet, ohne doch ihre allgemeinen Merkmale zu verlieren: a) Entziehung durch Regierungs- oder Gesetzgebungs-, nicht durch Verwaltungsakt, b) Wegnahme nicht von einzelnen Gegenständen, sondern von ganzen Wirtschaftseinheiten, Unternehmungen, Wirtschaftszweigen, c) Zweck der Umwandlung der Wirtschaftsordnung aus einer privatkapitalistischen, aus einer freien Marktwirtschaft in eine Planwirtschaft, in eine sozialistische, eine kommunistische Wirtschaft oder doch Unterstellung einzelner Wirtschaftszweige oder Unternehmungen unter öffentliche Kontrolle.

Es besteht im allgemeinen Einverständnis darüber, daß Enteignungen völkerrechtlich nicht schlechthin unzulässig sind, es sei denn, daß sie gegen bestehende Verträge verstoßen oder daß sie gegen Ausländer oder bestimmte Kategorien von Ausländern ohne Rechtsgrund diskriminieren. Die These, daß eine auf bestimmte Zeit gewährte Konzession nicht vor Ablauf entzogen werden dürfe, wird freilich nicht allgemein vertreten. Dagegen ist es bis zu einem gewissen Grade umstritten, ob eine Entschädigung in jedem Falle der Enteignung gewährt werden muß, ob also eine Enteignung ohne Entschädigung (= Konfiskation) schlechthin völkerrechtswidrig ist, und welches gegebenenfalls Art und Maß der Entschädigung ist.

Die praktischen Fälle, die in den letzten 140 Jahren Anlaß zu rechtlichen Auseinandersetzungen gegeben haben, sind insbesondere die folgenden:

a) Der Streit zwischen Großbritannien und Neapel 1838/43 um das sizilianische Schwefelmonopol.

b) Der Streit zwischen Großbritannien und Portugal um die Delagoa-Bai-Eisenbahn 1889/1900.

c) Der Streit um das italienische Lebensversicherungsmonopol 1912.

d) Der Streit Frankreichs, Großbritanniens, Spaniens gegen Portugal wegen der religiösen Besitztümer, Haager Schiedsspruch vom 4. 9. 1920.

e) Der Streit zwischen Norwegen und den USA wegen der Ansprüche der norwegischen Reeder, Haager Schiedsspruch vom 13. 10. 1922.

f) Der Chorzow-Streit zwischen Deutschland und Polen, Urteil A 17 des Ständigen Internationalen Gerichtshofs vom 13. 9. 1928.

g) Das Roosevelt-Litwinow-Abkommen von 1933.[188]

h) Die Enteignung der ausländischen Ölgesellschaften in Mexiko 1936/38, geregelt durch das Abkommen von 1941 mit den USA, von 1946/47 mit Großbritannien, von 1945 mit den Niederlanden.

i) Die mexikanische Landreform seit 1915, Abkommen von 1941 mit USA.

j) Die Nationalisierung der Petsamo-Nickelminen durch die USSR, Abkommen vom 8. 10. 1944 mit UK und Kanada.

---

[188] Siehe ZaöRVR 1934 S. 12, S. 83.

k) Die Nationalisierung der Elektrizitäts- und Gaswerke 1946 in Frankreich, Verträge mit der Schweiz (1949), mit UK (1951), mit Kanada (1951).

l) Die Sozialisierungen nach dem zweiten Weltkrieg in Ungarn, Polen, Rumänien, der Tschechoslowakei und Jugoslawien, mit nachfolgenden Verträgen mit USA, Großbritannien, Frankreich, der Schweiz, Belgien und Dänemark.

m) Die Nationalisierung der Anglo-Iranischen Ölgesellschaft durch Iran 1951, Entscheidung (Ablehnung der Zuständigkeit) des Internationalen Gerichtshofs vom 22. 7. 1952.

n) Die Nationalisierung der Suez-Kanal-Gesellschaft im Juli 1956 durch Ägypten,[189] Abkommen von 1958 zwischen UAR und Gesellschaft.

o) Die kubanischen Nationalisierungen von 1960.

Der Gegensatz der Auffassungen in der Entschädigungsfrage wurde in anschaulicher Weise bei der Auseinandersetzung über mexikanische Landenteignungen von den Vertretern der beiden Regierungen dargetan.[190]

Man wird wohl dem heutigen Stand der Wissenschaft und Praxis wie den Erfordernissen der Weltwirtschaft mit weltweiter Kapitalinvestition und dem Drang unterentwickelter Länder nach nationaler Kontrolle ihrer natürlichen Bodenschätze und Reichtümer am ehesten gerecht, wenn man folgende Unterscheidungen trifft:

1. Individuelle Enteignungen sind auch gegenüber Ausländern zulässig, wenn sie auf verwaltungsrechtlicher Basis gemäß dem für alle gleichen Gesetze erfolgen, eine volle Entschädigung des Wertes gewähren[191] und die herkömmlichen, dem internationalen Minimumstandard entsprechenden rechtsstaatlichen Verfahrensgarantien bieten.

2. Enteignungen, die eine radikale Umgestaltung der gesamten Wirtschafts- und Sozialordnung beinhalten (z. B. Abschaffung der Sklaverei in den Südstaaten der USA, Abschaffung des Privateigentums an Produktionsmitteln sowie an Grund und Boden und an Bodenschätzen in der bolschewistischen Revolution in Rußland) sind zulässig, da ihr Verbot eine Beeinträchtigung der Unabhängigkeit bedeuten würde. Voller Wertersatz kann hier nicht verlangt werden, da sonst

---

[189] Siehe Rauschning, Der Streit um den Suezkanal, 1956.

[190] Siehe Erklärung des Staatssekretärs Hull vom 21. 7. 1938: ,,In each and every case the Government of the US has scrupulously observed the universally recognized principle of compensation and has reimbursed promptly and in cash the owners of the properties that have been expropriated . . . The taking of property without compensation is not expropriation. It is confiscation. It is no less confiscation because there may be an expressed intent to pay at some time in the future . . .". Siehe demgegenüber die Erklärung des mexikan. Außenministers Hay vom 3. 8. 1938: ,,My Government maintains, on the contrary, that there is in international law no rule universally accepted in theory nor carried out in practice, which makes obligatory the payment of immediate compensation nor even of deferred compensation, for expropriations of a general and impersonal character like those which Mexico has carried out for the purpose of redistribution of the land". Siehe Bishop aaO S. 475ff.

[191] Siehe Hull am 3. 4. 1940, Bishop aaO S. 484: ,, . . . the legality of an expropriation is contingent upon adequate, effective and prompt compensation".

u. U. die gewollte Umwandlung an der Höhe der Schadensersatzforderungen scheitern würde; der Ausländern zu gewährende Ersatz hat vielmehr nach einem Billigkeitsmaßstab zu erfolgen. Diese Ansicht wurde z. B. vertreten von Lauterpacht,[192] Kaeckenbeeck,[193] Friedmann,[194] Bindschedler,[195] Chargereaud-Hartmann,[196] Lapradelle.[197] Eine Tendenz zur Anerkennung einer solchen Regel zeigt sich in der Ablehnung einer vollen Individualentschädigung an die Geschädigten selbst und in der bloßen Gewährung einer Globalentschädigung durch den enteignenden Staat an den Heimatstaat der Enteigneten, die nur einen Teil des Schadens deckt und die Einzelverteilung unter die Geschädigten dem Heimatstaat überläßt, wie dies in einer Reihe von nach dem zweiten Weltkrieg mit osteuropäischen Randstaaten abgeschlossenen „lump-sum Agreements" der Fall ist.[198]

3. Zweifelhafter ist, ob die Regel zu (2) auch anwendbar ist auf Enteignungen, die zwar keine Individualenteignungen der Verwaltungsroutine, sondern Nationalisierungen ganzer Unternehmungen oder Wirtschaftszweige darstellen, ohne doch auf einer radikalen Umgestaltung der gesamten Wirtschafts- und Sozialordnung zu beruhen. Hier wird im allgemeinen volle Entschädigung zu gewähren sein, insbesondere dann, wenn eine solche Enteignung einen Vertrag oder eine Konzession verletzt, die Enteignung selbst also schon widerrechtlich ist.[199] Eine Tendenz zur Auflockerung dieser Regel ist schon in einer UN-Entschließung von 1952 zu erblicken, die ausdrücklich das Recht der Staaten statuiert, „ihre natürlichen Reichtümer und Hilfsmittel frei zu benützen und auszubeuten, wo immer dies ihnen wünschenswert erscheint für ihren eigenen Fortschritt und ihre eigene wirtschaftliche Entwicklung";[200] ein US-Antrag, die Entschädigungspflicht aufzuführen, verfiel der Ablehnung, statt dessen wurde nur eine vage Formel eingefügt, man solle dabei „das Bedürfnis beachten, den Fluß des Kapitals unter Bedingungen der Sicherheit, des gegenseitigen Vertrauens und der wirtschaftlichen Zusammenarbeit zwischen Nationen aufrechtzuerhalten".[201] In dem Bestre-

[192] Recueil 1937, IV, S. 346.
[193] Recueil 1937, I, S. 405.
[194] aaO S. 207.
[195] aaO S. 40.
[196] In Etudes Internationales, Juli 1948, S. 2348.
[197] Siehe Annuaire 1950, Institut de Droit international, Bd. I, S. 67.
[198] Siehe Doman, Compensation for nationalised property in post-war Europe, International Law Quarterly, Juli 1950, S. 332ff.; s. z. B. den Vertrag zwischen USA und Rumänien vom 30. 3. 1960 (AJIL 1960 S. 742), den Vertrag zwischen USA und Polen vom 16. 7. 1960 (AJIL 1961 S. 452).
[199] Siehe Urteil A 17 des StIG im Chorzow-Fall, S. 47; s. Domke, Indonesian Nationalization Measures before Foreign Courts, in AJIL 1960 S. 305; Domke, Foreign Nationalizations, in AJIL 1961 S. 585.
[200] U. N. Gen.-Ass., 411 th Plen. Meeting, Seventh Sess., Offic. Rec., S. 495; s. auch James N. Hyde, Permanent Sovereignty over Natural Wealth and Resources, AJIL 1956, S. 854ff.; siehe ferner: The Status of Permanent Sovereignty over Natural Wealth and Resources, UN Doc. A/AC.97/5, 15.12.1959.
[201] Siehe dazu auch die Erklärungen des indischen Ministerpräsidenten Nehru im ind. Parlament anläßlich einer Verfassungsänderung zur Erleichterung der Enteignung 1955, es werde nicht möglich

ben, einen Ausgleich zwischen dem Bedürfnis von Entwicklungsländern nach Kapitalimport und dem Bedürfnis der Kapitalimporteure nach Schutz ihrer Kapitalanlagen zu finden, sind zahlreiche völkerrechtliche Verträge zwischen Staaten mit Kapitalexport und Staaten mit Kapitalimport abgeschlossen worden. So heißt es z. B. in dem Vertrag vom 20. 12. 1963 zwischen der Bundesrepublik und Tunesien (BGBl. 1965 II S. 1378, abgedruckt bei Berber, Dokumente I S. 1317): „Kapitalanlagen von Staatsangehörigen oder Gesellschaften einer Vertragspartei dürfen im Hoheitsgebiet der anderen Vertragspartei nur zum allgemeinen Wohl und gegen Entschädigung enteignet werden. Die Entschädigung muß dem Wert der enteigneten Kapitalanlage entsprechen, tatsächlich verwertbar und frei transferierbar sein sowie unverzüglich geleistet werden. ... Die Rechtmäßigkeit der Enteignung und die Höhe der Entschädigung müssen in einem ordentlichen Rechtsverfahren nachgeprüft werden können".

Dieser einem freien Weltwirtschaftsfluß allein gerecht werdende Rechtszustand wird aber in wachsendem Maße durch Versuche untergraben, die den wahren Kräfteverhältnissen in der Welt nicht entsprechenden Majoritätsverhältnisse in der Generalversammlung der UN zur Durchsetzung einseitiger, der freien Wirtschaft schädlicher Tendenzen zu benutzen. So heißt es in der Resolution 3171 (XXVIII) der Generalversammlung vom 17.12.1973 (AJIL 1974 S. 381) u. a.: „3. Bestätigt, daß die Anwendung des Prinzips der von Staaten als Ausdruck ihrer Souveränität zur Sicherung ihrer natürlichen Hilfsquellen durchgeführten Nationalisierung beinhaltet, daß jeder Staat berechtigt ist, den Betrag der möglichen Entschädigung und die Art der Bezahlung zu bestimmen, und daß alle sich daraus ergebenden Streitigkeiten in Übereinstimmung mit der innerstaatlichen Gesetzgebung jedes Staates, der solche Maßnahmen durchführt, beigelegt werden sollten". Das ist eine Verleugnung des völkerrechtlichen Minimumstandards zugunsten innerstaatlicher Willkür. Aber die Deklaration der UN-Generalversammlung vom 1. 5. 1974 über die Errichtung einer neuen internationalen Wirtschaftsordnung (AJIL 1974 S. 798) geht noch darüber hinaus, indem in dem Prinzip 4 (e) von Entschädigung überhaupt keine Rede mehr ist: „Volle dauernde Souveränität jedes Staates über seine natürlichen Hilfsquellen und alle wirtschaftlichen Tätigkeiten. Um diese Hilfsquellen sicherzustellen, ist jeder Staat berechtigt, wirksame Kontrolle über sie und ihre Ausnutzung mit für seine eigene Situation geeigneten Mitteln, einschließlich des Rechts der Nationalisierung oder der Übertragung des Eigentums an seine eigenen Staatsangehörigen auszuüben; dieses Recht ist ein Ausdruck der vollen dauernden Souveränität des Staates. Kein Staat darf wirtschaftlichem, politischem oder irgendeinem andersgearteten Zwang unterworfen werden, um die freie und volle Ausübung dieses unentziehbaren Rechtes zu verhindern." Diese

---

sein, volle Entschädigung zu bezahlen; aber selbst wenn das möglich wäre, würde es ungerecht sein, da dann die „haves" „haves" und die „have-nots" „have-nots" bleiben würden; London Times, 15. 3. 1955.

Deklarationen besitzen zwar keine völkerrechtliche Rechtsverbindlichkeit, aber sie zeigen einen gefährlichen Trend an, der die freie völkerrechtliche Zusammenarbeit aufs schwerste belastet und letztlich den Urhebern dieser Deklarationen mehr Schaden als Nutzen bringen könnte.

Die Staaten, die vor allem den Grundsatz vertreten: „Keine Enteignung ohne volle Entschädigung", haben diesen Grundsatz in kurzsichtiger Weise selbst untergraben, indem sie sich in den beiden Weltkriegen nicht in legitimer Weise darauf beschränkten, feindliches Privateigentum während der Dauer des Krieges gegen ihre Kriegführung schädigendes Verhalten sicherzustellen und für ihre eigene Kriegsanstrengung zu nutzen, sondern in Verletzung der auch im Kriegsrecht – mit der bemerkenswerten Ausnahme des noch mit alten Raubvorstellungen behafteten Seekriegsrechts – anerkannten völkerrechtlichen Pflicht zur Achtung des feindlichen Privateigentums das Eigentum von Staatsangehörigen feindlicher Staaten endgültig entschädigungslos wegnahmen, also konfiszierten, ja sogar unter gleichzeitiger Verletzung des Neutralitätsrechts und unter teilweiser Konnivenz neutraler Staaten dieses rechtswidrige Verhalten auch auf das in neutralen Ländern belegene Vermögen solcher Ausländer, teilweise sogar auf das Vermögen neutraler Staatsangehöriger ausdehnten. Sie haben damit ohne wirkliche Notwendigkeit dem Rechtsgedanken des Schutzes des Privateigentums von Ausländern einen schwereren Schlag versetzt, als dies seither eine Reihe von unterentwickelten Ländern, oft unter dem Druck bitterer Notwendigkeit, getan haben.[202] (Alle Einzelheiten s. im Kriegsrecht, Band II § 39).

§ 62. Die privilegierten Fremden

Es gibt gewisse Klassen von Menschen, die beim Aufenthalt im Ausland eine bevorrechtigte Stellung einnehmen, die über das normale völkerrechtliche Fremdenrecht hinausgeht. Dies sind nach Friedensrecht folgende Gruppen:

1. Staatshäupter, Regierungsmitglieder, Diplomaten, Konsuln, Sondermissionen, staatliche Delegierte zu internationalen Organisationen im Ausland: ihre privilegierte Rechtsstellung wurde oben im 8. Kapitel dargestellt.

2. Organe und Funktionäre internationaler Organisationen: ihre priviliegierte Rechtsstellung wird in Band III, Kapitel 5 und 6, dargestellt.

3. Flüchtlinge und Asylberechtigte: ihre Rechtsstellung wurde oben in § 56 IV und in § 58 III dargestellt.

4. Nur mehr historisches Interesse hat die privilegierte Stellung der Angehörigen gewisser Staaten in Ländern, in denen zugunsten dieser Staaten Konsulargerichtsbarkeit über ihre Staatsangehörigen bestand (siehe § 42 I oben); diese Regelungen sind heute obsolet.

---

[202] Siehe Jessup, Enemy Property, in AJIL 1955 S. 57.

5. Ausländische oder internationale Streitkräfte auf dem Staatsgebiet eines anderen Staates außerhalb des Kriegsrechts (über das letztere siehe Band II).

Ein solcher Aufenthalt ausländischer Streitkräfte ist in der heutigen Epoche, die man als eine Zeit internationaler Unsicherheit und weltweiter Allianzen bezeichnen kann, recht häufig geworden, insbesondere durch die Stationierung von Streitkräften verbündeter und befreundeter Staaten – die also miteinander nach Friedensrecht leben – im Krieg gegen dritte Staaten, durch die Fortsetzung der Besetzung ehemals feindlichen Gebiets auch nach Friedensschluß, durch die Stationierung von Truppen im Ausland in Friedenszeiten im Rahmen regionaler Sicherheitsabkommen oder im Rahmen internationaler Aufgaben (Saar 1935, Sinai 1956, UNEF, Congo 1960, ONUC, Cypern 1963, Unificyp, 1973 Sinai-Golanhöhen), sowie anläßlich eines erlaubten Durchmarschs von Truppen durch ein fremdes Staatsgebiet

Es haben sich noch keine eindeutigen Rechtsregeln des allgemeinen Völkergewohnheitsrechts über den Rechtsstatus solcher Truppen herausgebildet.[203] Der Staat, auf dessen Gebiet sich solche Truppen befinden, legt natürlich größten Wert darauf, die ihm zustehende Gebietshoheit auch in solchen Fällen aufrechtzuerhalten, schon zum Schutz seiner eigenen Bevölkerung, während der Staat, dem die Truppen angehören, seine Personalhoheit über sie auch im Ausland aufrechterhalten will, schon aus Gründen der militärischen Disziplin. Von den diesen beiden entgegengesetzten Interessenlagen entsprechenden Theorien, nämlich der der territorialen Hoheitsgewalt über alle im Gebiet befindlichen Personen und der der personalen Hoheitsgewalt über die eigenen Truppen, wo immer sie sich befinden, hat sich bisher keine eindeutig durchgesetzt. Auf jeden Fall gibt es aber keine Regel des allgemeinen Völkerrechts, die die ,,Exterritorialität" fremder Truppen im Ausland vorschreibt. In der Praxis werden die vorkommenden Situationen meist durch Verträge geregelt, die eine nach den Umständen, insbesondere auch nach der Machtlage, wechselnde Mischung dieser beiden Prinzipien enthalten, also nicht als Ausdruck einer opinio juris und demnach auch nicht als Beweis für geltendes Gewohnheitsrecht angesehen werden können.

Nach dem englischen ,,Visiting Forces (British Commonwealth) Act" von 1933, das für in England stationierte Truppen von Mitgliedstaaten des Commonwealth galt – in den Dominions wurden ähnliche Gesetze erlassen – und dessen Prinzipien auch in zwei weiteren anläßlich des zweiten Weltkriegs erlassenen britischen Gesetzen, dem ,,Allied Forces Act" von 1940 und dem ,,Maritime

[203] Siehe Barton, Foreign Armed Forces: Qualified Jurisdictional Immunity, BYIL 1954 S. 341 ff. (s. auch seine Aufsätze in BYIL 1949, S. 380, und 1950, S. 86); Bothe, Streitkräfte internationaler Organisationen, 1968; Bowett, United Nations Forces, 1964; Fabian, Soldiers without Enemies, 1971; Higgins, United Nations Peacekeeping, 1946–1967, 1969f.; Miele, L'immunità giurisdizionale degli organi stranieri, 1947; Seyersted, United Nations Forces in the Law of Peace and War, 1966; Strasser, Die Beteiligung nationaler Kontingente an Hilfseinsätzen internationaler Organisationen, in ZaöRVR 1974 S. 689ff.

Forces Act" von 1941 zur Anwendung kamen, ging die britische Territorialhoheit im allgemeinen der Personalhoheit des Truppenstaates vor, der lediglich zur Aufrechterhaltung der internen Disziplin eine beschränkte Gerichtsbarkeit über seine Truppen behielt. Dieser Standpunkt ließ sich aber gegenüber den mächtigen USA nach deren Kriegseintritt nicht aufrechterhalten, denen durch den ,,United States of America (Visiting) Forces Act" von 1942 die volle Gerichtsbarkeit über ihre in Großbritannien stationierten Truppen zugestanden werden mußte. Die gegenüber 1933 veränderte Machtlage zeigt sich auch in dem englischen ,,Visiting Forces Act" von 1952, nach dem der Truppenstaat primär zur Bestrafung von Taten zuständig ist, die seine Heeresangehörigen im Dienst oder gegen die Interessen seines eigenen Staates begehen; der Aufenthaltsstaat ist mit Bezug auf solche Taten nur subsidiär, nur in bezug auf andere Taten primär zuständig.

Der Vertrag zwischen den Partnern des Nordatlantischen Vertrags betr. den Status ihrer Streitkräfte vom 19. 6. 1951[204] enthält in Artikel VII eine detaillierte und komplizierte Regelung der gegenseitigen Zuständigkeit. Danach besteht für gewisse Delikte, die nach dem Recht nur entweder des Truppenstaats oder des Aufenthaltsstaates strafbar sind, eine ausschließliche Zuständigkeit des betr. Staates; bei allen anderen Straftaten besteht eine konkurrierende Gerichtsbarkeit, die primär dem Truppenstaat zusteht für Delikte seiner Truppenangehörigen, die entweder allein gegen Eigentum oder Sicherheit des Truppenstaates oder allein gegen Person oder Eigentum eines anderen Truppenangehörigen gerichtet sind oder die in Beziehung auf dienstliche Angelegenheiten verübt sind, während für alle anderen Delikte eine primäre Zuständigkeit des Aufenthaltsstaats festgelegt ist.

Nach dem für die in der Bundesrepublik stationierten fremden Truppen geltenden Truppenvertrag von 1952/1954[205] standen dagegen dem Truppenstaat wesentlich weitergehende, dem Aufenthaltsstaat wesentlich geringere Rechte zu, als nach dem ebengenannten Natovertrag; eine weitergehende, wenn auch nicht vollständige Angleichung an die den übrigen Natostaaten im Vertrag von 1951 gewährte Rechtssituation erfolgte durch das Zusatzabkommen vom 3. 8. 1959 (BGBl. 1961 II S. 1183), geändert durch Abkommen vom 21. 10. 1971 (BGBl. 1973 II S. 1022), siehe das deutsche Gesetz vom 18. 8. 1961 (BGBl. II S. 1183) und Sartorius II 66 c S. 1 Fußnoten.

Zwischen den Staaten des Ostblocks gelten ähnliche Regelungen wie nach dem normalen Natotruppenrecht.[206]

Anläßlich der Entsendung von UN-Truppen auf ägyptischen Boden kam es am 8. 2. 1957 zu einem Abkommen zwischen dem UN-Generalsekretär und Ägyp-

[204] BGBl. 1961 II S. 1190.

[205] BGBl. 1955 II S. 321.

[206] Siehe insbesondere Abkommen zwischen UdSSR und Polen vom 17. 12. 1956, zwischen UdSSR und DDR vom 12. 3. 1957, zwischen UdSSR und Ungarn vom 27. 5. 1957, abgedruckt in AJIL 1958, S. 210ff.

ten,[207] in dem vereinbart wurde, daß die Mitglieder der nach Ägypten entsandten Streitkräfte der Strafgerichtsbarkeit Ägyptens nicht unterfallen, sondern ausschließlich derjenigen ihrer eigenen Staaten, und daß die UN-Streitmacht, „als von der Generalversammlung bestelltes subsidiäres Organ der UN" den Status, die Privilegien und die Immunitäten der UN gemäß der Konvention vom 13. 2. 1946 über die Privilegien und Immunitäten der UN[208] genießt; ähnliche Abmachungen erfolgten bei späteren Einsätzen von UN-Friedenstruppen.

Auch in bezug auf den Rechtsstatus der Besatzung fremder Kriegsschiffe, die im Ausland an Land gehen, besteht keine Einmütigkeit.[209] Während von einigen Autoren eine Unterscheidung für die Kompetenzabgrenzung zwischen Schiffstaat und Hafenstaat gemacht wird, die darauf abstellt, ob sich die Besatzungsmitglieder in dienstlicher oder in privater Eigenschaft an Land befinden, lehnen andere diese Unterscheidung ab und unterwerfen an Land befindliche Besatzungsmitglieder generell der Gerichtsbarkeit des Hafenstaates.[210] Die wichtigen, freilich nicht notwendig geltendes Recht darstellenden „Stockholmer Regeln" des Institut de Droit International von 1928 schließen sich der unterscheidenden Theorie an.

Man wird also zusammenfassend feststellen können, daß hinsichtlich im Ausland stationierter Truppen keine feste Abgrenzung zwischen den Zuständigkeiten des Truppenstaats und des Aufenthaltsstaats sich nach allgemeinem Völkerrecht feststellen läßt, daß aber keinesfalls eine generelle Immunität solcher Truppen von der inländischen Gerichtsbarkeit anerkannt wird, sondern eine im Einzelfall in ihrem Umfang wechselnde Zuständigkeit des Aufenthaltsstaats für die seinen Bereich berührenden Delikte, des Truppenstaats für die zur inneren Ordnung seiner Truppe usw. unentbehrlichen Maßnahmen. Es muß also im einzelnen konkreten Fall immer auf das die konkrete Situation regelnde Abkommen zurückgegriffen werden, das üblicherweise eine über die bloße Regelung der Gerichtsbarkeit weit hinausgehende allgemeine Kompetenzabgrenzung enthält. Liegt ausnahmsweise keine vertragliche Regelung vor, so ist die normale Zuständigkeit des Aufenthaltsstaats über auf seinem Gebiet befindliche Ausländer möglichst weit zugrunde zu legen, es sei denn, es handle sich um internationale Truppen, die von einer internationalen Organisation entsandt werden, der der Aufenthaltsstaat selbst angehört.[211]

---

[207] Doc. A/3526.

[208] Doc. A/64.

[209] Siehe Böger, Die Immunität der Staatsschiffe, 1928; Feine, Die völkerrechtliche Stellung der Staatsschiffe, 1921; Klein, Staatsschiffe und Staatsluftfahrzeuge im Völkerrecht, 1934; Matsunami, Immunity of State Ships, 1924; Meurer, Das Gastrecht der Schiffe im Krieg und Frieden, 1918.

[210] Einzelheiten s. bei Oppenheim aaO I S. 855.

[211] Siehe eine Aufstellung von z. T. weitergehenden allgemeinen Regeln bei Dahm aaO I S. 384f.

Elftes Kapitel

Die internationalen Rechtsgeschäfte

§ 63. Das einseitige Rechtsgeschäft

Literatur: *Biscottini,* Contributio alla teoria degli atti unilaterali nel diritto internazionale, 1951; *Cansacchi,* La notificazione internazionale, 1934; *Olivi,* Della rinunzia nel diritto internazionale, 1943; *Pfluger,* Die einseitigen Rechtsgeschäfte im Völkerrecht, 1936; *Suy,* Les Actes juridiques unilatéraux en droit international public, 1962; *Venturini,* Il riconoscimento nel diritto internazionale, 1946.

I. Der Begriff

Nicht nur zwei- oder mehrseitige Willenserklärungen von Völkerrechtssubjekten (Verträge und Beschlüsse) können völkerrechtliche Rechtswirkungen hervorrufen, sondern diese können auch aus Willenserklärungen eines einzigen Völkerrechtssubjekts hervorgehen. Einseitige Rechtsgeschäfte sind also Willenserklärungen eines einzelnen Völkerrechtssubjekts, die die Hervorrufung völkerrechtlicher Rechtsverhältnisse bezwecken und deren vom Völkerrechtssubjekt gewollter rechtlicher Erfolg von der Völkerrechtsordnung zugelassen oder angeordnet wird.

Einseitige völkerrechtliche Rechtsgeschäfte sind von dreifacher Art:

a) Selbständige Rechtsgeschäfte;

b) von anderen Rechtsgeschäften abhängige Rechtsakte;

c) Rechtshandlungen, bei denen die Rechtswirkung unabhängig vom Willen der Beteiligten eintritt.[1]

Die selbständigen einseitigen Rechtsgeschäfte werden in der Folge behandelt werden.

Die abhängigen einseitigen Rechtsgeschäfte treten insbesondere im Zusammenhang mit Vertragsabschluß, Vertragswirkung, Vertragsaufhebung ein, so Antrag und Annahme, Adhäsion, Anfechtung, Kündigung, Rücktritt, Ratifikation, Vorbehalt, Rücknahme eines Vorbehalts, Einwendung gegen einen Vorbehalt usw., aber auch im Zusammenhang eines internationalen Prozesses; sie werden im Zusammenhang des Vertrags- bzw. des Prozeßrechtes behandelt werden.[2]

Die ,,gemischten" Rechtsgeschäfte umfassen zahllose Handlungen, wie Okkupation, Dereliktion, Waffenstreckung, Ergebung auf Gnade und Ungnade, Auf-

[1] Auch gemischte Rechtsgeschäfte genannt, s. Verdross aaO S. 157.

[2] Es ist insbesondere bestritten, ob das ,,Versprechen" hierher gehört, siehe Rousseau aaO 2. Aufl. I S. 423.

nahme diplomatischer Beziehungen, ja vielleicht sogar das ganze Gebiet der unerlaubten Handlungen, die ebenfalls Rechtswirkungen unabhängig vom Willen der Beteiligten eintreten lassen. Diese Rechtsgeschäfte werden in ihrem jeweiligen systematischen Zusammenhang behandelt, die unerlaubten Handlungen z. B. im Zusammenhang der Staatenhaftung.

Ein einseitiges Rechtsgeschäft verliert seinen Charakter als einseitiges Rechtsgeschäft nicht dadurch, daß es in identischer Weise von mehreren Völkerrechtssubjekten gleichzeitig vorgenommen wird, etwa eine kollektive Anerkennung, eine kollektive Notifizierung, ein kollektiver Protest. Ein solches identisches Vorgehen braucht dabei weder zufällig noch spontan zu sein, es kann vielmehr auf einer Verpflichtung zu solchem Vorgehen beruhen, die vertraglich eingegangen wurde.

Einseitige Rechtsgeschäfte sind regelmäßig nicht annahmebedürftig, d. h. ihre Rechtsfolgen treten ein, gleich, ob das von ihnen betroffene oder mit ihnen angesprochene Völkerrechtssubjekt sich mit ihnen einverstanden erklärt oder sich überhaupt zu ihnen erklärt oder überhaupt auf sie reagiert. Dagegen sind sie häufig empfangsbedürftig, d. h. sie müssen dem angesprochenen Rechtssubjekt zugegangen sein, es muß die Möglichkeit besitzen, von ihnen Kenntnis zu nehmen. Wird ein einseitiges empfangsbedürftiges Rechtsgeschäft *vor* solchem Zugehen zurückgezogen, so gilt es als nicht vorgenommen. Aber auch nach erfolgtem Zugehen hängt die rechtswirksame Zurücknahme von der Zustimmung des Adressaten nicht schlechthin ab, sondern nur dann, wenn durch solche Zurücknahme in durch das einseitige Rechtsgeschäft erworbene Rechte eingegriffen wird; so wird man einen Staat für befugt erachten müssen, eine Proklamation über die Ausdehnung seiner Küstengewässer wieder zurücknehmen oder abändern zu können, ohne um die Zustimmung der schiffahrttreibenden Nationen nachsuchen zu müssen, wenn die Abänderung sich nur im Rahmen des allgemeinen Völkerrechts hält.

II. Die einzelnen selbständigen einseitigen Rechtsgeschäfte

Regelmäßig werden – ohne Anspruch auf Vollständigkeit – als selbständige einseitige Rechtsgeschäfte folgende Rechtsakte angenommen:

die Anerkennung (s. unten Nr. III),
die Erklärung (s. unten Nr. IV),
die Notifikation (s. unten Nr. V),
der Protest (s. unten Nr. VI),
der Verzicht (s. unten Nr. VII),
der Vorbehalt (s. unten Nr. VIII),
der Widerruf (s. unten Nr. IX),
die Zustimmung (s. unten Nr. X).

III. Die Anerkennung

Die Anerkennung ist eine Willenserklärung, durch die die Existenz wie der Inhalt von Situationen und Ansprüchen als rechtmäßig erklärt wird, mit der Wirkung, daß der Anerkennende gegen die Rechtmäßigkeit der anerkannten Situation oder des anerkannten Anspruchs keine Anzweifelungen oder Einwendungen mehr erheben kann, soweit die Anerkennung reicht, die naturgemäß inhaltlich beschränkt sein kann. Die Anerkennung kann auch durch konkludente Handlungen erfolgen (siehe z. B. oben § 28). Die Anerkennung findet im Völkerrecht eine überaus vielfältige Anwendung. Ihre bekanntesten Anwendungsfälle sind:

a) die Anerkennung als Staat,

b) die Anerkennung als Regierung,

c) die Anerkennung als Kriegführender,

d) die Anerkennung als Aufständischer,

e) die Anerkennung von Titeln und anderen Bezeichnungen,

f) die Anerkennung eines Besitzstandes oder eines Gebietserwerbs,

g) die Anerkennung eines sonstigen Rechtserwerbs, etwa der Errichtung eines Protektorats,

h) die Anerkennung fremder Staatsakte, etwa ausländischer Gesetze oder ausländischer Urteile,[3]

i) die Anerkennung der Blockade eines Hafens im Bürgerkrieg,[4]

k) die Anerkennung von Sicherheitszonen nach Artikel 14 der 4. Genfer Konvention von 1949, sowie die Anerkennung von Hospitalzonen nach Artikel 23 der 1. Genfer Konvention von 1949.

In diesen beiden Fällen ist freilich eine Anerkennung nicht durch einseitigen Akt, sondern durch Vertrag „über gegenseitige Anerkennung" vorgesehen, eine nicht in allen Fällen ganz einleuchtende Beschränkung der Anwendbarkeit dieser humanitären Einrichtungen.

IV. Die Erklärung (Deklaration)

Der Begriff „Erklärung" kann im Völkerrecht eine dreifache Bedeutung haben:

a) Er kann die Bezeichnung sein für einen Vertrag, in dem die beteiligten Staaten Richtlinien für ihr künftiges Verhalten in einer bestimmten Rechtsmaterie festlegen, wie etwa die Pariser Deklaration von 1856 über gewisse Materien des Seekriegsrechts. Auf solche Erklärungen sind die Vertragsregeln uneingeschränkt anzuwenden.

b) Er kann die Bezeichnung sein für einseitige Willenserklärungen, die Rechte und Pflichten für dritte Staaten erzeugen, wie die Kriegserklärung, die Blocka-

---

[3] Siehe Oppenheim aaO I S. 267; Briggs aaO S. 404ff.; Morris in: BYIL 1952, S. 283ff.

[4] Siehe Hackworth aaO VII S. 127.

deerklärung, die Erklärung bestimmter Gegenstände als Konterbande, die Erklärung der Beendigung des Kriegszustands, die Erklärung der Annexion eines bestimmten Gebiets, die Erklärung der Breite der eigenen Küstengewässer.

c) Er kann die Bezeichnung sein für politische Erklärungen, z. B. die Erklärung von Kriegs- und Friedenszielen, die Atlantik-Charta von 1941, die Monroe-Doktrin von 1823, die Estrada-Doktrin, die Tobar-Doktrin, die Erklärung der siegreichen Alliierten vom 5. 6. 1945 hinsichtlich Deutschlands. Solche Erklärungen, auch wenn kollektiv abgegeben, sind an sich dritten Staaten gegenüber ohne völkerrechtliche Bedeutung, sie können aber, falls sie von mehreren Staaten ausgehen, in deren Innenverhältnis eine vertragliche Bindung darstellen, und sie können dritten Staaten gegenüber nach Treu und Glauben gegebenenfalls eine Bindung des oder der Erklärenden für ihr künftiges Verhalten erzeugen, ohne für dritte Staaten Rechtspflichten erzeugen zu können.

V. Die Notifikation[5]

Die Notifikation ist die Mitteilung eines Völkerrechtssubjekts an ein oder mehrere andere Völkerrechtssubjekte über eine völkerrechtserhebliche Tatsache oder Situation, die in seine Zuständigkeit fällt oder von ihm herbeigeführt, abgeändert oder aufgehoben worden ist oder werden soll. So war nach Artikel 34 der Kongo-Akte von 1885 eine Notifikation nötig für neue Gebietserwerbungen an der afrikanischen Küste. So bestimmt Artikel 2 des Haager Abkommens von 1907 über den Beginn der Feindseligkeiten, daß der Kriegszustand den neutralen Mächten unverzüglich anzuzeigen ist. Artikel 11 der (nicht in Kraft getretenen) Londoner Seerechtsdeklaration von 1909 sah die Notifizierung einer Blockadeerklärung an die neutralen Staaten vor. Artikel 5 V der Genfer Konvention von 1959 über den Kontinentalschelf schreibt vor, daß die Konstruktion von Installationen für die Ausbeutung des Kontinentalschelfs notifiziert werden muß. Art. 10 der Wiener Konvention über diplomatische Beziehungen von 1961 sieht eine Reihe von obligatorischen Notifikationen vor; siehe auch Art. 11 III, 23, 24, 25 c der Wiener Konvention über konsularische Beziehungen von 1963.

Neben solchen obligatorischen Notifikationen gibt es auch freiwillige Notifikationen, die weitgehend auf Courtoisie beruhen, wie Mitteilungen von einem Völkerrechtssubjekt an andere Völkerrechtssubjekte über den Wechsel des Staatsoberhaupts oder der Regierungsform, über Gebietsveränderungen, über die Bestellung eines neuen Außenministers usw.

---

[5] Siehe Cansacchi, La notificazione internazionale, 1934.

VI. Der Protest[6]

Der Protest ist die ausdrückliche Mitteilung eines Völkerrechtssubjekts an ein oder mehrere andere Völkerrechtssubjekte, daß gegen seinen bzw. ihren vorgenommenen oder beabsichtigten Akt Widerspruch erhoben werde. Die Rechtsfolge des Protestes ist je nach der Art des Aktes, gegen den protestiert wird, verschieden: er kann der Erhaltung oder dem Vorbehalt von Rechten dienen, er kann die Nichtanerkennung des Rechtsaktes oder der Rechtssituation, gegen die protestiert wird, beinhalten, er kann die Verjährung eigener Ansprüche oder die Ersitzung fremder Rechte verhindern. Falls ein Völkerrechtssubjekt Kenntnis von den Akten eines anderen Staates erhält, die in seine Rechte eingreifen, ohne zu protestieren, wird sein Schweigen als Einverständniserklärung ausgelegt: qui tacet, consentire videtur, dum loqui potuit ac debuit.[7]

Ein Protest allein genügt u. U. nicht immer zur Rechtswahrung, z. B. wenn der Akt, gegen den protestiert wird, unter Mitwirkung des Protestierenden trotzdem vorgenommen und damit eine neue Rechtslage geschaffen wird.[8]

Bloße Proteste können an sich auch nicht die Rechtsnatur vorgenommener Akte ändern.[9]

VII. Der Verzicht

Der Verzicht ist eine einseitige Willenserklärung, durch die bestehende Rechte oder Anwartschaften aufgegeben werden oder das Einverständnis mit einer von einem fremden Staat vorgenommenen Entziehung eigener Rechte erklärt wird. Der Verzicht kann ausdrücklich oder stillschweigend sein; ein stillschweigender Verzicht kann insbesondere in der Unterlassung eines Protests zu erblicken sein. Doch ist bloßes Stillschweigen nicht stets notwendig als Verzicht zu betrachten,[10]

---

[6] Siehe J. C. MacGibbon, Some Observations on the Part of Protest in International Law, BYIL 1953 S. 293ff.; McKenna, Diplomatic Protest in Foreign Policy, 1962

[7] Siehe die Feststellung des Internationalen Gerichtshofs im britisch-norwegischen Fischereistreit, Reports 1951 S. 139; ,,The Court notes that in respect of a situation which could only be strengthened with the passage of time, the United Kingdom Government refrained from formulating reservations. The notoriety of the facts, the general toleration of the international community, Great Britain's position in the North Sea, her own interest in the question, and her prolonged abstention would in any case warrant Norway's enforcement of her system against the United Kingdom."

[8] Siehe trotz Protestes die deutsche Unterschrift unter den Versailler Vertrag von 1919: Note der deutschen Friedensdelegation vom 23. 6. 1919: ,,Der übermächtigen Gewalt weichend, und ohne damit ihre Auffassung über die unerhörte Ungerechtigkeit der Friedensbedingungen aufzugeben, erklärt deshalb die Regierung der Deutschen Republik, daß sie bereit ist, die von den alliierten und assoziierten Regierungen auferlegten Friedensbedingungen anzunehmen und zu unterzeichnen."

[9] Siehe die Entscheidung des StIG im Ostgrönlandstreit zwischen Norwegen und Dänemark, A/B No. 53 S. 62: ,,The character of these Danish acts is not altered by the protests or reserves which, from time to time, were made by the Norwegian Government."

[10] Siehe die Entscheidung des IG im britisch-französischen Streit um die Kanalinseln Minquiers und Ecrehos, Reports 1953 S. 71; siehe Tommassi di Vignano, La rinuncia in diritto internazionale, 1960.

sondern nur dann, wenn nach den Umständen des Falles ein Protest erforderlich wäre, um die Annahme eines Verzichtes auszuschließen. Auf keinen Fall ist ein Verzicht zu vermuten.[11]

VIII. Der Vorbehalt

Der Vorbehalt ist eine einseitige Willenserklärung, durch die eine umfassendere Verpflichtung eingeschränkt oder ihr Eintreten von Bedingungen abhängig gemacht wird. Sie kann unabhängig von einer vertraglichen Verpflichtung vorgenommen werden, wird aber meist im Zusammenhang eines Vertragsschlusses auftreten und soll daher in dessen systematischem Zusammenhang[11a] behandelt werden.

IX. Der Widerruf

Der Widerruf ist die einseitige Zurücknahme einer Erklärung oder eines Versprechens, die je nach den Umständen des Falles zulässig oder unzulässig sein kann. Das letztere ist insbesondere anzunehmen, wenn durch die voraufgegangene Erklärung oder das voraufgegangene Versprechen Rechte dritter Staaten begründet wurden, die nun nicht mehr einseitig durch Widerruf beeinträchtigt werden können.

X. Die Zustimmung

Die Zustimmung ist eine einseitige Willenserklärung, durch die ein Völkerrechtssubjekt sein Einverständnis mit dem von einem anderen Staat vorzunehmenden Akt beliebiger Art erklärt. Ein Beispiel ist die in einer Reihe internationaler Wasserverträge vorkommende Regelung, daß hydraulische Werke an einem durch mehrere Staaten fließenden Gewässer nur mit Zustimmung des oder der anderen Flußanlieger errichtet werden dürfen. Die Unterwerfung unter die obligatorische Gerichtsbarkeit des Internationalen Gerichtshofs nach Artikel 36 II des Status stellt nichts anderes dar als die generelle Zustimmung zur Klageerhebung gegen den unterzeichnenden Staat, der die Voraussetzungen des Artikel 36 II erfüllt.

XI. Die rechtliche Gültigkeit einseitiger Rechtsgeschäfte

Die rechtliche Gültigkeit einseitiger Rechtsgeschäfte bemißt sich im allgemeinen gemäß analoger Anwendung der unter § 68 für die rechtliche Gültigkeit von Verträgen entwickelten Regeln, ebenso mutatis mutandis ihre Auslegung.

---

[11] Siehe Rousseau aaO 2. Aufl. I S. 429: „Tout le régime juridique de la renonciation est dominé par le principe fondamental que la renonciation ne se présume pas".

[11a] Siehe unten § 66 VII.

§ 64. Begriff und Wesen der völkerrechtlichen Verträge

Literatur: *Bergbohm,* Staatsverträge und Gesetze als Quellen des Völkerrechts, 1877; *Bittner,* Die Lehre von den völkerrechtlichen Vertragsurkunden, 1924; *Chailley,* La nature juridique des traités internationaux, 1932; *Frangulis,* Théorie et pratique des traités internationaux, 1936; *Elias,* The Modern Law of Treaties, 1974; *Harvard Law School,* Law of Treaties, AJIL 1935, Suppl.; *Hoijer,* Les traités internationaux, 2 Bde, 1928; *Mc Nair,* The Law of Treaties, 1961; *Nippold,* Der völkerrechtliche Vertrag, 1894; *Reuter,* Introduction au Droit des Traités, 1972; *Rosenne,* The Law of Treaties, 1970; *Schirmer,* Universalität völkerrechtlicher Verträge und internationaler Organisationen, 1966; *Talalajew,* Die juristische Natur des völkerrechtlichen Vertrags, Moskau 1963 (in russ. Sprache); *Triska-Slusser,* The Theory, Law, and Policy of Soviet Treaties, 1962.

I. Der Begriff

Ein völkerrechtlicher Vertrag ist das bewußte und gewollte Zusammentreffen der übereinstimmenden Willenserklärungen von mindestens zwei Völkerrechtssubjekten, das auf die Begründung, Abänderung oder Aufhebung völkerrechtlicher Beziehungen gerichtet ist. Den Charakter als völkerrechtlicher Vertrag hat also nicht, weil nicht zwischen zwei Völkerrechtssubjekten abgeschlossen, ein Vertrag zwischen einem Völkerrechtssubjekt und einem Gebilde, das trotz staatlicher oder staatsähnlicher Organisation keine Völkerrechtssubjektivität besitzt,[12] ebenso nicht ein Familienvertrag, etwa ein Heiratsvertrag, zwischen regierenden Fürsten, da hier nicht der Staat, dessen Staatsoberhaupt sie sind, verpflichtet werden soll, sondern ihre Familie, ihre Dynastie; ebenso nicht ein Vertrag zwischen einem Völkerrechtssubjekt und einer ausländischen natürlichen oder juristischen Person;[13] erst recht natürlich nicht ein Vertrag, bei dem auf keiner Seite ein Völkerrechtssubjekt vorhanden ist, etwa zwischen Schiffahrts-, Luftfahrts- oder Industriegesellschaften verschiedener Staatsangehörigkeit. Ein Konkordat, d. h. ein Vertrag zwischen einem Völkerrechtsubjekt und dem Heiligen Stuhl, wird im allgemeinen als völkerrechtlicher oder doch völkerrechtsähnlicher Vertrag angesehen; wenn man aber davon ausgeht, daß der Heilige Stuhl kein gewöhnliches Völkerrechtssubjekt ist,[14] so ergeben sich hieraus wichtige Abweichungen von den normalen Verträgen zwischen echten Völkerrechtssubjekten, die aber als ins Kirchenrecht gehörig hier nicht weiter zu verfolgen sind.[15] Ein

[12] Z. B. dem Gliedstaat eines Bundesstaats, soweit er nicht völkerrechtsfähig ist (für das deutsche Recht s. dazu Art. 32 III GG); einem nicht in die Völkerrechtsgemeinschaft aufgenommenen Volk oder Stamm, etwa zwischen den USA und einem dort wohnhaften Indianerstamm, s. aber Deloria in Proceedings 1974 S. 276; nichtanerkannte Rebellen.

[13] Z. B. der Vertrag vom 29. 4. 1933 zwischen Iran und der Anglo-Iranischen Ölgesellschaft.

[14] Siehe oben § 21 I; s. die umfänglichen Erörterungen der Parteien und ihrer Gutachter zu dem durch Urteil des Bundesverfassungsgerichts vom 26. 3. 1957 – BVG VI 309ff. – entschiedenen niedersächsischen Schulstreit, so insbesondere die Gutachten von Scheuner, Mörsdorf und Wengler, in: Der Konkordatsprozeß, hrsg. von Giese und v. d. Heydte, S. 679ff., S. 811ff., S. 886ff.

[15] Siehe zu diesem Problem insbesondere G. Casoria, Concordati e ordinamento giuridico internazionale, 1953; E. R. Huber, Verträge zwischen Staat und Kirche im Deutschen Reich, 1930; Jean Huber, Le Droit de conclure des traités internationaux, 1951; Jung, Le Droit public de l'église dans ses

Vertrag zwischen einer als Völkerrechtssubjekt anerkannten internationalen Organisation, etwa den Vereinten Nationen oder der Weltbank, und einem die Völkerrechtssubjektivität besitzenden Staat ist unzweifelhaft ein völkerrechtlicher Vertrag. Dagegen ist eine Willenseinigung zwischen Völkerrechtssubjekten dann kein völkerrechtlicher Vertrag, wenn sie nicht einen *rechtlichen* Erfolg anstrebt; hierzu gehört insbesondere das sog. gentlemen's agreement, das zwar eine moralische, aber keine rechtliche Bindung beinhaltet, sowie beliebige Willenseinigungen auf dem Boden der Courtoisie, ebenso privatrechtliche Verträge zwischen Staaten.[16]

II. Die Quellen des Vertragsrechts

Das völkerrechtliche Vertragsrecht war bis in die jüngste Zeit Gewohnheitsrecht. Eine wichtige kodifikatorische Vorarbeit leistete der Entwurf der Harvard Law School (AJIL 1935 Suppl.). Auf der Grundlage langjähriger Vorarbeiten der ILC kam am 23. 5. 1969 die umfassende Wiener Konvention über das Recht der Verträge[17] (die im folgenden zitierten Artikel ohne Zusatz sind solche dieser Konvention) zustande, die aber nicht alle Aspekte des Vertragsrechts regelt. Insbesondere findet sie keine Anwendung auf Verträge, die nicht schriftlich abgeschlossen sind, oder die zwischen Staaten und anderen Völkerrechtssubjekten oder zwischen solchen anderen Völkerrechtssubjekten abgeschlossen werden (Art. 3); ebenso regelt sie nicht die Probleme des Vertragsrechts, die bei der Staatensukzession, der Staatenhaftung (zwei Gebieten, die Gegenstand kodifikatorischer Bemühungen der ILC sind) und beim Kriegsausbruch (Art. 73), sowie bei den Maßnahmen gegen einen Aggressorstaat (Art. 75) entstehen; in allen diesen Fällen bleibt das allgemeine Gewohnheitsrecht bestehen (siehe Präambel), das sich zum Teil mit der Konvention deckt, freilich nur zum Teil, denn die Konvention enthält auch Regelungen, im Sinne des „progressive development", die im bisherigen Gewohnheitsrecht nicht enthalten waren, und es ist selbstverständlich, daß das bisherige Gewohnheitsrecht für alle die Staaten bestehen bleibt, die die Konvention nicht ratifizieren (über das Rangverhältnis zwischen Gewohnheitsrecht und Vertragsrecht im allgemeinen siehe oben § 6 am Ende). Im folgenden kommt das Recht der Konvention, aber auch, und nicht nur für Lücken, das Gewohnheitsrecht zur Darstellung.

---

relations avec les Etats, 1948; H. Wagnon, Concordats et Droit international, 1935; E. Zweifel, Die rechtliche Natur der Vereinbarungen zwischen den Staaten und dem Apostolischen Stuhl (Konkordate), 1948; s. auch aus der Begründung der Bundesregierung zum Militärseelsorgevertrag vom 22. 2. 1957 (BGBl. 1957 II S. 702) zwischen BRD und der Evangelischen Kirche in Deutschland, ZaöRVR XX S. 112: „Äußerlich ist der Vertrag weitgehend völkerrechtlichen Verträgen angeglichen ... Der Vertrag folgt hierin den neueren Staatskirchenverträgen der Evangelischen Kirche..."

[16] Siehe hierzu Dahm aaO III S. 8 und die gegenteilige Meinung des DDR-Lehrbuchs I. S. 222.

[17] Siehe Kearney-Dalton, The Treaty of Treaties, in AJIL 1970 S. 495 ff.; Schmitt, Hans Peter, in Gewerblicher Rechtsschutz und Urheberrecht 12 S. 361 ff.; Verosta in ZaöRVR 1969 S. 654 ff.

III. Die Form der Verträge

Völkerrechtliche Verträge bedürfen keiner Form. Sie können schriftlich, ja sogar besonders feierlich abgeschlossen werden; sie können aber auch mündlich, ja sogar stillschweigend, durch konkludente Handlungen, zustandekommen.[18] Der Regelfall ist, daß geschriebene Verträge in einem eigens für ihre Fixierung abgefaßten Dokument, dem Vertrag im formellen Sinn, enthalten sind; nicht selten aber ist auch ihre Fixierung in einem Notenwechsel zwischen den Regierungen der Vertragsstaaten[19] enthalten, und zwar durchaus nicht nur für Angelegenheiten von geringerer Bedeutung.[20] Die Konvention beschränkt sich ausdrücklich auf die Regelung nur der schriftlichen Verträge; sie definiert in Art. 2a „Vertrag" als „eine internationale Vereinbarung, die von Staaten in schriftlicher Form geschlossen wird und dem Völkerrecht untersteht, unabhängig davon, ob sie in einem einzelnen Dokument oder in zwei oder mehreren entsprechenden Dokumenten niedergelegt ist, und unabhängig von ihrer jeweiligen Bezeichnung". Auch Resolutionen internationaler Organe, insbesondere der Generalversammlung der UN, können Verträge im materiellen Sinn darstellen, wenn dies der Absicht der der Resolution zustimmenden Staaten entspricht.[21] Immer aber muß der Wille zur rechtlichen Bindung klar ersichtlich sein.

IV. Der Rechtsgrund der Verbindlichkeit der Verträge

Der Streit der Theorie, warum Verträge verbindlich sind, läßt sich nur klären, wenn man von allen metajuristischen Erklärungsversuchen, seien sie psychologischer, soziologischer, philosophischer oder theologischer Art, absieht und sich darauf beschränkt, nach dem *Rechts*grund ihrer Verbindlichkeit zu fragen.

Der erste Bericht der International Law Commission vom 14. 3. 1956[22] über Verträge stellt in Artikel 4 I fest: „Die Grundlage der Vertragsverpflichtung ist Einverständnis, verbunden mit dem rechtlichen Grundprinzip, daß Einverständnis Verpflichtung erzeugt."

In der Tat ist dieses rechtliche Grundprinzip das Entscheidende. Radbruch[23]

---

[18] Siehe die offizielle britische Feststellung bei Mc Nair, Law of Treaties, S. 15: „International Law prescribes no form for international engagements. There is no legal distinction between formal and informal engagements. If an agreements is intended by the parties to be binding, to affect their future relations, then the question of the form it takes is irrelevant to the question of its existence. What matters is the intention of the parties, and that intention may be embodied in a Treaty or Convention or Protocol or even a Declaration contained in the minutes of a Conference."

[19] Siehe Weinstein, Exchanges of Notes, BYIL 1952 S. 205ff.

[20] Siehe z. B. den Notenwechsel zwischen Großbritannien und dem Deutschen Reich vom 18. 6. 1935 über die Beschränkung der Seerüstungen, sowie den Notenwechsel zwischen Großbritannien und den USA vom 2. 9. 1940 betr. den Stützpunkt-Zerstörertausch.

[21] Siehe oben § 6.

[22] A/CN. 4/101; Berichterstatter: Sir Gerald Fitzmaurice.

[23] Rechtsphilosophie, 4. Aufl. 1950, S. 244.

sagt: „Vertragswille ist aber wohl Wille, sich zu binden, nicht jedoch schon Bindung. Wille kann niemals Verpflichtung erzeugen, nicht fremde, aber auch nicht eigene Verpflichtung, er kann höchstens die Sachlage hervorbringen wollen, an die eine über ihm stehende Norm die Verpflichtung knüpft. Nicht der Vertrag bindet also, sondern das Gesetz bindet an den Vertrag. Vertragsbindung ist nicht geeignet, der gesetzlichen Bindung als Grundlage zu dienen, sie setzt die gesetzliche Bindung gerade umgekehrt voraus." Diese für das innerstaatliche Recht aufgestellte Erklärung bringt aber für das Völkerrecht keine Lösung, da ja das gesamte Völkerrecht, Vertragsrecht wie Gewohnheitsrecht, auf dem Konsensprinzip beruht.[24]

Gewohnheitsrechtlich wird im Völkerrecht unter „Vertrag" eine rechtlich bindende Willenseinigung verstanden; das Bindungselement liegt also schon in der Definition und unterscheidet vom nichtbindenden Gedankenaustausch.[25] So sagt auch Art. 26 unter der Überschrift: „Pacta sunt servanda": „Jeder in Kraft befindliche Vertrag ist für die Vertragsparteien verbindlich und ist von ihnen nach Treu und Glauben zu erfüllen." Das von Fitzmaurice angeführte rechtliche Grundprinzip, „daß Einverständnis Verpflichtung erzeugt", ist Teil des völkerrechtlichen Gewohnheitsrechts, das aber selbst eine konsensuale Grundlage hat, so daß es nicht die Rolle des Radbruchschen Gesetzes spielt. Das Gewohnheitsrecht bestimmt infolgedessen auch die Bedingungen und die Grenzen der Rechtsverbindlichkeit der Verträge.

§ 65. Die Arten der völkerrechtlichen Verträge

Die Theorie hat vielfache Versuche zur Klassifizierung von Verträgen unternommen, die von recht beschränktem praktischem Wert sind. Zwei Arten von Unterscheidungen allerdings sind von einer gewissen praktischen Bedeutung.

Die eine Art der Unterscheidung stellt ab auf die Zahl der Vertragspartner und unterscheidet zwischen zweiseitigen (bilateralen) und mehrseitigen (multilateralen) Verträgen, auch Kollektivverträge genannt. Der zweiseitige Vertrag wird nur von zwei Völkerrechtssubjekten abgeschlossen und gilt nur zwischen ihnen.[26] Der mehrseitige Vertrag wird von drei oder mehr Völkerrechtssubjekten abgeschlossen.[27] Die rechtliche Bedeutung dieser Unterscheidung liegt vor allem in der

---

[24] Siehe oben Kap. II.

[25] Siehe übereinstimmend Oppenheim aaO I S. 881: „... treaties are legally binding, because there exists a customary rule of International Law that treaties are binding".

[26] Inwieweit eine große Anzahl bilateraler Verträge identischen oder ähnlichen Inhalts gewohnheitsrechtliche Regeln schaffen können, darüber s. oben § 5 Nr. IX.

[27] Der Vertrag von Versailles vom 28. 6. 1919 von 28, der Kellogg-Pakt vom 27. 8. 1928 von 63, die Rotkreuzkonventionen vom 12. 8. 1949 von 124, der Vertrag vom 1. 7. 1968 über die Nichtverbreitung von Kernwaffen von 95 Staaten, s. Rousseau aaO 2. Aufl. I S. 69.

verschiedenen Behandlung dieser Vertragsarten im Falle des Kriegsausbruchs zwischen zwei oder mehreren der Vertragspartner,[28] bei den Vorbehalten, den sog. Reservationen, die bei den multilateralen Verträgen eine spezifische Problematik schaffen,[29] sowie bei der Form der Ratifikation.[30]

Die zweite bedeutsame Art der Unterscheidung von Verträgen ist die in rechtsetzende (traités-lois, law-making treaties) und in rechtsgeschäftliche Verträge (traités-contrats, contractual treaties), die auf Bergbohm[31] zurückgeht. Triepel hatte sie dahin präzisiert, daß der (rechtsgeschäftliche) Vertrag seinem Wesen nach das Mittel sei, verschiedene, und zwar einander entgegensetzte, aber korrespondierende Interessen zu erfüllen, während die (rechtsetzende) Vereinbarung darauf gerichtet sei, ,,gemeinsame oder gleiche Interessen" zu befriedigen.[32] Demgegenüber hat schon E. Kaufmann[33] darauf hingewiesen, daß das Verhältnis von Rechtssatz und Rechtsgeschäft ein relatives sei, daß Rechtssatz und Rechtsgeschäft auf den obersten Stufen der Rechtsordnung zusammenfallen, daß also rechtsgeschäftliche Verträge ebenso wie rechtsetzende Verträge Normen aufstellen wollen, nach denen Leistungen geschehen sollen, und daß rechtsetzende Verträge ebenso wie rechtsgeschäftliche Verträge eine Veränderung in der Rechtswelt herbeiführen wollen. In Wirklichkeit enthält sogar ein einzelnes Vertragsinstrument regelmäßig gleichzeitig ,,rechtsetzende" und ,,rechtsgeschäftliche" Vertragsbestimmungen. Der völkerrechtliche Vertrag hat ein Doppelantlitz: er ist sowohl Rechtsgeschäft als Rechtsquelle, und zwar gilt dies für jeden Vertrag.[34] Die völkerrechtlichen Verträge können infolgedessen sowohl bei der Lehre von den Rechtsquellen[35] wie bei der Lehre von den Rechtsgeschäften[36] behandelt werden; das Letztere ist heute noch das Übliche, und wir folgen daher dieser Übung.

Weitere Einteilungen von Verträgen stellen auf die Art des geregelten Gegenstandes ab, so etwa die Unterscheidung von politischen und nichtpolitischen Verträgen, von Bündnis-, Neutralitäts-, Garantieverträgen, Regionalpakten, Friedensverträgen, Grenzverträgen, Auslieferungsverträgen, Rechtshilfeverträgen, Handelsverträgen, Verkehrsverträgen, Luftfahrtverträgen, Wasserverträgen, Kodifikationsverträgen, Kulturverträgen usw. Diese Einteilungen sind daher

---

[28] Siehe darüber unten Bd. II § 29.

[29] Siehe darüber unten § 66 Nr. VII.

[30] Bei bilateralen Verträgen meist Austausch, bei multilateralen Verträgen meist Hinterlegung der Ratifikationsurkunden, s. unten § 66 Nr. VI.

[31] Staatsverträge und Gesetze als Quellen des Völkerrechts, 1877.

[32] Triepel, Völkerrecht und Landesrecht, 1899, S. 43ff.

[33] Das Wesen des Völkerrechts und die clausula rebus sic stantibus 1911, S. 160ff.

[34] Eine mißverständliche Fortführung des Begriffs der rechtsetzenden Verträge ist der Gebrauch des Wortes ,,internationale Gesetzgebung", da dies falsche Analogien zur innerstaatlichen Rechtsetzung nahelegt, die herrschaftlich erfolgt, d. h. durch eine Majorität oder Minorität den übrigen Rechtsgenossen heteronom auferlegt wird, während die völkerrechtliche Rechtsetzung genossenschaftlich erfolgt, d. h. auf freiem Einverständnis, auf dem Konsensprinzip beruht.

[35] Siehe z. B. Rousseau aaO 2. Aufl. I S. 61ff.

[36] Siehe z. B. Oppenheim aaO I S. 877ff.

mehr soziologisch als juristisch interessant; ihr systematischer Ausbau gehört in die Lehre von den internationalen Beziehungen. Sie können aber auch juristisch relevant werden, insbesondere für die Frage der Beendigung von Verträgen, etwa im Falle eines Kriegsausbruchs oder einer Staatensukzession; für den letzteren Fall, vor allem den der Teilsukzession, ist insbesondere von Bedeutung die Unterscheidung von Verträgen von lokaler und von allgemeiner Bedeutung.[37]

Von besonderer Bedeutung für die innerstaatlichen Modalitäten des Abschlusses von Verträgen ist die Unterscheidung von Staatsverträgen und von Verwaltungsabkommen.[38]

Eine von der Konvention selbst gemachte Unterscheidung stellt auf die Art ab, in der die Vertragszustimmung erteilt wird. So beschreibt sie in Art. 12 die Vertragszustimmung durch Unterzeichnung, in Art. 13 die Vertragszustimmung durch Austausch von vertragsbegründenden Urkunden, in Art. 14 durch Ratifikation, Annahme oder Zustimmung, in Art. 15 durch Beitritt; in Art. 11 wird aber ausdrücklich gesagt, daß diese Modalitäten keinen Exklusivcharakter haben, sondern daß die Zustimmung eines Staates, durch einen Vertrag gebunden zu sein, auch durch irgendein anderes zwischen den Parteien vereinbartes Mittel zum Ausdruck kommen kann.[39]

Eine nicht unwichtige Unterscheidung verschiedener Arten von Verträgen ist auch diejenige nach der Form des Abschlusses in bezug auf die als vertragschließende Parteien genannten Personen. So werden als vertragschließende Parteien genannt entweder die Staatshäupter (z. B. für feierliche Verträge und Konsularverträge) oder die Regierungen (z. B. für technische Verträge) oder die Staaten selbst oder die Außenminister oder bestimmte Ministerien oder die politisch verantwortlichen Staatsmänner (s. etwa das Münchner Abkommen vom 30. 9. 1938 zwischen dem britischen Premierminister, dem französischen Ministerpräsidenten, dem italienischen „Duce" und dem deutschen „Führer") oder die militärischen Oberbefehlshaber (s. z. B. den koreanischen Waffenstillstandsvertrag vom 27. 7. 1953) oder Vertreter sowohl von Zentralregierungen wie von Gliedstaatsregierungen beim Vertragsschluß zwischen Bundesstaaten (s. z. B. den indo-pakistanischen Wasservertrag von Delhi vom 4. 5. 1948). Aber alle diese Unterscheidungen bedeuten keine rechtlichen Unterscheidungen in bezug auf die bindende Kraft der Verträge.

In diesen Zusammenhang gehört auch die Unterscheidung von Verträgen, die zwischen Staaten oder deren Vertretern abgeschlossen werden, und Verträgen, die zwischen internationalen, als Völkerrechtssubjekte anerkannten Organisationen

---

[37] Siehe oben § 34.

[38] Siehe z. B. GG Art. 59 II; siehe Kesseler, Geschichtliche Entwicklung internationaler Verwaltungsabkommen im deutschen Recht, 1960.

[39] Siehe Bolintineanu in AJIL 1974 S. 672ff.; er spricht von „liberty of forms" oder „the procedural autonomy of the negotiating states".

unter sich oder von solchen Organisationen mit Staaten abgeschlossen werden (und die nicht unter die Konvention fallen).

Die Benennungen der Verträge sind mannigfaltig, ohne daß ersichtlich wäre, daß dadurch *rechtliche* Unterscheidungen geschaffen würden, ja, ohne daß häufig ersichtlich wäre, aus welchen Gründen die eine oder die andere Bezeichnung gewählt wird.[40] So verwendet man im Deutschen u. a. die Ausdrücke Vertrag (im engeren Sinn), Konvention, Übereinkommen, Einvernehmen, Abrede, Protokoll, Statut, Notenwechsel, Pakt, Akte, früher auch Traktat, Kapitulation, Kartell, im Französischen[41] u. a. die Ausdrücke traité, convention, pacte, charte, statut, acte, déclaration, protocole, arrangement, accord, modus vivendi, avenant, im Englischen u. a. treaty, convention, declaration, agreement, protocol, exchange of notes, final Act, general Act, Covenant, Charter, Procès-verbal, Additional Articles, Modus vivendi, Compromis d'arbitrage, Réversales.[42]

§ 66. Der Abschluß von Verträgen

Literatur: *Basdevant,* La conclusion et la rédaction des traités etc., Recueil des Cours 15 (1926), S. 539ff.; *Blix,* Treaty Making Power, 1960; *Blumenwitz,* Der Schutz innerstaatlicher Rechtsgemeinschaften bei Abschluß völkerrechtlicher Verträge, 1972; *Huber,* Le droit de conclure des traités internationaux, 1951; *Schneider,* Treaty Making Power of International Organisations, 1959; *Paul de Visscher,* De la conclusion des traités internationaux, 1943; *Wohlmann,* Die Kompetenz zum Abschluß von Staatsverträgen, 1931; Laws and Practices concerning the conclusion of treaties (U. N. Legislative Series, 1953).

I. Allgemeines

Art. 6 bestimmt: „Jeder Staat besitzt die Fähigkeit, Verträge abzuschließen". Damit ist den internationalen Organisationen nicht die Vertragsfähigkeit abge-

[40] Vgl. die Feststellung des Expertenausschusses des Völkerbunds für die Kodifizierung des Völkerrechts, abgedruckt in AJIL 1926, Suppl., S. 215: „The choice of nomenclature and form is governed by arbitrary considerations and depends upon the nature of the relations between States, the custom of the respective Chancelleries, and sometimes even upon the carelessness of those who draft diplomatic instruments;" siehe Myers in AJIL 1957 S. 574ff.

[41] Siehe Rousseau aaO 2. Aufl. I S. 67.

[42] Über Bedeutungsunterschiede und Anwendungsfälle dieser verschiedenen Vertragsarten s. Satow aaO S. 324ff.; s. auch die (nicht erschöpfende) Feststellung des StIG im Zollunionstreit, Ser. A/B, No. 41, S. 47: „From the standpoint of the obligatory character of international engagements, it is well known that such engagements may be taken in the form of treaties, conventions, declarations, agreements, protocols or exchanges of notes;" s. ferner Art. 8, International Law Commission, A/CN. 4/101, 14. 3. 1956: „Treaties may, on grounds of practical convenience and for certain procedural purposes, be classified in various ways, according to their form, subject matter or object and according to whether they are bilateral, plurilateral, or multilateral, contractual (traités-contrats) or law-making or ‚normative' (traités-lois). However, subject to the present Code, there is no substantial juridical difference between any of these classes of treaties as regards the legal requirements governing their validity, interpretation and effect, since they are all based on agreement, and derive their legal force from its existence."

sprochen; ihre Verträge werden nur von der Konvention nicht geregelt; sie haben Vertragsfähigkeit nicht nur, wenn sie ihnen in ihrer Satzung ausdrücklich zugesprochen ist, sondern gemäß der Lehre von der ,,naturgegebenen" (implied oder inherent power) Zuständigkeit im Rahmen ihrer von ihrer Satzung verliehenen völkerrechtlichen Funktionen. Staaten besitzen diese Vertragsfähigkeit, auch wenn sie nicht voll souverän sind, aber doch eine beschränkte Völkerrechtsfähigkeit besitzen (manche Gliedstaaten eines Bundesstaats, manche abhängige Staaten, siehe oben Kap. 4).

Wir haben oben gesehen, daß Willenseinigungen zwischen Staaten keiner Form bedürfen (Verträge im weitesten Sinn des Wortes). Regelmäßig werden aber heute Verträge förmlich und schriftlich, ja sogar in besonders feierlicher Form festgelegt (Verträge im engeren, formellen Sinn). Nur vom Abschluß dieser (formellen) Verträge ist in der Folge die Rede.

II. Stadien des Vertragsabschlusses

Die Konvention (Art. 11) läßt den Staaten volle Freiheit in der Wahl der Formen, mittels deren sie ihre Zustimmung, durch einen Vertrag gebunden zu sein, ausdrücken wollen. Dennoch kann man normalerweise folgende Stadien des Vertragsabschlusses unterscheiden:

a) Die Bevollmächtigung,
b) die Verhandlung,
c) die Unterzeichnung,
d) die Ratifikation,
e) das Inkrafttreten,
f) die Registrierung und Veröffentlichung (Bekanntmachung, Publizierung).

Diese Stadien sollen im folgenden im einzelnen geprüft werden.

III. Die Bevollmächtigung

Da Vertragsverhandlungen regelmäßig nicht durch das Staatshaupt selbst oder durch den Regierungschef geführt werden, sondern durch besonders hierzu bestellte Agenten (Diplomaten), so ist es notwendig, daß diese nicht zur generellen Vertretung des Staates zuständigen Personen für diese Tätigkeit besonders bevollmächtigt werden und diese Bevollmächtigung nachweisen.[43] In Art. 2c wird ,,Vollmacht" definiert als ,,ein Dokument, das von der zuständigen Behörde eines Staates ausgestellt wird und das eine Person oder mehrere Personen als Vertreter des Staates benennt für Verhandlungen, für die Annahme oder Bestätigung eines Vertragstextes, für die Abgabe der Erklärung, welche die Zustimmung des Staates zum Ausdruck bringt, an einen Vertrag gebunden zu sein, oder für die Ausfüh-

[43] Siehe Jones, Full Powers and Ratification, 1946.

rung jeder anderen mit einem Vertrag in Zusammenhang stehenden Handlung". Nach der Praxis der betreffenden Staaten kann ein Vertreter unter Umständen auch ohne Vorlage einer Vollmacht seine Tätigkeit ausüben (Art. 7 I b).

Die Vollmacht (full powers, plein pouvoir) wird in einem entweder vom Staatshaupt oder vom Außenminister ausgefertigten Dokument (lettres patentes) erteilt. Sie ermächtigt den Unterhändler regelmäßig zu Verhandlungen und zur Vertragsunterzeichnung (vorbehaltlich Ratifikation) über einen bestimmt bezeichneten Gegenstand.[44] Die in diesen Vollmachten häufig gebrauchte Formel, daß alles, was der Unterhändler unterzeichnet habe, vom Vollmachtgeber voll anerkannt und akzeptiert werde, ist eine traditionelle Floskel, die nichts daran ändert, daß der Vertrag regelmäßig erst nach Ratifikation durch das zuständige staatliche Organ Gültigkeit gewinnt.

Die Verifizierung der Vollmachten erfolgt bei bilateralen Verhandlungen regelmäßig durch Präsentation, manchmal auch durch Austausch der Urkunden, meist allerdings nur beglaubigter Abschriften; bei Konferenzen zum Abschluß mehrseitiger Verträge wird meist ein Vollmachtenausschuß zur Prüfung der Vollmachten eingesetzt, der der Konferenz berichtet.[45] Staatshäupter, Regierungschefs und Außenminister, in beschränkterem Umfang auch Leiter diplomatischer Missionen und die bei einer internationalen Konferenz oder bei einer internationalen Organisation akkreditierten Vertreter (Art. 7 II), die in Person verhandeln, bedürfen keiner besonderen Vollmacht. Die Unterhändler erhalten neben der nach außen wirkenden Vollmacht auch interne, mündliche oder schriftliche, manchmal geheime, Instruktionen. Überschreiten Unterhändler ihre Vollmachten oder sind sie gar nicht bevollmächtigt (Art. 8), so binden ihre Abmachungen ihren Heimatstaat nicht; bei der heute überwiegenden Notwendigkeit der auf die Vertragsunterzeichnung folgenden Ratifikation ist dies eine einfache Sache, da die Staaten in solchem Falle die Ratifikation ablehnen.

IV. Die Verhandlung

Verhandlungen können von Außenminister zu Außenminister oder zwischen bevollmächtigten Unterhändlern (so häufig bei der Verhandlung über bilaterale Verträge) oder im Rahmen einer internationalen Konferenz (so meist bei Verhandlungen über multilaterale Verträge) stattfinden.

Da die Verhandlungen eine engere Beziehung zwischen den verhandelnden Staaten schaffen, so stehen schon die Verhandlungen unter dem Prinzip von Treu und Glauben, obwohl noch eine konkrete Rechtsbindung zwischen den Parteien fehlt.[46] Dies gilt insbesondere, wenn Staaten sich bereit erklärt haben, entspre-

[44] Beispiele s. bei Satow aaO S. 86ff.

[45] Starke aaO S. 301.

[46] Siehe Bernhardt, Völkerrechtliche Bindungen in den Vorstadien des Vertragsschlusses, in ZaöRVR 1958, S. 652ff.

chend gewissen Prinzipien oder zur Erreichung bestimmter Zwecke zu verhandeln; es ist ein Verstoß gegen das Prinzip von Treu und Glauben und kann evtl. auch das Estoppel-Prinzip verletzen,[47] wenn ein Staat während der Dauer der Verhandlungen Handlungen vornimmt, die diese Prinzipien verletzen oder diese Zwecke gefährden. Der Entwurf der ILC enthielt eine entsprechende Bestimmung; die Wiener Konferenz hat es aber abgelehnt, sie in die Konvention aufzunehmen, so daß ihr gewohnheitsrechtlicher Charakter umstritten ist.

Im allgemeinen besteht keine Verpflichtung, in Verhandlungen zwecks Vertragsabschluß einzutreten. Eine solche Verpflichtung kann aber eigens eingegangen sein, etwa auf Grund von Artikel 33 der Charta der UN oder im Rahmen eines pactum de contrahendo. Ein solcher Vertrag kann entweder die Verpflichtung enthalten, in Verhandlungen über einen bestimmten Gegenstand einzutreten, oder einen Vertrag über einen bestimmten Gegenstand, evtl. nach bestimmten Richtlinien, abzuschließen. In beiden Fällen sind die Verhandlungen mit besonderer Sorgfalt zu führen und nach Treu und Glauben alle Versuche zu unternehmen, zu einer Willenseinigung zu gelangen; doch kann keiner Partei darüber hinaus zugemutet werden, einen unzumutbaren Vertrag abzuschließen.[48]

Parteierklärungen während Verhandlungen, die nicht in einem nachfolgenden Abkommen festgehalten sind, haben keinerlei verpflichtende Wirkung.[49] Dies gilt auch für sog. Punktationen, d. h. Fixierungen von Verhandlungsgegenständen im Verlauf der Verhandlungen und vor Abschluß eines Vertrags. Häufig erklären auch die verhandelnden Parteien vor Eintritt in die Verhandlungen, daß durch diese keine rechtlichen Verpflichtungen und keine Veränderung ihres rechtlichen Status eintreten solle.[50]

Die internationale Konferenz, in deren Rahmen vor allem multilaterale Verträge verhandelt zu werden pflegen, wird in Aufbau und Verfahren durch die Übereinkunft der Parteien wie durch gewohnheitsmäßige Techniken organi-

[47] Siehe Friede, Das Estoppel-Prinzip im Völkerrecht, ZaöRVR 1935, S. 517ff.

[48] Siehe Tacna-Arica-Schiedsspruch 1925, AJIL 1925, S. 398, s. auch die Entscheidung des StIG betr. den Eisenbahnverkehr zwischen Litauen und Polen von 1931, A/B 42, S. 116: „. . . an obligation to negotiate does not imply an obligation to reach an agreement . . ."

[49] Siehe das Urteil des StIG im Chorzow-Fall, 1928, A 17, S. 51: „. . . the Court cannot take into account declarations, admissions or proposals which the Parties may have made during direct negotiations between themselves, when such negotiations have not led to a complete agreement."

[50] Siehe z. B. die Mitteilung des Weltbankpräsidenten an die Regierungschefs von Indien und Pakistan vom 13. 3. 1952 beim Beginn der durch die guten Dienste der Weltbank zustandegekommenen Verhandlungen zwischen Indien und Pakistan betr. den Indusstromstreit: „Except as the two sides may hereafter agree, legal rights will not be affected and each side will be free to withdraw at any time." Siehe auch die Annahme des Vermittlungsvorschlags der Weltbank durch Indien am 25. 3. 1954 als Basis künftiger Vereinbarung; auch dadurch wurde keine rechtliche Verpflichtung eingegangen: „. . . we accept the principles of the Bank Proposal as the basis of agreement . . . I would like to add that my acceptance of the Bank Proposal as the basis of agreement does not imply any recognition, direct or indirect, of any legal claims in the past or of any legal obligations arising therefrom and is without prejudice to India's legal rights except as India may hereinafter agree"; s. Berber, The Indus Water Dispute, in Indian Year Book of International Affairs 1957 (Vol. VI), S. 46ff.

siert.[51] Dazu gehört auch die Bestimmung der Verhandlungssprache(n), die Sitzordnung, die Schaffung von Kommissionen usw.

Auch die Feststellung des Vertragsentwurfs gehört noch in das Stadium der Verhandlung. Hier bedarf es zunächst der Klärung der Frage, in welcher Sprache der Vertragsentwurf abzufassen ist.

Besitzen die Vertragspartner die gleiche Sprache oder einigen sie sich auf den Gebrauch einer einzigen Sprache (früher regelmäßig lateinisch, später, bis zum ersten Weltkrieg, häufig französisch), so wird der Text in einer einzigen Sprache festgestellt, was sprachliche Probleme der Auslegung reduziert; das gleiche gilt, wenn zwar mehr als eine Sprache verwendet wird, aber eine einzige maßgebend sein soll.[52] Werden dagegen, wie dies bei multilateralen Verträgen heute häufig der Fall ist, mehrere Sprachen gleichberechtigt verwendet,[53] so werden u. U. erhebliche Auslegungsschwierigkeiten entstehen, die nur durch die Reduzierung des zweifelhaften Textes auf das gemeinsame Minimum gelöst werden können (siehe unten § 69 III e).

Der Text des Vertrags, der durch die Verhandlungen festgestellt werden muß, umfaßt regelmäßig folgende Teile:

a) die Präambel, die die Vertragskontrahenten und ihre Bevollmächtigten aufzählt und die Motive des Vertragsabschlusses angibt, die, falls genügend präzis, wichtige Direktiven für die Auslegung ergeben; manchmal erfolgt hier auch eine Angabe ergänzenden Rechts, wie etwa in der Präambel der Haager Landkriegsordnung von 1907 oder der Wiener Vertragskonvention von 1969;

b) den materiellen Teil des Vertragstextes, das Dispositiv, der regelmäßig in Artikel untergeteilt ist, für technische Details auch Annexe enthalten kann (siehe den Anhang zur Wiener Vertragskonvention von 1969);

c) die Schlußbestimmungen oder protokollarischen Klauseln, die technische oder formelle Punkte des Inkrafttretens betreffen und insbesondere regelmäßig umfassen: das Datum des Vertragsschlusses,[54] die Art der Annahme (Unterzeichnung, Beitritt usw.), Inkrafttreten, Geltungsdauer, Kündigungsmodalitäten, Sprache, Ratifizierung, Registrierung, Aufbewahrung des Originaldokuments usw.;

d) die Unterschriften. Mit ihrem Vollzug befinden wir uns jedoch bereits im nächsten Stadium des Vertragsabschlusses.

---

[51] Einzelheiten s. bei Satow aaO S. 303ff. und oben § 41 XII.

[52] Siehe die Friedensverträge von 1919/1920 mit Österreich, Ungarn und Bulgarien, wobei französisch maßgebend war.

[53] Siehe Art. 111 der Charta der UN: „The present charter, of which the Chinese, French, Russian, English, and Spanish texts are equally authentic . . .“

[54] Falls zu früh eingesetzt, kann es dem Datum des wirklichen Abschlusses widersprechen, s. z. B. das Münchner Abkommen vom 30. September 1938, das tatsächlich erst nach Mitternacht, also in den ersten Stunden des 1. Oktober, unterzeichnet wurde.

V. Die Unterzeichnung

Sobald die Unterhändler alle Teile des Vertragsentwurfs festgestellt haben, erfolgt die Annahme des Vertragstextes; sie erfolgt auf einer internationalen Konferenz, vorbehaltlich anderweitiger einverständlicher Regelung, mit Zweidrittelmehrheit der anwesenden und abstimmenden Staaten, sonst durch die Zustimmung aller Staaten, die an seiner Abfassung beteiligt waren (Art. 9). Die Festlegung des authentischen Textes erfolgt entweder nach einem speziell vereinbarten Verfahren oder durch Unterzeichnung des Vertragstextes (Art. 10). Manchmal wird zwischen Fertigstellung des Entwurfs und Unterzeichnung ein Zwischenakt eingeschoben, die Paraphierung, d. h. die Unterzeichnung durch die Bevollmächtigten mit den Anfangsbuchstaben ihres Namens;[55] dies tritt besonders ein, wenn ein Bevollmächtigter keine Vollmacht zur Unterzeichnung vorlegen kann oder ein sonstiger Zweifel an der Annahme durch einen beteiligten Staat besteht; doch folgt regelmäßig die Unterzeichnung der Paraphierung in kurzer Frist.[56] Die Paraphierung eines Textes gilt aber als vollgültige Unterzeichnung, ,,wenn feststeht, daß die verhandelnden Staaten dies so vereinbart haben" (Art. 12 II a). Eine ähnliche Wirkung wie die Paraphierung hat die Unterzeichnung eines Vertreters ,,ad referendum", eine solche Unterzeichnung gilt als voll wirksame Unterzeichnung, ,,wenn sie von seinem Staat bestätigt wird" (Art. 12 II b).

Bilaterale Verträge werden regelmäßig im sog. Alternat unterzeichnet: sie werden in zwei authentischen Originalen ausgefertigt, im einen, für den Staat A bestimmten Dokument steht die Unterzeichnung A an erster Stelle, in dem für den Staat B bestimmten Dokument dagegen steht die Unterzeichnung B an erster Stelle. Multilaterale Verträge werden heute regelmäßig nur in einem Exemplar unterzeichnet, die Unterschriften erfolgen in alphabetischer Reihenfolge.

Die Unterzeichnung erfolgt regelmäßig durch die Bevollmächtigten, nur ausnahmsweise durch das Staatshaupt.[57] Die Unterzeichnung eines Vertrages ist unentbehrlich, um die Authentizität des Textes zu bestätigen. Internationale Arbeitsverträge gemäß Artikel 405 ff. des Versailler Vertrags allerdings bedürfen keiner Unterzeichnung, auch keiner Ratifizierung.[58]

In Fällen, in denen ein Vertrag der Ratifikation nicht bedarf, wird er mit der Unterzeichnung gültig und bindend. Dies ist nach Art. 12 dann der Fall, wenn der Vertrag vorsieht, daß die Unterzeichnung allein die Bindung des Unterzeichnerstaats herbeiführt, oder wenn dies in anderer Weise festgelegt ist oder sich aus der

---

[55] Franz. paraphes, engl. initials.

[56] Paraphierung der Locarno-Verträge am 16. 10. 1925, Unterzeichnung am 1. 12. 1925.

[57] Siehe z. B. die Unterzeichnung des Versailler Vertrags durch den Präsidenten der USA, Woodrow Wilson.

[58] ,,Eine Ausfertigung des Vorschlags oder des Entwurfs des Übereinkommens wird vom Vorsitzenden der Hauptversammlung oder dem Leiter unterzeichnet und dem Generalsekretär des Völkerbunds behändigt; aaO Art. 405 IV.

Vollmacht eines Vertreters ergibt oder während der Verhandlung zum Ausdruck gebracht wurde.

In Fällen, in denen ein Vertrag der Ratifikation bedarf, tritt er mit der Unterzeichnung keineswegs in Kraft, sondern wird nunmehr, als Ausdruck der Willenseinigung der Bevollmächtigten, den Regierungen der Vertragsstaaten zwecks Vornahme oder Ablehnung der Ratifikation, d. h. aber im wesentlichen zwecks Genehmigung oder Verwerfung des Vertrags, zugeleitet. Eine andere Verpflichtung als die der bona-fide-Prüfung dieser Alternative durch die Vertragsstaaten entsteht aus der Unterzeichnung des Vertrags durch die Bevollmächtigten nicht, trotz der obenerwähnten formalen Erklärungen der Staaten bei der Vollmachterteilung, es sei denn, daß der Vertrag selbst anderes bestimmt.

Die Unterzeichnung erfolgt meist in einem gemeinsamen feierlichen Akt, bei Konferenzen in der Schlußsitzung (séance de clôture). Sie kann aber auch durch besondere Bestimmung binnen bestimmter Frist erfolgen (signature différée).

Der unterzeichnete Vertrag wird durch die Unterzeichnung in seinem Text fixiert, so daß er nunmehr nur noch durch eine neue Willenseinigung der Vertragsstaaten abgeändert werden kann.[59]

VI. Die Ratifikation

Literatur: *Blix,* The Requirement of Ratification, in BYIL 1953 S. 352; *Camara,* The Ratification of International Treaties, 1949; *Dehousse,* La ratification des traités, 1935; *Freymond,* La ratification des traités et le problème des rapports entre le droit international et le droit interne, 1947; *Georgopoulos,* La ratification des traités et la collaboration du parlement, 1939; *Jones,* Full powers and ratification, 1946; *Meißner,* Vollmacht und Ratifikation, 1934; *Vexler,* De l'obligation de ratifier les traités régulièrement conclus, 1923; *Wilcox,* Ratification of International Conventions, 1935.

In den Fällen, in denen ein Vertrag nicht schon mit der Unterzeichnung Gültigkeit erlangt, ist die sog. Ratifikation notwendig, um ihn verbindlich zu machen. Nach Art. 14 bewirkt erst die Ratifikation und nicht schon die Unterzeichnung die Bindung des Staates, wenn dies im Vertrag ausdrücklich vorgesehen oder in anderer Weise festgelegt ist, wenn die Unterzeichnung unter Vorbehalt der Ratifikation erfolgt ist oder ein solcher Vorbehalt sich aus der Vollmacht des Vertreters ergibt oder im Laufe der Verhandlungen zum Ausdruck gebracht wurde. Begrifflich versteht man unter Ratifikation die Genehmigung des von den Bevollmächtigten unterzeichneten Vertrags durch das nach der inneren Verfassung für Vertragsabschluß zuständige staatliche Organ, die den Vertrag für den betreffenden Staat völkerrechtlich verbindlich macht.[60]

[59] Siehe Art. 19 II des schon erwähnten Berichts Fitzmaurice vom 14. 3. 1956: „The text, once established, is final, and cannot subsequently be varied prior to entry into force, except by the same means as were employed for drawing it up; and after entry into force, only by such means as the treaty itself prescribes, or by the mutual consent of all the parties."

[60] Siehe Oppenheim aaO I S. 903: „the final confirmation given by the parties to an international treaty concluded by their representatives"; s. Fitzmaurice, Report aaO 14. 3. 1956, Art. 31: „Ratifica-

Der Abschluß eines internationalen Vertrags ist ein komplizierter Vorgang, der sich mit Rücksicht auf die Zweigleisigkeit von Völkerrecht und Landesrecht, mit Rücksicht auf die Tatsache des „dédoublement fonctionnel",[61] aber auch schon soziologisch infolge der Integrierung der einzelstaatlichen Willen in einen internationalen Gesamtwillen in sukzessiven Stadien abspielt: die Bevollmächtigten werden für die Vertragsverhandlungen mit Instruktionen ihrer Regierungen versehen, die naturgemäß weder identisch noch genügend detailliert sind; zwischen diesen verschiedenen Standpunkten ist ein Kompromiß zu finden, der überdies präzisiert und detailliert wird und dadurch zum Vertragsentwurf wird; vor der Unterzeichnung holen die Bevollmächtigten regelmäßig noch Instruktionen ihrer Regierungen zu dem nun vorliegenden Entwurf ein, die aber rasch, ohne vertieftes Studium und ohne genügende Kenntnis der Reaktion der öffentlichen Meinung im eigenen Lande, abgegeben werden müssen und deshalb nur provisorisch und approximativ sein können; nach der Unterzeichnung, die den Text des Vertrags authentisch feststellt und in den Fällen, in denen eine bloße Unterzeichnung keine Bindung herbeiführt, nur eine vorläufige Willenseinigung der beteiligten Staaten darstellt, benötigen daher die Staaten eine Zeit der Überlegung und Prüfung, um festzustellen, ob die unvermeidlichen Abweichungen des Vertragstextes von den eigenen ursprünglichen Absichten sich in so erträglichem Rahmen halten, daß die Übernahme einer endgültigen Verpflichtung zu verantworten ist; zugleich kann auf diese Weise die öffentliche Meinung des eigenen Landes, noch bevor eine endgültige Bindung eingegangen ist, zu Gehör kommen; vor allem aber kann nun denjenigen staatlichen Organen, denen nach der innerstaatlichen Verfassung ein Mitwirkungsrecht beim Vertragsabschluß zusteht, Gelegenheit zur Ausübung ihrer diesbezüglichen verfassungsrechtlichen Funktionen gegeben werden, in demokratischen Staaten also vor allem der Volksvertretung, die damit ein Stück demokratischer Kontrolle der Außenpolitik ausübt; schließlich spricht sich durch die Ratifikation das höchste Organ des Staates in Person, nicht, wie bei der Unterzeichnung, ein bloßer Bevollmächtigter, über die Verbindlichkeit neuen Völkerrechts für den eigenen Staat in formeller Weise aus.

Wegen dieses Ineinanders von innerstaatlichen und völkerrechtlichen Vorgängen ist die völkerrechtliche Ratifikation klar von innerstaatlichen Vorgängen zu unterscheiden, die mit innerstaatlicher Wirkung in bezug auf den Vertrag stattfinden.[62]

Die Frage, ob eine Ratifizierung prinzipiell notwendig ist und nur in besonderen Ausnahmefällen unterbleiben kann, oder ob sie umgekehrt regelmäßig nicht

tion is a confirmation of a consent to a treaty already provisionally given by signature, and signifies a final intention to be bound by it".

[61] Siehe oben § 3 Nr. II; Scelle, Précis, I S. 43.

[62] Siehe Fitzmaurice aaO Art. 31 Abs. II S. 2: „Domestic processes of ratification, or other domestic steps leading up to it, are not themselves a ratification of the treaty, and require to be completed by the drawing up and transmission by the executive authority, of a formal international instrument."

erforderlich ist, sondern nur dann, wenn sie im Vertrag ausdrücklich vorgesehen ist, war lange Zeit streitig.[63] Fitzmaurice behauptet, daß eine Ratifizierung prinzipiell nicht notwendig sei, es sei denn, der Vertrag verlange sie ausdrücklich oder konkludent.[64] Oppenheim dagegen, und mit ihm die herrschende Meinung, ist der Auffassung, daß, abgesehen von Ausnahmen, Verträge auch dann der Ratifizierung bedürfen, wenn sie dies nicht ausdrücklich vorsehen.[65] Lauterpacht[66] vertritt die Meinung, daß mit Rücksicht auf die zahlreichen Ausnahmen von ihrem Prinzip, die jede der beiden Thesen zugibt, der *praktische* Unterschied zwischen ihnen nicht bedeutend sei; in der Tat seien etwa die Hälfte aller beim Völkerbund registrierten Verträge kraft Ratifikation verbindlich geworden, dagegen nur noch ein Viertel der bei den UN registrierten Verträge. Diese statistischen Momente geben freilich keine juristischen Anhaltspunkte für die Beantwortung der Frage, wie die Verträge zu behandeln sind, für die sich weder nach Art. 12 eine klare Antwort für die Bindungswirkung kraft Unterzeichnung noch nach Art. 14 eine klare Antwort für die Bindungswirkung kraft Ratifikation ergibt. *Für diese Zweifelsfälle* wird mit der herrschenden Lehre anzunehmen sein, daß sie der Ratifizierung bedürfen, es sei denn, es handle sich um folgende Ausnahmen:

a) Verträge, die von staatlichen Organen mit genereller völkerrechtlicher Vertretungsmacht, also insbesondere Staatshäuptern, im Rahmen ihrer Zuständigkeit unmittelbar abgeschlossen werden;

b) Verträge, die in der Form des Notenaustausches abgeschlossen werden (Art. 13);

c) Verträge, die nur einen modus vivendi enthalten, d. h. eine informelle zeitlich beschränkte oder vorläufige Regelung, die bestimmt ist, in Bälde durch eine formelle Regelung von Dauer abgelöst zu werden;

---

[63] BYIL 1934 S. 113ff.

[64] Siehe aaO Report 14. 3. 1956, Art. 32 II: ,,Treaties are subject to ratification in all those cases where they so specify; otherwise, in general, they are not. There is no principle or rule of law according to which treaties are tacitly to be assumed to be subject to ratification, whether this is provided for or not.“ Siehe auch ebda Abs. III: ,,Since a treaty necessarily takes effect on signature if the contrary is not provided for, or clearly to be inferred from the circumstances, it is for the prospective signatory States to insert a provision for ratification if they require one – whether on account of the character of the substantive contents of the treaty, or because they are precluded by the requirements of their domestic laws or constitutions from final participation except on a basis of ratification.“ Siehe auch Blix in BYIL 1953 S. 366ff.

[65] Siehe Oppenheim aaO I S. 906ff.; Rousseau aaO 1. Aufl. S. 27: ,,Aujourd'hui, il est hors de doute que le traité n'est conclu que par l'échange des ratifications entre les parties contractantes“; diese Auffassung wird auch in der 2. Aufl. festgehalten (I S. 88); s. die dissenting opinion von J. B. Moore im Mavrommatis-Fall, StIG Ser. A, Nr. 2, S. 57; ,,The doctrine.... that treaties may... be regarded as legally operative and enforceable before they have been ratified, is obsolete, and lingers only as an echo from the past“; Urteil des StIG betr. die Internationale Oder-Kommission, 1929, Ser. A, Nr. 23, S. 17ff.: ,,... the ordinary rules of international law, amongst which is the rule that conventions, save in certain exceptional cases, are binding only by virtue of ratification....“

[66] Report, International Law Commission, A/CN. 4/87, vom 8. 7. 1954, S. 16ff.

d) Regierungsabkommen zwischen Dominien des (Britischen) Commonwealth;[67]

e) Abkommen bestimmter Art zwischen bestimmten Staaten, die üblicherweise (gewohnheitsrechtliche Derogierung des Ratifikationserfordernisses!) bei solchen Abkommen von der Ratifizierung absehen;

f) Verträge, bei denen, ohne daß sie eine Bestimmung über sofortiges Inkrafttreten enthalten, aus den Umständen erhellt, daß sie ohne Ratifizierung verbindlich sein sollen;[68]

g) Verträge, die, obwohl sie Ratifikation vorschreiben, doch vorsehen, daß sie schon vor der Ratifizierung verbindlich sein sollen;[69]

h) Verträge, die ausdrücklich bestimmen, daß sie sofort oder an einem bestimmten Datum in Kraft treten, ohne daß das Erfordernis der Ratifikation erwähnt wird.

Das zeitweise statistische Übergewicht zugunsten der Verbindlichkeit kraft bloßer Unterzeichnung[70] kann aber keine Präsumtion gegen die Regel schaffen, daß in nicht unter Art. 12 oder Art. 14 fallenden Zweifelsfällen, abgesehen von den eben erwähnten Ausnahmen, Ratifikation erforderlich ist, die allein der üblichen innerstaatlichen parlamentarischen Kontrolle der treaty-making power voll entspricht.

Das Völkerrecht verlangt zwar keine bestimmte Form für die Ratifikation, aber diese erfolgt gleichwohl regelmäßig in einem förmlichen, oft feierlichen Dokument, das nach Maßgabe der innerstaatlichen Vorschriften regelmäßig vom Staatshaupt, in weniger wichtigen Fällen auch von der Regierung oder vom Außenminister ausgefertigt wird und entweder den Vertrag wortwörtlich wiederholt oder doch in unmißverständlicher Weise auf ihn Bezug nimmt.[71] Doch hat die Ausfertigung dieser Urkunde zunächst nur innerstaatliche Wirkung; ihre spezifisch völkerrechtliche Wirkung in bezug auf den Eintritt der Verbindlichkeit des Vertrags tritt erst mit dem Austausch (bei bilateralen Verträgen) oder der Hinterlegung (bei multilateralen Verträgen) der Ratifikationsurkunden ein. Der multilaterale Vertrag trifft Bestimmungen, bei der Hinterlegung von wie viel Ratifikationen er in Kraft tritt.[72]

---

[67] Stewart, Treaty Relations of the British Commonwealth of Nations, 1939; teilweise überholt seit der Entstehung souveräner Republiken (z. B. Indien, Pakistan) innerhalb des Commonwealth.

[68] z. B. das Münchner Abkommen von 1938, zahlreiche Kriegs- und Waffenstillstandsabkommen, technische Abkommen.

[69] So z. B. der russisch-tschechoslowakische Beistandsvertrag vom 12. 12. 1943.

[70] Siehe über eine verbreitete Praxis nach dem 2. Weltkrieg: Yuen-Li Liang, The Use of the term „acceptance" in United Nations Treaty Practice, in AJIL 1950, S. 342ff.

[71] Beispiele für Ratifikationsurkunden s. bei Satow aaO S. 360ff.

[72] Siehe z. B. Art. 34 I der Genfer Konvention über die hohe See vom 29. 4. 1958: „This Convention shall come into force on the thirtieth day following the date of deposit of the twenty-second instrument of ratification or accession with the Secretary-General of the United Nations."

Obwohl häufig davon die Rede ist, daß ein Staat durch eine Unterzeichnung, die nicht die Bindungswirkung des Art. 12 herbeiführt, die moralische Verpflichtung übernommen habe, ihm durch die Ratifikation zur Verbindlichkeit zu verhelfen, besteht doch zweifellos juristisch völlige Freiheit des Staates, den unterzeichneten Vertrag zu ratifizieren oder nicht zu ratifizieren.[73] Es ist nicht einmal notwendig, Gründe für die Nichtratifizierung anzugeben. Dies kann eine Verletzung der internationalen Courtoisie oder der politischen Klugheit sein; es ist aber kein Anlaß zu völkerrechtlicher Haftung.

Nach Art. 18 ist ein Staat verpflichtet, bis zu dem Zeitpunkt, zu dem er seine Absicht kundgetan hat, nicht Vertragspartei zu werden, sich aller Handlungen zu enthalten, die dem Ziel und Zweck eines Vertrags zuwiderlaufen, wenn er den Vertrag vorbehaltlich der Ratifikation, Annahme oder Zustimmung (Art. 14) unterzeichnet oder mit solchem Vorbehalt vertragsbegründende Urkunden ausgetauscht hat; die gleiche Unterlassungspflicht tritt ein, wenn er seine Zustimmung, durch den Vertrag gebunden zu sein, bis zum Inkrafttreten des Vertrags ausgedrückt hat, unter der Voraussetzung, daß dieses Inkrafttreten nicht über Gebühr verzögert wird (18 b).

Die Unterlassung der Ratifikation eines unterzeichneten Vertrags ist nicht selten. So hat Italien keine der von ihm unterzeichneten Haager Konventionen von 1907 ratifiziert. Kein Signatarstaat hat die Londoner Seerechtsdeklaration von 1909 oder den Friedensvertrag von Sèvres mit der Türkei von 1920 ratifiziert. Das Genfer Protokoll zur friedlichen Regelung internationaler Streitigkeiten von 1924 wurde nur von einem einzigen Signatarstaat, der Tschechoslowakei, ratifiziert.[74]

In der Praxis der USA ist die Nichtratifizierung von Verträgen infolge der wichtigen Rolle des Senats besonders häufig.[75]

Ebensowenig, wie der unterzeichnende Staat rechtlich überhaupt zur Ratifikation verpflichtet ist, ist er verpflichtet, die Ratifikation sofort oder binnen bestimmter Frist vorzunehmen. So hat Frankreich den französisch-schweizerischen Schiedsvertrag von 1925 erst 1934, den Genfer Vertrag von 1923 gegen Schundliteratur erst 1940 ratifiziert.[76] Ein Völkerbundsausschuß hat die Ursachen solcher Verzögerungen untersucht[77] und als Hauptursachen festgestellt: a) die komplizierte moderne Regierungsmaschinerie, b) die mangelhafte Durcharbeitung von Vertragsentwürfen, c) die Überbürdung der zur Zustimmung berufenen parlamenta-

[73] Siehe Fitzmaurice, Report aaO 14. 3. 1956, Art. 32_1: ,,Ratification, on the international plane, is, in principle, discretionary, and its exercise is facultative. Subject to Article 42 (5) below, no State can be obliged to ratify a treaty, and its signature can imply no undertaking to do so, even in those cases where the treaty appears to make ratification mandatory, or where the full-powers of a representative to sign contain a form of words implying a promise of eventual ratification.“

[74] Siehe Rousseau aaO 2. Aufl. I S. 92.

[75] Siehe Quincy Wright, Control of American Foreign Relations, 1922.

[76] Siehe Rousseau aaO 2. Aufl. I S. 91.

[77] L. of N. Doc. A. 10, 1930, V.

rischen Organe, d) Schwierigkeiten, die erst nach der Unterzeichnung ersichtlich werden und eine erneute Prüfung nötig machen, e) die durch den Vertrag hervorgerufene Notwendigkeit innerstaatlicher Gesetzgebung oder Finanzierung, f) mangelndes Interesse der zuständigen staatlichen Organe.[78] Nichtratifizierung binnen unangemessen langer Zeit kann als Weigerung zur Ratifizierung angesehen werden; es kann den Staaten, die bereits ratifiziert haben, ohne daß dadurch der Vertrag in Kraft getreten wäre (weil z. B. die Zahl der vorgenommenen Ratifikationen dazu nicht ausreicht), nicht zugemutet werden, diese Unsicherheit der Rechtslage unbegrenzt hinzunehmen.[79] Nicht selten wird heute im Vertrag bestimmt, daß die Ratifikation binnen einer bestimmten Frist oder doch wenigstens „so bald als möglich“ erfolgen soll.

VII. Vorbehalte[80]

Da ein Staat die Unterzeichnung wie die Ratifikation oder den Beitritt überhaupt ablehnen kann, kann er auch seine Bereitschaft erklären, den Vertrag nur unter bestimmten Bedingungen oder mit bestimmten Vorbehalten zu unterzeichnen, zu ratifizieren oder ihm nur unter bestimmten Vorbehalten beizutreten; dieses Recht der Vorbehaltserklärung besteht aber nicht, wenn es durch den Vertrag ausgeschlossen ist, wenn der Vertrag nur bestimmte Vorbehalte zuläßt, zu denen der beabsichtigte Vorbehalt nicht gehört, oder wenn der Vorbehalt in anderen als diesen beiden Fällen mit Gegenstand und Zweck des Vertrags nicht vereinbar ist (Art. 19).

Die bei der Ratifizierung, der Unterzeichnung oder dem Beitritt erfolgende Hinzufügung einer Bedingung oder eines Vorbehalts durch einen Vertragsstaat bedeutet zunächst, gleich ob es sich um einen den Kern des Vertrags oder ein unwichtiges Detail betreffenden Vorbehalt handelt, die Ablehnung des Vertrags in der vorliegenden Form und den Vorschlag eines abgeänderten Vertrags. Dies kann gemäß den Prinzipien der freien Willenseinigung an sich nur in der Weise zum vertraglichen Erfolg führen, daß der andere Vertragspartner (beim bilateralen Vertrag) oder sämtliche anderen Vertragspartner (beim multilateralen Vertrag) ihre Zustimmung – ausdrücklich oder stillschweigend – zu einer Vertragsabänderung erteilen, die den Vorbehalt umfaßt. Diese herkömmlich herrschende Auffassung, die für bilaterale Verträge auch heute noch allgemein zugrundegelegt wird,

---

[78] Starke aaO S. 310.

[79] Siehe oben die Bestimmung des Art. 18b.

[80] Siehe dazu insbesondere: von Crayen, Die Vorbehalte im Völkerrecht, 1938; Holloway, Les réserves dans les traités internationaux, 1958; Kappeler, Les réserves dans les traités internationaux, 1958; Miller, Reservations to treaties, 1919; Rapisardi-Mirabelli, I limiti d'obligatorietà delle norme giuridiche internazionale, 1922; Scheidtmann, Der Vorbehalt beim Abschluß völkerrechtlicher Verträge, 1934; Tomuschat, Admissibility and Legal Effects of Reservations to Multilateral Treaties, in ZaöRVR 1967 S. 463ff.; Vitta, Le Riserve nei Trattati, 1957.

wurde von der International Law Commission der UN 1951 auch für multilaterale Verträge festgehalten.[81] Dieser Bericht fand aber nicht die Billigung der Generalversammlung der UN,[82] die sich dem Gutachten des IG über Vorbehalte zur Völkermordkonvention anschloß, da weithin der Wunsch bestand, den Hauptbestandteilen eines Vertrags eine Annahme durch möglichst viele Staaten zu sichern, indem man Vorbehalte über weniger wichtige Punkte mit Toleranz betrachtete. Es ist aber nicht ganz einfach, eine solche Unterscheidung nach der Wichtigkeit zu machen, und welches Organ sollte ihr Vorliegen autoritativ feststellen können? Diese Einwendungen sind insbesondere auch gegenüber dem Gutachten des Internationalen Gerichtshofs von 1951 über Vorbehalte zur Völkermordkonvention[83] zu machen, in dem eine flexible Praxis für die Zulassung von Vorbehalten gefordert wird, um bei multilateralen Verträgen, vor allem, wenn sie durch Majoritätsabstimmungen auf internationalen Konferenzen festgestellt werden, durch eine weitgespannte Unterstellung stillschweigender Zustimmung zu Vorbehalten eine möglichst weitgehende Annahme der Verträge zu sichern; ja, wenn ein Vorbehalt objektiv mit Wesen und Zweck eines Vertrags vereinbar sei, so könne der den Vorbehalt machende Staat als Vertragspartner angesehen werden, auch wenn einzelne Vertragspartner gegen den Vorbehalt Einspruch erheben; wenn eine Vertragspartei einen Vorbehalt, gegen den sie Einspruch erhebe, für unvereinbar mit Wesen und Zweck des Vertrags halte, so könne sie davon ausgehen, daß der den Vorbehalt machende Staat nicht Vertragspartei sei; wenn umgekehrt eine Vertragspartei den von einem anderen Kontrahenten gemachten Vorbehalt für vereinbar mit Wesen und Zweck des Vertrags halte, so könne sie davon ausgehen, daß der den Vorbehalt machende Staat Vertragspartei sei. Dies öffnet rein subjektiven Werturteilen Tür und Tor und schafft bei der möglichen Vielzahl und Vielfalt der gemachten Vorbehalte und der noch viel größeren Zahl der zu jedem einzelnen Vorbehalt vorgenommenen Stellungnahmen aller übrigen Vertragsparteien ein überaus unübersichtliches Bild der wirklichen Vertragslage, da es ein wahres Geduldspiel ist, herauszufinden, durch welche Bestimmungen ein einzelner Staat den verschiedenen Staaten gegenüber gebunden oder nicht gebunden ist.[84] Es ist kaum zweckdienlich, wegen dieser Schwierigkeiten zu einer Rückkehr zu den einfacheren Verhältnissen einer großen Serie bilateraler Verträge zu raten,[85] die natürlich den individuellen Verschiedenheiten weitaus besser gerecht zu wer-

[81] Siehe Report of the Commission on the work of its third session (1951), S. 5ff.

[82] Siehe Abdruck des Beschlusses in AJIL 1952, Suppl., S. 66.

[83] Reports 1951 S. 15ff.

[84] Dies gilt auch für das sog. „amerikanische System", wie es in der 1938 von der Internationalen Konferenz der Amerikanischen Staaten angenommenen Resolution erscheint. Danach ist ein Vertrag ohne Vorbehalt gültig zwischen den Staaten, die ohne Vorbehalt ratifiziert haben; er ist einschließlich Vorbehalt gültig für die Staaten, die nur mit Vorbehalt ratifiziert haben, und den Staaten, die diesen Vorbehalt akzeptiert haben; er ist gar nicht gültig zwischen den Staaten, die nur mit Vorbehalt ratifiziert haben, und den Staaten, die diesen Vorbehalt nicht akzeptiert haben.

[85] Wie dies Starke aaO S. 319 zu tun scheint.

den imstande sind. Eine wirklich sachgemäße Lösung ließe sich nur erreichen, wenn man in den Fällen, in denen eine grundsätzliche Spaltung der Wertvorstellungen zwischen den Staaten besteht, auf den Anschein einer universellen Einmütigkeit, die doch in Wirklichkeit von zahllosen, aber schwer überschaubaren, manchmal, wenn absichtlich eine dunkle Ausdrucksweise gewählt wird, auch schwer durchschaubaren Vorbehalten durchlöchert wird, ehrlich und realistisch verzichtete, wenn man andererseits auf den billigen Erfolg rascher Majoritätsentscheidungen, die dann doch nur unter Zusatz zahlreicher Vorbehalte realisiert werden können, verzichtete und statt dessen den langsamen und mühevollen Weg der echten Willensintegration, der bei dem auf dem Einstimmigkeitsprinzip beruhenden Völkerrecht nicht zu umgehen ist, durch sorgfältige Vertragsausarbeitung und echten Kompromiß einschlagen würde.

Die Konvention hat sich in den Artikeln 20ff. entgegen der ursprünglich konservativen Haltung der ILC der flexiblen Auffassung angeschlossen. Sie bestimmt im einzelnen:

a) Ein ausdrücklich durch einen Vertrag zugelassener Vorbehalt bedarf keiner Annahme durch die anderen Staaten.

b) Wenn aus der begrenzten Zahl der Vertragsstaaten wie aus Ziel und Zweck eines Vertrags hervorgeht, daß die Anwendung des Vertrags in seiner Gesamtheit zwischen allen Vertragsstaaten eine wesentliche Voraussetzung für die Bindungszustimmung jeder Partei ist, so bedarf ein Vorbehalt der Annahme durch alle Parteien (hier also Festhalten an der konservativen Regelung).

c) Wenn ein Vertrag Gründungsvertrag einer internationalen Organisation ist, bedarf ein Vorbehalt regelmäßig der Annahme des zuständigen Organs der Organisation.

d) Wenn a–c nicht gegeben ist, macht die Annahme eines Vorbehalts durch einen anderen Vertragsstaat den Vorbehaltsstaat zur Vertragspartei dieses anderen Staates.

e) Wenn a–c nicht gegeben ist, schließt ein Einwand eines anderen Vertragsstaates gegen einen Vorbehalt das Inkrafttreten zwischen einwendendem Staat und Vorbehaltstaat nicht aus, es sei denn, der einwendende Staat drückt die gegenteilige Absicht klar aus.

f) Wenn a–c nicht gegeben ist, wird die Bindungszustimmung eines Vorbehaltsstaates wirksam, sobald wenigstens *ein* anderer Vertragsstaat den Vorbehalt angenommen hat.

g) In den Fällen (b), (d), (e) und (f) gilt ein Vorbehalt als durch einen Staat angenommen, wenn er innerhalb von 12 Monaten keine Einwendung gegen den Vorbehalt erhoben hat (Art. 20 V).

h) Ein Vorbehalt, eine ausdrückliche Annahme eines Vorbehalts, eine Einwendung gegen einen Vorbehalt sowie die Zurücknahme eines Vorbehalts oder einer Einwendung müssen schriftlich erklärt werden (Art. 23).

i) Ein Vorbehalt, der nach diesen Bestimmungen im Verhältnis zu einem anderen Vertragsstaat gültig ist, verändert im Verhältnis zwischen einem solchen Vertragsstaat und dem Vorbehaltsstaat die Bestimmungen des Vertrags im Ausmaß des Vorbehalts; dagegen verändert der Vorbehalt nicht die Bestimmungen des Vertrags für die anderen Vertragsparteien inter se.

j) Wenn ein Vertragsstaat zwar eine Einwendung gegen einen Vorbehalt erklärt hat, dem Inkrafttreten des Vertrags zwischen ihm und dem Vorbehaltsstaat aber nicht widersprochen hat, so finden die Bestimmungen, auf die sich der Vorbehalt bezieht, im Ausmaß des Vorbehalts keine Anwendung zwischen diesen Staaten.

Wie man sieht, eine komplizierte Regelung und ein unübersichtliches Ergebnis!

Verträge, die im Rahmen der Internationalen Arbeitsorganisation abgeschlossen werden, können nicht mit Vorbehalten versehen werden.[86]

Eine wesentlich abgemilderte Form des Vorbehalts ist die bei der Ratifizierung erfolgende Feststellung einer Vertragspartei, daß sie einer Vertragsbestimmung eine bestimmte Auslegung gebe, sie in einem bestimmten Sinn verstehe. Aber auch eine solche Vertragsauslegung bedarf, um vertraglich wirksam zu sein, der ausdrücklichen oder stillschweigenden Zustimmung der anderen Vertragsparteien. Widerspricht eine Vertragspartei einer solchen Auslegung, so liegt insoweit ein offener Dissens vor, der im Verhältnis dieser Vertragspartner zueinander diese Bestimmung, ja evtl. den ganzen Vertrag unanwendbar macht.

In der Staatenpraxis nehmen solche Interpretationen manchmal den Charakter von „understandings short of reservations“[87] an, die aber gleichwohl den gleichen Regeln unterliegen; dies gilt auch dann, wenn solche Auslegungen nicht bei der Unterzeichnung oder Ratifizierung abgegeben werden, sondern schon vorher im Lauf der Verhandlungen.[88]

VIII. Das Inkrafttreten des Vertrags

Das Inkrafttreten des Vertrags bestimmt sich zunächst und in erster Linie nach den im Vertrag selbst enthaltenen ausdrücklichen Bestimmungen. Bei Verträgen, die mit der bloßen Unterzeichnung wirksam werden, entscheidet das Datum der Unterzeichnung. Bei Verträgen, die der Ratifizierung bedürfen, ist regelmäßig der Zeitpunkt des Inkrafttretens ausdrücklich bestimmt, z. B. für den Zeitpunkt,

---

[86] Siehe McNair, The Law of Treaties, S. 173ff.

[87] Hackworth aaO V S. 144ff.

[88] Vgl. etwa die berühmte Interpretation, die Großbritannien zum Begriff der „Selbstverteidigung“ im Sinne des Kellogg-Paktes von 1928 in seiner Note vom 19. 5. 1928 – Cmd 3109, 3153 – gab, indem es von „gewissen Regionen“ nichtbritischen Staatsgebiets sprach, „the welfare and integrity of which constitute a special and vital interest“, eine Auslegung, die von der Sowjetunion bei ihrer Ratifikationsvornahme ausdrücklich abgelehnt wurde, s. Philipp Marshall Brown, The Interpretation of the General Pact for the Renunciation of War, in AJIL 1929, S. 374ff.; s. ebda S. 94 den Aufsatz von Quincy Wright, The Interpretation of multilateral treaties.

wenn alle oder eine bestimmte Mindestzahl von Ratifikationen hinterlegt oder die Ratifikationsurkunden ausgetauscht sind, oder für einen bestimmten Zeitpunkt nach diesem Ereignis; ist keine solche Bestimmung im Vertrag enthalten, so ist der Zeitpunkt der Deponierung der letzten Ratifikationsurkunde maßgebend. Manchmal ist auch ein festes Datum für das Inkrafttreten ohne Rücksicht auf die Zahl der bis dahin erfolgten Ratifikationen festgesetzt; der Vertrag tritt dann natürlich nur in Kraft zwischen den Staaten, die die Ratifikation bis zu diesem Zeitpunkt vollzogen haben, und die ganze Regelung wird gegenstandslos, wenn bis zu diesem Zeitpunkt nicht mindestens zwei Vertragspartner ratifiziert haben. Manchmal wird auch das Inkrafttreten von einem außerhalb des Vertrags liegenden Ereignis abhängig gemacht.[89]

Die Bestimmungen eines Vertrags bezüglich gewisser Vorgänge, die sich notwendigerweise vor dem Inkrafttreten des Vertrags ergeben, wie Festlegung des authentischen Textes, Vorliegen der Bindungszustimmung von Staaten, die Art und Weise seines Inkrafttretens, Vorbehalte, Funktionen des Depositars usw., finden logischerweise nicht erst mit dem Inkrafttreten des Vertrags, sondern schon mit dem Zeitpunkt der Annahme des Textes Anwendung (Art. 24 IV).

Ohne ausdrückliche Bestimmung hat ein Vertrag keine rückwirkende Kraft, d. h. er hat keine rechtliche Wirkung für einen vor seinem Inkrafttreten liegenden Zeitraum. Doch kann eine solche rückwirkende Kraft ausdrücklich im Vertrag vorgesehen sein,[90] auch indirekt in der Form, daß er auf Vorgänge Anwendung finden soll, die vor seinem Inkrafttreten vollzogen wurden und ihm an sich nicht unterfallen.

Die Regel des Gewohnheitsrechts, daß ein völkerrechtlicher Vertrag als materielle Willenseinigung zwischen Staaten grundsätzlich keiner Form bedarf, setzt sich auch gegenüber formellen Verträgen in der Weise durch, daß das Inkrafttreten eines Vertrags auch ohne Einhaltung der dafür vorgesehenen Formerfordernisse für das Verhältnis zwischen jenen Staaten anzunehmen ist, die mit der rechtlichen Durchführung des Vertrags beginnen, und zwar nicht nur einzelner Bestimmungen, sondern die die rechtliche Bereitschaft zur Durchführung des gesamten Vertrags unmißverständlich, wenn auch gegebenenfalls in konkludenter Weise, zum Ausdruck bringen.

Da die entscheidende Willenseinigung der Vertragsstaaten im Zeitpunkt der Unterzeichnung erfolgt, wird ein Vertrag mit dem Datum der Unterzeichnung, nicht dem der Ratifikation zitiert;[91] dies bedeutet aber nicht, daß die Ratifizierung eine rückwirkende Kraft habe und den Vertrag schon mit dem Vollzug der Unterzeichnung nachträglich wirksam mache.

[89] Siehe z. B. Art. 10 II des Locarno-Vertrags vom 16. 10. 1925, RGBl. II 1925 Nr. 52: „Er soll in Kraft treten, sobald alle Ratifikationsurkunden hinterlegt sind und Deutschland Mitglied des Völkerbundes geworden ist.“

[90] Beispiele s. bei Bernhardt in ZaöRVR 1958 S. 686ff.; Art. 28 Konvention.

[91] Siehe Oppenheim aaO I S. 904.

Bei multilateralen Verträgen ergibt sich das Problem der Bestimmung eines Depositars, der die vielfältigen, in Art. 77 im Detail aufgezählten Funktionen, wie Aufbewahrung des Originals, Entgegennahme von Unterzeichnungen und Ratifikationsurkunden, Informationen an Vertragsstaaten usw., zu erfüllen hat. Diese Bestimmung kann im Vertrag selbst oder auf sonstige Weise erfolgen. Depositare können sowohl Staaten als auch internationale Organisationen sein. Art. 76 II bestimmt, daß die Funktionen des Depositars eines Vertrags ihrem Charakter nach international sind und den Depositar zu unparteiischem Handeln verpflichten.[92]

IX. Die Registrierung und Veröffentlichung völkerrechtlicher Verträge

Literatur: *Boudet,* L'enregistrement des accords internationaux, in RDIP 1960 S. 596ff.; *Dehousse,* L'enregistrement des traités, 1929; *Geck,* Die Registrierung und Veröffentlichung internationaler Verträge, in ZaöRVR 1962 S. 113ff.; *Kelsen,* The Law of the United Nations, 1950, S. 696ff.; *Schwab,* Die Registrierung der internationalen Verträge beim Völkerbund, 1929.

Da es sich um die *völkerrechtlichen* Erfordernisse des Zustandekommens von internationalen Verträgen handelt, ist hier nicht auf die einzelstaatlichen Erfordernisse einer etwaigen Publikation für die innerstaatliche Gültigkeit einzugehen.[93]

Bei außenpolitisch wichtigen oder delikaten Verträgen ist es seit alters nicht selten gewesen, sie unter Ausschluß der Öffentlichkeit als Geheimverträge abzuschließen, um sie sowohl vor dem eigenen Volk wie vor dritten Staaten zu verbergen. Bekannte Beispiele der neueren Zeit sind:

das französisch-russische Bündnis von 1891,

die französisch-italienischen Verträge von 1900 und 1902,

der Londoner Vertrag vom 26. 4. 1915 zwischen Großbritannien, Frankreich und Italien,

der französisch-russische Vertrag vom 14. 2./11. 3. 1917,

der französisch-britische Vertrag vom 23. 12. 1917,

das Zusatzprotokoll zum deutsch-russischen Nichtangriffspakt vom 23. 8. 1939,

gewisse Abmachungen der siegreichen Alliierten in Yalta 1945 und in Potsdam 1945.[94]

Gegen diese Praxis der Geheimdiplomatie richtete sich Punkt 1 der 14 Punkte des amerikanischen Präsidenten Wilson vom 8. 1. 1918, der besagte: ,,Offene Friedensverträge, die offen zustandegekommen sind, und danach sollen keine geheimen internationalen Vereinbarungen irgendwelcher Art mehr getroffen

---

[92] Siehe Rosenne, The Depositary of International Treaties, AJIL 1967 S. 923ff.; Kappeler, Praxis der Depositare usw., in Schweizerisches Jahrbuch f. Internat. Recht 1963 S. 21ff.

[93] Siehe z. B. über das innerstaatliche Erfordernis der Proklamation in den USA: Hackworth aaO V S. 84ff.

[94] Siehe Rousseau aaO 2. Aufl. I S. 127.

werden, sondern die Diplomatie soll immer offen und vor aller Welt arbeiten."[95] Im Verfolg dieses Friedenszieles enthielt die Völkerbundssatzung die Bestimmung des Artikels 18, die besagte: „Jeder Vertrag oder jedes internationale Abkommen, das ein Bundesmitglied künftig abschließt, ist unverzüglich beim Sekretariat einzutragen und von diesem sobald wie möglich zu veröffentlichen. Kein solcher Vertrag und kein solches internationales Abkommen ist vor der Eintragung rechtsverbindlich."

Die Rechtspflicht aus Artikel 18 bestand naturgemäß nur für Mitgliedstaaten des Völkerbunds, sei es für Verträge mit anderen Mitgliedstaaten, sei es für Verträge mit Nichtmitgliedern.[96] Aber auch Nichtmitglieder haben sich weitgehend diesem Verfahren angeschlossen, so das Deutsche Reich schon vor seinem Beitritt im Jahre 1926, die USA seit 1934. Bis zum Juli 1944 waren auf diese Weise 4822 internationale Verträge beim Völkerbund registriert. Die Registrierung war ein rein formaler Akt und schloß keine Prüfung oder Billigung ihres Inhalts ein. Auf die Registrierung folgte die Veröffentlichung in der „League of Nations Treaty Series",[97] von der bis 1944 204 Bände erschienen waren. Die Rechtsfolge der Nichtbefolgung des Artikels 18 blieb unklar: war der nichtregistrierte Vertrag ungültig, oder konnte man sich nur nicht auf ihn vor den Völkerbundsorganen und dem StIG berufen? Die herrschende Meinung schloß sich der letzteren Auffassung an.[98]

Die entsprechende Regelung des Artikels 102 der Charter der UN ist angesichts der Quasi-Universalität der UN von ungleich größerer Bedeutung. Sie spricht die Sanktion, die der unter der Völkerbundsatzung herrschenden Meinung entspricht, unzweideutig aus: nichtregistrierte Verträge können nicht vor irgendeinem Organ der Vereinten Nationen geltendgemacht werden.[99]

§ 67. Dritte Staaten und Verträge

Verträge schaffen Rechte und Pflichten nur zwischen den Vertragsparteien, nicht zugunsten oder zu Lasten dritter Staaten: pacta tertiis nec nocent nec prosunt. Bis vor kurzem war es herrschende Meinung, daß auch dann, wenn ein Vertrag gewisse Vergünstigungen für dritte Staaten aussprach (z. B. Vertrag zwischen

[95] Siehe Diktat von Versailles, hrsg. von Berber, 1939, I, S. 2.

[96] Und zwar, entsprechend dem vom Völkerbundsrat am 19. 5. 1920 gebilligten Memorandum des Sekretariats, J. O. 1920, S. 154ff., für „not only every formal Treaty of whatsoever character and every International Convention, but also any other International Engagement or Act by which Nations or their Governments intend to establish legal obligations between themselves and another State, Nation, or Government".

[97] LNTS.

[98] Siehe auch die Entscheidung der französisch-mexikanischen Schiedskommission vom 19. 10. 1928 in Sachen Pablo Nájera, Reports of International Arbitral Awards, V, S. 468ff.

[99] Siehe dazu M. Brandon, The Validity of non-registered Treaties, BYIL 1952, S. 186ff.

USA und Großbritannien von 1901 und zwischen USA und Panama von 1903 betreffend freie Durchfahrt durch den Panamakanal für alle Nationen), diese dritten Staaten keinen unwiderruflichen Rechtsanspruch auf diese Vergünstigung erwarben.[100] Es begann sich aber eine Tendenz abzuzeichnen, dritten Staaten durch nicht mit ihnen abgeschlossene Verträge echte Rechte zu gewähren; so gewährt die Charter der UN an mehreren Stellen (Art. 32, 35, 50) Nichtmitgliedern echte Rechte.[101] Diese Tendenz wird nunmehr durch Art. 36 der Konvention bestätigt, der bestimmt, daß aus einem Vertrag für einen Drittstaat ein Recht entsteht, wenn die Vertragsparteien beabsichtigen, dieses Recht dem Drittstaat oder einer Gruppe von Staaten, zu der er gehört, oder allen Staaten zu gewähren und der Drittstaat zustimmt; seine Zustimmung wird vorbehaltlich der Ersichtlichkeit des Gegenteils vermutet.

Ein Anwendungsfall, zum mindesten kraft Analogie, von Vertragsrechten auf dritte Staaten ist die in Handelsverträgen häufige Meistbegünstigungsklausel, durch die den Angehörigen und den Erzeugnissen der Vertragsstaaten dieselben Vorteile gewährt werden, die den Angehörigen und Erzeugnissen der meistbegünstigten Nation jetzt oder künftig gewährt werden,[102] und zwar entweder bedingungslos oder unter der Bedingung der Erfüllung der gleichen Voraussetzungen wie die meistbegünstigte Nation (frühere USA-Praxis der bedingten, qualifizierten oder Gegenseitigkeits-Klausel).

Niemals aber kann durch solche Verträge dritten Staaten eine Rechtspflicht auferlegt oder der volle Rechtsstatus eines Vertragspartners gewährt werden. Dies kann vielmehr nur dadurch erreicht werden, daß der dritte Staat dem Vertrag förmlich beitritt (Art. 35), oder daß eine solche Bestimmung als Gewohnheitsrecht bindend wird (Art. 38).

Ursprünglich unterschied man zwei Arten von Beitritt zu einem Vertrag, die Akzession, den formellen Beitritt zum ganzen Vertrag, und die Adhäsion, den Beitritt nur zu Teilen oder zu den Prinzipien eines Vertrags. Die Staatenpraxis hat aber diese Unterscheidung fast völlig verwischt,[103] so daß beide Begriffe für den gleichen Vorgang des förmlichen Vertragsbeitritts verwendet werden. Der Beitritt kann in dreifacher Weise erfolgen:

---

[100] Siehe Kojanec, Trattati e terzi Stati, 1961; Oppenheim aaO I S. 927; Roxburgh, International Conventions and Third States, 1917; Rozakis, Treaties and Third States, in ZaöRVR 1975 S. 1ff.; Winkler, Verträge zugunsten und zu Lasten Dritter im Völkerrecht, 1932.

[101] Siehe Aréchaga, Treaty Stipulations in favor of third States, AJIL 1956, S. 338ff.; Soder, Die Vereinten Nationen und die Nichtmitglieder, 1956.

[102] Siehe Bonhöffer, Die Meistbegünstigung im modernen Völkerrecht, 1930; Domke-Hazard, State Trading and the Most-Favoured-Nation-Clause, AJIL 1958 S. 55ff.; Hepp, Théorie générale de la clause de la nation la plus favorisée, 1914; Ito, La clause de la nation la plus favorisée, 1930; Rist, Le passé et l'avenir de la clause de la nation la plus favorisée, 1936; Snyder, The most favored nation clause, 1948; Zieger in Europaarchiv 1958 S. 10468ff.: die ILC arbeitet z. Z. einen Entwurf über die Meistbegünstigungsklausel aus.

[103] Siehe Zannini, L'adesione ai trattati internazionali, 1946.

a) Durch Vertrag des Beitretenden mit den bisherigen Vertragspartnern; dies war lange Zeit die einzige Form des Beitritts,

b) durch einseitige Beitrittserklärung, die aber der Annahme durch die bisherigen Vertragspartner bedarf,

c) durch einseitigen Beitritt, der aber im ursprünglichen Vertrag vorgesehen sein muß, sei es unbegrenzt für alle Nichtvertragsstaaten, sei es für bestimmte Kategorien von Nichtvertragsstaaten; das ist heute die überwiegende Praxis.

Die Konvention sieht in Art. 15 die Beitrittsmöglichkeit dritter Staaten vor, wenn dies im Vertrag vorgesehen ist, wenn in anderer Weise die Vertragsstaaten in der Zulassung eines solchen Beitritts übereinstimmen oder alle Vertragsparteien nachträglich übereingekommen sind, einen solchen Beitritt zuzulassen. Gegen das hierin zum Ausdruck kommende Prinzip, daß die Staaten in der Wahl ihrer Vertragspartner frei sind, wendet sich die vor allem von den sozialistischen Staaten vertretene Konzeption der „generellen multilateralen Verträge", wonach jeder Staat das Recht zur Teilnahme an multilateralen Verträgen haben soll, die Normen des allgemeinen Völkerrechts enthalten oder deren Gegenstand und Zweck von Interesse für die Staatengemeinschaft als Ganzes sind (Allstaatenklausel).[104]

Da der beitretende Staat an den Vertragsverhandlungen und an der Unterzeichnung nicht teilgenommen hat, sondern zu einem schon in Kraft befindlichen oder zum mindesten im Vertragstext schon festliegenden Vertrag zutritt, ist seine Beitrittserklärung endgültig und bedarf keiner weiteren Ratifikation. Trotzdem wird bisweilen der Beitritt unter dem Vorbehalt späterer Ratifikation gemacht.

Wenn ein Vertrag für die spätere Unterzeichnung durch Staaten, die an den Verhandlungen nicht teilgenommen haben, ausdrücklich offengelassen wird (signature différée), so wird diese Unterzeichnung in allen Fällen, in denen ein Vertrag der Ratifikation durch die ursprünglichen Vertragspartner bedarf, erst durch die nachfolgende Ratifikation perfekt. Dieser Vorgang ist dann aber kaum vom Beitritt mit Vorbehalt der Ratifikation zu unterscheiden.[105]

Eine vereinfachte Form des Beitritts wird z. B. vorgesehen in Artikel 2 der vier Genfer Konventionen vom 12. 8. 1949, wonach „Annahme und Anwendung" der Vertragsbestimmungen durch einen dritten Staat zur Erlangung des Rechtsstatus eines Vertragspartners genügt.

§ 68. Die sachliche Gültigkeit von Verträgen

Die sachliche Gültigkeit eines Vertrags ist zu unterscheiden von seiner formellen Gültigkeit. Ein Vertrag ist formell gültig, wenn er rechtlich in Kraft getreten und

[104] Siehe Schirmer, Universalität völkerrechtlicher Verträge und internationaler Organisationen, Berlin 1966.

[105] Siehe über die sog. „acceptance formula clause" Starke aaO S. 305.

seine Laufdauer noch nicht beendet ist. Seine volle rechtliche Anwendbarkeit hängt aber nicht nur von seiner formellen, sondern auch von seiner sachlichen Gültigkeit ab, d. h. davon, daß er nicht infolge der Abwesenheit von Erfordernissen sachlicher Gültigkeit nichtig oder anfechtbar ist.

Die Wiener Konvention enthält eine Reihe von *allgemeinen* Vorschriften über die Gültigkeit von Verträgen. So bestimmt Art. 42, daß nur die in der Konvention aufgezählten Ungültigkeitsgründe gelten sollen, ihre Aufzählung also erschöpfend ist. Art. 43 bestimmt, daß auch bei Ungültigkeit eines Vertrags diejenigen seiner Bestimmungen, die kraft allgemeinen Völkerrechts gelten, bindend bleiben. Art. 44 II bestimmt, daß ein Ungültigkeitsgrund nur für den ganzen Vertrag geltend gemacht werden kann; falls der Grund sich nur auf einzelne Bestimmungen bezieht, kann er mit Beschränkung auf diese Bestimmungen geltend gemacht werden, falls diese Bestimmungen vom Rest des Vertrags trennbar sind, falls sie nicht für andere Vertragsparteien wesentlich für die Annahme des ganzen Vertrags waren, und die fortdauernde Erfüllung des restlichen Vertrags nicht unbillig ist (44 III). Die Ungültigkeit kann nicht mehr geltend gemacht werden, falls nach Kenntnisnahme der betr. Staat sich ausdrücklich oder stillschweigend mit der fortdauernden Wirksamkeit einverstanden erklärt hat (Art. 45).

Die Anfechtung der Gültigkeit eines Vertrags muß den anderen Parteien notifiziert werden; wird binnen drei Monaten keine Einwendung erhoben, kann der anfechtende Staat die Ungültigkeit gemäß Art. 67 in einer Urkunde erklären; erfolgt eine Einwendung, so ist eine Lösung gemäß Art. 33 der UN-Satzung anzustreben; ist innerhalb von 12 Monaten keine Lösung erzielt, so kann jede Partei das im Anhang zur Konvention vorgesehene Vermittlungsverfahren einleiten, dessen abschließender Bericht aber nur empfehlenden Charakter hat; eine Sonderregelung (über sie unten IV) besteht nur im Falle des jus cogens (Art. 65, 66).

Nach Art. 69 I (mit Modifizierungen durch Art. 69 II–IV) ist ein ungültiger Vertrag nichtig; seine Bestimmungen haben keine Rechtswirkung.

Man unterscheidet vier Arten von die sachliche Gültigkeit betreffenden Mängeln:

a) Mängel in der Fähigkeit zum Vertragsabschluß,
b) Willensmängel,
c) Mängel in bezug auf die mögliche Verwirklichung des Vertragsgegenstandes,
d) Mängel in bezug auf die Vereinbarkeit mit zwingendem Völkerrecht.

Diese Mängel sollen im folgenden im einzelnen behandelt werden.

I. Mängel in der Fähigkeit zum Vertragsabschluß

Mängel in der Fähigkeit zum Vertragsabschluß können in dreifacher Weise vorliegen:

a) Ein Vertragspartner kann durch seinen internationalen Status in der Fähigkeit zum Vertragsabschluß beschränkt sein.

b) Ein zum Vertragsabschluß bevollmächtigter Agent kann seine Vollmacht überschritten haben.

c) Das zum Vertragsabschluß nach Landesrecht zuständige Organ kann in dieser Zuständigkeit landesrechtlich (verfassungsrechtlich) beschränkt sein.

Zu a): Im Prinzip sind nur souveräne Staaten völkerrechtlich in vollem Umfang fähig zum Vertragsabschluß (Art. 6; eine im Entwurf der ILC Art. 5 II ursprünglich enthaltene Sonderbestimmung über Bundesstaaten ist von der Konvention nicht übernommen worden).

Beschränkte Völkerrechtssubjekte, wie als Kriegführende anerkannte Aufständische, internationale Organisationen, abhängige Staaten (Vasallenstaaten, Protektorate usw.), Glieder eines Bundesstaates, denen eine beschränkte Völkerrechtsfähigkeit verfassungsrechtlich zuerkannt ist, sind nur in dem ihnen kraft völkerrechtlichen Gewohnheits- oder Vertragsrechts, kraft Statuts oder Verfassung zustehenden Umfang fähig zum Vertragsabschluß. Überschreiten sie diese ihre Zuständigkeit, so ist der von ihnen abgeschlossene Vertrag insoweit ungültig. Völkerrechtssubjekte, die mit solchen begrenzten Völkerrechtssubjekten Verträge schließen, müssen sich daher zur Vermeidung des Risikos der Vertragsnichtigkeit über die Schranken der Vertragsfähigkeit ihrer Partner eingehend informieren und können sich nicht ohne weiteres auf deren Behauptungen verlassen.[106] Nach dem Recht der Bundesrepublik Deutschland sind die Länder in dem beschränkten Umfang des Artikels 32 III des Grundgesetzes[107] fähig, völkerrechtliche Verträge abzuschließen. Welche völkerrechtlichen Rechtsfolgen eintreten, wenn sie bei der Ausübung dieser Zuständigkeit durch ihre eigene Landesverfassung beschränkt sind, gehört nicht in diesen Zusammenhang, sondern zu dem unter c) behandelten Fragenkomplex. Zu der Frage der Beschränkung ihres internationalen Status, deren Überschreitung den Vertrag selbst ungültig macht, gehört aber nur die umfängliche Beschränkung („soweit . . . zuständig sind"), nicht die aufsichtliche Beschränkung („mit Zustimmung der Bundesregierung"); sie gehört zu unten (c).[108]

---

[106] Siehe übereinstimmend die Erklärung des US-Staatssekretärs vom 3. 9. 1908, zitiert bei Hackworth aaO V S. 153: „A State proposing to enter into treaty relations with another State which is not fully sui juris, a State whose personality is in any way incomplete or abnormal, by reason, for instance, of its dependance in any form upon another State or of its membership of a larger unit such as a Federal State, is deemed to have notice of this deviation from normal and complete capacity and must satisfy itself that the proposed treaty falls within the limited capacity of the other contracting State. Treaties made by such States in excess of their capacity are void".

[107] „Soweit die Länder für die Gesetzgebung zuständig sind, können sie mit Zustimmung der Bundesregierung mit auswärtigen Staaten Verträge abschließen."

[108] Alle Einzelheiten der deutschen Regelung siehe bei Maunz, Grundgesetz, Kommentar, Nrn. 46–54 zu Art. 32.

Zu b): Falls die Überschreitung der Vollmacht durch einen Bevollmächtigten bei Verträgen, die noch einer nachfolgenden Ratifikation bedürfen, erfolgt, macht sie den Vertrag regelmäßig zu einer unverbindlichen sponsio, die Rechtsgültigkeit nur durch Genehmigung des vollmachtgebenden Organs erlangen kann, die ohne weiteres vorliegt, wenn die Ratifikation erfolgt. Die Verweigerung der Ratifikation ist hier regelmäßig identisch mit der Verweigerung dieser Genehmigung. Falls dagegen die Bindung eines Staates schon durch die bloße Unterzeichnung durch seinen Vertreter eintritt (Fall des Art. 12), so gilt Art. 47: die vom Vertreter nichtbeachtete besondere Beschränkung seiner Vollmacht zur Abgabe der Zustimmung seines Staates kann von diesem Staat als Ungültigkeitsgrund nur geltendgemacht werden, wenn diese Beschränkung vor Abgabe der Zustimmung den übrigen Vertragskontrahenten notifiziert wurde.

Zu c): Die Frage, welches die völkerrechtlichen Folgen sind, wenn das zum Vertragsabschluß landesrechtlich zuständige Organ die ihm verfassungsrechtlich hierfür auferlegten Schranken nicht einhält, ist überaus umstritten. Sowohl die These, daß die völkerrechtliche Gültigkeit von Verträgen durch die Nichtbeachtung landesrechtlicher Schranken von seiten des an sich zum Vertragsabschluß zuständigen landesrechtlichen Organs nicht beeinträchtigt wird (Irrelevanztheorie, vertreten z. B. von Laband, Anzilotti, Cavaglieri, Bittner, Basdevant, Willoughby, Fitzmaurice, W. Burckhardt, D. Schindler), wie die umgekehrte These, daß die Nichtbeachtung innerstaatlicher Schranken von seiten des an sich zum Vertragsabschluß zuständigen landesrechtlichen Organs die völkerrechtliche Ungültigkeit von Verträgen herbeiführe (Relevanztheorie, vertreten z. B. von Strupp, Schücking, Politis, de Visscher, Chailley, Hyde, Kosters, Guggenheim, Nippold, Fleiner, Ruck) wird je von namhaften Autoren vertreten.[109] Auch die Staatenpraxis ist keineswegs einheitlich.[110] Da das Völkerrecht selbst nicht das zum Abschluß zuständige Organ bestimmt, sondern hierfür auf das Landesrecht verweist, so müssen dessen Bestimmungen auch völkerrechtlich maßgebend sein, und zwar alle seine die Vertragsabschlußkompetenz betreffenden Bestimmungen. Es gibt keine Regel des Völkerrechts, wonach eine Vermutung dafür spräche, daß das landesrechtliche Haupt der Exekutive ohne landesrechtliche Einschränkungen als zum völkerrechtlichen Vertragsabschluß zuständig angesehen werden könne. Es wäre ganz willkürlich, nur *eine* Bestimmung des Landesrechts, aus dem Zusammenhang gerissen, anzuwenden, nämlich die Bestimmung des generell zuständigen Organs, nicht aber die etwaigen Qualifizierungen dieser Bestimmung. Ein vertragschließender Staat ist also gewohnheitsrechtlich verpflichtet, sich über

[109] Über die landesrechtlichen Schranken in den einzelnen Staaten gibt Aufschluß die Veröffentlichung der UN St/Leg/Ser. B/3: Laws and Practices concerning the Conclusion of Treaties, 1952.

[110] Nachweise s. in Harvard Research on the Law of Treaties, AJIL 1935 Suppl., S. 1002ff.; Geck, Die völkerrechtlichen Wirkungen verfassungswidriger Verträge, 1963, S. 281 ff.; über die wechselnde Schweizer Praxis s. Guggenheim aaO 1. Aufl. I S. 63f.

die innerstaatliche Regelung der Zuständigkeit zur Vertragsschließung im Recht seines Kontrahenten Klarheit zu verschaffen; doch muß hierzu der prima-facie-Anschein des Verfassungstextes oder der Verfassungspraxis genügen; es ist ihm nicht zuzumuten, komplizierte und umstrittene Fragen einer ausländischen Verfassung selbständig einer Lösung zuzuführen, sondern er kann insoweit auf die Bestätigung seines Vertragspartners vertrauen.[111]

Art. 46 der Konvention nimmt eine vermittelnde Stellung ein, aber mit stärkerer Hinneigung zur Irrelevanztheorie: nach dieser Bestimmung kann ein Staat sich grundsätzlich nicht auf den Umstand berufen, daß seine Zustimmung, durch einen Vertrag gebunden zu sein, unter Verletzung seines innerstaatlichen Rechts über die Vertragsabschlußkompetenz erfolgt sei, insoweit sich an die allgemeinere Regel des Art. 27 anschließend; eine solche Berufung ist ausnahmsweise nur dann möglich, wenn die Verletzung des innerstaatlichen Rechts ,,offenkundig", d. h. ,,nach Treu und Glauben objektiv ersichtlich" ist und zugleich eine innerstaatliche Regel ,,von grundlegender Bedeutung" betrifft.

II. Willensmängel

Ein völkerrechtlicher Vertrag setzt zu seiner Gültigkeit eine freie Willenseinigung der Vertragspartner voraus, die mit keinen Mängeln behaftet ist. Eine Willenseinigung liegt gar nicht vor, ein Vertrag ist also gar nicht zustande gekommen, wenn die Parteien widersprechende Erklärungen abgeben, sei es, daß dies offensichtlich ist (offener Dissens), sei es, daß sie fälschlich glauben, ihre Erklärungen stimmten überein (Mißverständnis, versteckter Dissens). Irrt nur *ein* Vertragspartner, so ist der Vertrag nicht ohne weiteres nichtig; er kann aber vom Irrenden angefochten werden, wenn es sich nicht um einen Irrtum im Motiv handelt, wenn der Irrtum den Gegenstand des Vertrages betrifft, wenn er entschuldbar ist und wenn er von einem anderen Vertragsteil vorsätzlich oder fahrlässig herbeigeführt oder ausgenutzt wurde;[112] die Anfechtung wegen Irrtums ist im Völkerrecht, in Anlehnung an das angelsächsische Recht, an viel engere Voraus-

---

[111] Siehe im allgemeinen zu diesem Problem: Berber, Zu den föderalistischen Aspekten der ,,Auswärtigen Gewalt", in Festschrift für Nawiasky 1956, S. 245ff.; Bernhardt, Der Abschluß völkerrechtlicher Verträge im Bundesstaat, 1957; Blix, Treaty-Making Power, 1960; Chailley, La Nature juridique des traités internationaux, 1932; Geck, Die völkerrechtlichen Wirkungen verfassungswidriger Verträge, 1963; Grewe, Die auswärtige Gewalt der Bundesrepublik, in VVDStRL 1954, S. 129ff.; Huber, Le droit de conclure des traités internationaux, 1951; Kraus, Herbert, Die auswärtige Stellung der Bundesrepublik Deutschland nach dem Bonner Grundgesetz, 1950; Krüger, Herbert, Völkerrecht im Bundesstaat, in Festgabe für Kaufmann, 1950, S. 239ff.; Mosler, Die völkerrechtliche Wirkung bundesstaatlicher Verfassungen, in Festschrift für Thoma, 1950, S. 129ff.; Paul de Visscher, De la conclusion des traités internationaux, 1943; Vitta, La validité des traités internationaux, 1940; Wildhaber, Treaty-Making Power and Constitution, 1971; Wohlmann, Die Kompetenz zum Abschluß von Staatsverträgen, 1931.

[112] Siehe Fitzmaurice im oben zitierten Bericht vom 18. 3. 1958, S. 18f.

setzungen geknüpft als im kontinentalen Privatrecht, da im Vertragsabschluß zwischen Staaten äußerste Sorgfalt angewendet zu werden pflegt und gewisse Arten des Irrtums, etwa Irrtum über die Person, praktisch unmöglich sind. Art. 48 erklärt die Anfechtung wegen Irrtums für zulässig, ,,falls sich der Irrtum auf eine Tatsache oder eine Situation bezieht, die von diesem Staat zur Zeit des Vertragsabschlusses als bestehend angenommen wurde und eine wesentliche Grundlage für seine Zustimmung bildet, durch den Vertrag gebunden zu sein", jedoch für unzulässig, wenn der Staat durch sein eigenes Verhalten zu dem Irrtum beigetragen hat oder wenn die Umstände derart waren, daß sie den Staat auf einen möglichen Irrtum hinweisen mußten, oder wenn sich der Irrtum nur auf den Wortlaut des Vertragstextes bezieht (dann ist Art. 79 über die Fehlerberichtigung anwendbar).

Eng mit der Anfechtung wegen Irrtums ist die Anfechtung wegen Täuschung verwandt, die nach Art. 49 zulässig ist, wenn ein Staat durch das täuschende Verhalten eines anderen verhandelnden Staates zur Vertragschließung veranlaßt wurde.

Nach Art. 50 kann ein Staat seine Bindungserklärung anfechten, falls diese ,,direkt oder indirekt durch die Bestechung seines Vertreters durch einen anderen verhandelnden Staat erlangt wurde."

Auch die Anfechtung wegen Zwangs oder wegen Drohung mit Zwang war lange Zeit im Völkerrecht nur in engem Umfang möglich, da herkömmlich angenommen wurde, daß wohl Zwang oder Drohung mit Zwang gegen die den Vertrag abschließenden Vertreter (so Art. 51), nicht aber Zwang oder Drohung mit Zwang gegen den durch sie vertretenen Staat einen völkerrechtlichen Vertrag anfechtbar mache.[113] Diese Unterscheidung war im klassischen Völkerrecht, das das Recht zum Kriege sanktionierte, unvermeidlich, weil sonst die Mehrzahl der Friedensverträge, die am Ende eines Krieges dem Besiegten häufig kraft der Übermacht des Siegers auferlegt wurden, anfechtbar gewesen wäre.[114] Im Anschluß an die Unterzeichnung des Versailler Friedensvertrags unter der Drohung der Wiederaufnahme der Feindseligkeiten gegen das durch den Waffenstillstandsvertrag wehrlos gemachte Deutschland[115] wurde vor allem von der deutschen

[113] Siehe Atassy, Les vices de consentement dans les traités internationaux à l'exclusion des traités de paix, 1929; Bleiber, Aufgezwungene Verträge im Völkerrecht, in Zeitschr. für Völkerrecht, 1935, S. 385ff.; Golls-Willms, Erzwungene Staatsverträge, 1933; Grosch, Der Zwang im Völkerrecht mit besonderer Berücksichtigung des völkerrechtlichen Vertragsrechts, 1912; Kunz, Die Revision der Pariser Friedensverträge, 1932; Spengler, Zur Frage des völkerrechtlich gültigen Zustandekommens der deutsch-tschechoslowakischen Grenzneuregelung von 1938, 1967.

[114] So schon Grotius aaO, III, XIX, 11: ,,Quod ni id placuisset, bellis talibus quae valde sunt frequentia, nec modus nec finis potuisset imponi . . ."

[115] Siehe Mantelnote der Alliierten vom 16. 6. 1919 Nr. VIII, abgedruckt bei Berber, Diktat von Versailles, 1939, I, S. 75: ,,In diesem Sinne muß der Friede in seiner jetzigen Gestalt entweder angenommen oder abgelehnt werden. Die alliierten und assoziierten Mächte fordern daher eine Erklärung der deutschen Delegation binnen fünf Tagen, vom Datum dieser Mitteilung, daß sie bereit ist, den Vertrag in seiner heutigen Gestalt zu unterzeichnen. . . . Mangels einer solchen Erklärung usw.

Völkerrechtstheorie die These aufgestellt, daß ein am Ende des Krieges ausgeübter Zwang, der im Widerspruch zu einem Vorfriedensvertrag (der auch u. U. in einem Waffenstillstandsvertrag enthalten sein kann) ausgeübt wurde, den Zwang widerrechtlich und damit den so erzwungenen Vertrag anfechtbar mache.[116]

Unter dem Eindruck des Kriegsverbots des Kelloggpaktes von 1928 wurde weiterführend die These vertreten, daß Verträge, die durch gegen den Kelloggpakt verstoßende Mittel zustandegekommen seien, nicht anzuerkennen seien, so insbesondere in der sogenannten Stimson-Doktrin vom 7. 1. 1932[117] und in der entsprechenden Resolution der Völkerbundsversammlung vom 11. 3. 1932.[118] Noch weiter geht die Charter der UN, die in Artikel 2 Nr. 4 (verstärkt durch die Erklärung von 1970 über freundschaftliche Beziehungen und Zusammenarbeit zwischen Staaten) vorschreibt: ,,alle Mitglieder sollen sich in ihren internationalen Beziehungen von der Drohung oder dem Gebrauch von Gewalt gegenüber der territorialen Integrität oder politischen Unabhängigkeit irgendeines Staates ... fernhalten." Die Konvention hat in Konsequenz hieraus in Art. 52 auch den Zwang gegenüber dem Staat selbst als Nichtigkeitsgrund eingeführt: ,,Ein Vertrag ist nichtig, wenn sein Abschluß durch Androhung oder Anwendung von Gewalt unter Verletzung der in der Satzung der Vereinten Nationen niedergelegten Grundsätze des Völkerrechts zustande gekommen ist." Darunter würde auch eine ,,bedingungslose" Kapitulation fallen, wenn durch sie dem Sieger das Recht zugesprochen werden sollte, den Besiegten nach Willkür zu behandeln und nicht innerhalb der Schranken des Völkerrechts, ,,wie sie sich ergeben aus den unter gesitteten Völkern feststehenden Gebräuchen, aus den Gesetzen der Menschlichkeit und aus den Forderungen des öffentlichen Gewissens".[119] Insbesondere darf die erzwungene ,,bedingungslose" Kapitulation von Streitkräften nicht dazu führen, daß deren Mitgliedern die Rechte als Kriegsgefangene entzogen werden.[120] Der Kommentar der ILC hat aber auch klargemacht, daß diesem neu eingeführten Nichtigkeitsgrund keine rückwirkende Kraft zukommt, eine Rückwirkung sei

... Der genannte Waffenstillstand wird damit beendet sein und die alliierten und assoziierten Mächte werden diejenigen Schritte ergreifen, die sie zur Erzwingung ihrer Bedingungen für erforderlich halten"; s. auch die deutsche Note vom 23. 6. 1919, abgedruckt ebda. S. 86: ,,Der übermächtigen Gewalt weichend, und ohne damit ihre Auffassung über die unerhörte Ungerechtigkeit der Friedensbedingungen aufzugeben, erklärt deshalb die Regierung der Deutschen Republik, daß sie bereit ist, die von den alliierten und assoziierten Regierungen auferlegten Friedensbedingungen anzunehmen und zu unterzeichnen."

[116] Siehe Verdross aaO S. 170.

[117] ,,... that it does not intend to recognize any situation, treaty or agreement which may be brought about by means contrary to the covenants and obligations of the Pact of Paris of August 27, 1928..."; abgedruckt bei Bruns, Politische Verträge, 1936, I, S. 325 Fußnote 2.

[118] J. O. 1932, Spec. Suppl. No. 101, S. 87f.; siehe auch Hyde schon 1944 (s. S. I S. XII) aaO II S. 1380 Fußnote: ,,the exercise of the power to cause a prostrate foe to accept terms which international law itself forbade the victor to impose might on principle be regarded as invalid".

[119] Präambel zum IV. Haager Abkommen vom 18. 10. 1907.

[120] Siehe Art. I der Genfer Kriegsgefangenenkonvention von 1949.

wegen der Erwähnung der Satzung der Vereinten Nationen lediglich vom Inkrafttreten dieser Satzung ab zuzulassen.

Ob unter Gewalt nur militärischer oder auch politischer und wirtschaftlicher Druck zu verstehen ist, ist nach wie vor umstritten. Die sozialistischen Staaten berufen sich für ihre Deutung des umfassenderen Begriffs der „Gewalt" auf die zwar in die Schlußakte der Konferenz aufgenommene, aber nicht Vertragsinhalt gewordene „Deklaration über das Verbot von militärischem, politischem und ökonomischem Zwang beim Abschluß von Verträgen".

III. Unmöglichkeit des Vertragsgegenstandes

Ein auf einen effektiv unmöglichen Gegenstand gerichteter Vertrag ist nichtig. Es muß sich um objektive Unmöglichkeit, nicht um subjektives Unvermögen handeln, und die Unmöglichkeit muß bei Vertragsschluß bestehen; erst später eintretende Unmöglichkeit ist bei den Endigungsgründen des Vertrags zu behandeln. Beispiele sind der Art. 246 II des Versailler Vertrags von 1919, durch den Deutschland verpflichtet wurde, den Schädel des Sultans Makaua, der sich gar nicht in deutscher Verfügungsgewalt befand, an Großbritannien herauszugeben, oder ein Vertrag, der Bestimmungen enthält, die sich gegenseitig widersprechen und sich gegenseitig ausschließen, so daß nur entweder die eine oder die andere Bestimmung durchführbar ist; so ist, unter Berufung auf englische Regierungserklärungen, geltend gemacht worden (siehe Weiß in ZaöRVR 1950/51 S. 155), daß der Mandatsauftrag für Palästina sich widersprechende Versprechen enthalten habe, so der britische Außenminister am 25. 2. 1947: „In the first place, it promised the Jews a National Home, and, in the second place, it declared that the rights and position of the Arabs must be protected. Therefore, it provided for what was virtually an invasion of the country by thousands of immigrants and at the same time said that this was not to disturb the people in possession."

IV. Verstoß gegen zwingendes Recht[121]

Ein Vertrag, der gegen nichtzwingendes völkerrechtliches Gewohnheitsrecht verstößt, ist gültig und ändert zwischen den Vertragsparteien im Umfang des Vertrags dieses dispositive völkerrechtliche Gewohnheitsrecht ab. So billigt z. B.

[121] Literatur: Aleksidze, Das Jus cogens-Problem im heutigen Völkerrecht (in russ. Sprache), im Sowjetischen Jahrbuch für Völkerrecht 1969 S. 142ff.; Barberis, La liberté de traiter des Etats et le jus cogens, in ZaöRVR 1970 S. 19ff.; Jurt, Zwingendes Völkerrecht, 1933; Mosler, Jus cogens im Völkerrecht, in Schweiz. Jahrbuch für internationales Recht 1968 S. 9ff.; Scheuner, Conflict of Treaty Provisions with a Peremptory Norm of General International Law, ZaöRVR 1969 S. 28ff.; Schwelb, Some Aspects of International Jus Cogens etc., in AJIL 1967 S. 946ff.; Suy, The Concept of Jus Cogens in International Law, 1967; Sztucki, Jus Cogens and the Vienna Convention on the Law of Treaties, 1974; Verdross, Jus Dispositivum and Jus Cogens in International Law, in AJIL 1966 S. 55ff.; Virally, Réflexions sur le jus cogens, in Annuaire français de droit international 1966 S. 5ff.

das allgemeine Völkerrecht den Konsuln nicht den Status der allgemeinen diplomatischen Immunität zu; es steht aber nichts im Wege, daß Staaten durch Vertrag ihren Konsuln gegenseitig den vollen diplomatischen Status zuerkennen. Ein Vertrag dagegen, der gegen zwingendes Völkerrecht verstößt, ist nichtig. Zwingendes Völkerrecht sind insbesondere die tragenden ethischen Prinzipien des Völkerrechts, wie die Ehre und die Unabhängigkeit der Staaten, die Achtung der völkerrechtlichen Verpflichtungen, die Grundrechte des Menschen, die humanitären Vorschriften des Völkerrechts, wie sie oben in § 26 bei der Konkretisierung der Grundpflichten der Staaten insbesondere im Lichte der UN-Deklaration von 1970 dargestellt wurden. Ein Vertrag zwischen zwei Staaten, der die Beseitigung der Unabhängigkeit eines dritten Staates gegen dessen Willen bezweckt; ein Vertrag, durch den ein Staat die Verpflichtung eingeht, die Völkerrechtsverletzungen eines anderen Staates zu tarnen oder ihnen beizustehen; ein Vertrag, durch den ein Staat sich gegenüber einem anderen Staat verpflichtet, ihm die von ihm selbst gemachten Kriegsgefangenen oder bei ihm wohnende Staatsangehörige des anderen Staats zu übergeben, obwohl er weiß, daß der andere Staat sie inhuman behandeln wird; ein Vertrag, durch den ein Staat einen anderen zwingt, ihm gegenüber völlig und bedingungslos auf die Einhaltung des Völkerrechts und auf dessen Schutz zu verzichten und sich von ihm nach dessen willkürlichem Belieben behandeln zu lassen („bedingungslose“ Kapitulation); ein Vertrag, durch den ein Staat sich verpflichtet, zugunsten eines anderen Staates die auf seinem Gebiet befindlichen Angehörigen eines dritten Staates, mit dem er sich nicht im Kriegszustand befindet, entschädigungslos zu enteignen; ein Vertrag, der einem dritten Staat eine Verpflichtung auferlegen wollte; ein Vertrag, durch den ein Staat unter Ausnutzung der wirtschaftlichen Notlage eines anderen Staates diesen verpflichten würde, gegen die Lieferung von Lebensmitteln eine bestimmte Zahl seiner Staatsangehörigen als Zwangsarbeiter (Sklaven) ihm zu übergeben; ein Vertrag, durch den ein Staat sich verpflichten würde, einem anderen Staat – etwa gegen finanzielle Vorteile – weibliche Angehörige seines eigenen Staates zu unsittlichen Zwecken zu übergeben (Mädchenhandel): alle diese Verträge verstoßen gegen zwingende Vorschriften des Völkerrechts und können keine rechtliche Anerkennung finden, sondern sind als nichtig anzusehen. Art. 53 der Konvention hat nunmehr ausdrücklich die Nichtigkeit eines Vertrags statuiert, „wenn er im Zeitpunkt seines Abschlusses einer zwingenden Norm des allgemeinen Völkerrechts widerspricht“. Die im 2. Satz dieses Artikels dargebotene Definition einer zwingenden Norm („eine Norm, die von der internationalen Staatengemeinschaft als Ganzes als eine Norm angenommen und anerkannt ist, von der keine Abweichung erlaubt ist und die nur durch eine nachfolgende Norm des allgemeinen Völkerrechts, die denselben Charakter trägt, abgeändert werden kann“) ist praktisch tautologisch und wenig hilfreich.[122] Die ILC hat die Hoffnung ausgedrückt, daß Staatenpraxis

[122] Übereinstimmend Rousseau aaO 2. Aufl. I S. 151, der sogar von „confusionnisme“ spricht.

und internationale Judikatur den vollen Inhalt dieser Regel herausarbeiten würden. In Konsequenz hiervon hat Art. 66a für den Fall eines nicht nach Art. 65 beigelegten Streits über die Anwendbarkeit des Art. 53 die Zuständigkeit des IG statuiert, während in allen anderen die Gültigkeit eines Vertrags betreffenden Streitigkeiten nur eine auf Empfehlungen beschränkte Vermittlungskommission vorgesehen ist.

V. Konkurrenz zwischen Verträgen[123]

Verträge sind nicht schon deshalb nichtig, weil sie gegen frühere Verträge verstoßen. Dabei sind im einzelnen folgende Fälle zu unterscheiden:

a) Zwei Staaten schließen einen Vertrag, der mit einem früher ebenfalls zwischen ihnen abgeschlossenen Vertrag unvereinbar ist. Betraf der frühere Vertrag zwingendes Völkerrecht, so ist der neue Vertrag als Verstoß gegen jus cogens nichtig. Betraf der frühere Vertrag dispositives Recht, so geht der neue Vertrag in der Weise vor, daß er den früheren Vertrag, soweit die Unvereinbarkeit reicht, abändert oder aufhebt: lex posterior derogat legi priori (Art. 59).

b) Zwei Staaten schließen einen Vertrag, der einem früher von einem der beiden Vertragspartner mit einem dritten Staat abgeschlossenen Vertrag widerspricht. Weder der neue noch der alte Vertrag wird eo ipso nichtig, doch macht sich der an beiden Verträgen beteiligte Staat u. U. gegenüber dem einen oder dem anderen seiner Vertragspartner, je nachdem, welchen Vertrag er verletzt, schadensersatzpflichtig.

c) Zwei oder mehr Staaten schließen einen Vertrag, der im Widerspruch steht zu einem früheren multilateralen Vertrag, an dem, neben anderen Staaten, auch alle oder einzelne der Vertragspartner des neuen Vertrags beteiligt waren – oder mehrere Staaten schließen einen Vertrag, der im Widerspruch steht zu einem früheren Vertrag, an dem ein oder mehrere, aber nicht alle Partner des neuen Vertrags beteiligt waren. Weder der neue noch der alte Vertrag sind eo ipso nichtig, der Abschluß des neuen Vertrags kann aber u. U. ein völkerrechtliches Delikt gegenüber den übrigen Partnern des früheren Vertrags darstellen, gegen das diese protestieren werden.[124]

Art. 30 der Konvention enthält ins einzelne gehende, aber nicht erschöpfende Bestimmungen über die Anwendung den gleichen Gegenstand betreffender sukzessiver Verträge.

---

[123] Siehe Jenks in BYIL 1953 S. 401ff.; Rousseau aaO 2. Aufl. I S. 151ff.

[124] Siehe z. B. den britischen und den französischen Protest gegen den österreichisch-russisch-preußischen Vertrag vom 6. 11. 1846 über die österreichische Annexion der 1814 durch die multilaterale Wiener Kongreßakte geschaffenen Freien Stadt Krakau; s. ferner den – erfolgreichen – britischen Protest gegen den 1878 im Widerspruch zu Art. 7 des Pariser Friedensvertrags von 1856 abgeschlossenen russisch-türkischen Vorfriedensvertrag von San Stefano; s. die Frage der Vereinbarkeit zwischen dem Locarnopakt (Westpakt) vom 16. 10. 1925 und dem französisch-sowjetischen Beistandspakt vom 2. 5. 1935 und den Notenwechsel der Mächte hierüber, abgedruckt bei Berber, Locarno 1936, S. 162ff.

Einer besonderen Prüfung in diesem Zusammenhang bedarf Artikel 103 der Charter der UN, der bestimmt: „Im Falle eines Widerspruchs zwischen den Verpflichtungen der Mitglieder der Vereinten Nationen aus der vorliegenden Satzung und ihren Verpflichtungen aus irgendeiner anderen internationalen Abmachung haben die in der vorliegenden Satzung enthaltenen Verpflichtungen den Vorrang." Diese Bestimmung nimmt einen Gedanken auf, den schon Artikel 20 der Völkerbundsatzung in etwas anderer Form ausgedrückt hatte. Aber auch er führt eine automatische Nichtigkeit früherer oder späterer den Verpflichtungen der Charter[125] widersprechender Verträge nicht generell herbei, da die UN-Charter die Regeln des allgemeinen Völkerrechts nicht beseitigen kann. Eine solche Nichtbeachtbarkeit gegenüber der den Vorrang behauptenden UN-Charter tritt lediglich bei früheren oder späteren Verträgen auf, die ausschließlich zwischen UN-Mitgliedern abgeschlossen und in ihrer Gänze mit Verpflichtungen aus der Charter unvereinbar sind. Hinsichtlich früherer Verträge, an denen Nichtmitglieder beteiligt sind, wird eine Verpflichtung der UN-Mitglieder anzunehmen sein, sich in Übereinstimmung mit dem geltenden Völkerrecht von denjenigen Verpflichtungen solcher Verträge zu lösen, die mit ihren Verpflichtungen aus der Charter unvereinbar sind. Hinsichtlich späterer Verträge mit Nichtmitgliedern, die unter Artikel 103 der Charter fallen, wird eine Verpflichtung der UN-Mitglieder anzunehmen sein, nicht ihnen, sondern der Charter im Konfliktsfall den Vorrang zu geben. Während nach allgemeinem Völkerrecht in einem solchen Fall die Partner, die nicht Mitglieder der UN sind, gegebenenfalls einen Schadensersatzanspruch gegen den den Vertrag nicht einhaltenden Teil haben würden, wird hier, wegen der vorauszusetzenden allgemeinen Kenntnis der Charter, ein solcher Schadensersatzanspruch abzulehnen sein, weil der andere Teil die rechtliche Beschränkung des UN-Mitglieds kannte oder kennen mußte.[126]

§ 69. Die Auslegung völkerrechtlicher Verträge

Literatur: *Bernhardt,* Die Auslegung völkerrechtlicher Verträge, 1963; *Degan,* L'interprétation des accords en droit international, 1963; *Ehrlich, L.,* Interpretacja Traktatow, 1957; *Engisch,* Einführung in das juristische Denken, 1956, 2. Aufl. 1959; *Fitzmaurice,* The Law and Procedure of the International Court of Justice 1951–54: Treaty Interpretation and other Treaty Points, in BYIL 1957, S. 203ff.; *Jokl,* De l'interprétation des traités normatifs, 1953; *Lauterpacht,* The Development of International Law by the International Court, 1956; *McDougal-Lasswell-Miller,* The Interpretation of agreements and World Order, 1967; *Neri,* Sull'Interpretazione dei Trattati nel Diritto Internazionale, 1958; *O'Connell,* State Succession and Problems of Treaty Interpretation, in AJIL 1963 S. 41ff.; *Schechter,* Interpretation of ambiguous Documents by International Administrative Tribunals, 1964; *Siorat,* Le problème des lacunes en droit international, 1959; *Spencer,* L'interprétation des traités par les travaux préparatoires, 1934; *Visscher,* Charles de, Problèmes d'interprétation judiciaire en droit international public, 1963.

---

[125] Nicht ganz allgemein *der Charter,* vgl. Kelsen, The Law of the United Nations, 1951, S. 111ff.
[126] Übereinstimmend McNair, Law of Treaties, 1961, S. 218.

I. Der Begriff der Auslegung

Die Auslegung ist ein Denkverfahren, das durchaus nicht nur bei der Anwendung oder doch wenigstens Betrachtung völkerrechtlicher Verträge in Frage steht. Sie ist ein spezifisches Erkenntnisverfahren, das ebenso den Quellen des Völkerrechts insgesamt wie überhaupt völkerrechtlichen Rechtsakten, z. B. den Urteilen internationaler Gerichte, gegenüber zur Anwendung kommt. Sie ist weitgehend identisch für alle Arten von juristischer Auslegung, obwohl die oben[127] genannten Besonderheiten des Völkerrechts auch eine spezifisch völkerrechtliche Auslegungsweise bedingen. Es ist aber wichtig, nicht zu vergessen, daß Auslegung ein Begriff ist, der weit über den Rahmen des Juristischen hinausreicht. In der Philologie ist Auslegung das Verfahren, um zum Verständnis eines Textes zu gelangen, und wir werden der philologischen Auslegung als einem notwendigen Element der juristischen Auslegung wieder begegnen. In der Existenzphilosophie ist Auslegung das Geschäft, zum Verständnis des Seins überhaupt zu gelangen.[128]

Die Auslegung eines völkerrechtlichen Rechtsgeschäfts und insbesondere eines Vertrags ist die Deutung, Erklärung, Aufhellung des wahren Sinnes, des Inhalts, des Umfangs, der Bedeutung eines Vertrags, angefangen von der Deutung des Sinnes einzelner Worte, ja Interpunktionen, der Stellung einzelner Worte,[129] über die Deutung einzelner Sätze und Paragraphen bis hin zur Deutung des Sinnzusammenhangs des ganzen Vertrags und der über den Vertrag hinausreichenden, aber aus ihm sich ergebenden Zusammenhänge.[130]

Der Zweck der Auslegung eines völkerrechtlichen Vertrags kann ein ganz verschiedener sein: sie kann reinen Erkenntniszwecken dienen, etwa für den Völkerrechtstheoretiker, den Soziologen, den Historiker; sie kann pädagogischen Zwecken dienen, etwa im Universitätsunterricht; sie kann politischen Zwecken dienen, etwa in diplomatischen Auseinandersetzungen; sie kann aber auch der Ermöglichung der Rechtsanwendung dienen, etwa im Prozeßfall durch das Gericht.[131]

Es ist also bei jeder Auslegung eines völkerrechtlichen Vertrags der Zweck zu

---

[127] § 3.

[128] Siehe Heidegger über Hermeneutik als Phänomenologie des Daseins in: Sein und Zeit, 4. Aufl. 1935, S. 37.

[129] Siehe z. B. Urteil des IG vom 22. 7. 1952 in Sachen der Anglo-Iranischen Ölgesellschaft, Reports 1952, S. 104.

[130] Siehe auch die Definition von Rousseau aaO 2. Aufl. I S. 241: ,,L'interprétation est l'opération intellectuelle qui consiste à déterminer le sens d'un acte juridique, à en préciser la portée et à en éclairer les points obscurs ou ambigus."

[131] Mit Recht unterscheidet Ehrlich in seiner dissenting opinion zum Chorzów-Urteil vom 26. 7. 1927 – A/9 – ,,interprétation" als ein Verfahren, das ,,consiste à déterminer la signification d'une disposition", ,,application" dagegen als ein Verfahren, das ,,consiste, en un sens, à établir les conséquences que la dispositions attache à l'occurence d'un fait donné; en un autre sens, l'application consiste à faire naître les conséquences, qui, selon une disposition, doivent découler d'un fait."

unterscheiden, für den sie erfolgt. Im folgenden soll diejenige Art der Auslegung in den Vordergrund gestellt werden, die der praktischen Rechtsanwendung dient.

II. Die Methode der Auslegung

Die Auslegung ist nicht eine Methode starrer Regelhaftigkeit und Technik, sondern sie ist die Anwendung spezifisch juristischer Kunst, die sich allen starren, selbst bloßlogischen Regeln entzieht, ja einen wesentlichen Teil intuitiven schöpferischen Verstehens[132] voraussetzt. Die völkerrechtliche Auslegung ist eine eigentümliche Mischung philologischer, logischer, historisch-soziologischer und ethischer Prozesse.[133] Es muß ein gesundes Gleichgewicht zwischen diesen Elementen bestehen, nicht darf das eine oder andere dieser Elemente überbetont werden, wie dies etwa mit der Betonung der Wortinterpretation im älteren römischen Recht geschah;[134] demgegenüber betont die römische Kaiserzeit die Auslegung nach dem Sinn der Gesetze.[135] Bei der völkerrechtlichen Auslegung ist insbesondere zu bedenken, daß Verträge bald zwischen Partnern, die einem bestimmten Rechtssystem angehören (etwa dem angelsächsischen), bald zwischen Partnern, die einem anderen Rechtssystem angehören (etwa dem des römischen Rechts), bald zwischen Partnern, die ganz verschiedenen Rechtssystemen angehören, abgeschlossen werden, und daß deshalb keine einseitige Interpretation nach nur einer dieser Rechtstraditionen vorgenommen werden darf, sondern daß der wahre Sinn in voller Freiheit erforscht werden muß, was oft ein beträchtliches Maß universalrechtlicher Vorkenntnisse voraussetzt.

III. Die Prinzipien der Auslegung

Es gibt keine vom allgemeinen Völkerrecht bindend vorgeschriebenen Auslegungsregeln. Die folgenden Prinzipien sind vielmehr von der Theorie und von der Rechtsprechung herausgearbeitet und im wesentlichen von der in diesem Problemkreis allerdings nicht sehr ergiebigen Konvention bestätigt worden und haben keinen höheren Geltungsanspruch als den ihrer einleuchtenden Vernünftigkeit, um den von den Parteien im Vertrag ausgedrückten Sinn in umfassender und erschöpfender Weise zu ergründen. Eine bestimmte Rangordnung zwischen ihnen wird sich im konkreten Einzelfall ergeben, läßt sich aber nicht generell festlegen.

---

[132] Siehe O. F. Bollnow, Das Verstehen, 1949; Betti, Zur Grundlegung einer allgemeinen Auslegungslehre, 1954.

[133] Vgl. Savigny's Unterscheidung des grammatischen, logischen, historischen und systematischen Elements der Auslegung in: System des heutigen römischen Rechts, I, 1840, S. 213f.

[134] Siehe darüber Ihering, Geist des römischen Rechts, II, S. 441ff.

[135] Siehe Celsus in l.17 D. de legibus 1, 3: „scire leges non hoc est verba earum tenere, sed vim ac potestatem".

Im allgemeinen lassen sich folgende Prinzipien der Auslegung völkerrechtlicher Verträge feststellen:

a) Zunächst ist zu versuchen, durch eine Anwendung des Textes selbst ohne interpretative Künste zum Ziele zu kommen: ,,Cum in verbis nulla ambiguitas est, non est movenda voluntatis quaestio". So hat der StIG[136] festgestellt: ,,Die Aufgabe des Gerichts ist klar umschrieben. Da es eine Klausel vor sich hat, die in bezug auf Klarheit wenig zu wünschen übrig läßt, so ist es verpflichtet, diese Klausel, so wie sie steht, anzuwenden. ..." Ebenso stellte der IG im Anglo-Iranischen Ölstreit fest: ,,Diese Erklärung muß ausgelegt werden, wie sie steht, indem man abstellt auf die tatsächlich benutzten Worte."[137]

b) Bei der Anwendung des Textes sind die Worte in dem Sinne zu verwenden, den sie gewöhnlich in solchem Zusammenhang haben. So hat der StIG im Danziger Poststreit[138] festgestellt: ,,es ist ein Grundprinzip der Auslegung, daß Worte in dem Sinne ausgelegt werden müssen, den sie normalerweise in ihrem Zusammenhang haben würden, es sei denn, solche Auslegung führe zu etwas Unvernünftigem oder Absurdem." Der Richter Read erklärte im Anglo-Iranischen Ölstreit:[139] ,,ich kann nicht ... von den Worten, wie sie tatsächlich benutzt wurden, absehen, ihnen eine von ihrer gewöhnlichen und natürlichen Bedeutung abweichende Bedeutung geben oder Worte oder Gedanken hinzufügen, die bei der Abgabe der Erklärung nicht gebraucht wurden."[140] Art. 31 I bestätigt diese Auslegungsregel: ,,Ein Vertrag ist nach Treu und Glauben auszulegen, entsprechend der üblichen Bedeutung, die den Begriffen des Vertrages in ihrem Zusammenhang und unter Berücksichtigung seines Zieles und Zwecks beizulegen ist."

c) Bei dieser Anwendung des Wortlauts der Verträge ist mit philologischer Gewissenhaftigkeit vorzugehen; ,,man sollte nicht leichthin annehmen, daß sie überflüssige Worte enthalten. Die richtige Methode, wo immer möglich, ist, nach einer Auslegung zu suchen, die für jedes Wort im Text einen Grund und eine Bedeutung ergibt."[141]

d) Der Text der Verträge ist in dem Sinn auszulegen, den er im Zeitpunkt des Abschlusses der Verträge hatte.[142]

e) Wenn Texte in mehreren Sprachen existieren, die beide gleichrangige Gültigkeit haben, so ist der Text in jeder dieser Sprachen gleich verbindlich; es wird vermutet, daß die im Vertrag verwendeten Begriffe in jedem der gleichrangigen Texte die gleiche Bedeutung haben. Wenn ein Vergleich der gleichrangigen Texte

[136] B 7, S. 20.

[137] Reports 1952, S. 105.

[138] B 11, S. 39.

[139] Reports 1952, S. 145.

[140] Siehe auch Art. I_1 der Entschließung des Institut de Droit International 1956, Annuaire 46, S. 358ff.: ,,The agreement of the parties having been embodied in the text of the treaty, it is necessary to take the natural and ordinary meaning of the terms of this text as the basis of interpretation."

[141] Anzilotti im Leuchtturm-Fall, A/B 62, S. 31.

[142] Marokko-Fall, Reports 1952, S. 189.

einen Bedeutungsunterschied ergibt, der auch durch die Anwendung der allgemeinen Auslegungsprinzipien nicht beseitigt werden kann, so ist nach Art. 33 iv „die Bedeutung anzunehmen, welche die Texte unter Berücksichtigung des Ziels und Zwecks des Vertrags am besten miteinander in Einklang bringt".[143]

f) Nur wenn die Anwendung des Wortlauts in seiner gewöhnlichen Bedeutung zweideutig ist oder zu einem unvernünftigen Ergebnis führt, ist die Zuflucht zu anderen Auslegungsprinzipien zu nehmen und die Absicht der Parteien beim Vertragsschluß aufzuhellen:[144] „es darf nicht vermutet werden, daß beabsichtigt war, einen Gedanken auszudrücken, der zu widersprechenden oder unmöglichen Folgen führt oder zu Folgen, die unter den gegebenen Umständen als über die Absicht der Parteien hinausgehend angesehen werden müssen. Die lediglich grammatische Auslegung jedes Vertrags und insbesondere internationaler Verträge muß an diesem Punkt haltmachen."[145] Doch darf die Aufhellung des Willens der Parteien nicht zu einer subjektiven Aushöhlung des objektiven Vertragsinhalts führen; die Frage ist nicht, „was für eine Bedeutung dem Text im Licht der Absichten der Parteien zuerkannt werden muß, sondern was im Lichte der Bedeutung des formulierten Textes als die Absicht der Parteien vermutet werden muß[146]"; man muß also vom Sinn des Textes auf die Absichten der Parteien, nicht von den Absichten der Parteien auf den Sinn des Textes schließen, was die Erhellung der Parteiabsichten für sich allein als nicht besonders fruchtbar erscheinen läßt, insbesondere nicht bei multilateralen Verträgen, bei denen ohnehin hierfür zu viele und zu vielartige Völkerrechtssubjekte beteiligt sind. Hier ist es infolgedessen fruchtbarer, einen weniger subjektiven Auslegungsgrundsatz anzunehmen, nämlich den teleologischen des Zweckes des Vertrags.

g) Die Aufhellung des Vertragszwecks hängt enge mit einem Auslegungsprinzip des innerstaatlichen Rechts zusammen, das besagt: „Interpretatio fienda est ut res magis valeat quam pereat." Unter mehreren möglichen Auslegungen ist also diejenige zu wählen, bei der der Vertrag verwirklicht, bei der der Vertragszweck erreicht werden kann. So hat der StIG im Zonenstreit[147] festgestellt: „im Zweifelsfall müssen die Bestimmungen einer speziellen Vereinbarung, durch die ein Streitfall dem Gericht unterbreitet wird, falls dies nicht ihrem Wortlaut Gewalt antut, so ausgelegt werden, daß die Bestimmungen selbst die angemessenen Wirkungen

---

[143] Siehe Dölle, Zur Problematik mehrsprachiger Gesetzes- und Vertragstexte, in Rabels Zeitschrift 1961 S. 4ff.; Hardy, The Interpretation of Plurilingual Treaties by International Courts and Tribunals, in BYIL 1961 S. 72ff.; Hilf, Die Auslegung mehrsprachiger Verträge, 1973; Ostrower, Language, Law and Diplomacy- a Study of Linguistic Diversity in Official International Relations and International Law, 2 Bde., 1965; Weisgerber, Vertragstexte als sprachliche Aufgabe, 1961.

[144] Siehe IG Reports 1950 S. 8; siehe auch RGZ 130 S. 220: „Für die Auslegung eines völkerrechtlichen Vertrages ist in erster Linie der aus dem Wortlaut, dem Zweck und der Entstehungsgeschichte zu ermittelnde übereinstimmende Wille der Vertragsstaaten maßgebend."

[145] Siehe Wimbledon Fall, StIG A 1, S. 36.

[146] Siehe Fitzmaurice in BYIL 1957 S. 207.

[147] StIG A 22 S. 13.

haben können." Ebenso stellte der Richter Read im Anglo-Iranischen Ölstreitfall[148] fest: „Die Abgabe einer Erklärung ist eine Ausübung der staatlichen Souveränität und nicht in irgendeiner Weise eine Beschränkung. Sie sollte deshalb so ausgelegt werden, daß sie der Absicht eines Staates, wie sie durch die gebrauchten Worte angezeigt ist, Wirksamkeit gibt; nicht durch eine restriktive Interpretation, die dazu bestimmt ist, die Absicht des Staates bei der Ausübung dieser souveränen Macht zu vereiteln." Doch darf die Anwendung des Effektivitätsgrundsatzes nicht dazu führen, den Wortsinn zu verfälschen und damit zu einer quasilegislatorischen Revision statt zu einer richterlichen Interpretation zu führen. So hat der IG im Streit über die Friedensverträge[149] ausgesprochen: „Das in der Maxime: Ut res magis valeat quam pereat, ausgedrückte und oft als Effektivitätsregel bezeichnete Auslegungsprinzip kann dem Gericht keine Rechtfertigung geben, den in den Friedensverträgen enthaltenen Bestimmungen über die Beilegung von Streitigkeiten eine Bedeutung beizulegen, die wie oben dargelegt, im Widerspruch zu ihrem Buchstaben und Geist stehen würde."

h) Um die Absicht der Parteien und den Zweck des Vertrags aufzufinden, denen durch die Auslegung Wirksamkeit gegeben werden soll, kann insbesondere auf die Präambel des Vertrags, auf die vorbereitenden Arbeiten, auf das historisch-politische Milieu, aus dem der Vertrag erwachsen ist, sowie auf die nachfolgende Staatenpraxis bei der Ausführung des Vertrags zurückgegriffen werden. Art. 32 sagt dazu: „Auf zusätzliche Auslegungsmittel einschließlich der Materialien des Vertrags und der Umstände seines Abschlusses kann zurückgegriffen werden, um den Sinn, der sich aus der Anwendung des Art. 31 ergibt, zu bestätigen oder um den Sinn festzulegen, wenn die Auslegung gemäß Art. 31: a) den Sinn zweideutig oder undeutlich läßt; oder b) zu einem Resultat führt, das offenbar absurd oder unvernünftig ist." Obwohl die Präambel regelmäßig keine inhaltlichen Vertragsbestimmungen enthält und aus diplomatischen oder propagandistischen Gründen häufig nicht absolut aufrichtig über Parteiabsichten und Vertragszweck sich ausspricht, kommt ihr doch für beide ein hoher Erkenntniswert zu. So sagt der IG im Marokko-Streitfall:[150] „Die Zwecke und Gegenstände dieser Konvention wurden in ihrer Präambel mit den folgenden Worten festgestellt: ‚. . . . . .'. Unter diesen Umständen kann das Gericht nicht eine implicite-Auslegung der Bestimmungen der Madrider Konvention annehmen, welche über das Ziel ihrer erklärten Zwecke und Gegenstände hinausgehen würde." Bestimmungen der Präambel, obwohl mehr Aussagen über Vertragsabsicht als inhaltliche Regelungen, sind ebenso bindend wie der Hauptteil des Vertrags.[151] Die vorbereitenden Arbeiten sind von

[148] Reports 1952, S. 143.
[149] Reports 1950, S. 229.
[150] Reports 1952, S. 196.
[151] Siehe Reports 1952, S. 184: „it seems clear that the principle was intended to be of a binding character and not merely an empty phrase"; siehe auch RGSt. 70 S. 304: „Die Eingangsformel eines Rechtshilfevertrages kann eine rechtliche Bindung zwischen den Vertragsparteien begründen."

besonderer Wichtigkeit für diese Aufhellung,[152] ebenso auch spätere Erklärungen der Unterhändler über Vertragszweck usw.;[153] Erklärungen der Unterhändler während der Verhandlungen *vor* Vertragsabschluß gehören zu den vorbereitenden Arbeiten.[154] Das historisch-politische Milieu, aus dem der Vertrag erwachsen ist, ist oft unentbehrlich für die konkrete Auslegung eines Vertrags.[155] Hierher gehört auch das historische Prinzip der Auslegung von Begriffen nach ihrer Bedeutung zur Zeit des Vertragsabschlusses (Principle of Contemporaneity, interprétation dite contemporaine).[156] Ebenso kann zur Auslegung die nachfolgende Staatenpraxis bei der Ausführung des Vertrags herangezogen werden, falls sie übereinstimmend von allen Vertragspartnern geübt wird; Praxis nur eines oder einiger der Vertragspartner ist irrelevant, sie kann ja geradezu der Anlaß des Streites sein, aus dem sich die Notwendigkeit der Auslegung ergibt.[157]

i) Zur Aufhellung des Sinnes eines Vertrags kann ebenfalls zweckdienlich sein, obwohl angesichts des möglichen Durchbrechungscharakters des Spezialvertrags mit Vorsicht zu benutzen, die Auslegung im Sinn eines allgemeinen oder eines regionalen Gewohnheitsrechts,[158] sowie die Auslegung im Sinn früherer zwischen den gleichen Vertragspartnern oder über den gleichen Vertragsgegenstand abgeschlossener Verträge.[159] Art. 31 II, III sagt dazu: „Zum Zwecke der Auslegung gehört in den Zusammenhang des Vertrages zusätzlich zum Text einschließlich seiner Präambel und Anhänge: a) jede Vereinbarung, die sich auf den Vertrag bezieht und zwischen allen Parteien in Verbindung mit dem Vertragsabschluß getroffen worden ist; b) jedes Dokument, das von einer oder mehreren Parteien in Verbindung mit dem Vertragsabschluß errichtet und von den anderen Parteien als mit dem Vertrag in Verbindung stehendes Dokument anerkannt worden ist.

[152] Siehe die Erklärung des US-State Department von 1928, passim abgedruckt bei Hackworth aaO V S. 145: „There would seem no reason to question that in actual practice the greatest importance must be attached to all international negotiations leading up to the signing of a solemn treaty“. Siehe die zahlreichen Nachweise aus der Judikatur des StIG bei Hackworth aaO V S. 262; s. über die Grenzen der Benutzung vorbereitender Arbeiten den Ausspruch des StIG im Streitfall betr. die Oderstromkommission, A/23, S. 42: „Whereas three of the Parties concerned in the present case did not take part in the work of the Conference which prepared the Treaty of Versailles; as, accordingly, the record of this work cannot be used to determine, in so far as they are concerned, the import of the treaty; ...“

[153] Nachweise s. bei Hyde aaO II S. 1497f. und insbesondere den in Fußnote 4 ebda. behandelten interessanten Streitfall zwischen der Schweiz und den USA hinsichtlich des Handelsvertrags von 1850.

[154] „travaux préparatoires“, „preparatory work“.

[155] Siehe darüber die in die Tiefe gehenden Ausführungen bei Engisch aaO S. 81; s. ein Beispiel solcher Vertragsauslegung bei Berber, Die Quellen des internationalen Wassernutzungsrechts, 1955, S. 69ff.; s. die Entscheidung des US-Supreme Court, Cook v. US, 288 U. S. 102ff., 1933: „In constructing the Treaty, its history should be consulted“.

[156] Siehe die Stellungnahme des Richters Carneiro im Minquiers-Fall, Reports 1953, S. 91: „To do so would be to fall into the very error which we had been warned against: an instrument must not be appraised in the light of concepts that are not contemporaneous with it.“

[157] Belege s. bei Hackworth aaO V S. 263ff. [158] Nachweise s. bei Schwarzenberger aaO I S. 221.

[159] Siehe Feststellung des US-Richters Cardozo, zitiert bei Hackworth aaO V S. 252: „It is not to be lightly presumed that the government of the nation departed from the precedents of a century, and by an obscure clause in a long and involved article of this convention overturned its settled practice.“

Neben dem Zusammenhang ist zu berücksichtigen: a) jede nachfolgende Vereinbarung zwischen den Parteien hinsichtlich der Auslegung des Vertrages oder der Anwendung seiner Bestimmungen; b) jede nachfolgende Praxis in der Anwendung des Vertrages, die die Übereinstimmung der Parteien hinsichtlich der Auslegung zum Ausdruck bringt; c) alle einschlägigen Regeln des Völkerrechts, die in den Beziehungen zwischen den Parteien anwendbar sind."

k) Das Integrationsprinzip[160] verlangt, daß die Auslegung den Vertrag als ein sinnvolles Ganzes betrachten muß und nicht einzelne Bestimmungen aus ihrem logischen und systematischen Zusammenhang reißen darf.[161]

l) Das Prinzip der restriktiven Interpretation folgt aus dem Wesen des Völkerrechts und seinem Grundprinzip der Souveränität der Staaten. Da Einschränkungen der Unabhängigkeit der Staaten nicht vermutet werden dürfen,[162] ist unter mehreren möglichen Auslegungen diejenige zu wählen, die die geringsten Verpflichtungen für die Vertragsparteien oder zum mindesten für die Vertragspartei, um deren Verpflichtungen es sich im konkreten Streitfall handelt, beinhaltet.[163] Doch darf diese Auslegungsregel nicht dazu führen, daß die im Vertrag bei sinngemäßer Auslegung anzunehmenden Einschränkungen der Unabhängigkeit mit Hilfe dieses Prinzips wegeskamotiert werden.[164]

IV. Die Subjekte der Auslegung

Die Auslegung durch innerstaatliche Organe, die an sich sehr wohl veranlaßt sein kann, in manchen Staaten aber landesrechtlich stark eingeschränkt ist,[165] ist völkerrechtlich irrelevant[166] und soll daher hier nicht behandelt werden.[167]

[160] Siehe Fitzmaurice in BYIL 1957, S. 220.

[161] Siehe Gutachten des StIG vom 12. 8. 1922, B/2 u. 3, S. 23: ,,Pour examiner la question actuellement pendante devant la Cour, à la lumière des termes mêmes du Traité, il faut évidemment lire celui-ci dans son ensemble, et l'on ne saurait déterminer sa signification sur la base de quelques phrases détachées de leur milieu et qui, separées de leur contexte, peuvent être interprétées de plusieurs manières"; siehe auch BGHSt. 10 S. 221: ,,Die Auslegung einer Vertragsbestimmung muß den Zusammenhang berücksichtigen, in welchem sie zu grundlegenden Vertragsbestimmungen steht. Ausschlaggebend ist der Sinn der gesamten Vereinbarungen ...".

[162] Siehe Urteil des StIG im Lotusfall, A/10, S. 18.

[163] Siehe die Stellungnahme des Richters Basdevant im Minquiers-Fall, Reports 1953: ,,... ce traité devrait, dans le doute, être interprété en faveur du donateur, dans le sens restrictif de la donation". Weitere Beispiele siehe bei Rousseau aaO 2. Aufl. I S. 273f.

[164] Siehe die Feststellung des StIG im Streit betr. die Oderstromkommission, A/23, S. 26: ,,Nor can the Court, on the other hand, accept the Polish Government's contention that, the text being doubtful, the solution should be adopted which imposes the least restriction on the freedom of States. This argument, though sound in itself, must be employed only with the greatest caution; it will be only when, in spite of all pertinent considerations, the intention of the Parties still remains doubtful, that that interpretation should be adopted which is most favourable to the freedom of States".

[165] Siehe z. B. für die innerfranzösische Rechtslage Rousseau aaO 2. Aufl. I S. 255ff.

[166] Siehe BVG VI S. 327: ,,durch Ausführungen des Bundesverfassungsgerichts über die Gültigkeit internationaler Verträge wird die Bundesregierung in ihrer Handlungsfreiheit *im völkerrechtlichen Verkehr* nicht beschränkt."

[167] Siehe die Feststellung des StIG im Streit über die tunesisch-marokkanischen Staatsangehörig-

Eine für die Vertragspartner völkerrechtlich bindende Auslegung eines Vertrags kann auf zweifache Weise erfolgen:

a) entweder durch einen Vertrag zwischen den Vertragspartnern, der eine bestimmte Auslegung eines Vertrags beinhaltet (authentische Interpretation); ein solcher Auslegungsvertrag kann implicite schon bei Abschluß eines Vertrags vorliegen, wenn eine Partei mit Zustimmung der anderen Partei(en) ihrer Unterschrift eine bestimmte Auslegung einer Vertragsbestimmung beifügt;

b) oder durch die Entscheidung eines internationalen Gerichts oder anderen internationalen Organs, dem die Vertragsparteien ihren Streit über die Auslegung eines Vertrags unterbreitet haben. Dabei findet beim Verfahren vor dem IG die Regel des Artikels 59 des Statuts des Internationalen Gerichtshofs Anwendung, wonach die Entscheidung des Gerichts nur für die streitenden Parteien und für den zur Entscheidung gestellten Fall bindend ist; man beachte aber die durch den nach Artikel 63 des Statuts möglichen Beitritt anderer Vertragsstaaten eventuell eintretende Verbindlichkeit der in dieser Gerichtsentscheidung enthaltenen Auslegung auch für die beitretenden Vertragspartner. Nach Artikel 60 S. 2 des Statuts kann auch ein Urteil des IG wiederum Gegenstand einer autoritativen Auslegung durch den IG sein.

Eine interessante und nicht unbedenkliche Abweichung vom Konsenserfordernis für eine autoritative Vertragsauslegung liegt bei einigen internationalen Organisationen vor, so insbesondere bei der Weltbank (International Bank for Reconstruction and Development) und bei dem International Monetary Fund; hier erfolgt eine autoritative Auslegung des grundlegenden Vertrags durch eine Entscheidung der Direktoren, in zweiter Instanz des Board of Governors, wobei die Direktoren[168] je nach den Anteilen ihrer Staaten in der Bank oder den Quoten ihrer Staaten im Fund verschieden viele Voten haben; dasselbe gilt für die neugeschaffene International Finance Corporation.[169]

§ 70. Die Beendigung der völkerrechtlichen Verträge

Literatur: *Bertram,* Die Aufhebung der völkerrechtlichen Verträge, 1915; *Bogaert,* van, Le sens de la clause rebus sic stantibus dans le droit des gens actuel, in RDIP 1966 S. 49ff.; *Fusco,* La clausola rebus sic stantibus nel diritto internazionale, 1936; *Hill,* The doctrine ‚rebus sic stantibus' in International Law,

keitsdekrete, B/4, S. 29–30: „The appreciation of these divergent points of view involves, owing to the very nature of the divergence, the interpretation of international engagements. The question therefore does not, according to international law, fall solely within the domestic jurisdiction of a single State ..."

[168] Siehe oben § 25 C.

[169] Siehe Oppenheim aaO I S. 1006, S. 1009; s. Hexner, Interpretation by Public International Organizations of their Basic Instruments, in AJIL 1959, S. 341ff.; s. auch Hexner, Die Rechtsnatur der interpretativen Entscheidungen des Internationalen Währungsfonds, in ZaöRVR XX S. 73ff.; Bernhardt aaO S. 46ff.

1934; *Houlard,* La nature juridique des traités internationaux et son application aux théories de la nullité, de la caducité et de la révision des traités, 1936; *Kaufmann, Erich,* Das Wesen des Völkerrechts und die Clausula rebus sic stantibus, 1911; *Lipartiti,* La clausola rebus sic stantibus nel diritto, 1939; *Lissitzyn,* Treaties and Changed Circumstances, in AJIL 1967 S. 895ff.; *Perlowski,* Les causes d'extinction des obligations internationales contractuelles, 1928; *Rapisardi-Mirabelli,* I limiti d'obbligatorietà delle norme giuridiche internazionali, 1922; *Tobin,* The termination of multipartite treaties, 1933; *Verzijl,* Le principe rebus sic stantibus en droit international public, in Festgabe für W. Schätzel, 1960, S. 515ff.; *Werth-Regendanz,* Die clausula rebus sic stantibus im Völkerrecht, 1931.

I. Allgemeines über die Beendigung völkerrechtlicher Verträge

Völkerrechtliche Verträge sind so wenig wie irgendwelches andere von Menschen gesetzte Recht dem geschichtlichen Gesetz des Werdens und Vergehens entzogen, ja viele von ihnen, vor allem die politischen Verträge, sind, da Ausdruck wechselnder politischer Konstellationen, dem Wechsel und der Vergänglichkeit in besonders starkem Maße ausgesetzt. Der Versuch, ihnen dauernde Gültigkeit, „Ewigkeit" zu verleihen, ist, obwohl immer wieder gemacht, vergeblich.[170] Es wäre aber auch falsch, die Verträge zu einer bloßen Funktion der außenpolitischen Situation zu machen, wie dies die russische Delegation in einer Erklärung auf der 1. Haager Friedenskonferenz 1899 versucht hat: „Die gegenseitigen Rechte und Pflichten der Staaten sind in bedeutendem Maß bestimmt durch die Gesamtheit dessen, was wir politische Verträge nennen, die nichts anderes sind als der zeitliche Ausdruck der zufälligen und vorübergehenden Beziehungen zwischen den verschiedenen nationalen Kräften. Diese Verträge beschränken die Handlungsfreiheit der Parteien so lange, als die politischen Bedingungen, unter denen sie geschaffen wurden, unverändert sind. Mit einer Veränderung in diesen Bedingungen verändern sich notwendig auch die Rechte und Pflichten, die von diesen Verträgen folgen."[171] Ein solcher Standpunkt ist eine Verwechslung von Außenpolitik und Völkerrecht, von Natur und Ethik. Demgegenüber hat das Völkerrecht die rechtlichen Bedingungen festzustellen, unter denen eine Beendigung internationaler Verträge zulässig ist, und damit der Willkür und dem freien Belieben der Staaten

---

[170] Siehe z. B. Art. 1 des Utrechter Friedens zwischen Frankreich und Großbritannien vom 11. 4. 1713, in dem die beiden Staaten, die sich in der Folge noch oft bekriegten, sich zu „ewiger" Freundschaft verpflichten; Art. 11 des Utrechter Friedens zwischen Spanien und Großbritannien vom 13. 7. 1713, in dem Spanien Minorca „für ewige Zeiten" an England abtritt; Art. 1 des Friedensvertrags von Campo Formio zwischen Österreich und Frankreich vom 17. 10. 1797: „Il y aura à l'avenir, et pour toujours, une paix solide et inviolable entre . . ."; Art. 1 des Friedensvertrags von Bukarest zwischen Rußland und der Türkei vom 28. 5. 1812: „. . . es soll auf ewige Zeiten Frieden etc. . . ."; Art. 1 des Friedensvertrags von Berlin vom 13. 8. 1866 zwischen Preußen und Württemberg: „. . . Friede und Freundschaft auf ewige Zeiten . . ." (in diesem Falle wohl auch verwirklicht); s. auch die Feststellung John Stuart Mills in der Fortnightly Review vom 1. 12. 1870, daß Verträge, die in besonderer Weise von den Prinzipien des gewöhnlichen Rechts abweichen, höchstens für eine Generation dauern.

[171] Siehe Nippold, Die Fortbildung des Verfahrens in völkerrechtlichen Streitigkeiten, 1907, S. 636f.; siehe auch Mandelsloh, Graf von, Politische Pakte und völkerrechtliche Ordnung, in: 25 Jahre Kaiser-Wilhelm-Gesellschaft zur Förderung der Wissenschaften, 1937, Bd. III S. 213–328.

auf diesem Gebiet Grenzen zu setzen. Das Völkerrecht wird das umso erfolgreicher tun, je weniger es von starren Prinzipien ausgeht, je mehr es sich den objektiven Erfordernissen des internationalen Lebens anpaßt, ohne seinen subjektiven Launen nachzugeben. Dabei zeigt sich, wie wenig inhaltreich, ja wie fast tautologisch der so oft angerufene Satz ist: „pacta sunt servanda." Denn er kann vernünftigerweise nur besagen, daß Verträge gehalten werden müssen, so lange sie gehalten werden müssen; er sagt aber gerade über diesen entscheidenden Punkt, wie lange sie gehalten werden müssen, gar nichts aus.

Die Beendigung eines Vertrags im Sinne dieses Abschnitts ist ein Rechtsakt; falls ein Staat ohne Rechtsgrund seine weitere Ausführung verweigert, ihn also de facto beendet, wird er dadurch nicht von seinen Verpflichtungen aus dem Vertrag befreit, sondern haftet völkerrechtlich auf Erfüllung bzw. Schadensersatz.

Die Beendigung eines Vertrags stellt nicht den früheren Zustand her, der vor Abschluß des Vertrags bestanden hatte; die rechtmäßige Beendigung hat nach Art. 70 der Konvention die Wirkung, daß sie: a) die Parteien von jeder Verpflichtung befreit, den Vertrag weiterhin zu erfüllen; b) keinerlei Recht, Verpflichtung oder die Rechtslage der Parteien beeinträchtigt, die durch die Ausführung des Vertrags vor seiner Beendigung entstanden sind.

Die Beendigung eines Vertrags kann vorläufig (Suspension) oder endgültig (Aufhebung) sein;[172] sie kann sich auf einen Teil des Vertrags beziehen (partielle Beendigung) oder auf den ganzen Vertrag (totale Beendigung).[173]

Die folgenden Ausführungen gelten in *allen* Beziehungen nur für bilaterale Verträge; in einzelnen, unten näher ausgeführten Beziehungen gelten sie nicht für multilaterale Verträge, wenn die Voraussetzungen der Beendigung nicht seitens und gegenüber sämtlichen Vertragspartnern vorliegen; in diesen Fällen kann der Akt eines einzigen Vertragspartners oder einiger Vertragspartner nicht die Beendigung des Vertrags als solchen, sondern nur das individuelle Ausscheiden aus dem – für die anderen weiterbestehenden – Vertragsverhältnis bewirken (Art. 70 II). Nach Art. 55 endet ein multilateraler Vertrag nicht allein aus dem Grund, daß die Anzahl der Partner unter die für sein seinerzeitiges Inkrafttreten notwendige Zahl sinkt.

Im folgenden sollen nicht behandelt werden etwaige Gründe der Vertragsbeendigung durch Untergang oder Veränderung des internationalen Status eines Völkerrechtssubjekts, da dies des Zusammenhangs wegen bereits in der Lehre von der Staatensukzession geschehen ist.[174] Ebenso sollen im folgenden nicht behandelt werden die Einwirkungen des Krieges auf den Bestand der völkerrechtlichen Verträge; dies soll vielmehr in der systematischen Behandlung des Kriegsrechts[175]

---

[172] Art. 57, 58, 72.
[173] Art. 44.
[174] Siehe oben § 34, 35.
[175] Siehe unten Bd. II, § 29.

geschehen. Der bloße Abbruch der diplomatischen Beziehungen ohne den gleichzeitigen Eintritt des Kriegszustands kann niemals eine Beendigung völkerrechtlicher Verträge herbeiführen, außer insoweit, als das Bestehen diplomatischer oder konsularischer Beziehungen für die Anwendung des Vertrages unerläßlich ist (Art. 63).

Seit langem wird, auch von autoritativer diplomatischer Seite, die These aufgestellt, ein Vertrag könne nur mit dem Einverständnis sämtlicher Vertragspartner beendet werden. So hat das Londoner Protokoll vom 17. 1. 1871, das anläßlich der Lossagung Rußlands von gewissen Bestimmungen des Pariser Vertrags von 1856 von den Großmächten unterzeichnet wurde, die (wörtlich 1935 anläßlich der deutschen Lossagung von den Abrüstungsbestimmungen des Versailler Vertrags und 1936 anläßlich der deutschen Loslösung vom Locarno-Vertrag von den Mächten wiederholte) Feststellung getroffen: „... les Puissances reconnaissent que c'est un principe essentiel du droit des gens qu'aucune d'elles ne peut se délier des engagements d'un traité, ni en modifier les stipulations, qu'à la suite de l'assentiment des parties contractantes, au moyen d'une entente amicale." Rousseau[176] gibt zu, daß die Staatenpraxis manchmal im Widerspruch zu dieser These steht, möchte dies aber als bloß faktische Abweichungen von der Rechtsregel, die nur aus politischen Opportunitätsgründen durchgedrungen seien, abtun. Dies ist eine zu einseitige Einstellung. Ebenso, wie das Völkerrecht eine willkürliche oder leichtfertige Loslösung von einem Vertrag nicht gutheißen kann, kann es auch nicht zulassen, daß ein Vertragsteil durch ein willkürliches Veto die vernünftige und gerechte Fortbildung des Rechtszustands blockiert, eine Situation, der das innerstaatliche Recht durch die Gesetzgebungsbefugnis, also Rechtsänderungsbefugnis, einer potentiell immer wechselnd zusammengesetzten parlamentarischen Mehrheit abzuhelfen sucht, um auf diese Weise die Alternative einer gewaltsamen Rechtsänderung durch Revolution zu vermeiden. Es ist der bisherige Mangel einer institutionellen Rechtsrevisionsmöglichkeit im Völkerrecht, der eine dem innerstaatlichen Recht entsprechende Regelung bisher ausschließt und die Staaten auf ihren rudimentären Ersatz verweist, die einseitige Beendigung des Vertrags ohne Zustimmung der anderen Seite beim Vorliegen gewisser rechtlicher Voraussetzungen; eine Notlösung, die immer noch der der innerstaatlichen Alternative der gewaltsamen Rechtsänderung durch Revolution entsprechenden völkerrechtlichen Alternative der gewaltsamen Rechtsänderung durch Krieg unendlich vorzuziehen ist. Es geht nicht an, die darauf beruhende nicht nur vereinzelte Staatenpraxis zum bloßen illegalen Faktum zu erklären.[177] So hat das Europäische Konzert in dem obengenannten Londoner Protokoll von 1871 zwar die rechtliche Möglichkeit der einseitigen Loslösung verneint, in der Sache aber dem einseitigen russischen Schritt vom 9. 11. 1870 recht gegeben. Man wird auch kaum behaupten

[176] aaO 2. Aufl. I S. 213.

[177] Siehe Briggs, Unilateral Denunciation of Treaties, in AJIL 1974 S. 51 ff.

können, daß nach der am 7. 5. 1955 durch das Präsidium des Obersten Sowjets der UdSSR erfolgten einseitigen Annullierung des englisch-sowjetischen Vertrags vom 26. 5. 1942 und des französisch-sowjetischen Vertrags vom 10. 12. 1944 diese Verträge juristisch weiterbestünden. Und Großbritannien hielt sich wenige Wochen nach der am 16. 3. 1935 erfolgten einseitigen deutschen Lossagung von den Abrüstungsbestimmungen des Versailler Vertrags für berechtigt, am 18. 6. 1935 mit Deutschland ein Flottenabkommen abzuschließen, das nur bei Anerkennung der Rechtsgültigkeit der einseitigen deutschen Lossagung rechtlich zulässig sein konnte. Die Konvention versucht in Art. 65, durch Formalisierung der Lossagung und Einführung eines Zwischenstadiums von Bemühungen nach Art. 33 der Satzung der UN mit der Möglichkeit einer Vermittlungskommission in der oben zu Beginn des § 68 für die Anfechtung der Gültigkeit eines Vertrags dargestellten Weise einer willkürlichen Lossagung von einem Vertrag einen Riegel vorzuschieben, was aber institutionell nur für den Fall einer Berufung auf eine neuentstandene zwingende Norm durch die Vorschrift eines gerichtlichen Obligatoriums nach Art. 66a gewährleistet ist, während das in den Regelfällen eintretende Vermittlungsverfahren nur mit einer – unverbindlichen – Empfehlung endet, nach deren Erfolglosbleiben es doch offenbar bei der einseitigen Loslösung rechtens verbleiben wird, zum mindesten, wenn die Empfehlung entsprechend lautet. Bei einem echten Notstand aber wird ein Staat kaum die eventuell über Jahre sich hinziehenden Prozeduren des Art. 65 und des Art. 66b durchführen, also, um diesem Dilemma zu entgehen, u. U. die Wiener Konvention, die ja bisher keine zahlreichen Ratifikationen erhalten hat, gar nicht oder nur mit einem entsprechenden Vorbehalt ratifizieren.

Die *Gründe,* aus denen ein völkerrechtlicher Vertrag beendet werden kann, lassen sich in drei große Kategorien einteilen:

a) Endigungsgründe, die in dem zu beendigenden Vertrag selbst vorgesehen sind, also insbesondere ein im Vertrag vorgesehenes Kündigungsrecht, ein im Vertrag vorgesehener Zeitablauf, eine im Vertrag vorgesehene auflösende Bedingung (Art. 57a).

b) Beendigung kraft konkreter Einigung der Vertragsparteien, sei es durch ausdrücklichen actus contrarius, sei es durch den Abschluß eines neuen Vertrags zwischen den gleichen Vertragsparteien, der mit dem alten Vertrag unvereinbar ist und ihn daher implicite aufheben soll, sei es durch einen von der Gegenseite angenommenen Verzicht derjenigen Vertragspartei, der nach dem Vertrag allein einseitige Berechtigungen zustehen (Art. 57b, 59).

c) Endigungsgründe, die vom allgemeinen Völkerrecht anerkannt sind, ohne in dem zu beendigenden Vertrag vorgesehen zu sein. Dies sind insbesondere die nachträgliche physische Unmöglichkeit der Erfüllung (Art. 61), die nachträglich eintretende Unvereinbarkeit des Vertrags mit (inzwischen entstandenem) zwingendem Völkerrecht (Art. 63), die desuetudo als dauernde bewußte und gewollte

Nichtanwendung des Vertrags, die Kündigung eines nicht für die Dauer geschlossenen Vertrags ohne Kündigungsklausel (Art. 56), der Rücktritt vom Vertrag wegen wesentlicher Vertragsverletzung durch die Gegenseite (Art. 60), der Rücktritt wegen Staatsnotstands (Recht der Selbsterhaltung, in der Konvention nicht vorgesehen), sowie schließlich der Rücktritt wegen wesentlicher Veränderung der Umstände (clausula rebus sic stantibus, Art. 67).

Alle diese Endigungsgründe sollen im Folgenden einzeln dargestellt werden.

II. Die vertraglich vorgesehenen Endigungsgründe völkerrechtlicher Verträge

a) Die Kündigung (Art. 54a)

Die Kündigung, die im Vertrag selbst vorgesehen ist, muß, um wirksam zu sein, den im Vertrag vorgeschriebenen Erfordernissen der Form, der Fristgerechtheit usw. entsprechen. Es gibt auch Verträge, die für eine bestimmte Zeit abgeschlossen sind, nach Ablauf dieses Zeitraums aber für einen weiteren bestimmten Zeitraum weitergelten sollen, es sei denn, daß eine Kündigung ausgesprochen wird. Die Kündigung ist eine einseitige empfangsbedürftige Erklärung; sie hat zur Folge, daß nach Ablauf der vertraglich festgesetzten Kündigungsfrist bei bilateralen Verträgen der Vertrag selbst, bei multilateralen Verträgen die Vertragsbeteiligung des Kündigenden beendet wird. Manchmal wird ein durch Kündigung beendeter Vertrag durch einen formlos eingegangenen modus vivendi auch nach seiner Beendigung so lange fortgesetzt, bis ein neuer Vertrag über den gleichen Gegenstand zustandegekommen ist. Es ist auch möglich, einen Vertrag nicht für immer zu beenden, sondern seine Wirksamkeit für alle Parteien oder für eine bestimmte Partei lediglich auszusetzen, wenn dies in den Vertragsbestimmungen vorgesehen ist. Die Kündigung muß, um völkerrechtlich gültig zu sein, sowohl den Form- und Verfahrensvorschriften der Art. 65, 66b Genüge tun wie auch von den nach der innerstaatlichen Verfassung zuständigen Organen in der nach der innerstaatlichen Verfassung vorgeschriebenen Weise vorgenommen werden.

b) Der Zeitablauf

Zahlreiche Verträge sind auf eine bestimmte Zeit abgeschlossen. Die Staatenpraxis kennt eine große Verschiedenheit in der Laufdauer von Verträgen. So wurde durch den Malmöer Pfandvertrag vom 26. 6. 1803 Wismar von Schweden an Mecklenburg-Schwerin für 100, evtl. 200 Jahre verpfändet. So wurde durch den Pekinger Vertrag vom 6. 3. 1898 Kiautschou von China an Deutschland für „vorläufig“ 99 Jahre verpachtet. Der Brüsseler Vertrag vom 17. 3. 1948 ist auf 50 Jahre abgeschlossen. Andere Verträge sind auf 30, 25, 20, 15, 12, 10, 8, 7, 5, 3 Jahre abgeschlossen, auch auf 1 Jahr oder weniger. Mit dem Ende der Vertragsperiode tritt der Vertrag automatisch außer Kraft.

c) Die auflösende Bedingung

Ein unter einer auflösenden Bedingung geschlossener Vertrag ist auf unbestimmte Zeit geschlossen; er wird beendet, sobald das mit der Bedingung festgesetzte zukünftige ungewisse Ereignis eingetreten ist (z. B. Kriegsende). In diesem Zusammenhang steht nur die ausdrücklich im Vertrag enthaltene auflösende Bedingung in Frage. Ob allen oder bestimmten Verträgen die stillschweigende Bedingung, daß die bei Vertragsabschluß vorhandenen und für den Vertragsabschluß wesentlichen Umstände weiter bestehen bleiben, bei ihrer Veränderung also die Vertragsbeendigung eintreten soll, als notwendig zugehörig angenommen werden soll, gehört nicht in diesen Zusammenhang, sondern soll bei der Darstellung der clausula rebus sic stantibus erörtert werden.[178]

III. Die Beendigung des völkerrechtlichen Vertrags kraft konkreter Einigung der Vertragsparteien

a) Der Auflösungsvertrag

Jeder Vertrag kann durch den übereinstimmenden Willensentschluß der Vertragsparteien, unabhängig von seinen sonstigen Endigungsgründen, beendet werden: actus contrarius (Art. 54b).[179]

Eine solche Einigung über eine Vertragsbeendigung kann aber auch stillschweigend zustandekommen. So brach Deutschland am 5. 11. 1918 die diplomatischen Beziehungen zu Rußland ab und stellte die Durchführung des Friedensvertrags von Brest-Litowsk vom 3. 3. 1918 ein; wenige Wochen später erklärte die russische Regierung durch Rundfunk, daß sie den Vertrag als beendet betrachte, ohne daß von deutscher Seite dagegen Widerspruch erhoben worden wäre. Das Reichsgericht erklärte mit Urteil vom 23. 5. 1925,[180] daß damit der Friedensvertrag kraft stillschweigender Vereinbarung beendet worden sei; Artikel 116 II des Versailler Friedensvertrags kann demnach insoweit nur deklaratorische Bedeutung haben.

Es ist aber auch möglich, einen Vertrag durch Vereinbarung aller Parteien nicht nur endgültig zu beenden, sondern ihn auch nur auszusetzen, auch mit Beschränkung auf eine bestimmte Partei (Art. 57). Bei einem multilateralen Vertrag können zwei oder mehr Parteien vereinbaren, die Wirksamkeit von Vertragsbestimmungen zeitweilig und nur untereinander auszusetzen, falls dies im Vertrag vorgesehen und für diesen Fall nicht verboten ist, falls es ferner nicht die Rechte oder Pflichten der anderen Parteien beeinträchtigt und nicht mit Ziel und Zweck des Vertrags unvereinbar ist (Art. 58).

---

[178] Siehe unten Nr. IV g.

[179] Siehe z. B. den Beschluß der Völkerbundsversammlung vom April 1946 über die Beendigung des Völkerbunds: „With effect from the day following the close of the present session of the Assembly, the League of Nations shall cease to exist . . .".

[180] Niemeyers Zeitschrift f. internat. Recht 1926, S. 408.

b) Beendigung durch Abschluß eines neuen Vertrags

Wenn die gleichen Parteien, die den ursprünglichen Vertrag geschlossen haben, über den gleichen Vertragsgegenstand einen neuen Vertrag schließen, der zwar den ursprünglichen Vertrag gar nicht erwähnt, aber mit seinen Bestimmungen unvereinbar ist, so wird der ursprüngliche Vertrag mit dem Inkrafttreten des neuen Vertrags beendet (Art. 59). Hierher gehört insbesondere auch die Novation im Sinne des römischen Rechts, da die Rechtsbasis der Verbindlichkeit nicht mehr der alte, sondern der neue Vertrag ist.

c) Beendigung durch Verzicht

Kein Staat kann auf die Fortsetzung seiner Pflichten, sondern nur auf die Fortsetzung seiner Rechte verzichten. Diese führt eine Beendigung des ganzen Vertrags nur herbei, wenn der Vertrag nur einseitige Pflichten der einen Partei, nur einseitige Rechte der anderen Partei enthält; sonst treten nur die einzelnen konkret angesprochenen Bestimmungen des Vertrags außer Kraft, falls dies nach Art. 44 III über Abtrennbarkeit von Vertragsbestimmungen zulässig ist. Ein Verzicht kann nicht nur einseitig erfolgen (Beispiel: der Verzicht Deutschlands vom 20. 5. 1921, der Verzicht Italiens vom 11. 1. 1943 auf die Vorrechte aus den Kapitulationen in China), sondern auch durch Vertrag (Beispiele: die Verträge betr. Verzicht auf die Rechte aus den Kapitulationen in der Türkei zwischen Deutschland und der Türkei vom 11. 1. 1917, zwischen der Sowjetunion und der Türkei vom 16. 3. 1921). Aber selbst beim einseitigen Verzicht muß wohl noch die (mindestens stillschweigende) Zustimmung der anderen Vertragspartei hinzutreten, so daß also dieser Verzicht in Wirklichkeit ein Fall der Vertragsaufhebung durch stillschweigende Einigung der Vertragsparteien ist.

IV. Die Beendigung des Vertrags kraft vom allgemeinen Völkerrecht anerkannter, im Vertrag nicht ausdrücklich vorgesehener Gründe

a) Die nachträgliche objektive Unmöglichkeit der Erfüllung

Die anfängliche objektive Unmöglichkeit der Erfüllung macht den Vertrag von Anfang an nichtig.[181] Auf die nachträglich eintretende Unmöglichkeit der Erfüllung des Vertrags kann sich eine Partei als Grund für die Beendigung oder den Rücktritt berufen, ,,wenn sich die Unmöglichkeit daraus ergibt, daß ein für die Ausführung des Vertrags unerläßlicher Gegenstand für immer verlustig geht oder zerstört ist" (Art. 61). Die Unmöglichkeit muß eine vollständige, den ganzen Gegenstand des Vertrags erfassende, sowie eine dauernde, aller menschlichen Berechnung nach auch in aller Zukunft nicht behebbare sein. Ein typisches Beispiel hiefür ist der physische Untergang des Vertragsgegenstandes, etwa das durch

[181] Siehe oben § 68 Nr. III.

vulkanische Vorgänge herbeigeführte Verschwinden einer Insel im Meer, wenn der Vertrag ausschließlich Vorgänge auf dieser Insel regelte, das dauernde Austrocknen eines Flusses, dessen Wasserkraft Vertragsgegenstand war, usw. Wenn die Unmöglichkeit nur zeitweilig ist, kann dies nur zur Aussetzung, nicht zur Beendigung des Vertrags führen. Eine Berufung auf Unmöglichkeit ist ausgeschlossen, wenn diese die Folge einer internationalen Rechtsverletzung durch die betr. Partei ist.

Die sog. „juristische“ nachträgliche Unmöglichkeit fällt nicht unter diese objektive Unmöglichkeit, sondern evtl. unter die Beendigung wegen nachträglich eintretender Unvereinbarkeit mit zwingendem Recht oder unter die Klausel der veränderten Umstände.[182]

b) Die nachträglich eintretende Unvereinbarkeit des Vertrags mit zwingendem Völkerrecht

Neues zwingendes Völkerrecht, das mit einem früher abgeschlossenen Vertrag kollidiert, macht diesen Vertrag nichtig und führt zu seinem Erlöschen. Im Streitfall über die Anwendung oder Auslegung des Art. 64, der diese Nichtigkeit statuiert, kann, wenn binnen 12 Monaten keine Lösung nach Art. 65 erzielt worden ist, wie im Falle des Art. 53 (siehe oben § 68 IV) jede Partei sich an den IG zu einer endgültigen obligatorischen Entscheidung wenden. Ein Beispiel für solche Kollision ist Artikel 10 des spanisch-britischen Friedensvertrags von Utrecht vom 13. 7. 1713, in dem Großbritannien sich verpflichtet, weder Mauren noch Juden in Gibraltar aufzunehmen. Inzwischen hat sich aber ein universeller, zum mindestens aber im europäischen Kulturkreis geltender Gewohnheitsrechtssatz durchgesetzt, wonach Unterschiede der Religion allein zu keiner rechtlichen Diskriminierung hinsichtlich der Aufenthaltsnahme führen dürfen, Großbritannien also z. B. britischen Staatsbürgern jüdischen Glaubens den Aufenthalt in Gibraltar nicht in einer Weise beschränken darf, die sie gegenüber anderen britischen Staatsangehörigen diskriminieren würde; diese Vertragsbestimmung muß also als nicht mehr in Kraft befindlich angesehen werden. Ebenso muß heute der Angriffskrieg als gewohnheitsrechtlich, auch unabhängig von Kellogg-Pakt und UN-Charter, verboten angesehen werden, so daß ein früherer, einen Angriffskrieg bezweckender Allianzvertrag als unvereinbar mit dem neuen zwingenden Recht nicht mehr als in Kraft befindlich angesehen werden müßte.

Es ist selbstverständlich, daß nachträglich eintretende Änderungen des Landesrechts, auch die weitgehendsten, soweit sie keine Änderung des völkerrechtlichen Status nach sich ziehen,[183] keinen Einfluß auf den völkerrechtlichen Bestand völkerrechtlicher Verträge haben können, selbst wenn die innerstaatlichen Gerich-

[182] Die von Fauchille aaO I_3, S. 378 genannten Fälle betreffen vor allem die Frage der Vereinbarkeit früherer mit späteren Verträgen, was keine Unmöglichkeit darstellt, s. oben § 68 Nr. IV.

[183] Darüber s. Staatensukzession, z. B. oben Kap. VII § 34 E.

te nach innerstaatlichem Recht verpflichtet sind, diesem späteren Landesrecht den Vorrang zu gewähren, und damit u. U. die völkerrechtliche Haftung ihres Staates herbeiführen.

c) Die Desuetudo

Eine Verjährung völkerrechtlicher Verträge durch bloßen Zeitablauf kennt das Völkerrecht nicht. Dagegen kann ein Vertrag außer Kraft treten, weil sich gewohnheitsrechtlich seine Nichtbeachtung durchgesetzt hat. Dazu genügt aber, wie bei aller Entstehung von Gewohnheitsrecht, nicht die bloß faktische Nichtmehrbeachtung des Vertrags durch die Vertragsparteien, sondern es muß zu dieser faktischen, lange Zeit geübten Haltung auch die Rechtsüberzeugung hinzutreten, zur Beachtung des Vertrags nicht mehr verpflichtet zu sein.[184] Die ILC hat die Desuetudo nicht als Beendigungsgrund in ihren Entwurf aufgenommen, weil sie der Auffassung war, es handle sich hier um einen Fall der Beendigung eines Vertrags kraft Zustimmung der Parteien (Art. 54b).

d) Die Kündigung eines nicht auf die Dauer geschlossenen Vertrags ohne Kündigungsklausel

Die Kündigung eines völkerrechtlichen Vertrags ist an sich nur zulässig, wenn sie im Vertrag selbst vorgesehen ist.[185] Die Staatenpraxis anerkennt aber das Recht der einseitigen Kündigung bei Verträgen, die zwar keine Kündigungsklausel enthalten, aber auch nicht auf die Dauer berechnet sind, insbesondere bei Handelsverträgen und Allianzverträgen.[186] Nach Art. 56 ist die Kündigung eines ohne Kündigungsklausel abgeschlossenen Vertrags möglich, wenn entweder feststeht, daß die Partner beabsichtigten, eine solche Kündigungsmöglichkeit zuzulassen, oder ein solches Kündigungsrecht sich aus der Natur des Vertrags ergibt.

e) Der Rücktritt vom Vertrag wegen Vertragsverletzung durch die Gegenseite

Es ist weithin anerkannt, daß ein Vertragspartner von einem völkerrechtlichen Vertrag durch einseitigen Akt zurücktreten kann, wenn die Gegenseite den

---

[184] Siehe das von Guggenheim aaO I S. 108 angeführte Beispiel des kraft desuetudo erfolgten Außerkrafttretens des Vertrags der Heiligen Allianz vom 14./26. 9. 1815.

[185] Siehe Brierly, Law of Nations, 4. Aufl. 1949, S. 204: „. . . There is certainly no general right of denunciation of a treaty of indefinite duration; there are many such treaties in which the obvious intention of the parties is to estabish a permanent state of things, for example, the Pact of Paris . . .".

[186] Siehe Mc Nair, Law of Treaties, S. 504: „. . . It is believed that the view now held is that, in the case of a treaty embodying a purely commercial bargain between the parties, the existence of an implied right of denunciation upon giving reasonable notice can readily be inferred from the very nature of the treaty on the ground that it requires revision from time to time in order to bring it into harmony with changing conditions.".

Vertrag verletzt.[187] Dagegen besteht keine Einigkeit darüber, ob jede oder nur eine wesentliche Vertragsverletzung zu solchem Rücktritt berechtigt. Im Gegensatz zu Verdross,[188] der den Standpunkt vertritt, daß bei jeder Verletzung eines bilateralen Vertrags, mit Ausnahme abweichender Vertragsbestimmungen, das Rücktrittsrecht gegeben sei, ist aber darauf hinzuweisen, daß dann gegen das Prinzip der Proportionalität der Unrechtsfolgen verstoßen wie gegen das Prinzip „Pacta sunt servanda" verfahren würde, das, auch wenn man seine Bedeutung nicht überschätzt, doch die Regel enthält, daß in Zweifelsfällen der Vertrag nicht als aufgelöst betrachtet werden und ein nicht im Vertrag vorgesehenes Beendigungsrecht nicht ohne Not gewährt werden sollte. Es ist daher der Standpunkt zu vertreten, daß nur eine solche Verletzung des Vertrags die andere Seite zum Rücktritt berechtigt, die eine wesentliche Bestimmung, den Kern des Vertrags, betrifft, eine Verletzung, die den Vertragszweck selbst gefährdet.[189] Auch Art. 60 der Konvention gewährt ein solches Rücktrittsrecht nur bei einem „wesentlichen Bruch"; nach Abs. III besteht ein wesentlicher Bruch entweder in einer Ablehnung des Vertrags, die in der vorliegenden Konvention nicht vorgesehen ist, oder in der Verletzung einer Bestimmung, „die für die Verwirklichung des Ziels und Zwecks des Vertrags wesentlich ist". An dieser Unterscheidung zwischen wesentlichen und unwesentlichen Vertragsbestimmungen muß also festgehalten werden, obwohl ihre Anwendung auf den konkreten Einzelfall oft schwierig sein mag. Doch ist der geschädigte Teil keineswegs verpflichtet, diese letzte Konsequenz aus der Vertragsverletzung zu ziehen, da es sonst der eines Vertrags müde Teil in der Hand hätte, sich durch eine Vertragsverletzung von den Verpflichtungen des Vertrags zu befreien,[190] der nichtverletzende Teil kann vielmehr am Vertrag festhalten und seine Erfüllung verlangen. Die Wirkung der Vertragsbeendigung tritt nicht automatisch ein, sondern der Rücktritt muß ausdrücklich[191] und unverzüglich[192] erklärt werden; ein bloßer Protest gegen die Vertragsverletzung genügt nicht, und im Falle des Widerspruchs sieht die Konvention die Einhaltung der Bestimmungen der Art. 65 und 66b vor. Von diesem außergewöhnlichen Rücktrittsrecht kann regelmäßig bei solchen Verträgen kein Gebrauch gemacht werden, bei denen ein vertragliches Kündigungsrecht besteht, falls durch dessen Ausübung eine hinreichende Wahrung der Rechte des Geschädigten möglich ist. Ebenso kann von

---

[187] Siehe Oppenheim aaO I S. 947; Hackworth aaO V S. 342ff.; a. M. Rousseau aaO 2. Aufl. I S. 213f.

[188] aaO S. 178.

[189] Siehe übereinstimmend Hyde aaO S. 1541: „... failure of a contracting State to observe a material stipulation of its agreement ..."; ebenso Fitzmaurice in: Second Report on the Law of Treaties, 15. 3. 1957, A/CN. 4/107: „It must be something so inconsistent whith the treaty relationship as to amount virtually to a repudiation of the treaty."

[190] Übereinstimmend Fauchille aaO I_3 S. 388.

[191] Nachweise bei Hackworth aaO V S. 347; Art. 65, 67 der Konvention.

[192] Siehe Oppenheim aaO I S. 948.

diesem Rücktrittsrecht nach Treu und Glauben (Verbot des venire contra factum proprium) kein Gebrauch gemacht werden, wenn der Vertragsbruch vom anderen Kontrahenten geduldet, ermutigt oder vorsätzlich oder gar arglistig herbeigeführt wurde.[193] Im verletzten Vertrag enthaltene Klauseln betr. die gerichtliche oder schiedsgerichtliche Entscheidung von Fragen über die Auslegung des Vertrags sind vor Vollzug des Rücktritts einzuhalten, wenn der verletzende Teil die Vertragsverletzung bestreitet, es sei denn, daß die Vertragsverletzung sich gerade auf diese Klauseln bezog.

Während das Rücktrittsrecht bei Verletzung bilateraler Verträge auch gewohnheitsrechtlich weitgehend anerkannt ist, liegen die Dinge komplizierter bei multilateralen Verträgen.[194] Nach Art. 60 II berechtigt ein wesentlicher Bruch eines multilateralen Vertrages durch eine der Parteien: a) die anderen Parteien, die Wirksamkeit des Vertrags auszusetzen oder ihn zu beenden, sei es zwischen ihnen und dem vertragsbrüchigen Staat, sei es zwischen ihnen allen; b) eine durch den Vertragsbruch besonders betroffene Partei, die Wirksamkeit des Vertrags ganz oder zum Teil im Verhältnis zum vertragsbrüchigen Teil auszusetzen; c) jede Partei außer der vertragsbrüchigen, die Aussetzung des Vertrags ganz oder zum Teil für sich selbst geltend zu machen, wenn nach der Natur des Vertrags ein wesentlicher Bruch durch eine Partei ,,grundlegend die Position jeder Partei bezüglich der weiteren Erfüllung ihrer Vertragspflichten ändert" (dies ist eigentlich ein Fall der Clausula rebus sic stantibus). Von besonderer Wichtigkeit ist Abs. V des Art. 60, der eine solche Beendigung bzw. Aussetzung bei Vertragsbruch nicht zuläßt bei Bestimmungen, ,,die sich auf den Schutz von Menschen beziehen und in Verträgen mit humanitärem Charakter enthalten sind, insbesondere nicht auf Bestimmungen, die jede Form von Repressalien gegen Personen verbieten, die durch solche Verträge geschützt sind."

Bekannte – und politisch wie rechtlich äußerst umstrittene – Anwendungsfälle des Vertragsrücktritts wegen behaupteter Vertragsverletzung durch die Gegenseite waren der Rücktritt Deutschlands von Teil V (Abrüstung) des Versailler Vertrags im März 1935[195] und der Rücktritt Deutschlands vom Locarno-Vertrag im März 1936,[196] ebenso, allerdings weniger anzweifelbar – der Rücktritt der UdSSR vom 7. 5. 1955 vom englisch-sowjetischen Vertrag von 1942 und vom französisch-sowjetischen Vertrag von 1944.

---

[193] Siehe Urteil des StIG im Chorzów-Fall, A/S. 31: ,,. . . that one Party cannot avail himself of the fact that the other has not fulfilled some obligation or has not had recourse to some means of redress, if the former Party has, by some illegal act, prevented the latter from fulfilling the obligation in question, or from having recourse to the tribunal which would have been open to him".

[194] Siehe dazu Fitzmaurice aaO, Report vom 15. 3. 1957, S. 110.

[195] Siehe dazu Bruns, Der Beschluß des Völkerbundsrats vom 17. 4. 1935, ZaöRVR V, S. 310ff.; für den gegenteiligen Standpunkt s. Garner and Jobst in AJIL 1935, S. 569ff.

[196] Siehe dazu Locarno, hrsg. von Berber, 1936; Mandelsloh, Politische Pakte und völkerrechtliche Ordnung, 1936; Fenwick in AJIL 1936, S. 265ff.; Wright in AJIL 1936, S. 468ff.

f) Der Rücktritt vom Vertrag wegen Staatsnotstands (Recht der Selbsterhaltung)

Der Rücktritt vom Vertrag wegen Staatsnotstands ist der Wiener Vertragskonvention unbekannt, aber gewohnheitsrechtlich in seltenen Ausnahmefällen zugelassen. Staaten, für die die Konvention bindend geworden ist – zur Zeit ist sie noch nicht in Kraft getreten – können sich angesichts der Bestimmung des Art. 42, wonach sie sich nur auf die in der Konvention aufgeführten Endigungsgründe berufen können, auch in äußerster Notlage dieses Behelfs nicht mehr bedienen, es sei denn, sie hätten einen entsprechenden Vorbehalt gemacht. Aber diese Ausnahmemöglichkeit ist gewohnheitsrechtlich sehr alt. So sagt schon Grotius (in Liber II Cap. xvi § 27: ,,Si qui auxilium federato promisit, excusabitur quamdiu ipse domi periclitatur, in quantum copiis opus habet.“ Man vergleiche auch Vattel Buch i Kap. 2 § 18. Das Recht der Selbsterhaltung, des Staatsnotstands, die Einrede der höheren Gewalt, wurden vom Haager Schiedshof in seinem Urteil vom 11. 11. 1912 zwar in dem konkreten Fall des russisch-türkischen Streitfalls als nicht vorliegend angesehen, aber prinzipiell als Grund zur einseitigen Vertragsbeendigung anerkannt.[197] Doch ist dieser Endigungsgrund objektiv und streng, nicht subjektiv und weitherzig auszulegen, wie schon im Jahre 1797 im Neptunfall von einem englisch-amerikanischen Schiedsgericht festgestellt wurde.[198] Diese Grenzen sind auch vom Richter Anzilotti im OscarChinn-Fall deutlich ausgesprochen worden:[199] ,,It is clear that international law would be merely an empty phrase if it sufficed for a State to invoke the public interest in order to evade the fulfilment of its engagements ... necessity may excuse the nonobservance of international obligations ... the plea of necessity which, by definition, implies the impossibility of proceeding by any other method than the one contrary to law.“[200] Es muß sich also objektiv um einen echten Staatsnotstand, eine echte Ausübung des Rechts der Selbsterhaltung handeln, und es muß objektiv keine andere Rettungsmöglichkeit als die Außerachtlassung des Vertrags gegeben sein.

Während eines Krieges kann die Notwendigkeit der Selbsterhaltung zwar mißbräuchlicher als sonst vorgeschoben werden, aber zugleich auch in begründeter Weise als Vertragsbeendigungsgrund vor allem gegenüber Militärbündnisverträgen geltend gemacht werden. Ein Beispiel ist der Waffenstillstandsvertrag vom

[197] ,,... que l’obligation pour un Etat d’exécuter les traités peut fléchir si l’existence même de l’Etat vient à être en danger, si l’observation du devoir international est *self-destructive*“; abgedruckt bei Scott, Les travaux de la Cour Permanente d’Arbitrage de la Haye, 1921, S. 338.

[198] ,,... the necessity which can be admitted to supersede all laws ... must be absolute and irresistible ...“; s. ähnlich 1837 die Formel des Caroline-Falls, s. oben § 24 I B 4. Absatz.

[199] A/B 63, S. 112ff.

[200] Viel zu weit geht Kaufmann, Das Wesen des Völkerrechts etc., 1911, S. 193ff., der dieses Recht sogar zur Grundlage der clausula r. s. st. macht und zweifellos einen Standpunkt einnimmt, der diesem Recht eine viel zu ausgedehnte Bedeutung gibt. Die verhängnisvolle und unrichtige These Bethmann-Hollwegs von 1914 anläßlich der Verletzung der vertraglich garantierten belgischen Neutralität durch Deutschland: ,,Not kennt kein Gebot“, ist völkerrechtlich ganz unhaltbar.

3. 9. 1943 zwischen Italien einerseits und den USA und Großbritannien andererseits, durch den unter Berufung auf Italiens Notstand der deutsch-italienische Bündnispakt vom 22. 5. 1939 aufgegeben wurde, der in Artikel V bestimmt hatte:[201] „Die Vertragschließenden Teile verpflichten sich schon jetzt, im Falle eines gemeinsam geführten Krieges Waffenstillstand und Frieden nur in vollem Einverständnis miteinander abzuschließen.“ Ähnlich liegt der Fall Frankreichs 1940: Am 28. 3. 1940 hatten Frankreich und Großbritannien ein Abkommen geschlossen, wonach sie keine Sonderverhandlungen über Waffenstillstand oder Frieden führen durften. Trotzdem schloß Frankreich am 21. 6. 1940 einen Waffenstillstandsvertrag mit Deutschland. Der damalige französische Ministerpräsident Marschall Pétain erklärte am 20. 6. 1940: „Ich faßte diesen für ein Soldatenherz schweren Entschluß, weil die militärische Lage ihn zwingend erforderlich machte.“[202]

g) Der Rücktritt vom Vertrag wegen wesentlicher Veränderung der Umstände

Während das Recht seiner Natur nach statisch ist, ist die Wirklichkeit dynamisch, ständigen Veränderungen unterworfen. Im innerstaatlichen Recht wird das Gleichgewicht zwischen Statik und Dynamik, zwischen dem Festhalten am wohlerworbenen Recht und der Forderung des Rechts, „das mit uns geboren“, durch die Institutionen der Gesetzgebung und der obligatorischen, für alle geltenden Rechtsprechung gewährleistet, beides Institutionen, die dem Völkerrecht unbekannt und mit ihm als der Regelung der Beziehungen zwischen souveränen Staaten wesensmäßig unvereinbar sind. Gleichwohl hat darüber hinaus das Privatrecht aller Rechtssysteme in wechselnder Weise dafür Vorsorge getroffen, daß bei einer wesentlichen Änderung der Verhältnisse der davon betroffenen Partei auch ohne die Zustimmung des an der unveränderten Fortsetzung des Vertragsverhältnisses interessierten Vertragspartners eine Loslösung von der vertraglichen Bindung rechtens ermöglicht wird. Diesem Zweck dienen im römischen Recht Regeln wie: „ad impossibilia nemo tenetur“, die „exceptio causa data causa non secuta“ oder die „laesio enormis“; im französischen Verwaltungsrecht die Lehre von der „imprévision“; im englischen Common Law der Begriff der „frustration“; im deutschen bürgerlichen Recht die im Anschluß an § 242 BGB entwickelte Lehre von der Erschütterung der Geschäftsgrundlage, die im Anschluß an § 275 BGB entwickelte Lehre von der sogenannten wirtschaftlichen (unechten) Unmöglichkeit (die Leistung ist an sich möglich, ihr stehen aber Schwierigkeiten entgegen, die außerhalb der einem Schuldner nach Treu und Glauben zuzumutenden Opfergrenze liegen, die Leistung würde „überobligationsmäßige“ Aufwendungen erfordern), die Bestimmung des § 321 BGB über den Einfluß veränderter Umstände auf eine vertragliche Vorleistungspflicht, die „condictio ob causam

---

[201] Ausw. Pol. 1939 S. 581.

[202] Ausw. Pol. 1940 S. 522.

finitam" nach § 812 BGB; im gemeinen Recht und im Preußischen Allgemeinen Landrecht (§ 377 I 5) die Lehre von der clausula sic stantibus, wonach jeder Vertrag nur unter dem Vorbehalt gleichbleibender Verhältnisse oder doch nur so lange gelte, als eine grundlegende Änderung der besonderen oder allgemeinen bei Vertragsschluß vorliegenden Verhältnisse nicht eingetreten sei.

Kann also schon das innerstaatliche Recht trotz der institutionellen Korrekturmöglichkeiten von Gesetzgebung und Rechtsprechung nicht auf eine dem durch die Veränderung der Verhältnisse übermäßig belasteten Vertragspartner gewährte ausnahmsweise Loslösung vom Vertrag verzichten, so gilt dies in noch erhöhtem Maße vom Völkerrecht, dem jene innerstaatlichen institutionellen Korrekturmöglichkeiten fast völlig fehlen, dessen Verträge viel unmittelbarer in die Dynamik des historisch-außenpolitischen Geschehens gestellt sind als die privatrechtlichen Verträge des innerstaatlichen Rechts, zumal es sich im Privatrecht um die Rechtsverhältnisse von Menschen mit begrenzter Lebenszeit handelt, Staaten aber juristisch „unsterblich" sind. Diese Notwendigkeit wird im Völkerrecht weiter verstärkt angesichts der bis zur Satzung der UN, der UN-Deklaration von 1970 über freundschaftliche Beziehungen und der Wiener Vertragskonvention von 1969 weit hinter dem Privatrecht zurückbleibenden ganz ungenügenden Anerkennung des Zwangs als Ungültigkeitsgrund eines Vertrags. Das ist vor allem auf bei Kriegsende „abgeschlossene" Verträge anwendbar, die sehr häufig nichts viel Besseres als Diktate sind, also, in Abwandlung eines Wortes aus der Atomrüstung, „schmutzige" Verträge, die infolge einer momentanen Konjunktur der machtmäßigen Überlegenheit dem Besiegten mit ungerechten Bestimmungen auferlegt werden und für deren friedliche Abänderungsmöglichkeit bei einer Veränderung dieser „momentanen Konjunktur der machtmäßigen Überlegenheit" das Recht Vorsorge treffen muß, wenn es ihre gewaltsame Abänderung vermeiden will: es ist dies das Kernproblem der friedlichen Revision, der Revision ohne Krieg, des „peaceful change", die allen Freunden des Friedens, die die wahren – nicht die propagandistischen – Ursachen von Kriegen erkannt haben, am Herzen liegen muß.[203]

Es ist daher auch im Völkerrecht anerkannt, daß eine Veränderung der Umstände Einfluß auf den Bestand von völkerrechtlichen Verträgen haben kann. Dies wird auch von einem so entschiedenen Vertreter des Satzes „Pacta sunt servanda" wie Lauterpacht anerkannt, wenn er zu der Feststellung gelangt:[204] „It is clear that

[203] Siehe Bd. III, § 21; s. Diskussion zwischen dem Verf. und Lord Lytton auf der Pariser Konferenz von 1937 über friedliche Revision in: Peaceful Change, International Institute of Intellectual Cooperation, League of Nations, 1938, S. 464ff.; s. über den Zusammenhang von diktierten Verträgen und clausula rebus sic stantibus: Lauterpacht, The Function of Law in the International Community, 1933, S. 271: „The connexion clearly exists in the domain of morals, inasmuch as it may not be absolutely repugnant to justice to maintain that a treaty imposed by force cannot claim the same sanctity as an obligation voluntarily undertaken."

[204] The Development of International Law by the Permanent Court of International Justice, 1934, S. 43.

the Court was prepared to recognize the principle (although it refused to say to what extent) that a change of conditions may have an effect on treaty obligations." Von der sowjetischen Völkerrechtslehre wird unter dem Einfluß jener These des dialektischen Materialismus, nach der Tatsachen Ideologien überlegen sind, die Klausel als konstitutiver Faktor im Funktionieren des Völkerrechts bezeichnet.[205] Das DDR-Lehrbuch sagt (I S. 256): „Die Berufung auf die clausula rebus sich stantibus hat deshalb vor allem in den Fällen Berechtigung, in denen eine soziale Revolution oder eine nationale oder koloniale Befreiungsbewegung neue gesellschaftliche Verhältnisse geschaffen und dadurch eine grundlegende Veränderung der Umstände herbeigeführt haben, die die weitere Anwendung vorrevolutionärer Verträge unzumutbar machen." Das vom Rechtsinstitut der Akademie der Wissenschaften der UdSSR herausgegebene Lehrbuch (deutsch 1960) sagt: „Die UdSSR hält die Revision derjenigen Verträge für möglich und rechtmäßig, die in ihrer früheren Form unter dem Gesichtswinkel der Interessen des Weltfriedens, des Rechts und der Gerechtigkeit nicht den neuen Anforderungen des internationalen Lebens entsprechen oder die bestimmter Ergänzungen bedürfen."

Freilich birgt die Anwendung der Klausel überaus große Gefahren, die von Lammasch[206] anschaulich dargestellt werden: „Wenn jeder Staat, wie dies in der Auffassung der Verteidiger der Klausel liegt, nach seinen Interessen und nach seinem Gutdünken darüber entscheidet, ob eine wesentliche Änderung der Umstände eingetreten sei, so würde man dadurch den einen Vertragsteil schutzlos der Willkür des anderen ausliefern. Es stünde das im schärfsten Widerspruch mit dem Zweck des Vertrags, die Verhältnisse für die Zukunft sicherzustellen, und würde dem bösen Willen die Möglichkeit gewähren, den frivolsten Rechtsbruch zu begehen, ohne ihn brutal als solchen zugeben zu müssen."

Es ist also die Aufgabe des Völkerrechts, diese gefährliche, aber unentbehrliche Klausel klar zu definieren und ihrer Ausübung solche verfahrensmäßigen Schranken zu setzen, daß ein einseitiger Rechtsmißbrauch möglichst ausgeschlossen wird.

In der Völkerrechtswissenschaft ist aber die begriffliche Bestimmung der Klausel überaus umstritten, während der StIG und der IG zwar ihr Bestehen anerkannt, sich aber bisher zurückgehalten haben, sie in concreto anzuwenden und für diesen Zweck exakt begrifflich zu bestimmen.[207]

Die vielerlei Theorien über die Grundlegung der Klausel lassen sich im wesentlichen auf drei reduzieren. Entweder nimmt man an, daß die Klausel ein stillschweigender Bestandteil jedes Vertrags sei; diese Theorie ist heute im wesentlichen

[205] Siehe Korovin, Das Völkerrecht der Übergangszeit, russ., 1924; Ladyjenski, Die clausula rebus sic stantibus im Sowjetrecht, russ., 1925; Triska, The Sovjet Law of Treaties, in Proceedings 1959 S. 294ff.

[206] Wörterbuch des Völkerrechts, hrsg. von Strupp, 1925, II, S. 336f.

[207] Nachweise über die Judikatur s. bei Oppenheim aaO I S. 940, n. 2; Briggs, Unilateral Denunciation of Treaties: The Vienna Convention and the International Court of Justice, in AJIL 1974 S. 51ff.

aufgegeben. Oder man nimmt an, daß die Klausel dann wirksam werde, wenn die Vertragsparteien beim Vertragsabschluß eine bestimmte Sachlage als gegeben angenommen und für die Durchführung des Vertrags mit ihrer Fortdauer gerechnet hätten, die Sachlage nun aber grundlegend geändert sei. Oder die Klausel wird als eine Regel angesehen, für deren Wirksamwerden objektive Tests eines Wandels, wie der des „Grundlegenden", des „Wesentlichen", des „Vitalen", des „Umstürzenden" vorliegen müssen.

Kritisch ist dazu zu sagen, daß für die Anwendung der Klausel kein Raum gegeben ist, wenn der Vertrag selbst in irgendeiner Weise für die Berücksichtigung künftiger veränderter Umstände Vorsorge getroffen hat. Dies kann durch eine zeitliche Befristung des Vertrags oder durch die Gewährung eines einseitigen Kündigungsrechts geschehen sein, aber auch durch die Festsetzung einer auflösenden Bedingung; da dies letztere auch stillschweigend geschehen kann, so werden die Fälle der zweiten Theorie fast immer als Vorliegen einer stillschweigenden auflösenden Bedingung gedeutet werden können, was die Annahme einer besonderen Klausel entbehrlich machen würde; da aber damit nicht alle Fälle, in denen die Klausel unentbehrlich ist, gedeckt werden, erweist sich diese Theorie als unzureichend. Überall da, wo das Völkerrecht bereits aus anderen Gründen bei veränderter Sachlage eine Lösungsmöglichkeit gibt, bedarf es nicht der Anwendung der Klausel, so neben dem Fall der auflösenden Bedingung im Fall der nachträglichen objektiven und dauernden Unmöglichkeit, der nachträglichen Entstehung entgegenstehenden zwingenden Völkerrechts, der desuetudo, der Möglichkeit der Kündigung ohne ausdrücklich im Vertrag enthaltene Kündigungsklausel, des Rücktritts vom Vertrag wegen Vertragsverletzung, des Staatsnotstands. Aber auch dann ist kein Raum für die Anwendung der Klausel, wenn die Parteien bei Vertragsabschluß die Möglichkeit des Eintretens gewisser Änderungen der Umstände ins Auge gefaßt haben, aber hierfür in einer Weise Vorsorge getroffen haben, daß sowohl die Annahme einer automatisch wirkenden auflösenden Bedingung wie die der auch ohne Zustimmung der Gegenseite wirksam werdenden clausula als ausgeschlossen erscheint. Ein solcher Fall scheint die nach 10 Jahren wirksam werdende Revisionsklausel des Artikels 12 des Nato-Vertrags vom 4. 4. 1949 zu sein, nach der Konsultation, also doch wohl Zustimmung aller Vertragspartner vorgesehen ist. Vor allem aber ist ein solcher Fall die Revisionsklausel des Artikels 10 des Generalvertrags vom 26. 5. 1952 in der Fassung vom 23. 10. 1954,[208] wonach nicht nur im Falle der Wiedervereinigung Deutschlands, einer Verständigung zur Herbeiführung der Wiedervereinigung Deutschlands oder der Bildung einer europäischen Föderation, die als mögliche künftige Veränderungen der Umstände ausdrücklich genannt sind, sondern auch ganz allgemein „in jeder

[208] BGBl. 1955 II S. 305; siehe dazu Bishop in AJIL 1955 S. 133: „. . . that the Federal Republic will be bound by its present commitments, except to the extent that the Three Powers consent to their modification."

Lage, die nach Auffassung aller Unterzeichnerstaaten aus einer Änderung grundlegenden Charakters in den zur Zeit des Inkrafttretens des Vertrags bestehenden Verhältnissen entstanden ist", eine Vertragsänderung nur zulässig ist „in gegenseitigem Einvernehmen", die Anwendbarkeit der Klausel, die ja die Zustimmung der Gegenseite u. U. entbehrlich machen soll, also gerade ausgeschlossen ist.[209]

Nachdem wir so Fälle nachträglicher Veränderung der Umstände ausgeschieden haben, die nicht unter die Klausel fallen, ist es nunmehr an der Zeit, den positiven Anwendungsbereich der clausula rebus sic stantibus zu klären.

Die Klausel der veränderten Umstände („conventio omnis intellegitur rebus sic stantibus") ist ein allgemeiner Rechtsgrundsatz,[210] der gegenüber der starren Regel des „Pacta sunt servanda" dem Billigkeitsprinzip, dem Prinzip von Treu und Glauben in ausnahmsweise gerechtfertigten Fällen zum Durchbruch verhilft.[211]

Die Veränderung der Umstände, die die Anwendung der Klausel in Gang setzt, muß gewohnheitsrechtlich – und Art. 62 befindet sich in Deckung mit diesen gewohnheitsrechtlichen Regeln (siehe IG Reports 1973 par. 36) – folgende Merkmale aufweisen:

a) Es muß sich um die Veränderung einer objektiven Sachlage handeln, nicht um subjektive Veränderungen, etwa in den Motiven, die zum Vertragsabschluß geführt hatten.

b) Die Sachlage, die sich geändert hat, muß die Grundlage, den objektiven Zweck des Vertrags betreffen (der schon oben, bei der Lehre von der Auslegung der Verträge, seine große Bedeutsamkeit gezeigt hat). Diese Vertragsgrundlage wird gebildet durch gewisse grundlegende Umstände, die weder Vertragsinhalt geworden – dann würde ihre Veränderung Wegfall der causa oder Eintritt einer auflösenden Bedingung bedeuten – noch bloß Beweggrund geblieben sind, sondern im Hinblick auf die und auf deren selbstverständlich angenommene unveränderte Fortdauer die Vertragsparteien den Vertrag abgeschlossen haben. Dazu gehören die Machtverhältnisse der Staaten an sich nicht; sie können aber ausnahmsweise zur Vertragsgrundlage werden, nämlich bei den erzwungenen Verträgen, deren Eingehung nicht durch vernünftige Erwägungen über ein gerechtes Gleichgewicht zwischen den Vor- und Nachteilen des Vertrags – die bei gegenseitigen Verträgen normalerweise die Vertragsgrundlage bilden[211] – sondern durch Berufung des Starken auf ein Übergewicht an Macht und durch die Einsicht des

---

[209] Siehe über die Bedeutung einer solchen Klausel das Sondervotum des Richters Eysinga im Oscar-Chinn-Fall – A/B 63 S. 133f.: „. . . that the States which together had established the international statute of Central Africa had made provision, as an integral part of their union, for periodical revision thereof. By doing this, the article, however, expressly provides at the same time that the Act of Berlin may only be modified with the consent of all contracting Parties. This precludes any modification by some only of the contracting Parties . . .".

[210] Siehe Lauterpacht, The Function of Law, S. 272ff.

[211] Siehe Lord Sumner im Hirji-Mulji-Fall 1926, zitiert nach Fitzmaurice, Bericht vom 15. 3. 1957, S. 129: „a device by which the rules as to absolute contracts are reconciled with a special exception which justice demands".

Schwachen in die Aussichtslosigkeit einer Weigerung (vae victis!) veranlaßt wurde, so daß eine Veränderung der Machtkonjunktur hier zugleich eine Veränderung der Vertragsgrundlage bedeutet (Bestandsrisiko der „ungleichen“ Verträge).

c) Die Veränderung darf nicht von den Parteien vorausgesehen worden sein; denn entweder hätten sie dann im Vertrag für ihre Berücksichtigung Vorsorge getroffen, etwa durch die Bestimmung eines Endtermins, die Gewährung einer Kündigungsklausel, die Festsetzung einer auflösenden Bedingung, die Vereinbarung einer Revisionsklausel, oder das Fehlen einer solchen Vorsorge wäre dahin auszulegen, daß sie eine solche Veränderung als irrelevant für den Bestand des Vertrags ansahen.

d) Der Eintritt der Veränderung darf nicht von der Partei, die sich auf die Klausel beruft, wider Treu und Glauben herbeigeführt worden sein; gegen eine derartige Geltendmachung würde die Einrede der Arglist durchschlagen, die einen solchen Rechtsmißbrauch verbietet. Art. 62 IIb der Konvention schließt in Übereinstimmung hiemit die Berufung auf die clausula aus, „wenn der grundlegende Wandel, auf den sich die Partei beruft, die Folge eines Bruchs entweder einer aus dem Vertrag herrührenden Verpflichtung durch diese Partei oder irgendeiner anderen internationalen Verpflichtung ist, die diese Partei irgendeiner anderen Vertragspartei schuldet.“

e) Damit diese Veränderung der Vertragsgrundlage[212] die Anwendbarkeit der Klausel rechtfertigt, muß diese Veränderung aber so grundlegend, so wesentlich, so weitgehend, so umstürzend sein, daß dem durch die Veränderung beschwerten Vertragsteil die unveränderte Fortsetzung seiner Vertragspflichten nach Billigkeit, nach Treu und Glauben nicht zugemutet werden kann, daß die Fortsetzung seiner Vertragspflichten zwar nicht physisch unmöglich wird, daß andererseits sie auch nicht bloß wesentlich unbequemer und lästiger, ja unvorteilhafter wird, sondern daß dieser Fortsetzung Schwierigkeiten entgegenstehen, „die außerhalb der einem Schuldner nach Treu und Glauben zuzumutenden Opfergrenze liegen“, daß diese Fortsetzung „überobligationsmäßige“ Anstrengungen erfordert;[213] daß durch die Veränderung das in einem vernünftigen Vertrag bestehende approximative Gleichgewicht zwischen Leistung und Gegenleistung dermaßen erschüttert wird, daß eine echte Gegenseitigkeit nicht mehr besteht und Recht in Unrecht verkehrt wird. Auch der Berechtigte kann sich also auf die Klausel berufen, wenn durch die Veränderung die Pflichten des Verpflichteten in für ihn unzumutbarer Weise zusammenschrumpfen, kein Äquivalent mehr darstellen.[214]

---

[212] Siehe RGZ 141, S. 216: „Bei gegenseitigen Verträgen bildet mangels besonderer, dagegen sprechender Umstände das Gleichgewicht zwischen Leistung und Gegenleistung die von den Beteiligten stillschweigend angenommene Vertragsgrundlage.“

[213] RGZ 57 S. 118; 103 S. 178.

[214] Siehe ähnlich die Formulierung der 1920 vom Völkerbund zur Prüfung der Tragweite des Art. 19 VBS eingesetzten Juristenkommission: „Qu'une pareille invitation peut seulement être faite dans le cas

f) Art. 62 der Konvention, der die Berufung auf die Klausel grundsätzlich ausschließt und sie nur bei Vorliegen der vorgenannten ausnahmsweisen Bedingungen zuläßt, schließt in nicht recht überzeugender Weise in Absatz 2a eine solche Berufung auch aus, „wenn der Vertrag eine Grenze festlegt" (siehe dazu AJIL 1970 S. 543).

Was ist die Rechtsfolge der Anwendbarkeit der Klausel?

Gewohnheitsrechtlich muß derjenige, der sich auf die Klausel berufen will, das Vorliegen ihrer Voraussetzungen unverzüglich geltendmachen und die Gegenseite auffordern, einverständlich zur Angleichung des Vertragsverhältnisses an die veränderte Sachlage mitzuwirken. Erst wenn ein solches Einverständnis nicht herbeizuführen ist, kann er einseitig seine Vertragsleistungen suspendieren, also vorläufig einstellen, nicht aber den Vertrag selbst beenden; erst recht tritt keine automatische Beendigung des Vertrags bei Vorliegen der Voraussetzungen der Anwendbarkeit der Klausel ohne vorherigen Versuch der vereinbarten Abänderung ein. Dieses gewohnheitsrechtlich bestehende Ergebnis[215] einer einseitigen, aber recht begrenzten Möglichkeit der Modifikation des Vertragsverhältnisses ist aber denkbar unbefriedigend. Auf der einen Seite macht es die beschwerte Partei zum Richter in eigener Sache, auf der anderen Seite gibt es der beschwerten Partei nur eine negative Abhilfe, nämlich die einstweilige Befreiung von der Erfüllung der eigenen Vertragspflichten, nicht aber die positive Abänderung der Rechtsstellung der Gegenseite, ohne die in vielen Fällen die Situation unzumutbar bleibt. Man denke etwa an einen Wasservertrag, kraft dessen der untere Flußanlieger einen bestimmten Prozentsatz des im Fluß befindlichen Wassers erhält; dabei sind die Parteien von der Wassermenge ausgegangen, wie sie seit Menschengedenken, oder seit der Vornahme von Messungen, mit geringeren Abweichungen immer vorhanden war; infolge grundlegender hydrologischer Veränderungen, die zu einer Verminderung der Gesamtwassermenge führen, wird das Sichbegnügen mit dem vereinbarten Prozentsatz aber unzumutbar, ohne daß durch Vertragssuspension eine Änderung herbeigeführt werden kann, da der obere Flußanlieger faktisch die Zuleitung von Wasser zum unteren Flußanlieger in der Hand hat und den vereinbarten Prozentsatz weiter liefert.[216]

Demgegenüber bedeutet die Regelung des Art. 65 mit Art. 66b der Konvention, die, wie oben dargelegt, für alle Fälle der Berufung auf einen Ungültigkeits- oder Beendigungsgrund gilt, einen wirklichen Fortschritt. Zwar endet auch hier

---

où des traités sont devenus inapplicables, c'est-à-dire lorsque l'état des choses existant au moment de leur conclusion a subi, par la suite, soit matériellement, soit moralement, des transformations si radicales qu'il est hors du domaine des possibilités raisonnables de les appliquer . . .".

[215] Siehe Fitzmaurice, Bericht vom 15. 3. 1957, S. 133f.

[216] Siehe z. B. Art. 4 vorletzter Absatz des Vertrags von 1944 zwischen USA und Mexiko betr. den Rio Grande, der gewisse Veränderungen des Vertragsverhältnisses vorsieht, „in the event of extraordinary drought or serious accident to the hydraulic systems on the measured Mexican tributaries, making it difficult for Mexico etc. . . .".

das Verfahren mit dem Bericht der im Anhang vorgesehenen Vermittlungskommission, und es gilt für ihn die Ziffer 6 des Anhangs: ,,Der Bericht der Kommission einschließlich aller darin niedergelegten Schlußfolgerungen bezüglich der Tatsachen oder Rechtsfragen ist für die Parteien nicht bindend und hat nur den Charakter von Empfehlungen, die den Parteien zur Prüfung unterbreitet werden, um eine gütliche Beilegung des Streites zu erleichtern." Aber die Autorität dieses Berichtes, mag er nun die Anwendbarkeit der clausula bejahen oder verneinen, wird doch in der Regel so groß sein, daß es schwer sein wird, der berichtsgehorsamen Partei auf die Dauer den Erfolg zu versagen. Diese Regelung ist auch für die Frage der Anwendbarkeit der clausula zweckmäßiger als das nach Art. 66a im Falle der Berufung auf einen Widerspruch zu jus cogens, also auf eine rein juristische Frage, vorgesehene Obligatorium der Unterwerfung unter die Entscheidung des IG oder unter einen Schiedsspruch. Denn da der beschwerten Partei mit der bloßen Feststellung, die Voraussetzungen der Klausel seien gegeben, nicht gedient ist, sie vielmehr eine Neuregelung des Vertragsinhalts benötigt, handelt es sich nicht um das judizielle Problem der Vertragsauslegung, sondern um das legislatorische Problem der Rechtsänderung, der Revision; dafür aber ist ein Gericht der Regel nach nicht besonders geeignet,[217] und Rechtsänderung erfolgt im Völkerrecht grundsätzlich durch gütliche Einigung.

Was soll aber geschehen, wenn diese gütliche Einigung der Vertragspartner nicht erreicht werden kann? Das ist das Grundproblem der Revision, des peaceful change.[218] Die Völkerbundsatzung hat im Artikel 19 einen Versuch gemacht, ein

---

[217] Siehe die Entscheidung des Supreme Court der USA in Colorado v. Kansas, 320 US 383 bis 392: ,,The reason for judicial caution in adjudicating the relative rights of States in such cases is that, while we have jurisdiction of such disputes they involve the interests of quasi – sovereigns, present complicated and delicate questions, and, due to the possibility of future change of conditions, necessitate expert administration rather than judical imposition of a hard and fast rule;" s. auch das Urteil des Staatsgerichtshofs für das Deutsche Reich im Streit über die Donauversickerung, RGZ 116 Anh. S. 45: ,,Denn es erscheint zweifelhaft, ob selbst eine auf Grund umfassender Beweiserhebung ergehende Entscheidung des Staatsgerichtshofs, die sich naturgemäß wieder auf die Aufstellung einiger grundlegender Sätze beschränken müßte, den Streitfall wirklich endgültig zu erledigen geeignet wäre. Die durch die Donauversickerung hervorgerufenen Verhältnisse sind so verwickelt, ihre wissenschaftliche und technische Beurteilung ist so umstritten, die Interessen der beteiligten Länder greifen so ineinander, daß nur von einer gütlichen Erledigung eine vollständige Bereinigung der Angelegenheit erwartet werden kann."

[218] Siehe darüber insbesondere Bourquin in: Peaceful Change, International Institute of Intellectual Cooperation, 1938, S. 48ff., sowie die auf S. 634ff. ebda. zitierten Memoranda für die Pariser Konferenz über ,,Peaceful Change" 1937 und die auf S. 644ff. ebda. zitierte Literatur; ferner: Bloomfield, Evolution or Revolution? The UN and the Problem of Peaceful Territorial Change, 1957; Cereti, La revisione dei trattati, 1934; Crutwell, A History of Peaceful Change in the Modern World, 1937; Engel, Les clauses de révision dans les traités internationaux multilatéraux, 1937; Escher, Die Revision der internationalen Vereinbarungen, 1947; Goellner, La révision des traités sous le régime de la S. d. N., 1925; Scelle, Théorie juridique de la révision des traités, 1936; Wigniolle, La S. d. N. et la révision des traités, 1932; Zancla, Contributo alla studio della revisione dei trattati, 1934; s. auch Hoyt, The Unanimity Rule in the Revision of Treaties, 1959; Leca, Les Techniques de la Revision des Conventions Internationales, 1961; siehe unten Bd. III, § 21.

Verfahren zur periodischen Überprüfung (reconsideration) ,,der unanwendbar gewordenen Verträge und solcher internationalen Verhältnisse, deren Aufrechterhaltung den Weltfrieden gefährden könnte", zu schaffen, das aber von Anfang an totgeboren war, da es wahrscheinlich das Vetorecht der Gegenseite nicht überwinden konnte, überdies als Ergebnis des Verfahrens keine autoritative Entscheidung, sondern nur eine Einladung, also eine Empfehlung vorgesehen war. Auch die Satzung der UN enthält nur einen auf bloße Empfehlung beschränkten allgemeinen Revisionsartikel, nämlich den Artikel 14, darüber hinaus aber auch, in seiner Wirkung über Artikel 26 VBS hinausgehend, einen Artikel zur Ermöglichung der Revision ihres eigenen Statuts, den Artikel 109, nach dem zur Revision eine Ratifikation durch zwei Drittel der Mitglieder einschließlich aller ständigen Mitglieder des Sicherheitsrates genügt.[219] Ähnliche Revisionsmöglichkeiten durch Majoritätsbeschluß bestehen z. B. auch beim Weltpostverein oder bei der Internationalen Finanzkorporation.

An historischen Beispielen über die Inanspruchnahme der Klausel ist kein Mangel.[220] Besonders berühmt wurde die Anrufung der Klausel durch Rußland in der Schwarzmeerfrage, die mit der oben zitierten Londoner Erklärung von 1871 abschloß, die dann 1935 und 1936 wörtlich gegenüber Deutschland wiederholt wurde. Ein Charakteristikum der russischen völkerrechtlichen Argumentation war 1870 die Verbindung der clausula mit dem Recht des Rücktritts vom Vertrag wegen Verletzung durch die Gegenseite.[221] Es ist nicht ohne Interesse, daß die russischen Forderungen in der Berlinfrage 1958/59 ebenfalls auf beide Gründe gestützt wurden.[222]

V. Die Bestätigung völkerrechtlicher Verträge

Verträge können in dreifacher Weise bestätigt werden:[223]

a) durch vereinbarte Verlängerung eines auf bestimmte Zeit abgeschlossenen Vertrags,

---

[219] Siehe auch das Verfahren über einseitige Maßnahmen auf dem Gebiet der Hochseefischerei und die Entscheidung im Falle mangelnder Einigung nach Art. 6 V und Art. 7ff. der Genfer Konvention von 1959 über die Hochseefischerei etc.

[220] Siehe Beispiele bei Fauchille aaO I_1 S. 384ff.; bei Crutwell aaO; bei Rousseau aaO 2. Aufl. I S. 228.

[221] Siehe E. Kaufmann, Das Wesen des Völkerrechts, S. 13 n. 1: ,,Interessant ist die Verbindung des Argumentes der Vertragsverletzung mit dem der clausula in einem Schreiben Gortschakows an den Botschafter in London: die Veränderung der Verhältnisse wird hier in der Leichtigkeit gesehen, mit der der Vertrag von anderer Seite verletzt werden durfte."

[222] Siehe sowjetrussische Note vom 27. 11. 1958: ,,Die Regierungen der drei Mächte beanspruchen, daß die längst überlebten Teile der Abkommen der Kriegszeit in Kraft bleiben. ... Zu gleicher Zeit verletzen ... die Westmächte gröblichst die vierseitigen Abkommen einschließlich des Potsdamer Abkommens ...".

[223] Siehe Oppenheim aaO I S. 949f.

b) durch die einverständlich erfolgende Bestätigung eines Vertrags, dessen Gültigkeit zweifelhaft geworden war, etwa durch Krieg, durch Staatensukzession oder durch Veränderung der Umstände,

c) durch einverständliche Wiederbelebung eines schon ungültig gewordenen Vertrags, etwa nach Wiedereintritt des Friedenszustandes (Redintegration).

Alle diese Formen der Bestätigung eines Vertrags bedürfen der vertraglichen Einigung zwischen den Vertragsparteien; sie können auch für in sich geschlossene Teile des Vertrags erfolgen.

§ 71. Die Folgen der Verletzung internationaler Verträge

Die Verletzung eines internationalen Vertrags ist ein internationales Delikt. Sie führt die völkerrechtliche Haftung für diese Rechtsverletzung herbei.[224]

Die völkerrechtlichen Regeln über internationale Delikte und internationale Haftung werden im III. Band Kapitel 1, die Durchsetzung des Völkerrechts im III. Band Kapitel 3 behandelt.

---

[224] Siehe Duckwitz, Rechtsfolgen bei Verletzung völkerrechtlicher Verträge, 1975.

Sachregister